教育部审定 2012

义务教育教科书

数学

一年级

上册

人民教育出版社

义务教育教科书 数学 一年级 上册 人民教育出版社

蓬莱阁志

上

蓬莱阁景区管理服务中心 编

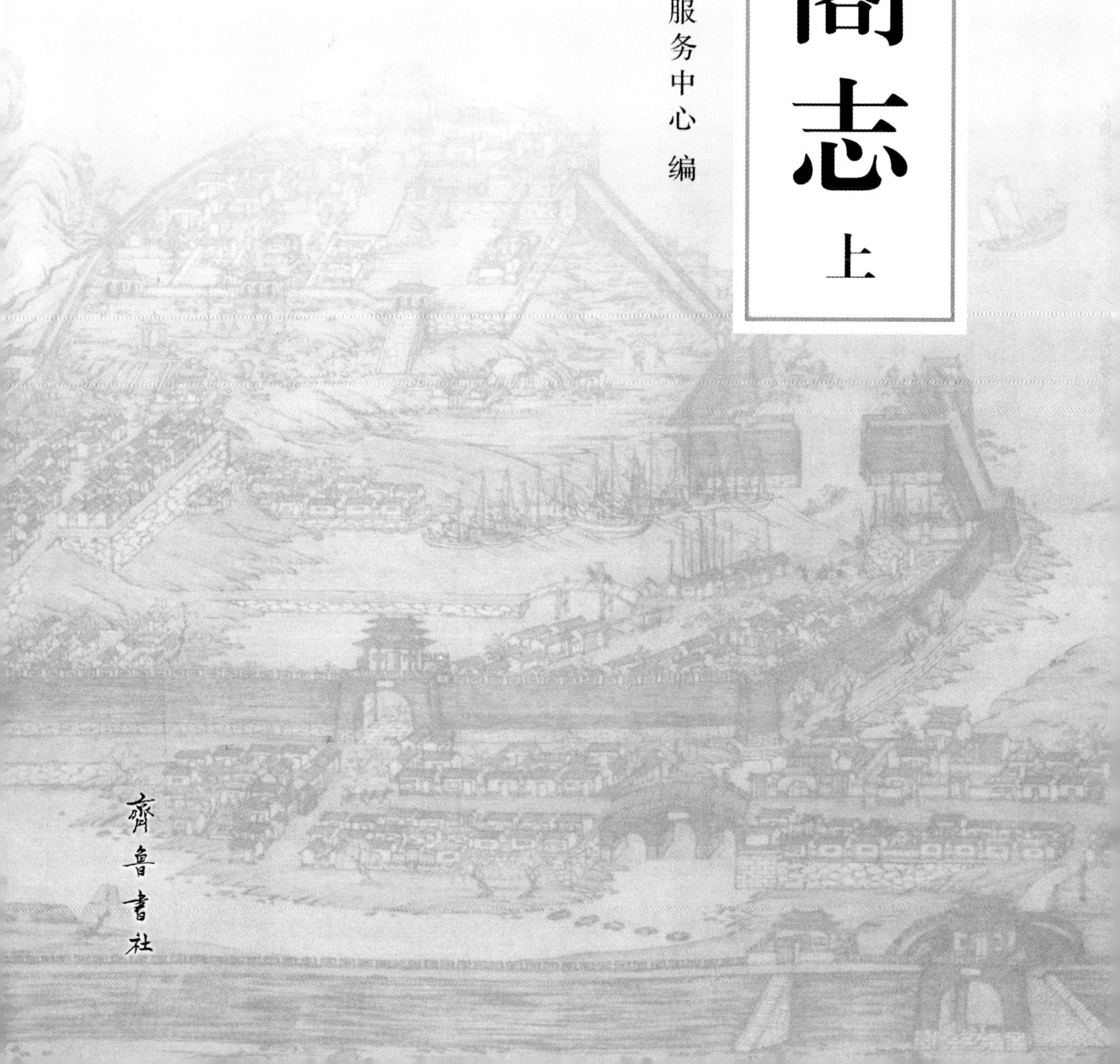

齊魯書社

图书在版编目（CIP）数据

蓬莱阁志 / 蓬莱阁景区管理服务中心编. -- 济南 : 齐鲁书社, 2021.8
ISBN 978-7-5333-4480-1

Ⅰ.①蓬… Ⅱ.①蓬… Ⅲ.①楼阁－名胜古迹－介绍－蓬莱 Ⅳ.①K928.74

中国版本图书馆CIP数据核字(2021)第146158号

策划编辑 / 刘　强　　责任编辑 / 李　珂
责任校对 / 王其宝　　装帧设计 / 亓旭欣

蓬莱阁志
PENGLAIGE ZHI

蓬莱阁景区管理服务中心　编

主管单位	山东出版传媒股份有限公司
出版发行	齊魯書社
社　　址	济南市英雄山路189号
邮　　编	250002
网　　址	www.qlss.com.cn
电子邮箱	qilupress@126.com
营销中心	（0531）82098521　82098519　82098517
印　　刷	山东新华印刷厂潍坊厂
开　　本	787mm × 1092mm　1/16
印　　张	55.5
插　　页	13
字　　数	850千
版　　次	2021年8月第1版
印　　次	2021年8月第1次印刷
标准书号	ISBN 978-7-5333-4480-1
定　　价	290.00元（上、下）

《蓬莱阁志》编纂委员会

主　任： 王长港

副主任： 牟　云

委　员： 姜福明　王　伟　穆衍鹏　张　婕　曲桓生
邢光杰　袁晓春

《蓬莱阁志》编撰人员

主　编： 姜福明

副主编： 王　伟　袁晓春

编　辑： （按姓氏笔画排序）
马　红　王春丽　王昱茜　朱恒亮　刘　莉
刘艳霞　汤少杰　杨　猛　张景龙　范惠泉
黄传娜　黄海丽　董韶军

碧海丹崖

日升高阁

水城全貌

浮光掠影

晚潮新月

琼楼玉宇

神山现市

海市蜃楼

春满仙阁

碧海仙槎

一碧万顷

寰海镜清

重楼翠阜

仙山琼阁

天风海涛

晚霞夕照

城楼叠雪

丹崖琼阁

云端漫步

备倭都司府

碧海清风

霞映仙阁

民国初年天后宫庙会

19 世纪 70 年代的蓬莱阁

民国初年蓬莱阁

民国初年蓬莱水城

民国时期的蓬莱阁

水城春融

序

九万青天登梯得路，三千碧海破浪乘风。北宋嘉祐六年（1061），登州知州朱处约“即其旧以构此阁，将为州人游览之所”。千百年来，登仙阁，观海市，访八仙，成为人们到蓬莱阁的美好向往。宋代大文豪苏东坡留下了千古绝唱《海市诗》，此后薛瑄、王世贞、施闰章、阮元等历代文人墨客纷至沓来，在此留下不朽诗篇。时至今日，蓬莱阁上保存着100余方弥足珍贵的碑刻文物，为蓬莱阁增添了浓厚的历史文化底蕴。

蓬莱儿女赋新篇，喜看仙阁焕异彩。蓬莱人民格外珍视蓬莱阁独特的历史文化价值，着力打造蓬莱阁文化旅游品牌。1982年“蓬莱水城及蓬莱阁”被国务院公布为全国重点文物保护单位，2007年蓬莱阁景区被国家旅游局评为全国首批5A级景区。进入新千年，蓬莱区委、区政府高瞻远瞩，围绕蓬莱阁整体保护与规划，在守护历史文物的同时，实行一系列新举措：通过小海清淤、居民搬迁、复建城墙，逐步恢复蓬莱阁历史原貌；对水城内出土古船加以保护与展示，建成以“海上丝绸之路”为主题的蓬莱古船博物馆；围绕明代战神戚继光在蓬莱水城练兵备倭事迹，打造以弘扬爱国主义为主题的戚继光纪念馆。登州港（蓬莱水城）与仙阁相得益彰，交相辉映，文化遗产得以全面保护，千年古阁焕发出勃勃生机。

2018年6月13日，习近平总书记冒雨视察蓬莱阁时强调：“领导干部要多读一点历史，从历史中汲取更多精神营养。”“要加强国家重点文物保护，让优秀文物世代相传。”蓬莱阁作为蓬莱的地标，历经千载，风韵犹存，是中国古代劳动人民智慧与艺术的结晶。古阁仿若一位出离尘世的仙人，于虚无缥缈间，悄然俯瞰众生，其千年的沧桑与辉煌更需要历史给予记录与注释。文物承载灿烂文明，传承历史文化，维系民族精神，让蓬莱阁优秀传统文化世代相传，是一代代蓬莱人的历史责任和神圣使命。

盛世修志书伟业，传承历史续文脉。2014年，习近平总书记提出要“高度重视修史修志”“把历史智慧告诉人们，激发我们的民族自豪感和自信心，坚定全体人民振兴中华、实现中国梦的信心和决心”。文化是生产力，也是向心力和凝聚力，因此系统整理蓬莱阁的历史文化留存愈显意义重大。这次蓬莱阁景区管理服务中心组织编纂《蓬莱阁志》，取精用宏，时间紧，任务重，编纂人员几易其稿，克成此书，实属不易。此志是了解蓬莱阁“前世今生”最全面的志书，囊括了蓬莱阁的历史沿革、古今建筑、诗词散文、匾额楹联、碑刻、园林、书画、文物、名楼人物、名楼轶事、传说故事，16 章，800 多页，共 85 万字，为传播和弘扬蓬莱阁历史文化提供了丰富史料，将成为蓬莱阁历史上的一座文化丰碑。

修志问道，以启未来。在 2021 年伟大的中国共产党成立百年之际，蓬莱阁恰逢建阁 960 周年。《蓬莱阁志》的编纂出版，是向党和祖国庄严献礼，无疑是蓬莱人民的骄傲。在《蓬莱阁志》付梓之际，谨代表蓬莱区委、区政府向编纂人员致以诚挚的感谢。相信此志必将释放出传承文明、资政育人、服务社会的强大精神动力，也必将有利于增强蓬莱儿女的文化自觉与文化自信，汇聚奋进新时代的磅礴力量！蓬莱人民将继续传承民族英雄戚继光的爱国主义精神，发扬“八仙过海，各显神通”的开创精神，为全面建设自然生态宜业宜居宜游新蓬莱做出新的更大的贡献！

是为序。

烟台市蓬莱区区委书记

凡　例

一、本志坚持辩证唯物主义和历史唯物主义的观点，实事求是，全面、准确、科学、系统地记载蓬莱阁历史和现状。

二、本志采用章、节横排竖写。各章节按以类系事、事以类分的原则确定。有的章下不设节，视需要而定。图表不单独立节，分别插入有关章次。

三、在归类时，根据事繁则分、事简则合之原则，把性质相同或相近的事物组合成章。互有牵连的事物，从全志的总体设计出发去调整划拨，非交叉重复难以反映其全貌的事物，采取此详彼略或各有侧重或详见某章节等方法处理。

四、本志采用语体文，记述体，据事直书，述而不论。文风力求严谨、朴实、简洁、流畅。

五、朝代与职官，一律不加政治性定语及褒贬称谓，人物直书姓名。

六、中华民国以前的纪年，先书朝代年号纪年，括注公元纪年；中华民国纪年，首次使用时括注公元纪年，其后从略；中华人民共和国成立后用公元纪年。

七、使用统一简化字和标点符号。

八、数字、标点符号运用等，一律按国家的有关规定执行。为了尊重历史，中华人民共和国成立前计量单位按照当时实际记述，必要时括注法定计量单位。

九、诗词、散文本无标点，均加标点。

十、诗词、散文中用□代替缺漏、模糊不清的字。

目录

第一章 概 述

第一节 蓬莱阁由来

“直上蓬莱阁，人间第一楼。云山千里目，海岛四时秋。”在烟波浩瀚的黄渤海之滨，在危岩绝壁的丹崖山之巅，在白浪起舞、波涛汹涌的簇拥下，在云烟飘渺、仙雾缭绕的仙境中，有一座历经千年的神奇古阁——蓬莱阁。

蓬莱位于山东半岛最北端，有着旖旎的山海风光和动人的神话传说。传说蓬莱、方丈、瀛洲是海中的三座仙山，为神仙居住之所，亦是秦始皇东巡求药、汉武帝御驾访仙之地。这些传说都为蓬莱蒙上了一层神秘面纱。北宋嘉祐六年（1061），登州知州朱处约见丹崖山极顶山高海阔，风景绝佳，便在此修建楼阁，名为“蓬莱阁”。从此蓬莱阁便在层崖千仞上，在浮波涌金中屹立，虚无缥缈的仙山蓬莱在此变为现实可见的人间仙境，让世人在“听览之间，恍不知神仙之蓬莱也，乃人世之蓬莱也”。蓬莱阁与黄鹤楼、岳阳楼、滕王阁并称中国古代四大名楼，并以其“八仙过海”的美丽传说和独特的“海市蜃楼”奇观享誉海内外。

蓬莱阁古建筑群由蓬莱阁、天后宫、龙王宫、三清殿、吕祖殿、弥陀寺六个建筑单元及其附属建筑组成，建筑面积18900平方米，占地面积32800平方米。蓬莱阁古建筑依山而建，与浩渺的碧海相映，云烟缭绕，构成了一幅“仙阁凌空”的美丽画卷，与“神山现市”“日出扶桑”“晚潮新月”“渔梁歌钓”“万里澄波”“万斛珠玑”“狮洞烟云”“铜井含灵”“漏天滴润”合称“蓬莱十大景”。

蓬莱阁景区以蓬莱阁古建筑群为中心，西有以自然风光著称的田横山文化公园，南有蓬莱水城、海上丝绸之路博物馆、戚继光纪念馆为爱国主义教育教学点，并包括登州博物馆、环幕影视城、海滨公园、文化广场、三官庙等20余处景点，是以神仙文化、海洋文化、精武文化为底蕴，融自然风光、历史名胜、休闲度假、爱国主义教育于一体的综合性旅游景区，总面积5.8平方公里，属于国家重点风景名胜区。1982年蓬莱阁与蓬莱水城同时被国务院公布为全国重点文物保护单位。2007年5月22日蓬莱阁景区成为全国首批5A级旅游景区。

纵观千年历史，古阁仿若一位出离尘世的仙人，于虚无缥缈间，悄然俯瞰众生。千年的风雨洗礼，千年的文化积淀，千年的山海风光和千年的古港辉煌，给后世留下了宝贵的财富。

蓬莱阁古建筑群始建于唐代，经过宋元明清历代不断的扩建和改建，才形成今天的规模。早在唐贞观年间，丹崖山巅就建有广德王庙、弥陀寺。唐开元年间，又建有三清殿。日本名僧圆仁《入唐求法巡礼行记》记载，丹崖山"城北是大海，去城一里半，海岸有明王庙，临海孤标"。唐神龙三年（707），唐朝廷将登州治所迁至蓬莱，管辖蓬莱、黄县、文登、牟平四县。蓬莱阁下登州港成为唐代与朝鲜、日本政府交往的国际港口，形成"登州海行入高丽、渤海道"的国际航线，也是日本、朝鲜遣唐使往来唐朝的始发港和终航港，是东方海上丝绸之路的一个起点。登州港（蓬莱水城）港池内发现的4艘元明时期中国、韩国古船，正是当年海上丝绸之路盛况强有力的印证。登州港既是中国北方对外交往的重要门户，也是南北货物交流的枢纽，在对外交流和贸易往来中扮演着不可替代的角色。杜甫诗赞"吴门转粟帛，泛海陵蓬莱"，可见昔日登州港的繁荣。宋代至明清，登州港担负着贸易港口功能的同时，逐渐嬗变为军港。宋庆历二年（1042），登州知州郭志高修筑"刀鱼寨"，停泊战船。明洪武九年（1376），在宋代刀鱼寨基础上建水城，并立帅府于此，名"备倭城"。明洪武年间（1368—1398），在水城内设置的备倭都司，发挥着抵御外侮、保卫海疆的重要作用。登州港（蓬莱水城）是中国国内现存完整的古代水军基地。北宋嘉祐六年（1061），登州知州朱处约西迁广德王庙（龙王宫），在旧址丹崖极顶建蓬莱阁。宋崇宁年间（1102—1106），在蓬莱阁西，建"灵祥庙"祀海神。金皇统年间（1141—1149），立苏轼《海市诗》碑。元中统年间（1260—1264），修葺龙王宫。

明永乐十四年（1416）、洪熙元年（1425）、正统年间（1436—1449）、成化七年（1471）、隆庆六年（1572）、万历七年（1579）、万历十五年至十七年（1587—1589）等都曾修葺蓬莱阁及其附属建筑，明代修葺成为蓬莱阁修缮史中浓墨重彩的一笔。清代 7 次修葺蓬莱水城，对后世影响深远。民国时期，蓬莱阁经历了战乱的时代，受民国动荡、抗日烽火和解放战火影响，很多文物古迹受到严重破坏甚至焚毁。建国后，经过多次修缮和保护，蓬莱阁焕发出新的生机。1957 年维修蓬莱阁主阁二层楼板及回廊，修复天后宫、龙王宫、三清殿内部分塑像，维修弥陀寺，重修感德碑亭；1962 年、1965—1966 年维修蓬莱阁主阁；1986 年维修蓬莱阁主阁，并更换檐柱，改屋面灰瓦为黄琉璃瓦；1996 年对蓬莱阁丹崖山岩体采用锚杆锚索加固、挂网喷浆和砌筑支护等技术进行保护；2001 年维修蓬莱阁主阁，恢复灰瓦绿琉璃瓦剪边屋面；2013 年蓬莱阁主阁木构件油漆彩绘；2014 年 4 月蓬莱阁主阁维修，重做一楼屋面，西北角柱子墩接、抱头梁朽烂部分拼接，朽烂木构件采用碳纤维加固，更换朽烂望板及椽子；1959 年到 2015 年期间，对天后宫及其附属建筑、三清殿、弥陀寺、吕祖殿等古建筑单体进行维修，重建戏楼和钟、鼓二楼，重建丹崖仙境牌坊，重塑三清殿塑像，部分建筑进行油漆彩绘；1984 年搬迁蓬莱水城小海东岸居民 86 户，修建古市一条街；1984 年 3 月至 5 月对蓬莱水城小海开展有史以来规模最大的清淤，出土元代战船 1 艘及大批文物；自 2005 年起，市政府投资 5.5 亿元用于水城的保护和开发，修复了明代古城墙，对水城小海内古代沉船进行再次发掘，复建备倭都司府、三官庙、兵营及校场，新建蓬莱古船博物馆、综合服务区等建筑共 2 万多平方米，设立遗址保护区 5 处，最大限度地进行文物保护。近几年，景区紧跟"互联网+"旅游和大数据技术的高速发展步伐，快速迈进智慧旅游景区行列，网络全覆盖、视频监控系统、LED 显示屏、电子讲解、电子票系统、门禁系统、大数据等方面全新升级，蓬莱阁迈向了自然、人文、智慧和谐发展的景区行列。

蓬莱阁梦幻飘渺，在海一方，引得无数文人墨客纷至沓来，同时也与历代官员们结下了不解之缘。"山水非有楼观登览者不为显，楼观非有文字称记者不为久，文字非出于雄才巨卿者不成著"，历代骚人墨客多有诗文歌咏名楼。岳阳楼、黄鹤楼、滕王阁分别有范仲淹、崔颢、王勃的大手笔增色，蓬莱阁的名楼传世之文当属宋代文宗苏东坡的《海市诗》，堪称蓬莱阁的点睛之笔。北宋元丰八年（1085），苏轼临别登州之际，在蓬莱阁上有幸目睹天下奇观海市蜃楼，提笔写下《海市诗》：“东方云海空复空，群仙出没空明中。荡摇浮世生万象，岂有贝阙藏珠宫……”该诗生动描写了登州海市的神秘奇观，被尊为众多登州海市诗赋中的千古绝唱。苏轼还在蓬莱阁上写下颇富诗意的《蓬莱阁记所见》：“登州蓬莱阁上，望海如镜面，与天相际。忽有如黑豆数点者，郡人云：‘海舶至矣。’不一炊久，已至阁下。”以简约精练的文字描绘出在蓬莱阁上远眺，海天相连，一望无垠，船舶由远而近驶来的动态画面。明代著名军事家、民族英雄戚继光自6岁在蓬莱长大，蓬莱阁的山海风光陪伴他青少年时期的一路成长。晚年回到蓬莱，他捐资修葺蓬莱阁，并写下了《放舟蓬莱阁下》：“三十年来续旧游，山川无语自悠悠。沧波浩荡浮轻舸，紫石崚嶒出画楼。日月不知双鬓改，乾坤尚许此身留。从今复起乡关梦，一片云飞天际头。”一代民族英雄让这座千年古阁绽放了更加耀眼的光芒。明代万历年间的著名将领李承勋曾先后三次驻防蓬莱水城，立《吕祖咏海市诗》碑。清代著名书法家铁保书“蓬莱阁”金字匾额。清代龚葆琛题：“海市蜃楼皆幻影，忠臣孝子即神仙。”1840年山东巡抚托浑布巡视海防，登上蓬莱阁，题写“海不扬波”石刻，嵌于蓬莱阁一楼北墙后壁，希望天下海疆永无战事。然而，甲午战事起，1895年1月18日日舰发射的一枚炮弹正中蓬莱阁“海不扬波”，“不”字被击中半边，后来虽经修补，但痕迹犹在。1934年李烈钧与冯玉祥同游蓬莱阁，两人在避风亭内高谈抗日，李烈钧写下“攻错若石，同具丹心扶社稷；江山如画，全凭赤手挽乾坤”，冯玉祥挥毫写下横批“碧海丹心”，共同抒发忠心报国情怀。至今镶嵌在蓬莱阁下南墙壁上的“碧海丹心”石刻，成为冯玉祥将军爱国主义精神的历史见证。1960年叶剑英元帅题联：“蓬莱士女勤劳动，繁荣生活即神仙。”1964年时任国家副主席的董必武游览蓬莱阁时题诗“来游此地恰当时，海国秋风暑气吹。没有仙人有仙境，蓬莱阁上好题诗”，并为蓬莱阁题额“丹崖仙境”。1984年越南友人黄文欢题联：“八仙过海，传闻如此多奇；万事由人，风景这边独好。”胡耀邦、西哈努克、田汉、叶圣陶、张伯驹、赵朴初、启功、刘海粟等人也相继留下了精美绝妙的诗文墨宝，使云雾缭绕的蓬莱阁再增光辉。

蓬莱阁历经千年，在山海之滨树立起了一座独特的历史文化丰碑。蓬莱阁自古为名人学士雅集之地，他们在蓬莱阁上把酒临风，眺望晴空下碧波帆影交相辉映，烟雨中山水绮丽如梦如幻，加上虚无缥缈的海市蜃楼，一时间激情澎湃，文思泉涌，或作诗，或著文，或撰联，或书画，有的大气磅礴，有的意蕴悠长，有的直抒胸臆，有的清新隽永。这些独领风骚数百年的诗文墨宝，翰墨流芳，遂成蓬莱阁蕴藉隽永的阁藏珍品，成为蓬莱仙境历史文化长卷中的点睛之笔。阁内各亭、殿、廊、墙之间，楹联、碑刻、断碣，比比皆是。苏轼《海市诗》《书吴道子画后》横幅碑刻吸引了无数文人学者前来观赏品味。避风亭内明代袁可立《甲子仲夏登署中楼观海市》诗，董其昌书，温如玉刻石，珠联璧合，堪称“三绝”。另外还有明代薛瑄《咏海》、清代施闰章《咏海市诗二首》、孔子 67 代孙孔毓圻《戊午登蓬莱阁》和孔子 69 代孙孔继涑书《蓬莱阁阅水操记》。蓬莱阁一楼北墙后壁上“碧海清风”和“寰海镜清”石刻，分别是清代书法家鲁琪光和裕德的墨宝，均十分珍贵。这些诗文墨宝都有着重要的历史资料价值和书法艺术价值。

蓬莱阁历经近千年，成为世人所向往的“人间仙境”，并蕴含着其他名楼不可替代的美好寓意。正如明时守臣陈钟盛所言：“是阁之构乃以是名，其有慕而为之耶？抑将以形破影，以迹蹈空，使登是阁者，悟蓬莱亦如是阁，不必更从阁外觅蓬莱耶？”那蓬莱阁究竟有哪些独特性呢？

其一，蓬莱阁是四大名楼中唯一地处北方的楼阁，神仙文化塑造了蓬莱阁独一无二的特质。

建筑是凝固的艺术，楼阁更是中国传统建筑中极具特色的人文精神的载体。在中国古代流传下来的神话中，有两个很重要的系统，一个是昆仑神话系统，一个是蓬莱神话系统。蓬莱是中国东方神话的策源地。在《山海经》和《史记·封禅书》中，都把蓬莱、方丈、瀛洲三座神山描绘得活灵活现，齐威王、燕昭王派出探险家到海中寻求神山，秦始皇东巡求药，汉武帝御驾访仙。蓬莱阁这座将神山文化变为现实的楼阁，便自然成了神话之阁，也就有了后来八仙在此饮酒作乐，醉酒后从这里漂洋过海，“各显神通”的美谈。八仙可以说是我国古代最著名的仙人群体，更是蓬莱阁道教神仙文化的代表，与蓬莱阁有着深厚的渊源，他们的形象也凝聚着普通老百姓对自由和美好生活的向往，因而千百年来，被誉为“和平之神”“吉祥之神”。

其二，蓬莱阁是四大名楼中唯一建于临海悬崖之巅的楼阁，独特的地理位置让这里成了海市蜃楼出现最频繁的地方。

蓬莱阁建于丹崖山的悬崖峭壁之上，建筑凌空，绝壁高耸，海雾四季飘绕，因为独特的地理位置，成为海市蜃楼出现最频繁的地区之一。历史上对此多有记载，沈括《梦溪笔谈》中曾记载：“登州海中，时有云气，如宫室、台观、城堞、人物、车马、冠盖，历历可见，谓之海市。”宋代大文学家苏轼为蓬莱阁留下了不朽的诗篇《海市诗》。当代散文家杨朔在他的《海市》中也提到：“只见海天相连处，原先的岛屿一时不知都藏到哪儿去了，海上劈面立起一片从来没见过的山峦，黑苍苍的，像水墨画一样。满山都是古松古柏；松柏稀疏的地方，隐隐露出一带渔村。山峦时时变化着，一会山头上幻出一座宝塔，一会山洼里又现出一座城市……”海市蜃楼是蓬莱最具特色的天景、天象资源，蓬莱也是中国出现海市蜃楼最多的地方，蓬莱阁成为古往今来观赏海市的最佳场所。苏轼等历代文人记述海市的诗文不胜枚举，由此，蓬莱阁便保存下来其他名胜古迹所没有的海市蜃楼文化。

其三，蓬莱阁是体现儒释道三教合一和谐共存文化的古建筑群。

“山不在高，有仙则名”，丹崖山并不高，有了众神仙的传说而名扬天下。在古韵芬芳的建筑群里，弥陀寺、三清殿、天后宫、蓬莱阁主阁几大建筑，呈现出风格迥异的文化风貌。天后宫、三清殿、龙王宫、蓬莱阁、吕祖殿等建筑里供奉着道家神仙；苏公祠、刘公祠、仲连祠中供祀着儒家先贤；而始建于唐代的弥陀寺，曾是香火旺盛的佛教传播地，是景区中唯一的佛教寺庙。这座建立在道家故土上的佛寺，与道家和谐相生，凸显了东方文化的融合性。蓬莱阁上殿宇共一百多间，在这里佛寺、道观同居一处，相互依存，相互交流，和谐统一，为这座仙山赋予了更加独特的文化意蕴。

推开历史厚重的大门，倾听岁月无声的启迪，蓬莱阁这座历经千年的世间瑰宝正在散发着新的活力，犹如人间蓬莱的一枚城徽，在黄渤海之滨熠熠生辉。明天的蓬莱阁，将不负历史之厚予，人民之厚爱，借古代名楼之佳冠，继续深入挖掘历史资源，传承优秀传统文化，使蓬莱阁文化基因与现代旅游相适应，让景区的历史文化、文物资源“走出去”，让文物“活”起来，进一步加强对国家重点文物的保护，让优秀文物世代相传，在传承和发展中彰显独特魅力。

第二节 蓬莱十大景

“蓬莱十大景”是指蓬莱阁景区及周边的十处特色风景，通常是指“仙阁凌空、狮洞烟云、渔梁歌钓、日出扶桑、晚潮新月、神山现市、万里澄波、万斛珠玑、铜井含灵、漏天滴润”。形成于宋代，流行于明清，蓬莱十大景各擅其胜，组合在一起，代表着古代蓬莱阁的胜景精华。“蓬莱十大景”至今已流传千年，十大景各领风骚，春夏秋冬，阴晴雨雪，千姿百态，变化无穷，凡亲临其境、目睹其胜者，无不叹为观止，极大地提高了蓬莱阁景区的知名度和美誉度。

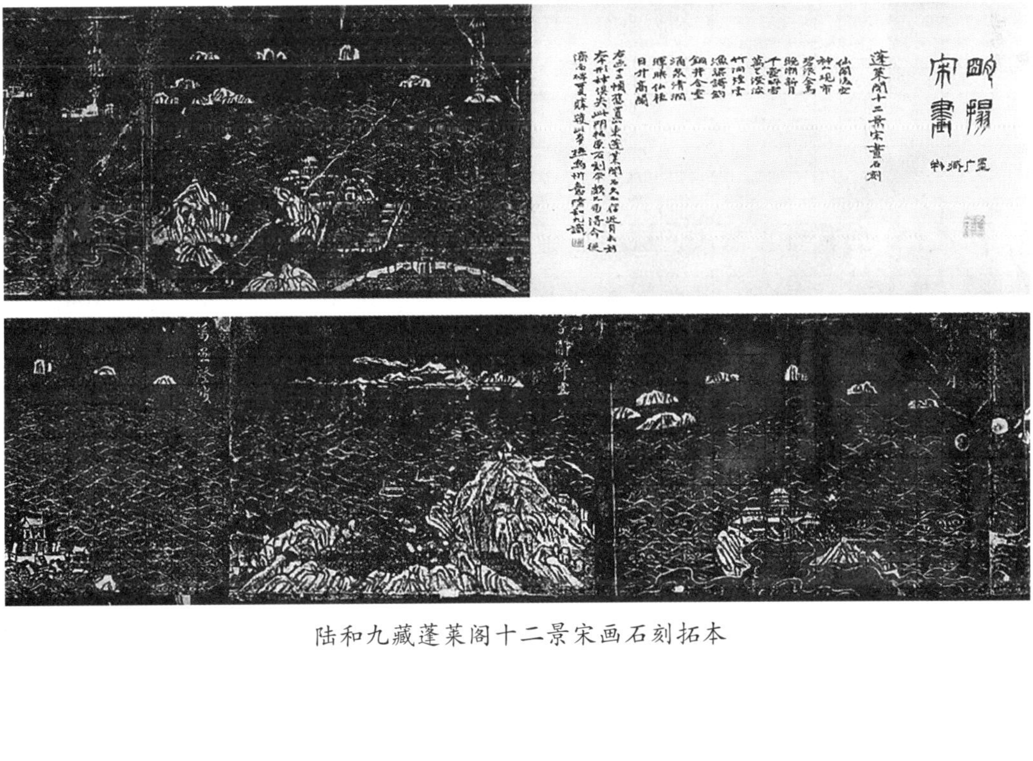

陆和九藏蓬莱阁十二景宋画石刻拓本

宋代蓬莱阁刻有“蓬莱阁十二景”石刻，分别为“仙阁凌空、神山现市、碧浪金乌、晚潮新月、千壶碎雪、万里澄波、竹洞烟云、渔梁歌钓、铜井含灵、涌泉清润、晖映仙槎、日升高阁”，见于我国当代碑帖专家陆和九考证并珍藏的“蓬莱阁十二景”宋画石刻拓本。

明代“蓬莱十大景”之说，分别为“日升高阁、晖映仙槎、仙阁凌空、万里澄波、千斛碎玉、晚潮新月、狮洞烟云、渔梁歌钓、铜井含灵、漏天滴润”。其来源为明代万历六年（1578）山东按察副使蔡叔逵的举措。他对宋代“蓬莱阁十二景”石刻进行考察，“见其石残字缺口，久之将失其传”，于是选择其中的十幅，“手录于石，复爰工绘图，共成一帙”，翻刻成“蓬莱十大景”明代石刻。该石刻为汉白玉，镶嵌于蓬莱阁西厢。其中“日升高阁”“晖映仙槎”二景石刻配以诗文，高 34 厘米，宽 95 厘米。其他八景石刻每块高 34 厘米，宽 45 厘米。

时过境迁，明清之后“蓬莱十大景”演变为“仙阁凌空、狮洞烟云、渔梁歌钓、日出扶桑、晚潮新月、神山现市、万里澄波、万斛珠玑、铜井含灵、漏天滴润”。其中，前八景可在蓬莱阁景区观赏，“铜井含灵”“漏天滴润”两景位于蓬莱城东 15 公里处。

“蓬莱十大景”详细介绍如下：

仙阁凌空

蓬莱阁高踞碧波峭壁的丹崖之上，直逼长空，其下断崖峭壁，倒悬在碧波之上。偶有海雾飘来，层层裹缠山腰，画栋雕梁，直欲乘风飞去。登上高阁，如飘摇云表，但见有天无地，一派空灵，确有超尘出世之感。刹那云消雾散，天地豁然，又是另一番景色：北望海天辽阔，渺渺无际，长山诸岛，错落其间；南望市区，烟雨万家，行人车马，历历在目；西望田横古寨，突兀水中，郁郁苍苍，一派萧然；东望水城，帆樯林立，棹歌阵阵，鸥影翔集。可谓高阁凌空，人间仙境。

清代徐人凤诗云：

嵯峨丹阁倚丹崖，俯瞰瀛洲仙子家。
万里夜看旸谷日，一帘晴卷海天霞。

明代万历年间山东按察副使蔡叔逵石刻“仙阁凌空”，高34厘米，宽45厘米

狮洞烟云

丹崖山屹立海滨，岩壁呈倒悬状，峥嵘崔嵬，崚嶒逼人。在难以攀援的崖壁间，有一座小桥——仙人桥；跨过仙人桥，沿曲径而下，一天然石穴兀然洞开，洞口有一巨石雄卧，虎虎生风，状若狮子，因而叫“狮子洞”。洞口狭窄，仅可通人。前行数步，则俨然宫室，别有洞天，又名“仙人洞”。仙人洞常有雾霭逸出，云蒸霞蔚，尤其微雨初霁之时，洞内轻霭飘散，如轻纱，似玉练，缠绕在丹崖山畔，更添无限神韵。又有泉出崖下，去海数十武，味甘而冽，名“泠然泉”。（清光绪《登州府志》卷之三《山川》）

清代徐人凤诗云：

怪石纡回一径深，阴阴古洞纳潮音。
仙人丹灶知何在，分得烟云拥碧岑。

明代万历年间山东按察副使蔡叔逵石刻“狮洞烟云”，高34厘米，宽45厘米

渔梁歌钓

阁下海中，道道礁石，高出水表，如翘如跃，名曰“渔梁”。清风徐来，水波不兴，礁石上不时有三五老翁，垂纶而钓，掬水而烹，鱼肥蟹鲜，有酒盈樽，席地而尝，怡然自得。远望海上轻舟乘风飞驰，近看平静的海面，一派恬淡情韵，大似桃花源中世界。

明代诗人郭朴在《观垂钓》一诗中写道：

小艇纶竿钓碧波，羊裘混迹伴渔蓑。
海天日月宽如许，闲向西风倚棹歌。

清代徐人凤诗云：

舴艋乘风挂楫轻，虬龙蛰穴浪花平。
一声欸乃千山静，万里沧浪试濯缨。

明代万历年间山东按察副使蔡叔逵石刻“渔梁歌钓”，高34厘米，宽45厘米

日出扶桑

登蓬莱阁观日出，气势磅礴，景致壮美。日出前，东方水平线上一片火红，旭日东升，浴水而出，金光万道，海天火合，十分辉煌。历朝历代对此题咏颇多。苏轼述登州所见有“宾出日于丽谯，山川炳焕”的名句。清代诗人施闰章对此更有极细致的描写：“日初出时，一线横亵，如有方幅棱角，色深赤，如丹砂。已而，焰如火，外有绛帷浮动，不可方物。久之，赤轮涌出，厥象乃圆，光彩散越。不弹指而离海数尺，其大如镜，其色如月矣。”

明代诗人吴昶在《宾日楼望日》中写道：

寅宾坐待紫霞生，潮涌金乌烛夜明。
信是神仙瀛岛住，炉中真火变丹成。

清代徐人凤诗云：

海云沆漭覆虞渊，踆乌宵腾羲驭还。
何必烛龙衔始出，沧波原是接长天。

明代万历年间山东按察副使蔡叔逵石刻“日升高阁”，高 34 厘米，宽 95 厘米

晚潮新月

值秋高气爽之夜，登蓬莱阁倚栏西望，但见海天一色，一弯新月高悬朗朗夜空，银灰色的月光静静地撒在波澜不惊的海面上，旋即碎成了片片金屑。偶有晚归的渔帆驶过，又将粼粼水光划成梯田般的波纹。这时，一声飞鸥惊鸣，更觉海天深邃，引人遐思，确是画意诗情，世外境界。

清代徐人凤诗云：

纤阿回驭碧天低，罔象长驱雪浪齐。
万叠晶光摇碎影，鲛人珠泪滴玻璃。

明代万历年间山东按察副使蔡叔逵石刻“晚潮新月”，高 34 厘米，宽 45 厘米

神山现市

神山现市即海市蜃楼，也即宋、明所称“晖映仙槎”，为“蓬莱十大景”中最为独特的景致。在春夏、夏秋之交，海面上空的大气密度容易出现层差。光线经过不同密度的空气层时，发生折射和全反射，便在海面上形成各种奇异景象，或山岛变幻，或高楼突起，且时分时合，乍现乍隐，变幻莫测，确为山海之异景，天地之奇观，目睹者无不为之倾倒。由海市蜃楼演绎出来的三座神山，加上方士的大肆渲染，更增添了迷人色彩。

清代徐人凤诗云：

跨海空蒙驾五城，依稀冠盖递将迎。
当年若使秦皇见，不遣徐生海峤行。

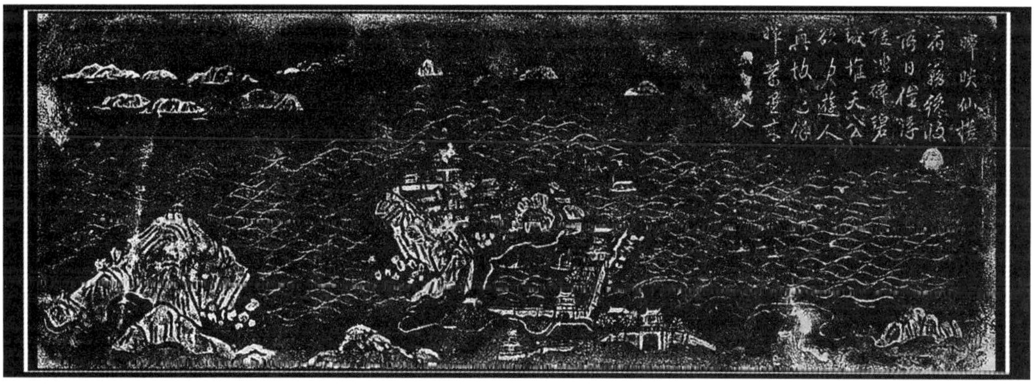

明代万历年间山东按察副使蔡叔逵石刻“晖映仙槎”，高34厘米，宽95厘米

万里澄波

蓬莱阁西、北、东三面环海，风平浪静时，登阁望海，茫茫无垠，海天一色，涟漪不动，令人心旷神怡。蓬莱当代作家杨朔以“镜儿海”盛赞家乡这微波不动、一碧万顷的大海，“可以把人的五脏六腑都洗得干干净净”。

清代徐人凤诗云：

淼淼无垠天宇宽，涟漪不动碧光寒。

难凭一叶云中度，止有三山镜里看。

明代万历年间山东按察副使蔡叔逵石刻“万里澄波”，高34厘米，宽45厘米

万斛珠玑

伫立于蓬莱阁上，放眼望去，只见丹崖峭壁下卵石累累，珠圆玉润，似珍珠玛瑙，光怪陆离。每当潮落，珠玑铺岸，璀璨照人，游人多俯拾数枚，留作纪念，以效东坡“我持此石归，袖中有东海”“置之盆盎中，日与山海对”的雅兴。

清代徐人凤诗云：

千尺寒云锁翠微，一湾碧浪漾明玑。
似从汉渚逢游女，携得双珠满袖归。

明代万历年间山东按察副使蔡叔逵石刻“千斛碎玉”，高 34 厘米，宽 45 厘米

铜井含灵

红石山南麓地势和缓，林木葱郁，崖下海中有井。这口天然石井，涨潮时没入海中，退潮后显现。石壁青铜色，扣之有铜器之声；井中有暗泉，投下一石，便发出类似敲击铜器的声音，故名“铜井”。铜井村也因此井得名。此井在海中，井中之水却为淡水，且甘甜清洌，因此为“含灵”。

清代徐人凤诗云：

溟渤汪洋尽作咸，独余智井味芳甜。
闲来汲向花阴煮，蟹眼飕飕风满帘。

明代万历年间山东按察副使蔡叔逵石刻“铜井含灵”，高 34 厘米，宽 45 厘米

漏天滴润

蓬莱城东14.1千米的海滨，有一红石山，海拔82米，通体赭红，上部为新生代喷发的玄武岩，火山口呈放射状，断面清晰可见。由于岩层风化流失，孔隙较多，含水丰富，形成“漏天滴润”的奇特景观。红石山北崖临海，崖底内凹，崖顶呈悬檐状，密布细孔，泉眼如注，叮咚有声，春汛尤甚。

清代徐人凤诗云：

旷宇苍凉日正明，危岩涓滴溜还鸣。
海涯那得巫山女，暮暮朝朝无限情。

明代万历年间山东按察副使蔡叔逵石刻“漏天滴润”，高34厘米，宽45厘米

第三节　海市蜃楼

1. 蓬莱阁与海市蜃楼

素有“人间仙境”之称的山东蓬莱，是胶东半岛上一颗璀璨的明珠。这里因有凌空欲飞的天下名楼蓬莱阁誉满海内外，因有脍炙人口的八仙过海故

事令人心驰神往，更因有变幻莫测的海上奇观——海市蜃楼名甲天下。每当春夏、夏秋之交，蓬莱阁以北的辽阔海面常会出现如下景观：淼淼苍海倏忽隐迹，庙岛群岛瞬间面目全非，扑入眼帘的，是一幅幅如神笔勾勒的中国水墨画，忽而亭台楼榭各显奇姿，忽而苍松翠柏迎风摇曳；东边刚见客舍青青秦桥横贯，西边又现高楼如林车马如川；迷蒙中悬崖千仞海中陡起，恍惚间曲径幽幽依稀可辨……无尽美景瞬息万变，美不胜收，令人目不暇给，这就是神秘的海市蜃楼奇观——蓬莱海市。

蓬莱人周孝伦著有《登州海市》一书，保存下来其他名胜古迹所没有的关于海市蜃楼自然奇观的记载。

2. 蓬莱海市的成因

海市蜃楼是一种大气光学现象，通常发生在海滨地区。当海面上空各层大气的密度出现较大的差距时，远处的光线通过密度不同的大气层就会发生折射或全反射，这时，海面上就会出现远处景物的影像。我国沿海许多地区都发生过海市蜃楼现象，但蓬莱出现海市蜃楼的频率最高。这是因为，蓬莱陆岸与海面形成较为理想的光射角度，当地的空气随季节变化而出现湿度和温度的差异，使阳光照射得以发生不同程度的折变，因而在蓬莱陆岸上可以观看到海面上映射的蜃景风光。同时，蓬莱海面上还散布着长山岛、庙岛（沙门岛）、砣矶岛、牵牛岛、大竹山岛、小竹山岛等大小岛屿，这些岛屿与陆岸、大海结合成一个光射变异区域，使得海市蜃楼时隐时现。而蓬莱阁恰好处在观看海市蜃楼的最佳地点。

3. 历次出现海市蜃楼的记录

1624 年（明天启四年）5 月 21 日，蓬莱阁北面海域出现海市蜃楼。明代登莱巡抚袁可立观看海市并留下《甲子仲夏登署中楼观海市》诗，序曰：“仲夏念一日，偶登署中楼，推窗北眺，于平日沧茫浩渺间见俨然一雄城在焉。因遍观诸岛，咸非故形，卑者抗之，锐者夷之；宫殿楼阁，杂出其中。谛视之，飞檐列栋，丹垩粉黛，莫不具焉。其纷然成形者，或如盖，如旗，如浮屠，如人偶语，春树万家，参差远迩，桥梁洲渚，断续络联，时分时合，乍隐乍显，真有画工之所不能穷其巧者。世传蓬莱仙岛，备诸灵异，其即此是与?”

1979年7月某日下午3时，长岛、大竹山岛以西海面出现一岛屿，上有森林、房舍轮廓，持续一分余钟。

1980年7月10日下午3时，长岛以西海面出现一岛屿，岛上似有森林、宝塔，持续40多分钟，观者400余人。

1981年7月14日下午某时，长岛、庙岛西南海面，出现两个小岛，岛上树木、花草、道路、楼阁、车辆、行人、飞鸟等都依稀可见，持续40分钟。

1984年7月29日下午4时50分，长岛、大钦岛以西海面，出现一岛屿，上有树木、楼房、工厂烟囱，持续20分钟，间隔10分钟后复出。

1985年8月16日下午4时，庙岛以西海面出现一岛屿。

1985年9月某日上午9时许，长岛西海面出现一岛屿，上有山峰、树木，持续10分钟。

1987年4月3日下午3时30分，长岛海面出现海市，有松树、楼房等景物，持续40余分钟。

1988年6月10日下午2时许，整个庙岛群岛海域出现海市，有近似日本富士山轮廓，持续2小时余。

1988年6月17日下午4时20分，庙岛群岛东西辽阔海域出现海市，多种景象纷繁，持续5个多小时，观者万计。

2000年8月29日，蓬莱阁以东海域出现海市蜃楼。海面上出现类似黑灰色城墙带，正中间有断层，并时时变化着。

2003年8月29日清晨约5时20分，在蓬莱阁东北方向的海面上红光乍现，出现了一条光亮的带状物，一会儿颜色变紫，形状犹如郁郁葱葱的原始森林，从东到西绵延几十公里，其中似有一些像长颈鹿的动物隐现。逐渐地又有山峰依次隆起，层层叠叠，泼墨写意，犹如一段场面宏阔的水墨山水动画电影。过了一段时间，群峰悄然隐去，在与蓬莱阁隔海相望的长山列岛中南长山岛以北，又有一座酷似“南长山”的岛屿从海中慢慢涌起，瞬间凝结，犹如南长山岛的孪生姐妹，让观看的人如在梦幻之中。诡秘绮丽的海上奇景持续了大约90分钟，7时左右，慢慢隐退到了澄明一色的海天之间。

2005年5月23日下午2点左右，蓬莱海面海域上空零星出现几抹浅黄色云雾，并逐渐转白，长岛海域出现一抹浅白色的带状云雾，下午4点50分，蓬莱阁和八仙过海口景区以东海域上空出现一道天幕，上面映衬出一座城市，在鳞次栉比的高楼大厦之间，灯塔清晰可辨，时有塔吊夹杂其间。一座庙宇式的建筑逐渐转换成海边小岛，继而变成高楼。中间的房屋上空隐约出现一座十字架，一座圆形球体在右临的南长山岛上方出现，周围岛屿也不断变化，时而如被削平的山头，时而如千孔万洞的桥梁。下午6时，这一奇观逐渐变亮变白，并出现三处熠熠闪光的亮点，右下方则有一处移动的光点时隐时现。海市奇观直到下午6点30分渐渐暗淡，晚上7点持续了两个多小时的奇景在海风中慢慢飘失。

2006年5月7日上午11时40分至下午4时，山东蓬莱海滨、蓬莱阁和八仙渡景区以东的海域上空，同时出现了海市蜃楼奇观，持续了4个多小时，景象非常清晰，至少有10万当地居民和游客有幸目睹了这一奇观。

2008年1月17日，蓬莱阁北面海域出现海市蜃楼。庙岛群岛岛屿变形，有类似黑色乌龟形状的岛屿，隐约出现城市与船只。

2009年4月14日下午4时40分至6时10分，在蓬莱阁后海海域出现海市蜃楼奇观，历时约2小时。

2009年9月14日，蓬莱阁北面海域出现海市蜃楼。

2010年12月某日，蓬莱海面出现海市蜃楼奇观。

2020年10月4日下午，蓬莱阁北部海域出现海市蜃楼，只见海面上岛屿变形，一会儿变成石头，一会儿变成蘑菇，一会儿变成大山，甚至会悬浮在海面上。随着时间推移，形状变化十分明显。

2020年12月15日下午，蓬莱海域出现海市蜃楼奇观。海面上，庙岛群岛部分岛屿两头翘起，变幻成蘑菇、纺锤等各种形状，岛与岛之间出现灰黑色物体，远远看去缥缈无踪，恍若仙境。

4. 历代关于蓬莱海市的记载

“海市”一词，在古籍中最早见于晋代人伏琛的《三齐略记》，谓“海上蜃气，时结楼台，名海市”。从此，历代文人的笔记中，便时有关于蓬莱海市的文字。对这种大气光学现象的记载，实可上溯至秦汉，只不过秦汉人不称为海市而误认为它是“五神山”或“三神山”罢了。我们今天细读《列子》或《史记》中对神山的描绘，不管是地理位置还是神山的形状，都不难看出，它定是蓬莱海市无疑。现从《列子》《史记》等历代图书中择要选录数节于下：

渤海之东不知几亿万里……其中有五山焉：一曰岱舆，二曰员峤，三曰方壶，四曰瀛洲，五曰蓬莱……而五山之根无所连箸，常随潮波上下往还，不得暂峙焉。

《列子·汤问》

海旁蜃气象楼台，广野气成宫阙然。

《史记·天官书》

自（齐）威、宣、燕昭使人入海求蓬莱、方丈、瀛洲。此三神山者，其傅在勃海中，去人不远；患且至，则船风引而去。……未至，望之如云；及到，三神山反居水下。临之，风辄引去，终莫能至云。……始皇自以为至海上而恐不及矣，使人乃赍童男女入海求之。船交海中，皆以风为解，曰未能至，望见之焉。

《史记·封禅书》

齐人徐市等上书，言海中有三神山，名曰蓬莱、方丈、瀛洲，仙人居之。

《史记·秦始皇本纪》

方士徐市等入海求神药，数岁不得，费多，恐谴，乃诈曰：“蓬莱药可得，然常为大鲛鱼所苦，故不得至……”始皇梦与海神战，如人状。……乃令入海者赍捕巨鱼具，而自以连弩候大鱼出射之。自琅邪北至荣成山，弗见。至之罘，见巨鱼，射杀一鱼。

《史记·秦始皇本纪》

少君言于上曰：“……臣尝游海上，见安期生，食臣枣，大如瓜。安期生仙者，通蓬莱中，合则见人，不合则隐。”

《史记·孝武本纪》

入海求蓬莱者，言蓬莱不远，而不能至者，殆不见其气。上乃遣望气佐候其气云。

《史记·孝武本纪》

登州海中，时有云气，如宫室、台观、城堞、人物、车马、冠盖，历历可见，谓之“海市”。或曰“蛟蜃之气所为”，疑不然也。欧阳文忠曾出使河朔，过高唐县，驿舍中夜有鬼神自空中过，车马人畜之声一一可辨。其说甚详，此不具纪。问本处父老云：“二十年前尝昼过县，亦历历见人物。”土人亦谓之海市，与登州所见大略相类也。

《梦溪笔谈》

蜃气楼台之说，出《天官书》，其来远矣。或以蜃为大蛤，《月令》所谓“雉入大海为蜃”是也。或以为蛇所化，海中此物固多有之。然滨海之地，未尝见有楼台之状，惟登州海市，世传道之，疑以为蜃气所致。苏长公《海市诗序》谓其尝出于春夏，岁晚不复见，公祷于海神之庙，明日见焉。是又以为可祷而得，则非蜃气矣。《辽东志》云，辽东东南皆山也，其峰峦叠翠，葱蒨可观。当夏秋之交，时雨既霁，旭日始兴，其山岚凝结，而城郭楼台，草木隐映，人马驰骤于烟雾之中，宛若人世所有。虽丹青妙笔，莫尽其状。古名登莱海市，谓之神物幻化，岂亦山川灵淑之气致然邪？观此，则所谓楼台，所谓海市，大抵皆山川之气，掩映日光而成，固非蜃气，亦非神物。东坡之祷，盖偶然耳。且诗中有云：“朝阳太守南迁归，喜见石廪堆祝融。自言正直动山鬼，岂知造物哀龙钟。”其自负亦不浅矣。况此老素善谑，又安知非自神其事以鸣其不平邪。

《菽园杂记》

莱阳董樵云：“登州海市，不止幻楼台殿阁之形，一日见战舰百余，旂仗森然，且有金鼓声，顷之，脱入水。”又云：“崇祯三年，樵赴登州知府萧鱼小试，适门吏报海市。盖其俗，遇海市必击鼓报官府也。萧率诸童子往观，见北门外长山，忽穴其中，如城门然，水自内出，顷之上沸，断山为二，自辰至午始复故。”

又云，涉海者云：“尝从海中望岸上，亦有楼观人物，如岸上所见者。”

《广阳杂记》

海市称天下奇观，尚矣。蓬莱有之，黄邑亦然。登朝宗门楼凭眺而寓目焉，往往可得也。或曰倒影，此高谈阔论，失其实者；或曰蜃气，近乎似矣。顾蜃气奚独向登郡吐也？譬如龙之嘘气成云，岂云兴岩岫，尽属龙耶？窃以为海市之观，地气所氤氲者耳。每逢春夏之交，微风徐动，淡日掩映，非阴非晴，似霞似烟，此海市时也。非时则否。且其市也，不在汪洋水面无际平流，皆倚山傍岛而成。其为地气升而阳和聚无疑矣。当斯之会，或结而为楼阁，或错而为村庐，或若人物游行之状，或若木石森列之形，忽而众岛连为一景，忽而各岛自成一象，忽而散则岛之本色呈，忽而聚则岛之真迹变，以意会之无乎不有。余亲见其然。他日执岛人而询之，彼殊不自觉也，且曰“居此岛之中，望他岛之市”，亦犹是耳。旁有诘余者曰：“东坡公胡以岁暮祷海而市乎？”应之曰：“此偶然之事，不可以常理测。夫渡河得冰，拜井得泉，钱塘返其潮，鲑鱼徙其潭，精诚所格，能动鬼神，时或有之。岂可执彼以例此哉！”既以告其人，退而为之说。

《黄县志·海市说》

5. 当代海市盛况纪实

我拍登州海市

作为电视记者，我从来没有接受过拍摄海市的任务，当然也没有胆量兜揽这个棘手的差事。但十几年的摄影实践使我对奇特的大气现象产生了很浓厚的兴趣。我曾多次拍摄过虹、晕、朝晖、晚霞、风、雨、云、雾、云雾奇妙的变幻及云雾变幻中奇妙的佛光，山沟里的佛光，山头上的佛光，以至捕捉到了航空中瞬间即逝的云上佛光。对于只耳闻，未目睹的海市蜃楼，使命感促使我也想探索一番。

为了拍到海市，我先后查阅了美国、英国、俄国和我国秦汉以来有关海市的记载和论述，探索海市出现的条件、特征和拍摄角度以及应注意的问题。1987 年以来，我利用拍摄《齐鲁海疆》电视系列片的机会，沿着当年秦始皇寻访海上仙山的足迹，从黄河三角洲上的秦蒲台到人称仙境的蓬莱阁，从昆嵛山外的养马岛到成山上的天尽头，以至海上仙山——崂山等地，沿海观察了一年多，并在黄河三角洲和长山列岛多次拍到了奇特的大气现象。

1988 年 6 月，我从青岛再次来到蓬莱，在完成《齐鲁海疆》采访任务之余，当地的机关干部、知识分子、工人、农民、清洁工、补鞋匠和来自国内外的游人，都成了我了解海市历史、请教海市知识、借鉴寻觅海市经验的采访对象。

当地人告诉我，海市出现要具备很多条件，一般都在春夏、夏秋之交，午后两三点钟，雨过天晴，东北风二三级……

六月十五日，淅淅沥沥的细雨时紧时慢地下了半天。傍晚，小北风一吹，云消雾散。海面上能见度可达几十里，海天交接处隐隐约约有几缕海雾在游动。几片橘红色的晚霞挂在刚洗过的蓝天上，是那么清新，那么鲜艳，仿佛画上去似的。常言道，“晚霞行千里”，我估计第二天可能有一个壮丽的日出。

六月十六日凌晨，我跟随向导摸黑登上了蓬莱阁，拍摄蓬莱十大景之一的“日出扶桑”。这是一次非常奇特的日出景象。旭日在长达二分多钟的时间内，竟然是一根笔直的线条，而且在不断地向左右方向延伸，二分十一秒后，旭日开始升起。不，旭日似乎在往下落，仔细一看，又不像下落，准确地说，旭日是在水平线上以笔直的线条向下蔓延。不过，这毕竟是东升的旭日，二分五十六秒，太阳开始向上凸起。上端形成一个圆形底座，下部形成一个漏斗状主体，二者和谐地连在一起，颇像一只翻扣着的碟子。接着下部扩大，上部缩小，又像一只倒扣着的碗。三分四十一秒的时候，奇迹出现了，在缓缓升起的半月形太阳上方，凭空冒出了一个扁圆形的小太阳，随着半月形大太阳的升起，小太阳逐渐和大太阳合二为一。四分零一秒，大太阳上空，又冒出第二个扁形小太阳。不过，这次凭空冒出的小太阳要比第一个小太阳大得多。继而，大、小两个太阳又融为一体，酷似一只扣在海面上的高脚酒杯。四分四十三秒，太阳以长不长、短不短、方不方、圆不圆的形状相对稳定了一会儿后，又像圆柱形的粮囤一样，上端慢慢地冒出了金黄色的“囤尖”。金灿灿的熔融液状的物体像火山喷发的岩浆，从太阳中部顶端溢出来，缓缓地向左右流淌，一层、两层、三层……太阳上部渐渐地增厚加宽，下部缓缓收紧缩小，呈椭圆形。五分四十五秒，奇迹又出现了，椭圆形的太阳下端，一个很小的扁圆形的太阳幻影迅速地脱离了母体，眨眼间消失了。随着太阳升起，太阳下部出现了一连串的太阳。只见由上而下，颜色由浅到深，亮度由明到暗，体积由大到小，形状由圆到扁。一个，二个，三个，四个，再往下就分不清了，很多太阳“串”在一起，一眼望去，真像一个奇特的“连体婴儿”，真叫人分不清哪是幻影，哪是实体，哪个挂在天上，哪个浸在海里。

时间一分一秒地过去了。太阳像玩魔术似的变着花样。七分十八秒钟后，“串”在一起的太阳一个接一个地消失了。一轮红日升起在蓬莱阁东部的海面上。

我离开了寻像器，长长地舒了一口气：“啊，太阳总算升起来了。”

这个旭日从刚露头到全部升起，共有七分十八秒钟。我曾经一百多次拍摄泰山日出，也曾经几十次拍摄海上日出，然而，在同一个早晨，太阳以直线、碟子形、宫灯状、三分三合五脱离的形式出现在镜头里，长达七分多钟的时间，这还是第一次。

我惊奇了！百思不得其解：“老天爷这是玩的啥把戏？”

我想到了美国R·格林勒在《虹·晕·宝光》一书中的论述：“当太阳在地平线附近时，折射作用会使得太阳顶部边缘的视位置抬升……所以，当你看到太阳正好位于地平线上时，从几何学的观点说来，它实际上也许完全处于地平线以下。”这也许是海市出现的先兆吧，一种侥幸心理在我心中萌动。

这一天，我一边在海边拍摄海光山色，一边不时地向海面瞭望。下午四点多钟的时候，我正在向当地老乡询问以前出现海市的情况，突然发现，天海交接处不知从何处飘来了一条灰白色的光带，这条光带明显和一般雾带不同。光带处，时而有横向带状黑影隐现扩展，看上去很像美国阿拉斯加山脉出现过的蜃景。哦，这灰白色的光带大概就是海市蜃景出现时所依托的逆温层吧？我朦胧地预感到，可能会有更奇特的景象出现。

果然，不一会儿，长山列岛东部的车由岛上空升腾起一股蘑菇状黑影，转眼间又悄悄地消失了。这来去匆匆的景象，虽然使人“丈二和尚摸不着头脑”，却使我顿时警觉起来：千万不能坐失良机。

六月十七日上午，天高云淡，北风习习，空气清新，凉爽宜人。一切都是那么平常，那么宁静。我似乎感到有点失望。也许是被海市蜃楼迷了心窍吧，午饭后，我不顾向导的劝阻又登上蓬莱阁向海面寻觅。海面是一幅“晴云昼护蓬莱岛，海上清风翠螺小”的景象。

下午二点二十分，我在蓬莱水城东炮台上，发现天海交接处又飘来灰白色的光带。光带比昨天偏白，整整齐齐地横卧在天边。不一会儿，海面上隐隐约约有异物升起。我忽然想到平时在海边观察时，角度越低大气折射现象越明显的经验，当即撤下水城向海滩奔去。

下午三点二十分左右，海面上原有的景物消失了，原来没有的景物出现了。当我把镜头焦距推到最大倍数的时候，寻像器里出现了全反射的视倒影。我顿时激动了，这不正是英国科学家文斯先生在英格兰东南部的拉姆斯盖特远眺北海时，看到过的上现海市的典型特征吗？

海市的出现，惊动了蓬莱阁上下的八方来客，也惊动了蓬莱城里的男男女女，老老少少。人们有的开着汽车，有的骑着摩托，有的骑着自行车，更多的人一溜小跑，从四面八方涌向海边。蓬莱阁上、丹崖山外、水城两侧、海水浴场，到处都是观海市的人群，到处都是惊讶的喊叫声……

哪里有人群，哪里就能看到海市。为了从不同角度拍到更多的海市奇景，我从水城下的海滩迅速地向人群密集的海水浴场奔去。刚跑出三百多米，只见蓬莱阁西部海面，海市蜃景一字排开。聚而成形，散而成气，千奇百怪，瞬息万变。机不可失，时不再来，我不管三七二十一，就地架起了摄像机，把镜头迅速地推向庙岛海湾。只见海天交接处，迎面耸立起了一片当地人说从来没有见过的"金字塔"。随着大气折射发展成为全反射，每个"金字塔"上空又扣上去一个形状大小相似的倒"金字塔"，黑乎乎的像一座座钢筋混凝土浇筑的巨大桥墩。桥墩上部渐渐展宽，腰部缓缓收紧。一会儿，桥墩又呈"工"字形。随着蜃景变化，"工"字上下两横各沿着水平方向延伸出去，很多"工"字连成一体，形成了一座庞大的多孔长桥。

当我把镜头移向南部海面的时候，寻像器里是另一番景象：海面上空赫然出现了像双层楼台的物体。只见上层平台时大时小，忽明忽暗，与下层楼台似接非接，若断若连。楼台右侧不远处，有座单孔拱桥，一端搭在山坡上，一端伸进大海中，长长的桥面凌空飞架，样子酷似赵州桥。我把镜头缓缓拉开，眼前很像一片宁静的"湖"。时隔不足一分钟，当我把镜头再推近单孔拱桥时，悬空的桥面由宽变窄，慢慢地断裂、融化、消失了，只剩下一座残缺的桥墩孤零零地竖在水中。

一会儿，我又从海面上寻觅到一座"古城堡"，这组建筑群，右边耸立着两座高大的方形建筑物，样子很像关隘上的古城墙，中部有一片平坦的空地，仿佛古代练兵的校场，空地中央还立着一株高大的树。建筑群左边像一座两层楼阁。开始，一股云气由左向右缓缓地漂浮游动，楼阁的上层随着向右扩展延伸，一直和空地中央的大树连接起来，好像为空地搭上了一个巨大的凉棚。后来，云气消退了，空地中央的大树变成了光秃秃的旗杆，旗杆下隐隐约约仿佛有人影在晃动……

此情此景，不禁使我联想到古人看到海市后留下的一些名句：

云气时出没，忽然结为楼。

（明）徐应元

高下时翻覆，分合瞬息中。

（明）袁可立

水面作楼忽作树，城头为台复为关。

（清）王鑨

今朝疑有群仙过，故尔长虹出晶宫。

（清）任璿

这一切正像北宋科学家沈括在他的名著《梦溪笔谈》中所说的那样："登州海中，时有云气，如宫室、台观、城堞、人物、车马、冠盖，历历可见，谓之海市。"

下午四点钟左右，海市像大海退潮一样退了下去。借此机会，我采访了现场观海市的人们。

"您从哪里来的？"我问一位穿黑绸衫的中年大汉。

"黑——黑龙江来的。在——在火车上就听说到蓬莱能——能看到海市蜃楼，正好，让我赶——赶上了，头——头一回。"这位东北老客，激动得连话都说不流利了。

"我是济南来的，不容易看到。"

"和您原来想象的怎么样？"我问。

"想象不出来，哈哈……"

"我是北京来的，真不错。"

"我是江苏来的，太神奇了！"

"我是当地人，有生以来第一次看到。刚才您没有看到吗？哎呀，变化可大啦，一会儿变成楼阁，一会儿变成树，一会儿变成桥洞子，一会儿像人一样，伸出胳膊来了……"

人们热情地围着我，七嘴八舌地表达自己喜悦的心情，新奇的感受以及由此引起的丰富想象。

下午四点半多钟，大家正谈得热乎，突然有人惊呼："海市又来了！海市又来了！"我扛着摄像机，夹在骚动的人群里，身不由己地向海边去。"让开，快让开！"有人高声喊着为我开路。循声望去，海市果然又像大海涨潮似的涌来。田横山北部的海面上，一片本来没有的陡峭奇峰拔海而起，黑苍苍的，像浓抹淡染的水墨画。

"喂，这里好！"

"嗐，快拍那边呀！"

"哎呀！变了，没啦，太可惜了。"

挤在我身边的几位好心人，扯着变了调的嗓门吵着，嚷着，指手划脚地喊着。有人挤掉了帽子，有人被踩掉了鞋，还有人急急火火地讲出了粗话。然而，此时此刻，无人挑剔，无人指责，好像除了看海市，吆海市，世界上其他事物都不存在了。

"方圆断续忽易位，明灭低昂顷刻殊。"海市蜃景瞬息万变，恍惚不定。我双目紧盯着寻像器，手忙脚乱地捕捉着拍摄目标。正抢拍着东部"大竹盈盈横匹练，小竹湛湛浮明珠"，西边"沙门小岛更奇绝，浮屠倒影凌空虚"；左边刚拍完"乱云时结蜃"，右侧又出现"断岸驾长虹"。我恨不能把两眼变成摄像机，眼底变成录像带，把满海的蜃景一股脑地摄下来。

我拍呀，拍呀，眼看随身携带的电池就要用光了。正在不知所措，工人周乃军挺身而出，驾着摩托车主动担任了"交通员"。幸亏事先有主意，我把充电机带到了蓬莱阁，上午用完了的电池已经充上了电，要不，没了电，停了"摆"，不把人急了才怪呢！

下午五点多钟，长岛东部海面赫然冒出了两座高山，山大得出奇，而且还在不断地往上升腾。其中一座大山，在场的当地人说，平时是看不到的。它很像百里之外，隐在地平线以下的大连老铁山。

长岛和庙岛之间，蜃景变幻多端，时而像海滨城市，时而变成了陡立的峡谷，时而烟囱林立，时而楼房高耸。面对这变幻不定的景象，人们七嘴八舌，议论纷纷。有人说，它像南长山岛，有人不赞成，说南长山岛没有这样像山一般高的楼……

“快看，那是什么？”有人惊讶地指问蓬莱“八仙居”东部海面的一团黑影。我急忙把镜头摇过来，推上去，调实焦距后，海面上一座“摩天大厦”跃然入目。大厦的层次、线条清晰可辨。更为奇特的是大厦还在不断地改变自身的颜色。开始是白色，后来变成黑色，不一会儿又变成了白色，并且还有亮光在闪烁。这是哪里的景物？它本身是白色还是黑色？颜色为什么会自行改变？又是怎样改变的？

我正在纳闷儿，背后又发生了激烈的骚动。我调转镜头循声望去，只见原来长虹般的多孔拱桥不见了。在动荡不定的云气中，一座苍翠的山峦上同时现出两座建筑物，前面的像亭台，后面的像楼阁，前后相依，错落有致。一会儿，云升腾，云气过处，楼台亭阁不断地改变着自身的造型。前面亭阁的上部动荡起来，逐渐形成了横卧的圆柱状，中间和后部似有支架与下层相接，远远望去前长后短，若即若离地架在地座上，恰如一挺重型机关枪。后面的双层楼台比较稳定，不过，随着云气升腾，楼台上方慢慢地又显出了第三层。这第三层，前部呈圆筒状，悬空横卧，像远程炮的发射筒；后部呈长方形，像远程炮的炮身，炮身后有黑影挺立，仿佛哨兵在站岗。远程炮和重机枪、炮筒、枪口同指一个方向，上下呼应，浑然一体，俨然一艘远洋炮艇。过了一会儿，炮艇上方又冒出了第四层，圆圆的，红红的，酷似一盏若明若暗的信号灯。正如古诗所说的那样：“清空蜃气象楼台，四海传闻几费猜。”几分钟之后，信号灯不明了，远程炮消失了，楼台还是楼台，亭阁还是亭阁……

下午七点多钟，海市蜃景像石沉大海一样从海天交接处消失了。一切恢复了正常，然而，目睹到海市的人们都久久地不肯离去。

六月十八日，人们明知海市不会再现，还是有不少人来到蓬莱阁下静坐等待。我本来想到别处采访，也鬼使神差般地来到了海边。来自美国的六十六岁的海默威茨女士，亲自来到昨天看到海市的位置，看着一览无际的海面，她面对摄像机镜头激动地说：“没了，全没了，简直不敢相信，我很幸运。”

一位对登州海市观察研究了四十多年的老学者说：“这是四十年来最少

见的，最好的，特好的，据我所知没有比这再好的登州海市。拍下登州海市，用科学的术语说，这是填补了一项世界空白。”

……

海市蜃楼是奇妙的，然而，它又是客观存在的自然现象，因而是可知的，可见的。朋友，欢迎您到蓬莱一游，登州海市正在向您招手！

（孙玉平）

重楼翠阜出霜晓

——蓬莱4月3日海市通记

蓬莱，素以“人间仙境”驰名中外，更有那虚无缥缈的“海市蜃景”为仙境增添异彩。北宋科学家沈括在《梦溪笔谈》中说：“登州海中，时有云气，如宫室、台观、城堞、人物、车马、冠盖，历历可见，谓之‘海市’。”的确，“海市蜃景”为历代人民所赞叹。

据说，见到海市的人不仅能得到美的享受，而且还能交上好运气。为使世人一饱眼福，根据中央领导同志指示，去年山东省有关部门专门在蓬莱、长岛分别设置了三个海市摄制点，以抢拍海市奇景。可惜他们“守株待兔”半年多，却一无所获，实在令人遗憾。真是“踏破铁鞋无觅处”呀！然而蓬莱汽车改装厂王毅同志却“得来全不费功夫”，并抢拍了一组海市镜头。

1987年4月3日下午，蓬莱大地晴空万里。3时30分，王毅在厂门口望见庙岛群岛以南的海面上出现了一条白色光带。在哪儿见过？王毅脑海里的储存器飞快地显示出各种信号。想起来了，1981年海市出现以前就有过这样的光带。王毅为之一振，情不自禁地大声道：“海市！”

人们听说有海市，撒腿就往海边跑。一位拾废品的老伯说：“我这辈子见过4回海市，哪有这时候出海市的？往常都出在五六月份。”他一边唠叨，一边不由自主地往海边走。

一会儿，海边聚集了20多人，大家热切地期待着海市的出现，那心情比丈夫在产房门外等候爱妻分娩还焦急。是都市里的高楼大厦，还是山区里的羊肠小道？人们的心砰砰地跳着。

这时，海面上好像有无数个能工巧匠在建筑仙山琼阁，那雾气鬼使神差般地聚着、散着、跳着、变幻着。须臾，只见连接大竹山、小竹山、车由岛、南长山、北长山、庙岛、黑山岛等岛屿的光带，逐渐加宽加厚，亮度和密度亦趋增强，并且遮住了海水与岛屿的连接线，岛屿上的岩石、山峰、建筑物等被光带遮映得模糊不清。正北偏东的车由岛、小竹山岛不知藏到哪儿去了，其他岛屿也慢慢地围上了一层白色的雾带，悬飘在离海面若干米的空中。

突然，一个排球大小的浅橘红色的球体，从南长山岛东边的江头（地名）升起，不到三秒钟便消失在数丈高空。接着，江头的房屋出现了叠影，霎时，光带里的景物都形成了多层次的叠影。眨眼间，光带又将随岛、黑山岛抻得很长很长。不知从哪儿飞来了四五个黑三角，它们一字排列，缓慢地漂浮着，一会儿升到光带上面，一会儿又降至光带下面，不知它们是在玩捉迷藏游戏，还是在进行编队飞行表演，有趣极了。拾废品的老伯伯被眼前的奇景逗乐了，捏着下巴上的胡须自我解嘲似的说：“对了，俺爷爷说我父亲出生那年，清明节前后出现了一回海市……”

看！北长山的松山和花儿沟之间的光带上，一座赭石色的现代化的楼房，正踏着汽改厂下班钟声的节奏，姗姗而来。楼房坐落在山坡上黑绿色的树林中，上面是蔚蓝色的天，下面是碧绿色的海，前面是连接两山的涧溪，似有溪水顺涧而下，光闪闪。楼房被雾霭环绕着，时而腾云驾雾，时而原地踏步，带有浓厚的神秘色彩。楼房的窗户时隐时现，真是妙趣横生，美不胜收！

瞧！光带上又出现了一棵松树。它虽无泰山迎宾松那样高大、气派，却也秀丽、妩媚。王毅同志不知是由于劳累，还是由于激动，竟未拍下这珍贵的松树镜头。唉！太遗憾了。

4 时 10 分，“松树”“楼房”“黑三角”等海市幻景依次匿迹。光带似乎怀着内疚的心情，悄然逝去，庙岛群岛慢慢恢复了常态。

这次海市出现季节之早，时间之长，幻景之多，实属罕见。北宋文学家苏东坡在《登州海市》中也曾说，“重楼翠阜出霜晓，异事惊倒百岁翁”。

（梁科礼，《大众日报》1987 年 7 月 4 日）

第四节　蓬莱阁门票

蓬莱阁景区1980年9月25日正式对外开放，蓬莱阁门票由蓬莱阁管理所制作、发行、销售并监管使用。蓬莱阁景区门票具有通行凭证、广告宣传、导览和收藏等功能。游客持门票进入景区游览，通过门票上的景区简介、风景照片等了解景区的历史、文化和景观，根据门票上的导览图能够按图索骥，畅游景点，游览结束后门票可以收藏，作为旅游纪念品留作纪念。

蓬莱阁景区门票是蓬莱阁景区的一张名片，能够宣传蓬莱阁，提高景区知名度，还能完善景区管理，调节客流量，减轻景区员工劳动强度，增加经济收入，丰富旅游文化内涵，对景区发展起到积极的推动作用。2002年3月22日，蓬莱阁景区与国家邮政局合作，推出《蓬莱阁》明信片门票，明信片门票为蓬莱阁全景图，包含邮资。检票后，游客填写地址姓名，投进蓬莱阁景区邮筒，可作明信片使用。随着蓬莱阁景区的知名度不断提高，设计巧妙、制作精美的蓬莱阁景区门票已经成为民间收藏品之一。

改革开放以来，我国旅游事业迅猛发展，蓬莱阁景区紧跟“互联网+”旅游和大数据技术的高速发展步伐，快速迈进智慧旅游景区行列。传统的蓬莱阁纸质门票即将退出历史舞台，逐渐被虚拟化电子门票所取代。

蓬莱阁门票从纸质门票到电子门票的发展过程，经历了三个阶段。

一、窗口售票（纸质门票）阶段

1980年至2015年7月，蓬莱阁门票采取窗口售票（纸质门票），实行人工检票。

二、线上预订、线下换票阶段

2015年8月，蓬莱阁景区打造“仙客行　智游蓬莱”微信购票平台，并与多家OTA分销渠道合作，进行线上电子门票的运营。游客线上购票成功后，凭借手机验证短信到景区人工网络票窗口换票，游客持纸质票在景区检票口人工打孔检票过闸机进入景区。

2018年，蓬莱阁景区全面升级智能门禁系统（闸机检票系统）和自助取票机设备，游客网络购票成功后，只需凭借手机短信二维码或者下单身份证，即可自行在自助取票机上取纸质门票，通过闸机刷票入内，取代人工检票。同时，在人工纸质门票售票窗口同步新增移动端二维码（微信/支付宝）支付。

三、线上预订、电子门票阶段

2020年2月26日，蓬莱阁景区实行门票线上实名制预约，游客在线上预约购票后，无需取票，刷身份证即可入阁。同时，为满足少数不能线上购票游客的需求，为他们提供纸质门票人性化服务。

蓬莱阁景区门票实现电子化、虚拟化是适应移动互联网时代发展的必然趋势，是景区智慧化建设的革命性标志，可降低景区办公成本，提升景区工作效率，也为游客提供更为安全、便捷的游览体验和服务。

蓬莱阁景区自正式对外开放以来，门票价格也随着时代的发展进行调整。1980年票价0.05元，1982年两次调整至票价0.1元、0.2元，1983年票价0.3元，1984年票价0.5元，1987年票价1元，1992年票价6元，1993年8月票价12元，1994年票价25元，1996年票价30元，1997年票价40元，1999年票价55元，2002年两次调整至票价65元、70元，2009年两次调整至票价85元、100元，2012年5月18日票价140元，蓬莱阁门票票价从景区开放初期5分钱提高到140元，票价上涨了2800倍。2018年9月30日下调为票价120元，2019年9月29日下调为票价100元。2020年受新冠肺炎疫情影响，蓬莱阁景区实行短期优惠政策，2月26日—7月15日门票优惠价85元，8月1日—12月31日门票优惠价50元。2021年1月1日蓬莱阁门票票价恢复为100元。

附一

1980 年至 2020 年蓬莱阁景区门票收入一览表

年代	门票收入（元）	备注
1980	1050	
1981	11455	244450 人次（外国人 557 人次）
1982	19410	415749 人次（外国人 1027 人次）
1983	32557. 95	438678 人次（外国人 1701 人次）
1984	92851	
1985	267100	
1986	348179	
1987	796597	
1988	1621540	
1989	1392336	
1990	1720351	
1991	1969774	
1992	2167555	
1993	969373	大阁 38388 元
1994	19466426	大阁 710296 元
1995	22717750	
1996	2624 万	
1997	4248 万	
1998	4950 万	
1999	5400 万	
2000	6019 万	
2001	6796 万	
2002	8158 万	
2003	5164 万	
2004	7234 万	
2005	6601. 61 万	
2006	7008. 07 万	
2007	7201. 31 万	
2008	6755. 1 万	114. 7 万人次
2009	8999. 44 万	

续表

年代	门票收入（元）	备注
2010	9525.12万	
2011	10239.12万	
2012	13859.87万	
2013	14308.82万	102.2万人次
2014	14239.67万	101.7万人次
2015	15679.53万	143万人次
2016	16177.52万	149万人次
2017	16204.6万	152万人次
2018	16666.92万	210万人次
2019	16604.33万	
2020	4281.98万	

附二 1980年至2020年蓬莱阁景区门票

1. 1980—1981年5分门票

2. 1982 年 1 角、2 角门票

3. 1983 年 3 角门票

直上蓬萊閣
人間第一樓
雲山千里目
海島四時秋
PENGLAIPAVILION
游覽券
票价:三角
副券

直上蓬萊閣
人間第一樓
雲山千里目
海島四時秋
PENGLAIPAVILION
游覽券
票价:三角
副券

4. 1984—1986 年 5 角门票

5. 1987 年 1 元门票

6. 1993 年 6 元、12 元门票

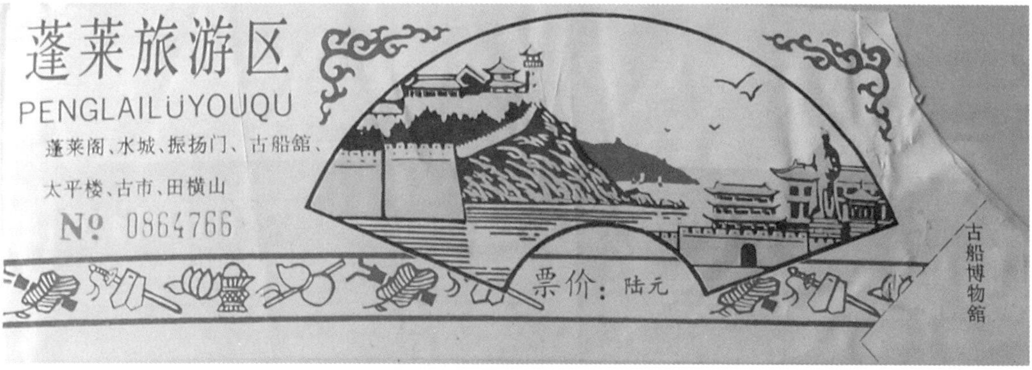

7. 1994—1995 年 25 元门票

8. 1996 年 30 元门票

9. 1997—1998 年 40 元门票

10. 1999—2001 年 55 元门票

11. 2002—2008 年 65 元、70 元门票

12. 2009—2012 年 100 元（85 元）门票

13. 2012 年 140 元门票

14. 2018 年 120 元门票

15. 2020 年 50 元、100 元门票

第二章 沿 革

第一节 唐 代

唐贞观年间（627—649），在丹崖山巅建广德王庙；在丹崖山南麓建弥陀寺。

唐神龙三年（707），登州治所迁至蓬莱，管辖蓬莱、黄县、文登、牟平四县。丹崖山下的登州港成为唐代与日本、朝鲜友好交流的北方唯一港口，“登州海行入高丽、渤海道”国际航线开通。

唐开元年间（713—741），在广德王庙东建三清殿。

第二节 宋 代

宋庆历二年（1042），登州知州郭志高修筑“刀鱼寨”，停泊战船。

宋嘉祐六年（1061），登州知州朱处约迁建广德王庙于现址（今龙王宫），在其旧址建蓬莱阁。

宋元丰八年（1085），苏轼任登州知州，登临蓬莱阁，作《望海》《海市诗》《北海十二石记》《蓬莱阁记所见》等诗文。

宋崇宁年间（1102—1106），在蓬莱阁西，建“灵祥庙”祀海神。

金皇统年间（1141—1149），重立苏轼《海市诗》碑。

第三节 元 代

元中统年间（1260—1264），修葺龙王宫。

第四节 明 代

明洪武九年（1376），在宋代“刀鱼寨”基础上建水城，“绕土城，周三里许，城高三丈五尺，厚一丈一尺，西北跨山，东南濒河，南一门”，并立帅府于此，名“备倭城”，又称“水城”。

明洪武年间（1368—1398），在水城内设置备倭都司。

明洪武十八年（1385），登州卫指挥使谢观修葺龙王宫，学士谢溥作记。

明永乐十四年（1416），都督卫青修葺蓬莱阁。

明洪熙元年（1425），修葺蓬莱阁及其附属建筑。

明正统年间（1436—1449），重修三清殿。

明天顺年间（1457—1464），建太平楼、涌月亭。

明成化七年（1471），永康侯徐安修葺蓬莱阁及其邻近建筑。

明正德八年（1513），登州府知府严泰于蓬莱阁西建海市亭。

明嘉靖四十四年（1565），建戚家牌坊。

明隆庆六年（1572），重修三清殿。

明万历七年（1579），重修天妃宫。

明万历十五年至十七年（1587—1589），山东巡抚李戴倡捐，戚继光等人捐资，宋应昌修葺蓬莱阁。“规画宏敞，视旧贯什倍之矣。”历时三年竣工。

明万历十八年（1590），建多寿亭。

明万历二十四年（1596），总兵李承勋在水城土墙外包砌砖石加固城墙，增建敌台三座。

明万历三十一年（1603），三清殿、白云宫毁于火，总兵李承勋捐资重建。

明万历三十八年（1610），建松石亭。

明万历四十五年至四十七年（1617—1619），参政李本纬、登州府知府徐应元重修龙王宫，修葺水城。

明崇祯四年至六年（1631—1633），孔有德发动“登州事变”，孔有德叛军占据蓬莱阁及水城，文物古迹损毁严重。

明崇祯八年（1635），建戚继光祠堂。

明崇祯九年（1636），登州府知府陈钟盛倡修蓬莱阁，维修水城城垣及天妃庙。

明崇祯十一年（1638），登莱海防道参议周之训仰慕苏轼的风采，捐出款项，命其属下张万宪督修苏公祠。

第五节 清 代

清顺治年间（1644—1661），山东巡抚朱国柱重修三清殿、白云宫。

清顺治十六年（1659），徐可先在水门口增置铁栅门。

清康熙三十一年至三十三年（1692—1694），登州府知府任璿建卧碑亭。

清康熙四十六年（1707），重修戚继光祠堂，并于祠堂东院建“忠”“孝”碑刻及碑亭。

清康熙年间（1662—1722），建万民感德碑亭。

清乾隆五十八年（1793），修葺水城。

清嘉庆二十四年（1819），登州总兵刘清修葺蓬莱阁，建蓬莱阁东西厢房、东西配殿。重修宾日楼、海市亭、弥陀寺。

清道光元年（1821），修葺关门口。

清道光十六年（1836），天后宫失火，焚毁庙观四十八间。

清道光十七年（1837），登州府知府英文重建天后宫及其附属建筑，改额“显灵”，勒石以记。

清道光十八年（1838），登州府知府英文重修白云宫。

清道光二十年（1840），修葺水城。

清同治元年（1862），修葺水城。

清同治三年（1864），修葺水城城垣。

清同治四年（1865）七月，风雨暴作，丹崖山倾圮，灯楼以西城垣倒塌十余丈，蓬莱阁岌岌欲坠。

清同治四年至六年（1865—1867），登州府知府豫山募资修缮蓬莱阁，修补山城，并将苏公祠由蓬莱阁南迁至蓬莱阁东今址。又于避风亭西北建屋三楹，是为澄碧轩。

清同治七年（1868），登州府同知雷树枚建灯塔于蓬莱阁东北丹崖山绝壁上。

清同治七年（1868），重修平浪宫。

清光绪元年（1875），修葺水城。

清光绪二年（1876），山东巡抚丁宝桢、登州府知府贾瑚、总兵王正起于宾日楼南接建吕祖殿，附设东、西厢，又于东厢南端建“望海亭”（即观澜亭）。

清光绪六年（1880），重修戚继光祠堂。

清光绪六年至十年（1880—1884），重修天后宫。

清光绪七年（1881），登州府知府贾瑚、知县江瑞采重建迎仙桥。

清光绪七年（1881），重修平浪宫。

清光绪二十一年（1895）1月18日，日舰“吉野”“浪速”“秋津洲”炮击蓬莱阁，弹中蓬莱阁北壁外“海不扬波”刻石，“不”字受损，伤痕至今可见，而内壁灰皮也遭震落，壁上南海才子招子庸所绘《墨竹图》从此绝迹人间。

第六节 民 国

1921年，直鲁豫巡阅使吴佩孚重修戚继光祠堂，并题“吾将私淑”。

1929年春，军阀张宗昌、褚玉璞与刘珍年部在胶东对峙，张、褚所部盘踞水城，蓬莱阁及其邻近建筑、文物古迹遭到严重破坏。

1934年5月，冯玉祥和李烈钧游览蓬莱阁，李烈钧题联“攻错若石，同具丹心扶社稷；江山如画，全凭赤手挽乾坤”，冯玉祥撰额“碧海丹心”。

1935年春，于学忠捐资打龙井。

1935年，维修戚继光祠堂。

1937年，日军飞机轰炸蓬莱阁古建筑群，天后宫院内戏楼、龙王宫前殿中弹焚毁。

1941—1945 年，太平楼、平浪宫等建筑毁于战火。

1947 年秋冬，进攻胶东的国民党军盘踞蓬莱阁上，因修工事和起火造饭、取暖之用，阁中木匾、楹联损失殆尽。同时，对水城城墙破坏较重。

1949 年 8 月，许世友指挥解放长岛战役，指挥所设在蓬莱阁上。

第七节 现 代

1956 年，省拨款约七千七百元，维修蓬莱阁及龙王宫、天后宫、白云宫山门五千元；维修戚继光祠堂和戚继光牌坊二千七百元。

1957 年，省拨款约二千七百元，维修蓬莱阁二层楼板及回廊；修复天后宫、龙王宫、三清殿内部分塑像；维修弥陀寺，重修感德碑亭。

1958 年，省拨款二万五千元，维修水门口、西城墙、卧碑亭、避风亭；砌修小海东岸；改建灯楼；改建小海吊桥为活动木板桥。

1959 年，省拨款三万元，维修天后宫戏楼、钟鼓二楼，对大殿与寝殿刷漆；维修东院白云宫内门口喷水池、珠玑石子路面等。

1962 年，省拨款二万八千元，用于维修蓬莱阁和庙岛天后宫（当时长岛归蓬莱）。

1963 年，省拨款一万元，维修水门口；安装蓬莱阁避雷针。

1964 年，省拨款二万元，维修水门口炮台、弥陀寺；水城小海中间木桥改建单孔石桥。

1965—1966 年，省拨款一万八千元，维修蓬莱阁。

1966 年，“文化大革命”运动开始，天后宫、龙王宫、三清殿、吕祖殿等建筑内的塑像全被拉倒；董其昌手迹刻石被砸得斑驳不清；铁保“蓬莱阁”字匾被铲去上下款；戚继光祠堂内“忠”“孝”碑刻被砸毁，碑亭亦毁；“父子总督”“母子节孝”牌坊遭到损坏，局部构件被毁。

20 世纪 60 年代，水城南城墙、东城墙南段，被水城村居民盖房时陆续破坏。

1972 年，西城墙南段被改造为通往蓬莱阁的旅游道路。

1973 年，省拨款一万五千元，翻修澄碧轩、避风亭、蓬莱阁西边照壁等。

1975 年，省拨款二万元，维修水城西北角、水城南门、天后宫东西厢；粉画、油漆蓬莱阁等。

1976 年，拨款三万六千元，砌修小海南墙、西墙。

1977 年 11 月 24 日，“戚继光祠堂”与“戚继光牌坊”被蓬莱县人民政府公布为县级文物保护单位。

1978—1979 年，中央直接拨款十五万元，省拨款十万元，共二十五万元。维修项目：三清殿翻修八万元；天后宫大殿及后殿维修一万八千元；弥陀寺维修八千元；复修水门口东城墙三万元、西挡墙（水门口西南部）四万六千元、平浪台北墙六千元、迎仙桥二千元；打机井一万五千元；零星修缮二万元（包括厕所、立碑、铺地及剩料等）。

1980 年 9 月 25 日，设立蓬莱阁管理所、蓬莱县文物管理所，合署办公，蓬莱阁正式对外开放。

1981 年，重建“丹崖仙境”牌坊；重塑三清殿塑像。

1982 年 2 月 23 日，“蓬莱水城及蓬莱阁”被国务院公布为第二批全国重点文物保护单位。

1982—1983 年，维修水城西北角城墙；油漆彩绘天后宫；重塑天后宫塑像。

1983 年，省旅游局拨款七万元，修建接待室、龙王宫。

1984 年，省旅游局拨款四万元，安设消防设施。

1984 年，维修龙王宫、重塑龙王宫塑像；改弥陀寺为接待室。

1984 年 3 月至 5 月，对水城小海开展有史以来规模最大的清淤，清除淤泥 22 万立方米，出土一艘古代战船及大批文物；重修小海护坡 1380 米；改小海中间单孔石桥为活动铁板桥。

1984 年，搬迁水城小海东岸居民 86 户，修建古市一条街。

1985 年，省旅游局拨款七万元，修缮蓬莱阁。

1985 年，对戚继光牌坊损毁部件进行修补。

1985 年，将戚继光祠堂收归国有，蓬莱阁管理所负责管理，同年对祠堂进行整修，并对外开放。

1986年7月26日，设立蓬莱阁管理处，为副科级事业单位。

1986年，省旅游局拨款五十一万五千元，修缮蓬莱阁十三万元，重修振扬门城门楼三十八万五千元；维修蓬莱阁主阁，更换檐柱，改屋面灰瓦为黄琉璃瓦。

1987年，重建太平楼、平浪宫、涌月亭、点将台；新建戚继光塑像。

1987年，重立戚继光祠堂内“忠”“孝”碑。

1987年4月27日，“戚继光祠堂”被烟台市人民政府公布为烟台市重点文物保护单位。

1989年，在水城水门口架设钢骨架木板天桥。

1989年11月8日，蓬莱阁管理处内设中层机构：行政科、财务科、文物科、保卫科、园林科、经营科、导游科；设立戚继光祠堂管理所、田横山管理所。

1990年，建登州古船博物馆，展出小海出土古船及文物。

1992年4月28日，蓬莱阁管理处确定为正科级事业单位。

1992年，维修加固水城东炮台；修补小海护坡。

1992年6月20日，“戚继光祠堂”与“戚继光牌坊”被山东省人民政府公布为山东省重点文物保护单位。

1992年7月30日，蓬莱阁管理处增设办公室、后勤科，撤销行政科。

1993年，重建龙王宫前殿、后殿，并重新塑像。

1993年，维修子孙殿并塑像；维修吕祖殿并塑像。

1993年8月8日，蓬莱阁跨海观光索道投入运营，设立索道管理所。

1994年5月26日，设立蓬莱阁旅游区管理委员会、蓬莱市文物管理局，合署办公。

1994年，维修水城西北角城墙。

1995年，于蓬莱阁古建筑群入口处新建“人间蓬莱”牌坊。

1995年，拆除小海活动铁板桥，新建跨小海五孔石拱桥——登瀛桥；重修北小海西侧码头。

1995年7月8日，水师府（戚继光纪念馆）对外开放。

1996年5月26日，设在太平楼的“中国船舶发展陈列馆”对外开放，展示古今船模50余艘。

1996年5月26日，蓬莱阁全周影院对外开放。

1996年8月9日，设立“蓬莱阁全周影院管理所”“蓬莱阁惊险游乐城管理所”“蓬莱阁激光枪战城管理所”。

1996年，对蓬莱阁丹崖山岩体采用锚杆、锚索加固和挂网喷浆、砌筑支护等技术进行保护。

1996年11月19日，设立蓬莱阁管理处，隶属于蓬莱风景区管理委员会。

1996年11月20日，“戚继光牌坊”被国务院公布为全国重点文物保护单位，归入“蓬莱水城及蓬莱阁”。

1997年，对蓬莱阁古建筑群内历代碑刻进行化学保护。

1998年，重建水城振扬门木结构城门楼。

1998年10月1日，黄渤海栈道、田横山文化公园对外开放。

1999年，修复水城东城墙北段151米城墙。

1999年2月24日，蓬莱阁管理处增设环境卫生管理科。

1999年3月，将戚继光祠堂、戚继光牌坊周边120户居民搬迁，恢复戚继光故里。同年，撤销戚继光祠堂管理所，成立戚继光故里管理处。

2000年6月19日，戚继光故里对外开放。

2000年8月21日，设立蓬莱阁管理处三山门公园管理科。

2000年8月28日，登州博物馆对外开放。

2000年11月9日，成立蓬莱市蓬莱阁旅游有限责任公司。

2001年4月17日，设立蓬莱广场管理处，隶属蓬莱旅游度假区管理委员会。

2001年，维修弥陀寺，重塑33尊塑像，弥陀寺重新开放。

2001年，维修蓬莱阁主阁，恢复灰瓦绿琉璃瓦剪边屋面。

2001年11月27日，成立蓬莱市艺术团，为副科级全民所有制事业单位，隶属蓬莱阁管理处。

2002年6月27日，蓬莱阁管理处增设旅游车队，“戚继光祠堂管理所”更名为“蓬莱市戚继光故里管理处”，“蓬莱阁惊险游乐城管理所”更名为“蓬莱市登州博物馆”，撤销“蓬莱阁水族馆”。

2002 年 8 月 8 日，胡仙堂对外开放。

2003 年，对戚家牌坊残缺和损毁的构件进行修补，并进行化学保护。

2003 年，根据《蓬莱水城和蓬莱阁保护规划》方案，搬迁水城居民 564 户，迁移渔船 275 艘，拆迁面积 9.15 万平方米。

2003 年，维修胡仙堂，重塑 3 尊塑像。

2003—2004 年，修复水城东城墙南段 519 米。

2004 年，修复仲连祠，塑鲁仲连像。

2004—2008 年，重建三官庙，重塑 18 尊塑像。

2004—2005 年，修复水城南城墙 326 米。

2005 年 3—11 月，水城小海清淤，加固周边护坡，并由山东省文物考古研究所、烟台市博物馆、蓬莱市文物局组成考古队，配合水城小海清淤工程，发掘出土 3 艘明代古船。

2005 年，重建关门口天桥，桥面加宽，改为双向通行。

2005—2006 年，修复水城西城墙南段 620 米。

2005—2009 年，重建水城内备倭都司府。

2006—2007 年，重建水城南营、东营。

2007 年，对蓬莱阁古建筑群内历代碑刻进行第二次化学保护。

2007 年，第二次对蓬莱阁丹崖山岩体采用锚杆、锚索加固和砌筑支护等技术进行保护。

2007 年，维修并加长、加宽、加固水城水门口外防波堤 150 米。

2007 年，维修水城西城墙北段 230 米。

2007 年，对水门口城墙基础进行加固。

2008—2010 年，兴建蓬莱古船博物馆；重建水城西营。

2009 年，维修弥陀寺前殿、龙王宫前后殿、天后宫戏台、观澜亭。

2010 年，维修太平楼。

2010 年 2 月 5 日，蓬莱阁管理处所属登州博物馆被国家文物局评为“国家三级博物馆”。

2010 年 5 月，在蓬莱水城南小海西岸发现明代码头遗址，出土一批明代青花瓷器、瓷片。

2010 年 6 月 29 日，备倭都司府对外开放。

2011 年 7 月，设在太平楼的“中国船舶发展陈列馆”撤展。

2011 年，维修龙王宫东厢、天后宫正殿东西厢房。

2011 年 10 月 8 日，登州古船博物馆牌楼式门楼等办公区域拆除，主体建筑保留，展陈文物搬迁。

2011 年，蓬莱阁管理处更名为“蓬莱阁景区管理处”，升格为副处级事业单位。

2012 年 2 月，北京市古代建筑设计研究所编制《蓬莱阁古建筑群油饰彩画维修工程修缮方案》。

2012 年 3 月，更换大阁东西院水泥地砖，重修铺砌青石地面。

2012 年 5 月，油漆彩绘吕祖殿东西厢房及垂花门木构件。

2012 年 5 月 18 日，蓬莱古船博物馆正式开放。

2012 年 10 月，油漆彩绘龙王宫前殿后殿木构件。

2013 年 3—12 月，油漆彩绘丹崖仙境坊、龙王宫正殿、戏楼、天后宫垂花门、正殿后殿、蓬莱阁主阁木构件。

2013 年 5 月，维修天后宫东院门屋面，更换朽烂望板及椽子。

2013 年 6 月 8 日，戚继光故里移交至蓬莱阁文化旅游集团。

2013 年 7 月 5 日，蓬莱阁文化旅游集团启动“夜游城墙”项目。

2014 年 4 月，蓬莱阁主阁维修，重做一楼屋面，西北角柱子墩接、抱头梁朽烂部分拼接，朽烂木构件采用碳纤维加固，更换朽烂望板及椽子。

2014 年 5—11 月，子孙殿院门、天后宫东厢、天后宫前殿、钟鼓楼、“人间蓬莱”坊维修屋面，更换朽烂木构件，油漆彩绘木构件。

2014 年 6 月 27 日，蓬莱市艺术团更名为“蓬莱阁文化宣传中心”。

2014 年 7 月，油漆彩绘仲连祠。

2015 年 3 月 13 日，登州古船博物馆更名为“蓬莱古船博物馆”。蓬莱市戚继光纪念馆更名为“蓬莱市备倭都司府管理所”，挂戚继光纪念馆牌。

2015 年 3—7 月，维修戏楼东院墙；避风亭、卧碑亭、苏公祠、吕祖小像亭、八角亭屋面倒垄，更换朽烂木构件，油漆彩绘。

2015 年 4 月，油漆彩绘三清殿前殿、正殿及吕祖殿。

2016年2月2日，太平楼管理所更名为“蓬莱阁信息化服务所”。

2016年12月7日，撤销“蓬莱阁管理处”，成立“蓬莱阁景区管理处”，为副处级事业单位，下设办公室、导游管理部、产业开发部、文物管理部、后勤保卫部五个副科级单位。

2017年8月29日，蓬莱阁振扬门管理所更名为“蓬莱阁游客服务中心”。

2019年2月，备倭都司府撤展。

2019年5月21日，蓬莱阁景区管理处所属蓬莱市戚继光故里管理所，调整为由蓬莱旅游度假区管理委员会领导。

2019年6月13日，戚继光纪念馆对外开放。

2019年9月27日，蓬莱阁景区管理处更名为“蓬莱阁景区管理中心”，为蓬莱市副处级单位。

附表 蓬莱阁景区管理服务中心机构沿革

<table>
<tr><th>时间</th><th>名称</th><th>批准文号</th><th>负责人任职时间</th><th>下设科室及下属单位</th></tr>
<tr><td rowspan="2">1980.09.25</td><td rowspan="2">成立蓬莱阁管理所</td><td rowspan="2">蓬革办（1980）第21号</td><td>崔成善</td><td>无</td></tr>
<tr><td>丁平</td><td>无</td></tr>
<tr><td>1986.07.26</td><td>改蓬莱阁管理所为蓬莱阁管理处（为比局级低半格的事业单位）</td><td>蓬发（1986）第78号</td><td rowspan="2">曲连福（1987.05—1989.12）；赵洪海（1990.01—1992.03）</td><td>无</td></tr>
<tr><td>1989.11.08</td><td>蓬莱阁管理处</td><td>蓬编办（1989）第32号</td><td>蓬莱阁管理处中层机构设：行政科、财务科、文物科、保卫科、园林科、经营科、导游科。1989年11月设立田横山管理所。1990年4月设立太平楼管理所、振扬门管理所</td></tr>
<tr><td>1992.04.28</td><td>蓬莱阁管理处（正科级事业单位）</td><td>蓬政发（1992）第61号、蓬编（1992）第47号</td><td>凌丽华（1992.04—1994.05）</td><td>内部增设办公室、后勤科，同时撤销行政科。1993年4月设立蓬莱阁索道管理所</td></tr>
</table>

续表

时间	名称	批准文号	负责人任职时间	下设科室及下属单位
1994. 05. 26	设立蓬莱阁旅游区管理委员会，对外挂蓬莱市文物管理局的牌子，为全民正科级事业单位，经费自收自支，隶属市政府领导。同时，撤销蓬莱阁管理处	蓬政发（1994）第65号、蓬编（1994）第25号、蓬编（1994）第26号、蓬编（1995）第31号、蓬编（1996）第41号	凌丽华（1994. 06—1999. 11）；杜景章（1999. 12—2002. 12）；张守禄（2003. 01—2004. 09）；孙传威（2004. 09—2008. 08）；寇润平（2008. 08—2013. 01）；盛立军（主持工作，2013. 02—2016. 12）	将原蓬莱阁管理处、登州古市管理处及其所属单位、登州古船博物馆、登州古市展销商场划归蓬莱阁旅游区管理委员会领导。蓬莱阁旅游区管理委员会内部设立办公室、政工科、财务科、导游科、园林科、文物科、保卫科、经营科、开发科、稽查科、后勤科。1995年8月成立戚继光纪念馆，与振扬门管理所合署办公。1996年8月设立蓬莱阁激光枪战城管理所，设立蓬莱阁全周影院与蓬莱阁惊险游乐城合署办公
1996. 11. 19	撤销蓬莱阁旅游区管理委员会，取消其所挂蓬莱市文物管理局的牌子。设立蓬莱阁管理处，其正副职分别配备正副科级干部，经费自收自支，隶属蓬莱风景旅游区管理委员会领导。2011年在蓬莱阁管理处的基础上组建蓬莱阁景区管理处，规格为副处级，隶属关系不变	蓬政发（1996）第141号、蓬编（1999）第8号、蓬发（2001）81号、蓬编（2001）第7号、蓬编（2002）7号、蓬编（2004）12号、蓬编（2009）6号、烟编（2011）22号		内部设办公室、导游科、财务科、文物科、园林科、稽查科、后勤科、保卫科、接待科。原蓬莱阁旅游区管理委员会的所属单位隶属蓬莱阁管理处领导。1999年内部增设环境卫生管理科。2001年11月成立艺术团，设立蓬莱广场管理处。2002年内部增设旅游车队。2002年6月蓬莱阁惊险游乐城管理所更名为蓬莱市登州博物馆。蓬莱市戚继光祠堂管理所更名为蓬

续表

时间	名称	批准文号	负责人任职时间	下设科室及下属单位
				莱市戚继光故里管理处。2004年6月蓬莱阁激光枪战城管理所更名为蓬莱阁海滨公园管理所。2009年10月设立蓬莱市旅游咨询服务中心。2014年6月蓬莱市艺术团名称变更为蓬莱阁文化宣传中心。2015年3月登州古船博物馆更名为蓬莱古船博物馆，蓬莱市戚继光纪念馆更名为市备倭都司府管理所，挂市戚继光纪念馆牌子。2015年8月撤销蓬莱广场管理处、蓬莱市旅游咨询服务中心，设立蓬莱市海滨文化广场管理所。2016年2月蓬莱市太平楼管理所更名为蓬莱阁信息化服务所
2016.12.07	撤销蓬莱阁管理处，事业编制收回，其下属事业单位调整为由蓬莱阁景区管理处领导	蓬编办（2016）14号	盛立军（主持工作，2016.12—2019.09）	内部设置办公室、导游管理部、产业开发部、文物管理部、后勤保卫部5个部室，规格均为副科级。2017年办公室内设综合科、政工科、稽查科；导游管理部内设导游科、票务中心；产业开发部内设营销科、财务科、旅游车队；文物管理部内设文物科；后勤保卫部内设后勤科、园林科、环管科、保卫科

续表

时间	名称	批准文号	负责人任职时间	下设科室及下属单位
2019. 09. 27	蓬莱阁景区管理处更名为蓬莱阁景区管理中心，仍为蓬莱旅游度假区管理委员会所属副处级事业单位	蓬编（2019）18号	盛立军（主持工作，2019. 09—2020. 06）姜福明（主持工作，2020. 07—2021. 01）；	同上
2021. 01. 05	组建蓬莱阁景区管理服务中心，为蓬莱旅游度假区管委会所属副处级公益二类事业单位	烟蓬办发（2021）1号	姜福明（主持工作，2021. 01至今）	整合蓬莱旅游度假区管委会所属蓬莱阁景区管理中心（副处级）、蓬莱阁景区管理中心所属蓬莱阁文化宣传中心（副科级）、烟台市蓬莱区海滨文化广场管理所（股级）、烟台市蓬莱区登州博物馆（股级）、蓬莱阁海滨公园管理所（股级）、蓬莱阁信息化服务所（股级）、蓬莱阁全周影院（股级）、蓬莱阁索道管理所（股级）、蓬莱阁游客服务中心（股级）、蓬莱古船博物馆（股级）、烟台市蓬莱区备倭都司府管理所（烟台市蓬莱区戚继光纪念馆，股级）、蓬莱阁田横山管理所（股级）等12家事业单位及相关职能。2021年4月下设办公室、政工部、文物部、产业开发部、导游部、运营部、市场营销部、安保部、后勤保障部9个部室

第三章 建 筑

蓬莱阁景区建筑以蓬莱阁古建筑群为主体，以蓬莱水城和周边建筑为补充，既有增建和修缮，又有湮灭和复建，历经千年，形成如今之规模。

蓬莱阁古建筑群是蓬莱阁景区的主体部分，是由蓬莱阁、天后宫、龙王宫、三清殿、吕祖殿、弥陀寺等六组建筑单元和附属建筑组成的规模宏大的建筑群，占地面积32800平方米，建筑面积18900平方米。整个古建筑群亭、台、楼、阁因山就势，错落有致，古朴典雅，寺庙园林交相辉映，分布得宜，协调壮观。

蓬莱阁建筑群所在的丹崖山上，唐贞观年间建有广德王庙和弥陀寺，宋嘉祐年间建起蓬莱阁，明、清两代历经数次大规模的增建与修缮，到清同治年间规模即与今日相仿。蓬莱阁历近千载，有着深厚的历史文化底蕴，是无比珍贵的文化遗产。1982年，“蓬莱水城及蓬莱阁”被国务院公布为全国重点文物保护单位，与岳阳楼、黄鹤楼、滕王阁并称为中国古代四大名楼。蓬莱阁是历代文人荟萃之地，碑刻匾额琳琅满目。其中北宋文学家苏轼《海市诗》和《书吴道子画后》卧碑、明代书法家董其昌手书《甲子仲夏登署中楼观海市》碑刻、清代书法家翁方纲手书《海市诗》石碑、清代书法家铁保手书《蓬莱阁》匾额等文化瑰宝，为海山增色，为仙境添彩。

第一节 古代建筑

1. 蓬莱阁

蓬莱阁，坐落于临海的丹崖山巅，东邻三清殿，西接天后宫，北为深达36米的陡峭山崖。北宋嘉祐六年（1061），登州知州朱处约将建在丹崖山巅的广德王庙移往西侧（今龙王宫处），就原址建起蓬莱阁，为州人游览之所。蓬莱阁在明永乐十四年（1416）、洪熙元年（1425）、成化七年（1471）、万历十七年（1589）数次修缮。崇祯五年（1632）“登州事变”，蓬莱阁损毁严重，后于崇祯九年（1636）修缮。入清以后，又有嘉庆二十四年（1819）、同治四年至同治六年（1865—1867）两次大的增建与修缮。民国期间饱受战乱。新中国成立后，1957 年、1966 年两次修缮，“文革”时期再次受到严重破坏。1986 年、2001 年先后进行两次大的修缮。

蓬莱阁现存主体建筑为清嘉庆年间修建，由主阁、东西厢房、东西配殿组成，总建筑面积 379 平方米。

蓬莱阁主阁，俗称“大阁”，坐北朝南，面阔 15. 93 米，进深 10. 8 米，高 11. 55 米，两层建筑面积 285. 6 平方米。三开间，四柱七檩五架梁，重檐歇山顶环廊式两层建筑。屋顶为绿琉璃正脊，筒瓦屋面，绿琉璃瓦剪边。

二楼回廊檐枋施龙草和玺彩绘，荷叶形雀替。正间前设隔扇门，门上悬挂“碧海春融”横匾，次间及东、西、北三面设隔扇窗。环廊外四面设万字纹木格栅栏，在东、西、北三面镶有隔扇窗，供游人凭栏观海。东、西两面设台阶，供游人上下楼。二楼室内梁、檩、枋均施苏式彩绘，内容为“蓬莱十大景”“风竹图”“八仙图”等。北侧悬挂清代著名书法家铁保题“蓬莱阁”匾额，字体雄健浑厚，具有珍贵的历史和艺术价值。南侧悬挂乌兰夫题“神州胜景”横匾。西侧悬挂董必武登蓬莱阁时留下的诗句“来游此地恰当时，海国秋风暑气吹。没有仙人有仙境，蓬莱阁上好题诗”及叶剑英题联“蓬莱士女勤劳动，繁荣生活即神仙”。正中设吕洞宾、铁拐李、张果老、汉钟离、何仙姑、蓝采和、韩湘子、曹国舅八仙塑像，再现八仙过海前在蓬莱阁上开怀畅饮的精彩瞬间。

一楼正间设隔扇门，门上悬挂“浴日沐月”横匾，次间设隔扇窗。四周环廊檐枋上设一斗二升交麻叶斗拱，施金线大点金旋子彩绘，檐下正中悬挂“蓬莱阁”匾，檐柱悬挂楹联两副，分别是现代书法家欧阳中石撰联并书“常称香港通海客，且看蓬莱会神仙”，现代书法家赖少其撰联并书“俯览大地出蓬莱，仰观海市生楼阁”。室内陈列的大型瓯塑壁画——“八仙故事”，由中国工艺美术大师周锦云创作于2007年，高3.6米，长20米，由八仙蓬莱阁赏牡丹、八仙为民造桥、苏东坡访八仙、八仙过海、八仙战龙王、八仙祝寿六个民间传说故事组成。壁画工艺新颖，整体构图饱满，画面色彩艳丽，制作细腻传神，生动再现八位仙人借助宝物，各显其能的种种场面。蓬莱阁后壁墙外嵌有“碧海清风”“海不扬波”“寰海镜清”三方石刻。

蓬莱阁东、西厢房各三间，面阔7.17米，进深3.96米，均为二柱六檩六架梁，筒瓦硬山卷棚顶木结构建筑。正间前设隔扇门，后设圆门，次间前设隔扇窗。东厢门上悬挂现代书法家马士达书“人寰仙界”，西厢门上悬挂现代书法家吴作人书“登阁成仙”。东、西厢房内壁镶嵌石刻21方，其中西厢“蓬莱十大景”石刻，荟萃了蓬莱名胜古迹的精华。

蓬莱阁东、西配殿坐北朝南，面阔6.16米，进深5.83米，均为三开间，二柱六檩六架梁，筒瓦硬山卷棚顶木结构建筑。正间设隔扇门，次间设隔扇窗。东配殿原为刘公祠，至今门外东侧槛墙上仍有刘清《登州留别四首》刻石1方。西配殿原为长生祠，又称百世流芳室，内有碑刻7方。

蓬莱阁前有33级青石台阶，台阶两侧置青石栏杆，望柱柱头雕刻莲花和卷云纹饰，寻杖与盆唇间雕饰荷叶净瓶，下为不镂空的华板。台阶东侧有两株酸枣树，树龄800余年。台阶下为一方形院落，东、西院墙设有院门，分别通往三清殿、天后宫，南侧院墙嵌有爱国将领冯玉祥“碧海丹心”四字刻石。

丹崖山拔海而起，分外雄峻。高踞山巅的蓬莱阁，更有凌空而起的气势。这里山丹海碧，蓝天如洗，本就是一幅美不胜收的图画，再加上特殊的地理位置、气候，在惊涛拍岸之上常有雾霭漫漫，烟云缭绕之景。流丹滴翠的蓬莱阁犹如隐现在云霄中的琼楼玉宇，仿佛这里真的就是蓬莱仙境，让人不由发出这样的赞叹："直上蓬莱阁，人间第一楼。"

2. 澄碧轩

澄碧轩，位于避风亭西北的丹崖临海处，坐西朝东。建于清同治六年（1867）。面阔7.9米，进深4.54米，高5.05米，建筑面积39.2平方米。三开间，三柱七檩六架梁，筒瓦硬山卷棚顶前檐廊建筑，施苏式彩绘。明间前设隔扇门，后设隔扇窗，次间设隔扇窗。澄碧轩得名于清代登州府知府豫山《澄碧轩记》："稍增旧址，式筑新轩，借云水光，得静深趣，惟澄斯静，惟碧愈深，以此名之。"其义取碧海澄清，天光水色，映室生辉。多有文人墨客于此观海、赋诗、作画。

3. 避风亭

避风亭，位于蓬莱阁主阁西侧，坐南朝北，原为"海市亭"，明正德八年（1513）知府严泰建。该亭面阔8.17米，进深5.92米，高5.93米，建筑面积48.4平方米。三开间，二柱五檩五架梁，筒瓦硬山顶建筑，施旋子彩绘。明间设隔扇门，次间设隔扇窗。门上悬“避风亭”三字匾额，门两侧明柱“西北当风，风力虽狂绝不入；开轩秉烛，烛光固小竟常明”对联，为现代书法家欧阳中石书。

避风亭之所以被人们津津乐道，在于避风亭坐落在悬崖峭壁之上，面对着波涛翻滚的大海，每当大风从海面扑来，亭内却纹风不动，人们常为此惊叹不已。其实这是因为避风亭北面的城墙与呈弧形的悬崖相连，当北风吹来，气流顺悬崖城墙外壁急剧上升，越亭而过。风力越大，上升速度越快。加之避风亭东、南、西三面无门窗，空气不能形成对流，所以避风亭内就有了这神奇的避风效果。

避风亭是观海听涛、题咏抒怀的地方。亭内四壁镶嵌诗文碑刻30方，其中最有影响的为明天启年间登莱巡抚袁可立所作《观海市》诗石刻9方，描述海市最为生动精彩。书法出自明代著名书画家董其昌之手，而刻字又是当时石刻高手温如玉的杰作，珠联璧合，堪称三绝，为金石之瑰宝。亭内另有明代吕祖石刻像，清代诗人施闰章《观海市歌》手迹石刻和孔子后裔孔毓圻《戊午登蓬莱阁》诗文石刻。

4. 卧碑亭

卧碑亭，位于蓬莱阁主阁东侧，建于清康熙三十一年至三十三年（1692—1694）。坐南朝北，面阔 7.09 米，进深 5.39 米，高 5.55 米，建筑面积 38.2 平方米。三开间，二柱五檩五架梁，筒瓦硬山顶建筑，施旋子彩绘。明间设隔扇门，次间设隔扇窗。亭内墙壁嵌有金、明、清石刻 7 方。

卧碑亭专为苏东坡手书石刻而建。亭内存有金皇统年间重勒的苏轼《海市诗》和《书吴道子画后》碑刻。诗文刻于横置的长方形石碑上，所以被人们称为“卧碑”。卧碑长 2.17 米，高 0.92 米，正面刻《书吴道子画后》和《跋吴道子地狱变相》节录，背面刻著名的《海市诗》。这首《海市诗》是较早的一首歌咏蓬莱海市的诗文，因出自一代文豪，文以人重，地以文传，蓬莱海市从此名扬天下。因此，镌刻苏公手迹的卧碑自然成为蓬莱阁上的文物珍品，也是游客观赏的热点。亭内另有清代龚葆琛联语“海市蜃楼皆幻影，忠臣孝子即神仙”等碑刻。

5. 苏公祠

苏公祠，西邻卧碑亭，南靠三清殿，东为宾日楼。苏公祠坐南朝北，面阔 10.1 米，进深 4.15 米，高 4.02 米，建筑面积 42 平方米。三开间，二柱六檩六架梁，筒瓦硬山卷棚顶建筑，施旋子彩绘。明间设隔扇门，次间设隔扇窗。题额“苏公祠”，为现代书法家舒同所书。门两侧明柱悬挂“真临仙阁凌虚地，来读苏公海市诗”对联，为现代书法家赵朴初撰并书。祠内墙壁上悬挂苏轼刻像拓本（拓于广州六榕寺），西壁嵌有清代书法家翁方纲楷书《海市诗》刻石。另有明代薛瑄的《观海》等诗文石刻 28 方。

苏公祠始建于明崇祯十一年（1638），原名“苏文忠祠”，位于蓬莱阁前，清同治六年（1867）移至蓬莱阁东侧并重修。

6. 吕祖像碑亭

吕祖像碑亭，位于苏公祠和宾日楼之间，坐南面北。筒瓦半坡式建筑，面阔 2.3 米，进深 1.8 米，高 3.8 米，建筑面积 4.1 平方米，内祀吕洞宾肖像刻石。吕祖像碑背面为明万历间李承勋所作《吕祖咏海市诗》。

吕祖像碑原位于蓬莱阁西侧，蓬莱阁旧有建筑吕公亭坍塌后，改为在望日楼内祭祀吕祖，其时将吕祖像碑移于今址并建亭。

7. 天后宫

天后宫，东临蓬莱阁，西接龙王宫。始建于北宋崇宁年间（1102—1106），宣和四年（1122）即具四十八间规模。明万历七年（1579）、崇祯九年（1636）重修，清道光十六年（1836）毁于火，今存建筑即为清道光十七年（1837）重建，光绪六年（1880）重修。天后宫主祀女性海神林默，传其为宋初福建莆田巡检林惟悫之女，殁后被尊为海神。宋时始封“灵慧夫人”，此后历代帝王多有敕封，至清康熙二十三年（1684）加封为“天后”，北方俗称“海神娘娘”，福建习称“妈祖”。天后宫占地面积3000平方米，建筑面积793.7平方米，是蓬莱阁古建筑群中规模最大、殿宇数量最多的一组建筑，也是我国北方最大的天后宫庙宇之一。天后宫为规整的中轴对称布局，自南向北形成四进院落。

第一进院落较宽敞，由显灵门、钟鼓楼、戏楼、前殿组成，是举行祭祀海神活动的重要场所。

显灵门坐北朝南，面阔10.09米，进深3.14米，建筑面积31.7平方米。砖石砌筑拱券门洞三个，筒瓦屋面，庑殿顶，实榻大门。正中门洞额题“显灵”二字，为清代书法家翟云升书。

钟楼、鼓楼位于显灵门内甬道的东、西两侧，为形制相同的歇山顶砖石结构建筑。面阔2.57米，进深2.57米，高5.22米，建筑面积6.6平方米。钟楼、鼓楼分别在东、西两面开门，其他三面设圆窗。钟楼、鼓楼北侧立有三块石碑：明万历七年（1579）《重修天妃海庙碑记》、明万历十三年（1585）《松石亭记》、清道光八年（1828）《坤爻石记》。

戏楼位于院中央，面对天后宫前殿，由戏台和妆奁楼组成。1937年日军飞机投弹炸毁戏楼戏台，1959年重修，1978年再次翻修。

戏台坐南朝北，长5.87米，宽5.38米，筒瓦屋面，歇山卷棚顶建筑。戏台东、西、北三面设栏杆，檐下东、北、西三面设十根垂柱，垂柱间镶雕花板，浮雕贴金彩绘梧桐双凤、鲤鱼跃龙门、犀牛望月、虎啸山林、鹿鹤同春、牡丹荷花等寓意吉祥的图案，雕刻精湛，栩栩如生。戏台上方悬现代书画家黄苗子题匾额“观止矣”，戏台东西两侧设木门，供上下场所用，门楣上悬挂扇形小匾，匾上隶书“通性”“移情”。戏台四角各有一根花岗岩石柱，北侧两根石柱阴刻有清末书法家卢用和书联“乐奏钧天，潮汐声中喧岛屿；宫开碣石，笙歌队里彻蓬瀛”。

妆奁楼北与戏台相接，面阔10.3米，进深3.72米，高8.48米。三开间，三柱五檩五架梁，硬山顶前廊式二层楼阁，玲珑正脊，筒瓦屋面，旋子彩绘。一楼正间设棋盘大门，次间设隔扇窗，二楼设隔扇门。北侧次间及东西山墙设圆窗。

蓬莱旧俗，农历正月十六日是蓬莱阁传统的登高日，当地百姓把这一天也当作节日庆祝。每到这一天，人们相约相伴前往蓬莱阁登高，祈求新的一年有好的开端。而天后宫内香火旺盛，最为热闹，人们进香膜拜，捐钱捐物，求签许愿。民间团体还纷纷组织戏班、秧歌队，在天后宫对面的戏楼上给娘娘唱戏、献演俚俗戏剧，于蓬莱阁下广场上表演民间大秧歌。登高的人们在给天后娘娘进香后，偕亲朋好友在天后宫戏楼前看戏，到广场看秧歌，选购中意的小商品，乘兴游览蓬莱阁及其附近名胜，直至尽兴而归。故又有“蓬莱阁天后宫庙会”一说。这一习俗沿袭至今。

院内有六块巨大的赭红色丹崖石，是当年劈山建阁时特意留下作为点缀的。它们两两对峙而立，形似天文上的三台星座，被清代学者阮元取名“三台石”，刻石嵌于天后宫前殿东围墙外壁上。又因六石的排列形式暗合易经八卦中的坤卦，被道光年间登州知府张辅命名“坤爻石”，并勒石作记，立于戏楼南侧。

前殿是门神殿，坐北朝南，面阔11.36米，进深6.86米，高6.98米，建筑面积77.9平方米。三开间，四柱七檩五架梁，硬山顶前廊式建筑。玲珑正脊，筒瓦屋面。施墨线旋子彩绘，龙锦枋心，檐枋设一斗二升交麻叶斗拱，卷草纹雀替。正间前后均为棋盘大门，前门“天后宫”匾额为现代书法家武中奇题，牌面四周雕饰云龙图案。门扇阴刻现代书法家王遐举书“佑一方潮平岸阔，护环海风正帆悬”对联，门前安设一对汉白玉抱鼓石。明柱悬挂现代书法家滕少华书“海邦万里波澜平，蓬瀛千载慕神庥”对联。殿内梁上施龙凤和玺彩绘，塑有嘉应、嘉佑两尊护法神像，传说它们是天后在莆田湄洲湾降伏的妖怪，后为天后护法。后门上方悬挂现代书法家张伯煊书“慈荫海宇”匾额。

第二进院落为过渡院，南有前殿与第一进院落相连，北有垂花门与第三进院落相通。院内西侧建有厢房，厢房坐西朝东，面阔 9.56 米，进深 5.02 米，高 6.1 米，建筑面积 62 平方米。三开间，三柱六檩五架梁，硬山顶前廊式建筑，合瓦屋面。正间设隔扇门，次间设隔扇窗。廊下北侧有清末将领宋庆书“箎”字碑，院内立清光绪十年（1884）《重修天后宫之碑记》石碑，南墙东西嵌“寿”“福”字碑，为五代道士陈抟所书二字的拓本勒石。

第三进院落为天后宫主院，由垂花门、天后宫正殿、东西厢房等建筑组成，建筑结构紧凑、方正。垂花门为悬山顶，筒瓦屋面，玲珑正脊，双排柱担梁式木结构建筑。垂花门挂板饰贴金二龙戏珠图案，两边垂柱各雕有倒垂贴金花蕾，造型古朴别致。垂花门东、西两侧院墙别有特点，墙裙为须弥座式，以青砖雕刻暗八仙图纹为柱，柱间由丹崖山彩石拼出图案，十分雅致。

垂花门西北有一株千年唐槐，唐槐胸围 2.7 米，高 11.7 米，冠幅 14 米，是蓬莱阁上现存最古老的树木。清道光十六年（1836）天后宫失火，48 间宫观毁于一旦，身处其间的唐槐却安然无恙，如有神佑。如今，唐槐年年萌发新芽，形似虬龙伸展飞舞，为蓬莱仙境增添一道别样风采。

正殿坐北朝南，由硬山顶的大殿与卷棚顶的前廊以勾连搭形式构成。其中大殿面阔 16.50 米，进深 10.64 米，高 7.65 米，建筑面积 175.56 平方米，三开间，四柱九檩五架梁硬山顶建筑。正脊饰精美的二龙戏珠砖雕，筒瓦屋面，内设五踩隔架斗拱，前设隔扇门，后设棋盘大门。前廊面阔 13.55 米，进深 4.03 米，建筑面积 54.6 平方米。三开间，二柱四檩四架梁结构，施龙凤和玺彩绘，月梁下瓜柱雕作精美荷叶、祥云、莲花造型。前廊东西墙上分别镶嵌《重修天后宫记》《重修天后宫碑记》刻石。正殿东南、西南、东北、西北四角墀头上有砖雕宝瓶、佛手等吉祥图案，图案下方分别雕刻“信长江神明，保苍海灵贶”“神明昭日月，忠信涉波涛”“河晏海清，风恬浪静”“顺风相送，海不扬波”。前廊墀头上东刻有“作丹崖保障，颂碧渊澄清”，西刻有“□□□□□，沐蓬岛神庥”。前廊山墙博风头各雕有一字，分别为“河”“晏”“海”“大”。前廊金柱悬挂现代书法家鲍贤伦书“慧眼千帆，保驾护航有求必应；慈心四海，消灾免难是祷皆灵”对联，檐柱悬挂现代书法家张荣庆书“丹崖留圣迹，慈母婆心垂宇宙；仙山显神灵，浩然正气贯乾坤”。

殿内正中设有1米高神台，上有神龛，神龛东、南、西三面设冰裂纹格扇，北面隔板封闭，外壁绘墨龙。天花由九组圆形开光组成，正中为团龙，四周为团鹤。龛内塑天后坐像，高3米，通体贴金，身边立4名侍女。龛外东西两侧有泥塑神像。东边是东海广德王、南海广利王和两名文官。一名文官手持圣旨，下达天帝旨意。另一名手持万法归宗，管束海中鱼鳖虾蟹不得兴风作浪。西侧为西海广泽王、北海广润王和两个文官。一名文官手持寰海司命，为海神娘娘发布命令。另一名手持印盒，管理行文盖章。正殿门槛和神龛四周的金柱材质为名贵稀有的铁力木。

东、西厢房共四座，裹垄瓦屋面。两两相连，对称排列。南侧厢房，三开间，面阔8.73米，进深6.91米，高6.09米，建筑面积60平方米，为三柱五檩五架梁前檐廊建筑。北侧厢房，三开间，面阔6.1米，进深4.3米，高5.3米，建筑面积26平方米，为二柱六檩六架梁卷棚顶建筑。

第四进院落是后院，由寝殿和东西厢房组成。寝殿为前檐廊两层楼阁式建筑，坐北朝南，面阔13.32米，进深6.6米，高9.9米，三开间，四柱七檩五架梁，筒瓦硬山顶。施金凤金鹤旋子彩绘，正间枋心绘凤凰戏牡丹图，寓意百鸟朝贺、四海同春。两侧墀头上有砖雕花卉图案，图案下有文字，其中一层东侧墀头上砖雕“调四时旸雨，靖万里风波”，西侧墀头上砖雕“帆樯赖恬辑，旸雨召和甘”；二层东侧墀头上砖雕“水途安晏，海不扬波”，西侧墀头上砖雕“风恬浪静，河晏海清”。寝殿额题“福锡丹崖”，由费新我题写。一楼、二楼明间设隔扇门，裙板雕刻宝瓶插花图案，次间设隔扇窗。一楼正间神龛内塑天后金身坐像，神龛裙板雕“太平有象”“狮子滚绣球”图案，神龛后壁绘牡丹、玉兰图。东西次间用花罩分隔，花罩雕刻梅、兰、竹、菊、石榴、寿桃、牡丹、玉兰图案，寓意品格高尚、富贵长寿。东西次间各设一床，摆设各种卧具。神龛两侧各设一小门，门内有楼梯，通往二楼。二楼为妈祖梳妆楼。

寝殿东、西厢房面阔5.7米，进深3.71米，高4.32米，建筑面积21平方米。三开间，二柱五檩五架梁，卷棚顶木结构建筑，裹垄瓦屋面，明间设隔扇门，次间设隔扇窗。东西厢墀头上砖雕春夏秋冬四景图，图下刻有文字，联结成为五言绝句一首：“直上蓬莱阁，人间第一楼。云山千里目，海岛四时秋。”

8. 胡仙堂

胡仙堂，位于天后宫寝殿西侧，坐北朝南，面阔9.13米，进深3.73米，高4.45米，建筑面积34平方米。三开间，二柱五檩五架梁，裹垄瓦硬山顶建筑，正间设双扇木门，次间设隔扇窗。胡仙堂始建年代不详，2002年修缮并对外开放。

胡仙堂门上题额“胡仙堂”，楹联“入深山修心养性，出古洞得道成仙”为王汝霖所书。堂中供奉三尊塑像，中间为胡仙，身边是他的两位药童，女童手拿灵芝，男童手拿药葫芦及医书。东面墙上挂有王汝霖绘《深山采药图》。

9. 龙王宫

龙王宫，原名广德王庙，位于蓬莱阁古建筑群西部，东邻天后宫。龙王宫始建于唐贞观年间（627—649），原址在丹崖山巅蓬莱阁主阁处。北宋嘉祐六年（1061）迁于今址。元中统、明洪武和万历年间均曾修葺，1984年重修正殿，1993年在原基础上重建前殿、后殿。龙王宫为三进院落，由山门、前殿、东西厢房、正殿和寝殿组成，占地2000平方米，建筑面积350.8平方米。

山门位于显灵门西侧，坐北朝南，面阔9.5米，进深2.96米，建筑面积28.12平方米。砖石砌筑拱券门洞三个，筒瓦屋面，庑殿顶，实榻大门。正中门洞额题“龙王宫”三字。

前殿坐北朝南，面阔9.45米，进深4.78米，高6.3米，建筑面积45平方米。三开间，二柱五檩五架梁，硬山顶木结构建筑。青砖正脊，筒瓦屋面。施旋子彩绘，龙锦枋心。正间前后设棋盘大门，次间前设圆窗，后设隔扇窗。前殿内塑有两尊护法神，东为定海神，西为靖海神，各持法宝，威风凛凛，殿内北门上悬原蓬莱书法家协会主席高奂书“龙”字匾。

正殿坐北朝南，面阔13米，进深8.3米，高8.9米，建筑面积108平方米。三开间，五柱八檩五架梁，庑殿顶，前檐廊，木结构建筑。青砖正脊，筒瓦屋面。设一斗二升斗拱，旋子彩绘。正间前设隔扇门，后设棋盘大门，次间设隔扇窗。殿额为“霖雨苍生”。前廊明柱挂高英书联：“龙酬丹崖所期，和风甘雨；王应东坡之祷，翠阜重楼。”殿内金柱雕刻盘龙云海，梁枋施和玺彩绘，檩枋施苏式彩绘。苏式彩绘故事有“观棋烂柯”“张良拾履”“文王访贤”“和合二仙”“汉钟离度吕洞宾”“高山流水”“赵颜求寿”“尧舜禅让”。殿中设高台神龛，内塑东海龙王敖广金身坐像，龙王头戴九旒冕，身着龙袍，威严地坐在神龛内的宝座上。龙王后面有两名宫女执掌以孔雀翎装饰的掌扇。神龛龛头雕波浪纹，中间雕刻八卦图，横枋雕刻花卉图案，神龛正面两侧为隔扇，隔扇上部为透雕花卉，裙板雕刻“狮子滚绣球”和“万象升平”图。神龛后上方彩绘“桐鸟栖枝”“春江水暖”“孔雀紫藤”“鸳鸯戏水”图。神龛下须弥座正面书“万丈丹崖百尺楼，千年殿宇尽清幽。林木荫翳云铺地，东方初开照鱼游。银帆展转荡雾里，渔家往来水声中。海国蓝天火化日，仙阁巍然四时秋”。须弥座东、西两面分别绘“秋高气爽”“春雨山村”图。神龛两侧神台塑有八名站官，由南而北，东为巡海夜叉、千里眼、电母、雷公，西为赶鱼郎、顺风耳、风神、雨神。北门上刻有高英书“海邦万里庆安澜，五湖四海降甘霖”对联，横批“风调雨顺”。龙王宫正殿庑殿顶是蓬莱阁古建筑群中规格最高的，虽然该建筑经历代修葺，但整个建筑布局和风格仍有宋代遗风。

东、西厢房面阔10.8米，进深5.5米，高5.6米，建筑面积59.4平方米。三开间，四柱五檩三架梁，硬山顶木结构建筑，合瓦屋面。

龙王宫寝殿坐北朝南，面阔10.59米，进深4.8米，高6.7米，建筑面积50.8平方米。三开间，三柱六檩五架梁，筒瓦硬山顶前檐廊木结构建筑。施旋子彩绘。正间设隔扇门，次间设隔扇窗。前廊明柱挂高英书联：“赠大圣定海神珍千年魔尽；还八仙渡海宝物万里波平”，横额“福庇海邦”。殿内设高台神龛，内塑龙王及左右嫔妃金身坐像，东西两侧各塑四名侍女。旧有龙王木雕像及龙王出行用的步辇、仪仗，今不存。

蓬莱地处沿海，古时依海为生的人们，生命财产随时都有被狂风恶浪吞噬的危险，他们没有能力与大自然抗衡，便把生死存亡与神祇联系在一起。这笼罩着仙气的丹崖山便成了船家渔民的寄托，他们希望有神龙存在，更希望神龙能体恤人间的苦衷，给世人以救援。于是他们纷纷建起龙王庙、龙王宫、龙王殿，顶礼膜拜。蓬莱沿海民俗，农历正月十三为渔灯节，至今每年的这一天渔民们都敲锣打鼓，鸣放鞭炮，载歌载舞，到海边为龙王送灯。

10. 子孙殿

子孙殿，位于龙王宫正殿东侧，坐北朝南，面阔8.92米，进深7.13米，高5.28米，建筑面积65.4平方米。三开间，四柱七檩五架梁，硬山顶前廊式建筑，青砖正脊，合瓦屋面。正间设隔扇门，次间设隔扇窗。是古时候人们求子求孙的地方。子孙殿，明泰昌《登州府志》有记载，始建年代不详。1993 年修复。

子孙殿主祀送子娘娘，其院门设在天后宫一进院落西，门上有匾，为高英书“子孙殿”，院门内南侧壁上设有“宝库”。

正殿额书“熊罴赐梦”，为高英题。取自《诗经·小雅》中“吉梦维何，维熊维罴”“维熊维罴，男子之祥”。熊罴是凶猛的野兽，象征着勇敢的武士，因此“熊罴入梦”为祝人生子的吉祥语。殿内建联体神龛三个，中龛祀送子娘娘坐像，左为疹子娘娘坐像，保佑儿童顺利通过疹子关。右为眼光娘娘坐像，保佑儿童心明眼亮，志向远大。东、西神台上分别为麒麟送子、天王送子组塑。古时，人们喜欢多子多孙，所以那些没有儿女的和嫌儿子少的人们便到这里向送子娘娘许愿，祈求多生儿女，现在人们多是来此祈求平安。

11. 三清殿

三清殿，位于蓬莱阁东侧，东邻吕祖殿，南为仲连祠，北临苏公祠。坐北朝南，依山而筑，次第升高。三清殿始建于唐开元年间（713—741），明正统年间（1436—1449）、隆庆六年（1572）重修，明万历三十一年

（1603），三清殿毁于火，总兵李承勋捐资重建，清顺治六年（1649）重修。1978年再次进行修葺，修葺后的建筑仍然保持原有的建筑风格，1981年恢复塑像。三清殿由前殿和正殿组成，总建筑面积180.8平方米。

前殿即门神殿，坐北朝南，面阔10.67米，进深4.73米，高6.24米，建筑面积50.5平方米。青砖正脊，合瓦屋面。三开间，四柱七檩五架梁，前檐廊硬山顶建筑，施金线大点金旋子彩绘。明间设棋盘大门，门上悬挂时任民盟中央委员会主席楚图南书“上清宫”匾，门扇阴刻现代书法家王一葵书“开天辟地，炼海烧山”对联，门旁东西各设一个汉白玉抱鼓石，雕有精美的瑞兽。殿内塑有门神哼哈二将，左为陈奇，右为郑伦，北门上方悬挂现代书法家谢德萍书“元门鼻祖”匾。门前23级台阶，左右各有圆弧型高月台。月台下，有一株生机盎然的国槐，树龄700余年。

正殿坐北朝南，面阔12.9米，进深10.1米，高9.15米，建筑面积130.3平方米。三开间，重檐歇山顶木结构建筑。青砖正脊，裹垄瓦屋面，五柱七檩五架梁，中柱上端雕精美荷叶墩，支撑在梁下。檐下垂柱饰荷叶形垂珠，柱间镶镂空如意花板，一斗二升交麻叶斗拱。施金线大点金旋子彩绘。明间设格扇门，次间设格扇窗，台基为青石砌筑。殿内原塑神像毁于

1966年7月“文革”时期，现存为1982年重塑。殿内神台上供奉的是道教的三位最高神，中间的为玉清元始天尊，手拿红珠，象征洪元世纪。右边为上清灵宝天尊，手拿太极图，象征混元世纪。左边的是太清道德天尊，手拿八卦扇，象征太初世纪。殿内东墙上镶嵌有清顺治六年（1649）《蓬莱阁三清宫新置赡庙田地碑记》。正殿前院东墙嵌有明隆庆六年（1572）《重修三清殿记》。正殿院内有国槐一株，树龄700余年。

12. 吕祖殿

吕祖殿位于丹崖山东侧，清光绪二年（1876）知府贾瑚、总兵王正起扩建。吕祖殿由垂花门、正殿、东西厢房和观澜亭组成，总建筑面积126.5平方米，1993年恢复塑像。

正殿坐北朝南，面阔8.94米，进深6.06米，高6.48米，建筑面积54平方米。三开间，四柱七檩五架梁，硬山顶，前檐廊，筒瓦屋面。正脊由精美的二龙戏珠砖雕组成，垂脊砖雕鲤鱼跃龙门图案，施旋子彩绘。明间设隔扇门，次间设隔扇窗，门上匾额“吕祖殿”为高英书，檐柱挂蓬莱书法家协会主席袁承光书“劝群生尽孝尽忠，瞬息间跋遍全区，岂仅丹崖留胜迹；愿世人修福修善，那时候皈依道果，都来碧海谒师尊”楹联。高台神龛祀吕洞宾坐像，左右侍立药童和柳树精。吕祖殿前廊西端碑刻草书“寿”字，笔力雄健，盘郁苍劲，碑下款署“光绪甲申仲冬，勒于蓬莱丹崖之吕祖阁。志斋郑锡鸿谨摹”。此碑与江西九江烟水亭纯阳殿“寿”字碑之“寿”字相同，由“九转丹成”四字拼合而成，寓意深刻，其艺术之精湛令人叹绝。吕祖殿东墙外壁上嵌有晋江黄克缵《东牟观兵夜宴蓬莱阁》诗刻石，殿东有姚廷槐“海天一色”等碑刻。

西厢，坐西朝东，面阔 8 米，进深 2.25 米，高 6.11 米，建筑面积 18 平方米。三开间，三柱四檩四架梁，裹垄瓦硬山顶前檐廊木结构建筑，前坡长，后坡短促。施旋子彩绘。明间设隔扇门，次间设隔扇窗。

东厢与观澜亭连为一体，坐东面西，面阔 8 米，进深 3.83 米，高 6.35 米，建筑面积 30.6 平方米。三开间，四柱七檩五架梁，裹垄瓦硬山顶前后檐廊木结构建筑，施旋子彩绘，明间前设隔扇门，次间设隔扇窗，后廊设方形石桌、石凳，可供游人休憩观景。

观澜亭，位于吕祖殿东厢南端，筒瓦屋面，四角攒尖顶木结构建筑，葫芦宝顶。边长 2.55 米，高 6.24 米，建筑面积 6.5 平方米。西、南两面设隔扇窗，东、北两面设隔扇门，分别与东厢外廊、室内相通。

蓬莱阁观澜亭旧称“望海亭”，清光绪二年（1876）建，凭栏观海，一望无际，临之可眺水城全貌和海滨一线景致。

13. 宾日楼

宾日楼，位于丹崖山巅东侧，南接吕祖殿，西临苏公祠，是一座八角双层十六柱攒尖顶木结构建筑，裹垄瓦屋面，葫芦宝顶。边长 2.04 米，高 10.92 米，建筑面积 36.2 平方米。施旋子彩绘。底层外侧明廊。楼内有木梯盘旋而上。一层东南、西南各开一门，二层周匝开八扇圆窗。

宾日楼又名望日楼，始建年代不详。清嘉庆二十四年（1819）时，宾日楼“久废而更立”。宾日楼以其位置居高临下，登楼远望，视野开阔，成为观赏海上日出的绝好所在。

14. 普照楼

普照楼，又名灯楼，坐落在丹崖山巅东北隅，西南临宾日楼、吕祖殿，东、北紧临大海。楼为三层六角塔式建筑，筒瓦屋面，边长 1.86 米，高 12.14 米，建筑面积 27 平方米。施旋子彩绘。中建扶梯，可曲折盘旋而上。一层南面设一门，二层六面均设有圆窗，三层外有回廊，周匝设木扶栏，南面设一门，其余各面镶有大块玻璃。普照楼飞檐攒尖，古朴典雅，与宾日楼、吕祖殿、观澜亭共同构成人间仙境——蓬莱的地标性建筑。

普照楼始建于清同治七年（1868），原为夜间行船用于导航的航标灯塔，1958年进行了改建，二层加装圆窗，后因丹崖山西侧的老北山山巅新建灯塔，普照楼遂仅用于游览观光。

15. 仲连祠

仲连祠，位于蓬莱阁古建筑群东部，北邻吕祖殿和三清殿，独立院落，占地面积540平方米。仲连祠坐北朝南，三开间，五柱七檩七架梁，合瓦硬山顶建筑。面阔11.33米，进深5.96米，高5.05米，建筑面积67.5平方米。正间设双扇木门，次间设隔扇窗。院内地面由鹅卵石和青砖拼成卍字和回形纹图案，院内东侧立“遗则常存”碑。2004年恢复。

仲连祠内祀战国末期“功成不受赏，高节卓不群”的齐国隐士鲁仲连。该祠的位置最早在宾日楼侧的吕公亭处，明泰昌《登州府志》记载：“仲连祠在望日楼后，木主久废，近刻吕纯阳小像于其内，因名吕公亭。”仲连祠具体建筑年代不详。清光绪七年（1881），淮军将领吴长庆受命来山东帮办海防事宜，驻军丹崖山下。吴长庆是位文人将领，对鲁仲连很崇敬，当他得知丹崖山上旧有仲连祠，久圮，便倡导重建了仲连祠。吴长庆逝后，当地人们为了纪念这位将领，曾于仲连祠中“设公神牌，奉置鲁连神牌之右”，与鲁仲连并祀。

16. 白云宫山门

白云宫山门，位于显灵门东侧，坐北朝南，面阔 10.09 米，进深 3.14 米，建筑面积 31.7 平方米。砖石砌筑拱券门洞三个，筒瓦屋面，庑殿顶。正中门洞额题“白云宫”三字。据旧志记载，明万历年间蓬莱阁已有白云宫，清顺治、道光年间重修，毁于何年不详，今仅存山门。

白云宫山门向南为一条石砌下山通道，通道中段两侧放置一对石狮，通高 1.74 米。石狮为花岗岩质地，造型生动、神态活泼。东侧雄狮抱绣球，西侧雌狮抱幼狮。长 1.22 米，宽 0.91 米，高 0.65 米的须弥座上，雕有锦铺，上刻灵芝和牡丹花纹。基座底部雕刻一周卷草纹。这对石狮原在宋庆祠堂门前，20 世纪 70 年代搬迁至此。

17. 弥陀寺

弥陀寺，位于丹崖山南麓，顺山势而建，坐北朝南，由前殿、东西厢、正殿组成四合院落，占地面积 560 平方米，建筑面积 182.7 平方米。弥陀寺最早建于唐贞观年间（627—649），是蓬莱阁古建筑群中唯一的佛教寺庙。清嘉庆二十四年（1819）重修，后因社会动荡，经历变革与战乱等，破败严重。新中国成立以来曾多次进行修缮，2001 年进行大规模维修，重塑神像 33 尊。

前殿坐北朝南，面阔 8.82 米，进深 5.01 米，高 5.81 米，建筑面积 44.2 平方米。三开间，二柱五檩五架梁，青砖正脊，合瓦屋面，硬山顶建筑。正间设实榻大门，次间南设圆窗，北设隔扇窗。檐下悬挂现代书法家黄苗子书“弥陀寺”匾额。殿内塑有密迹金刚与那罗延金刚两位护法神。南门外依地势砌陡峻台阶与寺外相通，台阶两侧置一对石狮，石狮蹲坐在高大的须弥座上，通高 2.42 米。东为雄狮抱绣球，西为雌狮抱幼狮。

东、西厢房，面阔 7.61 米，进深 4.01 米，高 5.02 米，建筑面积 30.5 平方米。三开间，二柱五檩五架梁，合瓦屋面，硬山顶木结构建筑。正间设隔扇门，次间设隔扇窗。东厢为关公殿，主祀武圣关羽。陪祀为其部将关平、王甫、周仓、赵累。西厢为祖师殿，主祀佛教净土宗祖师慧远法师。陪祀为其挚友桓伊、刘遗民、慧然、陶渊明。

正殿坐北朝南，面阔 9.86 米，进深 7.86 米，高 7.31 米，建筑面积 77.5 平方米。三开间，四柱七檩五架梁，玲珑正脊，合瓦屋面，硬山顶前廊式建筑。施旋子小点金彩绘，龙锦枋心。檐枋下设托斗雀替，脊檩随檩枋下置一木条，上墨书“大清嘉庆二十四年三月吉日重修，会□□等主持僧与仁兄”。正间设隔扇门，次间设隔扇窗。檐下悬挂“大慈大悲”四字匾额，前廊明柱悬挂现代书法家朱德源书写“四十八愿众生同登极乐地，六般若蜜凡圣皆入清凉界”楹联，东西两侧陈列钟、鼓。正殿主奉西方三圣。正面神台上塑有阿弥陀佛，其左右为观世音菩萨和大势至菩萨，神台前设香案、磬、木鱼、蒲团等佛事用具。两侧神台上分别塑有十八罗汉神像。

正殿前廊下悬钟置鼓，东西向甬道两端，分别设圆形角门与寺外相通，角门内外分别刻有“胜境”“蓬壶”门额。

18. 隐仙洞

隐仙洞，位于弥陀寺东北丹崖山山脚下，洞口高 1.77 米，宽 1.06 米，仅容一人出入，洞内空间狭小，深约 5 米。洞中北侧高台上有吕洞宾石质坐像一尊，坐像上方墙壁嵌一方石，上刻“隐仙洞”三字，为清康熙乙丑年（1685）闽漳林宗所书。

第二节　现代建筑

1. 振扬门

振扬门，为蓬莱水城南门，坐北朝南，始建于明洪武九年（1376），后城门楼久圮，仅存门洞。1986 年，维修水城振扬门段城墙，重建振扬门城门楼。1998年，重建振扬门木结构城门楼。

振扬门位于水城南城墙东段，用砖石筑成。门洞立砖券顶，两券两伏，宽3米，进深13.5米。门洞上方刻有“振扬门”门额，字为中国著名画家吴作人所题。门楼面阔10.7米，进深8.1米，为歇山顶回廊式二层木结构建筑，三重飞檐，青砖正脊，筒瓦屋面，翼角下挂风铃。施点金旋子彩绘，普柏枋上设五踩斗拱，台明用规整的灰岩块石砌成，台面铺方砖。一楼前后左右各有四根明柱。正间设隔扇门，次间南设隔扇窗，室内西侧设楼梯。二楼四面回廊，明间设隔扇门，次间设隔扇窗。登城门楼的台阶位于城门洞内西侧，由条石铺砌而成。

振扬门城楼是水城城墙的制高点，由此观览，不但水城诸景尽收眼底，而且南望蓬莱城区、北眺长山列岛，也都历历在目。

2. **“人间蓬莱”坊**

“人间蓬莱”坊，位于蓬莱阁古建筑群入口处，建于1994年。面阔12米，进深2.5米，高7.5米，建筑面积30平方米，为四柱三间冲天式单檐牌坊，青砖正脊，筒瓦屋面。龙门枋上置九踩三昂斗拱，小额枋下设托斗雀替，施小点金旋子彩绘，龙锦枋心。方形立柱，柱侧设抱鼓石护靠。正间悬挂“人间蓬莱”匾额，匾心蓝底金字，下饰海浪纹，边框雕饰精美的二龙戏珠图案。在“人间蓬莱”坊东西两侧各置一石狮，东为雄狮，脚踩绣球，西为雌狮，怀抱幼狮。

“人间蓬莱”四个鎏金大字，实为缀辑宋代大学士苏东坡“人间饮酒未须嫌，归去蓬莱却无吃”中的文字而来。两侧立柱分别悬挂现代书画家刘海粟题写的“神奇壮观蓬莱阁，气势雄峻丹崖山”和现代书法家费新我题写的“碧海仙槎心神飞越，丹崖琼阁步履逍遥”楹联，游人入此坊可观琼楼玉宇人间仙境。

3. “丹崖仙境”坊

“丹崖仙境”坊，位于显灵门正南，面阔 9.1 米，进深 3 米，高 6 米，建筑面积 27 平方米。四柱三间三楼单檐牌坊，玲珑正脊，筒瓦屋面。施金线大点金旋子彩绘，二龙戏珠镂空雀替，柱侧设夹柱石。正间额题“丹崖仙境”四个鎏金大字，为 1964 年 8 月时任国家副主席的董必武登阁时题写。正间设五踩斗拱，南侧昂为凤衔牡丹，北侧昂为金龙吐水。次间设一斗二升交麻叶斗拱。

“丹崖仙境”坊原名“丹崖胜境”牌坊，始建年代不详。清光绪末年被毁，民国初年修复后，改名“丹崖仙境”坊，后又毁。1981年按清式风格恢复。丹崖山、蓬莱阁素有仙名，此坊即“仙境”之门，进入该坊便意味着置身仙境，可作神仙之游。

4. 万民感德碑亭

万民感德碑亭，位于弥陀寺西北的高台地上，亭内正中旧时立有“万民感德”碑，系清康熙年间蓬莱地方官为赞颂康熙皇帝普免田赋而建。清末民初碑亡亭毁，仅存碑座。

20世纪50年代于原址重建。碑亭为八角十六柱攒尖顶建筑，葫芦宝顶，筒瓦屋面。边长2.75米，高11.7米，建筑面积36.3平方米。亭内雷公柱上端镶四组龙头、凤尾木雕，与八个角梁相接，垂柱自上而下雕刻暗八仙、花卉图案，垂珠为倒垂莲。施旋子彩绘，梁枋素枋心，檐枋龙锦枋心。檐枋设一斗二升交麻叶斗拱，下设草龙纹雀替。

1995年万民感德碑亭内重立石碑，碑身正面刻“万寿无疆”四字，背面刻《重立万民感德碑记》。

5. 蓬莱古船博物馆

蓬莱古船博物馆位于蓬莱水城西南角小海岸边，2012 年 5 月 18 日正式

对外开放。博物馆总建筑面积 7276 平方米，展陈面积 5000 平方米，是我国陈列古船数量最多、种类最丰富的博物馆，也是目前为止我国唯一陈列有外国古船的博物馆。

作为登州港的重要组成部分，小海港湾在 1984 年和 2005 年进行了两次大规模清淤，共发掘出土 4 艘中、韩古船，既有战船，又有货船。另外还有陶瓷器、铁锚、缆绳、炮弹、残铁剑、货币等大量文物，对研究中国古代航海史、造船史、军事史等具有重要作用，显示出登州港在中国古代海上丝绸之路中的重要地位。

2008 年 7 月蓬莱古船博物馆动工，总投资 1 亿元。该馆整体建筑由中国建筑设计研究院总设计师崔恺设计，结合古船展示和保护的特点，博物馆主体设计于地下，地上复原 3 艘古船，营造出战船停泊在海湾的景象。

博物馆分昔日回眸厅、瑰宝再现厅、船业史话厅、互动体验厅等四个展厅。2019 年该馆同时挂牌“海上丝绸之路博物馆”，展厅调整为回眸海丝话登州、瑰宝再现印海丝、历史演进说造船、放眼世界看丝路、全面开放谱新篇等展厅。古船馆展陈运用多种手段，用动态的影像营造活的历史，主要突出“登州古港”和“蓬莱古船”两大主题。

蓬莱古船博物馆是一座集收藏、研究、展示、旅游、教育为一体多功能的遗址博物馆。2013 年“山东蓬莱古船博物馆基本陈列”获得“第十届全国博物馆十大陈列展览精品评选”优秀奖；2016 年“山东蓬莱古船博物馆基本陈列”荣获山东省第四届（2016—2017 年度）“全省博物馆十大精品陈列展览”精品奖。

6. 登州博物馆

登州博物馆是国家首批三级博物馆，2000 年 8 月 28 日正式对外开放。该馆主体建筑面积 1500 平方米，展览面积 1300 平方米，展出各类文物 300 余件。

登州博物馆设有6个展厅，打破传统的通史陈列方式，各厅之间独立成章又不乏联系，通过文物、模型、照片、图版的有机结合，全面系统地展示蓬莱深厚的地方历史，重点展示蓬莱别有特色的海洋文化和中国四大古港之一登州港的千年演变，展览有从海洋中发现的新石器至宋、元、明、清各朝代的陶器、瓷器，也有从登州水道出水的日本、朝鲜瓷器，显示出登州港在中外政治、经济、文化交流和国内南北交通所起到的重要枢纽作用。序厅介绍登州博物馆概况；古城遗韵厅以文物实物与照片图版结合的形式介绍蓬莱的人类居住史与建城史；千年古港厅主要陈列1984年及2005年蓬莱水城小海清淤时出土的瓷器、陶器及登州水道出水文物，突出以登州港为中心的港口文化与海外交流史，说明蓬莱作为东方海上丝绸之路始发港的地域特点；海防重镇厅重点介绍登州港除了作为海上丝绸之路的起始港口，同时也是“外捍朝辽，内障中原”的军事要塞，主要陈列与军事防御和作战有关的文物图版及实物，诸如烟墩、寨口和铜炮、铁炮等；文物精华厅主要陈列馆藏文物的精华部分，文物类别涉及青铜器、瓷器、石碑、铜钱等；名人故里厅以图版说明结合名人遗物遗迹，向观众介绍明清时期以来蓬莱古城先后涌现的文武英才，展现丰富多样的地域人文风貌。

7. 备倭都司府

备倭都司府全称“总督登莱沿海兵马备倭都指挥使司官衙”，是明代备倭都司主官办理公务和居住的地方。明永乐六年（1408），明成祖朱棣为了抵御倭寇、加强海防，在沿海设立了六个总督备倭都司，山东总督备倭都司府衙就设立在蓬莱水城之中。备倭都司主要职责是建设海防、长期备倭，在组织和指挥所辖地区卫所军队进行海上捕倭、确保海运的同时，还负有协助内地防务、巡捕盗匪等责。

2005年，在尊重历史原貌的基础上，备倭都司府重建。2010年5月对外开放。通过明代海防、抗倭名将、战事战役等内容的陈列和展示，再现明代波澜壮阔的抗倭斗争历史。备倭都司府位于蓬莱水城小海东岸，总投资5010万元，建筑面积4988平方米，占地面积20000平方米。备倭都司府为中国传统的中轴对称布局，分为东、中、西三路。中路共五进院落，由大门、仪门、大堂、二堂、官邸、上房及其附属建筑组成。整个建筑群均为单檐硬山屋顶，布瓦筒瓦屋面，抬梁式木构架。建筑色彩庄重淡雅，以青绿旋子彩绘为主，主要建筑施点金旋子彩绘。

大门，坐北朝南，三开间，五架梁，面阔13.6米，进深8.85米。

仪门题额“镇海平疆”，门柱对联“降八幡灰飞烟灭，镇四海浪静风平”。檐廊明柱对联“下西洋百万雄师冲涛破浪，威名扬天下；入东海无敌舰队掠岛平波，倭寇散云霄”。

仪门内东、西各有赑屃驮“大明疆域图”石碑一座，其上镌刻我国明时的领土疆域。石碑北面是戒石坊，为四柱三间冲天式花岗岩石牌坊。

大堂，坐北朝南，三开间，面阔 11.7 米，进深 8.8 米。檐廊前露台东、西各放置铜制大缸一口。大堂东、西厢房，九开间，面阔 32.4 米，进深 6 米。

二堂，坐北朝南，五开间，五架梁，面阔 23.2 米，进深 9.14 米。二堂东、西厢房，五开间，面阔 19.8 米，进深 6.3 米。

官邸为三合院结构，四面回廊，南设院门。正房坐北朝南，五开间，五架梁，面阔 18.16 米，进深 10.15 米。官邸东、西厢房，三开间，面阔 11.26 米，进深 7.17 米。

上房坐北朝南，五开间，五架梁，面阔 21.16 米，进深 10.15 米。上房东西厢房五开间。

旗纛庙，位于大堂西侧，三合院结构，正殿坐北朝南，三开间，五架梁，面阔 12 米，进深 5.9 米。东、西厢房为三开间，面阔 9.2 米，进深 3.6 米。

西花厅，位于旗纛庙北，坐西面东，三开间，五架梁，面阔 11.26 米，进深 5.8 米。

校场，位于备倭都司府南，南北长 90 米，东西宽 50 米，是明水城驻军操练和比武的场地。

照壁与牌坊，备倭都司府门前设照壁，东西长 17.65 米，南北宽 1.22 米，一字型，青石须弥座，方砖壁心，庑殿顶墙帽。照壁东西两侧各竖立有木质牌坊和高大的吊斗旗杆。牌坊为四柱三间冲天式。

2018 年 6 月，习近平总书记视察蓬莱时，曾高度赞扬戚继光的民族精神和抗倭功绩，并评价说：“戚继光在中国古代的战将里，是和岳飞一样，属于战神级的，他抗倭多年，身经百余战，从没打过败仗。戚继光的民族精神值得总结和弘扬。”2019 年为配合建设胶东（烟台）党性教育基地蓬莱教学区，备倭都司府重新布展，改建为戚继光纪念馆。2019 年 6 月 13 日，戚继光纪念馆正式对外开放。这是中国首个全面系统展示戚继光民族精神的主题场馆，也是目前国内场馆面积最大、展示手段最丰富、展示形式最多样、展示内容最详细的戚继光纪念馆。场馆以戚继光“矢志报国、保境安民、革故鼎新、使命担当、克己修身”的民族精神内涵为主线，通过将门世家、勋垂东南、望著幽燕、一代战神、流芳华夏等专题，展陈戚家刀、佛朗机炮、偏厢车、长城砖等藏品200多件，通过多媒体3D、壁画、雕塑相结合的艺术表现形式，生动再现戚继光山东海防备倭、闽浙沿海抗倭、蓟镇边关戍守、案头著书立说的历史画面，全面展示戚继光“封侯非我意，但愿海波平”的家国情怀。

戚继光纪念馆展陈内容共五个单元。第一单元：将门世家，展现戚继光忠孝廉节的家风家教；第二单元：勋垂东南，展现戚继光东南抗倭的不败战绩；第三单元：望著幽燕，展现戚继光北方戍边修筑长城的历史功绩；第四单元：一代战神，展现戚继光革故鼎新的军事思想；第五单元：流芳华夏，展现戚继光民族精神的传承弘扬。

8. 蓬莱水城兵营

自宋“刀鱼寨”设立，直至明清时期，蓬莱水城一直为军事海防重地，沿水城小海东岸、南岸、西岸均有军队部署，建有驻军兵营。

东营　位于备倭都司府前校场东侧。2006年复原修建，五开间硬山顶木结构建筑，南北共四排20间，占地面积635平方米，建筑面积326平方米。其正北为马厩，是旧时驻军马匹饲养场所。

南营　位于蓬莱水城小海南岸。2006年复原修建。恢复后的南营为仿明硬山顶木结构建筑。共计60间，占地面积1693平方米，建筑面积776平方米。2003年修复蓬莱水城东城墙时，在水城村旧址发现了一块镌刻“南右营左哨”的青石，这是明代蓬莱水城驻军南营编制中右营左哨的刻石。

西营　位于南小海西岸。2008年复原修建，五开间硬山顶木结构建筑，南北共三排30间，占地面积1400平方米，建筑面积558平方米。其南侧为新建的蓬莱古船博物馆。

9. 三官庙

蓬莱水城西南角旧有三官庙，2006 年恢复重建。三官庙坐西面东，由山门、钟楼、鼓楼、三官殿及玉皇阁等组成。整个建筑群均为青砖正脊，筒瓦屋面，抬梁式木构架，山门、三官殿、玉皇阁施点金旋子彩绘，其余建筑施旋子彩绘为主。建筑面积 868 平方米，占地面积 1554 平方米。庙内 18 尊塑像为脱胎漆塑，由福建省工艺美术大师林锋荣塑造。

山门，坐西朝东，面阔 9.45 米，进深 4.95 米。三开间，二柱五檩五架梁，硬山顶木结构建筑。前后设实榻大门，门上悬“三官庙”匾，殿内南、北分别塑有手持宝剑、金丹的青龙、白虎神像。

鼓楼和钟楼，歇山顶木结构建筑，面阔 3.08 米，进深 3.08 米。沿中轴两两相对，南为鼓楼，北为钟楼。

三官殿，坐西朝东，面阔 13.1 米，进深 5.75 米。三开间，四柱七檩五架梁，歇山顶前檐廊式建筑。檐枋上设五踩重昂斗拱，正间设隔扇门，次间前设隔扇窗。门上悬“洞贯三才”匾，明柱对联“天之高地之厚水之深恩覃三界，赐其福赦其罪解其厄德被十方”。殿内正中设高大的石质神台，神龛中供奉道教三官大帝，中间为上元一品赐福天官紫微大帝，左边为中元二品赦罪地官清虚大帝，右边为下元三品解厄水官洞阴大帝。三官头戴道冠，身着道袍，秉持笏板端坐神龛内。殿内南、西、北墙壁上为现代工艺美术大师周锦云制作的壁画《三官出巡图》。

三官庙香火旺盛。旧时每逢三元节（农历正月十五为上元节，七月十五为中元节，十月十五为下元节），蓬莱当地的官员、百姓都要到三官庙祭拜三官，以求赐福、免灾。

三官殿南配殿，坐北朝南，面阔 8.6 米，进深 4.9 米。三开间，二柱五檩五架梁，硬山顶木结构建筑。神台上供奉福德星君和寿德星君，即福星和寿星。

三官殿北配殿，坐北朝南，面阔 8.6 米，进深 4.9 米。三开间，二柱五檩五架梁，硬山顶木结构建筑。神台上供奉五岳神之首黄飞虎和元始天尊门下云中子。

玉皇阁，坐西朝东，面阔 9.7 米，进深 4.95 米。三开间，四柱七檩五架梁，重檐歇山顶回廊式两层建筑。环以雕刻暗八仙图案挂檐板。一楼正间前设隔扇门，次间前设隔扇窗，二楼正间前设隔扇门，其余为隔扇窗。门上悬“玉皇阁”金匾，明柱对联“太白托塔率九龙十二天将扬道法，暮鼓晨钟震四海九五仙尊布玄机”。阁内一楼神台正中供奉有身着九章法服，头戴珠冠冕旒，手持玉笏的玉皇大帝。左右侍神为身着道袍，手持拂尘的太白金星和金甲被身，手托宝塔的李天王。次间两侧设楼梯。

财神殿，坐南朝北，面阔 7.4 米，进深 4.7 米。三开间，二柱五檩五架梁，硬山顶木结构建筑。门上题额“福佑众生”，明柱楹联“生财有道义为先，助人为乐福后来”。供奉文财神比干、范蠡，武财神赵公明。

文昌殿，坐北朝南，面阔 7.4 米，进深 4.7 米。三开间，二柱五檩五架梁，硬山顶木结构建筑。门上题额“亘古文宗”，明柱楹联“职司天上文章府，专照人间翰墨林”。殿内正中神龛供奉文昌帝君，左右侍童为天聋、地哑。

10. 田横山公园

田横山公园占地 12 万平方米，建于 1987 年，建有“海阔天高”阁、“风烟绝胜”坊、瀚海亭、纳川亭、海市亭、得道轩、田横纪念广场、田横山文化公园、幸福园、田横栈道、黄渤海分界坐标等景点。临海峭壁上砌筑城堞墙，自然植被生长繁茂，亭台楼阁掩映其间，松涛海浪，猿啼鹤鸣，野趣盎然。它以自然风光为形，以人文内涵为魂，成为与丹崖仙阁相协调的绿色背景。整个景区设计精巧，布局合理，古迹史踪，山情海韵，交相辉映，构成了一幅恬淡隽秀的迷人画卷。岩石呈赭红，远观近看，具有“水碧山红”的丹崖景致特点。

田横山公园城墙顺东、北两侧山势面海而筑，墙高 1—1.5 米，长千余米。山之东侧城墙旁建炮台，置古炮一尊。瀚海亭位于山之东侧，四柱拱顶飞檐，琉璃瓦覆顶，亭名为书法家王霞举所书。海市亭位于山之北侧悬崖上，六柱斗拱飞檐，琉璃瓦屋顶，亭名为收藏家周怀民所书。沿亭东陡壁石阶盘旋而下，可直达海岸礁丛，是赶海、垂钓的绝好去处。“海阔天高”阁位于山巅东侧，八角十六柱双层楼阁木结构建筑，斗拱飞檐，琉璃瓦覆顶。阁名草体，为书法家黄苗子所书。底层周匝明廊，外缘砌白麻石栏杆。阁上悬“情萦家山”匾额，上书数十名对家乡建设有特殊贡献的蓬莱海外游子姓名。阁因山势，坐西南而面东北，登临之，则山海绝胜尽收眼底，景致之壮美，可与蓬莱阁相媲美。得道轩位于海阔天高阁西侧，坐西面东，轩亭建筑。轩名草体，为沈鹏所书。轩前有明廊，前廊两端外侧分别嵌刻石两方，南为“戴月”，北为“连天”。得道轩与“海阔天高”阁之间有四曲回廊相连，其西北侧为航标灯塔——渤、黄海分界标志之一。“风烟绝胜”坊位于山巅海阔天高阁东北侧，四柱冲天，三间有檐，高6.15米，宽6.9米，进深0.36米，钢筋混凝土质地，造型古朴庄重。坊名篆体，为书法家大康所书。

田横纪念广场：广场位于田横山南坡偏东，南侧立“田横寨遗址”石碑和田横纪念柱，碑文阴刻，为书法家大康所书。纪念柱为花岗岩质地，高7米，四面浮雕画面分别表现“聚事”“演练”“进攻”“建国”场面。广场西侧列旗杆5根，上悬“田”“齐”大旗。

田横山文化公园：奇花异草久闻其香，绿叶婆娑遮盖之上，流水欢歌逗人情怀，小品、回廊发人深思。主要景点有九个：

（1）祭田横墓文刻。《田横与五百壮士》浮雕壁画，根据美术大师徐悲鸿先生力作临摹而成。浮雕壁画呈弧面，主题突出，人物造型逼真生动，为突出田横山文化公园的主题起到了画龙点睛的作用。

（2）三生石石刻小品。三生分别代表前生、今生、来生。三生石是意涵情定终身的象征物。石上共有三对石刻小品，上边分别是“心心相印”“花好月圆”“福寿双全”，这是对游人的祝愿。在这祥和、吉利、和谐而又轻松的氛围下，游人争相留影纪念。许多青年男女在此山盟海誓，结下百年之好。

（3）翠薇廊。水泥仿木质结构框架建筑，色调温馨，造型别致。春至，紫藤花蔓攀援而上，绿荫遮盖，清风习习，是休憩、观赏、浪漫、抒情的理想场所。

（4）“天风海涛”石雕。这里地势高峻，面对大海，视野开阔。极目远眺，长岛连亘，涛声风声，不绝于耳，极壮胸怀。“天风海涛”四字古朴苍劲，是书法大师刘海粟的真迹，更为石雕平添了许多气势。

（5）齐王鼎。铸鼎称王是古代王者威严的象征。为纪念田横和五百壮士誓死不屈的壮举，立大鼎于此，它为文化公园增加了举足轻重的分量，也是浓墨重彩的一笔。

（6）濯缨泉。千回百转流向山下，潺潺有声，净手涤足，风情横生，充满生机。

（7）逍遥麓。游人至此可以逍遥漫步，畅怀吟诵，荡净全身的疲惫，使人忘情忘怀。

（8）八卦桩。于八卦桩之上疾走、慢行均可健人体魄，消人愁肠。人云："登上八卦桩，长寿又健康。"

（9）《孙子兵法》汉简石刻。采用巨型花岗岩雕凿而成。这里集《孙子兵法》之精髓，体现中华兵学圣典之博大精深。

幸福园：它以"生命、时间、发展"为主题。走过幸福园大门，首先映入眼帘的是双喜广场，走过双喜广场，经过木婚、铜婚、银婚、金婚雕塑，最后到达幸福园的最后一个景点——钻石婚的彩虹广场。新婚夫妇们可以在结婚当天在这里摄像留念，祈盼婚姻幸福、白头偕老。

黄渤海分界坐标：黄渤海分界坐标设计新颖精巧，独具匠心。两条盘曲而上的巨龙，象征黄渤二海。二龙共衔一珠，象征蓬莱，同时也是黄渤海分界点。二龙戏珠，吉祥如意，黄渤海分界坐标，呈现出华夏图腾艺术的美感，为田横山增添颜色。

田横栈道：田横栈道被称为胶东一绝，栈道全长 220 米，高 2 米，离崖壁地面 20 米，东起回仙洞，西抵老虎洞。

11. 蓬莱阁全周影院

蓬莱阁全周影院 1996 年 5 月 18 日对游人开放，占地 6700 平方米，建筑面积 1200 平方米，建筑完美地体现了古代和现代建筑工艺的巧妙融合，是山东省第一座现代化、高档次、豪华型、高科技的环幕电影院。影院观众厅面积 320 平方米，可同时容纳 300 名观众观影。影院幕布由 9 幅高 5 米的幕块组成，运用 9 部新式胶片放映机同步放映，组成 360 度全方位画面，配有双环绕立体声音响。场面宏大逼真，声音真切，观众如同亲临其境。影院先后播放了《华夏掠影》《夏威夷风光》等影片。

2015 年 10 月 1 日，影院采用 9 部数字投影仪替换胶片放映机组，重新制作《八仙幻游记》《海市蜃楼》两部影片，对外播放。蓬莱阁全周影院更名为"仙境环幕影视城"。2016 年 10 月 1 日，仙境环幕影视城新增地震、台风体验馆两个游乐项目，丰富了游客在蓬莱阁景区的游览体验度。地震体验馆面积 34 平方米，可容纳 20 人。台风体验馆面积 25 平方米，可容纳 15 人。

12. 水师府

水师府南邻振扬门，北接校场，坐北朝南，为中轴对称二进仿古建筑，占地 3220 平方米，建筑面积 1100 平方米，原为“戚继光纪念馆”。大门题额“水师府”，明柱对联“先哲捍宗邦，民族光荣垂万世；后生驱劲敌，愚忱惨淡继前贤”。东、西两侧分别建有四柱斗拱飞檐碑亭，立有“忠”“孝”字碑，二字相向，碑阴刻有戚继光与其父戚景通的生平。戚继光纪念馆内设六个展厅，采用了壁画、浮雕和泥塑相结合的艺术手法，通过立体、直观的场景，形象生动地再现了戚继光山东海防备倭、闽浙沿海抗倭、蓟州边关戍守、案头著书立说等历史画面，让人们从中领略一代名将的风采。

戚继光纪念馆建于 1992 年 6 月，1995 年 7 月对外开放。2010 年戚继光纪念馆关闭，此处改作办公场所。

13. 太平楼公园

太平楼公园位于蓬莱水城东北角平浪台上，建于 1987 年，占地 7000 平方米，有太平楼、戚继光塑像、点将台、涌月亭、平浪宫等景点。1996 年 11 月 19 日太平楼公园并入蓬莱阁管理处。

太平楼位于平浪台中部，坐北朝南，双层木结构建筑，四角飞檐，脊置六兽，四周有明廊。门上方悬有“太平楼”匾额，为书法家朱乃正所书；门两侧明柱上阴刻楹联“岸隐潮声连古戍，天回春意满芳州”。后改为“不羡群仙浮海日，却思戚帅筑城时”“翘首五云宫阙近，灵氛常映太平楼”。

戚继光塑像位于太平楼南侧，1987 年为纪念戚继光逝世 400 周年而建，水泥质地，高 4 米，展现戚继光身着戎装，挺胸昂首而立，按剑俯瞰水城的雄姿。

点将台位于太平楼西侧，坐北朝南，旧为指挥、调动水城内水师船只之行令处，为轩亭建筑，四角飞檐，脊置六兽，西、南两侧有明廊，正门上方悬“点将台”匾额，为书法家刘开渠所书。

涌月亭位于太平楼东侧，六柱尖顶，单层飞檐，脊置六兽。“涌月亭”亭额为高英所书。亭中置石桌、石凳，供游人小憩。

平浪宫位于太平楼南侧，坐北面南，轩亭建筑，四角飞檐，脊置六兽，南面一侧有明廊。“平浪宫”匾额为书法家杨向阳所书。

中国船舶发展陈列馆位于太平楼内，该馆于 1996 年 5 月 26 日建成开放。设古代、现代两个陈列厅，陈列面积 240 平方米，陈列我国各历史时期代表性船舶模型 50 余只。一楼为古代船舶陈列厅，陈列 5000 年前独木舟、东汉斗舰、隋代龙舟、唐代游舫、明代郑和宝船、清代快船等船模 20 余只。二楼现代船舶陈列厅陈列现代战舰、货轮、游轮、客货滚装轮等船模 30 余只，系统、形象地再现了我国造船技术的发展历程，真实地反映了我国近现代造船技术在海洋交通、海洋开发、远洋渔业、科学考察、国防现代化等领域中发挥的巨大作用。中国船舶发展陈列馆是国内目前唯一的船舶发展陈列馆，陈列规模和规格均属国内一流，在较深层次上发掘出我国造船业发展的历史内涵，是进行爱国主义、革命传统、国防和科普教育的良好场所。2011 年 7 月中国船舶发展陈列馆撤展。

14. 跨海索道

蓬莱阁跨海索道建于 1993 年，连接丹崖山和田横山，全长 481 米，索道高点海拔 50.7 米，相对落差 26.3 米，采用单线循环固定抱索器双人吊篮式旅游观光索道，共设双人吊篮 60 台，日可载客 4000 人次。索道将蓬莱阁与田横山连接在了一起，使一片海湾变成通途，为游客带来多方位、多角度、多层面的旅游体验。

第三节　湮灭建筑

1. 旧圮建筑

白云宫　在三清殿南，今仅存山门及院落遗址。清光绪《登州府志》记载："白云宫，在蓬莱阁前，明万历三十一年毁，总兵李承勋重建。国朝顺治间防抚朱国柱、道光十八年知府英文各重修。"

镜石亭　亦称石镜亭，原在天后宫门东，亭内藏石一方，光可鉴人。或传思乡心切者，可于石中见到故里家山。明泰昌《登州府志》记载："镜石亭，在天妃宫门东。"后亭圮，石亦失。今避风亭与澄碧轩之间壁上嵌一方黄石，题为"镜石"，是 20 世纪 70 年代所置，聊以补缺。

多寿亭、排云一见坊、海峤仙丈坊、古仙灵地坊　在蓬莱阁南，今已不存。清顺治《登州府志》卷七《古迹》记载："多寿亭，在蓬莱阁南，万历十八年知府王云鹭建，又前有烂柯处。亭前有排云一见坊、海峤仙丈坊、古仙灵地坊，俱废。”

松石亭 明泰昌《登州府志》记载：“松石亭，在天妃宫门西。”据传石得之于海岛，古松所化。或谓石乃高句丽石，明万历兵部主事梁之垣得自朝鲜。石可验晴雨。明万历年间巡道阎士选筑台供之，覆以亭。亭久圮，石亦不知去向。

李公祠 或在弥陀寺中，旧为卫公祠，祀明代都督卫青，正统二年建。后改为霖苍书院。清康熙五十五年（1716）改为李公祠，祀直隶、河南、山东总督李荫祖及其子安徽巡抚李炳、其孙登州总兵李树德。光绪四年（1878）知府贾瑚重修。久圮。

刘公祠 原在蓬莱阁东，祀清代登州总兵刘清。刘清，字松斋，贵州人，亲督重修蓬莱阁工程，因获后人怀念。祠久废。

千佛寺 原在蓬莱阁前，久圮。清道光《重修蓬莱县志》记载：“千佛寺，蓬莱阁前。”

毗庐阁 原在弥陀寺东侧。明泰昌《登州府志》记载：“毗庐阁，在丹崖山南麓，万历戊午毁，庚申方印重修。”今已不存。

海潮庵 又名观音堂、水月庵、潮海庵，在蓬莱阁东城堞墙外，后更名海潮庵。今已不存。明泰昌《登州府志》记载：“水月庵，在丹崖山东麓，凡阅水操驻此。”清顺治《登州府志》记载：“海潮庵，在丹崖山东麓，凡阅水操驻此，初名潮海庵，今学道施闰章改为海潮庵。”

海镜亭 原在蓬莱阁东城堞墙外，海潮庵以北，曾为镇抚校阅水师之所。今已不存。清顺治《登州府志》中施闰章撰《海镜亭记》记载：“右折而下为海潮庵，庵左侧有亭皎然，轩楹四厂。”又有“丁酉夏四月十有四日，予夜宿亭畔，水月空明，毛发可数。书其上曰‘海镜’”的记载。

旸谷馆 明泰昌《登州府志》记载：“旸谷馆，在望日楼稍南，为观日出银宿处也，旧匾此名，今圮。”

海市亭 明泰昌《登州府志》记载：“明正德八年（1513），登州知府严泰于蓬莱阁西建海市亭。”清杨本昌《重修蓬莱阁记》也有“阁之东西宾日楼、海市亭，皆久废而更立”的记载。今已不存。

三总兵祠 明泰昌《登州府志》山海景图记载：“三总兵祠，在三清殿前。”今已不存。

潮阳庵 明泰昌《登州府志》记载：“潮阳庵，在蓬莱阁下面新开海口，以潮汐往来取名，王翰林言因遗址构舍读书捐田募僧，后南兵错处废。”今已不存。

泠然泉 元于钦《齐乘》记载：“（蓬莱）阁下有狮子洞，洞前有泠然泉，古称浪井，潮生浪起则没，水退则甘洌如故。”今已不存。

甜井 原名“瀚海甘泉亭”，后更名“甜井”。明泰昌《登州府志》记载：“瀚海甘泉亭，在备倭城西隅，郡守王云鹭有记。”清光绪《登州府志》记载：“瀚海甘泉亭今名甜井，在水城小海西，明万历间知府王云鹭凿，覆以瓦，亭匾曰甜井。”今已不存。

泰山行宫 清道光《重修蓬莱县志》记载：“泰山行宫有五，一在水城振扬门内。”今已不存。

云昙庵 清光绪《登州府志》记载：“云昙庵，在水城内。”今已不存。

众神庙 清光绪《登州府志》记载：“众神庙，在水城内。”今已不存。

纳川亭 明泰昌《登州府志》记载：“纳川亭，在府城北海滨，宋州守刘涣建。”今已不存。

2. 登州古船博物馆

登州古船博物馆位于蓬莱水城登瀛桥东，1988 年动工兴建，1990 年 5 月落成并对外开放，占地面积 1700 平方米，建筑面积 1360 平方米。属仿古

园林式建筑，长廊环绕，布局精巧，具有浓郁的民族风格，是我国继泉州海外交通史博物馆之后，第二个陈列古船的专题性博物馆。

正门为仿古彩绘牌楼，琉璃瓦覆顶，隶书楹联“古船曾捍海疆，犹存雄风壮华夏；博物长存仙境，更有巧思昭蓬莱”。门额“神游”。大门西侧镶嵌“登州古船博物馆”阴刻大理石字牌，碑文为张爱萍所书；东侧镶嵌 4 方古船航海花岗岩浮雕。

登州古船博物馆有三个展厅：一展厅为序厅，安放蓬莱水城（古登州港）沙盘，展示我国最早的海军基地蓬莱水城设计巧妙的军港建筑，另外通过《登州港古代海内外交通图》《登州港变迁图》展现古登州港对海内外经济文化交流起到的重要作用及港口变迁情况。二展厅主要展出 1984 年 6 月在登州港出土的元代蓬莱战船、紫檀木舵杆、黄花梨造船木及各类锚具。三展厅主要陈列两门铜碗口炮及登州港出土的陶瓷器等珍贵文物 79 件。

2011 年 10 月，随着蓬莱古船博物馆布展工作的展开，登州古船博物馆展陈撤展，文物分别移交到蓬莱古船博物馆和登州博物馆。2011 年 10 月 8 日，牌楼式门楼等办公区域拆除，主要展室 663.4 平方米主体建筑保留。2012 年登州古船博物馆旧址改造为卡戳艺术馆和蓬莱葡萄酒文化长廊。2019 年至 2020 年配合胶东（烟台）党性基地建设，改造为戚继光诗文长廊和蓬莱抗击新冠肺炎疫情图片展。

3. 登州古市

1984 年开始在小海东岸兴建登州古市一条街，路面为花岗岩块石铺砌，东西宽 6 米，南北长 500 余米。南端立仿古牌坊，坊额为书法家吴作人书“登州古市”，坊柱楹联“供飨十洲三岛客，欢迎五湖四海人”。路东侧是 18504 平方米的仿古园林建筑，内设登州钱庄、常生客栈、水城鱼行、古市饭店、古市商场等仿古商贸店铺。1989 年后，每年一届的蓬莱经贸恳谈会在此举行。1991 年世界旅游日当天，“登州古市庆典”在此举办。90 年代以来，古市一条街临海一侧逐渐辟为旅游纪念品市场。2005 年，在蓬莱水城保护利用项目中被拆除。

4. 惊险游乐城

位于蓬莱水城（登州港）西城墙西侧，为平顶式混凝土结构，占地1300平方米，1993年竣工开放，造价200万元。该游乐城由大正殿、海怪峪、水晶宫、毒蛇阵、妖魔殿、天体生肖宫、九玄迷国等7部分组成，共20多个场景，结合现代光电技术，造势生色，使整个游览过程虚幻、新奇、惊险。

2000年8月28日，惊险游乐城改建为登州博物馆。

5. 水族馆

1994年利用原古市商场改建而成，位于登州古市一条街南段东侧，正门面对小海，建筑群为仿古风格。占地2923平方米，建筑面积1294平方米，由水族馆、水生动物标本陈列室和聚仙宫3部分组成。

水族馆在正门内北侧，内有观赏回廊和大型全景式水框两个建筑单体。观赏回廊设计为卧式水框回廊封闭式结构，展出海洋动物和淡水鱼共60余种近千尾；大型全景式水框具有人工潮汐、潮流，专门展出海洋洄游鱼类。

水生动物标本陈列室位于水族馆观赏回廊迤东，展出面积56平方米，分6个专题，共展出标本241件、照片80余幅，系统地展现了我国和世界江河湖海中珍稀名贵的水生动物，有较高的趣味性和知识性。

聚仙宫位于标本室迤东，内部展示采用科技手段创作的“三清天尊”“过火焰山”“八仙过海”“天官盛会”等神话场景，声光并茂，形象栩栩如生。

2005年，水族馆在蓬莱水城保护利用项目中被拆除。

第四章 园 林

中国是世界温带地区树木种类最为丰富的国家，是全球植物重要的生长地之一，被世界植物学界公认为“园林之母”。

蓬莱阁古建园林与曲阜三孔（孔府、孔庙、孔林）、泰山并称为山东省三大古建园林，其历史悠久的古代建筑与设计精巧的园林景观相映成趣。目前，蓬莱阁景区内有88种树木，主要有国槐、刺槐、龙爪槐、雪松、黑松、塔松、五针松、白皮松、侧柏、龙柏、蜀桧、杨树、柳树、桑树、榆树、水曲柳、瓜子黄杨、大叶黄杨、大叶女贞、酸枣、木瓜、银杏、梨树、杏树、桃树、核桃、石榴、无花果、枸杞、构树、黄金槐、山槐、香椿、臭椿、梧桐、臭梧桐、楝树、刚竹、毛竹、箬竹、红枫、紫藤、西府海棠、石楠、珍珠梅、黄刺梅、海桐、凌霄、玉兰、樱花、紫薇、杜梨、冬青、小叶女贞、枸骨、白蜡、金银木、结香、紫荆、木槿、腊梅、贴梗海棠、连翘、丁香、合欢、枫杨、碧桃、小叶朴、榔榆、柘树、火炬树、荆树、杠柳、柽柳、榉树、法桐、扶芳藤、紫叶李、君迁子、紫叶小檗、野蔷薇、紫穗槐、山葡萄、探春、迎春、玫瑰、金银木、黄栌等。

丹崖山土壤贫瘠，水源缺乏，蓬莱阁的植被历经千年的人工培植，每一处植被能够生机勃勃，都包含着历代蓬莱人民辛勤的汗水，是蓬莱阁自然生态系统的重要组成部分，记录、保护和研究它们，就是为人间仙境蓬莱阁留住青山绿水的自然根脉。

1. 天后宫唐槐

天后宫唐槐位于天后宫正殿院内，为国槐（Sophora Japonica Linn），别名槐树、家槐等，生物学分类豆科，槐属，槐树种。国槐分布于中国、朝鲜、日本等国，在我国北方分布较集中，北自辽宁，南至广东，华北平原及黄土高原海拔1000米的地带均能生长。

国槐为落叶乔木，高可达20米，树冠圆形，树皮灰黑色，小枝绿色，互叶生，奇数羽状复叶，花期6—8月。国槐性耐寒，喜阳光，不耐阴湿而抗旱，耐贫瘠，对土壤要求不严，病虫害少，寿命长，耐烟毒能力强，能适应丹崖山临海多风的贫瘠土壤环境。

天后宫唐槐胸围2.7米，高11.7米，冠幅14米，树龄在1000年以上，

是蓬莱阁景区现存最古老的树木。清代道光十六年（1836）天后宫失火，48间宫观毁于一旦，但这棵近在咫尺的唐槐却安然无恙。唐槐年年萌发新芽，形似虬龙伸展飞舞，为蓬莱仙境别添一番风采。唐槐每年春天发芽，较其他槐树迟一个多月，而深秋其他树木落叶后，它却仍能绿叶葱茏。如今，唐槐虽然每年枝繁叶茂，但树干却因年久已出现高3.8米、最大直径0.6米的树洞，长期的风吹雨淋必将使树洞日渐腐烂扩大，最终导致唐槐死亡。蓬莱阁园林部门先后于1987年和2009年两次对唐槐进行保护，使用炉灰渣填充树洞，外壁砌砖封护，最外层植以树皮装饰，这种方法可以有效防止唐槐病害的蔓延，确保了这棵千年古树风貌依旧。

天后宫唐槐历经千年风雨沧桑，演绎出了许多传说故事。相传八仙中的铁拐李和张果老在天后宫前对弈，烈日当头，无树遮荫，铁拐李便从宝葫芦里倒出一粒种子埋入地下，施展法术，转眼之间长成一棵绿叶婆娑的大槐树。据说这棵槐树自长成后，就再无任何变化。老人们常说，从他们记事起，它就是这副模样，大概是因为仙人施了法，所以就不再继续长大。这棵神话传说加身的唐槐，总能令人产生无限遐思。

2. 蓬莱阁宋枣

蓬莱阁宋枣共2棵，位于蓬莱阁主阁下台阶东侧，为酸枣树（Crataegus Hupehensis），别名山枣等，生物学分类鼠李科，枣属。酸枣广泛分布于辽宁、内蒙古、河北、山西、山东、安徽、河南、湖北、甘肃、陕西、四川等省。

酸枣树属灌木或小乔木，性耐干旱，一般高1—3米，花期4—5月，果实期8—9月。酸枣树是绿化山区的优良树种，其木材质地坚硬、纹理细腻、耐磨耐压，也是制造农具和雕刻工艺品的良材。酸枣树果实味道酸甜，含有多种微量元素，具有养肝宁心、开胃健脾、敛汁理气、延年益寿之功效，药用价值很高。

酸枣树树干一般长到杯口粗便自然干枯，另由根部重生嫩芽，长成大树十分不易。蓬莱阁这两棵宋枣，一棵胸围1.16米，高10.7米，冠幅7.4米；另一棵胸围1.04米，高9.5米，冠幅7.1米，树龄均达800年，实属罕见。

2018年8月28日，强台风“温比亚”过境蓬莱，造成一棵宋枣齐根倒伏，整个树冠横卧在台阶中部，严严实实地挡住了登阁通道。时值旅游旺季，为快速清通登阁通道，工作人员剪去树冠部分，打算将枣树迅速处理。为保护古树，文物科人员及时提出保护建议，园林科人员设法将枣树扶起，经过科学支护和精心养护，宋枣又焕发了勃勃生机。

3. 三清殿国槐

三清殿国槐共2棵，位于三清殿正殿院内和前殿台阶西侧。国槐（Sophora Japonica Linn），别名槐树、家槐等，生物学分类豆科，槐属，槐树种。国槐分布于中国、朝鲜、日本等国。在我国北方分布较集中，北自辽宁，南至广东，华北平原及黄土高原海拔1000米的地带均能生长。

国槐为落叶乔木，高可达20米，树冠圆形，树皮灰黑色，小枝绿色，互叶生，奇数羽状复叶，花期6—8月。国槐性耐寒，喜阳光，不耐阴湿而抗旱，对土壤要求不严，较耐瘠薄，病虫害少，寿命长，耐烟毒能力强，能适应丹崖山临海多风贫瘠的土壤环境。

三清殿正殿院内国槐胸围2.32米，高14.1米，冠幅12.9米；前殿台阶西侧国槐胸围1.76米，高12.6米，冠幅11.7米。两棵国槐树龄至少700

年。如今，每年春天，两棵国槐依旧繁花满树，花香弥漫，给蓬莱阁增添了盎然生机。

4. 弥陀寺刺槐

弥陀寺刺槐共2棵，位于弥陀寺院内和弥陀寺前。弥陀寺院内刺槐胸围2.13米，高13米，冠幅11.5米；寺前刺槐胸围2.17米，高15米，冠幅13.6米。蓬莱阁丹崖山东南麓原来全部种植刺槐，自20世纪80年代之后，逐渐被侧柏所替代。刺槐（Robinia Pseucdoacacia），别名洋槐，生物学分类豆科，蝶形花亚科，刺槐属，刺槐种。刺槐原产于北美洲，1877年后引入我国青岛，现被广泛引种，尤以黄河、淮河流域最为普遍。

刺槐为落叶乔木，高可达 25 米。皮厚，暗色，纹裂多。花期 4—5 月，果熟期 9—10 月。刺槐喜光，喜温暖湿润气候，生长快，是世界上重要的速生树种。其树冠高大，叶色鲜绿，开花季节绿白相映，素雅而芳香，因其对土壤要求不严，适应性很强，是绿化常用树种。

据《蓬莱县林业志》记载："是年（注：1921 年）蓬莱县首次育刺槐苗，由蓬莱县劝业所培育刺槐苗 5000 棵。"刺槐于 1921 年引进蓬莱，先在蓬莱城内、蓬莱阁及文峰顶少量栽植。随后，栽植范围扩展到烟潍公路及北部沿海村庄。20 世纪 50 年代初，大量用于海滩造林，60 年代成为山丘造林的主要树种。从 20 世纪 20 年代的蓬莱阁老照片上观察，弥陀寺西南角无树木存在，可知弥陀寺刺槐并非 1921 年最早引进的那批刺槐树，应该是在之后栽种的。

5. 天后宫龙爪槐

天后宫龙爪槐位于天后宫前殿外。胸围 1.06 米，高 4.8 米，冠幅 7.9 米。龙爪槐（Var. Pendula Hort.），别名垂槐、盘槐等，生物学分类豆科，槐属，原产于我国，主要分布在华北和西北地区，沈阳以南、广州以北各地也均有栽培，而尤以江南一带较多。宋代传入日本，十八世纪中叶从日本传到欧洲，之后又从欧洲传到美洲。

龙爪槐是国槐的芽变品种，为落叶乔木。喜光，稍耐阴，适应干冷气候，抗风力强，寿命长。小枝柔软下垂，树冠如伞，状态优美，枝条构成盘状，上部盘曲如龙，老树奇特苍古。龙爪槐观赏价值很高，叶、花姿态优美，是优良的园林树种。自古以来，多对称栽植于庙宇所堂等建筑物两侧，以点缀庭园。开花季节，米黄花布满枝头，似黄伞蔽目，尤显俏皮可爱。

6. 天后宫木瓜

天后宫木瓜位于天后宫垂花门前，胸围 0.53 米，高 7.5 米，冠幅 3.1 米。为蔷薇科木瓜（Fructus Chaenomelis），别名木梨、木瓜海棠、木李等，生物学分类蔷薇科，木瓜属。木瓜分为热带水果木瓜（番木瓜）与蔷薇科木瓜两大类。热带水果番木瓜原产于墨西哥及中美洲，明代时引入我国，又名乳瓜、番瓜、文冠果，分布于华南及云南等地。蔷薇科木瓜原产于我国，在山东、河南、陕西、安徽、江苏、湖北、四川、浙江、江西、广东、广西等省都有栽培。

蔷薇科木瓜为落叶灌木或小乔木，高可达 10 米。树皮片状脱落，落后痕迹显著。叶片呈椭圆形或椭圆状长圆形，花单生，梨果呈椭圆体形，长 10—15 厘米，花期 4—5 月，果熟期 9—10 月。木瓜花色烂漫，树形好、病虫害少，植于庭园墙隅、林缘等处，春可赏花，秋可观果，是庭园绿化的优选树种。

蔷薇科木瓜在我国素有“万寿果”之称，多吃可延年益寿。天后宫木瓜果实坚硬、酸涩，难以食用。蓬莱当地的食用方法是将木瓜切块或切片，加入适量冰糖，用锅炖烂方能食用，对咳嗽、风湿等病症具有治疗作用。

7. 表功祠银杏树

表功祠银杏位于戚继光祠堂院内，是蓬莱城唯一保存下来的银杏古树。树龄 400 年，胸围 2. 67 米，高 17 米，冠幅 14. 9 米。银杏（Ginkgo Biloba），别名白果、公孙树等，生物学分类银杏科，银杏属。银杏在中国、日本、朝鲜、韩国、加拿大、新西兰、澳大利亚、美国、法国、俄罗斯等国家和地区均有分布。

银杏树为落叶大乔木，高可达 40 米，直径可达 4 米。银杏树是著名的无公害树种，树体高大，树干通直，姿态优美，叶似扇形，叶形古雅，春夏翠绿，深秋金黄，是园林绿化、行道的理想树种，与松、柏、槐一同被列入中国四大长寿观赏树种。银杏是现存最古老的孑遗植物，被科学家称为“活化石”“植物界的熊猫”，与雪松、南洋杉、金钱松合称为世界四大园林树木。据研究，银杏类植物起源于 3. 45 亿年以前，银杏目起源于 2. 5 亿年以前，银杏属则起源于 1. 9 亿年前的侏罗纪早期，现存的银杏历史可追溯到 7000 万年以前。第四纪冰川之后，银杏几乎全部灭绝，只在我国保存一种。

银杏浑身是宝，集食用、药用、材用、绿化和观赏于一体，具有很高的科学、经济、药物和生态利用价值，5 月开花，10 月成熟，果实为橙黄色种实核果，有很高的药用价值，在宋朝还被列为皇家贡品。

在民间，因为银杏生长缓慢，结果也不容易，从栽种到结果要历经二十多年，四十年后进入盛果期，往往是爷爷这代栽下树，到了孙子这代才可能吃上果子，故又俗称“公孙树”。银杏树雌雄异株，稀同株。所以，一般银杏栽种，多为两棵以上，便于相互授粉。20 世纪 70 年代某天大风，表功祠前院银杏树刮倒后被砍伐，后院银杏此后就结果很少。2000 年戚继光故里建成后，故里及蓬莱城区移栽不少银杏，表功祠后院银杏开始日渐茂盛，果实累累。

8. 表功祠侧柏

表功祠侧柏位于戚继光祠堂花园内。树龄 400 年，胸围 1.56 米，高 7.5 米，冠幅 5.7 米。侧柏（Platycladus Orientalis），别名香柏、香树、香柯树等，生物学分类柏科，侧柏属。侧柏为中国特产种，现人工栽培遍及全国。目前，侧柏在朝鲜也有分布。

侧柏为常绿乔木，树高一般达20米，花期3—4月，种熟期为9—10月。侧柏为温带阳性树种，喜光，喜湿润，较耐寒，耐干旱，抗烟尘，抗二氧化硫、氯化氢等有害气体。侧柏幼树树冠尖塔形，老树广圆锥形，枝条斜展，排成若干平面，寿命极长，较少有病虫，多用于寺庙、墓地、纪念堂馆及园林绿篱，为中国应用最广泛的园林绿化树种之一。侧柏树姿优美，新近流行的侧柏品种，如“撒金千头柏”“金叶千头柏”等，在城市绿化带配置色块中更是异军突起，与金叶女贞、红叶小檗、红花木等争黄斗紫，相映生辉。

附：

1. 三清殿合欢

三清殿合欢位于三清殿上清宫前，胸围1.54米，高7.6米，冠幅8.3米。合欢（Albizia Julibrissin），别名芙蓉树、夜合树、马缨花、绒花树、扁担树等，生物学分类豆科，合欢属。合欢原产于中国，主要分布于华北与华南地区。日本、印度、伊朗、朝鲜、越南、泰国、缅甸及非洲东部也有分布。

合欢为落叶乔木，伞形树冠。叶互生，树干浅灰褐色，枝粗而疏生，幼枝带棱角。花期6—7月。果实为荚果，成熟期为10月。合欢是阳性树种，好生于温暖湿润的环境，耐严寒，耐干旱及瘠薄。合欢树皮及花可供药用，有安神解郁、活血止痛、开胃利气之功效，还可治疗骨折、痛疽、肿痛等症。合欢树木材坚实，纹理通直，结构细密，经久耐用，可供作家具、农具、建筑、船舶之用。合欢姿态美观，叶形雅致，花色艳丽，气味芳香，日落而合，日出而开，给人以友好象征，常作绿荫树、行道树，或栽植于庭园水池畔。合欢为敏感性植物，是地震观测的首选树种。

三清殿合欢树干多年前出现高3.4米，最大直径0.33米且东西贯通的树洞，仅剩部分树皮输送营养，于2016年枯死。

2. 表功祠香橼

表功祠香橼位于戚继光表功祠后院照壁前，曾经是蓬莱城内唯一一棵香橼古树。香橼（Citrus medic L.）果树，别名枸橼、陈香圆等，生物学分类芸香科，柑橘属。香橼，多为栽培，国内分布于江苏、浙江、安徽、江西、湖北、四川、广东、广西、云南、福建、台湾等地，国外越南、老挝、缅甸、印度也有分布。

香橼为常绿灌木或小乔木，高一般可达2米左右。枝有棱及短刺，单身复叶互生，革质。叶长椭圆形，花瓣白色，有芳香。柑果呈长圆形、圆形或扁圆形，成熟时橙黄色，果皮粗糙，有香味。花期4—5月，果期10—11月。香橼果实性温，味辛，微苦酸，含挥发油，可泡茶、煎汤或浸酒，可用于治疗肝胃气滞、胸胁胀痛、脘腹痞满、呕吐噫气、痰多咳嗽等症状。香橼在彝家寨子比较流行，常作为一种贡品，在结婚仪式中充当传宗接代的吉祥物。

表功祠香橼，胸围0.45米，高5.2米，冠幅3.4米，于2011年枯死。

第五章　碑　刻

第一节　咏海市

海市诗并引①

（宋）苏轼

余闻登州海市旧矣。父老云："常见于春夏，今岁晚不复出也。"余到官五日而去，以不见为恨，祷于海神广德王之祠，明日见焉，乃作是诗。

东方云海空复空，群仙出没空明中。
荡摇浮世生万象，岂有贝阙藏珠宫。
心知所见皆幻影，敢以耳目烦神工。
岁寒水冷天地闭，为我起蛰鞭鱼龙。
重楼翠阜出霜晓，异事惊倒百岁翁。
人间所得容力取，世外无物谁为雄。
率然有请不我拒，信我人厄非天穷。
潮阳太守南迁归，喜见石廪堆祝融。
自言正直动山鬼，不知造物哀龙钟。
信眉一笑岂易得，神之报汝亦已丰。
斜阳万里孤鸟没，但见碧海磨青铜。
新诗绮语亦安用，相与变灭随东风。

元丰八年十月晦书呈全叔承议

① 原碑刻有小字注："眉山作。原迹今尚在，非作字也，翁方纲记。"

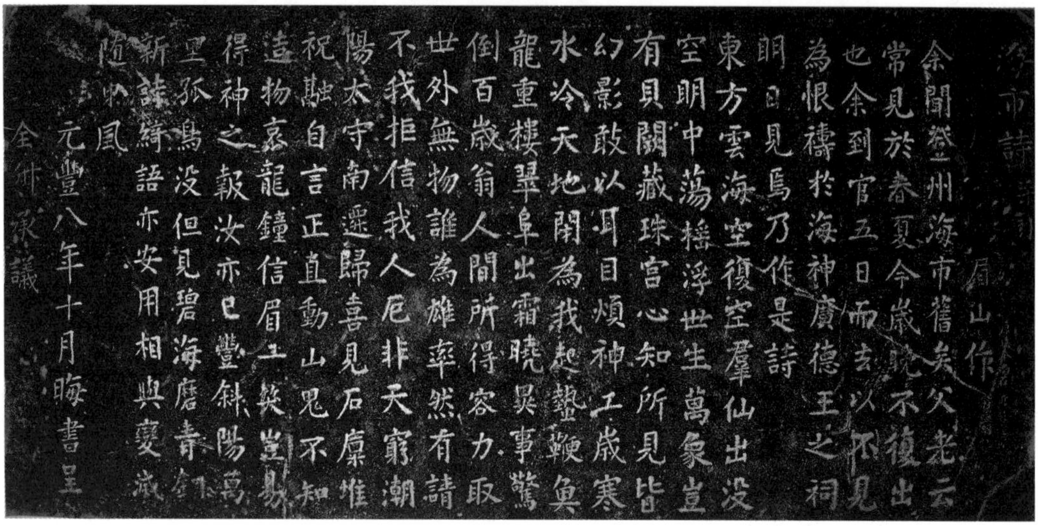

简介：苏轼《海市诗》石刻在蓬莱阁上计有3方，其中在卧碑亭内的一方，为金皇统年间（1141—1149）据原刻重勒，高91厘米，宽217厘米，大理石质地，楷书阴刻，因年代久远自然风化，字口已残损，拓印不清。在苏公祠内的两方均为汉白玉质地，其一为清代书法家翁方纲临摹上石，高90厘米，宽184厘米，楷书阴刻；其二为清代张辂行书阴刻，高43厘米，宽182厘米，字迹也漫漶不清。本诗为翁方纲于清乾隆五十七年（1792）任山东学政时，临摹苏轼《海市诗》原迹镌刻而成。

苏轼（1037—1101），字子瞻，又字和仲，号东坡居士，四川眉山人，“唐宋八大家”之一。宋嘉祐二年（1057）中进士，授凤翔府签书判官。元丰二年（1079）因“乌台诗案”遭贬，谪黄州、汝州团练副使。元丰八年（1085）十月，苏轼任登州知州，留下《蓬莱阁记所见》《海市诗》《留别登州举人》《乞罢登莱榷盐状》《登州召还议水军状》等与登州有关诗文21篇。苏轼到任五天后，升任礼部郎中，后历任龙图阁学士、吏部尚书、礼部尚书、兵部尚书等。著有《东坡七集》《东坡易传》《东坡乐府》等。后世登州百姓建“苏公祠”，感其恩德，表达敬仰。

翁方纲（1733—1818），字正三，一字忠叙，号覃溪，晚号苏斋，直隶大兴（今北京）人。清乾隆十七年（1752）进士，授编修，曾主持江西、湖北、江南、顺天乡试，又曾督广东、江西、山东学政，官至内阁大学士。精于金石学，书法上与刘墉、铁保、永瑆并称“清四大书家”，著有《两汉金石记》《粤东金石略》等书。

赏析：《海市诗》是苏轼在宋元丰八年（1085）十月知登州时所作。苏轼对登州海市素有耳闻，而今来到登州，看到前人对登州海市的记述，听到时人对登州海市的描绘后，心中便充满向往。然而其在登州任上时间太短，到任仅五天，便被朝廷诏还入京，这使得苏轼在临别登州之际更加渴望能一睹海市奇观，不留人生遗憾。可时值冬季，海市难见，为了实现夙愿，苏轼向海神祈祷。不可思议的是，第二天海上竟真的出现了海市。苏轼惊喜之余，联想到自己与韩愈的人生际遇何其相似，进而依韩愈《谒衡岳庙遂宿岳寺题门楼》的韵律，提笔作此《海市诗》。诗中作者面对蓬莱山水美景，以超逸豪放的笔触描写了“心知所见皆幻影”的海市，并进而表达出对人生的感悟和前程的忧思，恬淡豁达之情跃然纸上，可以说是苏轼晚年诗词风格转变之初的代表之作。《海市诗》实为吟咏蓬莱海市的高标大纛，唤来后世无数文人唱和，登州因之增色，蓬莱名声更扬，成为一代文豪留给蓬莱的不朽文化财富。

观海市和坡翁韵

（明）游琏

波涛万顷摇晴空，祥光掣影珊瑚中。
中涵万象不可测，五山浮海流仙宫。
妖虫吹气生倏忽，往来变幻谁为工。
非烟非雾起千尺，希奇盛事传苏翁。
我来适与无胜会，遥看海若腾苍龙。
层峰削立车牛岛，大竹小竹环虎雄。
分明图画列城郭，平高聚散无终穷。
楼台坛坛彩虹跨，浮金耀璧波融融。
尘怀抖擞豪兴发，便会谒海真千钟。
人生得乐即我有，何必俯首思元丰。
醉来皓月驾瑶海，蟾蜍抱影流青铜。

安得一苇航无极，密迩太乙托雅风。

闽山少石游琏

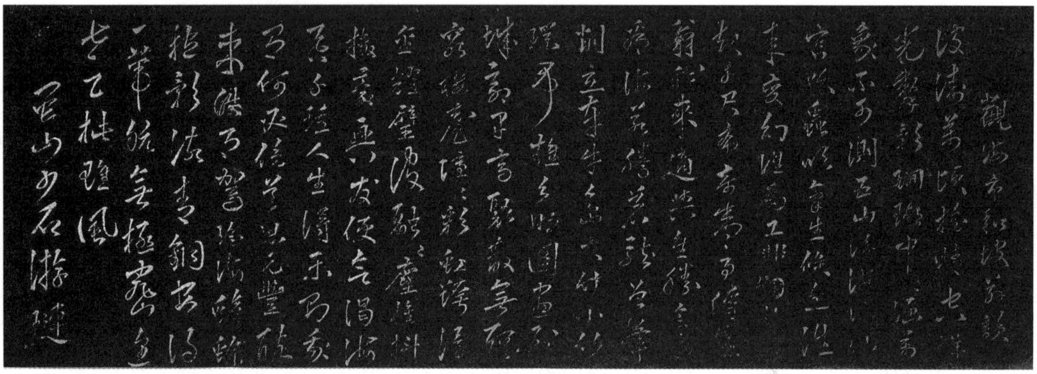

简介：石碑嵌于避风亭内南墙，高46厘米，宽124厘米。大理石质地，草书阴刻。

游琏，福建连江人，字世重，号少石。明正德六年（1511）进士，授江西新建县令，升南京户部主事，历员外郎。明嘉靖六年（1527）出任登州府知府，为官清正，恪尽职守，兴学育才，深得民望，御史蒲鋐比之苏文忠公。后升海南兵备副使，官终江西布政司参政。游琏为“连江六才子”之一，著有《海道经》《蓬莱集》《少石文集》等。

赏析：游琏任职登州府知府六年，本诗即为游琏在任期间有幸见到海市后，依苏轼《海市诗》韵律而作的和诗。诗中作者以自身的认知与感触，描绘了海市出现时的海面景象，其中还夹杂着海峡中岛屿实景与海市交辉呼应的景致描写。面对如此神奇美景，想到当年苏东坡所见海市美景也不过如此，欣喜快慰之余，感叹油然而生。

观东坡海市诗刻次韵

（明）宋献

重九前五日，观察王明初、大将军张扶舆招饮蓬莱阁，因观东坡海市诗刻次韵。

忽来放眼天地空，神界惝恍超寰中。
何须妄拟攀壶峤，身已金堂蕊贝宫。
况逢胜日开芳宴，豪吟细咏称神工。
落照亭亭隐波外，炙笙调管惊鱼龙。
迩檐扪抚漫漶字，灵气呵护惟坡翁。
始信文章千古事，其人往矣孰敢雄。
今日当杯一凭吊，相与诘难穷无穷。
隔岸欲呼遁鹤返，会看泽扫付祝融。
湎怀永夜频跋烛，山寺隐约来疏钟。
愧我因人真碌碌①，拉手语笑情已丰。
岘首感慨襄阳歌，醉归完宛聆白铜。
人生贵得适意耳，东海何孤大国风。

崇祯岁在己巳季秋月濑江宋献漫咏并书于驶雪堂中

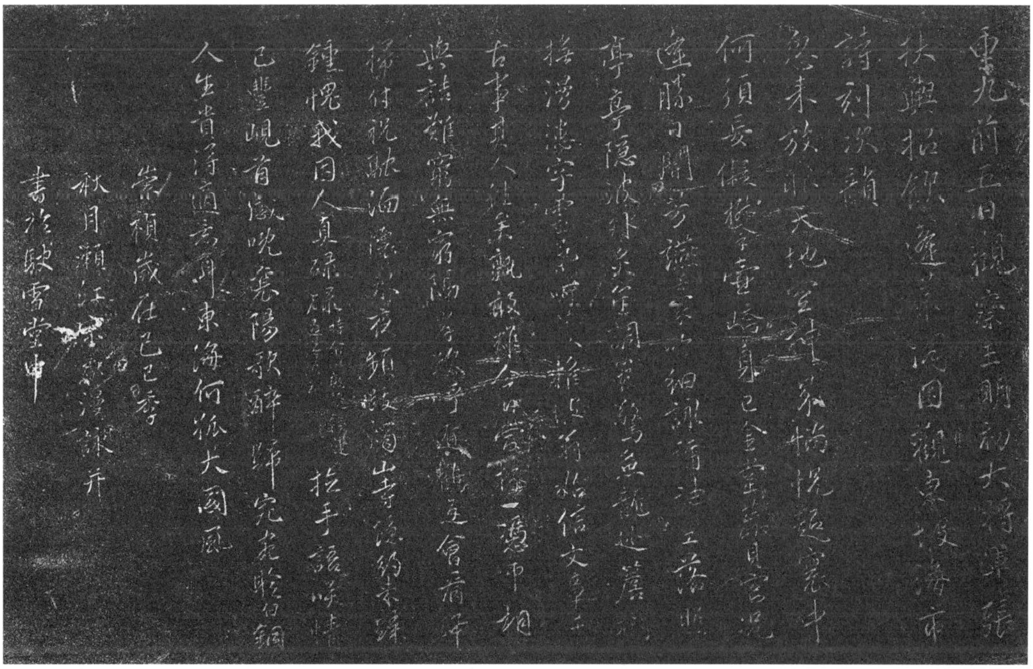

① 原碑刻有小字注：“时余以敦趋馈运遇海故云。”

简介：石碑嵌于蓬莱阁东厢内东墙，高 50 厘米，宽 88 厘米，汉白玉质地，行书阴刻。

宋献，字献孺，号如园，江苏溧阳人。明崇祯二年（1629），任山东监军佥事。宋献为明朝书法家，擅长行草，晚年真草隶篆各体臻妙。在登州任职期间，与朝鲜使节多有交往，有《送鲜崔学士君还国》《苍雪斋书扇》等16 首诗作，存于朝鲜使节崔有海诗集《东槎录》中。

赏析：该诗创作于明崇祯二年（1629）九月初四，描写了作者与两位友人在蓬莱阁上赏景宴饮，并次宋苏轼《海市诗》韵作诗，来抒发对先贤的敬仰与缅怀之情。也就在这一年，朝鲜冬至使尹安国与赍敕使崔有海取道觉华，途中风大浪急，尹安国落海身亡，崔有海随波漂流至登州。正在登州港巡察水军的宋献，极力搭救并妥善安置了崔有海。送别之时，宋献以此诗相赠，崔有海回国后寄来高丽人参百斤与《通鉴》一集致谢，宋献却参受书。崔有海《东槎录》中，便收录该诗。

观海市

（明）王良臣

蓬莱阁上望蓬瀛，□□几看眼界生。
形结楼台惊幻化，影浮城郭许空明。
乘闲图画写□□，海若称灵浪势平。
底□□□登眺处，翠涛辉映晚霞晴。

□□聚散海天宽，入望乾坤□□看。
车马骈阗纷市肆，鱼龙潜伏静波澜。
光涵万象真泡影，气抱一元如弹丸。
商贾七军凭弱水，千金□购访还丹。

次黄参伯观海市韵

（明）王良臣

东溟势显蓬莱山，眼界奇观岂浪夸。
隐约轩廊现市井，分明亭阁倚人家。
妆描不假丹青笔，变幻浑凝涌刻花。
伫见寒光登玉宇，丹崖翠屿映明霞。

眼前景物炫奇葩，阆苑瀛洲未足夸。
林树青葱森宝藏，楼台突兀拟仙家。
波心雾观蜃呈彩，永留风恬浪戢花。
回首斜阳天外远，青山一抹带残霞。

简介：石碑嵌于天后宫东厢外墙，高 42 厘米，宽 140 厘米，大理石质地，楷书阴刻。

王良臣，字汝邻，河南陈州人。明弘治六年（1493）进士，授浙江德清县令，后升南京贵州道御史。明正德六年（1511）擢山东按察使副使，备兵青、登、莱三郡，巡察海道，号令严明，升浙江参政。正德十年（1515）擢山东宪使，官至江西右布政使。

赏析：这两首诗作于明正德七年（1512）。第一首诗是作者在蓬莱阁上观看到海市景观，通过对海空浮现出楼台变化、城郭闪现、车马行人等景物的描写，感叹被世人所妄求不已的海市虽然包罗万象，但终归为虚幻。第二首诗是作者在欣赏了同僚黄参伯的《观海市诗》后，依其诗韵而作的两段韵律相同的和诗。前一段是作者于丹崖山上登高北望所见的海市景观，其中轩廊市井隐约可见，亭阁人家依稀可辨。作者感叹大自然妙笔天成，丹崖翠屿与碧波霞光遥相辉映。第二段是作者透过海市奇观的景物呈现，感悟丹崖山蓬莱阁林树青葱，楼台突兀，景色奇秀，胜似仙家，寄情人间蓬莱之山水情怀跃然纸上。

吕祖咏海市诗

（明）李承勋

万历壬辰冬，承勋奉旨督南兵征倭。癸巳春中，□□守登莱，缘素蒙吕祖默契，许奉侍为随□□火，令儿大生扶乩，而咏海市诗一律，咸称绝唱，业已镌入玄都第一关稾内。其时方拟勒之石以助蓬莱之胜，勋寻量移京营不果。至乙未年九月，蒙两院会荐复改备倭参将，再抵登州，得竟前愿，岂偶然哉？敬述始末以纪其胜云。

青天忽见动东风，一望三山雾气中。
万丈晴光疑有蜃，四回苍色岂无龙。
已开城郭三千界，又见楼台十二重。
要识人间总虚幻，不须翘首对长空。

大明万历丙申闰八月吉旦

钦差登莱青等处地方总督备倭副总兵弟子李承勋立

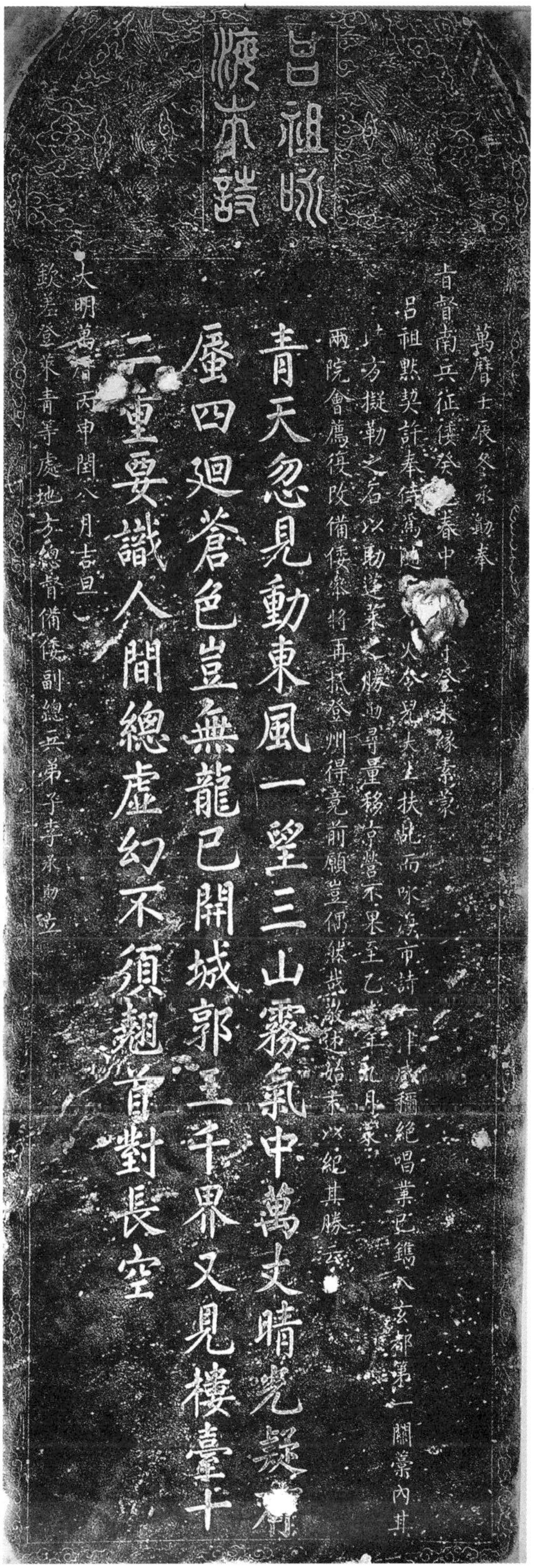

简介：石碑位于吕祖像碑亭外墙，高286厘米，宽99厘米，汉白玉质地，楷书阴刻。

李承勋，字锡庸，浙江处州人，世袭指挥同知。明万历二十年（1592），李承勋率南方士兵出征倭寇，首驻登州。万历二十三年（1595）九月，李承勋升备倭参将，再守登州。万历二十四年（1596），李承勋任备倭副总兵，因倭警，率水师加固蓬莱水城，用砖、石砌筑水城墙体，并在水城东、南、西三面增设敌台。万历二十六年（1598），总兵李承勋率军一万余人驻防朝鲜，协助朝鲜防备倭寇。万历二十九年（1601），李承勋率军回国。万历三十一年（1603），三清殿、白云宫失火焚毁，李承勋捐资重建。

赏析：该诗作于明万历二十一年（1593）。旧时人们通过扶乩来占卜吉凶祸福，在扶乩中，由神明下降题写的诗文称为扶乩诗。该诗即为作者令其子通过扶乩而得到的吕祖“咏海市诗”。诗中在对海市的描写上，运用佛教“三千界”与道教“十二重”等用语，将海市描绘得既宏大又深邃，因为借助了吕祖的威望，作者还自视该诗为“绝唱”，早就心存将该诗勒石刻碑，助胜蓬莱山海风光的意愿。结合海市的虚幻，文末作者还表达了要理性面对现实，看淡世间成败的人生感悟。

观海市

（明）万世德

登州之有海市，自昔记之。然多出于夏月，南至后苏长公以冬月祷海神而见，遂以为千古异事，观其诗可知。余以五月三日抵登，四日直指广平张公邀登蓬莱阁，方举酒而市出，众异之，余款张公亦然。而楼阁台榭、郊关草树影分明。从官指示云：“此小市也，大市则连亘诸岛，出没万状，景色更多。”次为六日，余出阅武校射之际，侍使传语市复见，回顾不见诸岛，或为城廓，或为村墟，或为楼台，或为桥梁，倏高倏下，忽隐忽显，至海外可环一青山，突兀数千里，尤为奇怪，即土人亦罕见之，至兹盖三遇矣。余阅蓬莱阁集游览诸公，望市不见者甚多。余一登即见，且至于再至于三，岂海若之有灵亦际遇之偶然耶？即谢苏长公精神，亦属大观之奇矣。为诗四章，乃报其灵贶云。

一上高楼一望奇，东来佳气转棼丽。
长城忽自波间出，绮阁惊从天外垂。
明德歌云通奥杳，玄机真是发葳蕤。
竦身直挂扶桑外，拟向仙都驾六螭。

十洲三岛未能探，景物何由大壑涵。
岂是鼋鼍开化国，似从龙象挂灵龛。
波翻草树云连屿，风送楼台日倒岚。
曾笑浮沤成幻影，也能千古作奇谈。

日日拟从蓬岛游，云汉身世转悠悠。
衔杯幸得高人沏，望气真窥元化流。
隐显纷纷皆聚散，沧桑历历总沉浮。
凌风欲觅安期处，为问曦和第几洲。

始信壶中别有天，分明大地出重渊。
蛟波已布泉中象，蜃气应销海外烟。
拱极旦辰常夜夜，朝宗江汉自年年。
一付署檐称灵异，可载风雷下漱船。

万历戊戌云中万世德书

简介：石碑嵌于蓬莱阁东厢内东墙，高 62 厘米，宽 133 厘米，汉白玉质地，草书阴刻。

万世德（1546—1603），字伯修，山西偏关人。明隆庆五年（1571）进士，授南阳令，历任元城、宝坻知县，兵部主事迁员外郎，陕西按察使佥事，赵州知府，山东按察使佥事、按察司副使，擢天津海防巡抚右佥都御史，巡抚天津、登莱、旅顺等地海防军务，督造战船，操练水师。明万历二十六年（1598），率军赴朝鲜抗击倭寇，大败倭寇于釜山。后与李承勋驻兵朝鲜，防备倭寇。因功升蓟辽总督，寻迁右都御史兼兵部右侍郎，卒于任。赠兵部尚书加太子太保。著有《海防奏议》四卷。

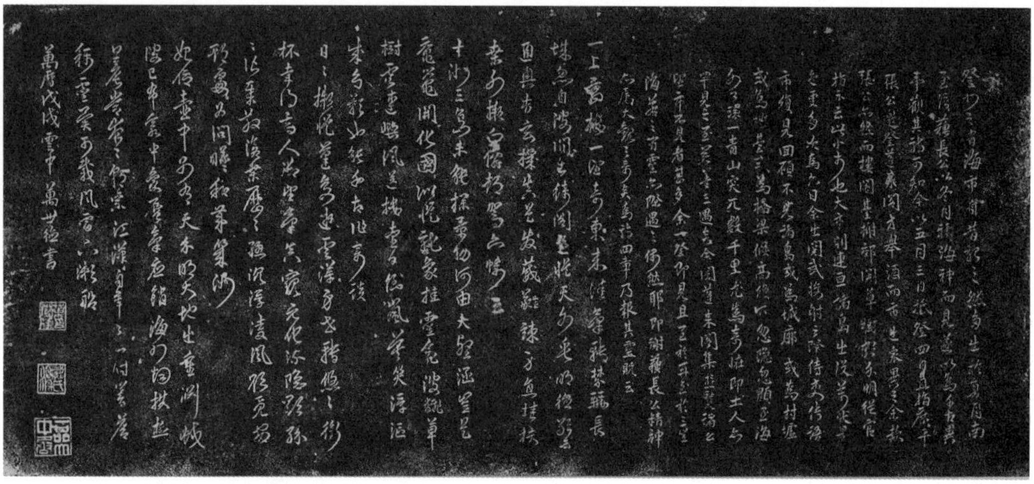

赏析：该诗作于明万历二十六年（1598）。在历代众多写蓬莱阁海市的诗人中，万世德与海市最为有缘，其在登州海防校阅期间，于四日之内三次观看到海市奇观。在《观海市》诗序中，作者详细地介绍了自己三次所见海市的时间、人物、事件与经过，对海市的描写也非常细致。作者自认在如此短暂的时间中多次见到海市，得归功于海神与苏轼的保佑，因此作诗回报上天的厚予。诗文中多处运用传说与典故，如“扶桑”“六螭”“鼋鼍”“蓬岛”“安期”“曦和”等，把心目中的海市蜃楼描绘成人迹罕至的神仙境地。作者创作该诗时，正值朝鲜之役的关键时期，最后一首诗中，作者还设身处地借“海市”感怀时政，表达了援朝逐倭志在必胜，江山永固四海臣服的信念。

甲子仲夏登署中楼观海市

（明）袁可立

余建牙东牟，岁华三易，每欲寓目海市，竟为机务缨缠，罔克一觏。甲子春得旨予告，因整理诸事之未集者，又两阅月，始咸结局，于是乃有暇晷。仲夏念一日，偶登署中楼，推窗北眺，于平日沧茫浩渺间，见俨然一雄城在焉。因遍观诸岛，咸非故形，卑者抗之，锐者夷之，宫殿楼阁杂出其中。谛视之，飞檐列栋，丹垩粉黛，莫不具焉。其纷然成形者，或如盖、如旗、如浮屠、如人偶语，春树万家，参差远迩，桥梁洲渚，断续络联，时分时合，乍隐乍显，真有画工之所不能穷其巧者。世传蓬莱仙岛，备诸灵异，其即此是与。自巳历申，为时最久，千态万状，未易殚述。岂海若缘余之将去，而故示此以酬厥夙愿耶？因作诗以纪其事云。

登楼披绮疏，天水色相溶。
云霭泽无际，豁达来长风。
须臾蜃气吐，岛屿失恒踪。
茫茫浩波里，突忽起崇墉。
垣隅迥如削，瑞彩郁葱隆。
阿阁叠飞槛，烟霄直荡胸。
遥岑相映带，变幻纷不同。
峭壁成广阜，平峦秀奇峰。
高下时翻覆，分合瞬息中。
云林荫琦柯，阳麓焕丹丛。
浮屠相对峙，峥嵘信鬼工。
村落敷洲渚，断岸驾长虹。
人物出没间，罔辨色与空。
倏显还倏隐，造化有玄功。
秉钺来渤海，三载始一逢。
纵观历巳申，渴肠此日充。
行矣感神异，赋诗愧长公。

睢阳袁可立题

云间董其昌书

海市诗弟以米家法书之，虽不能称大作之雄伟，然东坡海市诗，非弟谓其三力未完，拙书犹不欲让，惟老年丈勒石得法，可以敌长公之笔，为东海不朽事。弟亦不复书名，百世而后，淮公代匠斫者沿如之敉其昌。

董年丈初不欲书名，示谊士之拒，游之再三，乃始落款。今并之立弥刻识其实。

天启甲子冬吴郡温如玉摹勒上石

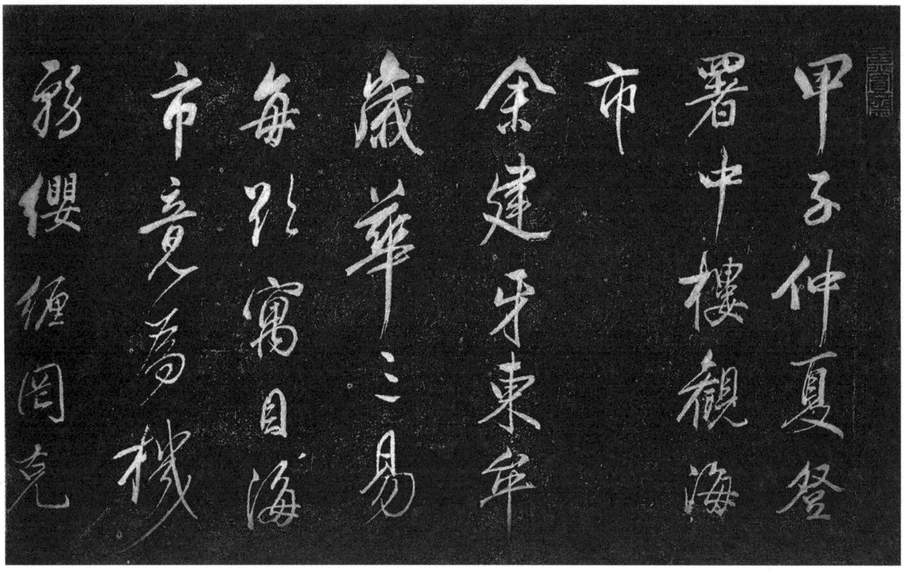

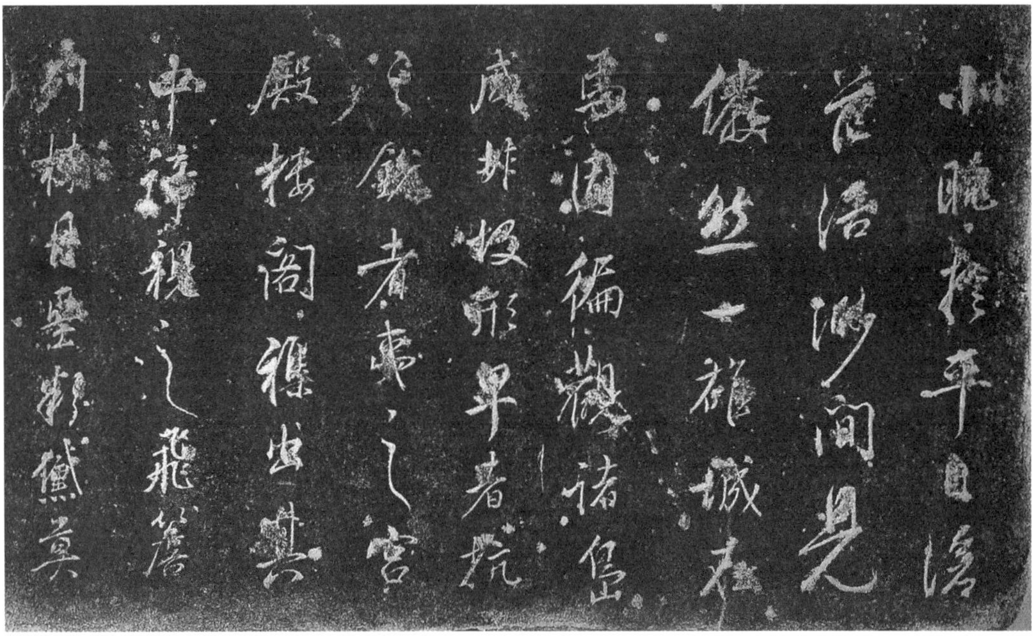

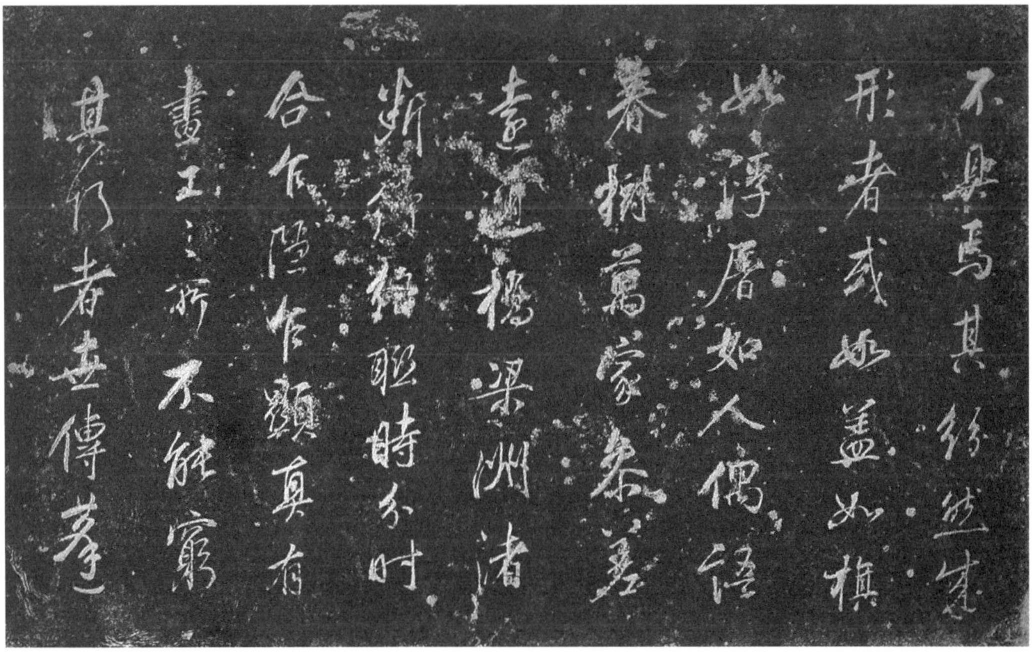

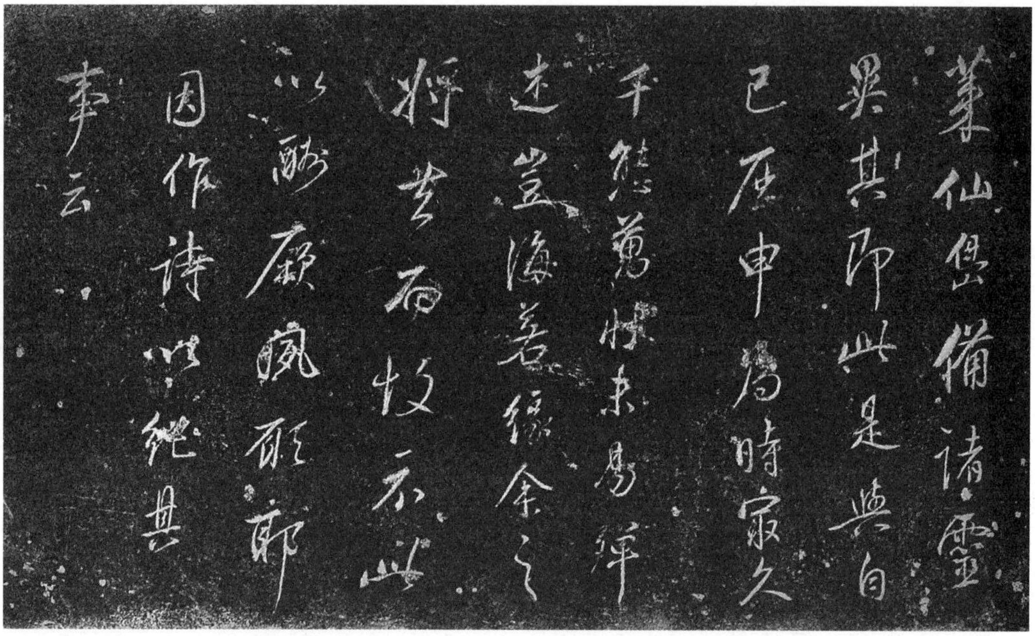

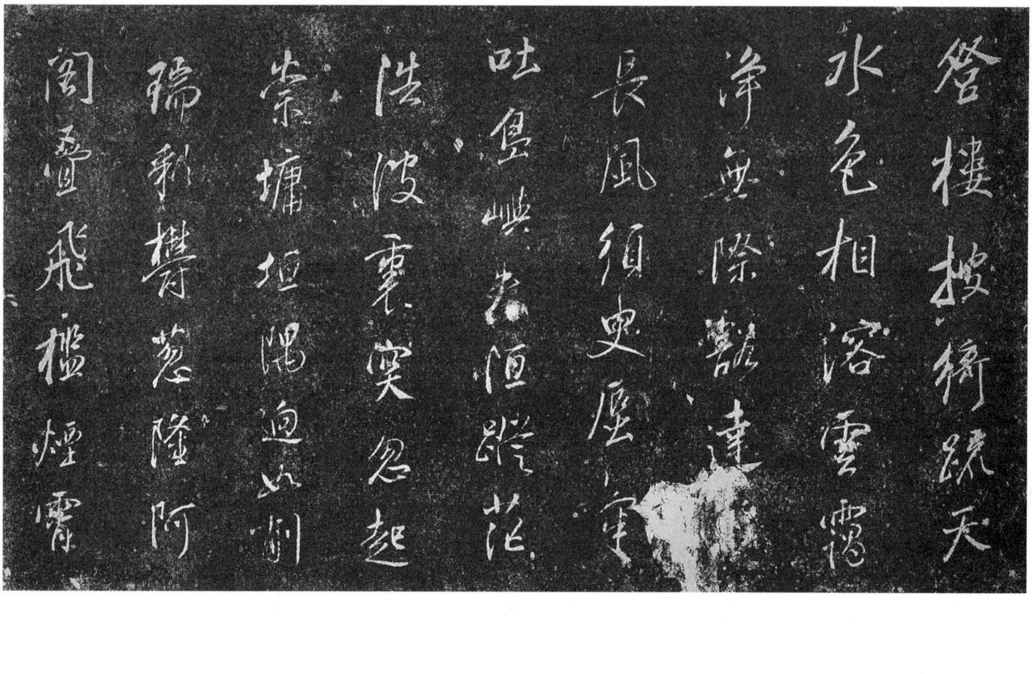

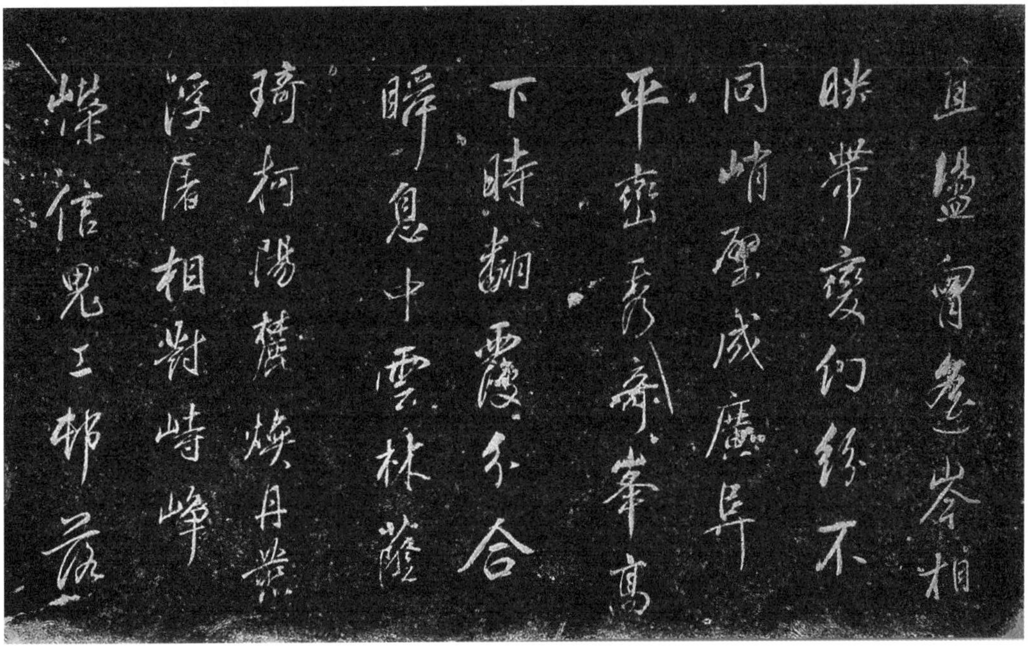

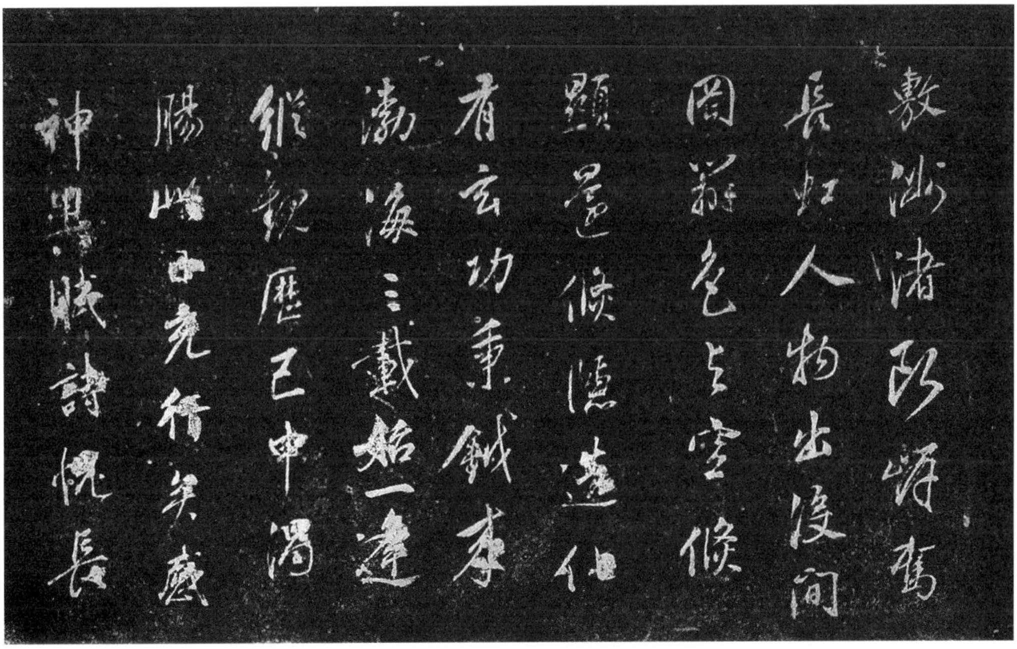

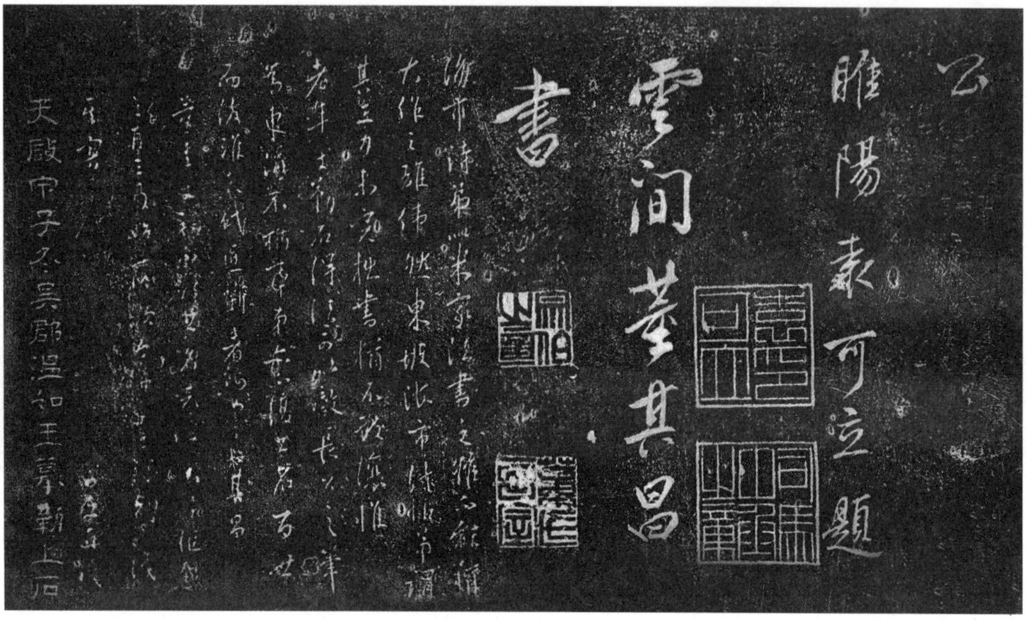

简介：石碑嵌于避风亭内南墙、东墙，计9块，高50厘米，总宽732厘米，汉白玉质地，行书阴刻。

袁可立（1562—1633），字礼卿，号节寰，又号闲闲居士，河南睢县人。明万历十七年（1589）进士，历苏州府推官、山西道监察御史、都察院右佥都御史巡抚登莱、兵部右侍郎、兵部左侍郎、兵部尚书太子少保，加正治上卿赠光禄大夫太子太保。历明万历、泰昌、天启、崇祯四帝。明天启二年（1622），出任登莱巡抚，任上整肃军纪，修造战舰，操练水师，增置炮台，登莱武备大为增强。袁可立为明代后期著名的清官廉吏和军事战略家。著有《弗过堂集》《抚登疏稿》《评选古唐诗》等。

董其昌（1555—1636），字玄宰，号思白、香光居士，上海华亭人。明万历十七年（1589）进士，官至礼部尚书加太子太保。擅书画，为明末书坛最具影响的书家，书法清丽典雅，秀韵独绝，正、行、草书无所不工。

温如玉（1528—1569），字孟醇，号少谷，湖北郧阳人，明嘉靖二十二年（1543）进士。侨寓青州，工真、草、篆、隶，尤善印章钩临，法帖知名一时，有肃府石刻传于世。

赏析：该诗作于明天启四年（1624）五月二十一日，叙述作者东牟为官三年，未能得见海市，而在即将离任升迁之际，却意外有幸目睹登州海市的情景。文中记叙的登州海市，景色细腻逼真，形态变幻多端，是历代众多描绘登州海市的诗文中最为朴实传神的一首。书丹为作者的同年挚友董其昌所作，书法圆润苍劲，俊逸飘洒。碑为当时镌刻名家温如玉所刻。诗后留有董其昌跋语，在跋中称颂袁可立“大作雄奇”，自己采用“米家法”书写，却与苏轼书法“犹不欲让”；更加上温如玉的“勒石得法”，使其书增色，因之“可敌长公（苏轼）之笔”。这九方碑刻堪称珠联璧合之作，可谓萃一代之技艺，乃书坛之瑰宝，因此被誉为“三绝碑”。

登蓬莱阁

（清）王钺

蓬莱阁在海之旁，海抱蓬莱接大荒。
阁外不分天上下，眼中惟见海茫茫。
金翻波浪来精卫，火合乾坤出太阳。
我自登临观造化，古今无尽是文章。

蓬莱阁观海市

（清）王钺

蓬莱阁对蓬莱山，遥望蓬莱山之间。
水面作楼忽作树，城头为台复为关。
烟波渺渺换今古，人物悠悠似往还。
欲从海上觅仙迹，令人可望不可攀。

昔太白仿崔灏《黄鹤楼》，作《凤凰台》《鹦鹉洲》之诗。余复仿太白、崔灏，而作蓬莱阁海市之诗，深愧古今人不相及也。

督学使者孟津王钺大愚父题并书

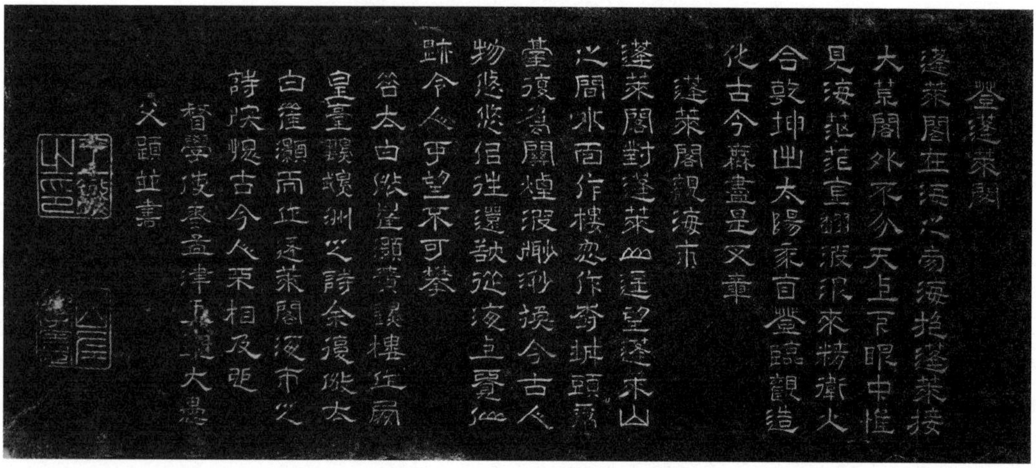

简介：石碑嵌于蓬莱阁东厢内东墙，高 50 厘米，宽 106 厘米，汉白玉质地，隶书阴刻。

王鑨（1607—1672），字子陶，号大愚，别署海棠峪长、嵩华啸隐子，河南孟津人。清顺治元年（1644）贡生，授鹿城令，迁江苏昆山知县，擢刑部河南司员外郎。清顺治五年（1648）任山东提学道按察司佥事。明末清初戏曲作家，著有《大愚集》《红药坛集》《秋虎丘》《双蝶梦》等。

赏析：作者于山东任职期间，登临蓬莱阁，感慨蓬莱阁高耸丹崖山巅，海市蜃楼虚幻缥缈，乃效仿崔颢的《黄鹤楼》、李白的《凤凰台》《鹦鹉洲》而作律诗。《登蓬莱阁》一诗道出蓬莱阁的地理位置，登阁所见海天景色以及感受，抒发了作者赞美大自然的情怀。《蓬莱阁观海市》一诗写在蓬莱阁上看到海市的景象，海面上景物转换，烟波中时空变幻，使人遐想，令人陶醉。两首诗文辞通俗，朗朗上口，景观描写简洁细腻，朴实生动，诗文余韵悠长，意境耐人寻味。

观海市歌小引

（清）施闰章

余校士东牟，思见海市。事竣，谒海庙，因祷焉。翌日临发，海市适见，歌以纪之。

蓬莱海市光有无，玄冬物色夸大苏。
我亦再拜乞海若，愿假灵迹看须臾。
是时苦旱海水渴，神龙困懒枯珊瑚。
鼍鼓忽鸣津吏呼，天吴出舞鲛人趋。
大竹盈盈横匹练，小竹湛湛浮明珠。
方圆断续忽易位，明灭低昂顷刻殊。
列屏复帐闪宫阙，桃源茅屋成村墟。
沙门小岛更奇绝，浮屠倒影凌空虚。
有时离立为两人，上者为笠下者车。
砉然双扉开白板，中有奇树何扶疏。
三山十洲一步地，群仙冉冉来蓬壶。
神摇目眩看不定，惜哉风伯为驱除。
人间快意亦如此，浮云长据胡为乎。
噫嘻！浮云长据胡为乎。

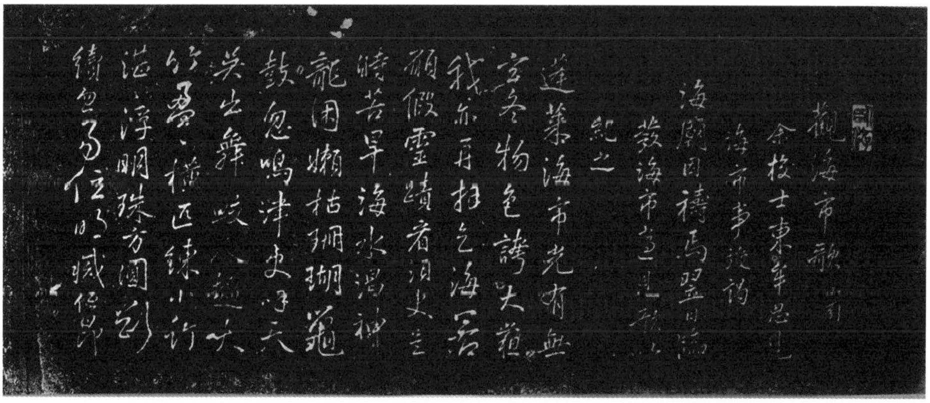

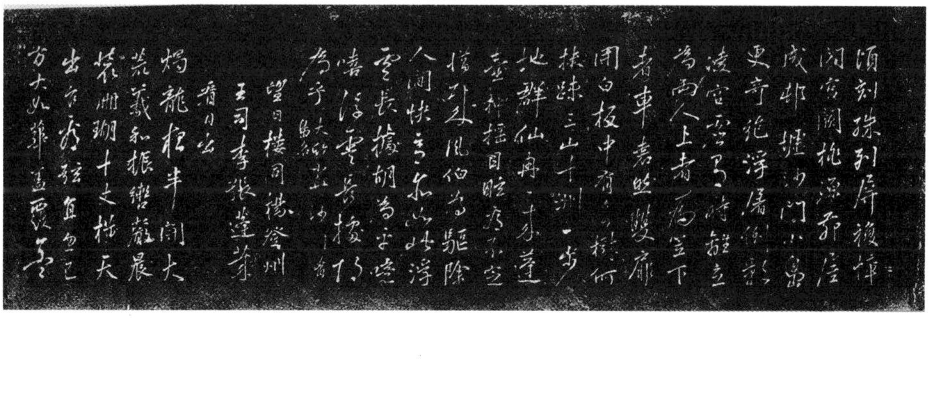

望日楼同杨登州王司李张蓬莱看日出

（清）施闰章

烛龙夜半开大荒，羲和振辔严晨装。
珊瑚十丈横天出，乍看弦直忽已方。
大如华盖覆金屋，艳如玉盘堆火齐。
鲛绡菡萏作帷幛，仿佛隐见无端倪。
车轮烨烨从中跃，赤乌飞起彩云落。
光芒倒射鼋鼍宫，扶桑枝罥蓬莱阙。
客云日出光不同，阴晴百变随神工。
连朝霾雾今日霁，邀有天幸开心胸。
数言未毕日千尺，翻如素月出东壁。
天明万事从此生，安得长绳系白日。

附记：日初出时，一线横袤，如有方幅棱角，色深赤如丹砂。已而，焰如火，外有绛帷浮动，不可方物。久之，赤轮涌出，厥象乃圆，光彩散越，不弹指而离海数尺，其大如镜，其色如月矣。

丁酉四月十有八日宣城施闰章识

世传浙潮与海市同为怪事。余海国氓也，日涉胥涛，未睹灵幻，殊为憾事。即蹈眺秦望峰头，未极日观之奇。读尚白先生二章，如身游其际而目击其光怪也。至篇章之崛秀雄浑，形容佳至，真堪与蜃楼旭焰，并称千古奇绝。

山阴祁豸佳书　山人许庆士勒石

简介：石碑嵌于避风亭内东墙，高 38 厘米，宽 350 厘米，汉白玉质地，行书阴刻。

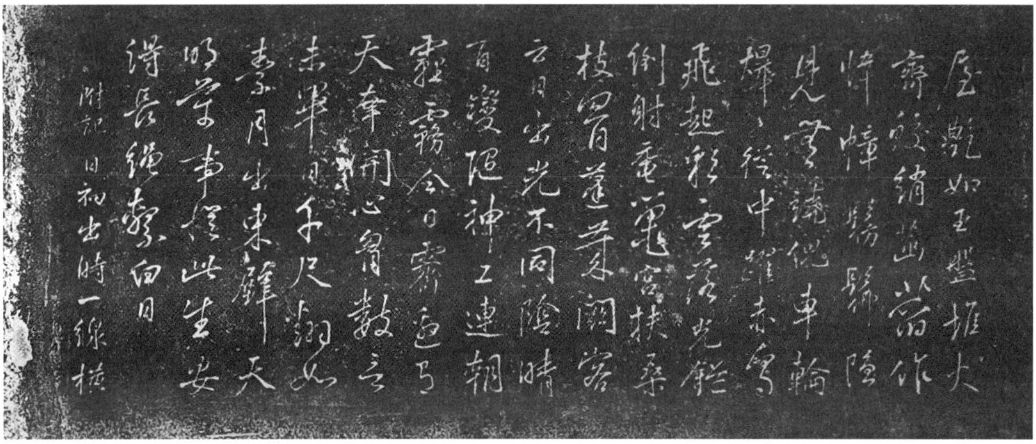

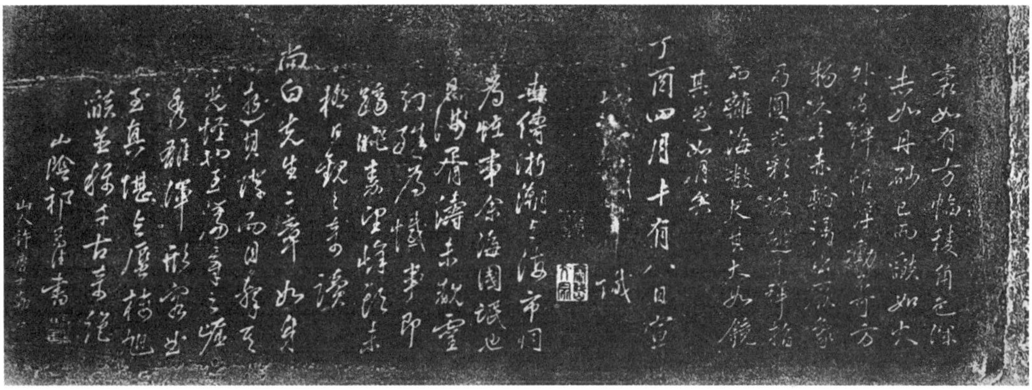

施闰章（1618—1683），安徽宣城人，字尚白，号愚山、蠖斋，晚号矩斋。清顺治六年（1649）进士，授翰林院侍讲，参与撰修《明史》。后任江西参议。清顺治十三年至十七年（1656—1660）任山东提督学政。施闰章是闻名全国的诗人，与著名诗人宋琬齐名，有“南施北宋”之称，在清初文学史上享有盛名。著有《施愚山先生文集》《学余堂集》《矩斋杂记》《蠖集诗话》等。在登州期间写下《海镜亭记》《登州作》《宿海潮庵》《重至海镜亭》《望海岭》等作品。

祁豸佳（1594—1683），字止祥，号雪瓢，浙江绍兴人，清代画家。

许庆士，山东临邑人，字鸣岐，清代书法家。

赏析：《观海市歌小引》这首诗生动地描述了作者思见海市、祈见海市并终见海市的过程。从诗文的内容上可知作者熟谙登州沿海地理环境。在对海市意境的描写上，作者将海中原有的岛屿自然地穿插其间，如“大竹盈盈横匹练，小竹湛湛浮明珠”“沙门小岛更奇绝，浮屠倒影凌空虚”等，使得诗作对海市的形态与变幻描写更显生动。海市虚幻的影像里，神仙福地展现其中，景象万千，令人神摇目眩，拍案叫绝，畅快淋漓。得见海市被作者视为人生一大快事，并借此感悟人生百态，发出“浮云长据胡为乎”的感慨。

《望日楼同杨登州王司李张蓬莱看日出》一诗作于清顺治十四年（1657）四月十八日，是作者与登州知府杨奇烈等同僚在望日楼观看海上日出时所作。诗中对整个日出前后的景色描写，可谓层次分明，生动细致，气势磅礴，淋漓尽致。作者对蓬莱十大景之一“日出扶桑”文炳笔墨，时至今日无出其右者。

演武场校士观海市记并诗

（清）宫梦仁

环坤舆皆海，而雄桀者，登为最。海之灵异千万其状而奇幻者，海市为最。余昔时每道经山左，不获过登一揽此胜，心伥伥若有失。

乙丑奉命校士二东，以丙寅暮春按登属，将抵郡数十里内，山之峭者、岌者、峘者，岈然洼然、若垤若穴者，往往拥岩垂涧，陂陀错互。而丹岩山之巅凭虚列雉，则有蓬莱阁矗焉霄际，所以观海也。然询之司是土者，市亦不恒有，余传遽有期，固不能驻而俟。昔东坡先生知登，因祷于神而市为之见，又惧余诚之不足以格神也。孟夏十有四日，校士演武场，场去海数十尺，多士奋迅欢舞，各效其能：或开十石弓引满破的，或双舞剑器浑脱浏漓，或跃马横刀剽捷若神。东士多材，余顾而乐之。是日终风且霾，海涛砰磅，势不获见市。少焉，吏忽报，由白云蓬蓬绕岛而起，其殆将市矣，余初弗之信。有间，又曰：络绎油裔随风徘徊，市殆将现也。余伫厅事后观之，海果市。市初起，如冒絮盘裹山趾，俄而蓊翳荟蔚却迎凌乱，方者类井疆，圆者如腰鼓，匼匝弥漫奔涌厜㕒，未几而市以成。有觚棱干云轮囷蔽日者，则楼观之参差也；有崇墉崔崒雉堞缅联者，则都城之壮丽也；小大丛聚摩击林旅者，则人民之骋骛也。乃若松桧暗暖，峦壑森邃，烟景鲜澄，云物深靓，乍迫乍离，顷刻千变，则又气象纷猋至莫可名状而后止。

当市之起也，云旍而聚于山；其解也，云散而归于海。其聚其归，孰主张是？孰纲维是？意有毁画虚空，驱斥蛟蜃，凿混沌擫扶舆，以耀人目者。然幻者若是其真耶？将人世之市朝陵谷一切真境，律以数千百年之沧桑，正未始不幻耶？吾安能执化人祛，而一一从而讯之，呜呼异矣。司土者告余曰："若者海市，若者山市，往多见于北山之隅，今之现于东者为特异，意夫子之精诚默契，海亦效灵，如山辉水媚之有旨来欤？"余则怎敢当礼不云乎？人者五行之秀气窍于山水，《诗》不云乎"维岳降神，生甫及申"。今登之士，文者朴而秀，武者果而艺，其旨树也，力而向化也。敏异日者鹏搏豹变，足以乘风云而御六气，故山川之气相映发焉。余且拭目望之，岂第侈游观之乐已哉。此胜事也，不可以不记，记成乃赋诗。

昭代天统绍轩唐，提封万里威弧张。
黄枝紫舌恢土疆，白麟赤雁冰休祥。
齐鲁控引天东方，纷吾敷教来名邦。
牟州人文云锦章，弦歌之士咸升堂。
射夫并莅虞周庠，采蘩为节古义良。
金钟大镛鸣铿锵，乌号在握矢插房。
燕颔虎颈纷腾骧，咫尺瀛海环扶桑。
包天带地百谷王，万顷一碧波淼茫。
奔流啮山蛟鳄狂，斯须倒景迷八荒。
七十二峰凝紫光，鲸须刺天鲲身长。
龙威驾海鼋为梁，幻如初平鞭万羊。
倏忽巨灵排崇冈，天门晓开烟景苍。
层城百雉俨周防，鳀室象阙遥相望。
非烟非雾缭垣墙，十洲仿佛依女床。
群帝游兮舞霓裳，骖白鸾兮翳凤凰。
穹龟长鱼时低昂，旷然造物同回翔。
轩豁呈露分毫芒，胸襟摩荡无留藏。
洸洋超忽非寻常，圣朝绝域通梯航。

楼船射蛟波不扬，太史珥笔分七襄。
我欲纪胜丹岩旁，摩岩作颂声琅琅。
如鸦大字誊缣缃，永与金石同寿昌。

赐进士出身大中大夫，会推特简提督山东学政按察使司副使，前湖广驿传盐法道、河南督粮监兑道、布政使司参议加二级，甲子科湖广文武乡试监试，戊午科河南乡试监试，抚院密题奉旨河南武乡试主考，丁巳科河南、山东、山西、陕西四省乡试提调，贵州道监察御史加一级巡视东城，翰林院庶吉士，瀛州宫梦仁定山氏题于登州公署。

演武塲校士觀海市
記 并詩
環坤輿皆海而雄莱者登
為最海之靈異千萬與狀
而奇固者海市為最余昔
時每道經此左不獲過登
一攬此勝心悵悵若有失
乙丑奉
命校士二東以丙寅暮春按
登屬將抵郡數十里内山
之岜者岸者嶼者峙然往
然若堞若内者往往攢盈
垂欄陂陀錯互而月巘止
之巔憑虚眺雖則有蓬萊
閣矗霄際所以觀海也
然詢之司是土者亦不
恒有余傳速有期固不能

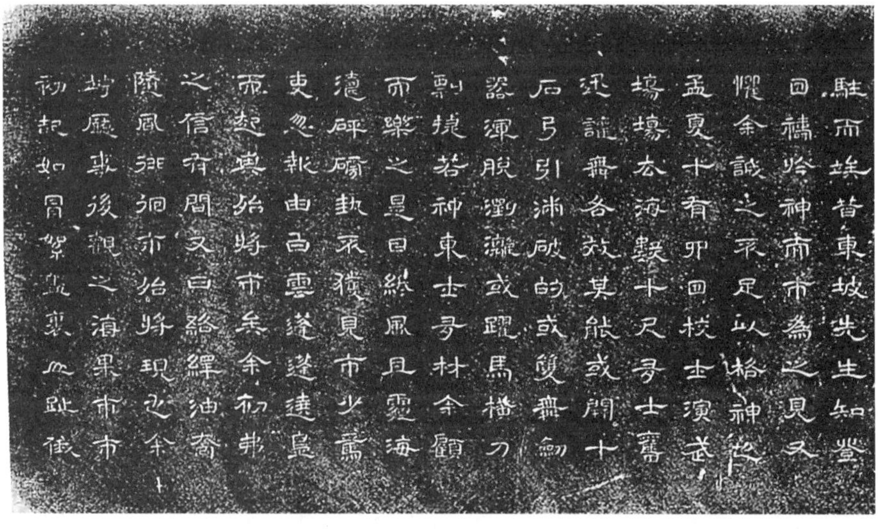
駐而旋昔東坡先生知登
回禱於神市市為之見又
懼余誠之不足以格神從
孟夏十有四日校士演武
塲塲去海數十尺易士壽
迅試舞各效其能或開十
石弓引满破的或雙舞劍
器運脫瀏瀉或躍馬揮刀
剽捷若神東士易材余頗
而樂之是日纖風且靈海
德砰礴執不獲見市少焉
吏忽報由西雲蓬蓬遶島
而起與始將市矣余初弗
之信有間又白絡繹油然
隨風湖洞亦始將現也余
時歷數後觀之海果市市
初起如胃絮既裏山趾徵

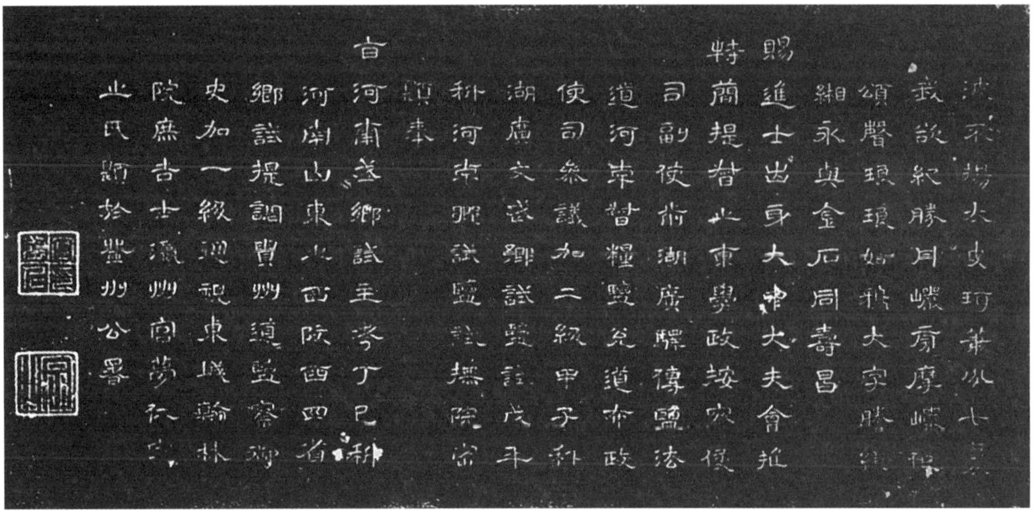

简介：石碑嵌于卧碑亭内西、南墙，高 33 厘米，宽 414 厘米，汉白玉质地，隶书阴刻。

宫梦仁（1623—1713），字宗究，号定山，江苏泰州人。清康熙十二年（1673）进士，授翰林院庶吉士，任贵州道监察御史、湖广按察使，清康熙二十四年（1685）提督山东学政，后升都察院副都御史、福建巡抚等。著有《读书纪数略》《齐鲁诗》《湖广通志》等。

赏析：这首诗是清康熙二十五年（1686）四月十四日，作者来到登州演武场视察海防将士操演时，意外得见海市之作。海市幻化的世间景象经过作者细腻生动形象的描述，仿佛就呈现在人们眼前。通过对海市幻象的观赏，作者也阐述了自己对海市的形成与变化的见解。受地方官员的言语启发，作者还结合登莱校士之行，感慨盛世当下登州乃文昌武备之地，礼仪教化之邦，所以山川秀美，人杰地灵，唤来山光水色，天人感应，由此纪胜美景，赋诗感怀，摩崖刻石，意求永久。

恭颂大长兄校武现海市诗

（清）宫鸿历

圣朝文德兼武功，鼓鼙偃卧多尘封。
越裳梯航译九重，受降城筑沧溟东。
牟州文物高华嵩，元方殴冶推神工。
已登绛帐驱雕龙，旋开幕府罗飞熊。
张侯设鹄古奥崇，夤序森列铿华钟。
猛士竞修比礼容，盛时樽俎多折冲。
仆姑芒箭飘惊风，燿如鹖鹅舞青锋。
声震大壑凉淙淙，倒景浴日摩高空。
极望晴昊何冥蒙，碧海万顷波冲融。
潜蛟舞浪云蓬蓬，非烟非雾连苍穹。
巨鱼灵鼍身须雄，须臾怒削金芙蓉。
迷漫双岛遮锦幪，蓊然林木翠可茏。
夭乔飞走虚无中，空际突起冯夷宫。
珠楼十二开崇墉，弩台雉堞岩邑同。
或幻浮屠凌晓虹，或如老翁双碧瞳。
令人却忆浮丘公，眼前摩荡开心胸。
始知胜事不可穷，百灵原与精诚通。

咫尺我欲褰裳璁，琅琅作颂夸奇踪。
如椽之笔醮墨浓，丹岩片石堪磨砻。

八弟鸿历拜纪

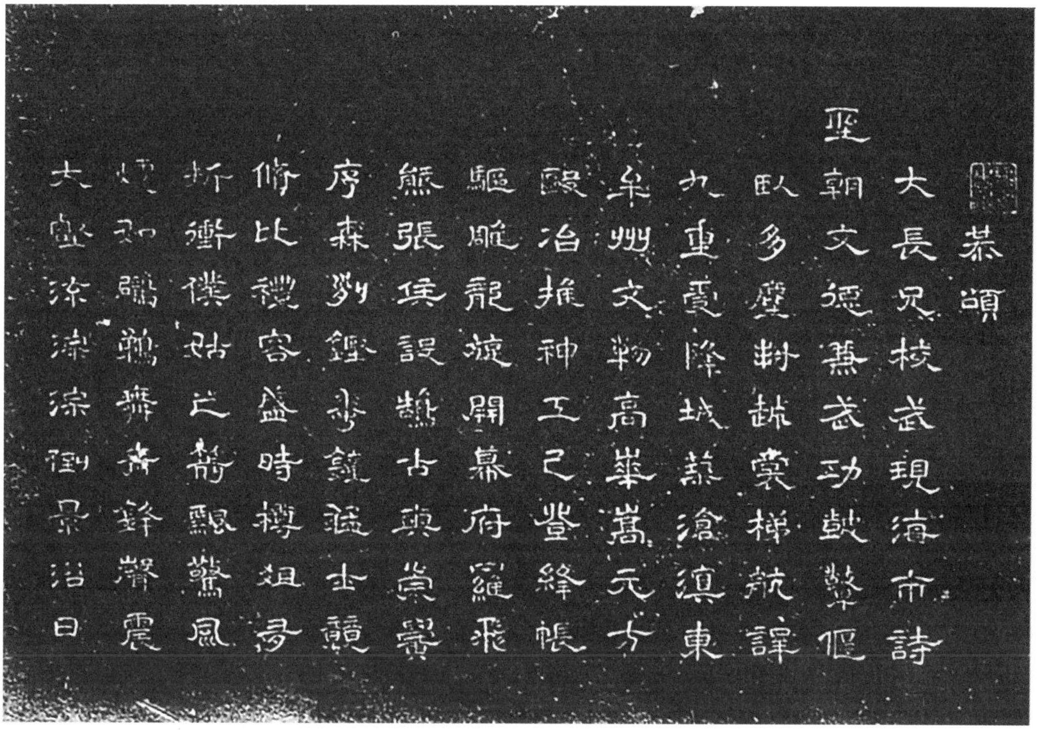

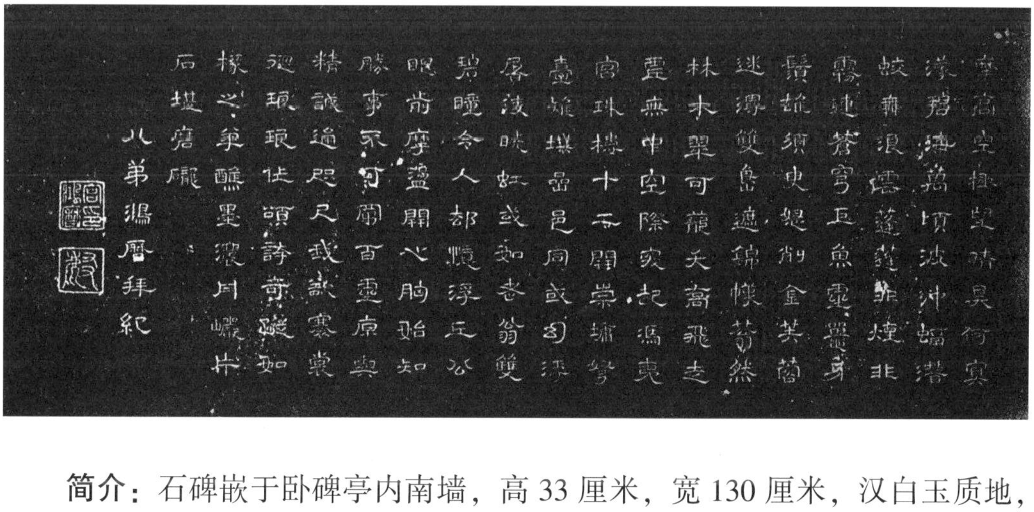

简介：石碑嵌于卧碑亭内南墙，高 33 厘米，宽 130 厘米，汉白玉质地，隶书阴刻。

宫鸿历（1656—1718），字友鹿，号恕堂，江苏泰州人。清康熙四十五年（1706）进士，授翰林院编修，武英殿纂修官。著有《棣园集》《旧雨园集》《恕堂诗钞》《瀛海策略》。

赏析：这首诗是清康熙二十五年（1686）四月十四日，作者陪同长兄宫梦仁校士演武，一同观赏海市后所作。作者感触长兄平日行事严谨，为人谦恭，而今精诚所至，得见海市，因此满怀恭敬之心加以称颂。其时正值“康乾盛世”之初，故诗中盛赞本朝文武兼备，教化当先，异域通达，四方臣服。于是效仿其兄，寄情山水，赋诗感怀，对海市的变幻，绮丽的景色，悉心感悟，细腻描绘，并发出“始知胜事不可穷，百灵原与精诚通”的感叹。

海市诗跋

（清）汪元絅

登州海市，古今称为瑰玮奇丽之观，游其地者，每不得一见为怅。学宪宫公，于丙寅暮春校士演武，当驰骋纵迭之会，获兹胜览，咸谓公精诚所致。公辞让不敢当，作以诗文志其事，盖以归美山川，且为多士颂也。

絅窃谓：天地清淑之气，钟异于人而造就之，未至则人材往往不出。我公衡文齐鲁，所在积学之士、奇杰之英罗而致之，学宫振兴、乐育之治翕然一时，诚足感孚神明，而溟渤为之效灵也。诵读之下，盖叹我公作人之盛，何多让欤！絅尝备员末属，爰本乡士推公之意，敬书数言，昭示方来，亦冀附公诗文之末，托名不朽，实有厚幸焉。

康熙二十九年岁次庚午二月东莱司马汪元絅谨跋

简介：石碑嵌于避风亭内西墙，高38厘米，宽43厘米，汉白玉质地，行书阴刻。

汪元絅，江苏苏州人，清康熙二十七年（1688）任莱州同知，后升岷州知府，任职期间为民谋事，多有作为，编修《岷州志》。

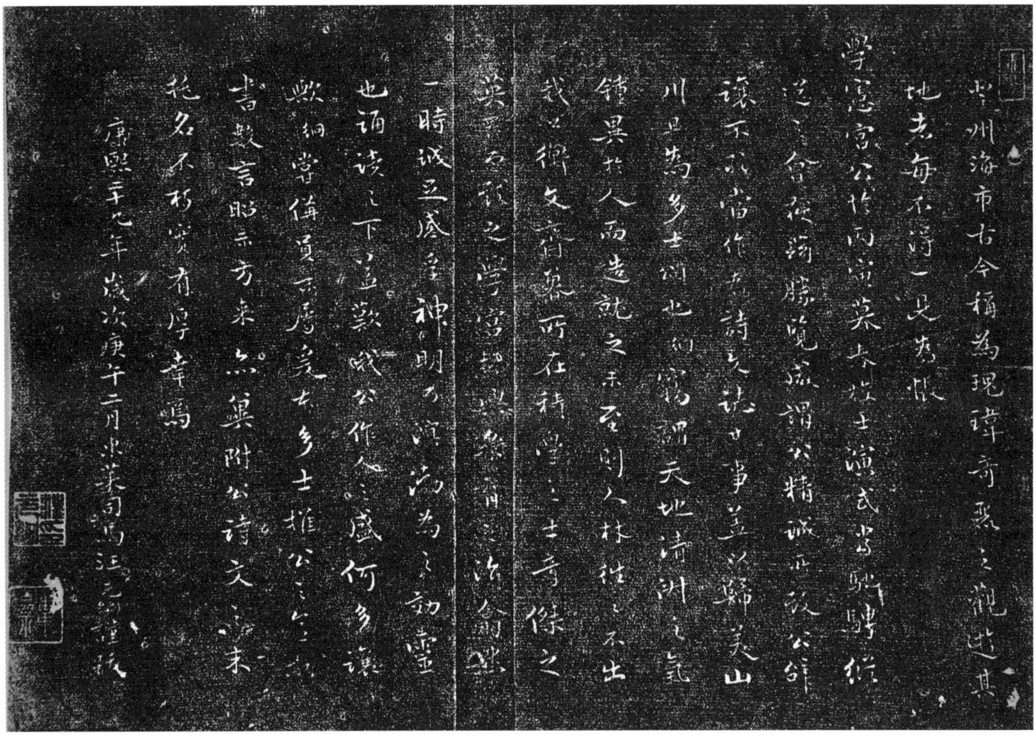

赏析：《海市诗跋》是作者于清康熙二十九年（1690）登阁游览时看到山东学政宫梦仁的海市诗文碑刻后有感所作。作者赞扬宫梦仁主持齐鲁科考期间，政事顺遂，人才齐聚，兴办学校，振兴教育，广为百姓称颂，进而感动神明，得见海市奇观。由此结合宫梦仁“涵濡教泽，薄海从风”的为人品行，感慨如此天人感应，无须谦让。

即东坡韵赋海市诗

（清）任璿

登州海市，在昔奇闻。东坡到官五日祷于神，而一见焉，今古传为异事。余典郡载余，未获畅观，仅从烟雾波涛中，仿佛形似而已，乃怅然于怀，而即其韵以赋之。

海天万里浮远空，双丸出没波涛中。
变幻浮沤无穷极，恐有神物潜蛟宫。

从来异事惊闻见，况复咀华夺天工。
大苏一至嗟岁晚，非时乃欲驱虬龙。
诘朝岛屿烟峦起，疑是波臣识此翁。
文人到处逢迎好，天吴讵敢称豪雄。
窃幸后尘遥相逐，却怜海若翻技穷。
四时频上蓬莱望，春深潮汐何融融。
但觉移情波浩邈，安得伯牙操递钟。
重楼翠阜未曾有，我缘独啬尔独丰。
云雾散尽一泓碧，不教纤翳点青铜。
大方见笑非浪语，好向沧溟问东风。

墉南任璿漫稿

简介：石碑嵌于避风亭内南墙，高54厘米，宽62厘米，汉白玉质地，草书阴刻。

任璿（？—1698），字政七，号具茨，别号在庵，河南新乡人。清康熙十八年（1679）进士，历任翰林院庶吉士、户部广东司主事、户部江南司员外郎、刑部广西司郎中。清康熙三十一年（1692）任登州府知府，清正廉洁，克己奉公，修建卧碑亭，并因“碾米赈灾”深受登州百姓爱戴。清康熙三十三年（1694）编修《登州府志》。著有《东园吟》《丹崖草》等。

赏析：这首诗作于清康熙三十二年（1693），作者任登州太守一载之余，以为登州海市自古是天下奇观，加之宋代大文豪苏轼《海市诗》的咏唱，该景致的美好已经到了无以复加的地步。而今有机会来到登州为官，却没能和苏轼那样畅观海市，因此而显得怅然若失，字里行间流露出对海神处事不公的牢骚，发出“重楼翠阜未曾有，我缘独啬尔独丰”的感叹。后来作者在登州为官的第三年，终于有幸目睹了海市奇观，新作《赋海市诗东坡先生韵》诗收录于《登州府志》中，诗中另有“应嗟蠡测全无用，报我虽迟意已丰”的感慨。若两诗对照鉴赏，诗词中的“海市”意境有无相对，引来感怀相悖，可谓波澜起伏，横生妙趣。

登蓬莱阁醉歌用东坡先生韵

（清）张鸣钧

烟迷雾霭涵太空，幻浮象怪稊米中。
非想非非太寂寞，海山差胜忉利宫。
三千大千本积水，东倾浪说缘共工。
疾雷震荡万灵怒，鱼鳞架屋随飞龙。
我欲乘气游汗漫，竦身不挈方瞳翁。
下视蓬莱水清浅，六鳌一钓连雌雄。
千年老蜃失贝阙，珍奇玩好归无穷。
上诉天公敕水府，石霞云练还冲融。

借取北斗挹东海，酝酿万顷啜一钟。
髯苏惊倒叹神异，兹事宁独夸元丰。
兴酣大叫川谷裂，惊起鼍吼声如铜。
醒来意象复何有，水波木落来秋风。

雍正五年丁未七月上浣登蓬莱阁醉歌用东坡先生韵

山东巡按张鸣钧作并书

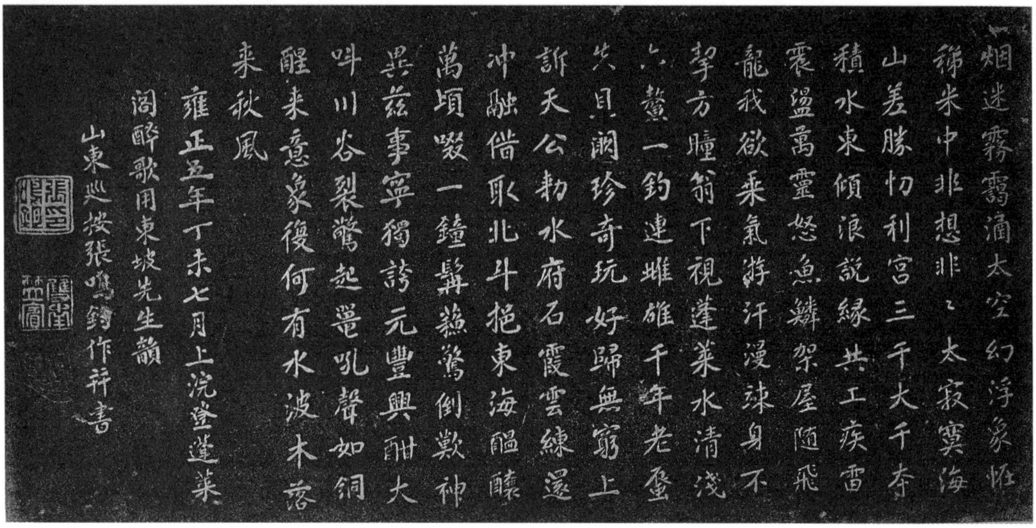

简介：石碑嵌于苏公祠内西墙，高 47 厘米，宽 90 厘米，汉白玉质地，行书阴刻。

张鸣钧（1678—?），浙江湖州人，字双南，号笠滨。清康熙五十四年（1715）进士，由庶吉士授翰林院编修。清雍正五年（1727）任山东巡按，历任江南泰东道、江宁驿盐道、河南按察使，直隶布政使，官至顺天府尹。

赏析：这是作者任山东巡按时，在清雍正五年（1727）七月登临蓬莱阁，居高临下观赏蓬莱山海美景之后，依苏轼《海市诗》韵律所作的和诗。虽然作者没有见到海市，但通过对大海的描写，抒发了对大自然的感触。作者感悟天地之宽广，宇宙变化之无穷，认为苏轼所描绘的蓬莱海市也不过是茫茫宇宙中的一个虚微幻化而已，阐明任何事物不论如何变化多端，其本质不变的理念。

读东坡先生海市诗追和原韵小序

（清）王士俊

癸丑夏，余以巡海之役登蓬莱阁，问所谓海市者，未及见也。读坡公诗，有“心知所见皆幻影”之句，则不见亦可矣。公之诗多深于禅，此亦其一斑耳，因次和之。

空即是色色即空，海边楼阁现空中。
自从题诗为说法，冯夷往往闭幽宫。
云诡波谲皆泡影，何事费手夺化工。
桑田沧海凡几易，又况伎俩嘘乖龙。
无生无灭罢诸相，谁其棒喝有髯翁。
我来不祷亦不见，未必彼此分雌雄。
见其幻者失真意，见其真者无终穷。
幻中有真真中幻，造物元理水乳融。
髯翁此游颇超妙，较胜赤壁与石钟。
作诗亦极拿攫势，后来此事推元丰。
搜索枯肠拟学步，漫用频催击钵铜。
诗成未抉前人奥，有愧传灯山宗风。

黔南王士俊草

简介：石碑嵌于苏公祠外北墙，高 66 厘米，宽 176 厘米，大理石质地，楷书阴刻。

王士俊（1683—1750），字灼三，号犀川，贵州平越（今福泉）人。清康熙五十六年（1717）中举，清康熙六十年（1721）进士改庶吉士，入翰林院任检讨。后升许州知州、琼州知府、肇高廉罗道道员、广东按察使、广东布政使、湖北巡抚、河东总督兼河南巡抚。清雍正十一年（1733）至登州巡海。著有《河南山东古吏治行》《河东从政录》《困之录》《闲家编》。

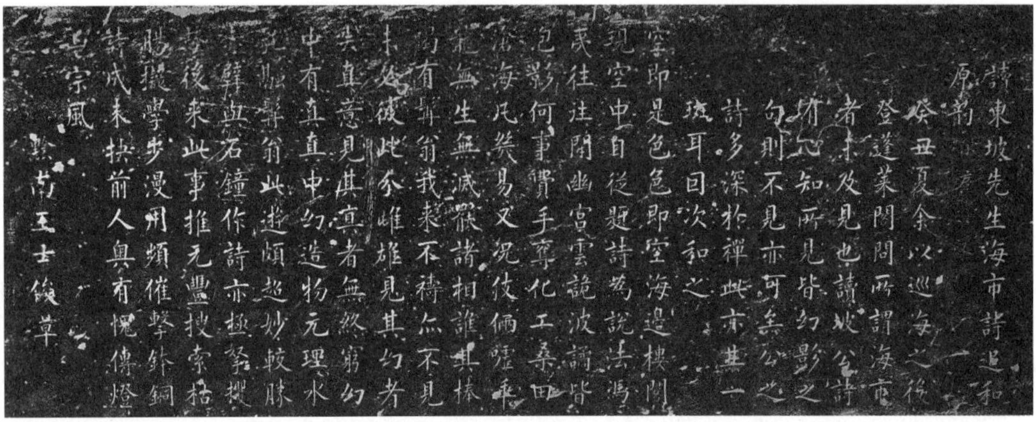

赏析：该诗作于清雍正十一年（1733）。作者在蓬莱阁上没有见到海市，通过品读苏轼的《海市诗》，体会苏轼诗文的禅学思想，抒发了自己的独特见解，进而依苏轼的《海市诗》韵而作和诗。作者对禅学相当精通，认为自然界从无生有、有归于无，幻象多端不可预料，海市便是其中之一。而将海市的意境与禅学相联系并以诗词的形式表现出来当首推苏轼。《海市诗》数百年来成为登州海市不可或缺的主题，引得后人无限推崇与敬仰。作者自愧没有超越前人的风格和思想。

观海市

（清）夏时

水碧天明宿雾收，仙家城阙起中流。
惊看海外三千户，剩有人间十二楼。
潮落鸡声闻隐隐，岛含龙气望悠悠。
西台绣使劳形载，包括沧溟万顷秋。

信都夏时

简介：石碑嵌于苏公祠内南墙，高 38 厘米，宽 66 厘米，汉白玉质地，行书阴刻。

夏时（1839—1906），字佑简，又字书命，号菽轩，湖南桂阳莲塘人。

清咸丰十一年（1861）举人，清同治四年（1865）调任知县，清光绪年间任登州总兵，历任江西、陕西巡抚，兵部侍郎，都察院右副都御使，御赐一品封典，诰授光禄大夫，建威将军。

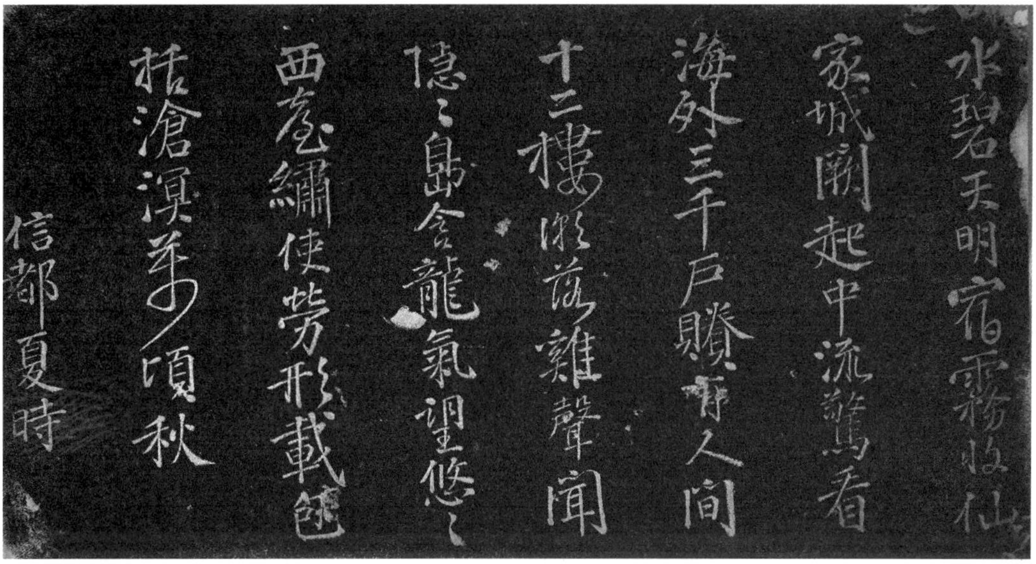

赏析： 这首诗描写了秋天的早晨，作者登阁观赏海市的情景。诗中对海市景象描绘细腻，仙家城阙现于水中，楼阁亭台如同人间，市井声息可闻，田园隐约可见。语言简练，意境开阔，生动形象，引人遐想。

第二节　登蓬莱阁观海

观　海

（宋）苏轼

东方如碧环，西北卷蓬莱。
云光与天色，直到三山回。
我行适仲冬，薄云收浮埃。
黄昏风絮定，半夜扶桑开。
参差泰华顶，出没云涛堆。

安期与羡门，乘龙安在哉？
茂陵秋风客，劝尔麾一杯。
帝乡不可期，楚些招归来。

其二

将观沧海过东莱，日照三山迤逦开。
玉观飞楼凌雾起，仙幢宝盖拂天来。
不闻宫漏催晨箭，但觉檐阴转古槐。
供奉清班非老处，会稽何日乞身回。

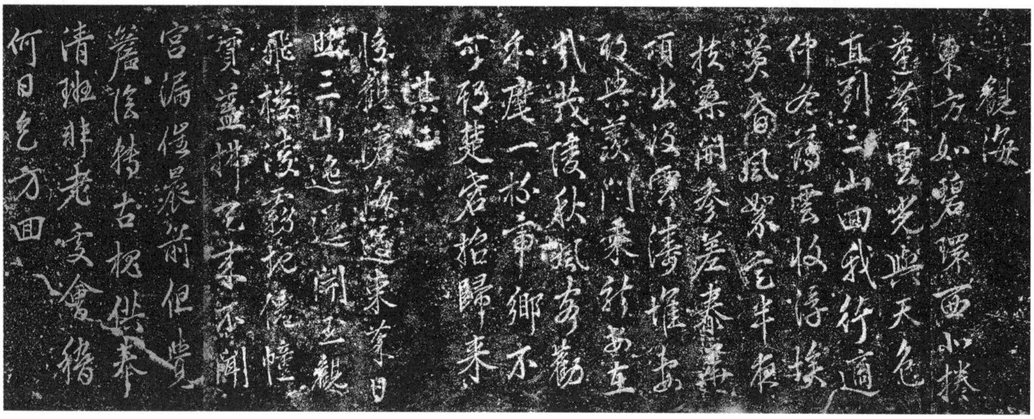

简介：石碑嵌于苏公祠内西墙，高 43 厘米，宽 98 厘米，汉白玉质地，行书阴刻。

赏析：第一首诗为北宋元丰八年（1085）十一月苏轼离别登州前观海所作。仲冬时节的蓬莱碧海环绕，水天一色，黄昏风定夜半潮来之时，浪花涌动如同高山之巅的云海，奇美的景色令作者遐想联翩，借对安期羡门神仙境界的质疑，讥讽了汉武帝的荒诞求仙之举，表达出作者依恋人间蓬莱惬意山海风光的思想情怀。

第二首诗同样写作者观海时所见。诗中描绘了旭日初升时，山海景物逐渐明朗，高耸的楼阁在雾气中时隐时现，如同天宫仙界降临人间。作者惊叹于眼前绮丽的景色，忘记了时光的流逝，不禁联系仕途前程流露出弃政归隐的思想。上述二诗在《苏轼诗集》中均有收录，但另有其名，第一首诗原名

《过莱州雪后望三山》，第二首诗为《次韵曾子开重驾再和二首》当中的第二首，在诗文内容上也略有不同。苏公祠内的这两首诗文碑刻，为清道光年间登州知府张辂在任期间，出于对苏轼的喜爱和感念，精心挑选苏轼撰写的涉及登州的诗文勒于石上。为使苏轼的诗词更加贴近地方、深入人心，在内容上作了个别词句的修改，包括《游珠玑崖》一诗，都是借苏轼的诗文另起题目而为之。

游珠玑崖

（宋）苏轼

蓬莱海上峰，玉立色不改。
孤根捍滔天，云骨有破碎。
阳侯杀廉角，阴火发光彩。
累累弹丸间，琐细成珠琲。
阎浮一沤耳，真妄果安在。
我持此石归，袖中有东海。
垂慈老人眼，俯仰了大块。
置之盆盎中，日与山海对。
明年菖蒲根，连络不可解。
倘有蟠桃生，旦暮犹可待。

蓬莱阁下石壁千丈，为海浪所战，时有碎裂，淘洒岁久，皆圆熟可爱，土人谓此弹子涡也。取数百枚以养石菖蒲，且作诗遗垂慈堂老人。

简介：石碑嵌于苏公祠内西墙，高 43 厘米，宽 84 厘米。汉白玉质地，行书阴刻。因该碑残缺，从“日与山海对”到“垂慈堂老人”均为补自《登州府志》中。

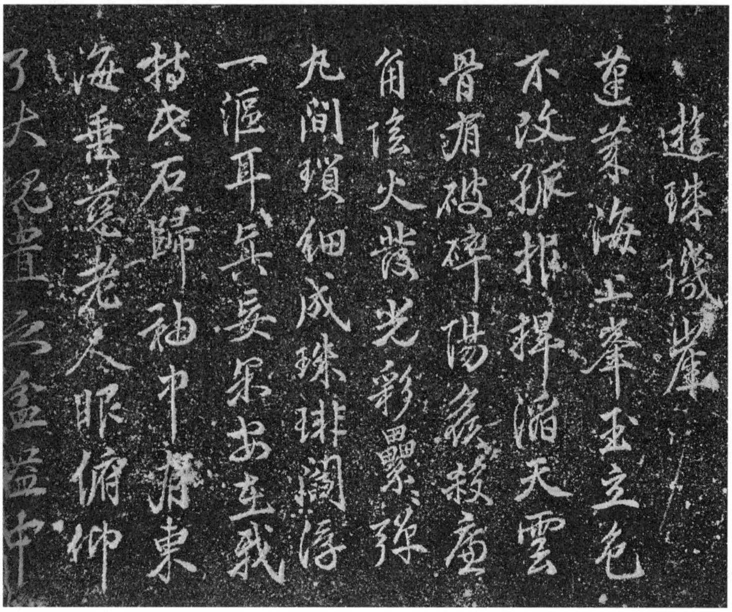

赏析：这首诗是苏轼离开蓬莱后，将所携蓬莱阁后海的卵石赠送友人垂慈堂老人（即僧人了性）时所作。诗中作者描写了蓬莱阁临海山崖的陡峭与卵石的成因，通过对这些卵石形态、色泽的欣赏把玩，臆想大千世界犹如小小的浮沤，拾得卵石归去，如同携有了泱泱大海；而今将卵石赠与友人，也期望友人在面对盆盎中的卵石时，同样能找到日日与山海相对的感觉。全诗借对卵石的喜爱，表达出作者对登州山海的眷恋之情。

咏　海

（明）薛瑄

骢马晓辞莱子国，北上高岗俯辽碣。
辽阳万里天风寒，山溪二月凌澌结。
空蒙极目春无边，春涛汹汹涵春烟。
还从绝顶下长坡，高城忽起沧溟前。
沧溟倒浸红楼影，通衢四达尘埃静。
已应持节是明时，况复观风得佳境。
天空海阔霜台高，霜台逸思何飘飘。

巨鳌负山真浪语，大方见笑非虚谣。
乾坤俯仰高歌起，有物无名大莫比。
瀛海茫茫未足夸，真是人间一泓水。

蓬莱海山环峙，景多奇胜。昔文忠苏公、文清薛公先后游此，皆诗以咏之。夫二公文章无赖于蓬莱之景，而蓬莱之景实借二公以增重于天下。故抚景诵诗，足称二绝。余万历戊寅夏叨莅兹土，见其石残字缺口，久之将失其传。乃不揣鄙拙，手录于石，复爰工绘图，共成一帙。俾览兹刻者，即不获履其地，而东海之奇，先哲之美，具在目中矣。己卯之秋八月既望，卫思南山人蔡叔逵书于署之冰玉堂。

蓬莱佳景。

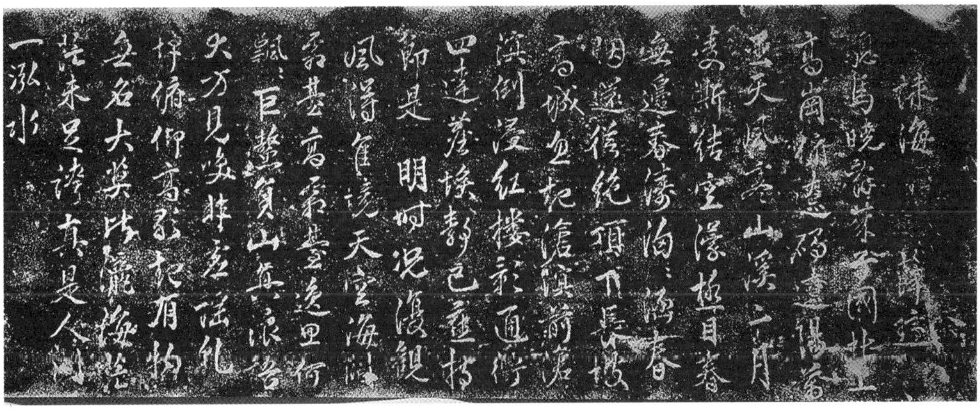

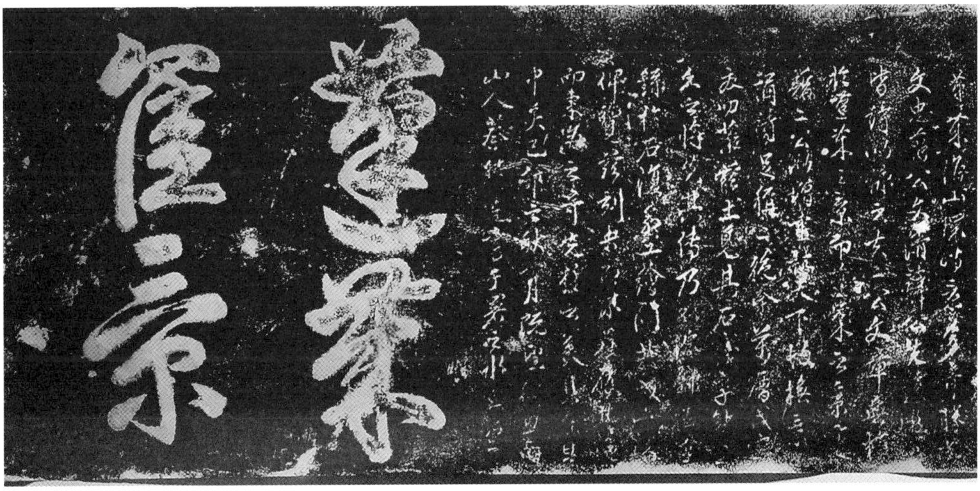

简介：石碑嵌于苏公祠内东墙，高 40 厘米，宽 178 厘米。汉白玉质地，行书阴刻。

薛瑄（1389—1464），字德温，号敬轩，山西河津人。明代著名思想家、理学家、教育家和文学家。明永乐十九年（1421）进士。宣德三年（1428）任广东道监察御史。正统元年（1436）调任山东提学佥事。天顺元年（1457）拜礼部右侍郎兼翰林院学士，后托病致仕，还乡设教，弘扬传播理学，创立著名的“河东学派”。著有《薛文清文集》《读书录》等。

书跋人蔡叔逵，河南卫辉人，明嘉靖四十一年（1562）进士，初授中书舍人，后任礼部郎中、山西提学副使、山东兵部副使、四川参政等职。明万历六年（1578）任山东按察副使右布政使。

赏析：《咏海》一诗本是明正统元年（1436）担任山东提学佥事的薛瑄登阁望海所作，及至明万历六年（1578）山东按察副使蔡叔逵来蓬登阁后，见该诗原刻石残破不堪，由此重勒且附跋，并在跋中给予了薛瑄极高的评价。该诗记述了初春时节作者登临蓬莱阁，于丹崖山所见之山海风光，作者惬意于政治清明时候得观蓬莱美景，并以“沧溟倒浸红楼影，通衢四达尘埃静”的描绘，把安谧闲静的人间仙境表现得淋漓尽致；不仅如此，作者还借蓬莱阁之游放纵思绪，感怀世事，真切表达对大千世界自然万物的认知。因作者的诗文意境优美，思想内涵丰富，才赢得了后人的格外青睐。

次陈侍御韵

（明）赵鹤龄

饬岳东渤上，乘暇望蓬莱。
海晏夷通贡，时清浪息雷。
兔乌随吐纳，云汉共昭回。
道体分明见，神功不可猜。

蓬瀛登处在云头，光景无边足胜游。
满目海天襟抱阔，升平圣化及遐陬。

次张宪使韵

（明）赵鹤龄

蓬岛晨登最上头，清光无限豁双眸。
循环日月东西转，浩荡乾坤上下浮。
理气信水身外物，功名泾渭水中沤。
晏然海宇当加备，安能烦吾圣主忧。

弘治庚戌冬至山东按察司副使蜀泾赵鹤龄书

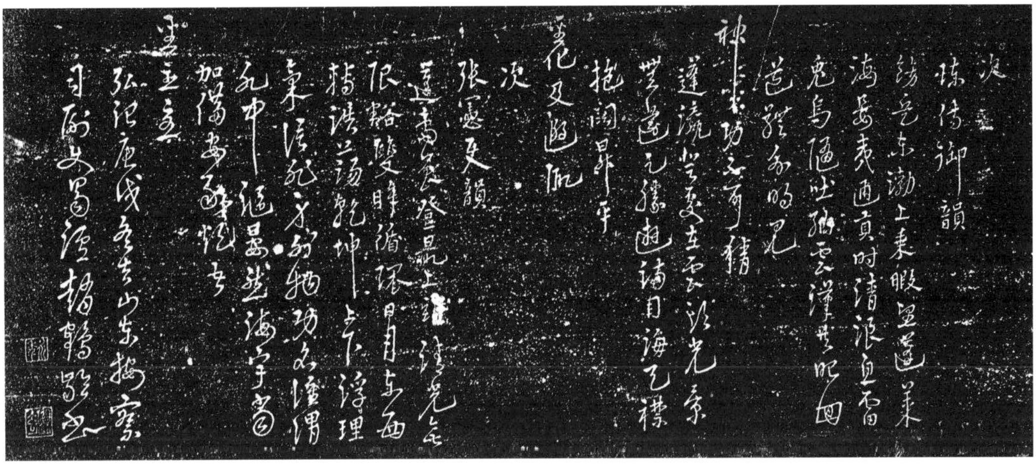

简介：石碑嵌于天后宫东厢外墙，高 54 厘米，宽 115 厘米。大理石质地，草书阴刻。

赵鹤龄，陕西部阳人。明成化十一年（1475）进士，任刑部郎中。明弘治二年（1489）任山东按察司御史兼巡海右道副使，奉旨巡查海防。曾上奏朝廷，拨泰山香钱数百两，维修威海卫城。

赏析：这三首诗是赵鹤龄明弘治三年（1490）来登州巡查海防，公务之余与同僚登阁观海和诗次韵之作。诗中作者借登阁望海，来赞美蓬莱阁风光无限，感悟天地宽广，日月出没，宇宙浩渺，斗转星移等。作者时处“弘治中兴”，其时代特征也通过“海晏夷通贡”和“升平圣化及遐陬”等句得以彰显。诗的最后，以“晏然海宇当加备，安能烦吾圣主忧”表达了作者虽处清宁朝序，内外无忧，但未敢懈怠勇于担当的情怀。

登蓬莱阁望海

（明）黄绣

登蓬莱阁望海偶得二绝，笔之，聊记吾曾诗云乎哉。时正德壬申九月望日也。

汩没泥途慕荐羞，西风征骑又东牟。
檄躯却喜非凡事，曾到蓬莱最上头。

一碧如纵万顷水，尽收元气付熏蒸。
飘然欲驾天风去，玉宇寒多恐未胜。

清江黄绣

简介：石碑嵌于灯楼南围墙内壁，高 34.5 厘米，宽 82 厘米。汉白玉质地，草书阴刻。

黄绣，字文卿，江西清江人。明弘治三年（1490）进士，授兵部主事，驻扎山海关，储兵饬备，有裨边政，升员外郎。后升任山东按察佥事，兵备辽东，历副使参政，督修孔子文庙。宅心平恕，政尚宜民，《山海关志》对其有评。

赏析：这两首诗作于明正德七年（1512）九月十五日。明正德五年（1510）河北霸州爆发刘六、刘七农民起义，这场农民起义历时三年，并波及山东登州一带，明朝廷一度调动各地军力入山东围剿直至弹压。依诗文可知作者即为当时从外地调防而来，《登阁》一诗，表达了作者借着防务的调整，乐得来到素有人间仙境之称的蓬莱，并有幸登临蓬莱阁观赏风光；《望海》一诗，道出了作者对大海的感悟，更臆想天外仙界，琼楼玉宇不胜其寒。

次望海绝句

（明）王良臣

碧天碾破一轮冰，扶桑红云海气蒸。
十二琼楼清似水，霓虹霞帔惯能胜。

檐马争驰踏碎冰，海瞰初上晓霞蒸。
仙槎借我乘风便，却恐尘凡也未胜。

登蓬莱阁次沈草堂韵

（明）王良臣

丹崖绝顶蓬莱阁，阁上已登恍似仙。
山到尽头横截海，水当穷目直连天。
平吞日月光先吐，斜浸星河影倒悬。
谩道弱流三万里，乘风几欲奋孤寒。

次许郡牧韵

（明）王良臣

登临何处笑颜开，高阁凌空俯草莱。
风卷寒潮偏惧客，山含落日更衔杯。
丹崖万古镇常在，青鸟何年去不回。
风景可人看未了，几时杖履许重来。

恭次黄参伯登阁绝句

（明）王良臣

海错庖官荐膳羞，山川风景是东牟。
持杯醉向沧溟洗，诗在蓬莱顶上头。

清秋高阁对芳羞，谁问当年故国牟。
桑海未更人世换，明月常照碧峰头。

正德壬申岁闰九月既望巡海副使宛丘王良臣识

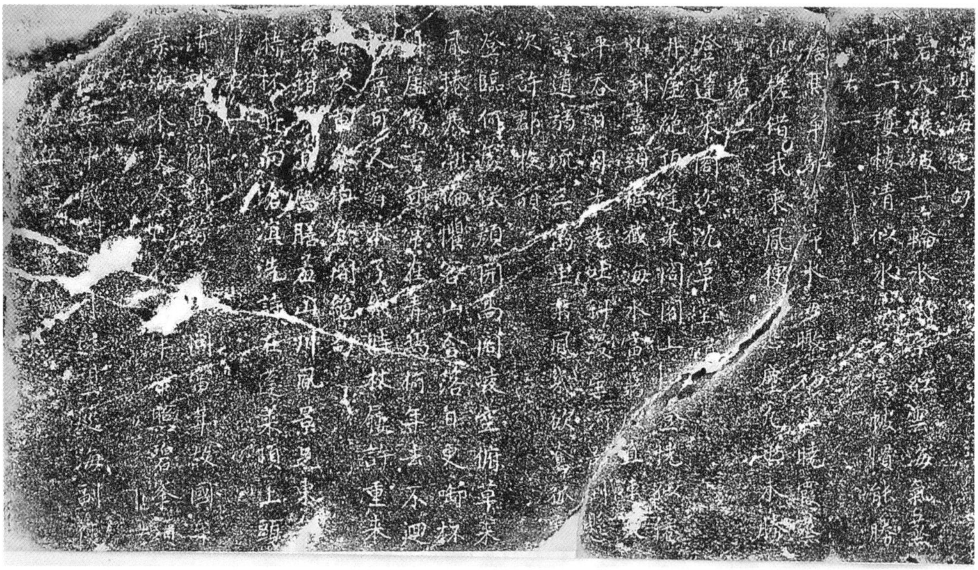

简介：石碑嵌于天后宫东厢东外壁，高 42 厘米，宽 140 厘米。大理石质地，楷书阴刻。

赏析：《登蓬莱阁次沈草堂韵》一诗是作者依沈际飞的诗步韵而来。诗中作者登临蓬莱阁上，通过放眼山海相接、水天相连的自然风光，继而联想到天地之间日月东升西落，光华吐露其间，晴朗夜空银河倒影等优美景色。如此赏心悦目仙境般的美景，即使有凶险难测的大海间隔，也会引得人们不懈追求。充分表达了作者对蓬莱景色的赞美之情。

沈际飞，江苏昆山人，明代戏曲理论家，著有《草堂诗余新集》。

《次许郡牧韵》是作者依许遵的诗步韵所作。该诗首先道出了作者快意于山水揽胜，而今又登临蓬莱高阁俯瞰乡野，天公作美得以欣赏美景并畅饮美酒；进而感慨丹崖山万古长存，而自己却要离它而去。蓬莱阁上令人流连忘返的迷人风光，不知何时才能得以重游。表达了作者对蓬莱山水风光惬意无比的内心情怀。

许遵，宋熙宁四年（1071）任登州知州，时蓬莱阁刚建成十余年，他登阁作《登蓬莱阁》一诗，后收录于地方志。

《次望海绝句》《恭次黄参伯登阁绝句》二诗，是作者次韵黄绣《望海》《登阁》诗之作。前诗描写海上旭日初升云蒸霞蔚，幻化出宫殿楼台仙界般的景象，只是景致终归虚幻，让作者感慨即使有通往仙界的便利交通，也未必要去悉心追随，疑虑那里并不一定真正胜过人间的美景；后诗作者感慨蓬莱海产丰富，景色优美，使人情不自禁陶醉其中，由此赋诗感怀。

登蓬莱阁

（明）周宠

同陈龙山宪副登蓬莱阁偶成，此予按登之第二游也。

牟山杰阁是蓬莱，此日登临亦快哉。
屼屹奇峰天设险，澌洊巨浪地轰雷。
田横义岛垂芳誉，苏老诗章骋妙才。

只为蜃楼空两度，笋舆将发又徘徊。

东巡偶尔到登州，十日蓬莱两度游。
空阔海天添逸兴，微蒙烟雾动乡愁。
峰峦砥柱中流见，鸥鸟随波水面浮。
相对龙山谈世态，飘然疑是泛虚舟。

嘉靖壬辰秋孟吉旦奉敕清戎山东监察御史临海东山周宠书

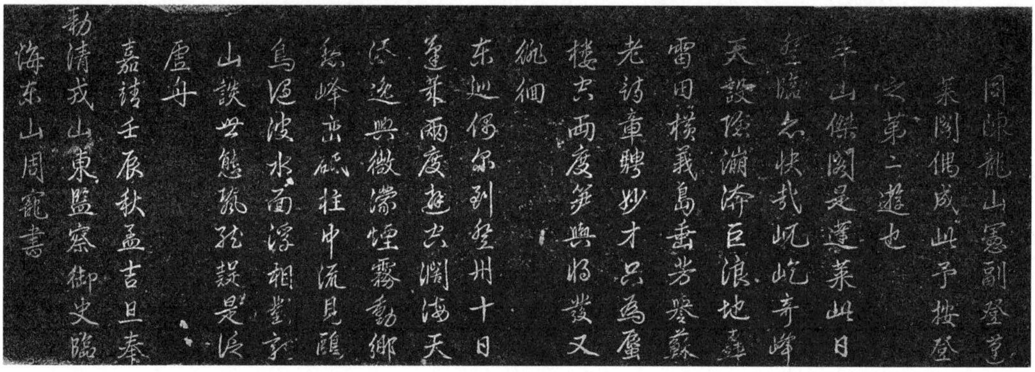

简介：石碑嵌于苏公祠南墙，高 39 厘米，宽 109 厘米。汉白玉质地，行书阴刻。

周宠，字君锡，号东山，浙江临海人。明嘉靖元年（1522）举人，明嘉靖五年（1526）进士，授浙江仪真县令、江西繁昌县令。明嘉靖十一年（1532）任山东监察御史。

赏析：这两首诗是明嘉靖十一年（1532）七月间，时任山东监察御史的周宠在奉命查验地方军备过程中，与同僚登蓬莱阁望海所作。作者被蓬莱阁上的自然美景所吸引，为蓬莱阁上的文化承载所感染，十日之内两次登临，虽说未见海市蜃楼有所遗憾，但也因此意识到，以世俗心态看待神仙境界，仙界就如同无人驾驭飘忽不定的小船一般，让人难以捉摸与认知。

奉和谷南代巡登蓬莱阁二首

（明）陈东光

望海楼高溁十最，追游此日始登临。
金银珠彩传蓬阆，蛟蜃云霞变古今。
鳌背风来波淼淼，扶桑日上影阴阴。
探奇直欲乘槎去，拟向仙宫搴桂林。

曾闻观海难为水，又说仙人海上多。
鲛室蜃楼纷气象，瀛洲方丈渺烟波。
有槎可泛直须往，无筏堪乘将奈何。
徙倚危阑望不极，空令记胜忆东坡。

钧阳陈东光

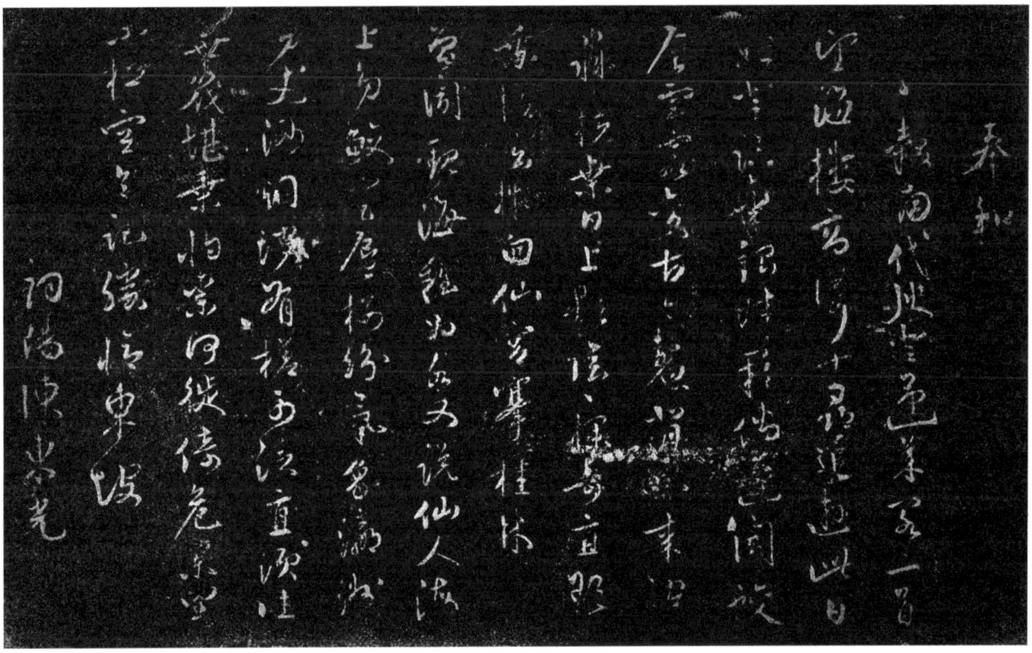

简介：石碑嵌于蓬莱阁东厢内东墙，高 38 厘米，宽 57 厘米，汉白玉质地，草书阴刻。

陈东光，字叔晦，号平岗，河南禹州人。明嘉靖十四年（1535）进士，初任翰林院检讨，调任江西瑞州知府、山东副使参政、云南按察使，官至四川右布政使。

赏析：这两首诗是陈东光与上司登蓬莱阁后的唱和之作。作者久闻蓬阁美名，而今寻胜登临惬意非常。面对烟波浩渺的大海，作者对传说中的海上神山和蜃楼美景充满向往，只可惜没有“仙槎”搭乘前往其间，如今来到蓬阁之上，只能凭栏远眺，从苏东坡的《海市诗》中去感悟那美妙的仙山蜃楼意境了。

和吴峻伯蓬莱阁六绝

（明）王世贞

云间群从登焉。

坐看红日映天鸡，曙色中原一瞬齐。
雄观古来谁得似，昆仑高挂大荒西。

虚无紫气隐蓬莱，水落青天忽对开。
已借鳌簪为岛屿，还从蜃口出楼台。

绛节秋逢鸾鹤群，安期遣信欲相闻。
袖中亦有千年枣，不羡瀛洲五色云。

早晚苍龙自在眠，春波织就蔚蓝天。
风雷忽卷秦桥去，日月还依禹碣悬。

万乘秋风屈布衣，沧桑今古定谁非。
田横五百应如在，徐市三千竟不归。

君泛仙槎拟问津，我从东海学波臣。
隋珠却坠双明月，鲸岛寒光夜夜新。

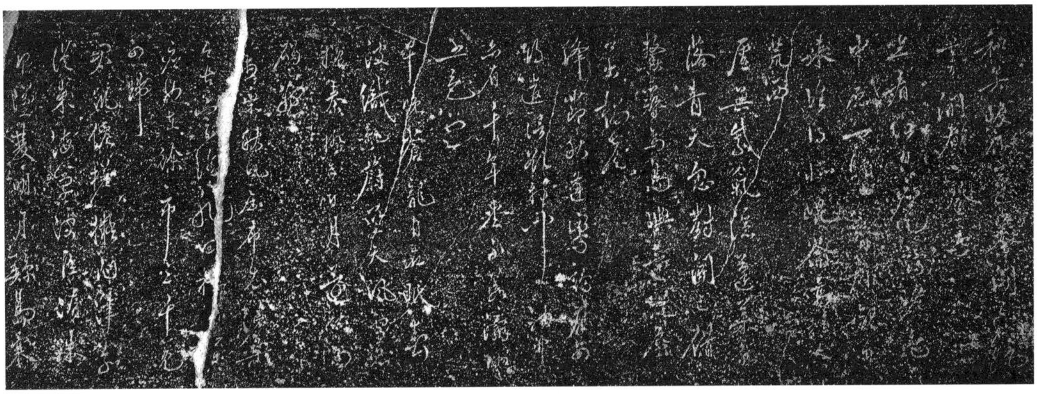

简介：石碑嵌于苏公祠东外墙，高 40 厘米，宽 109 厘米，大理石质地，草书阴刻。因该碑残缺，“光夜夜新”四字补自《登州府志》。

王世贞（1526—1590），字元美，号凤洲，又号弇州山人，江苏太仓人。明代文学家、史学家。明嘉靖二十六年（1547）进士，授刑部主事，屡迁员外郎、郎中。明嘉靖三十六年（1557）为青州兵备副使，迁浙江右参政、山西按察使，又历广西右布政使，入为太仆寺卿，官至刑部尚书。王世贞为“后七子”领袖之一，与李攀龙、宗臣等结成复古文学流派，对当时文风有很大影响。著有《弇山堂别集》《嘉靖以来首辅传》《觚不觚录》《弇州山人四部稿》等。

赏析：这六首诗是作者和吴维岳《登蓬莱阁六绝》的诗作。吴维岳（1514—1569），浙江安吉人，曾任山东按察副使，与王世贞、李攀龙等倡诗社，为“嘉靖广五子”之一。前三首诗作者通过感悟蓬莱神仙境地，描写蓬莱阁神奇景色，把蓬莱的景象描绘得既虚无缥缈又让人觉得仙迹神踪触手可及，使人不禁心驰神往；后三首诗巧用与蓬莱有关的历史故事写景抒情，秦皇寻仙、徐福东渡的旧迹不存，田横宁死不屈的精神流传千古等，感叹世事变幻无常。这六首诗意境相关，递进相连，对景物世事的逸思感怀，可谓应对自如，信手拈来，尽显出作者取材赡博，纵心触象，而化为诗料，形诸歌咏的超凡文学才华。

寄讯蓬莱阁

（明）王世懋

中丞刘泉公有海上之行，且登蓬莱阁望三山，寄赠一律以壮其游。

遥闻高阁俯蓬壶，为问三山定有无。
云暖蜃楼朝结市，月寒鲛室夜沉珠。
惊湍槛外星河覆，异域樽前岛屿孤。
若遇安期须乞枣，莫教秦帝石空驱。

吴郡王世懋

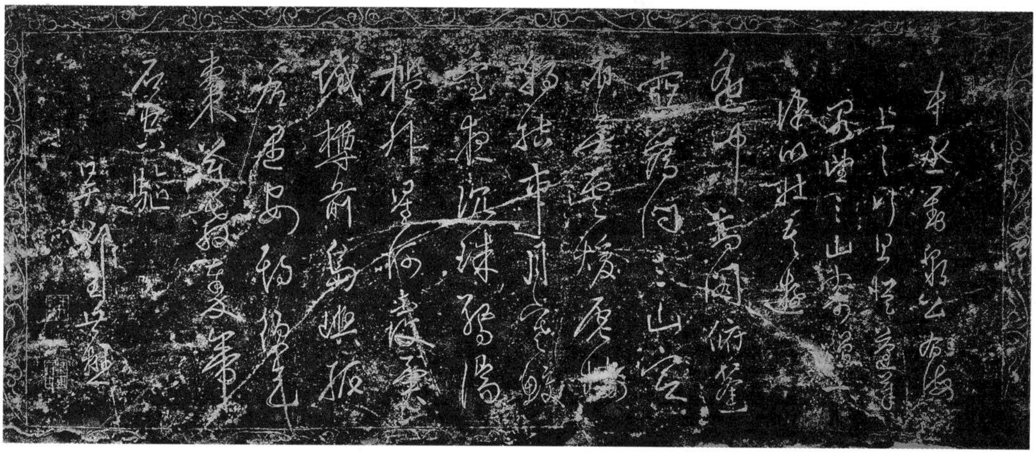

简介：石碑嵌于避风亭内南墙，高 54 厘米，宽 144 厘米，汉白玉质地，草书阴刻。

王世懋（1536—1588），字敬美，别号麟州，江苏太仓人。明嘉靖三十八年（1559）进士，历任礼部主事、山西福建提学副使、南京太常少卿等职，明代文学家王世贞之弟，著有《王仪部集》《艺圃撷余》等。

赏析：这是作者寄赠同僚友人的一首壮游诗。作者听说蓬莱阁上可俯瞰到蓬壶，而蓬莱一带海域，云暖时节常现海市蜃楼，寒冬季节明月升腾如珠，海流连天际，如同星河倾覆，相隔辽远的两地间岛屿愈显孤独，为此发问传说中的三神山境界果真存在吗？如果遇到了仙人安期生，一定求得仙枣，以此印证当年秦皇追求长生不老的史实。此诗作于明嘉靖年间，当时的皇帝朱厚熜崇信道教，一心祈求长生，该诗的时代特色由此可见一斑。

午日郡公少岚携饮海上即事赋诗

（明）陈其学

晴海多佳序，招携吏隐分。
扇持寒阙梦，剑履半杯云。
碧落天如水，苍茫日欲曛。
一行尘外过，何必注人文。

排云彩鹢开，到处即蓬莱。
不得赍粮去，真从采药回。
潮声天外落，山色浪中来。
岳牧多词客，惭予下里才。

挂席此重游，回眸五十秋。
衰迟寻宗社，素霭附仙舟。
舸石喧中渡，随沙净远洲。
脩情抚海月，潮语起灵湫。

取足人天处，真游信不违。
蜃楼浮潋滟，蛟室隐珠琲。
触目新诗缮，关乡鸣钓矶。
采梯缘堞上，纳得海云归。

行庵陈其学

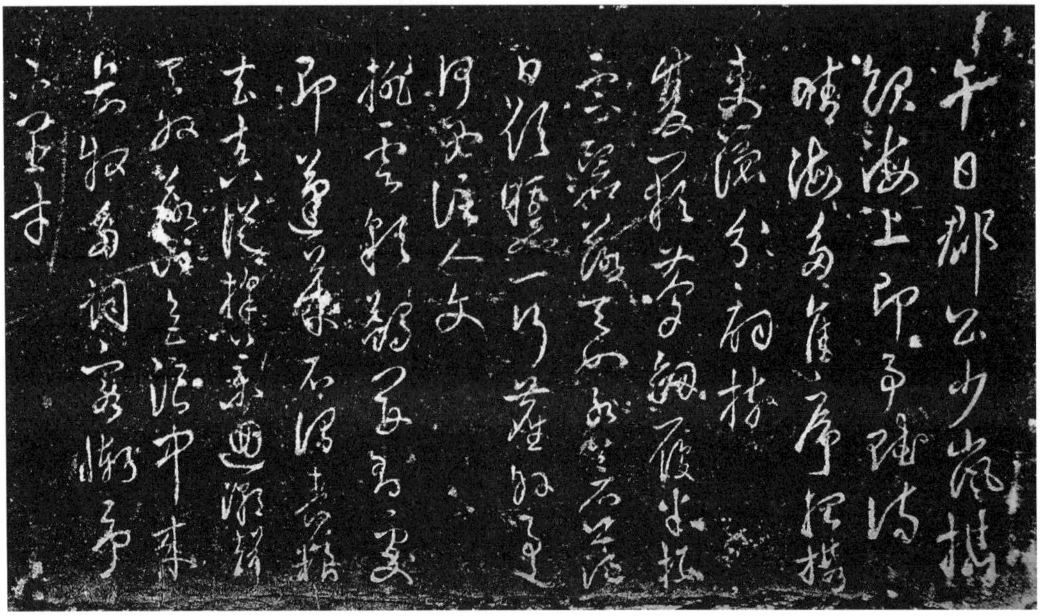

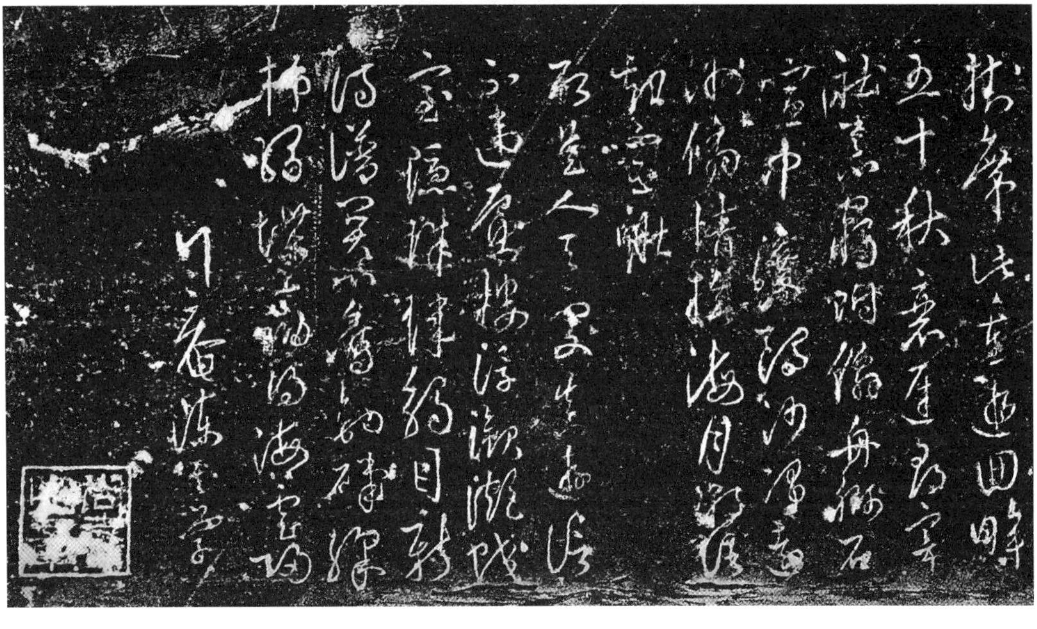

简介：石碑嵌于避风亭内西墙，高45厘米，宽133厘米，大理石质地，草书阴刻。

陈其学（1508—1593），号竹庵，别号行庵，山东蓬莱人。明嘉靖二十三年（1544）进士，历任陕甘、延绥总督，转任宣大、山西总督，居边塞20年，督修长城2000余公里，修建墩台1400余座。晋兵部右侍郎、左侍郎、右都御史，官至刑部尚书。断案明晰，颇有政声。致仕居乡20年，卒于蓬莱，赠太子少保，谥号“恭靖”。

赏析：该诗是陈其学致仕乡里，与知府刘少岚畅饮后游于海上所赋诗文。第一首表现出作者悉心感受自然美景，除却凡俗世事，仿佛置身世外；第二首描绘船行海上，景色优美犹如仙界，使人流连忘返，直欲避世不归，如此美景引来众多文人赋诗，让作者自愧学识浅薄；第三首写作者在历经人生五十年后，有幸于晚年之时故乡重游，于轻舟荡漾之中，惬意感受周边的风光景致；第四首作者认为蓬莱景致完美，蓬莱阁道观之游名副其实，联系海市蜃楼、龙宫等传说，以及眼前所见众多的新诗赋，意想蓬莱阁将会愈加扬名天下。

登蓬莱阁短述二首

（明）吴定

予登东溟乃在癸未之岁杪，时雪连冰合，所昔闻观日出、观市、观潮俱不可得，能至其晚照委红、新月半浴、浮空澈底、砌玉铺金、万顷莹烁百状俱出，良足奇观也。恐亦向来登览者所罕际云。

岁晚风为阵，鱼龙冻已坚。
冰明忽上月，雪拥不分天。
驱石闻遗柱，乘槎是岁年。
沧溟浑不改，今古总茫然。

返照琼瑶遍，凌空万里清。
几星浮岛阔，一线远洋明。
风览听潮至，云埋想市横。
秦皇今在否，却欲问徐生。

安阳止庵吴定

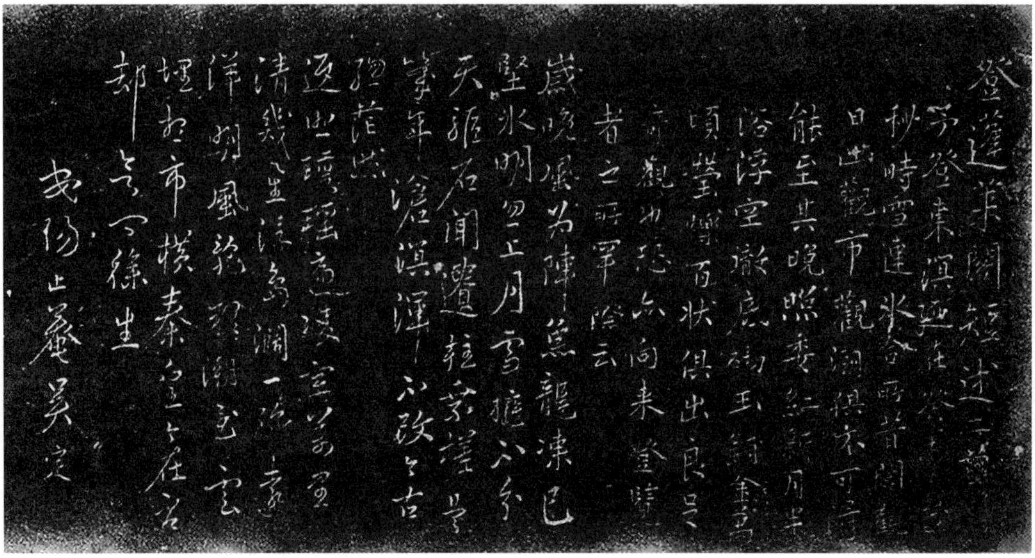

简介：石碑嵌于苏公祠东外墙，高 41 厘米，宽 86 厘米，汉白玉质地，行书阴刻。

吴定，字止庵，河南安阳人。明万历二年（1574）进士，授河南南乐县令，后任江西道御史、山东巡按御史、大理寺少卿、副都御史、大理寺正卿等职。

赏析：这两首诗是明万历十一年（1583）岁末，时任山东巡按御史的吴定登临蓬莱阁所作。由于作者登临之际正值岁尾雪连冰合时节，所以无缘观赏到蓬莱日出、海市、潮汐等自然景观。于是作者通过“冰明忽上月，雪拥不分天”“风览听潮至，云埋想市横”的描绘，从心灵的角度去发现和感受“向来登览者所罕际”的山海景致。

癸未嘉平之望同蹇大参陪兼按台题蓬莱阁二首

（明）张克家

旷哉前一眺，海色满天涯。
目击玄虚陟，神摇怅望槎。
游龙通异域，飞鹤出仙家。
坐赏不能去，寒城落照斜。

衔杯蓬阁暮，暮景若相留。
残月金冰上，轻云遇岛流。
猜影谭海市，想象见瀛洲。
欲与安期遇，茫茫何处求。

宣城象川张克家

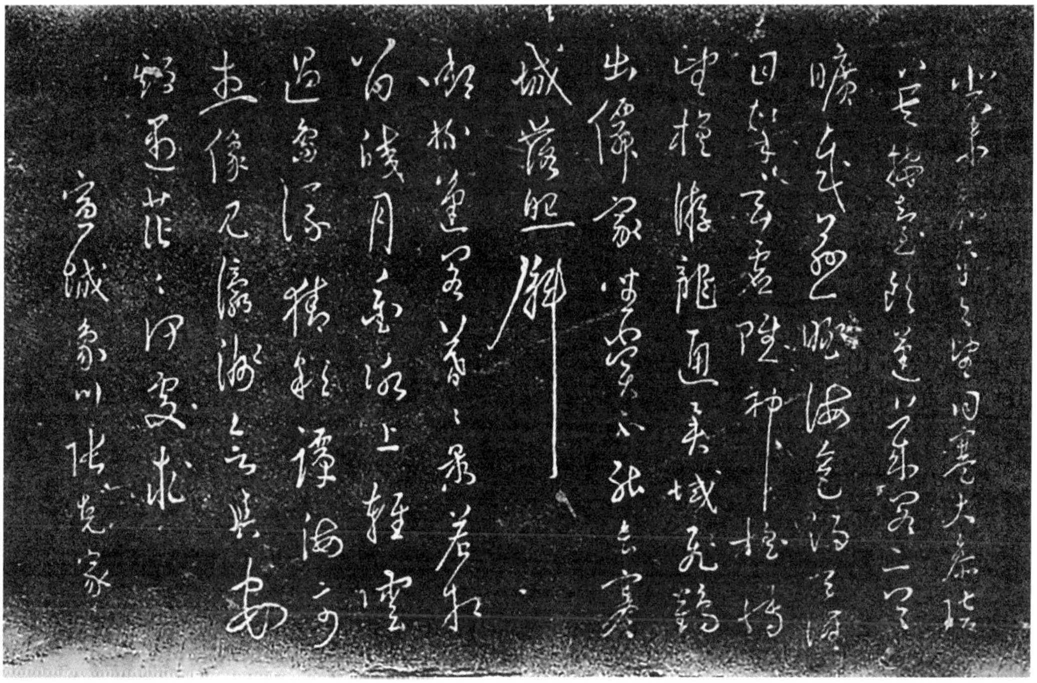

简介：石碑嵌于苏公祠东墙，高42厘米，宽66厘米，汉白玉质地，草书阴刻。

张克家，字有光，安徽宣城人。明嘉靖四十四年（1565）进士，万历十年（1582）任登州卫佥事，官至御史。

赏析：这两首诗是万历十一年（1583）十二月中，时任登州卫佥事的张克家陪同山东佥事蹇达登阁所作。作者临阁眺望，心胸旷达，海天深远之处仿佛呈现神仙福地，轻云薄雾之间似乎看见海市瀛洲，作者被蓬莱阁上风光吸引，尽情欣赏不舍离去，发出“欲与安期遇，茫茫何处求”的叹息。

登蓬莱阁

（明）邹德泳

蓬莱爽气正秋初，万叠瑶光接素裾。
鸟没望中随地尽，蜃生空处觉天余。
城临岛浪翻云浸，亭俯岩花带雪纾。
大国名游谁与续，思王应好赋居诸。

万历己丑岁孟秋行人安福邹德泳书

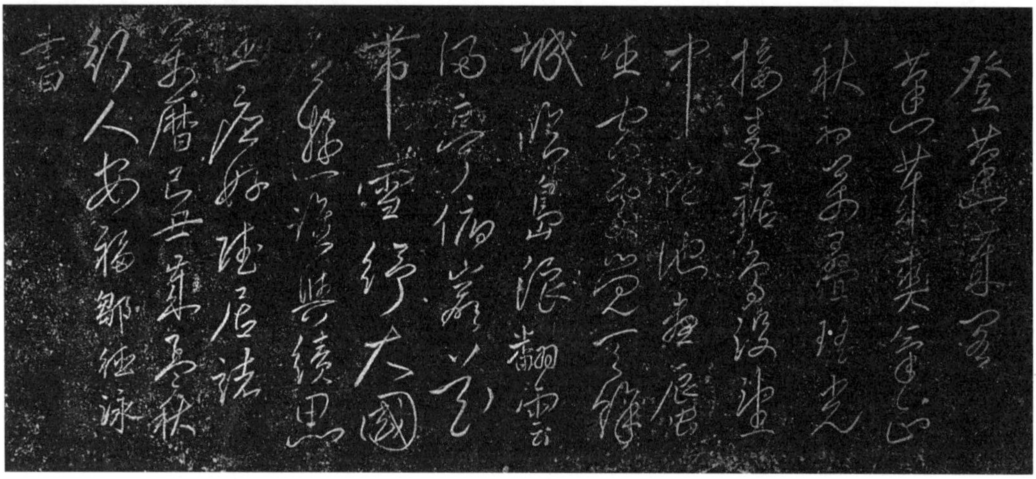

简介：石碑嵌于避风亭内南墙，高53厘米，宽133厘米，汉白玉质地，草书阴刻。

邹德泳，字汝臣，号泸水，江西安福人。明万历十四年（1586）进士，十七年（1589）任行人时登蓬莱阁，后官至云南御史、太常少卿、太常正卿。

赏析：该诗作于明万历十七年（1589）初秋。作者登蓬莱阁望海，感受天地宽广景色奇美，并遐想在如此境界面前，陈思王曹植在世也会为之作赋感怀无限的。

谒海神庙观海

（明）黄克缵

元气茫茫接太清，乘春一望水云平。
雪花浮浪千叠起，日色蒸雾四散明。
海上烽销旗半偃，津头潮落棹空横。
馨香好答神灵贶，莫遣鲸波又震惊。

黄县道中

（明）黄克缵

二月行将暮，柳条犹未青。
人烟依北渚，山势入东溟。
市井浮蜃气，盘飧杂海腥。
惟余风太朴，茅屋不须扃。

东牟观兵夜宴蓬莱阁二首

（明）黄克缵

城列千灯锦帐开，东风吹客上蓬莱。
天光海色春相映，叠鼓鸣笳夜急催。
鳌首三山含雾动，潮头万马拍空来。
观兵幸值妖氛息，徙倚危栏一举杯。

晚风吹浪不胜寒，灵境尘寰此壮观。
银汉遥倾蓬岛外，朱旗高掣暮云端。
潮通鲛市来常满，楼瞰龙宫立未安。
极目扶桑千万里，茫茫知有海天宽。

晋江黄克缵

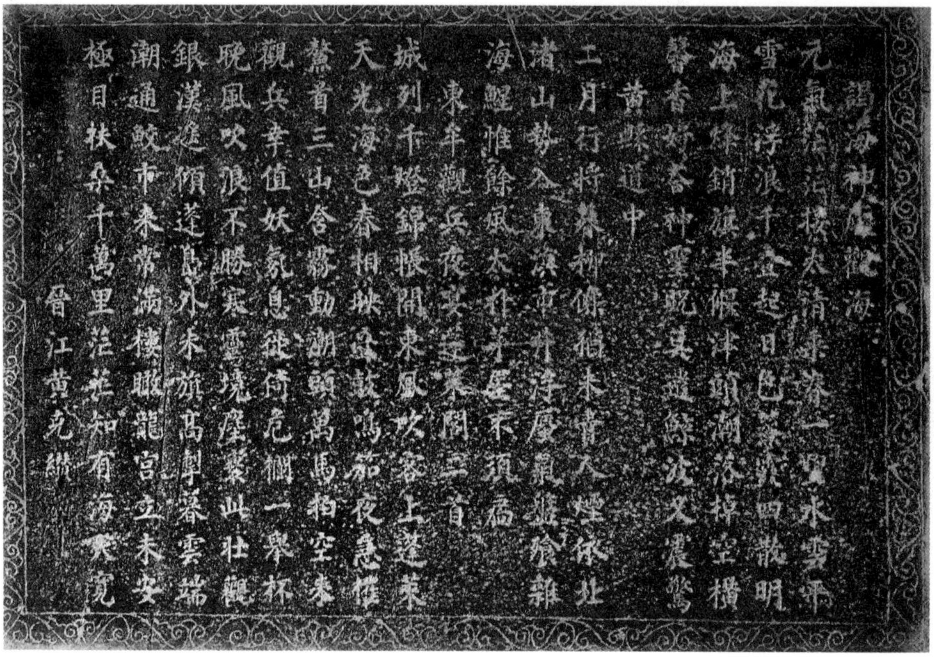

简介：石碑嵌于苏公祠东外墙，高 66 厘米，宽 94 厘米，大理石质地，楷书阴刻。另有汉白玉碑刻《东牟观兵夜宴蓬莱阁二首》嵌于吕祖殿东山墙。

黄克缵（1550—1634），字绍夫，号钟梅，福建晋江人。明万历八年（1580）进士，出任寿州知州，后擢升刑部员外郎，累官山东左布政使。明万历三十年（1602）任右副都御史，巡抚山东。因平盗有功，擢升兵部尚书，后改刑部尚书、兵部尚书、工部尚书、吏部尚书，史称“黄五部”。著有《杞忧疏稿》《性理集解》《百氏绳愆》《春秋辑要》和《古今疏治黄河全书》四卷。

赏析：这四首诗是万历三十年（1602）春，时任右副都御史的黄克缵巡抚山东期间所作。

第一首诗是作者登临蓬莱阁谒拜海神庙并观海，在惬意感受海天相接一望无涯，雪浪千重云蒸霞蔚自然美景的同时，感怀登州这一海防要地，如今烽火偃息，战船静泊，尽显恬淡平和的景象，进而虔诚祈求海神德化久远，登州不再遭受战火等险恶境况的袭扰。

第二首诗描写登州的自然风情，作者通过对登州春日迟暮，人家傍海而居，生活鱼盐自给，民风淳厚古朴的描绘，展现出一派桃花源中景象，道出了当时登州一带恬淡无为的风土民情。

《东牟观兵夜宴蓬莱阁二首》是描写作者于水城观兵和蓬莱阁上夜宴的诗。前诗侧重对观兵的描写，其阅兵场面庄严隆重，气势宏大，正如诗中“鳌首三山含雾动，潮头万马拍空来”的生动描绘。和平时期的登州海防通过观兵所展现出的常备不懈，让作者内心无比欣慰。第二首诗侧重观兵后的登阁夜宴。蓬莱阁地处天海之间，作者因此感悟蓬莱阁是上可与天河相接，下可与鲛市、龙宫相通的人间仙境，极力赞美此间的美好景致。

吕祖刻像题赞

（明）钱大复

秦皇汉武漫求君，烟波茫茫孰是真。
谁似道人长伴侧，个中一点有阳春。

云间钱大复肇阳父题

简介：石碑嵌于避风亭内南墙，高 77 厘米，宽 58 厘米，汉白玉质地，行书阴刻。

钱大复，华亭（今上海松江区）人，字肇阳，号渐庵。明万历七年（1579）举人，万历三十二年（1604）任蓬莱县知县。其子钱龙锡中进士后，钱大复遂致仕，在故里创办学院讲学，卒后入乡贤祠。

赏析：这首诗与唐代李咸用的《喻道》诗韵与立意相同，表达了作者对大千世界自然万物的认知与感悟。避风亭坐落于吕祖小像亭旧址，也是观看海市的好地方，而神仙、海市本为幻影，故作者借此暗讽秦皇汉武盲求虚幻，如果有了通晓事理之人的陪伴与点拨，便可不受困惑达到高深不俗之意境。诗文用语朴实易懂，意在挑明世间本没有神明仙界，那只是人们的主观臆想罢了。劝诫世人万事不可强求，一切要顺其自然，这在当时已属难能可贵。

登蓬莱阁

（明）李本纬

凌虚高阁敞丹台，纵目鸿蒙万里开。
走槛蛟龙春上下，宿窗牛斗夜昭回。
潮飞析木梭边雨，浪吼丰隆鞭底雷。
长啸振衣天海阔，分明期羡与徘徊。

万历癸丑季春参政都门李本纬题

简介：石碑嵌于苏公祠外西墙，高 212 厘米，宽 90 厘米，砂岩质地，行书阴刻。

李本纬，字君章，山西曲沃人。明万历二十年（1592）进士，万历二十五年（1597）曾奉使以巩昌府推官巡边至甘肃，万历三十年（1602）任兵部主事，万历四十一年（1613）任山东按察使，官至山东右布政使。著有《灌蔬园集》。

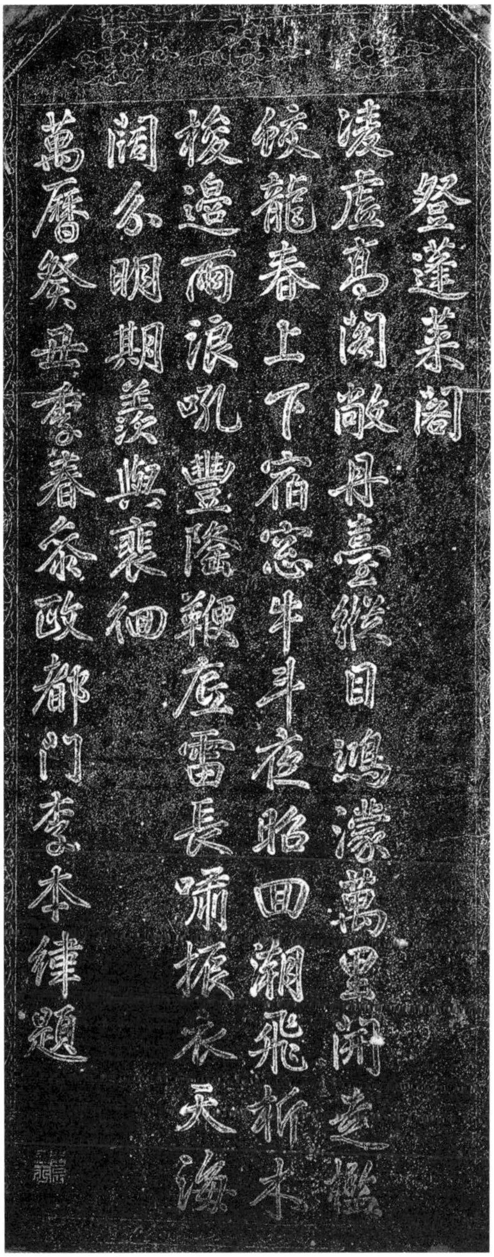

赏析：这首诗是明万历四十三年（1615）三月，时任登州参政的李本纬登阁观览所作。作者于丹崖蓬阁之上极目远望，想见于此可领略到春烟浮动，星光回转，浪花如雨，涛声如雷等美妙的自然景致，禁不住长啸振衣，感慨天高海阔自然造化，表达了对蓬莱阁自然美景的喜爱与留恋之情。

蓬莱阁观海

（明）尹嘉宾

万历己未九月奉旨召募，承侍御陈公中湛招游蓬莱阁观海。

溟涬浩无端，划然东北豁。
滔滔遂古今，倜傥为谁发。
真宰收不住，一六逗生伐。
闫浮等芥舟，华藏眠豪发。
纵命吸之尽，讵喻金仙法。

秋日如秋月，为浴海水凉。
芳草如芳兰，为饮海气香。
弄日拾瑶草，神飙吹我裳。
麻姑去何久，今夕当还乡。

我非祖龙使，诏书急辽阳。
五千水犀甲，擢榜黄头郎。
霜台麾白羽，涛立成沸汤。
喑噫大地簸，岛屿相击撞。
川岳皆效灵，矧兹百谷王。
谈笑歼修鲸，洗兵换耕桑。

莱州道中望海

（明）尹嘉宾

青荧半空碧，白沙出林杪。
谓是雪月明，春烟澹将晓。

只尺不可耐，飞鞚逾渴鸟。
到来始叫绝，惧然莫敢道。
众容幻倏忽，远意含虚眇。
云日吹微微，千里孤槎小。
玄牝静自春，钧天奏未了。
何当鞭三山，沿洄恣幽讨。

古吴尹嘉宾题

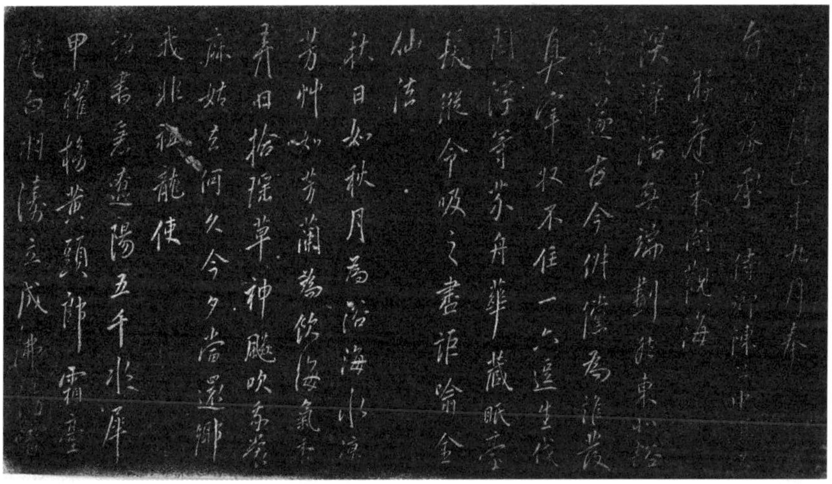

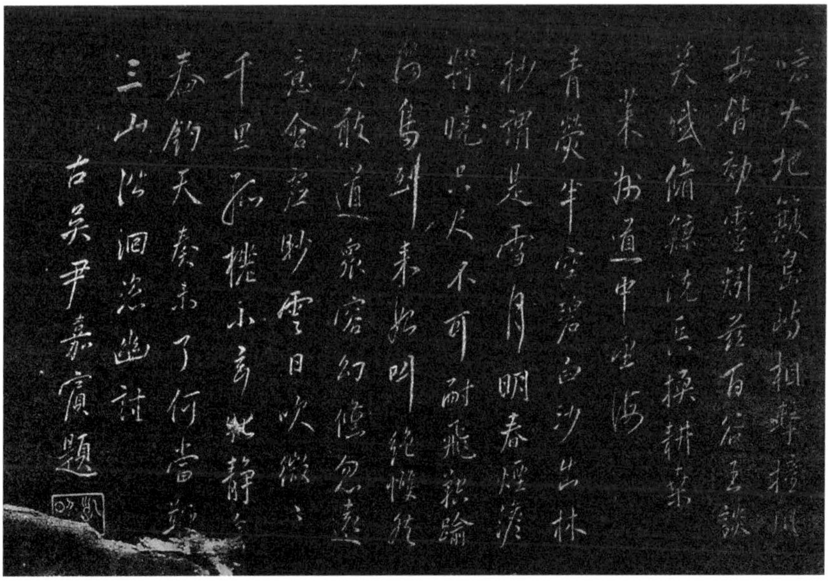

简介：石碑嵌于苏公祠内南墙，高39厘米，宽68厘米，汉白玉质地，行书阴刻。

尹嘉宾（1572—1622），字孔昭，号澹如，江苏江阴人。明万历三十八年（1610）进士，授中书舍人，后升员外郎。万历四十七年（1619）九月，尹嘉宾奉旨到山东募兵。后升任湖广佥事、湖广提学副使。工诗善书，著有《焚余集》。

赏析：明万历四十七年（1619）初，明军讨伐后金努尔哈赤，萨尔浒之战明军惨败。在此形势下，作者奉旨到山东募兵，期间得游蓬莱阁，遂观海并作二诗。

《蓬莱阁观海》一诗作者借景抒情，首先由大海的浩瀚无涯不可臆测，反观世界犹如一叶扁舟，感叹人生在世即使通晓万物，也未必能得其真谛；其次结合时令描绘出蓬阁之上秋日清凉，芳草幽香，微风拂动，神清气爽的意境，料想仙妃麻姑也会闻之向往；最后作者联系己任记事感怀，通过对募兵、操演场景的描绘，表达出对从容征战胜利进军，早日凯旋恢复农耕的信心与期盼。

《莱州道中望海》这首诗，描写了作者在拂晓时分往莱州途中观海的所见所感。作者心仪大海咫尺难待，乐见大海所显现出的千变万化不可名状的景象，为之惊叹不已，为之逸思遐想。从大海变幻无穷的景象当中，作者默默地体会、尽情地感受着大千世界自然景致的美妙，进而发出“何当鞭三山，沿洄恣幽讨”的感慨，表达出有如此美好的景色相伴人生，又何必妄求那虚幻缥缈、不切实际的神仙境地的心声。

蓬莱阁怀古

（明）袁可立

夙慕蓬莱仙，今到蓬阁上。
神仙杳难求，海水空漭漾。
秦皇踪已沉，汉武终觖望。
田横五百人，至今堪惆怅。

义城鲁仲连，功成甘退让。
千载有同心，感时怀高尚。

蓬莱阁望海

（明）袁可立

极目丹崖上，排洋岛屿横。
雪花喷浪色，雷吼撼涛声。
师渡蛟潜窟，檄传虏徙城。
长安拟不远，望断暮云平。

天启甲子春睢阳袁可立题

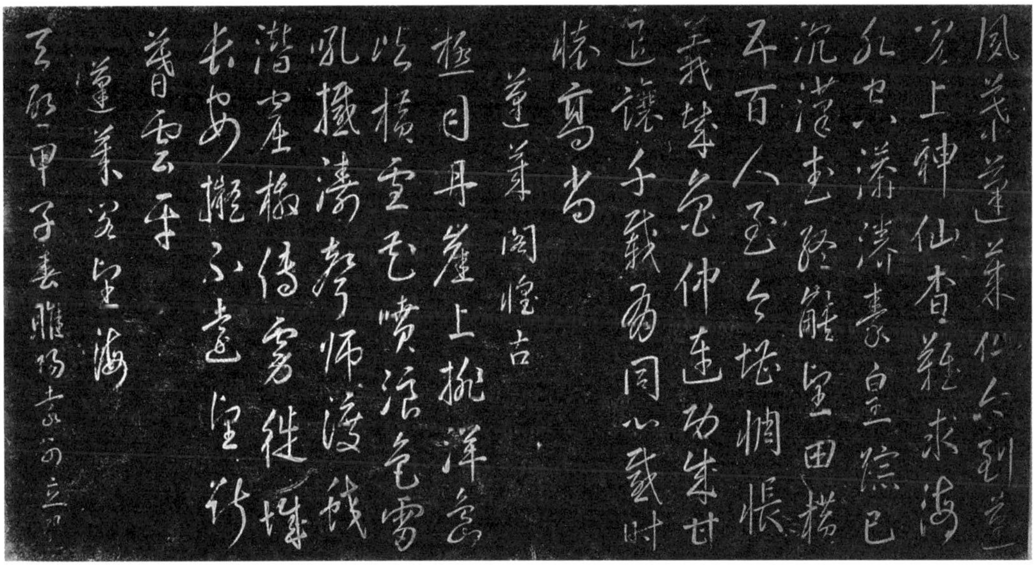

简介：石碑嵌于苏公祠内东墙，高 71 厘米，宽 130 厘米，汉白玉质地，行书阴刻。

赏析：明天启初年，明在与后金的战争中丧失辽东半岛，登莱成为地近辽东的前沿重镇，袁可立临危受命出任登州巡抚，期间厉兵秣马，整饬海防，扭转了战局，确保了沿海一带的平安。在这种形势下，明天启四年

(1624) 春天，袁可立踌躇满志，登阁望海作此五言二首。

《蓬莱阁怀古》一诗，作者以登阁寻仙难觅踪迹为引，评说与神仙境地蓬莱有关的秦皇、汉武、田横、鲁仲连等数位历史人物，结合个人的人生阅历，意在表达自己也有着追慕先贤忠肝义胆的襟怀抱负。

《蓬莱阁望海》一诗，同样是作者登阁观览海上壮观景象之际，感怀时事之作。作者任登州巡抚期间，为防范和打击后金军队，曾兵进榆关，所到之处“舳舻相接，奴酋胆寒”，又策反辽将声势致其“四卫后撤，空其信地而不敢居”，由此作者借“长安拟不远，望断暮云平”展望离战争胜利结束为时不远，同时也隐含对个人前程充满信心的意味于其中。

观 海

(明) 吕大器

予自使署历今垂廿年，披览天下佳山水亦多，而广大奇险未有若蓬莱海。壬午之冬，予北上过齐，为虏骑纵横直逼至登，因同登人士登陴效守，得纵观海，且陟蓬莱阁等。阁下古洞宕嶅，巨波撼之如雷，洞以西有石如珠湾里许，奇石峭峰若今假山之礌磊人成者。忆坡公当年来登五日，并祷海市。若洞、若石与珠湾，或倥偬未之到也。而予得览焉，快有甚于坡老。

蓬莱杰阁峭天宇，灏气直乏苹今古。
搔首未携谢朓诗，盈眸却有坡仙语。
洪涛不将纤尘留，柱石能撑浊世流。
有乞蜃楼为我设，无心鸥鸟任波浮。
海上自有钓鳌客，线借虹霓钩借月。
时危不乏谪川人，只愁举世妒李白。
明珠一湾雪千峰，玲珑怪幻如天工。
举杯直上层缯处，一腔心胆彻碧空。

东川吕大器

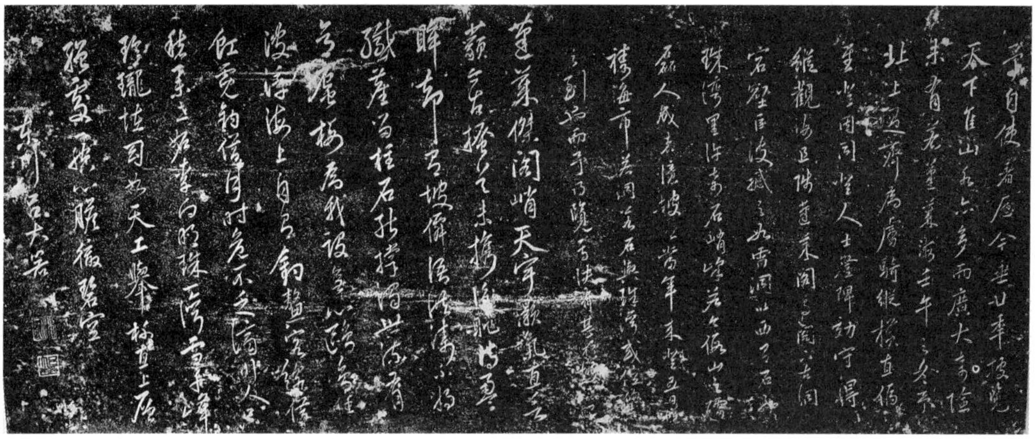

简介：石碑嵌于苏公祠内南墙，高 74 厘米，宽 172 厘米，汉白玉质地，草书阴刻。

吕大器（1586—1649），字俨若，号先自，四川遂宁人，为晚明重臣。明崇祯元年（1628）进士，初任行人，历任吏部稽勋主事、关南道参议、固原副使。明崇祯十六年（1643）就任兵部右侍郎兼右佥都御史，后任南京兵部右侍郎，总督保定、山东、河北等处军务，迁吏部左侍郎。著有《东川文集》《抚甘督楚疏稿》。《明史》卷二七九有传。

赏析：这首诗是作者于明崇祯十五年（1642）冬过登州时观海所作。其时受清军入关劫掠山东逼近登州的影响，作者路经登州北上受阻，随即与登州军民一道登城防守抵御清军，期间得以观赏大海和登临蓬莱阁，游览蓬莱阁下古洞、奇石、珠湾等景物。诗中景物描写细腻，想象丰富，并以“搔首未携谢朓诗，盈眸却有坡仙语”的欣喜之情，乐得与先贤穿越时空相对，以“举杯直上层缯处，一腔心胆彻碧空”的忠贞之心，坦然面对当时的国朝危难。

无 题

（明）阴启光

自家肚子自家知，何事频频问侍儿。
石火电光暂眼散，快谈只到海枯时。

崇祯拾贰年柒月拾肆日登州府推官阴启光题

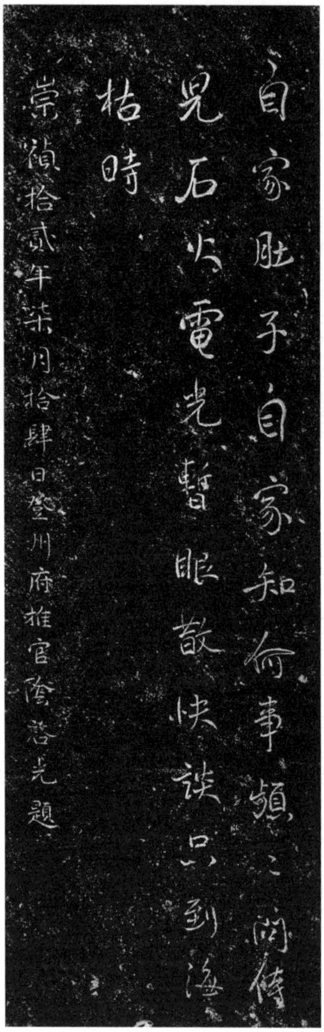

简介：石碑嵌于苏公祠东外墙，高 130 厘米，宽 44 厘米，大理石质地，行书阴刻。

阴启光，字暗然，山西芮城人。明万历四十六年（1618）进士，崇祯九年（1636）任登州府推官，后升安州知州。

赏析：该诗是明崇祯十二年（1639），作者于登州任上升迁时，为蓬莱阁新建的苏公祠而作。诗中作者借对苏东坡“不合时宜”传说故事的理解，形象描绘出苏东坡豪放不羁、超然旷达的率真性格，间接地表达出自己对世事的认识与感悟。全诗浅显易懂，语淡味永，充满了朴素唯物主义思想，并给人以无限的启迪。

写怀

（清）赵汴

山之西，山之东，气通海岛蔼长空。
沁水山人搴凤羽，蓬莱灵阁伫仙踪。
龙涛蜃市凭游卧，皓月旭光伴鹤桐。
三载茫茫千古事，一声啸破海天风。

晋沁水赵汴题

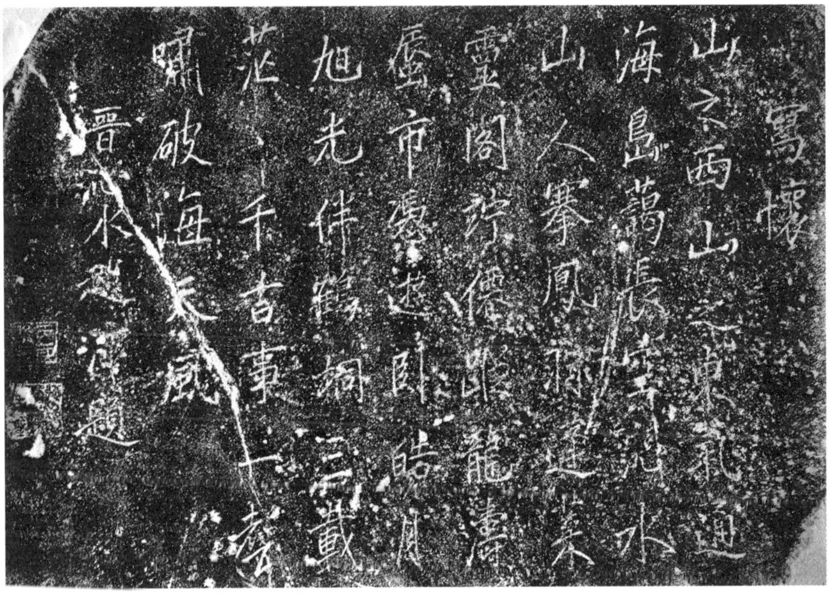

简介：石碑嵌于苏公祠东外墙，高 60 厘米，宽 85 厘米，大理石质地，行书阴刻。

赵汴，山西沁水人。明崇祯十五年（1642）举人，清顺治三年（1646）进士，任蓬莱知县。

赏析：这首诗是作者于蓬莱为官三载即将离任时所作。蓬莱素有人间仙境的美誉，诗中作者以沁水山人自诩，通过在蓬莱为官，悉心感受到蓬莱的山海名胜、神话传说，而今即将离任，对蓬莱山光水色心意难忘，并以“龙涛蜃市”“皓月旭光”加以简要描绘，充分表达出作者对蓬莱铭记在心、留恋难舍的志趣情怀。

登蓬莱阁

（清）彭舜龄

蓬莱高阁眺神州，阁外平看大海流。
望里仙门真可接，空中龙势未全收。
东南风缓楼台幻，日月光悬岛屿浮。
莫话桑田深浅事，波涛泙湃足人愁。

黍丘彭舜龄稿

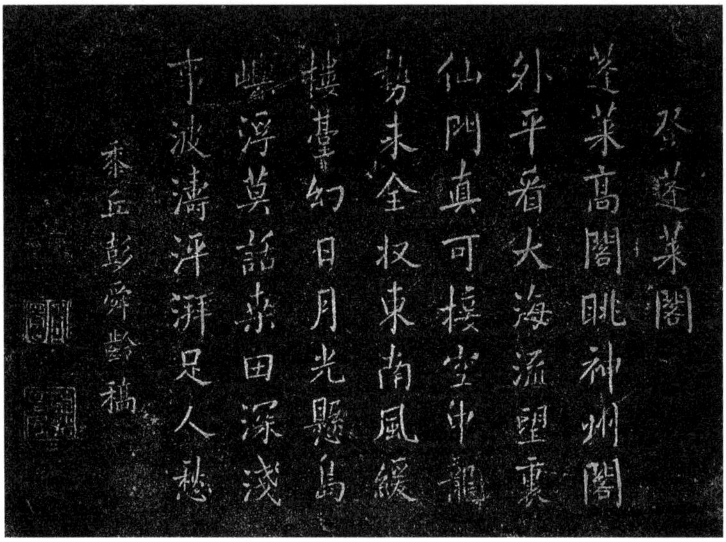

简介：石碑嵌于苏公祠东外墙，高 33 厘米，宽 47 厘米，大理石质地，行书阴刻。

彭舜龄，字儿城，号容园，河南夏邑人。清顺治六年（1649）进士，任嘉兴府推官，顺治十六年（1659）任登州府推官。

赏析：该诗是作者登临蓬莱阁望海所作。诗中逸想神仙境地完美无瑕、蜃楼美景令人向往，借此感悟世事沧桑，为此怅然不已。联系作者于登州为官期间，适逢登莱二府反清复明农民起义，作者似乎有为政务所累，进而借登阁望海赋诗感怀。此外，清初文学家周亮工曾作《蓬莱阁和吴冠五韵海上春夏之交东南风缓则海市见》一诗，与该诗仅在最后一句以“镗鞳”替代“泙湃”二字。

登蓬莱阁观海

（清）劳之辨

余童时习闻家大人云：“昔年随先中丞金粟公之官登莱道，尝见波涛明灭中，现出神山幻影：楼台城郭，烟火参差，鸡犬桑麻，往来种作，不数人世桃花源也。嗣先中丞历迁山左，由臬而藩。迨崇祯戊寅间，复有建牙东牟之推，未受事即予告归里。每思十洲三岛，便如隔世，此天下奇观也。”余丙辰岁，叨奉简命首夏校士东牟，事竣即登高阁俯沧溟，遇山僧而问之，答云：“春夏间海常现市，居人视之等布帛菽粟耳。”余竟不得见。丁巳秋，再游斯地，又不得见。岂余未行东坡祷神故事耶？抑造化神奇变幻，有不见胜于见者耶？行将上书家大人，知必笑而起曰：“蓬莱弱水未许渔人问渡，汝他日忆吾重叙四十年前佳话，以此昔人之卧游梦游也可。”因作诗以纪之。

蓬莱海色称奇绝，三山自古灵仙窟。
浮生到此愿已足，何必真有珠宫与贝阙。
昔年王父官东牟，家君陪侍上高楼。
少时游历老能忆，云物依稀五千秋。
回思海上悬晴旭，叠鼓鸣笳杂丝竹。
朝日初窥秦氏妆，暮涛正乱吴儿曲。
岛屿突兀空潢中，忽然变幻失恒踪。
云山断续非人世，殿阁嵯峨疑鬼工。
一自中丞乞骸骨，神山缥缈无从即。
梦中犹记倚危栏，放眼乾坤沧海阔。

小子于今续旧游，棠阴犹在海东头。
海天浩渺原如许，琪树丹崖不可求。
世间幻影俱如此，安期羡门真妄耳。
致书老父应破笑，昔年所见亦尔尔。
噫嘻，海云红，海潮白，功名富贵如瞬息。
　　人生那得长望扶桑看日出。

康熙丁巳孟冬望前百学使者劳之辨题

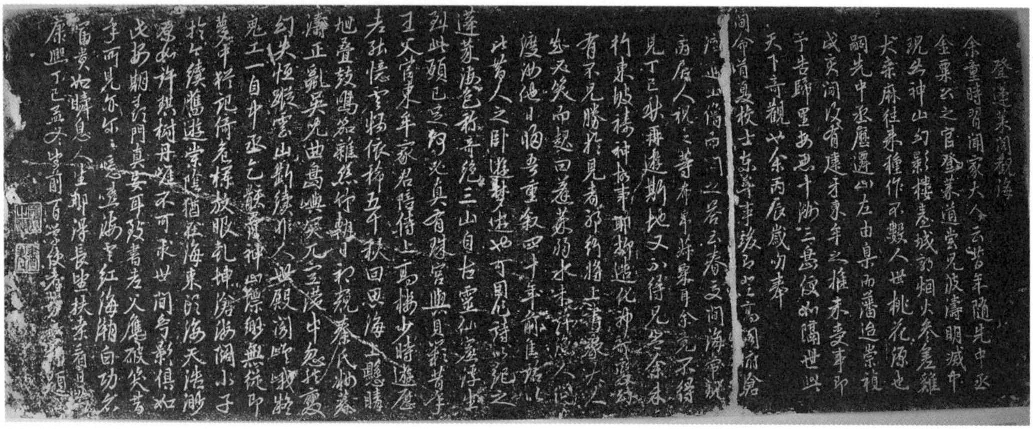

简介：石碑嵌于苏公祠内南墙，高 55 厘米，宽 138 厘米，汉白玉质地，行书阴刻。

劳之辨（1639—1714），字书升，号介岩、介庵，浙江石门人。清康熙三年（1664）进士，选庶吉士，授户部主事，迁礼部郎中。清康熙十六年（1677）任山东提学道佥事，迁贵州粮驿道参议，官至左副都御史。著有《静观堂诗集》三十卷。

赏析：该诗作于清康熙十六年（1677）十月。作者通过追忆父祖当年为官登莱道台期间，曾经见识过海市蜃楼奇幻景象，而今为官山东，两次登州之行却均未见到海市，进而感叹神仙境地虚妄难求，发出“浮生到此愿已足，何必真有珠宫与贝阙”的感慨，表达人生在世要顺应自然，凡事不必奢望苛求的质朴情怀。

登蓬莱阁

（清）任璿

一眺蓬莱阁，波间岛屿分。
潮声含宿雨，海气变秋云。
鞭石何年事，御风从昔闻。
扶桑知不远，好待日华曛。

海上杂咏四首

（清）任璿

海上时凭吊，无端动客愁。
饭牛曾作相，牧豕亦封侯。
避地非甘隐，成名信所修。
徒令天下士，千载自悠悠。

方士传秦汉，争将入海夸。
但闻松化石，不见枣如瓜。
万象浑元气，遥天散赤霞。
移情在昕夕，直欲问期牙。

在昔鲸波动，旌旗海上明。
元人或轻敌，唐帝亦佳兵。
圣德知无外，皇图自永清。
只令高阁上，不尽是涛声。

为听蓬莱曲①，于今更可嗟。

① 原碑刻有小字注：“司李谢公制。”

旷原耕石碛，走卒就京华①。
商贾东隅绝，鱼盐一市哗。
端居思渤海，脱剑即生涯。

题海镜亭

（清）任璿

危亭临彼岸，对镜欲开颜。
瀚海凭栏外，沧洲引领间。
天空连积水，地尽接神山。
顿使予怀渺，长吟且未还。

墉南任璿漫稿

简介：石碑嵌于苏公祠内南墙，高 39 厘米，宽 110 厘米，汉白玉质地，行书阴刻。

赏析：《登蓬莱阁》一诗描写了作者登阁远眺，于波间岛屿雾气弥漫之际，遐想往事与传闻，期待天清气爽，有更好的景致出现，体现出作者公务之余的闲情逸致。

《海上杂咏四首》第一首写作者身处他乡心存高远，时常临海凭吊先贤

---

① 原碑刻有小字注："京之舆卒皆登人也。"

感怀世事，不甘人生寂寞，时光虚度；第二首写作者于此间不为神仙虚幻所动，终日只为自然美景吸引，并期待寻觅到知音；第三首写登州往昔动荡不安，征战不断，而今天子明德，国泰民安，一切回归自然和谐；第四首写登州地瘠民贫人口外流，商贾不通商品单一，只有弃武修文方为生存发展之道。

《题海镜亭》一诗，作者描绘蓬莱阁海镜亭临海矗立，海面浮光倒影，于此凭栏眺望天高海阔，更有引领山海可达仙界之意境。不禁让作者心思遥远臆想天外，吟咏感怀，流连忘返。

蓬莱阁记并诗

（清）杨钧

康熙丙子春，余奉命镇东牟。暇日与二三友人登蓬莱阁，眺览久之，慨然思名山大川，足迹所至，目力所穷，皆定数，非可强而致也。余家三世于兹地有缘，先太傅秉钺前后十余载；先副总亦官济郡，曾诣登，随侍太傅剿平山寇于七；余又生长于青齐，今叨特简来驻节焉。且赖圣天子文德武功卓越千古，奠安六宇，海不扬波，余得徜徉笑咏于其上也，能不睹汪洋而诵太平，缅前岳而深学海之思乎？爰纪以诗。

万派朝宗眼界宽，吐吞云雾荡双丸。
底须幻蜃添灵异，喜不扬波乐奠安。
无限积流怀旧泽，几杯浊酒尽余欢。
岩疆莫怅闵枯寂，如水臣心仔细看。

江左杨钧题并书

简介：石碑嵌于避风亭内西墙，高 31 厘米，宽 84 厘米，汉白玉质地，草书阴刻。

杨钧，江南人，清康熙三十五年（1696）任登州总兵官。

赏析：该诗是作者于清康熙三十五年（1696）春奉命镇守登州之初，闲暇之际登阁游览感怀之作。作者为官登州时恰逢康乾盛世之初，社会安定，海不扬波，作者为能从容饱览蓬莱自然美景而深有感触，从而发出“底须幻蜃添灵异，喜不扬波乐奠安”的感慨。结合其一门三世曾于山东任职的经历，于诗中还显现其感念皇恩先祖，甘于现职，耐得偏远寂寞，忠心无二的报主情怀。通篇极尽歌功颂德之辞。

己丑十二月二日登蓬莱阁叠韵二首

（清）陈谦

杰阁雄风面面开，东游览胜共徘徊。
当年烽火神京接，此日帆樯异域来。
云荡波心疑海市，雪凝山榭俨蓬莱。
渺然一粟身如寄，破浪犹期志未灰。

闻道蚕丛牟子开，忽跻仙岛重低徊。
天风吹北三冬暮，海日生东半夜来。
点点遥岑浮绝塞，泱泱大国哂吾莱。
归途闲话沧桑事，胜代遗模等劫灰。

东莱太守海宁陈谦

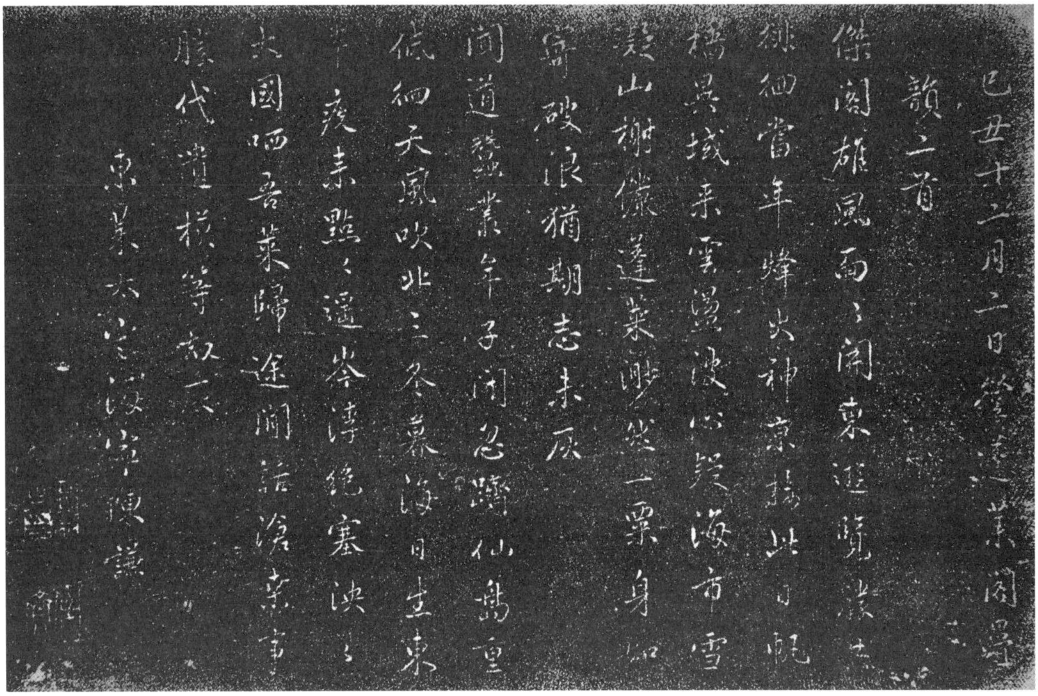

简介：石碑嵌于避风亭内南墙，高 52 厘米，宽 35 厘米，汉白玉质地，行书阴刻。

陈谦，字廷益，号任斋，浙江海宁人。清康熙四十七年（1708）任莱州知府。乾隆十年（1745）任登州府知府。

赏析：这两首诗是清康熙四十八年（1709）冬，时任东莱太守的陈谦登阁观览感怀所作。当时正值康乾盛世早期，前一首诗作者登阁望去但见山海静谧，舟楫往来，景色秀美，忆想当年国家动乱不断，烽火连天，殃及民生，激发起作者无限的爱国情怀，表达出时刻期待为国效力的美好心愿。第二首诗作者感悟蓬莱阁景色奇丽，闻名久远，徜徉其间使人流连忘返，登莱虽地处边塞，却彰显着天朝风范，如今欣逢和平盛世，从此再无人为劫难。

登蓬莱阁

（清）王霭

佳气荒城此日开，欣瞻五马重徘徊。

穿云绝磴层层出，破雪征车款款来。
自昔舍香传禁苑，而今布泽遍蓬莱。
遥看浮玉青山改，抹却黄尘几处灰。

高阁飞甍傍海开，期将挈榼共迟徊。
忽得寻胜君先去，未许趋陪我并来。
地主徒惭空北海，风流窃喜著东莱。
每题良足传佳话，寄语游人兴不灰。

蓬莱阁，登之名胜地也。己丑嘉平月，莱州陈刺史来斯，有会勘之役。方拟公余挈榼提壶，共邀阁上之游，一览海天之胜。予谓征车甫下，诘朝竟先我往观矣。并贻佳句，负惭实深，勉和二章，以博一笑云。

钱江王霱

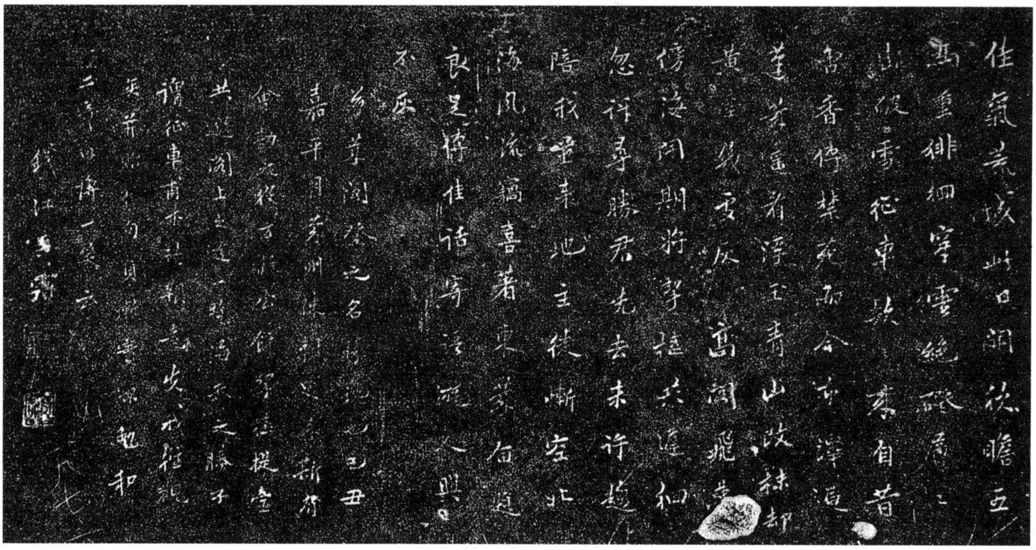

简介：石碑嵌于苏公祠内南墙，高 41 厘米，宽 67 厘米，汉白玉质地，行书阴刻。

王霱，浙江钱塘人，监生。清康熙四十四年至五十一年（1705—1712）任登州府知府。

赏析：这两首诗是清康熙四十八年（1709）冬，时任登州府知府王霭奉和莱州刺史陈谦《己丑十二月二日登蓬莱阁叠韵二首》的诗作。前诗作者表达了对陈谦来登的欢迎，同时也赞美了时政，宣扬了自己的施政成果；后诗作者以陈谦捷足先登蓬莱阁，独赏美景传佳话，使其未能尽地主之谊陪同前往而感到遗憾，间接地道出了蓬莱阁景色美好令人向往。

登蓬莱阁奉和陈任斋太守留题原韵二首

（清）靳治荆

高阁嵯峨绝巘开，公余曾此一徘徊。
望中纵览沧波阔，天畔群瞻紫气来。
饶有雄词凌海若，宁无仙路接蓬莱。
钝顽似我真堪笑，欲觅丹砂自养灰。

海国秋澄天宇开，凭高极目一低徊。
偶因蹑屩穿云去，想见披裘踏雪来。
万壑朝宗归北极，三山浮玉接东莱。
扶摇却羡鹏飞远，颇忆当年志不灰。

辽海靳治荆

简介：石碑嵌于避风亭内南墙，高 35 厘米，宽 47 厘米，汉白玉质地，草书阴刻。

靳治荆，隶汉军镶黄旗，字熊封，号雁堂，辽东襄平人，清代诗人。清康熙五十一年（1712）任莱州同知，后任吉安、徽州知府等职。清乾隆十年（1745）于登州府任职。著有《思旧录》，曾主持修《歙县志》。

赏析：这首诗是步陈谦《登蓬莱阁》韵之作。作者不仅描绘了蓬莱山海秋日的美丽景色，还赞美了陈谦的健笔雄词和积极向上的思想情怀。以其身为莱州同知与陈谦太守的从属关系而言，诗中意志消磨，进取不足的自谦表达，迎合上司的成分也显见其中。

登蓬莱阁

（清）甘国璧

壬辰仲秋，按部东牟。公余同王西斋副戎、靳雁堂司马、佟硕也别驾登蓬莱阁作。

潦沉澄清已半秋，使车行部一登楼。
北临大海波涛阔，南接巅城烟火稠。
扑面凉风天外至，宜人爽气座中浮。
欣逢盛世民安日，得共诸君作胜游。

蓬莱阁观海

（清）甘国璧

偶来高阁上，极目海天秋。
朝夕潮分至，乾坤水会流。
帆樯云际下，岛屿浪中浮。
呼吸通仙境，蓬瀛一望收。

渤海使者甘国璧并书

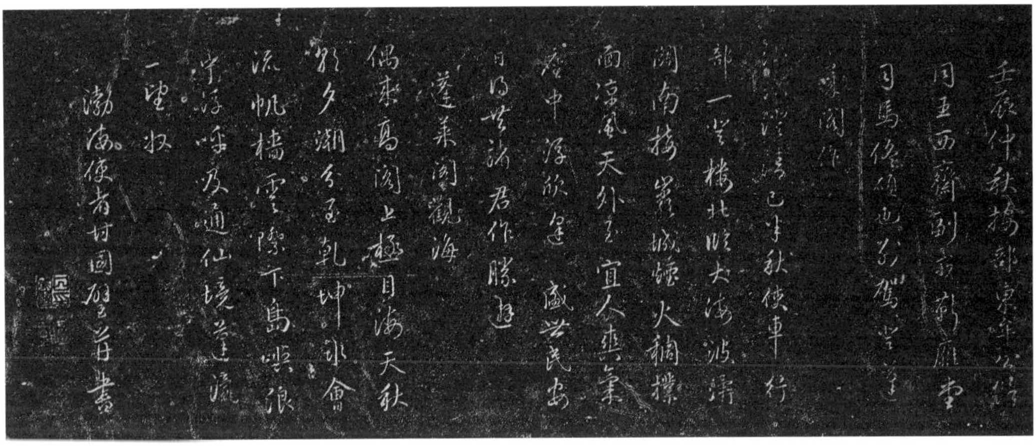

简介：石碑嵌于蓬莱阁东厢内东墙，高42厘米，宽90厘米，汉白玉质地，行书阴刻。

甘国璧（1669—1747），字东屏，号立轩，汉军正蓝旗人。历清康熙、雍正、乾隆三朝，任陕州知州，云南巡抚、都统等。清康熙四十九年（1710）任登莱青道道台，官至资政大夫。著有《农园要览》《实政条要》等。

赏析：这两首诗是清康熙五十一年（1712）秋，时为登莱青道道台的甘国璧巡行所部辖区，公务之余与同僚一起登蓬莱阁所作。前一首描绘仲秋登阁，北望大海波涛辽阔，南望山城人烟稠密，于此康乾盛世、国泰民安之际，秋风送爽、气候宜人之时，偕同僚友人登阁览胜，心中惬意非常。《蓬莱阁观海》同为秋日登阁感怀，作者于蓬莱阁上，但见大海潮汐涌动，浩瀚无涯，海面上舟楫往来，波涛间岛屿浮现，面对如此自然美景，有了如临蓬瀛三岛仙境般的感觉。

奉和观察甘公同诸公登蓬莱阁原韵二首

（清）陈谦

蓬莱气爽海山秋，俯视崇墉百尺楼。
渤澥风回青嶂迴，岩疆波静绿荫稠。
熙恬高会如舟济，荒徼遥看似渚浮。
继美苏公神祷应，一时甘雨纪同游。

巍阁临天际，晴空岛屿秋。
龙兴邻大漠，蜃市结东流。
柔远梯航集，求仙宫阙浮。
凭高时骋望，烟火万家收。

海昌陈谦

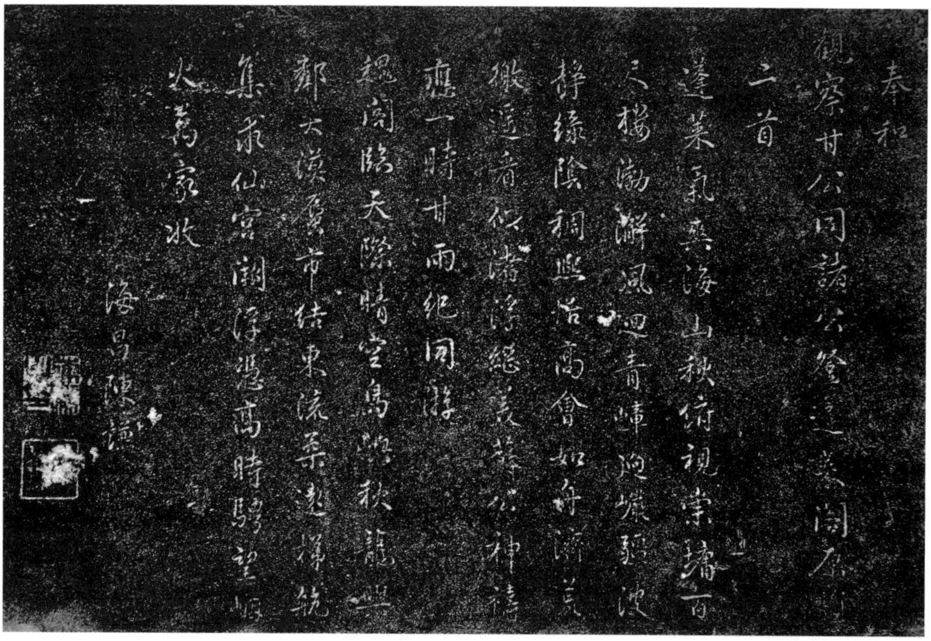

简介：石碑嵌于避风亭内东墙，高 33 厘米，宽 53 厘米，汉白玉质地，行书阴刻。

赏析：这两首诗是清康熙五十一年（1712）秋，时任东莱太守的陈谦唱和甘国壁《登蓬莱阁》《蓬莱阁观海》的诗作。诗中言及蓬莱山海景色美好，气候宜人，虽地处边远，却也“春风”有度，自然和谐，道出了陪同甘公出游的快乐心境。

登蓬莱阁恭次原韵二首

（清）靳治荆

壬辰仲秋，同王西斋副戎、佟硕也别驾，奉陪观察甘老大人登蓬莱阁，恭次原韵二首。

登蓬莱阁

登临真不负清秋，水色天光聚一楼。
蜃气远蒸岚翠润，鲸波细卷浪花稠。
苍茫蓬岛疑相接，仿佛星槎许共浮。
却忆蛟山曾纵目，又从使者壮兹游。

蓬莱阁观海

丹阁重霄上，沧溟一气秋。
鲛人吹细浪，贾舶狎洪流。
当槛群峰立，凭虚万象浮。
挥毫惊海若，杰句望中收。

辽海靳治荆

简介：石碑嵌于苏公祠东外墙，高 37 厘米，宽 74 厘米，大理石质地，行书阴刻。

赏析：这两首诗是清康熙五十一年（1712）秋，时任莱州同知的靳治荆唱和甘国璧《登蓬莱阁》《蓬莱阁观海》的诗作。作者描绘了登阁望海所见自然美景，感悟仲秋时节蓬莱阁上清旷澄澈的天光水色，放任思绪于蜃楼、蓬岛意境神游。

登蓬莱阁观海集唐

（清）李元龙

披襟眺沧海，巍峨百尺楼。
苔痕苍晓露，爽气集高秋。
远近山河净，乾坤日夜浮。
坐临思不已，谁与共东流。

西溪李元龙草

简介：石碑嵌于避风亭内西墙，高 35 厘米，宽 66 厘米，汉白玉质地，行书阴刻。

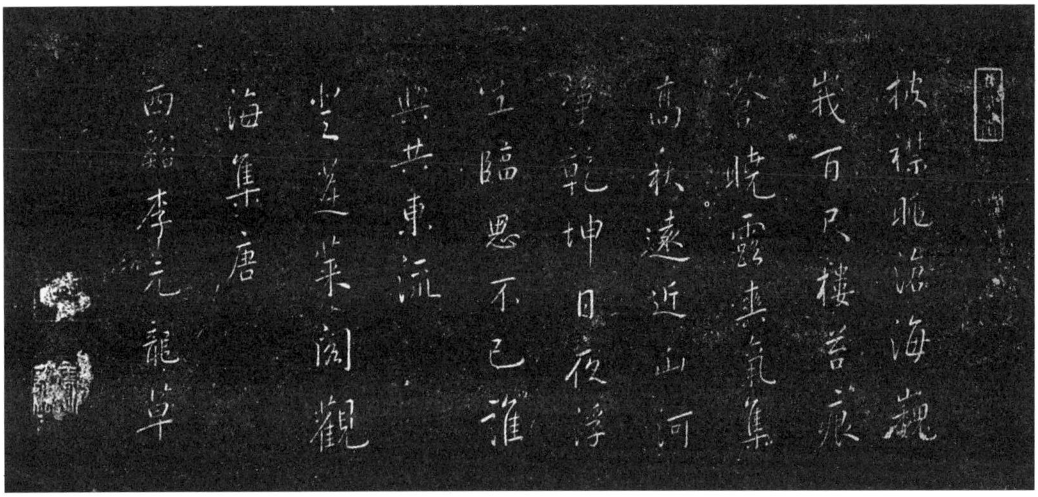

李元龙，汉军镶红旗，江西玉山人，监生。清康熙五十一年至六十一年(1712—1722)任登州府知府。

赏析：这是一首描写秋日登临蓬莱阁，感悟海天景色的律诗。所谓“集唐”，是中国传统“集句诗”体裁的一种，就是依照某类诗歌格律，选取唐人的诗句加以连缀得来。作者摘选了唐代李世民《春日望海》、白居易《望江楼上作》、李颀《觉公院施鸟石台》和《望秦川》、马戴《浙江夜宿》、杜甫《登岳阳楼》、于良史《冬日野望寄李赞府》、薛莹《秋日湖上》中的诗句联袂成诗，状物抒怀，不但描绘蓬莱阁景致情思连续，浑然一休，同时也显现出作者对唐诗的涉猎广博，游刃有余。

蓬莱阁

(清) 廖腾煃

嵯峨高阁逼层空，极目苍茫意不穷。
北去幽营千尺雪，南通闽粤一帆风。
波洪岛屿晴光远，蜃敛楼台晚照红。
莫道沧溟隔烟雨，蓬壶咫尺是仙宫。

玉华廖腾煃

简介：石碑嵌于避风亭内东墙，高 41 厘米，宽 139 厘米，汉白玉质地，行书阴刻。

廖腾煃（1641—1717），字占五，号莲山，福建将乐人。清康熙八年（1669）举人，历任知县、府尹、太常寺少卿、光禄寺正卿、左右通政使司、通政使丁、都察院右副都御史、户部侍郎等职。清康熙五十三年（1714）以户部侍郎奉命到登州犒军。著有《浴云楼稿》《海阳纪略》《寿世鸿篇》《慎修堂诗集》等。

赏析：这首诗是晚年时的廖腾煃奉命到登州犒军时所作。诗中描述了作者于蓬莱阁极目远望，不仅感悟登州是南北通达的水陆军事交通要地，而且波光岛屿、夕照楼台景色优美，更逸思遐想海天之间烟雨迷茫之时，传说中的蓬壶仙岛似乎也近在眼前。诗文意境相随，使人浮想联翩。

戊午登蓬莱阁

（清）孔毓圻

齐鲁奇观首望洋，果然天地大文章。
三山渺渺千峰翠，万顷茫茫一色苍。
漫向寰中思涤荡，好凭阁上问沧桑。
几年能得朝窗意，此日裁得引兴长。

太子少师袭封衍圣公孔毓圻漫题

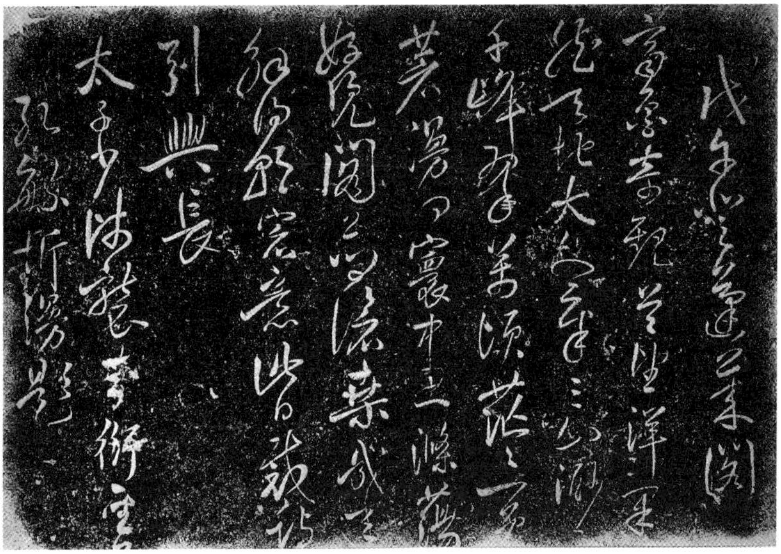

简介： 石碑嵌于避风亭内南墙，高 45 厘米，宽 64 厘米，汉白玉质地，草书阴刻。

孔毓圻（1657—1723），字钟在，又字翊宸，号兰堂，山东曲阜人，孔子第 67 代嫡长孙。清康熙六年（1667）袭封衍圣公，康熙九年（1670）授光禄大夫，加太子少保。康熙十五年（1676）晋太子少师。康熙帝到曲阜祭孔，孔毓圻安排得当，深得康熙皇帝赏识。孔毓圻工于书法，擅画墨兰，主持重修家谱二十四卷，著有《兰堂遗稿》《幸鲁盛典》等。

赏析： 这首诗作于清康熙十七年（1678）。作者少年时就袭封衍圣公，平常难得闲暇，登临蓬莱阁正值 22 岁风华正茂之时，其赞叹蓬莱阁风光景色壮美，于此放纵思绪慨叹世事变迁，并十分珍惜登阁凭眺的自由美好时光，惬意感受眼前的美好景致。

观海杂咏十章

（清）王士俊

癸丑夏季，余巡海至登，上蓬莱阁，纵观海外情形，恢廓怪丽，爰分赋五字十律，志胜览焉。

纪　瑞

垂裳会东方，东方志瑞年。
海隅补禹贡，日出颂尧天。
鲸鳄波涛息，扶桑花木绽。
飞仙来员峤，一瓣采莲船。

形　势

昔纪齐城壮，今观表海雄。
云迷日本国，浪蹴始皇宫。
辽蓟千帆入，登莱一面通。
君看环绕处，形势控山东。

民　利

汉书志食货，齐国重夷吾。
积雪盐官课，腥风鱼市租。
桑田宝菽粟，铁网弃珊瑚。
历历稽王制，卑卑薄霸图。

武　备

万里洪涛壮，军声静不嚣。
楼船龙夭矫，羽纛凤飘飖。
犀甲能分水，强弓惯射潮。
有怀慕宗悫，指顾海天遥。

怀　古

寂寞田横岛，荒唐徐福舟。
汉封分惤县，秦刻觅之罘。
潮信成今古，晴云任去留。
谁为不朽者，要与问爽鸠。

鱼 鸟

不有任公子，谁人钓六鳌。

文惊龙变化，气慑鳄潜逃。

燕去留巢垒，鸿来□□□。

□□风起处，云际大鹏□。

简介：石碑嵌于苏公祠外北墙，高 61 厘米，残宽 118 厘米，大理石质地，楷书阴刻。

赏析：《观海杂咏十章》是清雍正十一年（1733）王士俊任河东总督，至登州巡海时所作。石刻已残缺，仅存前六章及第七章“山川”题目。这几首诗分别从登州的质朴民风、地理风貌、自然物产、海防军备、文化传承、神话传说等方面入手，通过对登州自然地理、人文历史的概括描述，把一个自然质朴，世外桃源般的登州展现在读者的面前。

登蓬莱阁

（清）崔应阶

一别沧溟五十年，蓬莱今复辨桑田。

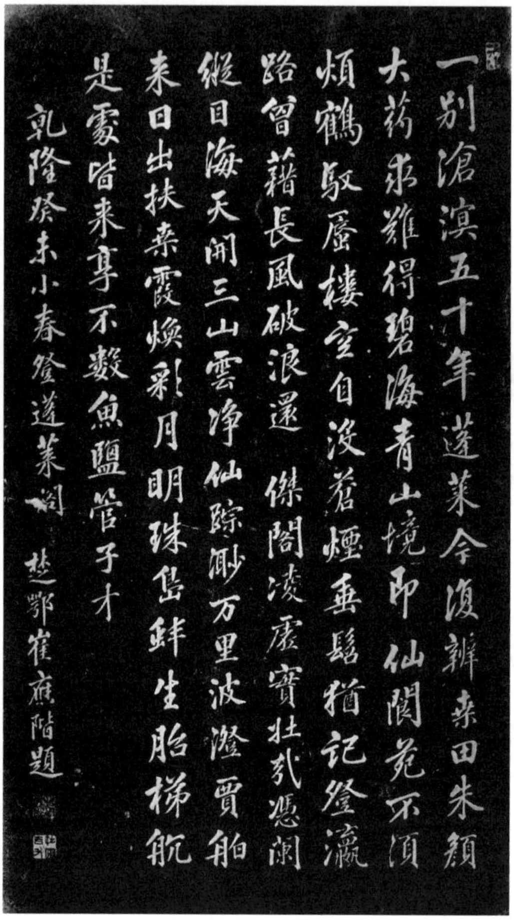

朱颜大药求难得，碧海青山境即仙。
阆苑不须烦鹤驭，蜃楼空自没苍烟。
垂髫犹记登瀛路，曾藉长风破浪还。

杰阁凌虚实壮哉，凭栏纵目海天开。
三山云净仙踪渺，万里波澄贾舶来。
日出扶桑霞焕彩，月明珠岛蚌生胎。
梯航是处皆来享，不数鱼盐管子才。

乾隆癸未小春登蓬莱阁
楚鄂崔应阶题

简介：石碑嵌于蓬莱阁东厢东墙，高132厘米，宽66厘米，汉白玉质地，行书阴刻。

崔应阶（1699—1780），字吉升，号拙圃，别号研露楼主人，湖北江夏（今武汉市）人。清代荫生，初授顺天府通判，清乾隆二十四年（1759）升迁山东布政使，乾隆二十八年（1763）调任山东巡抚，官至刑部尚书、左都御史。著有《拙圃诗草》《黔游纪程》《研露楼琴谱》《官镜录》。

赏析：诗文作于清乾隆二十八年（1763），是作者在时隔五十年后重游蓬莱阁时所作。前一首诗作者通过世事阅历，感悟神仙境界是虚幻，长生不老终难求，只有这碧海青山的蓬莱阁才是实实在在的人间仙境；后一首诗则进一步描绘人间蓬莱杰阁凌空、极目海天、日出扶桑、月明珠岛等自然美景，引来四面八方各界人士不懈的追求与向往。

敷政东牟同诸友冒雪登蓬莱阁率成一律

（清）陈葆光 张一飞 程师濂

直上蓬莱阁，人间第一楼。
云山千里目，海岛四时秋。
政简寻仙迹，杯空市鹿裘。
诸君偏爱雪，非为醉中游。

三晋芝田陈葆光

一上蓬莱阁，危然百尺楼。
有天皆化日，无地不成秋。
幸我能飞舄，随人且布裘。
更欣飘玉雪，太守出仝游。

望溪张一飞和作

杖策最高楼，乾坤一气浮。
苍茫徐福岛，远近海人舟。
只为寻仙至，何妨踏雪游。
愿君拚十日，仝向洞天留①。

宝山程师濂和作

乾隆乙未岁嘉平上浣书石

简介：石碑嵌于苏公祠内南墙，高 52 厘米，宽 142 厘米，汉白玉质地，行书阴刻。

陈葆光，字望如，号芝田，山西灵石人。官至湖南盐运使，清乾隆时期曾任登州知府。

程师濂，字茂来，上海宝山人。清乾隆三十年（1765）举人，曾任蓬莱

① 原碑刻有小字注：“叶适诗：徘徊上洞天，拚作十日留。”

山长，乾隆六十年（1795）升任蓬莱知县。

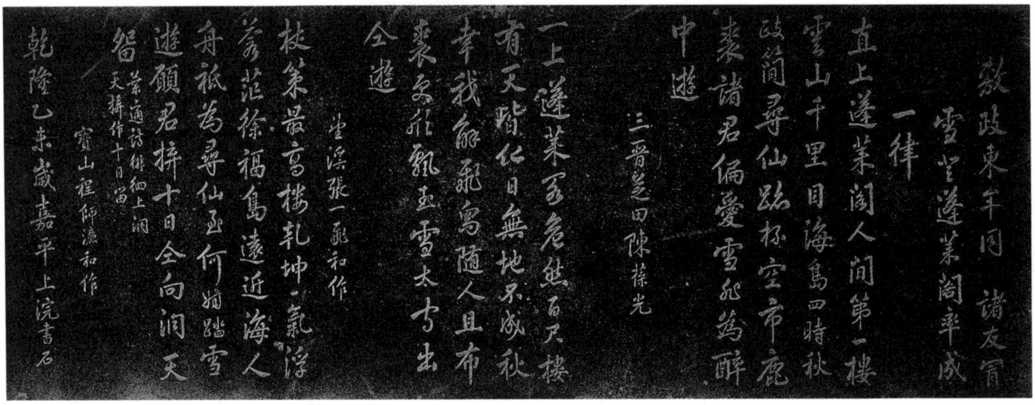

赏析：这三首诗是清乾隆四十年（1775）腊月，时任登州府知府的陈葆光偕同幕僚好友雪中游览蓬莱阁的唱和之作。蓬莱阁雄踞丹崖，登阁远望，本已心旷神怡，踏雪登临，自然别具洞天。其中陈葆光“直上蓬莱阁，人间第一楼。云山千里目，海岛四时秋”的诗句，正是对当时蓬莱阁清静幽远、高旷明快的意境恰如其分的描绘，并由此成为历史上描写蓬莱阁风光景致的杰出诗文之一。该诗于蓬莱阁天后宫寝殿东、西厢房墀头砖上另有刻录。

观　海

（清）李因培

大壑鼓罡风，澒洞极苍黑。
堪舆有尽处，势与混茫逼。
元气所斡旋，兹焉觇神力。
始知天不满，水为弥厥隙。
禹功安得施，细流终靡择。
簸扬星汉光，淘汰日月色。
小浪驾之罘，长溟通貊貊。
高结岛夷居，幽构天吴宅。

龙蛇称世胄，鼋鼍判乡国。
垂饵欲连鳌，卷绡会潜织。
鲲身千里修，鹏怒六月息。
溟涬入无垠，阴阳互开圻。
岌岌三神山，宫阙金与碧。
一发出空蒙，震荡随潮汐。
仙圣亦何为，飙若乘番舶。
平生乐水性，轻舠爱挂席。
胸臆苦不舒，颇笑江湖仄。
际兹银海眩，差喜壮魂魄。
善下挹虚谦，纳污类元德。
宁以望洋惊，而有变盈忒。
蜃气吐楼台，烟霄忽焯赫。
呼吸境屡迁，腥雨幕空白。
惜哉吾未见，秋清万象析。
拟学谢康乐，石华供采摘。
铜井酌醴源，漏天承余沥。
往问牵牛人，曾否识槎客。

暮秋登州对雪

（清）李因培

辽左九月雪花飞，辽人纵猎马初肥。
海风吹送一千里，白帝出从海王妃。
登州少海苍环回，天吴夜啸助寒威。
鞭起潜虬剪水立，噀沫为粒洒为玑。
卷茅顿觉饕殊甚，雨粟旋欣丰可几。
此时鹤氅犹罕御，数点稍湿装绵衣。
吟髭乍糁不忍拂，书闱斜入宁须挥。

粘壁却笑东施拙，扑窗酷似春虫微。
平生嗜踏长川雪，况与瀛阆联光辉。
蓬莱仙岛共游目，大竹小竹达鼍矶。
今年秋兴殊不恶，黄菊未删卉未腓。
暮腾得见瑶英落，老蜃为幻是耶非。
一从驻节牟子国，惊涛砰礴断时希。
寒城漏尽闻鸿雁，古屋墙下拱蛜蝛。
嗒然隐几犹故我，无异闲关白板扉。
兹晨神气弥复呈，细数六出忘调饥。
行当方邵双白鹿，玉山顶上放骖骓。

晋宁李因培

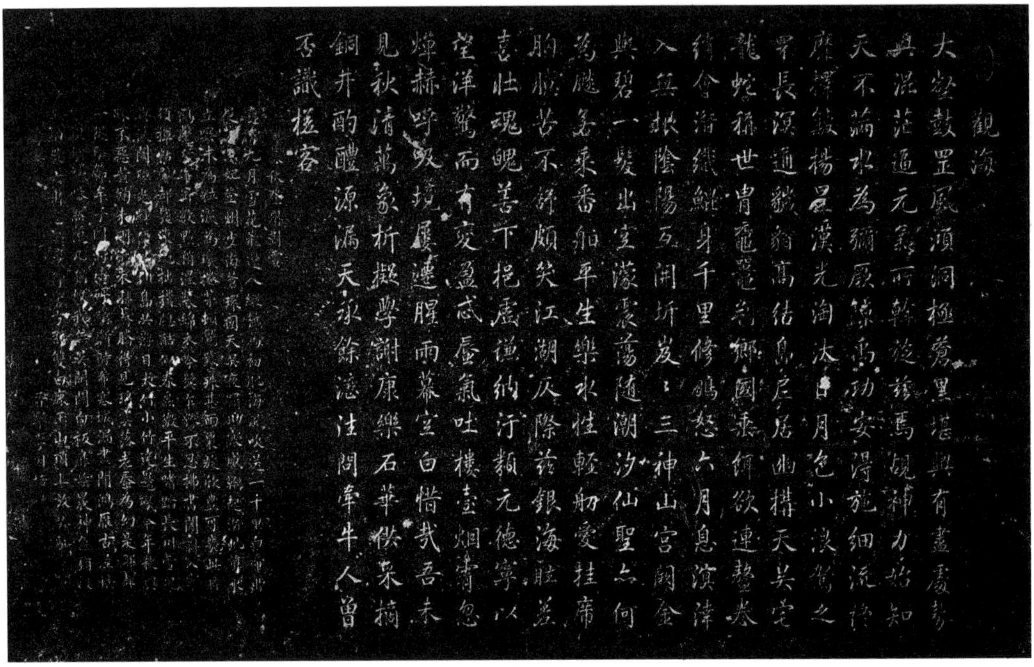

简介：石碑嵌于苏公祠南墙，高 67 厘米，宽 113 厘米，汉白玉质地，行书阴刻。

李因培（1717—1767），字其材，号鹤峰，云南晋宁人。清乾隆十年（1745）进士，授翰林学士，历任侍讲学士、山东学政、刑部侍郎、顺天府尹、福建巡抚等。李因培博学多才，尤精文史，为官清廉，颇得民心。民间有俗语："才高八斗李因培，字压两江马汝为。"著有《鹤峰集》。

赏析：《观海》一诗作者借景抒情，抒发了对人生的感慨。诗中通过对大海深邃难测的描绘，感悟大自然力量的强大，认识到人类对自然虽不能彻底战胜，但可以逐步地认知而对其加以适应与利用；进而借古往今来的海上神话传说，领悟其中与人间相仿的诸多方面，指出"海市蜃楼"的出现，也要受到大自然潮汐的影响；结合作者的人生际遇，由衷发出"堪舆有尽处，势与混茫逼""胸臆苦不舒，颇笑江湖仄""宁以望洋惊，而有变盈忒""拟学谢康乐，石华供采摘"的感叹。综其全诗，作者是以"大道之理"来隐喻个人的人生理念。

《暮秋登州对雪》一诗记述了作者深秋时节在登州感受北方初雪的所见所感。作者向喜踏雪，而今在素有人间仙境的登州恰逢初雪，惬意非常，以"吟髭乍糁不忍拂，书闱斜入宁须挥"来表达对初雪的爱怜；以"兹晨神气弥复呈，细数六出忘调饥"来体现对雪景的忘情。作者结合人生阅历，期望更大的施展空间，由此表明"行当方邵双白鹿，玉山顶上放骖骓"的抱负。

登州留别四首

（清）刘清

道光壬午五月，予自曹镇任内奉命致仕，由齐返黔，俶寤将行。仰睹圣明之治，俯念扬历之区，有感于中，未能恝然，辄赋长句四章，敬以记恩，兼用识别。

卅年冒宠玷朝班，诏许全家返故关。
善饭尚夸身手健，恋恩先怅鬓毛斑。
年来衣食皆天赐，老去林泉得暂闲。
万里栖霞知好在，只愁无计买青山。

秋风欲别转流连，回首云山缓着鞭。
千里桑麻迷海岱，万家井灶息烽烟。
驽骀未必知前路，樗散空教养大年。
叠荷君恩犹未报，虚名敢媲况青天。

抽帆宦海觉身轻，惭愧人传大树名。
噩梦未能忘马革，初心且与证鸥盟。
苦无奇绩酬知遇，剩有余生颂太平。
笑语山东诸父老，急收刀剑事春耕。

霄路何心振羽翰，鍪兜依旧换儒冠。
敝裘典尽书囊在，壮志销除剑匣寒。
十月冰霜时节改，一家鸡犬去留难。
真成日近长安远，独向浮云直北看。

松斋刘清稿

简介：石碑嵌于蓬莱阁东配殿南外墙，高46厘米，宽110厘米，汉白玉质地，行书阴刻。

刘清（1742—1827），字天一，号郎渠，又号松斋，贵州广顺人。历任四川南充知县、忠州知州、四川按察使、山西按察使。清嘉庆十七年

（1812）授山东盐运使。嘉庆二十一年至二十五年（1816—1820）任登州镇总兵，期间倡捐重修府学、瀛州书院及蓬莱阁。后移镇曹州。

赏析：这四首诗是清道光二年（1822），作者奉命致仕由山东曹镇返回家乡时所作。作者回顾三十余年的宦途经历，心中感念君王的知遇之恩，对自己离开官场就要回到阔别已久的故乡，显得怅然若失，字里行间流露出不服年老，壮志未酬的复杂无奈心情，并在期许天下太平久远之余，徒然发出“真成日近长安远，独向浮云直北看”的感慨。

蓬莱阁观海

（清）季芝昌

斗室不悬五岳图，尺水不容万斛舻。
半生劳劳走尘土，眼界局促心郁纡。
我家恰送江入海，一角未许窥全模。
今朝放眼向海若，浮天际地无方隅。
晴光照耀闪金碧，大竹小竹擎盘珠。
老龙翻鳞起骤雨，沙门杳霭云模糊。
晨露暮烟各殊状，百怪变化才须臾。
东连朝鲜北辽沈，浪舶点点飞鹭凫。
奇观如此得未有，径思饱泛十幅蒲。
徒夸蜃市小楼阁，如以蠡测良区区。
天风吹我登三壶，玉扃金阙神仙都。
琴声乍听伯牙弄，锦样艳说鲛人铺。
裹中携石偶然耳，至今文采祠髯苏。
矶头问取钓鳌客，不知入网谁珊瑚。

道光甲午夏四月督学使者江阴季芝昌

简介：石碑嵌于避风亭内南墙，高 61 厘米，宽 175 厘米，大理石质地，行书阴刻。

季芝昌（1791—1860），字云书，号仙九，自署丹魁堂主人，江苏江阴人。清道光十二年（1832）进士，授编修，历任山东学政、浙江学政、内阁学士、山西巡抚、吏部右侍郎、左都御史、闽浙总督兼署福州将军等职。著有《丹魁堂诗集》《外集》《诗赋合钞》等。

赏析：这首诗是道光十四年（1834）初夏，作者于山东学政任上登临蓬莱阁观海所作。作者登阁放眼，但见海中岛屿如珍珠点缀，晴雨朝暮景色各异，不禁感慨天地之广阔，蓬莱阁景色之秀美。面对如此美景，作者极尽赞美之辞，并直抒胸臆发出“矶头问取钓鳌客，不知入网谁珊瑚”的感叹，期许自己的文笔日后能像大文豪苏轼一般流芳后世。

将赴西川宴集蓬莱阁留别四首

（清）英文

海上移情寄一琴，十年簿领静尘心。
巢怜鸠性营常拙，地与鸥盟狎最深。
但学道州书下考，敢追坡老寄豪吟。
九天双阙瞻迢递，疏陋真惭捧玉音。

荡函漫与路人看，此去牵丝蜀道难。

奭水岁闻边角警，陇云春拥碧裘寒。
翻怀瀛峤留泥雪，未许天梯息羽翰。
辙迹从兹人境远，乘槎何自溯回澜。

班春岁岁画幡红，太息年光逝水同。
四野祥和迎瑞雪，十城慈惠共清风。
行田愿祝驯桑雉，安土休教徙泽鸿①。
自有贤侯报新政，讼庭闲处答诗筒。

情逾潭水剧难忘，久住山城别绪长。
盐蜃纵饶人自俭②，刀牛早化俗尤良。
凭栏喜见辉金碧③，断梓欣看就栋梁④。
他日蓬山重回首，岱云东去是桐乡。

长白英文稿

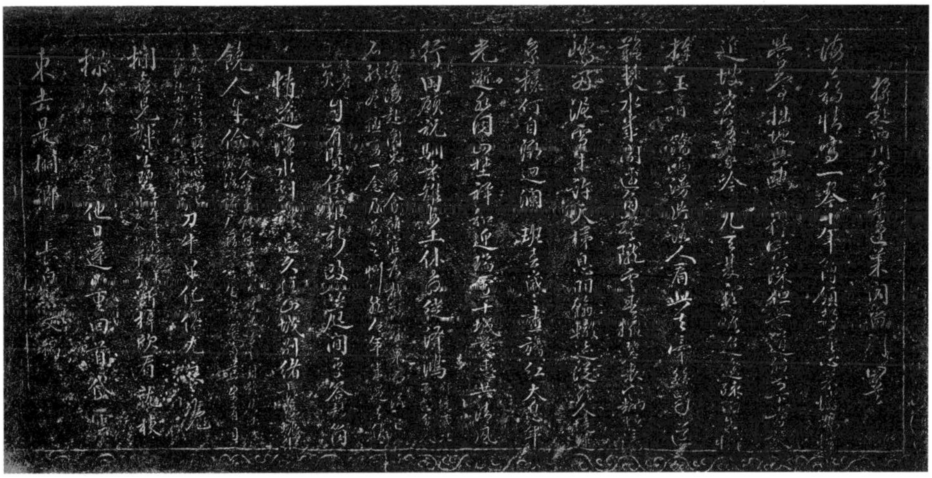

① 原碑刻有小字注："郡境岁比不登，贫人多度海赴关东觅食，虽官为截流饥粟，而流亡不能尽拯，每一念及，为之恻然，今年岁遇有秋，远徙者已自止矣。"

② 原碑刻有小字注："居人质素能守世业，至于渔盐之利，虽属微末，濒海诸户借以为生，资本多薄，使有司或加苛察，往往病民，近则已宽税弛禁、廪几舆情便焉。"

③ 原碑刻有小字注："去年重修蓬莱阁，至今始毕工。"

④ 原碑刻有小字注："今岁重修考试，展旧增新，奂轮兼美。"

简介：石碑嵌于蓬莱阁西配殿西墙，高 61 厘米，宽 118 厘米，大理石质地，草书阴刻。

英文（生卒年不详），满洲旗人，清道光十至十八年（1830—1838）任登州府知府，道光十八年（1838）冬任四川川北道。

赏析：这四首诗作于清道光十八年（1838），从多个方面表达出了作者在离别登州将赴西川之际的思想与情怀。一写登州为官十载，感悟地方民风淳朴，谦称才疏学浅，已然恪尽职守；二写将赴西川路途遥远，仕途艰险故地难还；三写登州任上政通人和，百姓安居乐业，继任者续施仁政，将更便利民生；四写离别在即情义难舍，凭栏远眺蓬莱阁，希望日后能故地重游。

登蓬莱阁

（清）孙敕

丹崖绝顶蓬莱阁，矗立海滨无倚着。
画栋撑天天低垂，洪涛系影影倒落。

吕仙祠外避风亭，云烟缥缈风无声。
中有人焉呼欲出，羡门齐楚安期生。

我来正值海清宴，盘桓一月情未倦。
他年兴到还来游，留诗作券石一片。

道光甲辰春三月下浣

胶东孙敕勒石

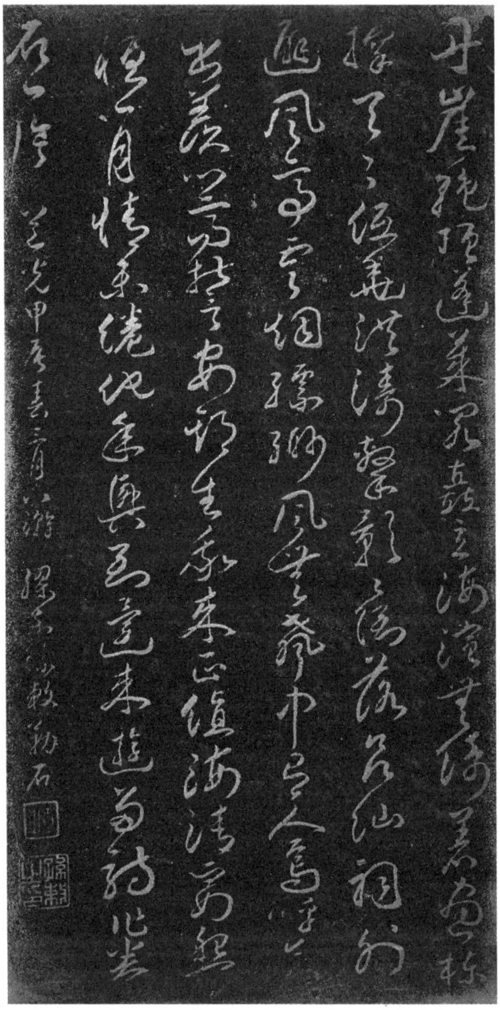

简介：石碑嵌于蓬莱阁东厢内北墙，高 57 厘米，宽 31 厘米，汉白玉质地，草书阴刻。

孙敕，生卒年不详，字玉山，时

称“玉山先生”，山东平度人。善书，工篆刻，山东半岛偶有书法传世，水平颇高。草书与其兄孙勤颇类。

赏析：该诗作于清道光二十四年（1844），作者描绘蓬莱阁的高、避风亭的奇，文字简洁明快，采用视觉影像跳跃捕捉和思维意念时空转换的描绘方式，把对蓬莱阁的赞美和情犹未尽的迷恋尽数彰显。读者通过品读该诗，便能够对蓬莱阁的风光景致体味出“一入品题，情貌都尽”的意境。

蓬莱阁

（清）孙勤

蓬莱杰阁冠齐州，足力疏慵惜未游。
有客忽来谈胜迹，此身浑拟到仙洲。
眼中突兀腾鳌背，梦里迷漫幻蜃楼。
老我壮心犹健在，乘风指日访丹邱。

古者逸士高人，必游名山五岳，余仰慕之者久矣。蓬莱阁为登郡胜境，去吾邑仅三日之程，而牵于俗累，竟不果往，余甚恧焉。今者将蹑履裹粮，偿此夙愿，又恐其终不果也。率成一律，勒石邮寄。庶息壤在彼，或不至求向禽之约云。

咸丰辛亥春胶东洞山氏书

简介：石碑嵌于蓬莱阁东厢内东墙，高 28 厘米，宽 50 厘米，汉白玉质地，草书阴刻。

孙勤，生卒年不详，字既垣，亦称基垣，号洞山，人称“洞山先生”，山东平度人。清道光年间增生，工书法，尤精草书。先学晋帖，后宗鲁公，颇具功力，一时求书者众。

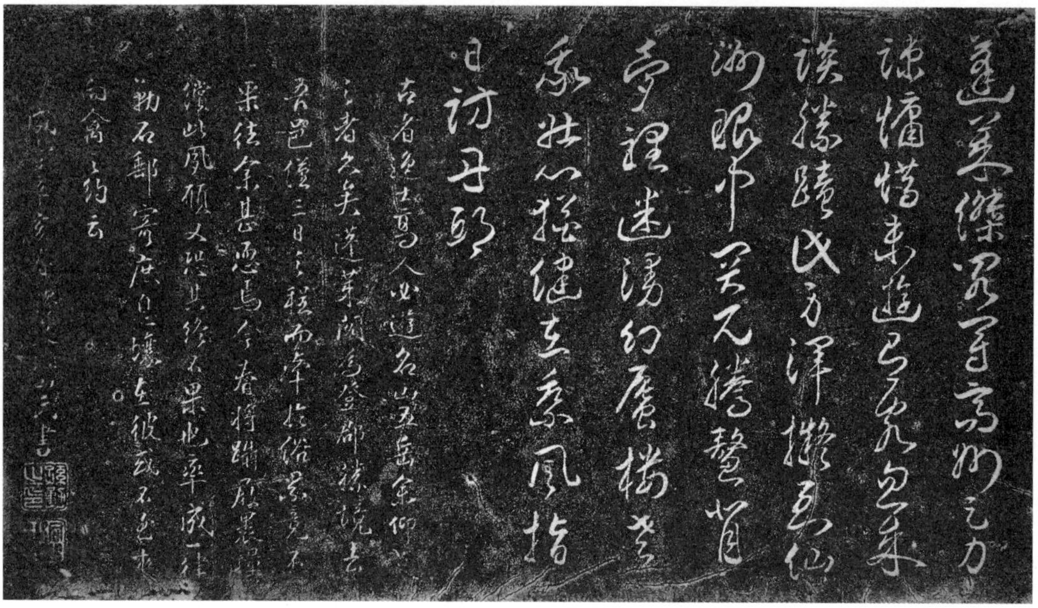

赏析：该诗作于清咸丰元年（1851），是一首闻景思游诗。作者久慕蓬莱阁的胜景，却始终未能成行，在听了友人的描绘后，放纵思绪浮想蓬莱阁的秀美风光、海市蜃楼的真幻莫辨，表达出作者期待早日前往尽兴游览的真挚情感。

七　古

（清）汪承镛

我家累世东海住，求仙不识蓬莱路。
捧檄东牟秋雨晴，登阁长吟惬心素。
吾乡见海不见山，登州海国山回环。
山海胜概一阁攀，瀛洲方丈虚无间。
海市出当春夏际，自非坡老谁能致。
海涵山蕴气结凝，幻出形容恣奇异。
不尔散漫无端倪，寄无所寄归元气。
阴阳不媾不成象，请向当筵谈吕四。

吕四料角接大洋，其水赤黑青紫黄。
山摇鳌背珠浮光，西连弱水东扶桑。
大化流动精难藏，琳宫琼宇不可望。
对此我复思故乡，仙云流水天微茫。
何处十洲与三岛，丹崖直上凌苍昊。
纵无仙骨有仙缘，竟欲扬帆掇瑶草。

余道光己丑于役来登，即游斯阁，海色山光，心胸一快，迄今三十年矣。咸丰初来守是郡，公余辄偕僚友登眺，尘容俗状，赖此洗涤，余于斯地殆有夙缘。忆初至时，曾赋七古，兹勒诸石，以为他日雪鸿之证。

如皋汪承镛晓堂氏书并跋

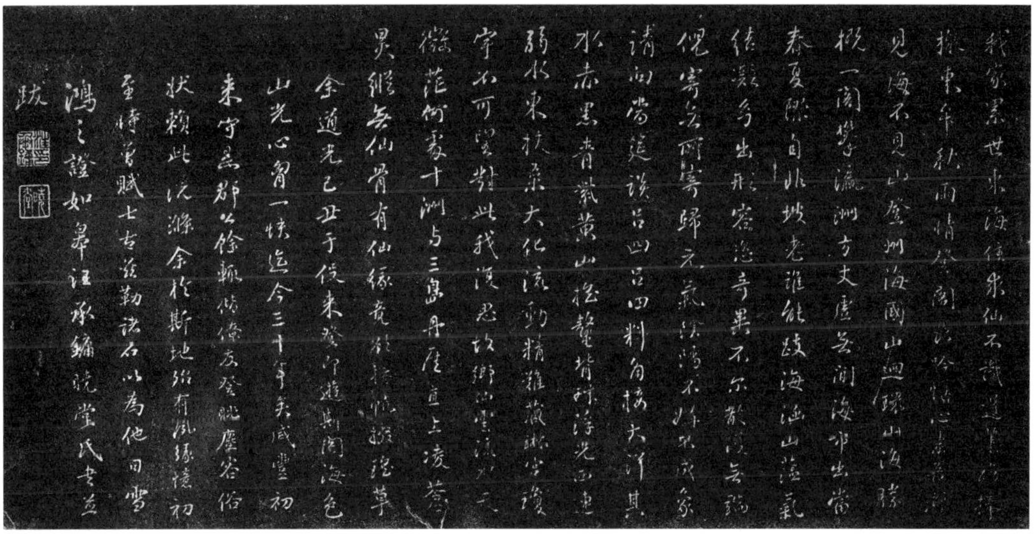

简介：石碑嵌于避风亭内西墙，高 53 厘米，宽 103 厘米，汉白玉质地，行书阴刻。

汪承镛（1804—1878），字笙初，号晓堂，江苏如皋人。清道光年间贡生，曾任济南通判，曹州、青州同知。咸丰元年（1851）任登州府知府，在任期间捐修登州府学宫、登州试院，后任济南知府。著有《读史节要》《暑窗杂录》等。

赏析：该诗为作者于清道光九年（1829）初次游览蓬莱阁时所作。诗中把蓬莱的山海与其家乡吕四的山海相互比较，依地理风貌等差异来感悟登州海市的形成与变化，表达出对蓬莱山海风光的由衷赞美和对登州海市的无限向往。在时隔三十年后的咸丰九年（1859），作者时任登州府知府之际，将其勒刻上石，意图久远，则进一步彰显出作者对人间仙境蓬莱那份不因时光流逝而改变的赞美情怀。

登蓬莱阁

（清）高道老夫

胡为乎过？胡为乎访？
诗酒琴棋，知遇相赏。
吁嗟乎七百余岁，我怅怅！
蓬莱诗酒琴棋仙。
胡为乎不知？为时之既旷。

胶东高道老夫题

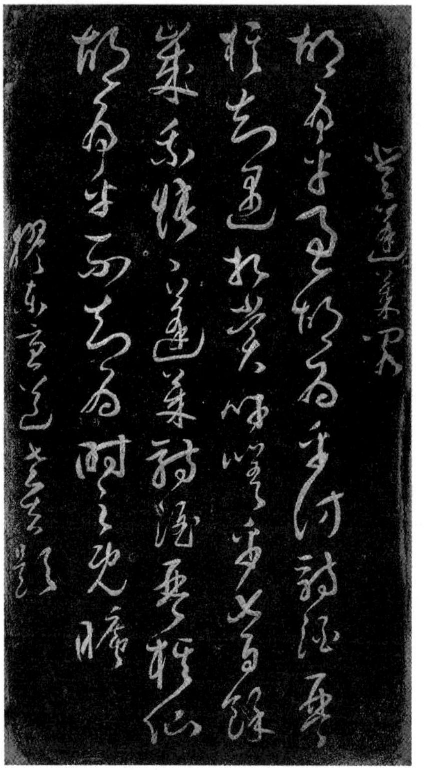

简介：石碑嵌于蓬莱阁西厢内北墙，高58厘米，宽33厘米，汉白玉质地，草书阴刻。

赏析：这是一首诘问诗。诗中采用步步设问的方式，感慨蓬莱阁耸立丹崖七百余年，世事变迁却从来没有人遇到过神仙，也从来没有神仙与凡人的相知相遇，而之所以如此境况，是在于世界上根本就没有神仙。反映出作者对神仙境界的认识、理解与感悟。

蓬莱阁观日

佚　名

五云披欲捧，九地转如驰。

半出沧波外，人间东白时。
远岛浮苍霭，危楼俯巨涛。
眼前难为景，绝代有人豪。
酬唱谁宸主，乾坤自古今。
凭栏一长啸，浩渺隔尘心。
年来嗟歧路，此日醉渔矶。
莫遣桃花笑，海天朋旧稀。
竹岛余龙窟，桑田遍海陬。
奉书今混一，辽左属皇州。
轩盖凌晨发，城陴接海回。
市寰惊露晃，应是峤壶来。

燕山□□□题

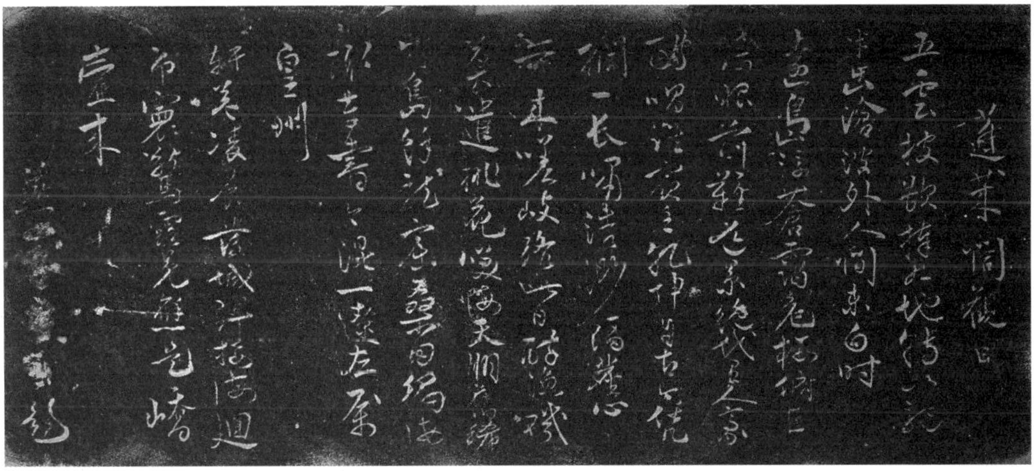

简介：石碑嵌于苏公祠东外墙，高 39 厘米，宽 86 厘米。原碑作者名字漫漶，已不可考。大理石质地，草书阴刻。

赏析：这首诗描述了于蓬莱阁上观看到的日出情形。日出东方天地呼应，景色绮丽不可名状，古来吟咏已各有千秋，凭栏长啸亦可超凡脱俗。作者忘却仕途烦恼，驻足陶醉其中，眼前所显现的这一切，不正是神仙般的境地吗？由于落款文字残缺，作者及年代尚待考证，从诗中“奉书今混一，辽左属皇州”来看，大约为清朝前期的安定时代作品。

同诸子登蓬莱阁望海四首

佚　名

阜冈崱岃古登州，地卷天连合海流。
岛屿帆樯还旦暮，乾坤云汉自沉浮。

摩空羽驾惟孤鹤，游越海溟有一鸥。
枫陛无劳期轸顾，中丞落失秘深谋。

点奴伏莽扫欃枪，属国怀恩恨未平。
巨浪长风添极里，城潮初月引高情。

沧桑千载茫深涛，岛窟今朝始宴清。
蓬阁衔杯鸥鸟狎，白云瑶草绕阶生。

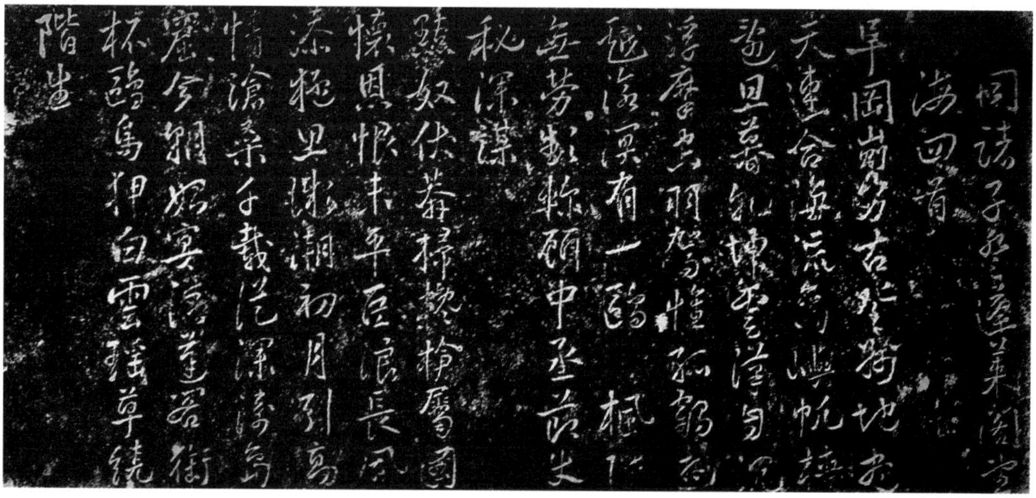

简介：石碑嵌于苏公祠东外墙，高 34 厘米，宽 77 厘米，大理石质地，行书阴刻，作者不详。

赏析：该诗是作者与同僚同登蓬莱阁望海所作。第一首描写登州天海相连，旦暮舟楫林立，风光恬淡和谐；第二首感慨大自然物尽其才，出仕为官也要人尽其用；第三首感悟扫平匪患四方臣服，更要求得天下归心；第四首描绘当今世事国内安定天下太平，蓬阁之上阆苑仙葩，一派祥和气象。该诗作者不详，从其位于苏公祠东外墙的情况分析，大致为清同治年间移建苏公祠时所留，实为时政歌功颂德之作。

七言三首

佚　名

鞭石不须驾海桥，铸鼎自用烧真铜。
誓将涓滴里浩渺，永傍山海扬清风。

附录律诗二首

城枕山形俯海洋，嵎夷宾日是兹乡。
蓬瀛渺渺烟霞远，秦汉迢迢辇辂忙。
闾井民风犹朴野，鱼盐牛意杂耕桑。
倭鬼久化吾皇圣，武士如云为底防。

风雨秋分菊节同，东牟忽在朗然中。
想因地胜人难到，故遣云开海为空。
汉使槎来醒可泛，钧天乐奏听将终。
玻璃万顷浮诸岛，何处明皇更月宫。

贡录

简介：石碑嵌于天后宫东厢东外壁，高 37 厘米，宽 68 厘米，大理石质地，行书阴刻。

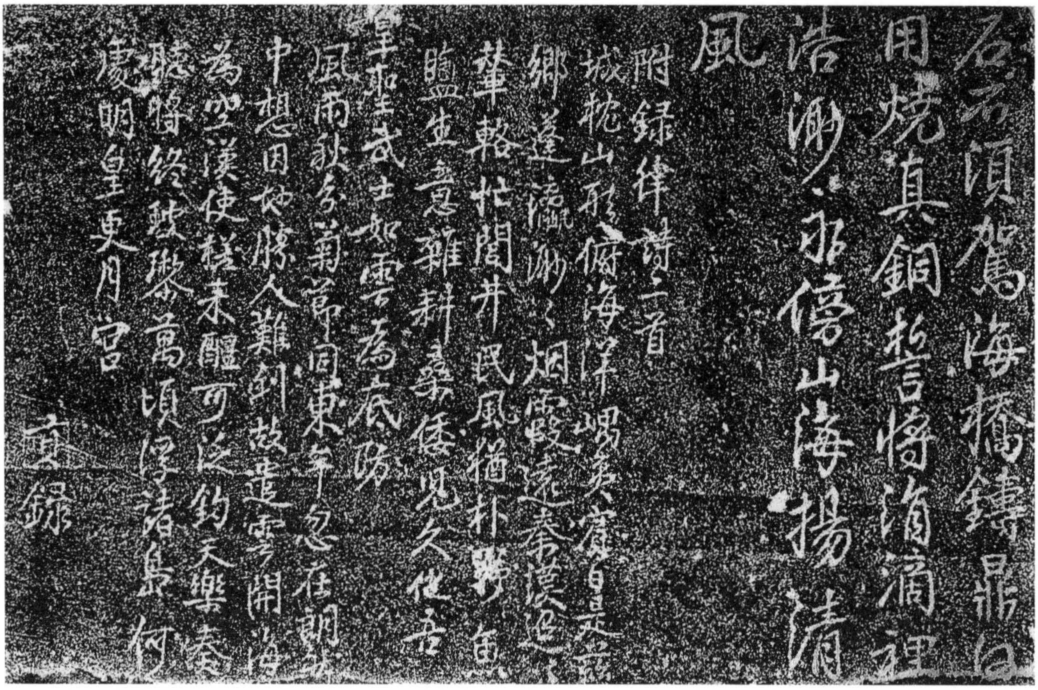

赏析：该诗文刻石残缺。第一首采用苏轼《海市诗》韵，仅存末尾两句。附录的两首律诗，描绘了蓬莱的山海形势和淳朴的民风，以及秋分时节的怡人风光，并以“蓬瀛渺渺烟霞远，秦汉迢迢辇辂忙”“玻璃万顷浮诸岛，何处明皇更月宫”等来对蓬莱风光加以感怀与赞美。

第三节　随笔游记

书吴道子画后

（宋）苏轼

东坡居士告史全叔：智者创物，能者述焉，非一人而成也。君子之于学，百工之于技，自三代历汉至唐而备矣。故诗至于杜子美，文至于韩退之，书至于颜鲁公，画至于吴道子。而古今之变，天下之能事毕矣。

道子画人物，如以灯取影，逆来顺往，旁见侧出，横斜平直，各相乘除，得自然之数，不差毫末，盖古今一人而已。余于他画，或不能必其主名。至于道子，望而知其真伪也。然世罕有真者，如全叔所藏，平生盖一二见而已。元丰八年十一月。

道子画圣也。出新意于法度之中，寄妙理于豪放之外，盖所谓游刃余地，运斤成风者耶！

简介：石碑位于卧碑亭内，高 91 厘米，宽 217 厘米，与金皇统间重勒的苏轼《海市诗》同刻于一石，行书阴刻。

赏析：本文是苏轼写给史全叔关于吴道子画作鉴赏方面的一篇经验心得。行文开篇从艺术发展规律着手，称赞唐朝的杜诗、韩文、颜书与吴画，都是艺术经验不断丰富积累创新发展的成果，而后概括介绍了吴道子人物画的主要特点，并对史全叔收藏的吴道子画作进行鉴别，指出其中只有一二件字画为吴道子的精品。在石碑余白上，又以苏轼在《跋吴道子地狱变相》中有关吴画精髓之句来补缺。二者与刻于该石另一面的苏轼《海市诗》互为映衬，从中不仅可以看出苏轼在书画品鉴方面的造诣，也体现出当时登州地方人士对苏轼的敬仰之意。

海市卷后序

（明）边贡

华泉子曰：“余自童子时，读苏子《海市诗》，而窃慕焉。顾未尝一至海上，寤寐思服者二十年于兹矣。”

乃今读是卷，而心休焉。曰：“是可以弗观已矣，然不能无感焉。”则为之言曰：“夫有天地即有海，有海即有市，有市即有见之者矣。而数千岁弗传焉，其故何也？过之而弗观，观之而弗纪，与弗见者一也。而一显于宋，盛传于今，岂非海市之遇也哉！”

然是卷也，侍御君记之，诸大夫则赋咏之。夫记之者，见之者也；赋咏之者，非必人人而见之也。而若或见之者，无他焉，征诸记而已矣。

天下之人之慕海市如余者岂少哉。吾恐读是卷而心休焉者，将不独余也。柳柳州曰：美不自美，因人而章。兰亭不遇右军，则清湍修竹芜没于空山矣。吁！岂独一兰亭也哉！

正德七年十一月朔旦，华泉边贡书。

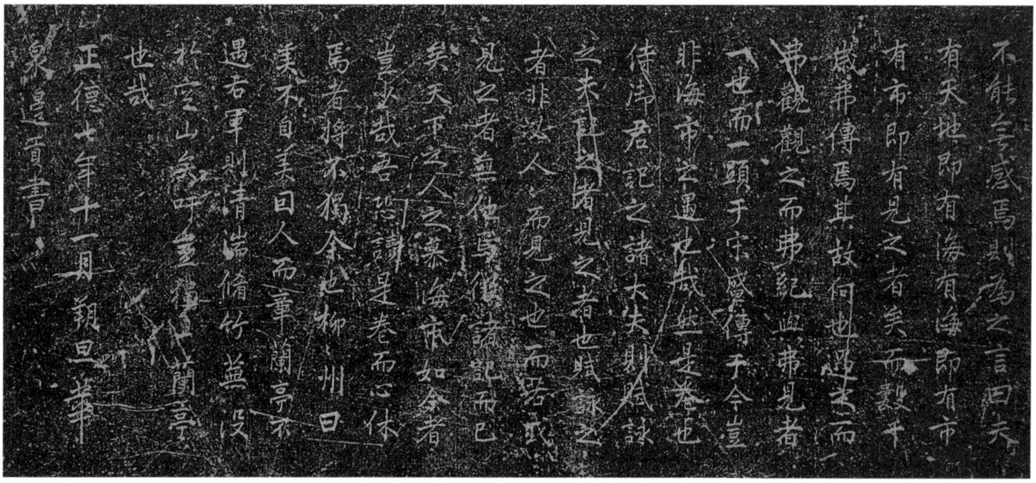

简介：石碑嵌于苏公祠南外墙，高 39 厘米，宽 70 厘米，大理石质地，行书阴刻。原碑刻文字残缺，其中“华泉子曰：‘余自童子时，读苏子《海市诗》，而窃慕焉。顾未尝一至海上，寤寐思服者二十年于兹矣。’乃今读是卷，而心休焉。曰：‘是可以弗观已矣，然’”补录于志书。

边贡（1476—1532），字廷实，号华泉，山东历城人。明弘治九年（1496）进士，授太常博士，擢兵科给事中。正德初迁太常寺丞，出知卫辉府，后改荆州，历山西、河南提学副使。明嘉靖元年（1522）为太常少卿，官至南京刑部侍郎、户部尚书。边贡早负才名，善诗文，风格婉约，为“前七子”之一，与李梦阳、何景明、徐祯卿号称“四杰”。著有《华泉集》十四卷。

赏析：本文是作者于明正德七年（1512）为登州府同知王崇庆《海市辩》一书所作的后续。作者少年时便对苏轼《海市诗》所描绘的意境十分羡慕，这种念头伴随其二十年的人生历程。如今读了《海市辩》后，内心十分喜悦，经历世事，阅历渐丰，对海市也有了“是可以弗观已矣，然不能无感焉”的感慨，但作者并没有停留在对“海市”这一事物表象的描述上，而是借“海市”在历史上的记载，加以更深层次的分析。文末作者引用柳宗元的“美不自美，因人而章，兰亭不遇右军，则清湍修竹芜没于空山矣”，其用意在于说明对美好事物的认知上，只有心灵与万物一气流通，欣合和畅，才能达到“外师造化，中的心源”的“天人合一”之境地，海市亦然。

坤爻石

道光丁亥季冬　登州守洛阳张辂名

坤爻石记

（清）张辂

丹崖天后宫前甬道南，有六石焉，左右翼而两两对峙。高自八九尺至丈余，围自丈余至两丈余，皆赭色。纵横有纹理，斑驳可爱，不为玲珑巉峭之状，而方正敦笃，气骨巍然，尤可敬而仰也。

道光丁亥，余自沂调守登州，腊月二日抵郡，初四日祗谒天后，因得观焉。退而考之郡志，记载阙如，其称名取义，不可得而详也。询之庙祝、郡人，所言互异，则有七星、落星、泰山诸名。夫所谓七星者，当错综为七以象斗，不当两两相比，而数止于六也。若星陨化石，是为灾异，陨而六。史氏记之即间有遗漏，亦必载于方志。登自古为内地，而史氏不书，方志不载，不得为落星，况质与色又不相合耶。泰山距登千余里，果其辇而致之，必记其人，书其年月日，不应阙如。若谓自泰安东北抵海，皆岱宗之脉络，而在登郡者究不得以泰山名。兹三说者，于义无取。或又谓登之先有道士，航海至高丽募化，遇一异人云：“万里往返，风涛险阻，吾无以赠子，赠子六松可乎?”归而植诸庙前，一夕皆化为石。果尔则其人必神仙者流，而六石乃灵异之尤著者，志更不得而阙也。今郡志有松石记一章，乃明时汛兵自岛屿舁归者，记中言其文理千条万缕，如老人苍颜鹤发。而环视柢里木质犹存。既与今石不合，而亦不言有六。且一松石之仿佛尚记之传之，乌有诡异可喜如前说而反轶之耶?

乾隆五十九年，前督学今云贵总制大中丞仪征阮公，字以“三台”，其称名较正，其取义较类矣。然余窃寻绎之，而犹觉其未尽也。昔伏羲氏之画八卦也，坤爻六断，坤者地也。邵子说系辞谓：天一生水，地六成之。《中庸》言：地之广厚，云“振河海而不泄”。而即以水之不测继之，盖水之为物，本乎天而行乎地。海为众流所归，于水中最巨。试登兹山东北望，茫乎其无津涯，浩乎其无畔岸，洞心骇目，向若而惊，使非恢恢大矩，何以顺其就下之性?何以容其翕受之量?何以通其朝潮夕汐、日盈月虚之精?何以成其蕃昌品汇、孕育珍奇之大?天后应地无疆，威灵丕著。则此六石者象坤爻之六断，以见天后合德于乾，承天道以制水运，万古安澜。有感斯应，其功甚伟，其事甚神，而其理甚确。固与《易》、与《中庸》之言若合符节者也。且兹山以丹崖名，今庙门外石质与色皆相似，然率迤逦纷互，求盈尺之突出者而不可得。而此六石者，山立峰罗相敌相让，察其根柢所盘礴，若生于斯，若移植于斯，是造物者特产此石以应坤爻。而位置之间显示神明变化之理，天也、地也、水也，盖一以贯之者也。爰名为坤爻石，而记其义如此，以质天后之神，以俟后之君子。

赐进士出身中宪大夫，知登州府事加二级，又随带加三级，洛阳张辂幼轩氏撰。

道光丁亥，洛阳张幼轩先生来守斯土，抵任后三日谒天后宫，见甬道旁有巨石六，相比对立，考之旧志，记载厥如。先生赐以名而并志以文，未及镌勒，惨遭太恭人大故，濒行以属淑。淑于先生为门下士，长者命不敢辞，爰鸠工礲斤，以示永久。

时戊子四月二日也，蓬莱学生门人蒋淑谨跋。

简介：石碑立于戏楼南侧，高172厘米，宽68.5厘米，大理石质地，楷书阴刻。正面刻有“坤爻石”及上下款，背面刻《坤爻石记》全文。

张辅（1785—?），本名张玉麒，字幼轩，河南洛阳人。曾任贵州学政、湖北主考官，清道光七年（1827）任登州府知府，在任期间抑强扶弱，听断明敏，培植士类，保全孤独，皆有实政。

赏析：本文记述了作者于清道光七年（1827）腊月初四，在蓬莱阁上瞻拜天后，对天后宫甬道旁六块巨石进行考证与命名的过程。作者认为民间对该石的“七星”“落星”“泰山”命名有失妥当，乾隆年间阮元命名的“三台”虽然恰当，但仍有意犹未尽之感，于是从中国古老的哲学文化中汲取灵感，结合《周易》与《中庸》对巨石进行诠释，最终命名为“坤爻石”。

第四节　军事公务

阅海操记

（明）毕懋康

昔班孟坚既通田狩之义，而赋曰：临之以《王制》，教之以《风》《雅》，是王道之成乎？陉山之田，长杨之猎，失其义矣。而泽萃有戒，代不释兵，国家大司马岁行周教，而郡邑各治，赋震震于委致，围脆致冲；监司于兵为所职，则每履其部而简阅之；御史大夫若直指使者各因旌毂所至，集士伍以饬教令。简力校武，选徒擢骑，此大政也。

青齐海岱之州，其在牟城，大海为池，故事有海操。余以丁巳中夏按其郡，午日登蓬莱阁阅焉。尔时霾曀亘天，叆叇云布，呵嗽掩郁，咫尺莫辨。余方忆轩辕涿鹿三日沾濡若矣，而法以斗机，何圣人制用之神耶？于是材官请发号矣，乃亟令传宣。火炮一鸣，四塞忽散，或以金石盈气触克则销，或以发地冒阳宜炊以火，斯已奇矣。少焉大明摭辔于金枢之穴，翔阳逸骇于扶桑之津，冲瀜沆瀁，浮天无岸，泂泊柏而迤飏，磊匒匌而相豗，弘舸连轴，巨舰接舻，五楼三翼，既扬旌旃，苍鹰文鹢，缀骛风樯，萍布星浮，盖七八里许。三军哗扣振旅，甲胄骈集，为楼船将军者，为濯船黄头者，为伐松木客者。云兴之将，飙起之师，抑扬电霆，奔骋貔貅，李牧之百金士，勾践之千君子，左属攫戾之鞬，右握破坚之矢，拓弦作霹雳声，阙巩之甲，步光之剑，丈八之矛，文犀之渠，时力、距来之弩，九斿、七斿、六斿、四斿之羽，如荼、如火、如墨之阵。万响烈发，炎起烟迷，纵接横交，杀声震天，飞沫起涛，剽沙岩石。而往来传警之棹，速告急宣，望涛远决，冏然鸟逝。大海濒泞潍潜，不见水端，信寰宇一奇观也。

夫青齐古称四塞之国，毂击肩摩之途，连衽成帏，举袂成幕，患不在无兵也。昔管夷吾治齐而罢士无伍，桓公卒用以霸。今蔽海而陈者，士徒集矣，戎器除矣，一旦有叫呼饮马，能灭此而朝食乎？能驱浮囊而断横波之锁者乎？暴子弟采金煮海，啸为游艇之子者，而

剪其为长蛇，而暴其为奔鲸者乎？桓桓而号习流者，屯羽秉枹，拱稽傃分，皆凛凛于尺籍伍符，无废用命者乎？不然而徒靡县官之食，以罢士伍矣，蔽海而阵何益哉？萃之戒曰：不虞未见时者当先见弊。矧边陲之忧，今不啻为于邻之震，无然苏苏，无然索索，惟事事有备无患，图之此为时矣。夫人众而不整，命曰人满；地大而不垦，命曰土满；武张而不适于用，命曰武满，三满者谓之国蹶。其无以师徒为武，无以辽海为远，无日不讨军实民隐，而咨度之。先为不可胜，以待敌之可胜，又何忧东事哉。余故于泽萃之象，一篇之中三致意焉。

皇明万历四十六年岁在戊午重九日，赐进士第中宪大夫，顺天府府丞，前奉敕巡按直隶、陕西、山东阅视延固二镇，广西道监察御史，兵部员外郎，中书舍人，新都毕懋康撰。

简介：石碑立于吕祖殿东侧，高 203 厘米，宽 85 厘米，大理石质地，行书阴刻。

毕懋康（1575—1644），字孟侯，号东郊，安徽歙县人。明万历二十六年（1598）进士，授中书舍人，任广西道监察御史、山东巡按。天启四年（1624）升右佥都御史，抚治郧阳。崇祯元年（1628）复任南京通政使、兵部右侍郎、户部右侍郎。著有《军器图说》《西清集》《疏草》《安涔集》等。

赏析：本文记叙了明万历四十五年（1617）盛夏，兵部员外郎毕懋康来到登州，登临蓬莱阁观看海防操演的壮观场面与感受。开篇引汉班固的《两都赋》，阐述古代军事演练的基本要义和国家军队及地方各级官员在军务中的职责分工，指出地处海疆的登州海防操演的重要性。同时细致地描述和感叹驻军海防操演场面。文章显见作者谙熟《易经》与《孙子兵法》等，其引经据典，结合登州海防分析时局，再三强调并指出：只要团结一心，知人善用，居安思危，防患未然，则东方军务无虞。

蓬莱阁阅水操记

（清）徐绩

登州北濒大海，其山曰“丹崖”，其最胜者曰“蓬莱阁”，士大夫燕游歌咏必集其处。盖不独海市幻形，荡摇万象，有珠宫贝阙之奇；而风帆沙屿，灭没于沧波浩淼之区，云物诡殊，顷刻百变。意古高世隐德之士若安期、羡门之徒，犹有往来栖息于是中者。

明季倭犯朝鲜，登州外接重洋，距朝鲜不远，故御倭之制为特备。既于城北增筑水城，而水师兵额最广，至分营为六（明季登州水师有左营、右营、中营、游营、平海营、火攻营）。近制但有前营，设兵六百余名，分南、北、东三汛。

百数十年来海波恬息，民生不见有犬吠之警，反得倚巨浸为天堑，而鱼盐蜃蛤不待他仰而足，黄发垂髫皆熙然自遂其生。岂非国家声灵遐暨，寰海咸宾，吾民父子祖孙，其涵濡于郅治之泽者为已深哉？

闲尝按图考志，得故学使施闰章《海镜亭记》，谓此亭先朝台使者阅水师处。而讶今武备之不讲也久，辄为之低徊三复，感二百年来前后事势之异，而叹本朝之治化为独隆。又念吏兹土者，荷圣化之帡幪，得优闲岁月，苟禄以冒迁者，亦复不乏其人。是则登览之余，又可以动旷官之戒也。

三十七年秋，余以阅兵至此，得游所谓蓬莱阁者。于焉勤习水师，纵观诸战艘扬帆捩舵，往来疾驶之纷纷。而总戎窦公，复募善水士，教以蹴波列阵，跃入深潭计三四丈余，而腰以上不没，藏火药具于帽檐旁侧。忽焉炮声四起，与洪涛声砰訇互答，烟幂重溟，回风环卷，云滃雾乱，博望迷离，已复各出牌刀相斫击，撇旋左右，出没如神，余为目眩者久之。爰加厚赏以旌其能，窦公特请余为文以记之。余既叹本朝治化之隆，幸斯民得生海不扬波之盛世，又嘉窦公之勤于其职，而余得藉是以讨军实。时训练庶非无事而漫游者，公又检得大小奅位五十四，具为故时兵琐所不载，一一稽其在处而籍书之。此皆海防军政所关，于事为可书者，遂不辞其请，而为之记。若夫写云涛之壮观而肆登览之奇怀，前人之所述者侈矣，余又何以加焉。窦公名

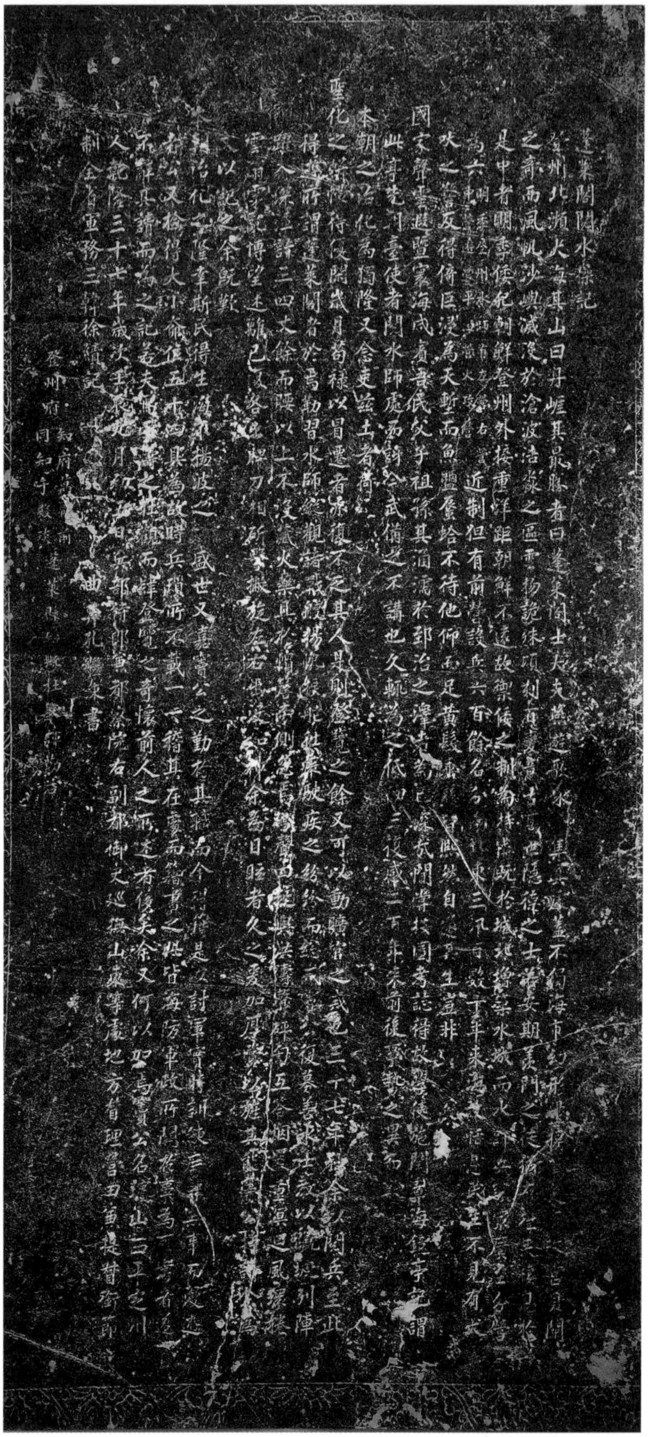

瑸，山西平定州人。

乾隆三十七年岁次壬辰九月初五日。

兵部侍郎兼都察院右副都御史、巡抚山东等处地方、督理营田兼提督衔节制全省军务，三韩徐绩记。曲阜孔继涑书。

登州府知府万绵前、同知于殿琰、蓬莱县知县杜文辉勒石，历下张培基镌。

简介：石碑立于潮海庵北侧，高288厘米，宽109厘米，大理石质地，楷书阴刻。

徐绩（？—1811），字树峰，内蒙三韩汉军正蓝旗人。清乾隆十二年（1747）举人，乾隆三十六年至三十九年（1771—1774），任兵部侍郎兼都察院右副都御史，巡抚山东，节制全省军务，后又在河南、京师、新疆等地为官。

孔继涑（1727—1791），字信夫，号谷园、东山、葭谷、云庐子，山东曲阜人，孔子69代孙。清乾隆三十三年（1768）举人，候补中书。曾十二年足不出户，精研帖学。刻有《玉虹楼帖》《玉虹法帖》《国朝名人帖》《瀛海仙班帖》《隐墨斋帖》《摹古帖》等。

万绵前（生卒年不详），字分村，号守愚，浙江仁和县人。清乾隆三十七年（1772）任登州府知府。

于殿琰（生卒年不详），字子愚，奉天正红旗人。清乾隆三十七年（1772）任登州府同知。

杜文辉（生卒年不详），湖北安陆人。清乾隆三十六年（1771）任蓬莱知县。

赏析：本文记叙了清乾隆三十七年（1772），时任山东巡抚的徐绩于蓬莱阁视察水军操练的事情。徐绩熟知登州的名胜与传说、了解登州海防的紧要与民情，在康乾盛世之际，其登临蓬莱阁海镜亭旧时阅水操处，联系民生展望仕途，发出无限感慨。通过检阅水军操演，其对登州海防常备不懈，兵士训练有素，总兵带兵有方，守备勤于职守的情况加以赞赏并记述。

修登郡西道路记

（清）汪承镛

平治道涂者，守土之责也。登郡为山左极东境，重峦峭壁，险阻难行。郡西四十里至诸田观，辙迹所经，往往轮摧轴折，行者苦之。余下车即思刊凿，而费颇巨，佥称难治。

去秋之济南便道履勘，人力可施，归而谋之官绅，克日鸠工，咸丰七年三月兴作，五月毕役。重修石桥二，一在五里桥之北，一在三十里埠之东。创建石桥一，在三十里埠之西。桥旁浚沟行水，沟长数十丈或三百余丈。其旧道难修别开新道者二，一在凤岭口南，一在红土沟，各长数十丈。用大石填平者三：半壁桥之沟，车行沟中颇苦泥淖，以大石填平之；赤山口石太孱岩，难施椎凿，买民田三亩，平铺大石一百二十丈，其旁浚沟行水；赤山口南至十里埠亦铺大石浚沟焉。去石而易以土者一，阎王鼻石脊隆起，旁皆深沟，凿其脊，填其沟，实以土。买民田以广道者一，茶棚南至下魏道口三里许，崎岖逼仄，即其旁买地数亩横开之，使容二轨。其余石之高者凿之，纵横者平之，凸凹倾侧者垫之，窒塞者开之，蹙狭者廓之，中断者续之。三十里埠街衢之礧砢者，亦如砥焉。

天梯石栈一旦易为康庄，其愉快何如乎！然亦守土者职所当为，或天将使险阻为坦途以待于余？苟人人惮其难为而不为，则覆载何赖有人事乎？为发斯义以告为民牧者。又筹项二百缗，发典生息，为岁修费，详请登莱青道立案注籍，勿使隳其成事也。斯役也，凡买料石六十万斤，条石称是，役夫七千余工，计费共一千五百有奇。维时有捐修考院，续解余钱遂举而用之。其未盈之数，余悉勉任。董斯役者为府学训导陈君官懋、邑绅柳壬海、张焕邦等勤劳颇著，例得附书。

大清咸丰七年六月吉日。

盐运使衔候选道知登州府事，如皋汪承镛撰。

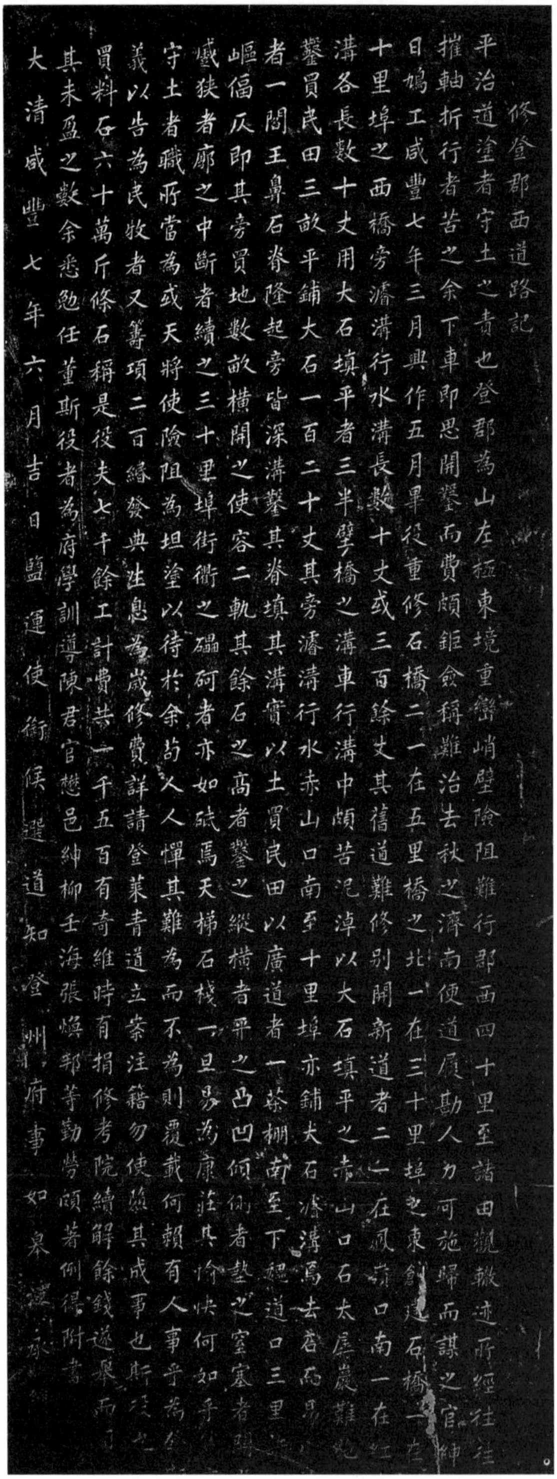

简介：石碑立于蓬莱阁西厢，高 194 厘米，宽 71 厘米，大理石质地，楷书阴刻。

赏析：本文记述了清咸丰七年（1857），登州府整修郡城以西至诸由观之间道路的经过。撰文者汪承镛时任登州府知府，其上任之初就有感于此段道路崎岖，路途难行。本着身为地方官员“平治道涂，守土之责”的理念，经过实地勘察，周密计划之后，针对该段道路实际情况，采取不同方法加以整修。完工后，面对康庄坦途，其心情快慰，并发出“苟人人殚其难为而不为，则覆载何赖有人事乎”的感叹。

登州天桥闸口捐廉挑沙记

（清）汪承镛

大禹之治水曰疏、曰瀹、曰决，皆挑也。故必使无壅塞而后水可治，而舟楫之出入顺利，亦以去淤为第一义。登郡户鲜盖藏，向赖奉天米物商运接济。水城天桥闸口，为商船出入门户，每日久沙淤，未至者不得入，既至者不得出，或停泊大洋，致遭风浪漂没，而货船不时至，米物短绌，居民遂困。虽历示商船带沙外运，而经费不继，淤塞依然，往往候潮出入，蒿目民天。因倡捐铜制钱叁百千，发典商取息，同商船所捐钱文，统由董事者经理，为每岁挑沙费，不经吏胥之手。庶此患永除，不惟水旱有备，而丰岁亦得米物充裕。此守土者分所应为。盖仿大禹治水之法而小用之，继事者以时督察，勿弃前功，则惓惓之意所厚望于将来者尔。其章程别具于后：

——天桥口挑沙应备公项，经本府倡捐钱文发商生息，所有息钱，由该董事按季赴当支取，并将该处进口商船所捐钱文，统归该董事经管支用。

——商船所捐钱文，向系散存水城各栈房，每月朔望由蓬莱阁绅董收交该董事。柳同兴铺内汇存，此次悉循其旧。如商捐钱文水城各栈房或有挪亏迟延，应责成该董事禀官究追。该董事徇情不禀，著落赔补。

——收支钱文账目首宜清楚，应将每半月商船所捐钱文若干，每季文取息钱若干，每次大挑雇夫若干，用钱若干及零挑雇夫名数钱数，分晰登记，不得遗漏舛错。俟年终核结总账，送呈府县查考，以昭核实。

——挑沙自本年六月起，嗣后每年春秋大挑二次。外遇有淤浅处所，随时大挑。凡遇大挑时，由该董事认真督率，务使出入船只顺利无滞，并先期报明府县，以凭稽查。至每年春秋二季，官船出进仍照旧案，由蓬莱县雇夫挑挖不在此例。

——雇夫零挑，现经该董事议定，每年三、四、五、六、七、八、九共七个月，雇夫三名，仍由各栈房轮签、照管，该董事一体查察，以免人夫偷闲，有名无实。

——挑沙必须择地安置，今议定或存放教场之北沙城之南，或用小船载赴山西口抛弃，毋得堆积两旁，以致随潮壅塞。

咸丰玖年六月。

盐运使衔候选道、登州府知府，如皋汪承镛记。

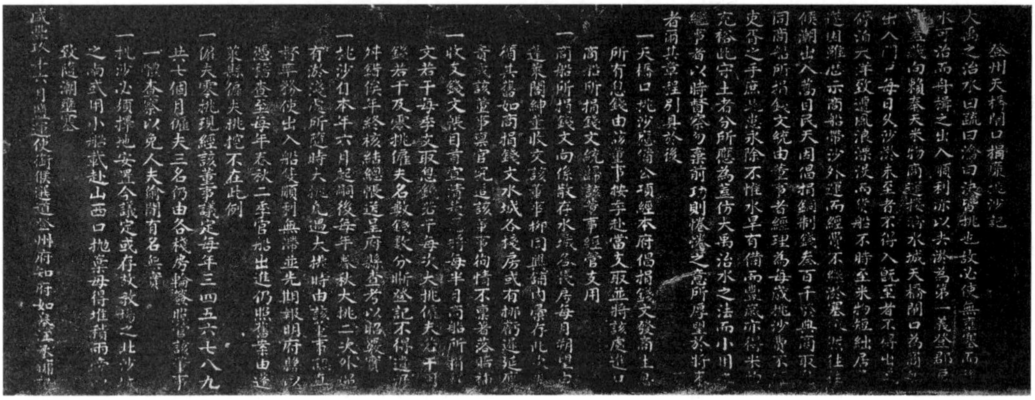

简介：石碑位于蓬莱阁西配殿，高 46.5 厘米，宽 128 厘米，大理石质地，楷书阴刻。

赏析：本文记叙了清咸丰年间登州地方对水城入海口的淤塞治理。咸丰九年（1859），登州水城入海口时常淤塞，给登州港的海上贸易往来带来不便，也给登州地方民生产生影响。为解决此问题，时任登州府知府的汪承镛，仿效大禹治水之法，倡捐铜钱典商生息，同以往商船所捐钱文一并用来挑沙，并制定了详细的港口挑沙清淤章程加以规范和约束，以期港口壅塞问题能得到长期有效解决。

第五节 修建记事

重修三清殿记

(明) 陈其学

赐进士资政大夫、食一品俸南京刑部尚书、前三任总督、都察院右都御史兼兵部右侍郎，郡人陈其学撰。

赐进士中宪大夫、江西按察司副使、前监察御史，郡人浦之浩书。

赐进士第承德郎、户部云南清吏司主事，郡人张诩篆。

按备倭城北垣即丹崖，乙潮处殊斗绝立远，而东迄海口顿止，嵱崟结秀，若龙首然。乃上领建有三清殿，规制雅称于廓。余每游憩之，纵观扶木之旭，沆瀣轧沕，盈盈可餐。幻碧影翻，高深涵互，逸言挂席，拟即洞溟之境矣。粤若密神揖其前，环屿带其后，仙洞嵌其下，蓬阁翼其旁，且与帅府对峡过脉，台伏隐然，盖势胜也。

顾正统再造之季，距兹旷百祀余，而岿然者果日非其旧。迄隆庆戊辰，张凤筠公来开府，雅意新之。储秩稍越，辛未卜八月上吉启工，讫于壬申四月下旬，计端殿、角寝、旁庑、重门暨观音堂咸庀饬之，率仍其故址，而闳伟顿殊。恃帅府、太平楼亦改构完，相望兢耸，重增兹威壮焉。

甫衅庙，公即拜冠军，给传于浙矣。越数月，阖武弁暨士庶胥与砻石。且属余以言曰："张公前是尝雩于海神，获应缮其祠。值梁抚翁勘海运至，谂悉以帑金加一力。佥咨异之，乃兹毖举畅导纯诚。郡节推江碧溧公亦齐心为捐缗钱四万。诸跃然陈义者，若或开右鸠佣虑材，百顺蒇悉。第苦楹栋乏良具，忽大洋中浮木十数，若巨楂泊于次。嬴三四丈者三，余亦无虑二丈许，植品奇罕，且如刊适用，真灵贶也。目今川原滋泽，溟澥恬波，运艘安流，岛裔驯詟。帖云：'仰得一之灵降时万之福，于赫函蒙顾不尚哉！'请纪之。"余曰："诺。"逾时复来，重曰："祝厘姑勿论，惟张公淳朴完素，觳薄自茹，治军簿一，尚清省有威惠，我大东悦亲者垂五年，暨去后益见思。即以兹真宇为遗爱处，每乐游而亟彦咏之，罔或斁惟无拂所，请藉用与之俱传。”余曰：“诺。”

寻质之我薄相，苏岩兄乃剧言曰：“抑以未必神之者，为确论邪？《记》曰：‘明则有礼乐，幽则有鬼神。’存心事天，自是性情合契，而象生其中。按《杂志》云：‘张间建节祠庙，而政誉尤著；王世安为政公平，民皆悦服。’凡祠庙岁久皆重新之。盖仁以治人，故从人；礼以治神，故从祇，神人之间心寔联之，而爱敬考衷固同出也。”

在晋仙山亦尝建三清殿，若刘湏溪著者，乃居然文之，虽其典谟无声要，亦因心而可以义起者。矧兹且以爱张公者请邪？余遂述其语，因以识岁月云。

张公名可久，太仓世官。余护作者例，宜悉附石阴。

大明隆庆六年岁次壬申六月初三日立。

简介：石碑嵌于三清殿前院内东墙，高202厘米，宽88厘米，汉白玉质地，碑额“重修三清殿记”为篆书阴刻，碑文为楷书阴刻。该碑刻为陈其学撰文，浦之浩书丹，张诩篆额，三人均为蓬莱人。

浦之浩（生卒年不详），字子化，山东蓬莱人。明嘉靖二十年（1541）进士，初授中书舍人，后任南京浙江道监察御史、陕西监察御史、河南监察御史、湖广道监察御史、建昌知府，终江西按察使副使。

张诩（生卒年不详），山东蓬莱人。明嘉靖十四年（1535）进士，授户部主事。

赏析：该碑立于明隆庆六年（1572），碑文记叙了张凤翥在登州府为官时，于隆庆五年（1571）重修三清殿的事情。三清殿重修后，张凤翥即升迁登州府驻军首脑，属下官员及地方百姓也以其体察民情、深谙民风，为之感慨，意欲立碑永久。时已致仕还乡的陈其学听取众人述说，应其请求撰写出碑文，并由郡人浦之浩书丹，张诩篆额。文中不仅记载重修三清殿之事，而且还记叙有维修海神庙时，海中漂来巨木神佑筑庙的奇事，以及隆庆年间还修筑帅府与太平楼等史实。尤其是文中“在晋仙山亦尝建三清殿”的记载，将蓬莱阁庙宇建筑的历史上溯至晋代，成为目前可见最早的碑刻文字记载。

松石亭记

（明）阎士选

东海岛中有石，其形怪异。我兵以防汛往者，舁之入府。前守刘君，命辇之道，时聚观者甚众。睹此石温润而栗，文理森如，根节盘结，千条万缕，如老人苍颜鹤发，蹲踞不前状。环视抵里，木质犹存。佥曰：“此古松化为石也。”再玩益真。余命筑台供之海神庙前。

试问此石生于何代？长于何时？何年为松？何年为石？以迄于今，若有对者，而倾耳不闻？余常登岱宗之上，有五大夫松在焉，尚尔亭亭，且琳宫梵宇，唐槐汉柏不知其几，然木形俱未改。以石视之，固皆奕世儿孙行也。《抱朴子》曰：“松树三千岁者，状如龙形，名曰‘飞节’。”兹石固其类与？余独怪夫秦皇汉武之时，六龙亲驾，停舆海澨，驻跸岩阻，比献谀之徒，凡一草木之异，诞为琼枝瑶草，乃不获睹此石。彼孰知瓦砾皆能说法，卷石即是传丹，当时诸臣固信不及此，宜石之隐而不现也。善乎！吾夫子之赞《易》也，曰：“知变化之道者，其知神之所为乎！”昔修羊公化为石羊，以悟汉景帝；圯上公化为黄石，以悟张子房。胥此类也。

台成，复鸠工虑材，为亭于其间。时前守刘君名道，迁转运以去。而今守黄君名体仁方来，与郡丞燕君汝靖、郡卒樊君在峰、司理陈君效忠、新司理张君绾、邑令邢君琦，皆乐观厥成者。余顾诸大夫而言曰："历观前代，凡有事海上者，皆以求仙黩武，人情怆皇，无从容暇豫之态，故耳目有所不及详。迄宋且画海而守，不敢越辽一步。惟我明威德远布，四夷宾服，我兵得盘桓岛屿间，而石适与之值，相呼挽之入舟以归，盖海波之不扬也久矣，固我国家万年太平。征云保太之道，愿与诸大夫时共图之。"诸大夫曰："唯唯。"遂书以为记。

万历三十八年春仲吉。

赐进士第、中宪大夫、整饬海防兵巡道、山东按察司副使，广陵阎士选撰。

总镇标下中军、莱州卫武举、指挥□□督镌。

简介：石碑立于戏楼南西侧，高 208 厘米，宽 79 厘米。砂岩质地，楷书阴刻。

阎士选（生卒年不详），字立吾，陕西绥德人。明万历八年（1580）进士，万历三十四年（1606）任莱州府知府，后任山东按察使，官至山西参政。曾精心采编苏轼在胶西诗文，编著《东坡守胶西集》四卷。他对松石情有独钟，在《松石记》中对海中大竹岛的松化石进行描述。

赏析：本文记述了明万历三十八年（1610），登州海防兵士在海岛上发现松石，并船运回府，修建亭台，供于海神庙前的事情。作者在文中对松石的形成变化引经据古加以分析，对松石在秦皇汉武时未被方士所见，而于今日方显于世人面前的情形唏嘘感叹，借孔子赞《易经》“知变化之道者，其知神之所为乎”之语，以为该松石的出现与历史上修羊公、黄石公的传说典故意境相当。文末又结合时政，认为松石出现在国朝盛世之际，也是海不扬波、天下太平的吉祥象征。

蓬莱阁三清宫新置赡庙田地碑记

（清）张端

赐进士出身、内翰林弘文院侍读，东莱张端撰文。

赐进士出身、内翰林国史院编修，郡人王一骥丹书。

赐进士出身、内翰林秘书院检讨，郡人沙澄篆额。

粤考三清宫之建昉于开元，其间圮而修，修而圮，不知几易，所以屡建屡颓，不能永守而罔敝者，盖有由也。其缘每由香火浅淡供用，无资而修。佰之士不得不奉守神明，至殿宇倾阤，遂使创建之意致今废。然若是者，即宫宇巍焕，止侈观耳，乌能历从而罔敝欤？嗟乎！创之者非难，守之者难也；守之者非难守之，而神人有赖奕祀，可恃以无虞者为更难也。

幸遇我清朝崇兴，天简硕德，以庇我东牟。永为神人之主者，非我朱老公祖耶？我公躯膺巡抚山东登莱青都察院，素行阴善，广葺庙宇。甫下车，瞻拜其间，窃见庙貌聿新，不忍威严法像而坐视其寂淡，因而宏开令善，大阐玄风。安设全真羽士，侧立圜堂，翻杨皇集，秉典雅欲，奠定疆宇，康泽下土，以偕跻夫仁寿。而又苦于供奉之无资，遂捐金四十两置买赡养地，又捐演武场地二处，俾世守以为供养之资，永维盛典于不坠。是故先之讽咏秉集，所以宣圣谟；次之设圜，所以绍圣脉；终之置田捐地，所以绵世守，示不泯。兹盛举也，猗与休哉！神之香供不没，则我公之遐泽与之俱不没矣，所称神人有赖奕祀，可恃以无虞者。非与此，则公之贻泽于神，与神之嘉赖于公，讵浅鲜哉！谨勒铭以志不朽云。

旨顺治六年岁次己丑孟冬之吉。

钦差巡抚登莱青等处地方赞理军务兼管粮饷、都察院右副都御史朱国柱建立。

助缘官吴霦、梁明儒，住持道士王赞极、刘常和。

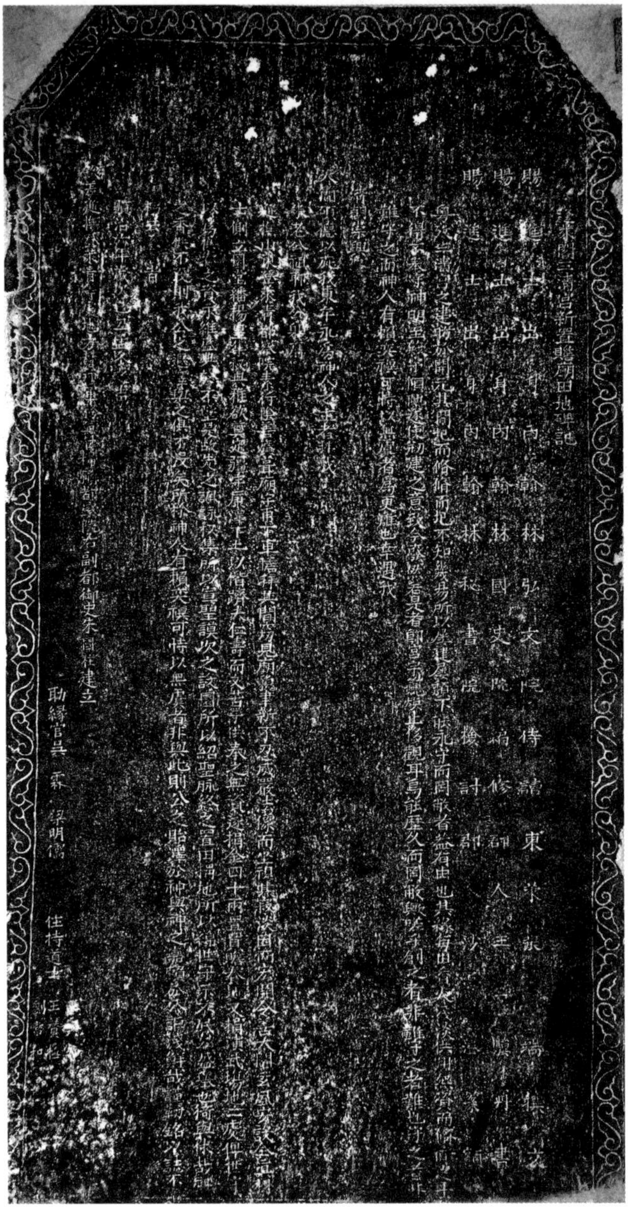

简介：石碑嵌于三清殿内东墙，高 122 厘米，宽 64 厘米，汉白玉质地，楷书阴刻。

张端（1617—1654），字中柱，山东莱州人。明崇祯十六年（1643）进士，清顺治二年（1645）授宏文院检讨，充《明史》纂修官。后任江南乡试正考官、秘书院侍讲学士、国史院侍讲学士、礼部左侍郎、国史院大学士等职。

王一骥（生卒年不详），字念石，山东蓬莱人。清顺治三年（1646）进士，授翰林院庶吉士，历任左春坊左中允，官至江南凤宿道副使。

沙澄（1620—1696），字渊如、会清，祖籍莱阳，高祖沙通移居蓬莱。清顺治三年（1646）进士，历任翰林院检讨、弘文院侍读、国子监祭酒、讲读学士；顺治十三年（1656）升詹事府詹事；顺治十六年（1659）升礼部侍郎兼翰林院侍读学士；康熙年间任礼部尚书三十余年。沙澄秉性清谨，熟识掌故，著有《四书讲义》。

赏析：本文记叙了清顺治年间为蓬莱阁三清宫捐置赡庙地的事情。蓬莱阁三清宫自唐代始建以来屡修屡颓，作者探究其原因后，不禁对三清宫的兴衰发出“创之者非难，守之者难也；守之者非难守之，而神人有赖奕祀，可恃以无虞者为更难也”的感叹。至清顺治六年，有着“素行阴善，广葺庙宇”之誉的钦差巡抚、都察院右副都御史朱国柱来登州，面对修葺一新的三清宫，为避免重蹈覆辙，便宣扬道教，广布善施，通过在三清宫安置道士，设置圜堂，且亲为捐金置办赡庙田地等方法，期许三清宫香火不衰，以图永久。

重修登州蓬莱阁记

（清）杨本昌

登州北门外有水城。水城北垣，跨丹崖绝壁，俯瞰潮汐。女墙内有若城楼者曰“蓬莱阁”，实与首县同名，盖昔人摭取三神山名以名县，又名阁云。神仙之说，诚不可为典要，然而天海空明，岩岫窈冥，人烟缥缈，自是尘外异境，名亦宜之。

嘉庆戊寅，余自刑部来为郡守。一日，与县令谈君共陪总戎刘松斋将军跻丹崖，望瀛海，而高阁欲坠，危梯不登，盖创建逾八百载，零落垂二百秋，于是总戎慨然倡议修旧。余对曰："守土之责，固其废坠是为。"谈君亦曰："属在邑境内，敢不良图。"遂参语许诺。商功庀材，克日经营，输木斸金，无间远迩，择人赋事，广集贤能。惟是余与谈君皆有民事，不获朝夕视功。而总戎以操防余暑，上下丹崖，躬亲监造，寒暑不休，于己卯六月初一日经始，至本年九月初九日告成，总戎未尝间一日不来。阁基凭旧，而壮丽逾前。阁外有回廊，东偏作室如舫，为登降所由。前两翼对启数楹，为憩息之所，皆昔无而今增。阁之东西，宾日楼、海市亭，皆久废而更立。惟避风亭不改旧贯，第易檐以为新。其它位置点缀，悉出总戎心裁，指画结撰自成，美哉功乎！

总戎今海内伟人，壮岁以文名为循良吏，而常论兵传剑，嘎喈戎马之郊。至白首请缨，开幕府，拥貔貅。而更儒衣缓带，雍容雅歌，云海之间。始为文臣而能武，晚为武臣顾好文，岂贤者固不可测欤？

余谓登州地僻而民风淳，土薄而人情厚，士贵诗书无奇衺之说，民安农贾无险诐之行。车马不远通于淫物，酒浆不夜聚于灵巫，富民不结客于千里，豪杰不著名于图书。是以巷无聚人，狗吠不惊，而总戎得以优游坐镇，燕处超然。诎指生平宦游所至，无如蓬莱阁上数年最乐，虽自谓神仙中人不啻也。然则总戎虽贤，若非驻蓬莱之乐土，亦犹未必能纵情文雅若此，其可美也！

阁甫告成，总戎奉命移镇曹州，出南门回首望云中栋宇，如从三神山侧风引而去，宾从惝怳，马足踟蹰。夫岂为一阁而恋恋若此，毋亦怀乐民风之美，不胜言别之难也？总戎虽不治民，而受代当去，尚犹顾念民风，怀乐无已。况余与谈君得与民休息，而至今留者欤？

于是览杰阁之新作，怀名贤之旧游，而喜斯民之可与经始，可与乐成，可与相保于无穷。遂援笔而记之云。

诰授朝议大夫、己未科进士、前刑部郎中、登州府知府，南宁杨本昌撰。

大清嘉庆岁次己卯九月吉日立。

重修登州蓬萊閣記
登州北門外有水城水城北垣跨丹崖絕壁俯瞰潮汐女牆內有若城樓者曰蓬萊閣與首縣同名蓋昔人撫取三神山名以名縣
又名閣云神仙之說誠不可為典要然而天海空明蜃灺窈冥人烟縹緲自是塵外異境名亦宜之嘉慶戊寅余自刑部來為郡守一
日與縣令談君共偕 總戎劉松裔將軍躋丹崖望瀛海而高閣欹傾危檣不登蓋創建踰八百載零落亦二百狀於是 總戎慨然
倡議修舊余對曰守土之責固其廢墜是為談君亦曰屬在邑內敢不良圖合語詳諾商功庀材克日經營輸木斂金無間遠
擇人賦事廣集賢能惟是余與談君皆有民事不獲朝夕視功 總戎以操防餘暑上下丹崖躬親監造寒暑不休於己卯六月動
一日經始至本年九月初九日告成 總戎未嘗閒一日不來閣遂舊而壯麗踰前閣外有回廊東偏作室如舫為登降所由前兩
翼對啟數楹為憩息之所皆昔無而今增閣之東西賓日樓海下皆久廢而更立攬遊風亭不改舊貫第易檐以為新其完位置點
綴悉出 總戎心裁指畫結撰自成美哉功乎 總戎今海內儒人壯歲以文名為循良吏而常論兵傳劍嘆嗟我馬之鄉至白首共
纓閒幕府擁貔貅而更儒衣綬帶雍容雅歌雲海之間始為文臣武晚為武臣顧好文豈賢者固亦可測歟余謂登州地僻而民
風淳土薄而人情厚士貴詩書無奇袤之說民安農賈無險詖之行車馬不遠通於淫物酒漿不夜聚於亞富民不紹容於千里
傑不著名於圖書是以巷無聚人狗吠不驚而 總戎得以優游生燕處超然詘指生平宦遊所至無如蓬萊閣上數年最樂聞自
謂神仙中人不啻也然則 總戎雖賢若非斯蓬萊之樂土亦猶未必能縱情文雅若此其可羨也閣甫告成 總戎奉
命移鎮曹州出南門回首望雲中棟宇如從三神山側風引而去賓從惆悵馬足踟躕夫豈為一閣而戀戀若此毋亦懷樂民風之美不勝
言別之難也 總戎雖不治民而受代當去尚猶顧念民風懷樂無已況余與談君得與民休息而至今留者歟於是覺傑閣之所
懷名賢之舊遊而喜斯民之可與經始可與樂成可與相保於無窮遂援筆而記之云
誥授朝議大夫己未科進士前刑部郎中登州府知府南寧楊本昌撰
大清嘉慶歲次己卯九月吉日立

简介： 石碑立于蓬莱阁前东侧，高 248 厘米，宽 100 厘米，大理石质地，碑额“重修登州蓬莱阁记”为篆书阴刻，碑文为楷书阴刻。

杨本昌（1755—1832），字寿尔，号东园，云南曲靖人。清嘉庆四年（1799）进士，授刑部主事，官朝议大夫、刑部郎中。嘉庆二十三年（1818）至道光元年（1821）任登州府知府，重修蓬莱阁。

赏析： 本文记述了清嘉庆二十四年（1819）重修蓬莱阁的事情。其时因丹崖山巅“高阁欲坠，危梯不登”，时任登州镇总兵的刘清见此情形，发出重修倡议。登州府知府杨本昌会同蓬莱县令谈素敦积极响应，经多方考量精心筹划施工，新建了东西配殿、厢房，恢复重建了宾日楼、海市亭，使蓬莱阁“壮丽逾前”。重修期间，知府、县令由于民政事务所累，唯总兵刘清公务之余“躬亲监造，寒暑不休”，因而被赞美有加，感怀永久。

重修天后宫记

（清）英文

古圣王之制祀也，有功于民则祀之，能御大菑则祀之，能捍大患则祀之，所以祈民福答神庥也。后世更制为宫室，崇为殿寝，肖为像貌，以求神之式凭，而神式凭焉。故福应如响，历千百载而益著，何者？感之诚则来假来飨，神固依人而行者也。

登州备倭城之西北隅，故有蓬莱阁，因山为基，俯逼海澨，海舶往来，恒指阁以定海道。宋徽宗朝敕立天后圣母庙，乃于阁之西营建焉，殿宇巍然，神灵丕著，居贾行商有祷辄应，水旱偏灾有祷辄应。英文承乏斯郡迄今八载，春秋时祭，常得展敬焉。往岁十月，正殿寝宫不戒于火，都人士咸请更新之。因捐俸以为倡，阅若干月而资集，若干月而工竣。复请为文以纪终始，乃语之曰：“郡处海滨，民贫土瘠，故四民错处，农末相资，多泛海以谋生者，而行则帆樯安辑，居则旸雨顺时，神之福吾民也可谓至矣！庙貌之新固宜，而诸君子能毅然成之，以仰答神庥，亦可谓知所先务矣。吾用是卜诚之感，而神之假以佑我斯民于无既也。”

记曰：庙之建始于宋宣和四年，统计四十八间，历加整葺，故数百年丹垩常新。道光十六年，正殿、寝宫凡四十八间并毁，乃重修之，基址规模一仍其旧。工始于道光十七年二月十七日，成于九月初九日。督修者知蓬莱县事山西王文焘，董其事者邑人周云龙、辛文峰、辛文沚、周昌龄、陶秉毅、柳壬海、石良颐、张运长、张焕邦、张焕彝、张香海、辛本相、曲步云、庄昂、田在春、侯殿邦。而知登州府事，长白英文为之记。

道光十七年岁次丁酉菊月敬立。

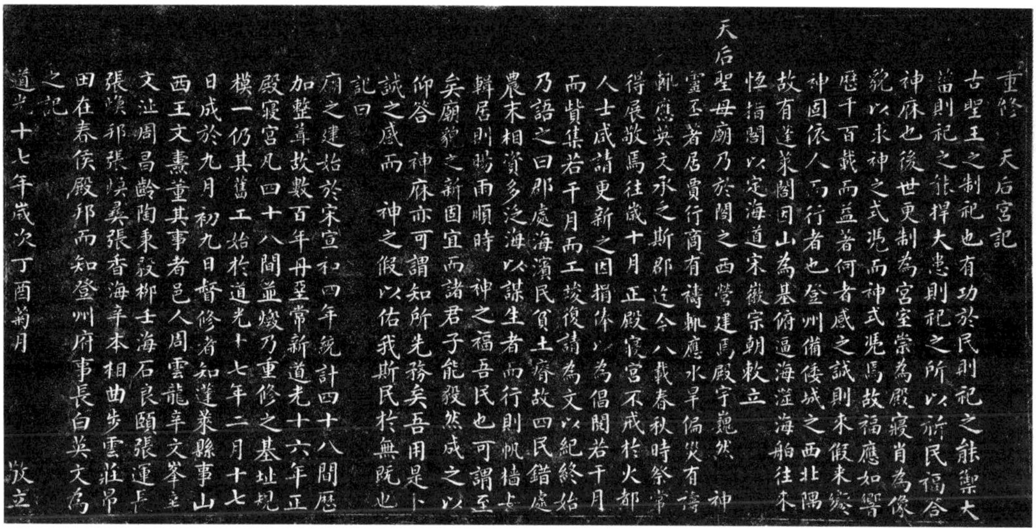
重修 天后宮記
古聖王之制祀也有功於民則祀之能禦大
菑則祀之能捍大患則祀之所以祈民福合
神庥也後世更制為宮室崇為殿寢肖為像
貌以求神之式憑而神式憑焉故福應如響
歷千百載而益著何者感之誠則來假來饗
神固依人而行者也登州備倭城之西北隅
故有蓬萊閣因山為基俯逼海溢海船往來
恆指閣以定海道宋徽宗朝敕立
天后聖母廟乃於閣之西營建焉殿宇巍然 神
靈丕著居賈行商有禱輒應水旱偏災有禱
輒應英文承之斯郡迄今八載春秋時祭常
得展敬焉往歲十月正殿寢宮不戒於火郡
人士咸請更新之因捐俸以為倡閱若干月
而貲集若干月而工竣復請為文以紀終始
乃語之曰郡處海濱民貧土瘠故四民錯處
農末相資多泛海以謀生者而行則帆檣安
輯居則暘雨順時 神之福吾民也可謂至
矣廟貌之新固宜而諸君子能毅然成之以
仰答 神庥亦可謂知所先務矣吾用是卜
誠之感而 神之假以佑我斯民於無既也
記曰
廟之建始於宋宣和四年統計四十八間歷
加整葺故數百年丹堊常新道光十六年正
殿寢宮凡四十八間並燬乃重修之基址規
模一仍其舊工始於道光十七年二月十七
日成於九月初九日督修者知蓬萊縣事山
西王文燾董其事者邑人周雲龍辛文峯辛
文沚周昌齡陶秉毅柳壬海石良頤張運長
張煥邦張煥彝張香海辛本相曲步雲莊昂
田在春侯殿邦而知登州府事長白英文為
之記
道光十七年歲次丁酉菊月 敬立

简介：石碑嵌于天后宫正殿前廊东墙，高 78 厘米，宽 158 厘米，大理石质地，楷书阴刻。

赏析：本文记述了清道光年间蓬莱阁天后宫遭火焚后重修的事情。蓬莱阁天后宫自宋代营建以来，不仅以其依山傍海的地理环境，便捷了海上商贸往来，更因为有了天后宫殿宇巍然，有祷必应而神灵丕著。至清道光十六年（1836）十月时，天后宫不戒于火，时任登州府知府的英文响应地方建议，捐俸倡修，并于道光十七年（1837）二月至九月予以重修。

重修蓬莱阁记

（清）豫山

郡城之北有城焉，明之备倭城也。城北面踞丹崖山，下临大海，高凡十余丈，上有蓬莱阁焉。旧为海神广德王祠，苏文忠公守登州时，祷于此而见海市者也。阁建于宋嘉祐中，太守朱处约就海神祠旧基构之。明洪武九年，始因阁下丹崖山为城，城周匝不过三里，而与郡城相犄角，筹海防者于此，盖有深意焉。

自朱太守建阁为州人游览所，而苏公以一代名贤为之提唱海市一诗及海上书怀诸作，翰墨流传更为海山增色，一时搢绅先生咸惜爱而珍重之。有明三百年间，一修于大都督卫公青，再修于永康侯徐公安，三修于大中丞宋公应昌，迄崇祯五年毁于兵，太守陈钟盛又重建之。虽其时兵燹频仍，海氛不靖，而名卿大夫讲武之余犹谈风雅，此蓬莱阁所以至今存也。方今海宇廓清，四夷宾服，士君子来游于此，睹其山川之壮丽，声名文物之美，且都未尝不太息久之。窃羡文忠旧泽千载下犹有存者，顾令野蔓荒榛日滋芜秽，烈风淫雨时肆摧残，致使登斯阁者嘅叹。夫陵谷变迁，不等于磐石苞桑之固，词章湮没，莫留夫吉光片羽之遗，非惟坐镇是邦昧昔人安不忘危之旨，抑何以振兴文教，上绍眉山遗徽耶。

余以壬戌仲冬来守是郡，公余之暇登临斯阁，谒苏公祠宇，见其丹青零落，轩宇倾颓，为之耿耿于怀。思有以新之，而病其工程浩大，力有未逮也。上年七月风雨暴作，阁前山城忽堕十余丈，阁亦岌岌欲坠焉。郡人来告于余，余恐城坏而阁亦坏，一方之名胜既湮，一方之藩篱且因以不固也。亟商之仝志寅好，捐廉若干，并募诸绅商修之。择城中绅士之公正者陶、王二公董其事，以参军章君嗣曾、少尉倪君斌监理之，经一载有余而城工毕，阁亦焕然一新焉。以苏公之旧祠狭隘也，移之三清殿后。又建屋三楹于避风亭西，名之曰澄碧轩，盖以碧海澄清，金瓯巩固，乃可与文人学士歌咏升平也。落成之后，因以是记之。

知登州府事、世袭二等轻车都尉、前工部郎中，长白东屏豫山撰并书。

大清同治六年岁次丁卯嘉平月立。

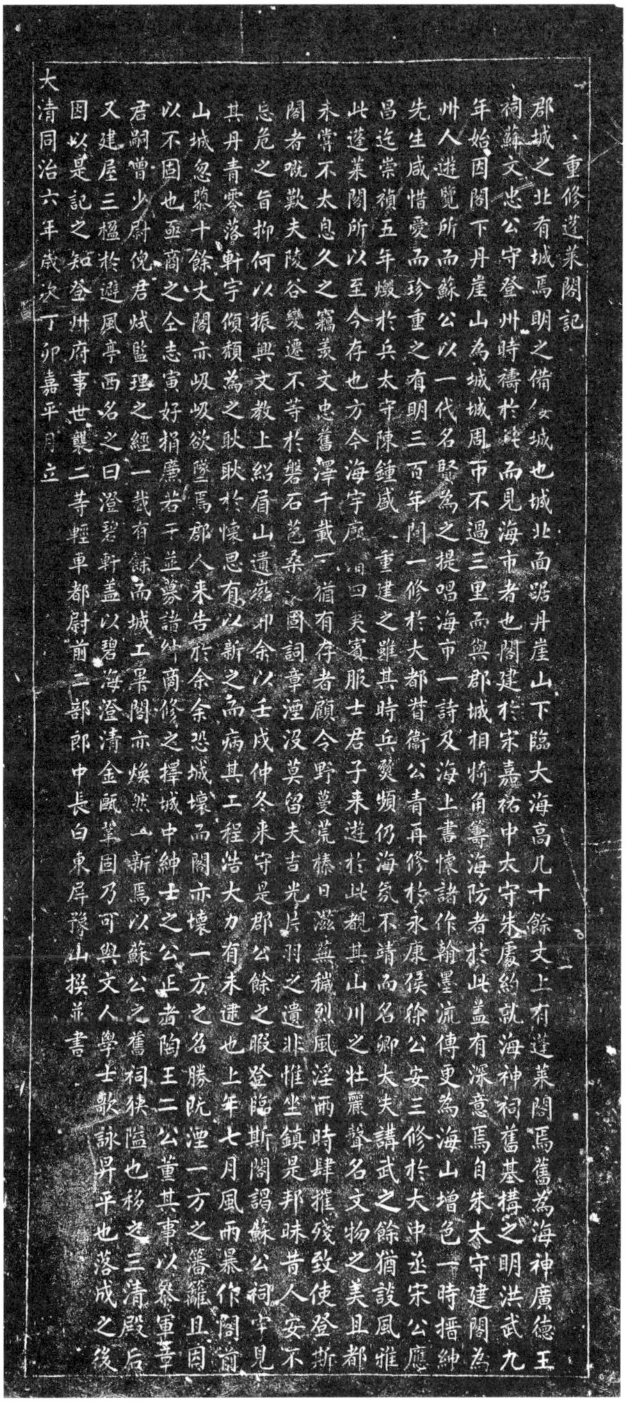

重修蓬萊閣記

郡城之北有城焉明之備倭城也城北面踞丹崖山下臨大海高几十餘丈上有蓬萊閣焉舊為海神廣德王祠蘇文忠公守登州時禱於祠而見海市者也閣建於宋嘉祐中太守朱處約就海神祠舊基搆之明洪武九年始因閣下丹崖山為城城周市不過三里而與郡城相犄角籌海防者於此蓋有深意焉自朱太守建閣為州人遊覽所而蘇公以一代名賢為之提唱海市一詩及海上書懷諸作翰墨流傳更為海山增色一時搢紳先生咸惜愛而珍重之有明三百年間一修於大都督衛公青再修於永康侯徐公安三修於大中丞宋公應昌迄崇禎五年燬於兵太守陳鍾盛重建之雖其時兵燹頻仍海氛不靖而名卿大夫講武之餘猶敦風雅此蓬萊閣所以至今存也方今海宇廓清四夷賓服士君子來遊於此覩其山川之壯麗聲名文物之美且都未嘗不太息久之竊羡文忠舊澤千載一[illegible]猶有存者顧今野蔓荒榛日滋蕪穢烈風淫雨時肆摧殘致使登斯閣者慨歎夫陵谷變遷不等於磐石苞桑[illegible]國詞章湮沒莫留夫吉光片羽之遺非惟坐鎮是邦昧昔人安不忘危之旨抑何以振興文教上紹眉山遺澤耶余以壬戌仲冬來守是郡公餘之暇登臨斯閣謁蘇公祠宇見其丹青零落軒宇傾頹為之耿耿於懷思有以新之而病其工程浩大力有未逮也上年七月風雨暴作閣前山城忽頹十餘丈閣亦岌岌欲墜焉郡人來告於余余恐城壞而閣亦壞一方之名勝既湮一方之藩籬且因以不固也亟商之仝志寅好捐廉若干並募諸紳商修之擇城中紳士之公正者陶王二公董其事以參軍華君嗣曾少尉倪君斌監理之經一載有餘而城工畢閣亦煥然一新焉以蘇公之舊祠狹隘也移之三清殿后又建屋三楹於避風亭西名之曰澄碧軒蓋以碧海澄清金甌鞏固乃可與文人學士歌詠昇平也落成之後因以是記之知登州府事世襲二等輕車都尉前二部郎中長白東岸豫山撰并書

大清同治六年歲次丁卯嘉平月立

简介：石碑立于蓬莱阁西配殿，高 183 厘米，宽 82 厘米，大理石质地，楷书阴刻。

豫山（？—1890），吉林长白人。满洲正黄旗，监生，曾任轻车都尉。

清同治元年（1862）十月至同治六年（1867）任登州府知府，后任沂州府知府，光绪年间任山东按察使。

赏析：本文记述的是清同治年间维修蓬莱阁的史实。作者介绍了蓬莱阁的地理位置、建筑年代、建造动机以及前朝的维修情况，并对历经世事变迁留存至今的蓬莱阁与苏公祠感怀不已。同治四年（1865）七月作者职守登州期间，因“风雨暴作，阁后悬崖崩塌十余丈，阁亦岌岌欲坠”，为保一方名胜与海疆太平，作者旋即多方联络、募集资金，倡修山城及蓬莱阁，同时迁建苏公祠、新建澄碧轩等，期许国朝四海升平，江山永固。

重修天后宫记

（清）司铭三

登州城北二里许，旧有蓬莱阁，前踞丹崖，后临沧海，高极数十丈，远眺千余里，称胜境焉。宋崇宁间，于蓬莱阁西偏敕建灵祥宫祀海神。历元暨明，屡赐碑额，越至今崇封尤渥，递加护国庇民妙灵显应宏仁普济福佑群生天后圣母。春秋致祭，诚以庙邻海滋，帆舶往来如织，一遇风涛危险，祷求辄应，人之荷帡幪者，能勿共感慈德哉！

道光十六年不戒于火，太守英公一律重修，迄今垂五十年。风剥雨蚀渐致凋残，庙之近西南为龙王宫，坍塌尤甚。董事诸公劝集各岛船户、沿海绅商募资修葺，仍虞经费不足。适逢升任奉天山海关道续公督理牛庄榷政，铭三奉北洋大臣直隶督宪李委办海关差务，燕见之暇，偶为谈及，蒙续公首先倡捐，因劝海、辽、沈，盖及各省行商同襄盛举，共得制钱肆千余缗。遂庀材鸠工，自正殿以至山门，凡旧者新之，倾者整之，丹雘垩黝，气象焕然。于光绪六年兴修，十年蒇事，共用制钱三千伍佰余缗，余钱伍佰缗，复拨修城南东岳庙，特少为补苴云尔。

董事诸公黄宗敬、张健封、吴大观、张封、赵汝翰、张吉甫、李景颜、卢恩绍，其捐资姓氏悉登诸匾，以为后来好善者劝。

钦加同知衔、直隶知望都县事，邑人司铭三敬撰。

大清光绪十年岁次甲申八月谷旦。

简介：石碑立于天后宫垂花门前西侧，高 259 厘米，宽 72 厘米，大理石质地，碑额“重修天后宫之碑记”为篆书阴刻，碑文为楷书阴刻。

司铭三（生卒年不详），山东蓬莱人。清光绪十一年（1885）任河北望都知县。

赏析：本文记述了清光绪年间重修天后宫的事情。丹崖山上蓬莱阁西，自宋崇宁间便建有天后宫，以其船舶遭遇风涛险阻之时祷求辄应，而历朝历代倍受推崇，香火不断。天后宫自清道光十六年（1836）失火重修后，至清光绪初期近五十年来，风雨剥蚀衰败严重。地方募资修葺又恐经费不足，时奉命办理海关差务的邑人司铭三，于奉天牛庄海关恰逢山海关道台续公，公干之余彼此谈及募资修葺蓬莱阁天后宫事，义举得到了续公的倡捐与劝捐，终使天后宫重修工程顺利开展。自光绪六年至十年（1880—1884），工程历时五年，天后宫面貌得以焕然一新。

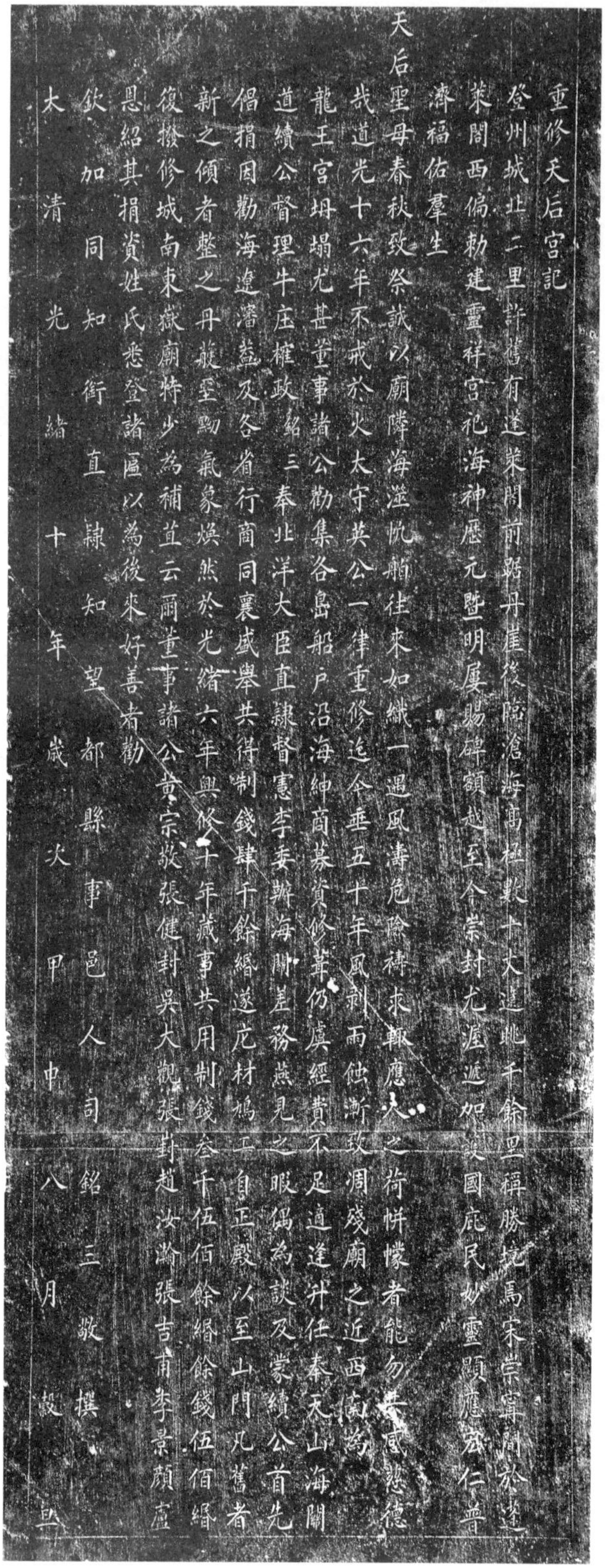

重修天后宫記

登州城北二里許舊有蓬萊閣前踞丹崖後臨滄海高極數十丈遠眺千餘里稱勝境焉宋崇寧間於蓬
萊閣西偏勅建靈祥宮祀海神歷元暨明屢賜碑額越至今崇封尤渥遞加護國庇民妙靈顯應宏仁普
濟福佑羣生
天后聖母春秋致祭誠以廟隣海澨帆船往來如織一遇風濤危險禱求輒應天之荷帡幪者能勿共感慈德
哉道光十六年不戒於火太守英公一律重修迄今垂五十年風剝雨蝕漸致凋殘廟之近西南為
龍王宮坍塌尤甚董事諸公勸集各島船戶沿海紳商募資修葺仍虞經費不足適逢升任奉天山海關
道續公督理牛庄榷政銘三奉北洋大臣直隸督憲李委辦海關差務蒞見之暇偶為談及蒙續公首先
倡捐因勸海邊瀋益及各省行商同襄盛舉共得制錢肆千餘緡遂庀材鳩工自正殿以至山門凡舊者
新之傾者整之丹雘堊黝氣象煥然於光緒六年興修十年藏事共用制錢叁千伍佰餘緡餘錢伍佰緡
復撥修城南東嶽廟特少為補苴云爾董事諸公黃宗敬張健封吳大觀張對趙汝瀚張吉甫李景顏盧
恩紹其捐資姓氏悉登諸區以為後來好善者勸
欽加同知銜直隸知望都縣事邑人司銘三敬撰
太清光緒十年歲次甲申八月穀旦

第六节　歌功颂德

重修登州蓬莱阁记

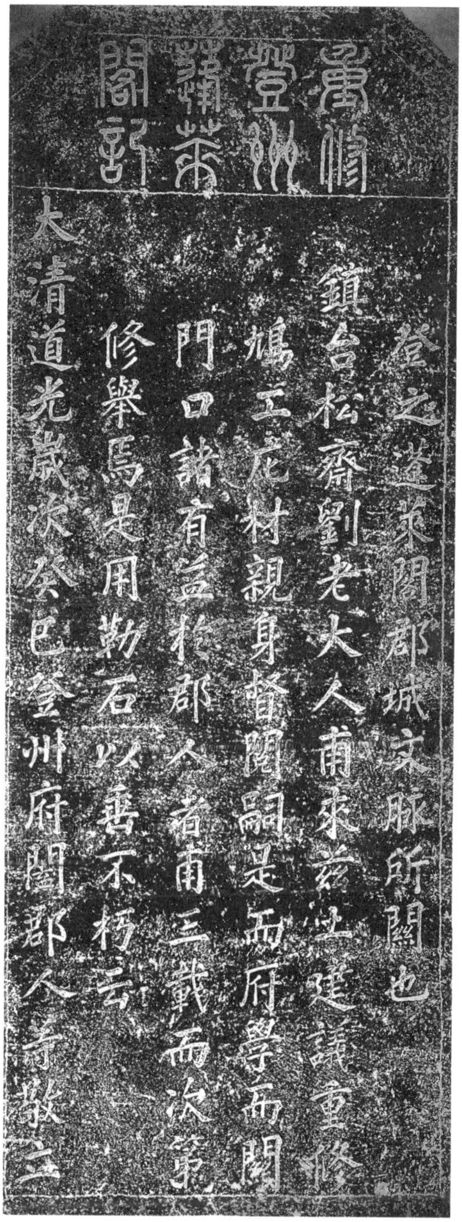

登之蓬莱阁，郡城文脉所关也。镇台松斋刘老大人，甫来兹土，建议重修，鸠工庀材，亲身督阅，嗣是而府学、而关门口，诸有益于郡人者。甫三载而次第修举焉，是用勒石以垂不朽云。

大清道光岁次癸巳登州府阖郡人等敬立。

简介：石碑立于蓬莱阁下西南侧，高 244 厘米，宽 103 厘米，花岗岩质地，碑额“重修登州蓬莱阁记”为篆书阴刻，碑文为楷书阴刻。

赏析：该碑立于清道光十三年（1833）。碑中记述登州总兵刘清刚到蓬莱任职时（清嘉庆二十四年）倡修蓬莱阁、府学及关门口的事迹。因其着想民生，造福一方百姓，而被后人崇敬，撰文刻碑追记功德。

重修天后宫碑记

位镇坎宫俎豆宜隆祀典，德符坤载沧溟悉沐神庥。登郡备倭城北，蓬莱阁迤西，旧建有天后宫，庙创始未详于何代，明禋聿重于此邦，碣石宫前望榱题之，特耸丹崖山上，绚黝垩而常新。盖圣母之显应丕昭，而都人之馨香以祝巳，历数百年矣。

乃者往岁十月，回禄告灾郁攸莫解，宫殿既成为灰烬，神灵遂失所凭依。绅耆莫不痛心，商贾为之惨目，凡夫扬帆以往滨海而居，方共祷于慈云，讵忍听其暴露。惟是工程綦大，缔构维艰，计需赀不下万金，斯成厦难支一木。幸我太守英公为民造福，倡议捐修，俯顺舆情，仰祈灵贶。偕邑侯王公若何倡劝，若何经营，罔弗筹画咸周，规模豫定。计自兴工之日，以至蒇事之期，八阅月而已告成功，十数间而悉符旧制。

树木者咸讬其荫，饮水者必思其源。固由善信之乐施，十方共成义举；实荷神工所默佑，三岛争仰宏规。于以肃观瞻焉，于以申祈赛焉。巩址基于磐石，欣颂环海镜澄；壮庙貌于蜃楼，定宜瀛壶碑勒。从此帆樯赖以恬辑，旸雨召以和甘。而凡我邑人尤当时加整葺，倍致虔诚。废者修之，坠者举之，庶少答天后威灵之格于靡尽，亦永传太守倡修之意于无涯也。

董事绅士周云龙、辛文峰、周昌龄、辛文沚、陶秉毅、柳壬海、石良颐、张运长、张焕邦、张焕彝、张香海、辛本相、曲步云、庄昂、田在春、侯殿邦薰沐敬书。

道光十七年岁次丁酉秋九月勒石。

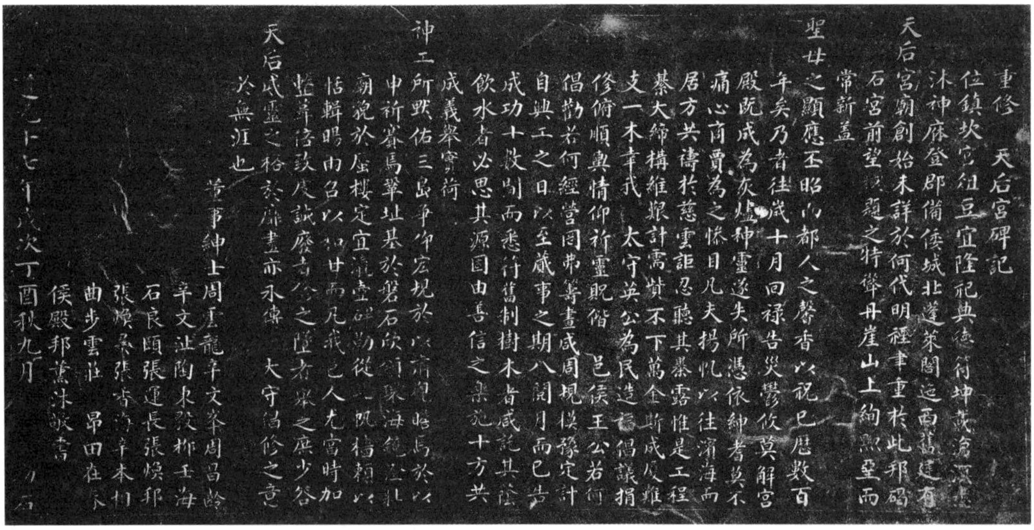

简介：石碑嵌于天后宫正殿前廊西墙，高78厘米，宽158厘米，大理

石质地，楷书阴刻。

赏析：该碑立于清道光十七年（1837）。碑中记述蓬莱阁天后宫，百姓虔诚信奉已达千年之久，道光十六年不幸毁于大火，地方各界人士深为痛惜。时任登州府知府的英文会同蓬莱知县王文焘共同筹资、精心策划，在八个月的时间内修复完工，天后宫又恢复了往日的面貌。文末“树木者咸讬其荫，饮水者必思其源”之句，劝诫后人时常修葺天后宫，保留其规制格局，以仰答天后的灵贶，并传扬太守英文的倡修义举。

德惠常昭
——英公祖判盐案记

登郡负山控海，古称斥卤之乡，官斯土者率以地瘠民贫为虑，而闾阎生计世业鱼盐。有宋时，苏文忠公莅任五日，即上盐榷书为民图休息，土人至今祀之，盖非以文章祀，实以治迹也。

道光四年，邑人蓄盐于长山岛，为每岁腌鱼计，经官封囤，禀抚宪饬司会道查覆有案。至道光十八年，抚宪新兼盐政，恐登属收贮大盐，浸灌有商票地，饬行查察。适有宁海州详报封盐之事，我英焕堂公祖大人（印文满州荫生）体察舆情，当堂讯断，判以登属各州县额设引票，从无积滞。推原其故，皆因各属离场遥远，灶户无多，所煎盐斤不敷本处食用，全赖收买关东大盐以资接济。若竟骤行禁止，民间之受累，书役之需索，其弊何可胜言。复提灶户质讯，亦无异词，案结而颂声作矣。吾郡产盐，向不设商，课归地丁，听其自煮自晒，民运民销，只准在于不设引境内，听从民便，倘漏入引地，即属私盐，照越境兴贩例治罪。此雍正年间定例，百余年来遵循日久，复得公祖秉公判断，申明定制，由此后民安乐业，锡福无涯。

至我公祖惠政甚多，民取尤不忘者。则练兵扬武戢夷船之窥探也，劝赈济饥援荒年之困厄也，书院抡材明悬玉镜，试闱易制巩媲金台，又为公慎严明所不克尽其事者。十八年冬，升任四川川北道宪，追去之日攀辕满路，而讴思至今不置，盖民情之上达久矣，载诸贞珉，永垂不朽，是士民之志也夫。

大清道光己亥年正月朔，阖郡绅民公立。

德惠常昭
大清道光己亥年正月朔
阖郡绅民

简介： 石碑立于蓬莱阁西配殿，高 186 厘米，宽 74 厘米，大理石质地，楷书阴刻，碑额为“德惠常昭”。

赏析： 该碑立于清道光十九年（1839）。碑中记叙登州府知府英文在道光十八年（1838）处理宁海州杨廷槐囤积私盐一案时，本着体察民情，严明公正的办案态度，断令渔民可以收买关东大盐以备腌鱼之用，并重新申明了雍正年间“额设引票”的盐法条例，使得当时封盐之事也得以解决。案件审结后得到了乡人的一致称赞。此外英文任职期间，在练兵、赈济、教育、选才等方面也都做出了贡献，因此在升任四川道宪离开登州时，得到地方百姓沿途欢送，其为官一任造福一方的政绩，也得以刻碑流传后世。

万古流芳
——刘邑侯德政碑

需贤佐治，紫宸记循吏之名；革弊安民，黎庶重慈亲之戴。除苛宛如除虎，弦野声欢；牧民有类牧羊，琴堂化洽。此我邑侯所以荣封晋接，善政恒施也。邑侯氏刘印扬廷，字谏棠，蜀省绵州安邑人也。先世燃藜，髫龄怀橘，励行而岷嶓俱峻，洗心而江汉同清。文稿风鸣，供奉艳生花之管；艺坛麟拔，成均分贡树之香。九重深识其鸿慈，特使亲民草野，百里暂停夫骥足，遂教握篆蓬山。

大蓬邑之为地也，田乏膏腴，地多斥卤。所饶者鱼盐蜃蛤，幸通乎闽粤幽燕。驾一叶于雪浪银涛，不过觅蝇头之利；合数旬之千山万水，未足偿蠹役之奸。商人有称贷之忧，旅客增徒劳之叹。邑侯有以除之，曰：“照得蓬邑各海口，时有商船出入，其所装载物多寡不一，若一概令照满载纳课，殊不足以昭平允，合行出示晓谕，为此示仰差保店家船户人等知悉。自示之后，如有商船进口，实系满载者呈报满载，若半载者即报半载，倘有不及半载者亦即按照货物多寡呈报，以凭查验抽税，倘敢不遵，一经察出或被告发，定行从严究办。该保正副及海差，如有徇隐并借端需索，查出决不宽贷，各宜凛遵毋违。”吴帆云集，辽羽风驰，利增三倍之多，市溢五都之美。在民在官均其惠，宛沾甘雨于枯苗，多取寡取得其宜，似挹清风于孤竹。从此眠安于夜，惊息威狐，寒极而春，功同司马矣！

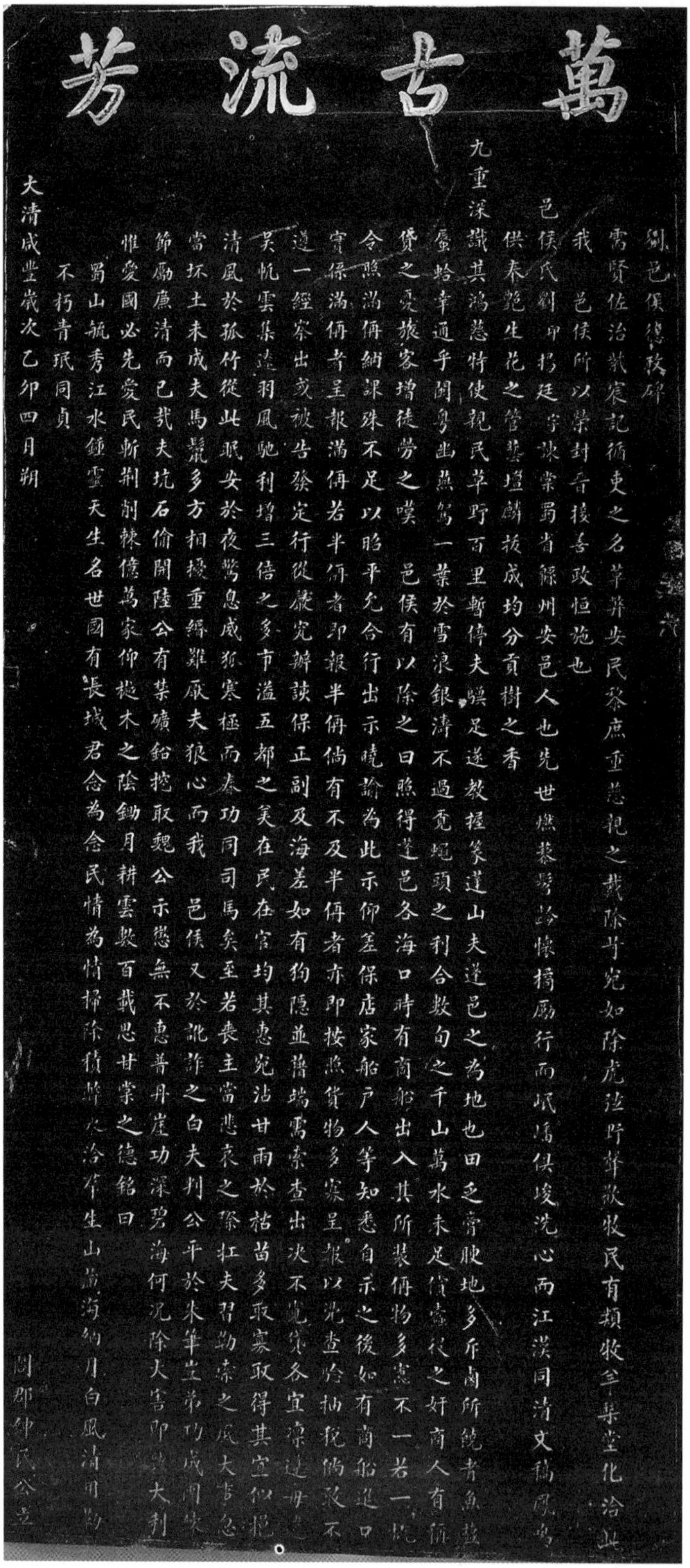
萬古流芳

至若丧主当悲哀之际，扛夫习勒索之风，大事忽当坏土未成夫马鬣，多方相扰重缗难厌夫狼心。而我邑侯又于讹诈之白夫，判公平于朱笔。岂弟功成团练，节励廉清而已哉！夫坑石偷开陆公有禁，矿铅挖取魏公示惩，无不惠普丹崖，功深碧海。何况除大害即兴大利，惟爱国必先爱民。斩荆削棘，亿万家仰樾木之阴；锄月耕云，数百载思甘棠之德。铭曰：

蜀山毓秀，江水钟灵。天生名世，国有长城。君念为念，民情为情。扫除积弊，永洽群生。山藏海纳，月白风清。用勒不朽，青珉同贞。

大清咸丰岁次乙卯四月朔，阖郡绅民公立。

简介：石碑立于蓬莱阁西配殿，高 188 厘米，宽 90 厘米，大理石质地，楷书阴刻，碑额为“万古流芳”。

赏析：该碑立于清咸丰五年（1855）。碑中记叙咸丰初期刘扬廷任职蓬莱知县时，在海上贸易往来中革除弊习施行新法，依照船只载货数量核定纳税标准，以促进公平交易，明晰营私舞弊敲诈勒索条款以警戒不法行为，使得蓬莱海上贸易数量增加收益提高，官府百姓互蒙其利；在民生事务处置中，其亦操守有度，公正廉洁。由此地方百姓感念其施政有方，故而立碑铭记。

德被久远

登郡滨海之区也，地瘠民稠，山田荦确。居人半资鱼盐之利，所需盐斤动以亿万计，虽名斥卤之乡，而本境煎盐无多，全赖关东大盐接济。盖自雍正年间久已著为定例，如前黄公祖有盐事碑，英公祖有盐案判，班班可考也。

我公祖汪大人下车后，兴利除弊，百废具举，即如平道途以便行旅，修试院以储贤材，以及立义学、举节孝类皆年远久湮，俱起而更新之，种种善政更仆难数。去岁冬，忽有西繇场盐官，将烟台八角诸海口鱼盐封禁，合郡骚然，于是郡庠生真士恩呈恳札饬开封。我公祖曾以登州鱼盐为沿海居民生计所关，其利甚便，且向不设巡缉私，自应准其收买关东大盐，详准立案。

此次查案批饬永禁滋扰，从兹口碑载道，欢声溢于闾阎。

古人所称“仁人之言，其利溥哉!”我公祖当之洵无愧矣。昔宋苏文忠公莅登五日即上盐榷书，为民图百年休息计，以此衡彼同属有孚惠心，安见古今人果不相及也？爰勒贞珉以志甘棠之爱云尔。

咸丰二年五月，详明以登州府属沿海居民，多以捕鱼为业，每逢春夏捕鱼之际，所需盐斤动以亿万，本地煎盐味苦，抑且日久变味，必须关东大盐方能经久，生计所关未便禁止，且登郡向不设巡缉私，自应准其收买关东大盐，经司议详奉院批准。

咸丰七年岁次丁巳十一月谷旦，阖郡公立。

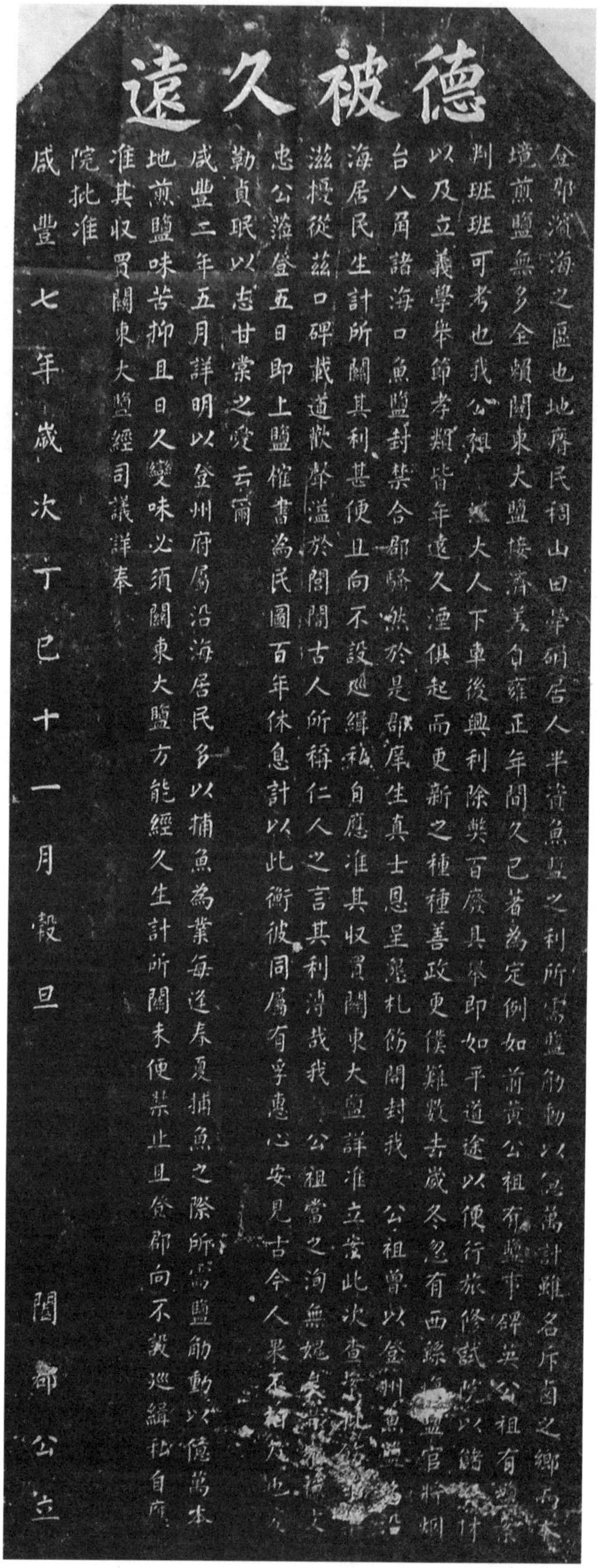

简介：石碑立于蓬莱阁西配殿内，高188厘米，宽75厘米，大理石质地，楷书阴刻，碑额为“德被久远”。

赏析：该碑立于清咸丰七年（1857）。碑中记叙清咸丰初年知府汪承镛于登州任职期间兴利除弊、广施仁政、业绩突出的事迹。在盐业经管方面，针对清咸丰六年（1856）西繇场盐官查封烟台八角等海口鱼盐，引起郡人不满并骚动一事，汪承镛结合实际区别私禁，体察民情援引成例，予以妥善合理解决。汪承镛在该事件中所体现为一方百姓着想，盐课民生兼顾的为政之道，被当地百姓视同当年的苏东坡，因此立碑感怀纪念。

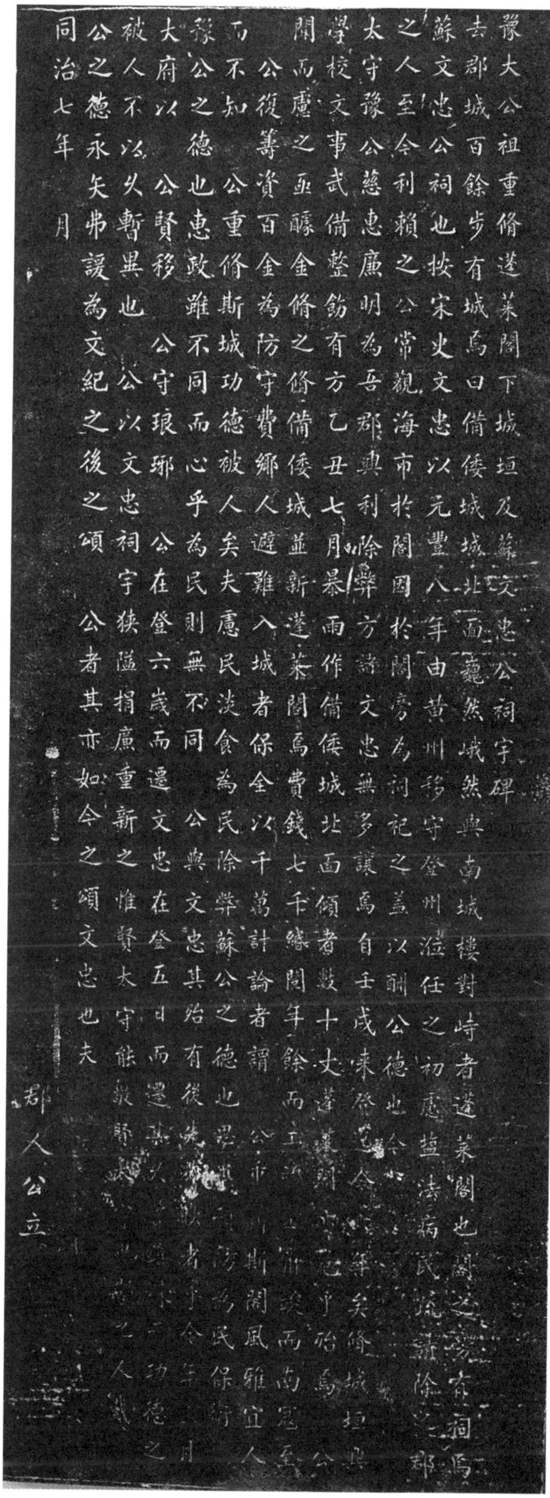

豫大公祖重修蓬莱阁下城垣及苏文忠公祠宇碑

去郡城百余步有城焉，曰备倭城。城北面巍然峨然，与南城楼对峙者，蓬莱阁也。阁之旁有祠焉，苏文忠公祠也。按《宋史》："文忠以元丰八年由黄州移守登州，莅任之初，虑盐法病民，疏请除之，郡之人至今利赖之。公常观海市于阁，因于阁旁为祠祀之，盖以酬公德也。"

今太守豫公慈惠廉明，为吾郡兴利除弊，方诸文忠无多让焉。自壬戌来登迄今六年矣，修城垣兴学校，文事武备整饬有方。乙丑七月暴雨作，备倭城北面倾者数十丈，蓬莱阁亦危乎殆焉，公闻而虑之，亟醵金修之，修备倭城并新蓬莱阁焉，费钱七千缗，阅年余而工竣。工甫竣而南寇至，公复筹资百金为防守费，乡人避难入城者，保全以千万计。论者谓公重新斯阁风雅宜人，而不知公重修斯城功德被人矣。

夫虑民淡食，为民除弊，苏公之德也。思患预防，为民保卫，豫公之德也。惠政虽不同，而心乎为民则无不同，公与文忠其殆有后先辉映者乎！今年正月，大府以公贤，移公守琅琊。公在登六岁而迁，文忠在登五日而迁，其久暂虽殊，而功德之被人不以久暂异也。公以文忠祠宇狭隘，捐廉重新之，惟贤太守能敬贤太守也。郡之人戴公之德，永矢弗谖，为文纪之。后之颂公者，其亦如今之颂文忠也夫。

同治七年　月，郡人公立。

简介： 石碑立于蓬莱阁西配殿，高 193 厘米，宽 74 厘米，汉白玉质地，楷书阴刻。

赏析： 该碑立于清同治七年（1868）。碑中记叙登州府知府豫山自清同治元年（1862）任职以来，与民为善，清廉执政，文事武备调理有方。同治四年（1865）七月蓬莱遭遇暴雨灾害，蓬莱阁北坍塌受损，一方名胜蓬莱阁也岌岌可危，豫山随即集资修葺城墙及蓬莱阁，新建苏公祠等。工程竣工又逢捻军倡乱，其又筹资加强城防，拯救乡民百姓于水火之中。由于豫山治理登州期间，勤政爱民，政绩斐然，在人们心目中堪比苏公，因此当其调任琅琊之后，登州百姓仍感怀难忘，刻石铭记以彰显久远。

感德碑
——江邑侯德政

盖为政之大端，莫如教养；而教养之兼举，惟赖循良。

我邑侯江公，己卯之秋摄篆兹土，兴利除弊，化普琴堂，易俗移风，欢腾草野。文庙系文风重地，重修而教化更新；保甲为保庶良谟，编查而闾阎安堵。增书院之经费，膏助青灯；严义学之条规，恩沾白屋。修南道招徕行旅，设绥局保护商船。拯灾患数十余家，表节烈三百余氏。巡更彻夜宵小潜

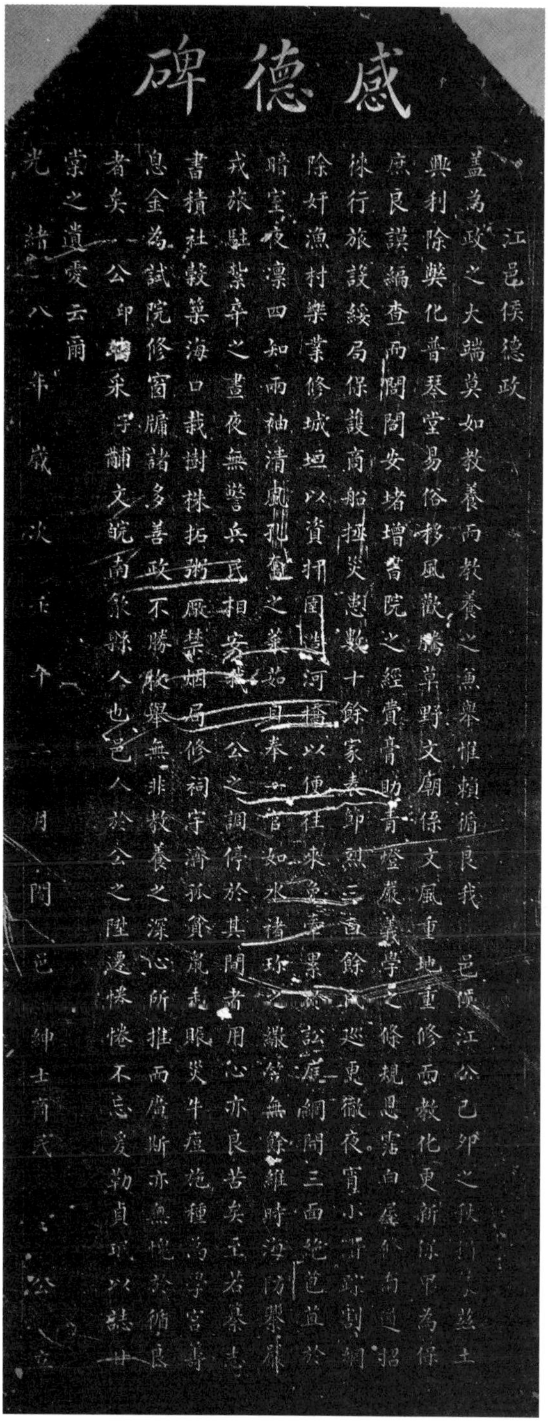

踪，割网除奸渔村乐业。修城垣以资扞圉，造河桥以便往来。免牵累于讼庭，网开三面；绝苞苴于暗室，夜凛四知。两袖清风，孔奋之菜茹自奉；一官如水，褚珍之伞笠无余。维时海防綦严，戎旅驻扎；卒之昼夜无警，兵民相安。我公之调停于其间者，用心亦良苦矣。至若纂志书，积社谷，筑海口，栽树株，拓粥厂，禁烟局，修祠宇，济孤贫，鼠走赈灾，牛痘施种，为学宫筹息金，为试院修窗牖，诸多善政不胜枚举，无非教养之深心所推而广，斯亦无愧于循良者矣！

公印瑞采，字黼文，皖南歙县人也。邑人于公之升迁惓惓不忘，爰勒贞珉以志甘棠之遗爱云尔。

光绪八年岁次壬午二月，阖邑绅士商民公立。

简介：石碑立于蓬莱阁西厢檐廊北侧，高 158 厘米，宽 63 厘米，大理石质地，楷书阴刻，碑额为“感德碑”。

赏析：该碑立于清光绪八年（1882）。碑中记叙蓬莱知县江瑞采，遵循“为政之大端，莫如教养；而教养之兼举，惟赖循良”的施政理念，任职期间兴利除弊，易俗移风，注重教化，清正廉洁，广施惠政，奉公守法，赢得登州地方各界人士的拥戴，进而在其升迁之际立碑感怀以示铭记。

遗则常存
——公祀帮办山东海防事宜广东水师提督军门三等轻车都尉世袭云骑尉瑚敦巴图鲁吴公碑记

登州府治旧有鲁仲连祠，传者谓有蹈东海语，故祠建海滨，今废久矣。前任广东提督军门吴公，奉天子命以帮办山东海防军务，统带练勇各营，建节来海上，严令束伍，加意恤民。驻于丹崖山次，茇舍偫储，更筑数楹，中设鲁连神牌，朝夕祀之，以志慕效。既移节渡海树援高丽，奉调回关，将星遽陨。讣至，登州士民惊悼悲思，盖公之神采至深且远，而惠逮于吾郡人士者尤多也。

初，公之始来，首重儒学，捐金书院，酌加膏薪，更筹宾兴，尽馈乡试，至夫重洋拯溺，不吝厚犒。近郊灾毁，赈及遍村，时有疾疫施以药，哀及鳏寡给以粟，道路崎岖则平之，桥梁坍塌则修之，凡若此者公为之，因而各营统带亦乐而共为之。倥偬海防，不虑士马之驿骚，转获升平之康乐，若公所为，即如排难解纷，称天下士者不是过耳。即公祀鲁连之所并以祀公，其谁曰不宜？爰诹吉日设公神牌，奉置鲁连神牌之右，从众志也。昔公往高丽，咸愿刻石以志公德，公辞不许。兹者祠祀繄岂公心，顾公已古矣。东海之蹈若应其言，公祠鲁连之初，其非寄意深远耶？夫惊波骇浪毕底镜澄，公殁金州与吾海滨一也，耿耿之心不以远迩常变而殊乎？则吾郡士民之祀公斯祠，不惟感激之为，抑亦后来慕效，聿昭高风亮节，而惠逮于无穷也。公讳长庆，字筱轩，安徽合肥人也。是为记。

光绪拾年岁次甲申六月，阖邑公立。

简介：石碑立于仲连祠院内，高 170 厘米，宽 65 厘米，大理石质地，楷书阴刻，碑额为“遗则常存”。

遺則常存

赏析：该碑立于清光绪十年（1884）。碑中记述前任广东水师提督吴长庆帮办山东军务时，出于对先贤鲁仲连的敬仰之情，不仅于蓬莱阁下重建了仲连祠，而且在驻扎登州期间，严明军纪，体恤民生，施行诸多“排难解纷”之善政义举。蓬莱百姓深得实惠，将其视同鲁仲连一般的贤能之士。进而在得悉其身故之后，于仲连祠中设其神牌一并享祀并刻碑铭记。

感德碑
——军门章公郡城修河记

古今事功之成，非值其机不能立就，民生利害之故，非悉其隐不能遽行，值其机，悉其隐，或以事权不属，或以佥谋未协，亦易败于垂成。

郡城故有河，年久淤塞沙石充积，山水骤来容纳无地，河干鳞舍浸灌湍波，郡人士蠹然伤之，议浚焉而力不逮。适值军门章公来镇此邦，知两岸居民必有深受其害而无如何者，因与郡伯暨邑侯会议，集防营壮健邪许兴工，自去秋疏瀹，今秋又复重浚，遂蒇事焉。郡人士数十年所企望者，数月而偿之，非值其机，悉其隐，能若是乎？夫古人之集事也，其毅然力任之概，足以贯乎事之始终，其慨然为民之怀，足以惬乎人之寤寐，心而已矣。公于是役，每日必亲自巡视督察勤惰，居民时以望见颜色为幸。则其心乎，古人之心者，即其心乎，郡人士之心矣。

闻公统师江阴多惠政，江水每溢辄灌农田，民甚苦之，公为筑长堤若千里，农田遂无水患，歌诵不绝。今郡城河浚，秋霖夏潦宣泄从容，郡人士受福感恩，口碑载道，公之泽被不益长哉！是役也，统带雪岑章公、帮带文涛杨公不惮劳瘁，率勇若干人踊跃从事，合备书之，以志铭感。

光绪十五年岁次己丑嘉平月，阖邑绅庶公立。

简介：石碑立于蓬莱阁西厢檐廊南侧，高158厘米，宽60厘米，汉白玉质地，楷书阴刻，碑额为“感德碑”。

赏析：该碑立于清光绪十五年（1889）。碑中记述时任登莱青镇总兵的章高元于登州期间，连续两年对流经府城的画河进行河岸加固河道疏浚，使沿岸百姓不再遭受房屋被淹财产受损，由此百姓深有感戴，立碑铭记。

感德碑
軍門章公郡城修河記

宋宫保建桥修路运沙填沟阖邑感德碑

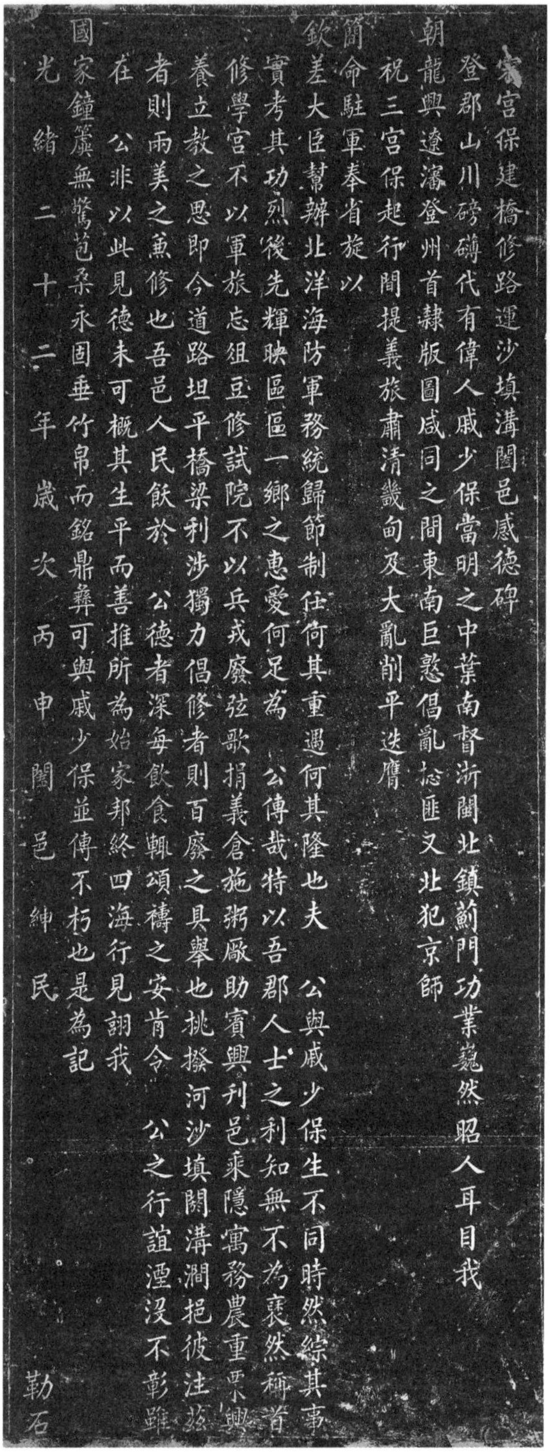

登郡山川磅礴，代有伟人，戚少保当明之中叶，南督浙闽，北镇蓟门，功业巍然，昭人耳目。我朝龙兴辽沈，登州首隶版图，咸同之间东南巨憝倡乱，捻匪又北犯京师，祝三宫保起行间，提义旅，肃清畿甸，及大乱削平，迭膺简命驻军奉省，旋以钦差大臣帮办北洋海防，军务统归节制，任何其重，遇何其隆也！

夫公与戚少保生不同时，然综其事实，考其功烈，后先辉映。区区一乡之惠爱，何足为公传哉？特以吾郡人士之利，知无不为，褎然称首，修学宫不以军旅忘俎豆，修试院不以兵戎废弦歌，捐义仓，施粥厂，助宾兴，刊邑乘，隐寓务农重粟，兴养立教之思。即今道路坦平，桥梁利涉，独力倡修者，则百废之具举也。挑拨河沙，填阏沟涧，挹彼注兹者，则两美之兼修也。

吾邑人民饫于公德者深，每饮食辄颂祷之，安肯令公之行谊湮没不彰。虽在公非以此见德，未可概其生平，而善推所为，始家邦终四海行见诩。我国家钟簴无惊，苞桑永固，垂竹帛而铭鼎彝，可与戚少保并传不朽也，是为记。

光绪二十二年岁次丙申，阖邑绅民勒石。

简介：石碑立于蓬莱阁东厢，高268厘米，宽75厘米，汉白玉质地，楷书阴刻。

宋庆（1820—1902），字祝三，山东蓬莱人，清末将领。参与镇压捻军，于清咸丰十年（1860）晋升总兵，清同治七年（1868）授湖南提督。同治八年（1869）参与镇压回民起义后，驻军旅顺口十二年。清光绪十六年（1890）加封太子少保，四年后又加尚书衔。甲午战争中帮办北洋军务，节制各军，参加辽东、辽南历次战役。清朝廷签订《马关条约》，宋庆致电反对，被革职留任。光绪二十八年（1902）逝于军中，谥号“忠勤”。

赏析：该碑立于清光绪二十二年（1896）。碑中简述宋庆此前为国家平息反叛，保卫京城，甲午抗敌的功绩，而今在家乡又有修学宫试院、捐义仓粥厂、修桥筑路、刊修史志等义举。宋庆于国家、于地方所体现出的事迹品行，让登州百姓深刻记忆，将其视同戚继光一样的名人，并由此立碑铭记。

统带山东海防步队中营前护登州镇总兵协镇衔左营候补参府王公德政碑

登州为滨海之地，虽一隅僻处，实当南北要害之冲，非有德望大过人者坐镇其中，奚以树干城而资保障？

自静堂王公莅东牟统带海防军，力振武功以为兵民望，于是沿海一带莫不庆安堵焉。光绪二十年中东交战，正海疆多故之秋，时公带福字营，镇沙城，守炮台，随同总戎夏公、副戎傅公力战拒敌，两城获无恙，而海岛居民亦庆安全，盖公与有力也。嗣后，拳匪倡乱，以仇教为名，到处焚毁一空，贻累民生，良非浅尠。公派兵丁保教士，护教堂，昼夜巡防，不少遗余力，盖为维持大局起见也，而生民之受赐多矣！加以廉明天赋，公正性成，有功不矜，乐善不倦，施棺木以助丧葬，解衣食以赈孤贫，救风火以恤灾危，舍药饵以疗疢疾，补桥路以便商旅，葺城垣以固藩篱，卡陆路以保行人，巡海洋以防巨盗，公买卖以惠商贾，息词讼以安善良。藉非严以驭军士而赏罚分明，宽以保黔黎而恩威并用者，曷克如斯？昔岳节使旌旗丕变号令如山，程将军刁斗森严樵苏清野，自古素钦重望，迄今犹播美谈。矧以公威重琱戈，望隆金斗，握尚父六韬之略，麾元戎五丈之旌，安闾阎而鸡犬无惊，整队伍而貔貅用命，尤足表雄风于渤海，而留骏惠于蓬山者耶！

绅商等渥承闿泽，望切长城，仰壁垒之聿新，乐市廛之不扰，祭征虏雅歌投壶，史册永垂英范。曹武惠爱民洁己，乡闾亦慕高风，纵无增益于毫厘，愿为表扬于万一。爰勒贞珉敬志德威，亦以颂大树之功，而并表甘棠之爱云尔。

光绪三十年秋，水城、南北隍城岛、庙岛山前村绅商公立。

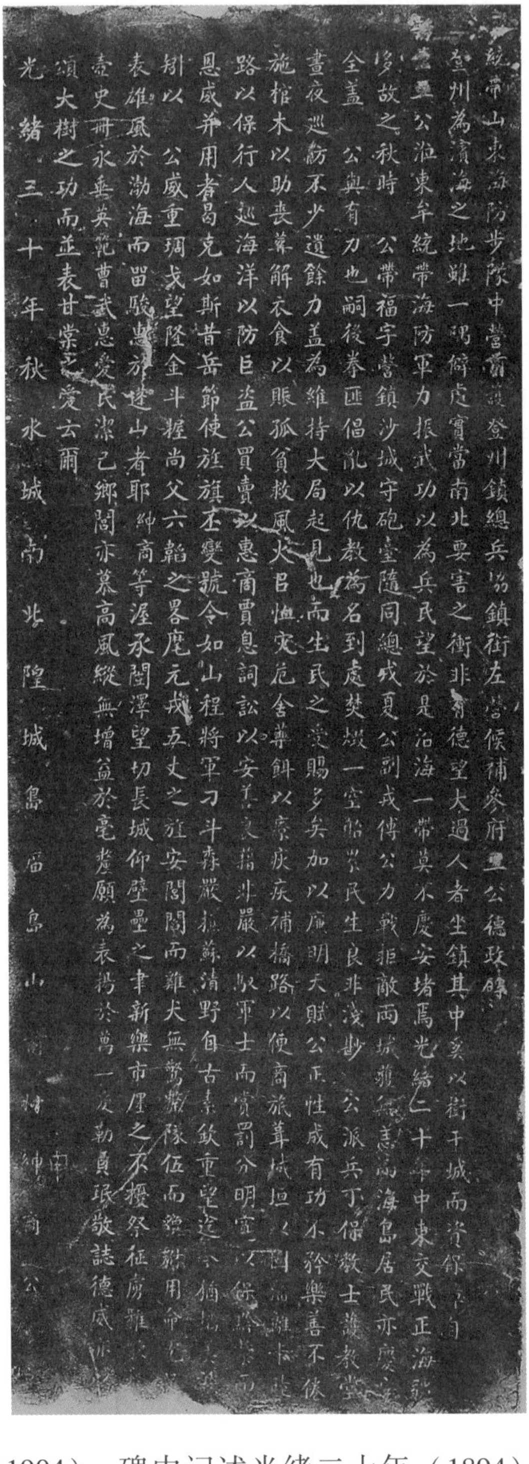

简介：石碑立于蓬莱阁东配殿檐廊下，高 167 厘米，宽 64 厘米，大理石质地，楷书阴刻。

赏析：该碑立于清光绪三十年（1904）。碑中记述光绪二十年（1894）甲午战争爆发以来，登州福字营将领王静堂，带领士兵镇沙城，守炮台，偕同登州总兵夏辛酉、傅介寿一道抗击外来侵略，保卫了蓬莱水城、府城及周边岛屿居民的生命财产安全；随后在清政府剿灭义和团过程中，派遣士兵昼夜巡察教堂，保护教士，不遗余力维持社会治安。其治军严明居功不矜，宽待黎民恩惠地方，使登州水城及周边岛屿绅商深得裨益，进而立碑感德。

志为人民

盛易三、姚琦、郝斌三同志暨蓬莱县历次为国家、为人民而光荣牺牲诸先烈千古！

蓬莱县党政军民同立。

你们是党和人民的忠实儿子，为人民流血牺牲，慷慨就义，英名千古，永垂不朽！

王一夫、赵强、董波敬题。

为人民而死，虽死犹荣！我战友盛易三、姚琦、郝斌三同志足当之而无愧。

盛易三同志，鲁西曹县人，任蓬莱独立营营长有年，在敌伪碉堡林立，封割蚕食之残酷局面下，为保卫人民利益，与敌伪顽强搏斗，英勇果敢，每战身先士卒。去秋以还，更以疾风摧落叶之势，横扫敌踪，迫敌退守一隅，蛰伏不出，使若辈互相传警，每于嘴誓时辄曰："欺心者，出城当遇独立营！"其声威能丧敌胆者若此。人民竟相传捷曰："某战又胜，老盛真是老胜。"今春，我军围困蓬城迫敌投降时，竟于五月二日庙山之役光荣殉国，为人民流尽最后一滴血。

姚琦、郝斌二同志，既为我蓬籍参加抗战最早之忠实革命战友之一，又系我解放军之重要干部。三十三年秋间，郝逆铭传，困窘无路，乃向我致投诚之意，我姚、郝二同志，为争取该逆之反正向善，遂不避艰险，深入敌窟，晓以大义，促其觉醒，乃郝逆贼子狼心，背信弃义，竟使我姚、郝二同志惨遭戕害。当其慷慨就义时，壮烈凛然，保持了共产党人之伟大气节，敌伪为之咋舌寒胆。

兹逢抗日神圣战争胜利结束，蓬城已告解放，而忠于人民，功在国家，更与解放蓬城有密切关系之盛、姚、郝三同志及历次为保卫蓬莱而光荣牺牲之诸先烈，竟未亲睹新中国之到来而先逝，实为遗憾。但革命途上尚多荆棘，吾等誓愿与人民继承先烈未竟遗志，勇往直前，为建设独立、自由、富强的新中国而奋斗到底。

欣逢双十佳节，谨勒石以示不忘，而志追悼云尔。

蓬莱县县长孙自萍、副县长巴南冈谨撰。

中华民国三十四年十月十日。

简介：石碑立于显灵门前丹崖仙境坊东侧，面南而立，须弥碑座上置方尖碑，碑高105厘米，顶边边长25厘米，底边边长33厘米，砂岩质地，楷书阴刻。

孙自萍（1910—1968），原名孙凤春，又名孙紫萍，山东省蓬莱县湾子口村人，蓬莱人民抗日武装起义发起人之一。1935年加入中国共产党，1945年9月调任蓬莱县县长。其广泛依靠群众，团结各界开明人士，开展反奸除霸斗争，赢得了广大干部、群众的拥护和支持。新中国成立后，历任山东水产养殖场场长、中国科学院海洋研究所副所长和党委书记等职务。

巴南冈（1913—1998），原名巴本楠，山东省烟台市福山区人。1939年加入中国共产党，曾任蓬莱县副县长等职。1949 年 5 月随军南下，历任武汉市文教局文化科长，文化局副局长、局长、党组书记，并当选为省、市文联副主席，剧协副主席等职务。

赏析：“志为人民”烈士碑是 1945 年 10 月 10 日蓬莱县党政军民为了纪念在抗战中为蓬莱人民的解放事业而壮烈牺牲的盛易三、姚琦、郝斌等烈士而立。1945 年 8 月，蓬莱县人民同全国人民一样迎来了抗战胜利，人们在欢欣鼓舞奔走相告的同时，没有忘记为蓬莱解放事业付出了生命的英烈们。蓬莱独立营在蓬莱这块土地上威震敌胆，屡建战功。时任营长的盛易三在蓬莱抗战胜利前夕庙山战斗中光荣牺牲，姚琦（胶东军区 14 团参谋主任）、郝斌（胶东军区 13 团政治处宣传股长）深入虎穴做策反工作，被当时背信弃义的蓬莱伪军大队长郝铭传残酷杀害。所以当时蓬莱县领导根据民众的呼声并听取社会各界的意见，选择了有代表性的这三位英烈，树碑于丹崖山上。

第七节 其 他

蓬莱十大景

日升高阁

残星点点散晴空，潮上渔矶曙色曦。

忽讶蓬莱仙灶火，丹成一粒海东红。

思南山人

晖映仙槎

宿雾才收落日催，浮槎踏碎碧玑堆。

天公欲助游人兴，故遣余晖万里来。

思南山人

万里澄波、仙阁凌空

渔梁歌钓、狮洞烟云

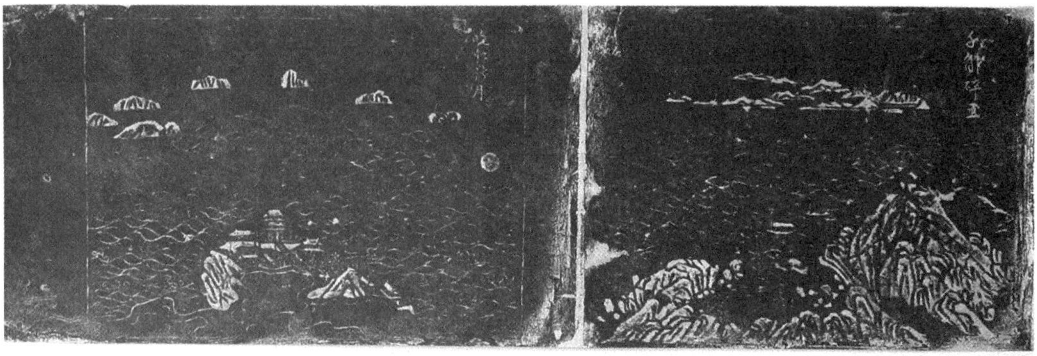

晚潮新月、千斛碎玉

漏天滴润、铜井含灵

简介： 石碑嵌于蓬莱阁西厢内西墙，其中“日升高阁”“晖映仙槎”高34厘米，宽95厘米，附诗配画；其余八景每块高34厘米，宽45厘米，均为汉白玉质地。

赏析： 蓬莱依山傍海，山海风光景色迷人，素有“人间仙境”之称，历来为世人向往揽胜之地。自北宋嘉祐年间登州太守朱处约于此兴建蓬莱阁“将为州人游览之所”时起，无数文人墨客纷至沓来，追寻其间，观览鉴赏，宴饮歌咏，赋诗感怀。据史料记载，宋代时便已形成“蓬莱阁十二景观”之说，可谓当今“蓬莱十大景”的最初版本。蓬莱阁上流传至今的这组简笔写意十景刻石，即为明万历六年（1578）时任山东按察副使的蔡叔逵，于蓬莱阁上所见明初薛瑄《咏海》诗刻石残缺，命人重新摹勒之际，依照明拓宋画

“蓬莱阁十二景”而来。

海天一色

大清雍正八年岁次庚戌桂秋谷旦，知登州府事万宁姚廷槐立。

简介：石碑立于吕祖殿东侧，高 170 厘米，宽 80 厘米，大理石质地，行书阴刻“海天一色”（“色”字下半部分残缺），楷书阴刻上款“大清雍正八年岁次庚戌桂秋谷旦”，下款“知登州府事万宁姚廷槐立”。

姚廷槐（生卒年不详），北京房山人。清雍正八年（1730）任登州府知府。

赏析：“海天一色”描绘的是在晴朗的日子里登阁眺望，所见海天广阔一望无际，蓝天碧海交融一体的视觉美景。这也是蓬莱阁上最为常见的自然景观之一，在欣赏蓬莱阁十大景中的“日升高阁”“万里澄波”时，都有可能同时观赏到。倘若于清晨或黄昏之际，朝霞或晚霞映衬之下的“海天一色”，更是光彩耀目，美不胜收。

三台石

六石相比为三，如星象也。

乾隆五十九年，扬州阮元名之。

简介：石碑嵌于天后宫前殿东围墙南壁，高 95 厘米，宽 39 厘米，大理石质地，隶书阴刻。

阮元（1764—1849），字伯元，号云台，江苏仪征人。清乾隆五十八年（1793）提督山东学政，曾任兵部、礼部、户部侍郎，浙江、河南、江西巡抚，国史馆总纂，湖广总督，官至云贵总督，拜体仁阁大学士，管理刑部，调兵部。阮元知识广博，在经史、小学、天算、舆地、金石、校勘等方面均有极高造诣，被尊为一代文宗。著有《南北书派论》《北碑南帖论》《经籍纂诂》等。

赏析：“三台石”即天后宫戏楼两侧的六尊赭红色巨石。清乾隆五十九年（1794）阮元提督山东学政时，以六石相比如三台星相，因此以“三台”名之。“三台”星宿名，也叫三能，属太微垣。《晋书·天文志》记载：“三台六星两两而居……西近文昌二星曰上台……次二星曰中台……东二星曰下台。”阮元《小沧浪笔谈》卷四中有“蓬莱阁侧天后宫前，有巨石六，大如屋，两两相比而南，余名之曰三台石阙”的记载。至清道光七年（1827）登州府知府张辂又以“坤爻石”对其命名，并刻碑留记。

福

简介：石碑嵌于天后宫前殿后墙西侧，高 182 厘米，宽 130 厘米，大理石质地，草书阴刻“福”字，楷书阴刻“陈抟书”。

陈抟（872—989），字图南，号扶摇子，河南亳州真源人。五代宋初道教学者，通晓儒学和佛学，太极文化创始人。陈抟与世无争，不贪富贵，不求仕禄，后世尊他为“儒师道祖”。陈抟继承汉代以来象数学传统，把黄老清静无为思想、道教修炼方术和儒家修养、佛教禅观会归一流，对宋代理学有较大影响。著有《无极图》《九室指玄篇》《钓潭集》等。

赏析：该字刻石旧置于蓬莱阁北偏处。清《方石书话》记载：“蓬莱阁陈抟‘福’字乃山东李巡抚摹刻，郡人莫能记忆，谬传抟至海上书。”“福”字是中国最古老的象形文字之一，它由“衣、一、口、田”四字组成，显而易见，在古代我们的祖先看来，有衣服穿，有一口田，能吃饱饭那就是福气了。由此结合道家清静无为、与世无争的处世主张，陈抟所书“福”字自然也有着“衣食之福”的意味在里面。加之“福”有着保佑的本义，因此在天后宫火焚重建之后该刻石被人们置于天后宫前殿后墙，其借助神灵护佑一方百姓的意味也显见其中。

寿

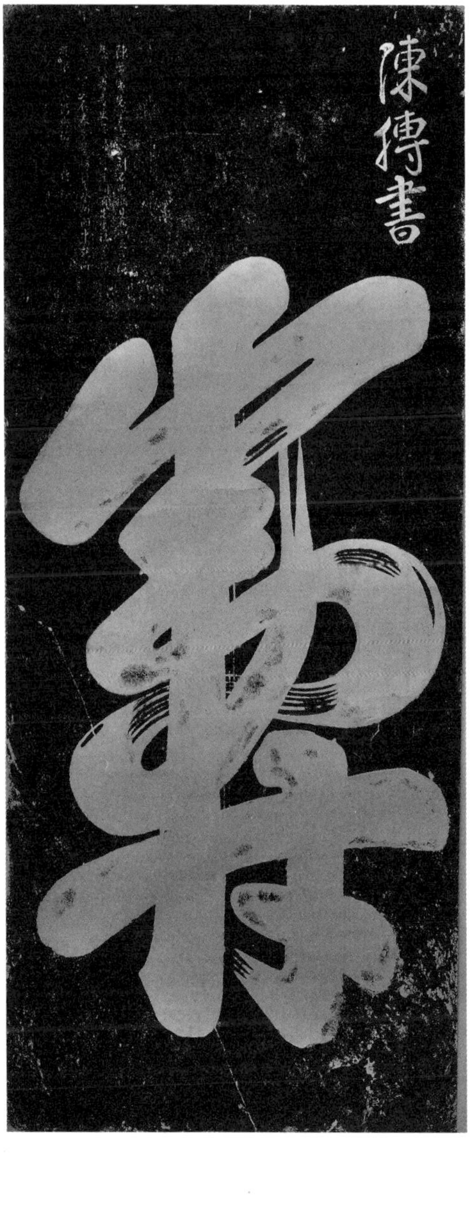

陈希夷先生“寿”字刻石，西岳见如山之意，海屋仙筹，寿更无算。蓬莱阁有先生“福”字碑，无“寿”字。丙辰春，予量移将去登州，间中就西岳拓本摹镌，与“福”字并传。

嘉庆元年三月中浣，德平葛周玉识。

简介：石碑嵌于天后宫前殿后墙东侧，高183厘米，宽78厘米，大理石质地，草书阴刻“寿”字，行楷阴刻“陈抟书”。

葛周玉（生卒年不详），字溪璜，号般水渔人，山东德平人。清乾隆三十五年（1770）副贡，清嘉庆元年（1796）任登州教授，后升任山西凤台知县。

赏析：该碑是清嘉庆元年（1796）春，葛周玉来登州任职时，特意从西岳华山拓印陈抟“寿”字，于蓬莱阁摹勒刻石，意在与蓬莱阁上原有的陈抟“福”字碑互为毗邻相映成趣，结成“福寿双全”之意流传后世。原与“福”字同置于蓬莱阁北偏处，后于清道光十八年（1838）移至今处。后世人传该“寿”字独具特色，字中藏字，含有“富、林、佛”三字，有着天、地、人自然和谐的寓意，当是见仁见智，言人人殊而已。

海不扬波

道光庚子三月，长白托浑布题。

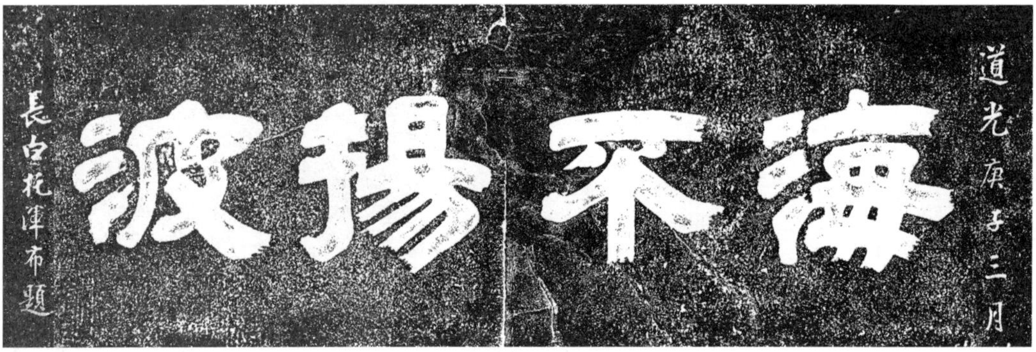

简介：石碑嵌于蓬莱阁北墙后壁，高 80 厘米，宽 232 厘米，花岗岩质地，隶书阴刻“海不扬波”，楷书阴刻上款“道光庚子三月”、下款“长白托浑布题”。

托浑布（1799—1843），字安敦，号爱山，蒙古正蓝旗人。清嘉庆二十三年（1818）进士，任湖南安北知县，后升知府、广西左江兵备道、福建督粮道、直隶按察使、布政使，清道光十九年（1839）升任山东巡抚。著有《瑞榴堂诗集》。

赏析：“海不扬波”是清道光二十年（1840）春，山东巡抚托浑布来登州督办海防时题写。道光十九年（1839）以来随着禁烟运动兴起，时任山东巡抚的托浑布，也通过查禁鸦片、筹措军饷、铸造火炮、训练军队等手段加强登州海防。期间他登临蓬莱阁，面对一望无际的大海，触景生情，感怀时政，挥笔题写“海不扬波”，意图借万里海疆风恬浪静的意境，表达期望国泰民安的美好心愿。然而在甲午战争中，日舰炮击蓬莱阁，一发炮弹击中“不”字，后来虽经修补，痕迹至今可见。

海市蜃楼皆幻影　忠臣孝子即神仙

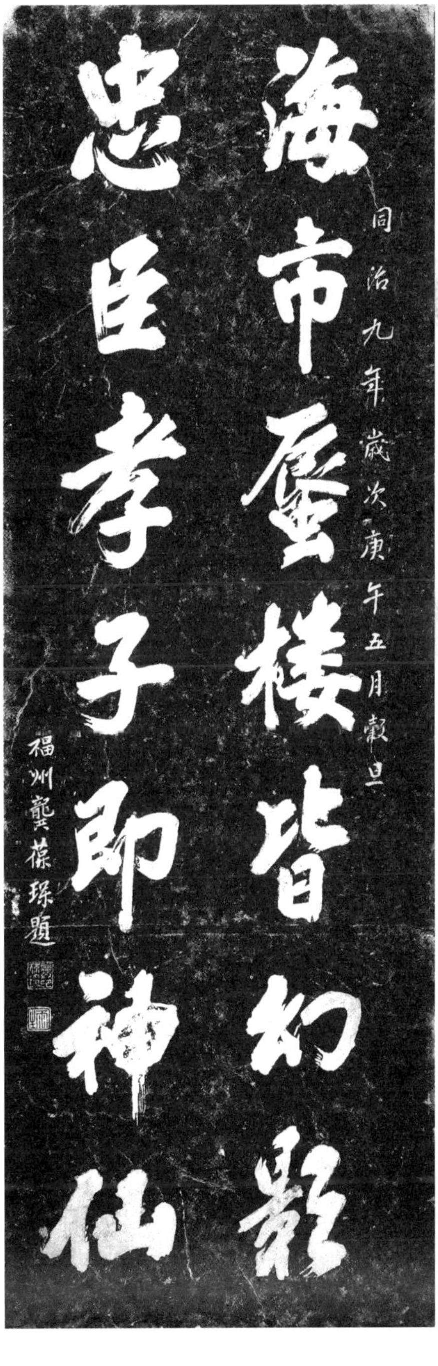

同治九年岁次庚午五月谷旦，福州龚葆琛题。

简介：石碑嵌于卧碑亭南壁，高 220 厘米，宽 70 厘米，大理石质地，楷书阴刻，上款为“同治九年岁次庚午五月谷旦”，下款为“福州龚葆琛题”。

龚葆琛（1823—?），福建闽县人。清同治五年（1866）任山东商河知县。

赏析：该对联作于清同治九年（1870）。海市蜃楼本是一种自然现象，在古代却被当作传说中的神仙福地而一度为人们所枉然追求。作者以此为主题，意在告诫世人神仙不必妄求，只有识得大理之常、人伦之本，做到忠君爱国、孝敬父母，这样的人才是现实中的神仙。

寿

吕道人墨。

光绪甲申仲冬勒于蓬莱丹崖之吕祖阁，志斋郑锡鸿摹。

简介：石碑立于吕祖殿廊下西侧，高128厘米，宽60厘米，大理石质地，草书阴刻“寿”字及上款“吕道人墨”，草书阴刻下款“光绪甲申仲冬勒于蓬莱丹崖之吕祖阁，志斋郑锡鸿摹”。

郑锡鸿（生卒年不详），顺天大兴人。清光绪八年（1882）任山东蓬莱知县。

赏析：该“寿”字笔力雄健，盘郁遒劲，字体苍古。初看是个“寿”字，细看又如“丹”字，一笔九转，正有着道家“九转丹成”之寓意，传为吕洞宾担任浔阳县令时所书。据《登州府志》记载清光绪二年（1876），知府贾瑚、总兵王正起扩建吕祖殿，郑锡鸿其时任蓬莱知县。光绪八年至十年（1882—1884），郑锡鸿回任蓬莱知县，旧地重游之际亦感觉与吕祖道家缘分有加，故从江西浔阳拓来吕祖所题“寿”字，勒刻上石，立于吕祖殿前。

虎（篪）

光绪己丑孟冬，祝三宋庆书于旅顺防次。

简介：嵌于天后宫院西侧，高159厘米，宽62厘米，大理石质地，草书阴刻“虎（篪）”字，楷书阴刻上款“光绪己丑孟冬”，下款“祝三宋庆书于旅顺防次”。

宋庆（1820—1902），字祝三，山东蓬莱人。清末著名将领，参与镇压捻军，于清咸丰十年（1860）晋升总兵，敕号“毅勇巴图鲁”。后历任湖南提督、四川提督等职。宋庆对家乡修学宫试院、捐义仓粥厂、修桥筑路、刊修志史等公益事业多有资助。

赏析：该字结构独异，舒缓灵动，末笔通天入地，酷似斑驳的虎尾，故人称“一笔虎”。虎本为百兽之王，其威严、勇猛的秉性和正义、阳刚的寓意，历来被古代的忠臣良将所钟爱。宋庆自三十岁从军，历经几度剿除捻军升迁至总兵，弹压陕甘回民起义移授四川提督，期间以耿直威猛、忠勇干练而先后敕号“毅勇巴图鲁”“格洪额巴图鲁”。字碑的落款表明宋庆当时驻防于旅顺，其时也正是宋庆人生辉煌、志得意满之际。依作者身世和所处环境，酷爱书法的宋庆书写“虎”字宣泄胸襟，自是顺理成章之事。此外，该字也有人认为是一笔“箎”字，并辅以这样一个传说：相传宋庆五十岁老来得子，取名为“箎”，不料三岁夭折，宋庆悲伤不已，把怀念倾注在笔墨之中，经常写此字，日久天长，竟把这字写得出神入化。宋庆时为朝廷重臣，忠勇为国更让乡人引以为豪，故将其所书之字勒石于蓬莱阁上天后宫院内。不论是以“虎”字还是“箎”字看待，透过字碑表达出的均是乡人对宋庆的崇敬之情。

碧海清风

记名提督登莱青水陆总镇合肥章高元，统领登荣两营水师协镇新会唐廷威，登州府知府调补济南府南丰鲁琪光，三人同官东海，志合衷和。公余之暇，尝登斯阁，把酒临风，喜鲸波不作，鳞比胥安，共勖清勤懋勉，仰副朝廷绥边之要，扞外患而安民生，职斯土者所当务也。琪光受代移守济南将行，两公属志旧迹，镌石嵌壁，以作海上泥鸿，故乐书而记之。

光绪十有六年岁次庚寅孟秋下浣，琪光谨书。

山东登州镇标外委姜再鳌镌于蓬莱阁右。

简介：石碑嵌于蓬莱阁北墙后壁，高 86 厘米，宽 243 厘米，大理石质地，行书阴刻。

鲁琪光（1828—1898），字芝友，号巘珊，江西南丰人。清同治七年（1868）进士，后擢福建兴泉永道，清光绪十年（1884）任登州府知府，后升任济南府知府等，为清朝著名书法家，书法以欧阳询之遒秀、米芾之姿致名盛一时，求书者塞于道。著有《南丰风俗物产志》，有《登州道福碑》拓本传世。

赏析：“碧海清风”题于清光绪十六年（1890）初秋。鲁琪光担任登州府知府期间，与登莱青镇总兵章高元、协镇唐廷威等同僚志趣相投，闲暇之时曾一同登阁观览美景，交流政见，勉励人生，而今在即将升迁济南府知府之时，回首往事题词感怀。题词书法笔墨酣饱、清劲端凝，透过笔端表达了作者期许国泰民安的美好心愿。

寰海镜清

光绪庚寅年季秋月，督学使者裕德题。

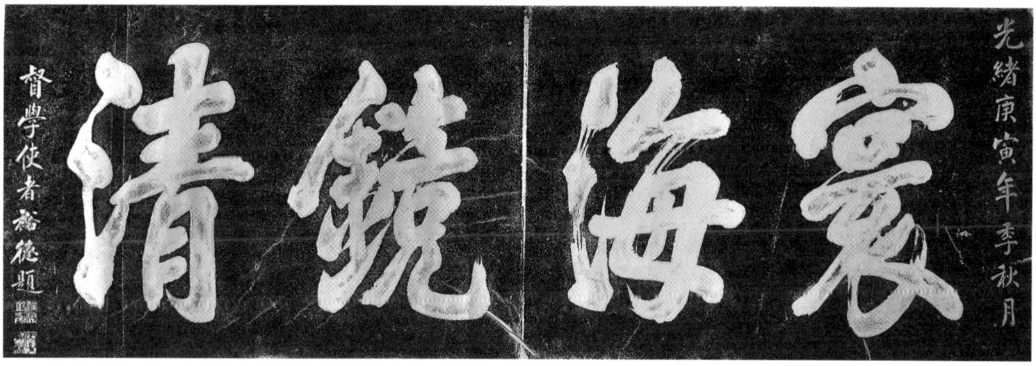

简介：石碑嵌于蓬莱阁外北墙后壁，高 86 厘米，宽 248 厘米，大理石质地，行书阴刻四字横书“寰海镜清”，楷书阴刻上款“光绪庚寅年季秋月”、下款“督学使者裕德题”。

裕德（？—1905），字寿田，满洲正白旗人。清光绪二年（1876）进士，改庶吉士，授编修。曾任山东学政，官至兵部尚书，授体仁阁大学士。

赏析：“寰海镜清”题于清光绪十六年（1890）深秋。清王朝历经鸦片战争和太平天国运动的外患内忧后，通过维新运动和洋务运动，出现“同治中兴”的安定局面，光绪前期国力也随之有所恢复与增强。此时裕德以山东学政的身份登临蓬莱阁，面对波光粼粼一望无际的大海，禁不住心旷神怡，胸臆顿开，挥笔题写“寰海镜清”四个大字。字体端庄浑厚，笔法刚柔兼济，从皇亲国戚以及维护统治者地位的角度，表达了对当时天下清明太平的颂扬之情。

碧海丹心

民国二十三年，冯玉祥。

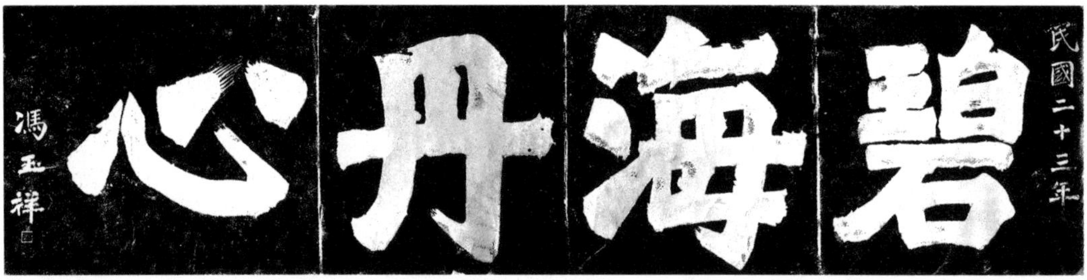

简介：石碑嵌于蓬莱阁前院南墙，高 89 厘米，宽 345 厘米，大理石质地，楷书阴刻，四字横书“碧海丹心”及上款“民国二十三年”、下款“冯玉祥”。

冯玉祥（1882—1948），原名冯基善，字焕章，安徽巢湖人。民国时期著名的爱国将领和民主人士，曾参加滦州起义、北伐战争。抗日战争中，积极从事抗日救国活动。著有《军人精神书》《战阵一补》。

赏析：民国初期军阀混战，1929 年蒋冯战争爆发，冯玉祥战败下野，“九一八”事变后，其抗日主张又遭排斥，一腔报国激情从此郁结心中。1934 年 5 月，冯玉祥在国民党元老李烈钧的陪同下游览蓬莱阁，当李烈钧泼墨抒怀，写下“攻错若石，同具丹心扶社稷；江山如画，全凭赤手挽乾坤”的对联，邀请冯玉祥题写横额时，冯将军略加思索，提笔挥毫，以遒劲有力、浑厚大气的“碧海丹心”四个大字，宣泄了长期以来胸中的郁积。其忧国忧民的爱国情怀为世人乐道，所题“碧海丹心”被刻石留存。

第八节　附　录

登蓬莱阁

（明）刘孝

凭高夕望水云偎，浩涛烟波势若催。
我欲登梯觅灵岛，天教群屿护仙台。
渡田心佳增盐事，危阁登楼访楚材。
空阔寂廖有谁至，信潮应有好音来。

游高阁

（明）刘孝

喧岛纳川入渔航，危阁开筵向大洋。
桃洞潮回礁半出，水城月上夜初凉。
空屿□□□□恨，不见徐生返都乡。
阆苑三山何处觅，烟涛万里断人肠。

隆庆辛未夏相台刘孝题

简介：石碑嵌于天后宫东厢东外壁，高41厘米，宽70厘米，大理石质地，草书阴刻。

刘孝（生卒年不详），字子仁，号邃渠，河南安阳人。明隆庆二年（1568）进士，授河南南乐县令，曾任山东参政，官至山西布政使。

登蓬莱阁

（明）徐元卿

春风流荡海波澄，漂渺高山烟景层。
飞鹤声空涛和应，蛟龙窟静浪悠腾。

汀洲树色遥看蓬，岛屿晴光人望弘。
清明安澜多胜赏，聊将高阁自□登。

海天一色蓬中看，无数青山倒影悬。
秦汉祈仙烟波里，空留我辈浪游观。

万历辛丑暮春　仲判登州府事
古吴真适生徐元卿

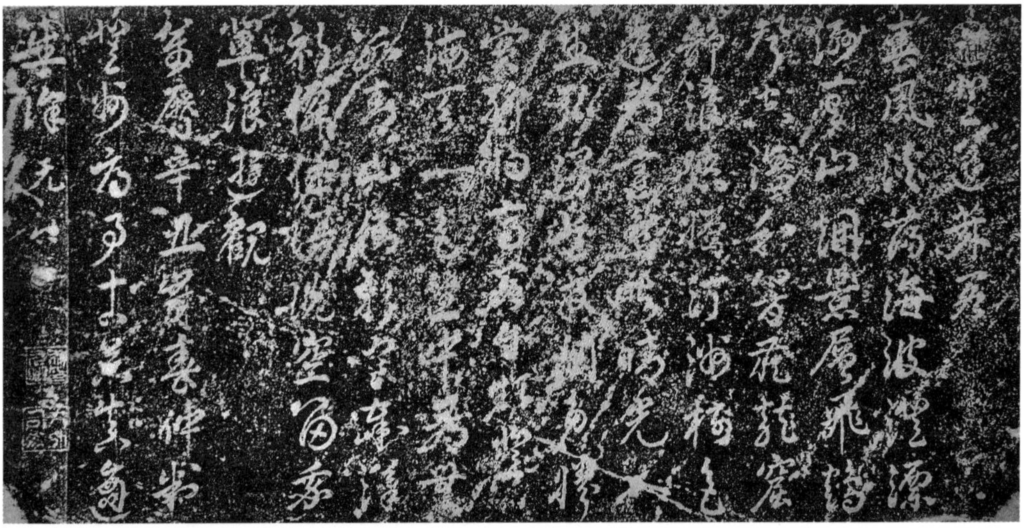

简介：石碑嵌于天后宫东厢东外壁，高 35 厘米，宽 73 厘米，汉白玉质地，行书阴刻。

徐元卿（生卒年不详），长洲人。明万历二十八年（1600）任登州府通判。

重修海庙碑记

（明）佚名

海庙昔为灵祥祠，自沙门岛移于丹崖之巅，盖有年矣。栋宇既颓，规模更陋，非所以妥神灵而严祀典也。

余戊寅以巡察，奉圣旨来谒祀庙，偶有感焉。且□□兹二者，非一人岂无先得岁□省哉，而卒未能新之者，或有未遑耳。越数月，谋诸有司，两殿制仍其□。圮者，与之□者，易之□。其户垣增其□□□，所□□□金，乃扩其□□，卜日动土，丹垩补葺，两月而告成，一时庙貌洁□□者为□观矣。守令□□□是授也，不□不劳神□□□□□之永有者也。□首□者，不可无□矣，海之功大矣。汇百川□□□□□，无论汪洋润物之泽，□几卜年□徙波□□海渚之民，□相□□，孰与神贶□之□法同享之固宜。然则□海者尽，于是□登烟海防之地，前人殚力备之，而来□□卒□何者？军□十月饷不□符，便有未备也。□因于降罚相修，仍□略有□闲也。□□于哨守之人，□烟有未明也。□而需备补其庙，何乃□□事□□哉。以故□事之初，木敢辄议□缺□之□在催受□□□在□地□□之□在守卒掸□□田□□□久□□□□□□解州士卒□□者，给名□责有司屯地，给□□□□□□□者，可□□不揣而陈之。□□□□□□第班屯尚□□□，则服□□□□。

夫治人事□□□□并言之，兹在人者□□□□□□□□金之□而致俎豆□未□也，□□□□□非计也。□不□神且□之庸何□□，海防不振，虽□□一□而□□□□□□□□□ □□□□人□□□□凶浪□□□□□□□，其□亦何□□尺十文□，其庙将以示，指执事□庙且□□□□者□知也。□□□□□□□有赖乎？虽然□□惠以□□，而□□□果非文中此□，敢以

□□□，故烦□神□□神之□□□不□，则□□□未□□也。□以候朝之□□□，知府刘君自化高陵人，同知韩君屏槁城人，通判宋君守孟长治人，推官石君天麟翼城人，县尹阮君宗道大同人，□其事者焉，□用□□人人□。

万历七年己卯秋八月既望。

钦差巡察海道兼管地田分巡登州、山东提刑按察司副使、敕督学山西□□□□□□。

简介：石碑立于天后宫戏楼南东侧，高236厘米，宽88厘米，砂岩质地，碑额篆书阴刻“重修海庙碑记”，碑文为楷书阴刻。作者不详。

重修分守登莱海防道布政司参政赠太仆寺卿凡同谭公登州祠堂碑记

（清）谭吉璁

前明天启初，王父赠太仆公以登莱海防参政，卒于官。后五十余年，为今上康熙己未五月，吉璁奉命来守登。既视事，登之父老诣府再拜言曰：公之大父大参公莅登莱时，某等纨然，习闻长老言之，大参公之大有造于登莱也，公惠政不能缕记。其尤大者，公始至，会镇将沈有容与防抚陶朗先修郄，陶谢病杜门，兵益骄。西兵閧于登，淮兵讙于莱，蓬兵汹骇。公以大义让有容，有容悟，稍戢其卒，以法绳渠魁数人，众始定。公为登莱计长久，力主散兵，建议请于朝，以出海无期，践更抽替。未一月，客兵去者过半，兵不知汰，而登莱之民帖然。岛帅毛文龙自矜能牵制东江，多馘辽人冒首功，又毒辽人之舌，译者指为俘。公廉，得之系密室，与饮食，旬日毒解，能自言被俘状，覆实悉纵□之。□民避难航海至者，公遣吏登视，入著户籍，给牛种，全活以数万计。久之，淮令与辽将构，谬以叛闻。东抚仓皇且疏檄登兵会剿，登营多辽人，偶语籍籍变，且汹汹。公大言曰：“谁言登兵者，辽将吾将、辽兵吾兵也。且彼必不叛，片檄谕之即解耳。”驰箭入营，握辽镇李性忠手为陈利害，性忠立遣三骑，持令箭谕淮营，将卒果感泣听命，流亡得归者再活焉。民曰："无公必无登莱，公之功于登莱甚巨。"已又再拜言曰："昔大参公露处含敛，时黎民号哭罢市累日。"长老相聚泣而语曰："吾属方倚公以生，不幸公死□□，公之功不敢忘也。"奔走请于台，建特祠，祀公于蓬莱阁之左，岁时相率诣祠，聚□几□□曰："吾属公□生，非公吾属宁有今日也？后数年，登离叛将之变，斩、焚、屠□□□□也。"则又相□□□下拜且泣曰："公在吾属宁至是也。盖登人之不忘大参公，而某□□亲睹记者，知此祠且圮。今使君实来继大参公之迹，郡人见使君如见大参公也。"□□□□□新公祠，敢请吉璁□也。谢曰："是小子之续也，夫小子之续也，未敢劳烦父老也。"辞之不获，而登之荐□先生与同事诸君子又力成之。于是市□□以材木，□□□新，登众趋事恐后，越明年告成。

呜呼！计先王父官登莱距今五十八□□代□，而登之父老子弟，咨□称道而感慕之。不置如是，□可见贤长吏□□□□□于吏之遗爱，于其地□，于其子孙，犹历久而不忘，其风俗可谓厚□。然□□□□□，独□登人之思，且为后之吏兹生者欢也。小子其敢□之，□□父□□□□□□月日。王父成万历辛丑进士，三令严邑，历南车马即北职。方□□□□□擢□副视学闽地，所至皆有声迹，语具载董公其昌神道碑及钱公谦益《初学集》。□□以不□于登，皆不着捐金者。

同窗则登州府海防同知宋时化、王振祖、登州府通判李芝兰、宁海州知州刘登科、蓬莱县知县宋之栋、黄县知县袁中立、福山县知县韩象起、栖霞县知县徐守祖、莱阳县知县吴瑾、文登县知县吴闻启、招远县知县齐体物、登州府儒学教授朱之生、训导杨通俊、蓬莱县儒学教谕程琦、训导胥伟、黄县县儒学训导张天士、福山县儒学训导邢偱濂、栖霞县儒学训导崔方振、莱阳县儒学教谕赵自立、宁海州儒学学正马中骕、训导张崇雅、文登县儒学教谕王晓、训导宋会极、大嵩卫儒学教授綦汝盐、登州府经历司经历成旅、蓬莱县县丞胡永庆、栖霞县县丞冯庆余、莱阳县县丞张元标、登州府司狱司司狱陈斌、宁海州吏目史虞书、福山县典史葛尚德、栖霞县典史朱万、招远县典史孟尚德、文登县典史仲宏达、威海卫守备李标、文登县辛旺寨巡检叶贻、孙荐绅。则翰林院庶吉士赵□□、吏部主事宋涟、候补巡道副使张瑞征、候补中书姜照、内阁中书王作哲、候选道纪司京官沙汝沣、候补兵马指挥鞠宸咨、癸未进士刘复昆、丙辰进士杨虞宫、于濾、己未进士张庐启、张禹玉、直隶河间府肃宁县知县孙元亨、江南凤阳府虹县知县陶大章、湖广常德府沅江县知县杨寅生、广东肇庆府高要县知县邹衍泗、侍卫周世禄、曹州儒学学正陈经纶、诸城县儒学教谕孙公侨、齐东县儒学训导马登远、肥城县儒学训导王佐良、金乡县儒学训导徐鹤、举人蔡铎、周正、范襄、李在泮、李本涵、宋□、于澧、贡生徐振先、唐宇泰、监生戚延裔、邹壬琛、范汝梅、范□、王桓、郝缵祖、生员徐炘、陈世樾、鹿廷瑗、赖永祉、郭元棨、王瑶、周孔宪、徐芬、滕钟美、鹿兆庚、萧殷生、王彤、郭元昌、萧呈瑀、王廷献、鹿兆珂、王鼎任、滕钟祥、谢乃宝、贾廷干、郭元楹、王槐、王镜、徐孜、迟斑、宫作式、王笃贞、王洪锡、赵绪、鞠介锡黄县乡耆李风龙例得附书。

康熙十九年岁在庚申暮春初吉，山东登州府知府孙男吉璁百拜识。

简介：石碑立于蓬莱阁东配殿前东墙，高 70 厘米，宽 134 厘米，砂岩质地，楷书阴刻。

谭吉璁（1624—1680），浙江嘉兴人。清康熙十八年（1679）任登州府知府。

少保李公世泽祠记

（清）赵鼎

丙申秋考李公之祠，父老烦志其盛，因稽公世禄，公以官荫。祖字绳武，铁岭世家，系出宁远；父葵阳公，提督金陵兼汉军将军，有惠政，其冢嗣中丞公也。公于顺治十一年春，建牙东省，时□中丞公方舞□侍，公而东勒文境会元，登、青、兖、冀、豫盗劣发，民多逃亡，其遣兵殪其北，翟符悉平。遂设法祈禳，甘雨如注，靖于朝，蠲租廪给，民乃使设大典。屯□招练，由是□□□田流其叶。□公从容□剔稗政，□□香蠹胥及侵蚀河工，势要皆□斧锧莅治之。明年河决馆陶等处得报飞檄，拯救存活万计，兼疏通东道□□便之。先是海民苦□□不得采捕，公酌法出，以□纲入□鱼盐，犯禁者罪之，海隅欢腾。既而兴学校，旌表节烈教化，蔚然至今，号朴美。十三年冬，西南多□移楚督。中丞公请于公曰："大人守官义清伏略犁庭扫穴某其行矣。"公壮之。□□南上东□□□□□借公无及矣。越康熙丙子，有事荡逆吾省，出塞供挽运设边。中丞公督理中路运米事务，下恤运卒，遇憩息路傍者，辄□□□之，恐□烦□疾病劳□，得君膝前慰□，医药时周□焉，□□□□□□。公重沛总制公，恩□□□吾省哉。后特简山左，中丞公士民想望全求□疾不果，寻改三□巡□□□□□□□□南北耶。癸未，东省大水起，驿告灾时，公以疾休乡里，闻命准捐账□□□四东省□人遗矣。待□急稍后之皆□□中矣。□疾抵都开名，公入告以□□□□□余赀□帑金来装，遂东泽新泰尤窘者。赴□设法购谷，分老幼男妇察道里，有远近随方赈给，全活亿万。公着布衣□□□□□□□□。几越月，民肥而公殁矣。四月朔，遂薨于新之羊流店。士民闻讣，罗邸而哭。及花发新邑，父老抢奠，哀声彻野，比出境，犹登高望号，是可验东民之戴公矣。公特□字□源□□□，佐领□九边而为夫廷尉，□法□□□改少司马，以□功授大中丞。父武忠孝者，父风新民祠祀。历年我乡父老若庙逐而不得岁时享也。总制公莅署五省名宦，又缙绅所仰瞻向。郡庶野老不能颂堂□勤厥事。阖郡舆恬思构堂而祝以及卜址。总制公嫡孙即中丞公家嗣李公讳树德者，来镇是邦，士民踊跃欢

呼："见总镇公如见中丞公，盖思我总制公。"是岁夏，建祠于蓬莱山之阳，弥旬告竣，爰志其盛云。

登州府蓬莱县儒学教谕，戊酉科举人赵鼎顿首拜撰。

吏部候选知县，癸酉科举人马会义书丹。

康熙五十有五年岁次丙申八月丁酉望日，阖郡绅士耆庶公立。

山人丁文光勒石。

简介：石碑立于白云宫内西侧，高195厘米，宽75厘米，大理石质地，楷书阴刻。

赵鼎（生卒年不详），山东武城人。清康熙五十四年（1715）任蓬莱县教谕。

万古流芳
——登州统领水师营唐公惠泽碑

登州地临海滨，华夷通路，为燕京要津。而丹崖山高耸北洋，古称重镇。前明辟备倭城，以作东牟保障，摧残坍塌，历数百年矣。

戊子夏，地震倾圮，寻双城中殷富商民寥寥，补葺无资。时重庵唐公，以统领水师，驻节城内。因会同章军门、鲁公祖、刘□□、□□□，为捐廉而鸠工，辑料尚不足以备修葺。唐公好义急公，慨然以为□□。□□□外，首倡练军，躬亲简率，不辞风雪之劳，几如灵囿灵台，功成不息，□□□□□□心民事者，此为最矣。助资倡率，已见远虑深谋。独难董劝，躬亲朝外，不□□□□□心于国，询有造斯地、斯民之福也。而况补路、施药以利民生，救灾、拯难□□□□，甚至修庙敬神以戒慎幽。独武臣而有文事之风，义气而具仁人之度，阖邑绅商以及愚夫愚妇，无不甘棠爱之，口碑颂之矣。敬勒是石，以志不朽云尔。

光绪十六年岁次庚寅菊月，阖邑绅庶立。

简介：石碑立于蓬莱阁西厢房北墙外，高155厘米，宽60厘米，花岗岩质地，楷书阴刻，碑额为"万古流芳"。

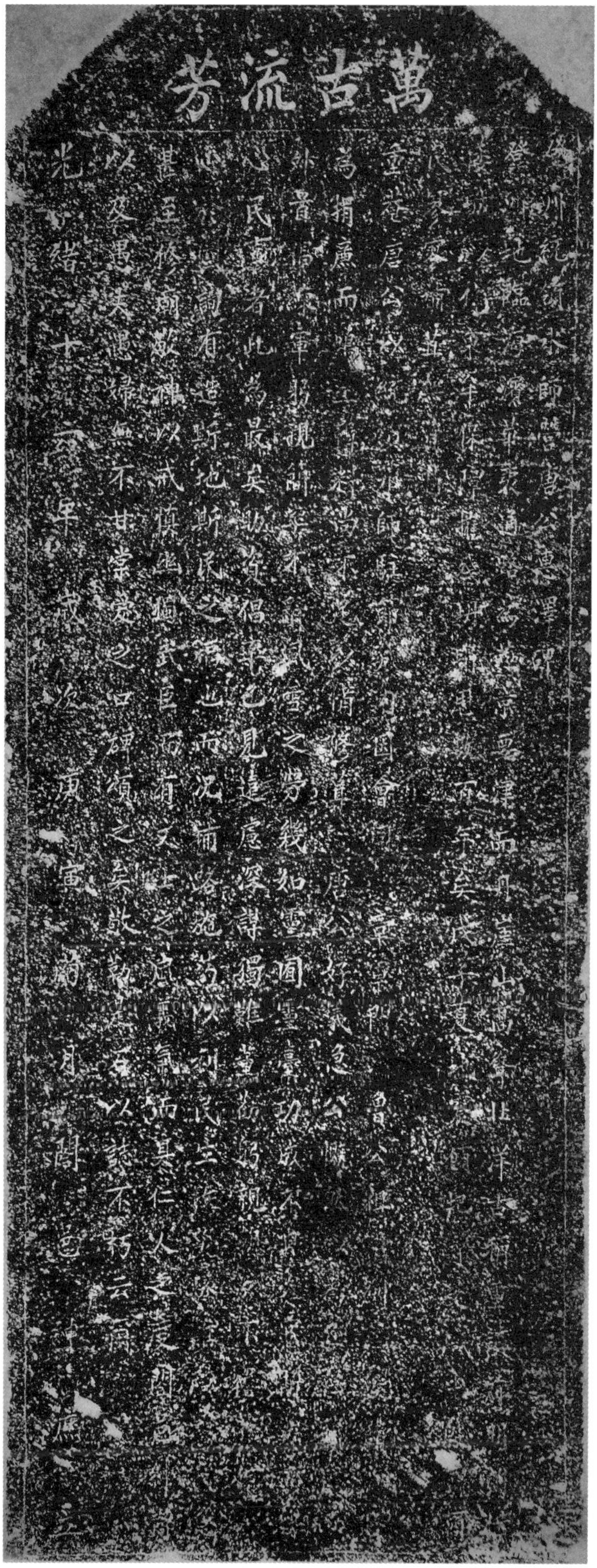
萬古流芳

验汤保胎育子易产神效方

当归酒洗一两

川芎一两

砂仁炒研三钱

白芍酒炒一两

白术土炒五钱

条芩一两

为细末，酒打麦糊为丸，桐子大，空心，每服三钱，熟水送下，即茶亦可。素惯半产者，胎前每日三服或二服，或熬成汤药早晚服之，必无半产之患。生子惯生诸风者，产前每天或一服、二服，小儿不惟无脐风、月风等症，痘疹亦稀，兼免诸疮杂病，且更加肥白。产难或胞衣下迟者服之，永无产厄。此方屡试屡验，大有起效，服之自知。

登府训高之铭、道官徐永仁镌□庆堂□。

乾隆四十年六月吉日。

简介：碑刻嵌于天后宫前殿东墙，高 46 厘米，宽 66 厘米，大理石质地，楷书阴刻。

隐仙洞

康熙岁次乙丑，闽漳林宗。

简介：刻石嵌于白云宫门东南山下隐仙洞中，高 92 厘米，宽 38 厘米，汉白玉质地，楷书阴刻“隐仙洞”及上款“康熙岁次乙丑”、下款“闽漳林宗”。

林宗（生卒年不详），福建漳州人，清康熙二十四年（1685）任山东总兵。

仙人洞

简介：刻石嵌于丹崖山下仙人洞洞口上方，高 22 厘米，宽 76 厘米，大理石质地，楷书阴刻。该刻石残缺，下款可辨“嘉靖□□□□望日临□□□”“洞”“元年”，部分字迹为后补。

第六章　匾额楹联

第一节　题字匾额

人间蓬莱

简介：苏轼（1037—1101），字子瞻，又字和仲，号东坡居士，四川眉山人。北宋著名的文学家和书画家，“唐宋八大家”之一。“人间蓬莱”四字，为1994年初建人间蓬莱坊时，缀辑苏轼《元丰八年遗过子尺牍》中“人间饮酒未须嫌，归去蓬莱却无吃”中的文字而来。该匾位于“人间蓬莱”坊。

蓬莱阁

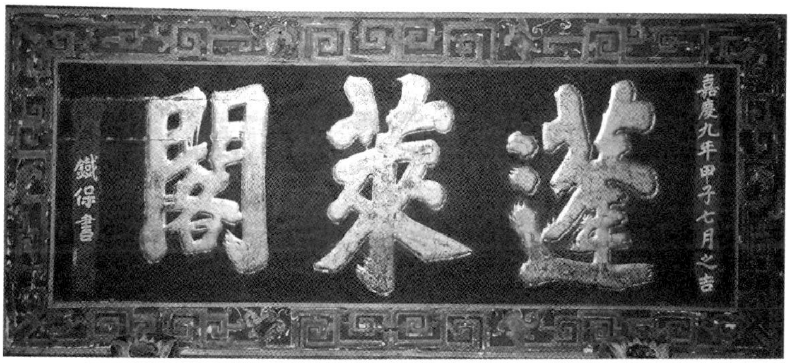

简介：铁保（1752—1824），字冶亭，号梅庵，满洲正黄旗人。清代书法家，与成亲王永瑆、刘墉、翁方纲并称为“清四大书家”。该匾位于蓬莱阁二楼。

弥陀寺

简介：黄苗子（1913—2012），原名黄祖耀，笔名苗子，广东中山人。中国著名漫画家、美术史家、美术评论家、书法家和作家，曾任中国美术家协会理事，中国书法家协会常务理事等。该匾位于弥陀寺前殿。

丹崖仙境

简介：董必武（1886—1975），原名董贤琮，又名董用威，字洁畲，号璧伍，湖北黄安人。中国共产党的创始人之一，中华人民共和国开国元勋，

曾任全国政协副主席，中华人民共和国副主席、代主席，全国人大常委会副委员长等职。该匾位于“丹崖仙境”坊。

龙

简介：高英（1932—1994），原名高文宝，字高翔，山东蓬莱人。历任蓬莱师范学校教务主任、工会主席，蓬莱市政协副主席。该匾位于龙王宫前殿。

霖雨苍生

简介：高英题。该匾位于龙王宫正殿。

福庇海邦

简介：高英题。该匾位于龙王宫后殿。

子孙殿

简介：高英题。该匾位于子孙殿院门。

熊罴赐梦

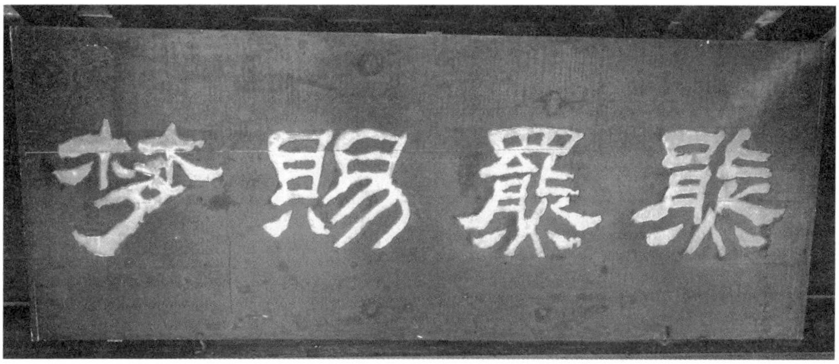

简介：高英题。该匾位于子孙殿。

观止矣

简介：黄苗子题。该匾位于天后宫戏楼。

天后宫

简介：武中奇（1907—2006），山东长清人。曾任中国书法家协会江苏分会主席，江苏省人大常务委员会委员，江苏省画院副院长等。该匾位于天后宫前殿。

慈荫海宇

简介：张伯煊（1955—　），河南汤阴人。中国书法家协会会员，河南省书法家协会创作委员会委员，安阳市书法家协会副主席。该匾位于天后宫前殿。

道德神仙

简介：刘炳森（1937—2005），字树庵，号海村，天津武清人。中国著名书法家。曾任中国文联副主席，中华海外联谊会副会长，中国佛教协会副会长，中国书法家协会副主席，故宫博物院研究员等。该匾位于天后宫正殿。

福锡丹崖

简介：费新我（1903—1992），字省吾，别名立千、立斋，浙江湖州人。曾任中国书法家协会理事，中国书法家协会江苏分会顾问，江苏省国画院一级美术师，中国美术家协会会员，苏州市武术协会名誉主席，湖州书画院名誉院长等。该匾位于天后宫后殿。

胡仙堂

简介：王汝霖（1938— ），字谷雨，别号泮水居士，斋号“二铜印堂”，山东曲阜人。曾任曲阜市文化馆副馆长、副研究馆员，曲阜市书画研究会会长，山东画院高级画师，山东省书法家协会会员，中国楹联学会楹联书法艺术委员会委员。该匾位于胡仙堂。

浴日沐月

简介：聂成文（1946— ），辽宁辽阳人。书法家、艺术家。中国书法家协会顾问、辽宁省书法家协会名誉主席。曾任中国书法家协会副主席，中国书法家协会草书委员会主任、创作评审委员会委员，全国中青年书法展评委会副主任，中国书法培训中心教授等。该匾位于蓬莱阁一楼。

登阁成仙

简介：吴作人（1908—1997），安徽泾县人。中国著名画家，在油画和中国画方面均有很高造诣。曾任中央美术学院教务长、副院长、院长，中国美术家协会副主席。该匾位于蓬莱阁西厢。

人寰仙界

简介：马士达（1943—2012），别署玄庐、驥者、老马等，江苏太仓人。曾任南京师范大学美术系副教授，中国书法家协会会员，西泠印社社员，江苏省书法家协会理事。该匾位于蓬莱阁东厢。

碧海春融

简介：姚哲成（1939— ），本名姚志忠，辽宁海城人。中国书法家协会会员，中国书法家协会辽宁分会副主席，沈阳市硬笔书协主席，沈阳市文联委员，沈阳市书法家协会秘书长。该匾位于蓬莱阁二楼。

神州胜境

简介：乌兰夫（1906—1988），曾用名云泽、云时雨，蒙古族，内蒙古

土默特左旗人。中国人民解放军开国上将。曾任中华人民共和国副主席，全国人大常委会副委员长，全国政协副主席，国务院副总理，中共中央统战部部长。该匾位于蓬莱阁二楼。

澄碧轩

简介：谢德萍（1939—2000），陕西三原人。曾任文化部研究员，中华书院院长，中华书学会“飞天”草书研究会会长。该匾位于澄碧轩。

卧碑亭

简介：贾平西（1935— ），山东蓬莱人。中国一级画家，中国美术家协会会员，中国工笔画学会理事，黑龙江省花鸟画研究会主席，黑龙江省美术家协会终身画家。该匾位于卧碑亭。

苏公祠

简介：舒同（1905—1998），字文藻，又名宜禄，江西东乡人。曾任中国书法家协会主席、中共中央顾问委员会委员等职，是中国书法家协会创始人之一。该匾位于苏公祠。

避风亭

简介：欧阳中石（1928—2020），山东泰安人。中国著名书法家，首都师范大学教授、博士生导师，全国政协委员，中国书法家协会顾问，中国画研究院院务委员。该匾位于避风亭。

吕祖殿

简介：高英题。该匾位于吕祖殿。

上清宫

简介：楚图南（1899—1994），曾用名楚曾、方鹏，字高寒，云南文山人。作家、文学翻译家、书法家。曾任暨南大学、云南大学、上海法学院教授。新中国成立后历任北京师范大学教授、中国人民对外文化协会会长、民盟中央委员会代主席等。该匾位于三清殿前殿。

元门鼻祖

简介：谢德萍题。该匾位于三清殿前殿。

仲连祠

简介：王丹（1963— ），字复秋，号易斋，辽宁锦州人。辽宁省文联副主席，辽宁省书法家协会名誉主席，锦州画院院长。该匾位于仲连祠。

太平楼

简介：朱乃正（1935—2013），浙江海盐人。中央美术学院教授、学术委员会副主任，中国美术家协会理事，中国油画学会副主席。该匾位于太平楼。

天风海涛

简介：刘海粟（1896—1994），原名刘槃，字季芳，号海翁，室名艺海堂、存天阁，江苏常州人。中国著名美术家，曾任南京艺术学院院长、上海美术家协会名誉主席、中国美术家协会顾问。该匾位于太平楼二楼。

平浪宫

简介：杨向阳（1932—　），字楚布，号书地人，湖南湘潭人。中国当代书画家协会副主席，云南艺术学院荣誉教授，中国人民解放军国防大学研究生院特聘教授，湖南炎帝陵总顾问，毛泽东诗词碑林首席顾问。该匾位于平浪宫。

点将台

简介：刘开渠（1904—1993），原名刘大田，安徽萧县人。中国著名艺术家，雕塑艺术大师，中国美术馆事业的开创者。曾任中国美术馆馆长。该匾位于点将台。

三官庙

简介：刘鸿田（1947—　），山东栖霞人。中国书法家协会会员，烟台市书法家协会名誉主席。该匾位于三官庙山门。

钟　楼

简介：李中原题。该匾位于三官庙。

鼓　楼

简介：李中原题。该匾位于三官庙。

洞贯三才

简介：马云博（1938—　），浙江温州人。曾任温州市副市长、政协副主席，温州市硬笔书法家协会顾问。该匾位于三官庙。

亘古文宗

简介：宁兰智（1953—　），字深秀，山东荣成人。国家一级美术师。山东省书法家协会副主席，山东印社副社长，烟台市书法家协会主席。该匾位于三官庙。

福佑众生

简介：孙振民（1968— ），山东海阳人。中国书法家协会会员，山东印社社员，烟台市书法家协会副主席。该匾位于三官庙。

玉皇阁

简介：汪廷汉（1948— ），浙江温州人。中国书法家协会会员，浙江省书法家协会理事，浙江省书法创作委员会副主任，温州市书法家协会副主席。该匾位于三官庙。

备倭都司府

简介：张万年（1928—2015），山东龙口人。曾任中国共产党第十五届中央政治局委员、中央书记处书记、中央军事委员会副主席，上将军衔。该匾位于原备倭都司府大门。

镇海平疆

简介：宋华平（1955—　），山东泰安人。中国书法家协会书法培训中

心教授，河南省文学艺术界联合会副主席，河南省书法家协会主席，郑州大学书画名誉教授。该匾位于原备倭都司府仪门。

保家卫国

简介：许雄志（1963— ），别署少孺，河南郑州人。中国书法家协会理事，中国书法家协会篆书委员会委员、培训中心教授，西泠印社理事，河南省书法家协会副主席。该匾位于原备倭都司府大堂。

海波平

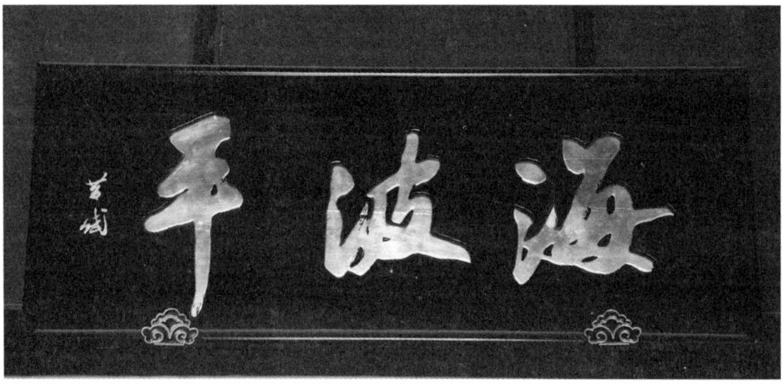

简介：黄斌（1962— ），自号山阴书屋主人，山东即墨人。中国书法家协会会员，山东省古文字学会会员，山东省书法家协会副秘书长，山东省青年书法家协会主席。该匾位于原备倭都司府大堂内。

戚继光纪念馆

简介：孙晓云（1955—　），女，江苏南京人。国家一级美术师，中共十七、十八、十九大代表，中国文联第九、十届委员，中国书法家协会主席。著有《书法有法》《孙晓云行书元曲钢笔毛笔字帖》等。该匾位于戚继光纪念馆正门。

壮志凌云

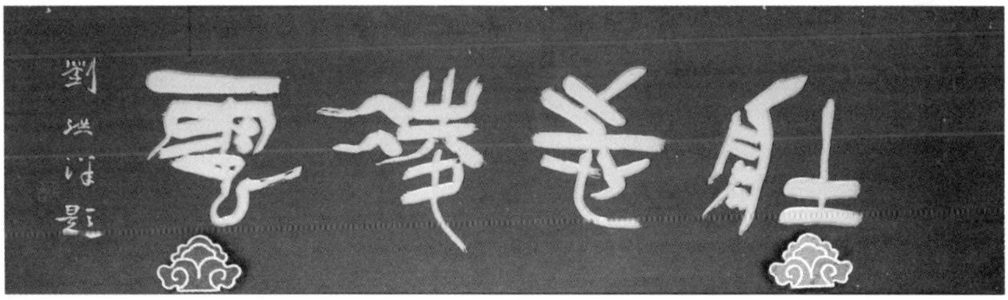

简介：刘洪洋（1963—　），天津宝坻人。书法家，篆刻家，中国书法家协会会员，中国书法家协会篆刻委员会委员，西泠印社社员，天津市书法家协会理事，京东印社社长。著有《篆刻审美概说》《篆书临摹与创作》等。该匾位于戚继光纪念馆一进正房。

威震海疆

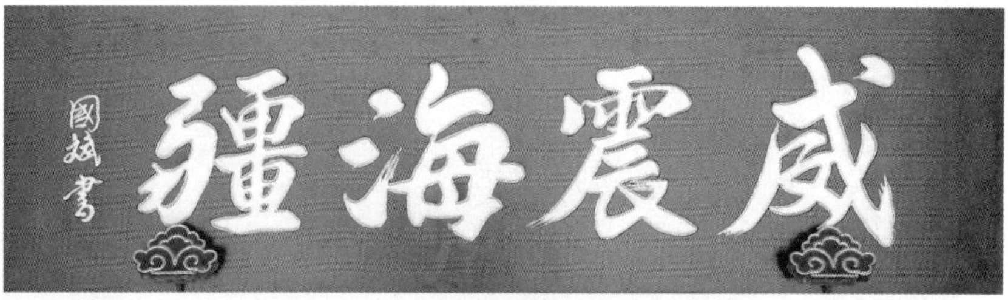

简介：刘国斌（1955— ），湖南邵阳人。书法家，魏碑师承孙伯翔，隶书取法夏湘平，现任和谐中国书画院院士，牵善缘书画院副院长。该匾位于戚继光纪念馆二进正房。

气吞山河

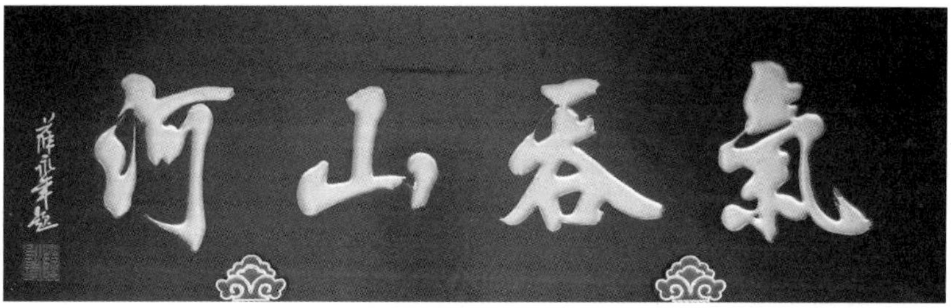

简介：薛永年（1941— ），北京人。著名美术史学家、美术评论家、书画家，中央美术学院人文学院教授、博士生导师，国家文物鉴定委员会会员、书画碑帖组召集人，中国美术家协会理事、理论委员会副主任，中国书法家协会会员。著有《晋唐宋元卷轴画史》《书画史论丛稿》《扬州八怪与扬州商业》等。该匾位于戚继光纪念馆三进正房。

光前裕后

简介：陈胜凯（1970—　），字柏元，号萌源生，福建周宁人。厦门大学艺术学院美术系教授，中国书法家协会行书委员会委员，西泠印社社员。该匾位于戚继光纪念馆四进正房。

彪炳千秋

简介：黄惇（1947—　），号风斋，江苏扬州人。南京艺术学院美术系教授，中国书法家协会学术委员会委员。著有《中国书法全集：54 董其昌》《董其昌书法论注》《中国古代印论史》等。该匾位于戚继光纪念馆四进正房内。

万世英名

简介：庄天明（1954—　），字墨一，江苏无锡人。南京博物院艺术研究所所长，中国书法家协会会员，江苏省美术家协会理论委员会委员。该匾位于戚继光纪念馆五进正房。

永世其芳

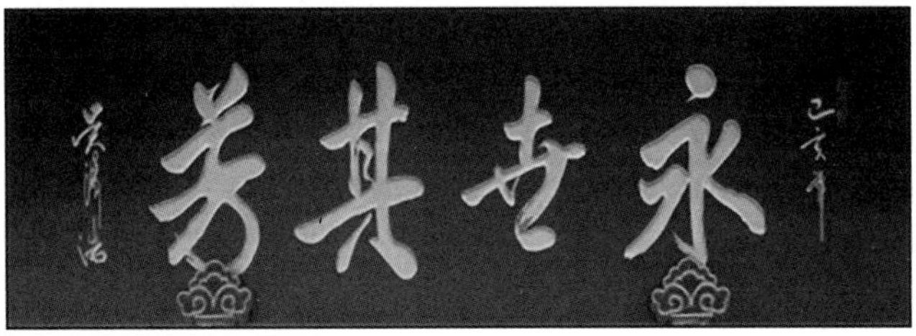

简介：吴泽浩（1943—　），号铁塔轩主，广东汕头人。历任中国美术家协会会员，中国书法家协会会员，济南市文联主席，国家一级美术师。著有《台湾同胞爱国怀乡诗意画选集》《吴泽浩国画作品精选》《吴泽浩画集》。该匾位于戚继光纪念馆西花厅。

第二节　楹　联

九万青天登梯得路

三千碧海破浪乘风

简介：作者倪元璐（1594—1644），字玉汝，号鸿宝，浙江上虞人。明天启二年（1622）进士，官至户部尚书、礼部尚书，谥号“文正”。清初改谥“文贞”。著有《倪文贞集》。

该联原悬挂于蓬莱阁。

简注：全联作者运用夸张的手法，描写蓬莱阁临海孤标，雄踞丹崖，气势非凡，给人以登高致远之感。联文大气得体，工稳流畅。

一眺蓬莱阁
波间岛屿分

简介：作者任璿（？—1698），字政七，号兴茨，河南新乡人。清康熙十八年（1679）进士，康熙三十一年（1692）任登州府知府。著有《东园吟》《丹崖草》等。

该联原悬挂于吕祖殿。

简注：全联出自任璿《登蓬莱阁》“一眺蓬莱阁，波间岛屿分。潮声含宿雨，海气变秋云”的诗句。

楼虚贮月光常满
水阔涵星影自稀

简介：作者赵再白（生卒年不详），事迹不详。

该联原悬挂于蓬莱阁。

简注：全联出自清袁枚《随园诗话》卷十一：“虞山赵再白……《中秋呈鄂文端公》云：‘楼虚贮月光常满，水阔涵星影自稀。’”

形势拱神京，喜万里波恬，鲸鲵屏迹
规模崇宿构，看三山云起，鳌赑凌辉

简介：作者刘清（1742—1827），字天一，号松斋，贵州广顺人。由拔贡议叙，授四川冕宁县丞，擢南充知县，后任广元县事、四川按察使、山东盐运使、登州镇总兵。

该联原悬挂于蓬莱阁。

简注：上联突出蓬莱阁下登州港（蓬莱水城）重要的地理形势，是“京津门户”的海上屏障，拱卫京城，震慑敌人不敢来犯，点出其军事战略地位极为重要。下联中“宿构”原指事先谋划准备，此处指清嘉庆二十四年（1819）登州镇总兵刘清倡修蓬莱阁。“三山云起”化用宋白玉蟾《赠方壶高士》“蓬莱三山压弱水，鸟飞不尽五云起”诗句，赞美蓬莱阁天成地就，景致超群。

凭栏百丈蓬瀛，阁是蜃楼城如海市
坐揽一帆风雾，南通闽粤北溯津关

简介：作者李振祜（1777—1850），原名裕，字锡民，号仪叔，安徽太湖人。清嘉庆六年（1801）进士，曾任山东学政，官至刑部尚书，谥号“庄肃”。

该联原悬挂于蓬莱阁。

简注：全联称赞蓬莱阁美如海市蜃楼，阁下的登州港（蓬莱水城）连接南北海运，交通枢纽地位极其重要。

精神到处文章老
学问深时意气平

简介：作者胡湘兰（生卒年不详），字少海，胶州人。清乾隆三十九年（1774）举人，官至广东花县知县。

该联原悬挂于蓬莱阁。

简注：上联说明写文章讲究精气神充足，如果能充分表现出作者的精神，文章就写得老到成熟。下联阐述为人讲究心定神闲，不意气用事，如果学问修为深厚，那么就能有效控制情绪，达到意气平和的境界。

才知向若失秋水
便欲乘槎到白云

简介：作者何凌汉（1772—1840），字云门，号仙槎，湖南道州人。清嘉庆十年（1805）进士，曾任工部尚书、吏部尚书、户部尚书，谥号“文安”。著有《云腴山房文集》。

该联原悬挂于避风亭。

简注：上联化用《庄子·秋水》“望洋向若而叹曰：‘……今我睹子之难穷也，吾非至于子之门则殆矣’”的文句，比喻向高明者折服，而自叹不如。下联“乘槎”出自晋张华《博物志》“立飞阁于槎上，多赍粮，乘槎而去”的文句。

书幌露寒青简湿
墨花香润紫毫圆

简介：作者何绍基（1799—1873），字子贞，号东洲，别号东洲居士，湖南道州人。清代诗人、学者、书法家。清道光十六年（1836）进士，官至四川学政。著有《惜道味斋经说》《东洲草堂诗集》等。

该联原悬挂于蓬莱阁。

简注：全联化用元陈孚《呈阎静斋学士》“麟笔露寒青简湿，凤章云蔼紫泥闲。孤帆已有东风便，喜近蓬莱碧水间”的诗句，描绘出书房露水显寒意打湿竹简，紫色兔毛制成的笔横置在墨渍花纹的砚石上，展现出一种意境悠远的书香气息，令人心旷神怡。

山水有灵亦惊知己
性情所得未能忘言

简介：作者阎敬铭（1817—1892），字丹初，陕西大荔人。清道光二十五年（1845）进士，同治年间任山东巡抚，官至户部尚书，谥号“文介”。

该联原悬挂于蓬莱阁。

简注： 上联出自北魏郦道元《水经注》“山水有灵，亦当惊知己于千古矣”的文句。下联出自南朝梁沈约《宋书·庐陵孝献王刘义真传》“性情所得，未能忘言于悟赏”的文句。该联表达了作者对蓬莱阁山海景观的赞美和喜爱。

不向南华乞烟火
又来东海看涛山

简介： 作者徐昌绪（1824—1892），字琴舫，号遁溪，四川丰都人。长于诗文书法。清咸丰六年（1856）进士。曾官编修、侍讲学士。编修《丰都县志》。

该联原悬挂于苏公祠。

简注： 上联化用苏轼“不向南华结香火，此生何处是真依”的诗句。“南华”是《南华真经》的省称，即《庄子》的别名。“烟火”泛指祈祷。下联出自苏轼《次韵答李端叔》“已入西羌度沙碛，又从东海看涛山”的诗句。“涛山”泛指海浪。

银帆展转荡雾里
渔家往来水声中

简介： 作者徐昌绪。

该联原悬挂于澄碧轩。

简注： 全联展现蓬莱阁下登州港船来帆往、渔歌互答的繁荣景象。

山东红云随日去
海上明月共潮生

简介：作者徐昌绪。

该联原悬挂于澄碧轩。

简注：联文“海上明月共潮生”出自唐张若虚《春江花月夜》“春江潮水连海平，海上明月共潮生”的诗句。全联描绘蓬莱阁十大景之一“晚潮新月”海阁共映的极美景致。

学海几能窥道岸

望洋谁与障狂澜

简介：作者丁宝桢（1820—1886），字稚璜，贵州平远人。清咸丰三年（1853）进士，曾任山东巡抚，官至四川总督，谥号“文诚”。著有《丁文诚公奏稿》。

该联原悬挂于澄碧轩。

简注：上联感叹学海无涯，有几人能达到彻悟的境界。下联化用唐韩愈《进学解》“障百川而东之，回狂澜于既倒”的文句。

阴阳割昏晓，孕之罘吞碣石，登斯楼也，其间如尧天舜日，看万派朝宗，尽招来丝枲铅松共球玉帛

乾坤浮昼夜，驾圆峤跨方壶，望美人兮，何处是秦桥汉柱，喜三山隐现，且纵览鼍梁蜃市蛟室鳌宫

简介：作者孙恺元（生卒年不详），安徽寿春人。曾任沂水县令、宁海州知州。

该联原悬挂于蓬莱阁一楼外檐明柱，清同治九年（1870）中秋题。

简注：上联“阴阳割昏晓”出自唐杜甫《望岳》“造化钟神秀，阴阳割昏晓”的诗句。“尧天舜日”原用以称颂帝王的盛德，后也比喻因为帝王的英明统治让国家呈现盛世。下联“乾坤浮昼夜”出自杜甫《登岳阳楼》“吴楚东南坼，乾坤日夜浮”的诗句。“秦桥汉柱”出自晋伏琛《三齐略记》“秦始皇于海中作石桥，海神为之竖柱”的文句。

奥区神皋斗绝入海
扪参历井峻极于天

简介：作者朱铭盘（1852—1893），号曼君，江苏泰兴人。清光绪八年（1882）举人，书法家。著有《桂之华轩诗集》。

该联原悬挂于蓬莱阁。

简注：上联“奥区”为腹地之意，“神皋”古代指神圣的土地。“奥区神皋”是形容蓬莱水城地理位置的险要。下联“参”“井”分别为蜀秦分野，指自秦入蜀途中，山势高峻，仿佛可以摸到参、井两星宿。此处形容丹崖山山势高峻。全联描绘出丹崖临海、高阁凌空的壮观景象。

将众山移开，东海在前昆仑在后
让一阁独立，清风有主明月有家

简介：作者李寿武（生卒年不详），清代人。

该联原悬挂于蓬莱阁。

简注：全联言简意赅，气势非凡。联文“让一阁独立，清风有主明月有家”蕴含着登临高阁的无尽意念与情怀。

高阁快登临，欣看万派朝宗，隐然见鼍梁蜃市
回栏资凭眺，闻说三山在即，何处觅圆峤方壶

简介：作者李寿武。

该联原悬挂于蓬莱阁。

简注：上联“鼍梁”借指帝王的行驾。鼍梁蜃市，即海市蜃楼。下联“三山”指海上三神山，出自《列子·汤问》：“渤海之东，不知几亿万里，有大壑焉……其中有五山焉：一曰岱舆，二曰员峤，三曰方壶，四曰瀛洲，五曰蓬莱。”

凭栏观蜃楼，眼底三千碧海
漫步登仙阁，昂首九万青天

简介：作者潘霨（1816—1894），字燕山，号铧园，清代江苏吴县（今苏州市）人。曾任湖北巡抚、贵州巡抚。精于医，历官所至，恒以医济民。著有《铧园医学六种》。

该联原悬挂于蓬莱阁。

简注：全联描写蓬莱阁上登高望远，可见万里澄波、海市蜃楼的奇观。

能凭骇浪洪涛，何处非三山胜境
为语蜃楼海市，此时有西蜀苏公

简介：作者潘霨。

该联原悬挂于苏公祠。

简注：上联“三山胜境”指代仙境。下联“西蜀苏公”指代苏轼，记述苏轼仅在蓬莱为官五日，却留下著名《海市诗》的传世佳话。

人间已三度桑田，乘万里长风来观沧海
天上有五云楼阁，笑十年小谪得住蓬莱

简介：作者龚易图（1835—1894），字蔼仁，号含晶，福建闽县（今福州市）人。清咸丰九年（1859）进士，官至湖南布政使。精书法，善绘画。著有《谷盈子》《乌石山房诗存》。

该联原悬挂于蓬莱阁。

简注：上联感叹世事变幻莫测，有幸远道而来观赏沧海。下联“五云楼阁”指海市蜃楼，意指有幸十年贬谪得以居住到蓬莱仙境。

凤翎装画披美锦
珊瑚玉树交枝柯

简介：作者王之斌（生卒年不详），湖北黄陂人。清道光九年（1829）进士，曾任刑部主事。

该联原悬挂于蓬莱阁。

简注：上联描绘用漂亮羽毛装饰的画，像是披上了鲜艳华美的丝锦。下联化用唐韩愈《石鼓歌》“鸾翔凤翥众仙下，珊瑚碧树交枝柯”的诗句，赞叹珊瑚碧树，枝柯高低疏密有致，世所罕比。全联赞美蓬莱阁风景如画，世所罕见。

眼前沧海难为水
身到蓬莱即是仙

简介：作者李启垣（生卒年不详），清代云南文山人。

该联原悬挂于蓬莱阁。

简注：上联出自唐元稹《离思》“曾经沧海难为水，除却巫山不是云”的诗句。下联是作者对神仙的超脱与逍遥的真实感受，赞扬蓬莱仙境超然物外。

城市当前，烟火万家忧乐共
海山在望，乾坤一气古今浮

简介：作者秦锡九（生卒年不详），广西桂林人。清道光二年（1822）进士，曾任即墨县知县。

该联原悬挂于蓬莱阁。

简注：全联由近及远，由空间到时间，道出作者登蓬莱阁的感受。

丹城云游方几日
蟾宫世上几千年

简介：作者贾瑚（生卒年不详），字小乔，山西夏县人。清咸丰九年

（1859）进士，官至陕西道监察御史。光绪三年（1877）任登州府知府，主持编修《增修登州府志》。

该联原悬挂于吕祖殿垂花门。

简注：“蟾宫”即广寒宫，是古代神话中神仙居住的地方。全联化用道教神仙王子晋“王子去求仙，丹成入九天，洞中方七日，世上几千年”的典故，与吕洞宾的“黄粱一梦”有异曲同工之妙。

天得之一清，地得之一宁
人得之一灵，物得之一守

简介：作者贾瑚。

该联原悬挂于吕祖殿。

简注：全联出自《老子》之《道德经》，“天得一以清，地得一以宁，神得一以灵，谷得一以盈，万物得一以生，侯王得一以为天下正”，表达了道教“道为一之母，一为道之子”的思想。

三尺青蛇一声黄鹤赞，化遍寰区记清浦仙灵早著
左邻碧海右傍丹崖楼，真开胜地比洞庭风景如何

简介：作者贾瑚。

该联原悬挂于吕祖殿。

简注：全联化用清陶澍《题汲县白云阁》“杯前三尺青蛇，仙会恍游蓬岛路；笛外一声黄鹤，我来犹记洞庭秋”的诗句，以此赞美蓬莱碧海仙阁，堪称胜地。

义宅拱神京，夙夜惟寅，举头日近长安近
禹略萦仙海，臣心似水，游目波清坐唱清

简介：作者富察惠吉（1787—1845），满洲正白旗（一说镶黄旗）人。

清嘉庆年间由荫生补刑部主事，官至陕甘总督。

该联原悬挂于蓬莱阁。

简注：上联“夙夜惟寅”出自《尚书·舜典》“夙夜惟寅，直哉惟清”的文句。后世多以“寅清”为官吏箴戒之辞，谓言行敬谨，持心清正。下联“臣心似水”出自东汉班固《汉书·郑崇传》“臣门如市，臣心如水，愿得考覆”的文句。“臣心似水”是指廉洁奉公，心清如水。

缥缈临空登高阔，云层呼吸真能通帝座

混茫无地乘长风，万里梦魂直欲到神山

简介：作者马翙（生卒年不详），字声甫，号菊如子。清同治廪贡，授蓬莱县训导。

该联原悬挂于蓬莱阁。

简注：上联出自李白登上华山感叹华山主峰“呼吸之间，可通帝座，恨不携谢朓惊人语来，搔首问青天耳”的文句。“帝座”是古星名，亦作“帝坐”，意为皇帝的宝座，此处借指仙境。下联化用宋王珪《上元》“锦帐宵寒薰易歇，梦魂直欲到天头”的诗句。“神山”指代蓬莱仙境。

放鹤归来收心静坐谈山水

鸣琴奏罢瞥眼长空寄海天

简介：作者佚名。

该联原悬挂于蓬莱阁。

简注：上联化用宋苏轼《放鹤亭记》中的故事，表达信然自适的生活图景和不为时事所囿的自由心境。下联出自《吕氏春秋·察贤》“宓子贱治单父，弹鸣琴，身不下堂而单父治”的文句。“鸣琴”是称颂地方官简政清刑，无为而治。

十分景色逼高楼，看烟霞散处如现云中冠冕

一带祥光胜碧海，听潮汐静时悦来天上笙歌

简介：作者佚名。

该联原悬挂于蓬莱阁。

简注：上联描绘蓬莱阁高阁凌空，仿佛是飘于云彩中的冠冕。下联赞美蓬莱阁碧海蓝天，潮退安静隐约从天上传来阵阵笙歌。

日上红波浮翠屿
潮来碧海卷青沙

简介：作者佚名。

该联原悬挂于蓬莱阁。

简注：全联出自宋苏轼《次韵陈海州乘槎亭》“日上红波浮翠巘，潮来白浪卷青沙。清谈美景双奇绝，不觉归鞍带月华”的诗句。

紫竹林中观自在
白莲台上现如来

简介：作者佚名。

该联原悬挂于弥陀寺。

简注：全联化用明孙徵兰对联“白莲台上逍遥客，紫竹林中自在仙”的文句。

济帆棹于闽南，忆当年风驭軨軿灵佑黑水
清风涛于海北，看此日鸾旗招展泽沛丹崖

简介：作者佚名。

该联原悬挂于天后宫。

简注：上联叙述妈祖当年在黑水洋海上救难的故事。下联表现的是妈祖护佑蓬莱阁地处的北方海域，保障行船安全。

乘云下尘埃，阅尽人间春色
采药入丹城，漫游宇宙山河

简介：作者佚名。

该联悬挂于吕祖殿。

简注：全联描写吕洞宾云游四海采药炼丹，降临人间阅尽沧桑，表达了作者心灵世界的追求，对远离喧嚣、安然自乐的生活状态的一种向往。

剑气横空，喜八表风清，重洋浪静
笛声催晓，看四山云起，万井烟浓

简介：作者王正起（1833—1892），字静海，武汉黄陂人。清咸丰三年（1853）从军，历任山东总兵、提督军门，诰封“振威将军”。

该联原悬挂于吕祖殿。

简注：上联描写作者豪吟“剑气横空”“重洋浪静”的潇洒情形。下联畅述俯瞰人间“四山云起”“万井烟浓”的景象。

天外有蜃楼，当年一枕黄粱，富贵功名真梦幻
云中停鹤驾，此际三山碧海，衣冠剑佩寄仙踪

简介：作者倪焻（生卒年不详），古越人。清道光二十五年（1845）任宝坻县知县。

该联原悬挂于吕祖殿。

简注：上联“一枕黄粱”出自唐沈既济《枕中记》的故事。下联“鹤驾”是死亡的讳称，出自唐卢照邻《郑太子碑铭》：“鹤驾停空，尚谒先人之墓。”全联表达生死、功名、富贵是过眼烟云，抒发清静无为的思想。

立功立德居之以敬
友直友谅尊其所闻

简介：作者佚名。

该联原悬挂于蓬莱阁。

简注：上联是指古代推崇人生最高境界为“三不朽”，即“立德”“立功”“立言”。下联意思是要与正直的人、诚实的人、见多识广的人交朋友。

功参天地育万物
德配坎离汇百川

简介：作者佚名。

该联原悬挂于天后宫。

简注：上联出自《荀子·王制》“君子者，天地之参也，万物之总也，民之父母也”的文句。下联引用八卦中的“坎”“离”比喻阴阳相合化育万物。全联赞扬妈祖的功德培育万物，惠纳百川。

寰海清为镜
深宫奠厥居

简介：作者佚名。

该联原悬挂于天后宫。

简注：上联出自唐裴度《铸剑戟为农器赋》“皇帝嗣位之十三载，寰海镜清，方隅砥平”的文句，意喻天下清明太平。下联出自《尚书·盘庚》“盘庚既迁，奠厥攸居，乃正厥位，绥爰有众”的文句，暗喻国家兴旺。

蜃气毓三山，贝阙珠宫天外见
鲸氛清四海，鸣銮佩玉阁中来

简介：作者佚名。

该联原悬挂于蓬莱阁。

简注：上联描绘蓬莱阁北部海面，频繁出现的海市蜃楼中幻化出三神山的奇幻景象。下联展现巨鲸吐雾的四海里鸣銮佩玉的神仙，从蓬莱仙阁袅袅走来。

金绳开觉路

宝筏渡迷津

简介：作者佚名。

该联原悬挂于弥陀寺。

简注：该联出自唐李白《春日归山寄孟浩然》“金绳开觉路，宝筏度迷川”的诗句，阐述佛法能开启众生觉悟的道路，超度众生脱离迷妄，到达理想的彼岸世界。

忠心昭日月

义气满乾坤

简介：作者佚名。

该联原悬挂于弥陀寺东厢。

简注：该联出自《关圣帝君明圣真经》“精忠冲日月，义气贯乾坤，面赤心尤赤，须长义更长”的文句，夸赞关羽忠义仁勇，诚信义气。

山中残古寺

门外尽劳人

简介：作者佚名。

该联原悬挂于弥陀寺西厢。

简注：该联阐述佛家禅理，禅门空门，一门之隔，两种世界，全不相同。

净地何须扫
空门不用关

简介：作者佚名。

该联原悬挂于弥陀寺西厢。

简注：该联阐述佛家禅理。佛教净土本来就干净无垢，无须打扫。佛门四大皆空，如去如来，无遮无碍，何必关闭。

云行雨施滋万物
风息浪静海澄清

简介：作者佚名。

该联原悬挂于龙王宫。

简注：上联“云行雨施”出自《周易·乾》“云行雨施，天下平也”的文句。全联寓意风调雨顺，天下太平。

神恩垂千古
麟儿惠四方

简介：作者佚名。

该联原悬挂于子孙殿。

简注：该联出自民间传说“麒麟送子”的故事。“麒麟送子”指汉族祈子风俗，求拜麒麟可生育得子。又出自晋王嘉《拾遗记》有孔子诞生前麒麟吐玉书于其家院的典故。

金弹打却天狗去
宝弓引进子孙来

简介：作者佚名。

该联原悬挂于子孙殿。

简注：该联出自民间传说“送子张仙”的故事。张仙是汉族民间供奉的吉祥神，能够让信奉之人得子。《历代神仙通鉴》中认为张仙还有以弹弓逐打凶神“天狗”，保护世人生儿育女的能力。

兴云通造化
致雨润乾坤

简介：作者佚名。

该联原悬挂于龙王宫。

简注：该联拆分成语“兴云致雨”，用简练的语言赞美龙王布云作雨，滋润万物。

石麟异瑞垂千古
丹桂奇香降九霄

简介：作者佚名。

该联原悬挂于子孙殿。

简注：“石麟”，旧时称人有文采的儿子。“丹桂”，旧时称科举中第为折桂，因以丹桂比喻科第。全联叙述祈求之人希望子孙能够科举中第，前途远大，名载史册。

海水朝，朝朝朝，朝朝朝落
白云长，长长长，长长长消

简介：作者佚名。

该联原悬挂于天后宫。

简注：该联借助汉字的同形异音异义的特点巧撰而成。

上联读作：海水朝（cháo），朝（zhāo）朝（zhāo）朝（cháo），朝（zhāo）

朝（cháo）朝（zhāo）落；下联读作：白云长（zhǎng），长（cháng）长（cháng）长（zhǎng），长（cháng）长（zhǎng）长（cháng）消。

上联“朝”字，一读作“zhāo”，指时间；一读作“cháo”，通“潮”，指海水受日月引力影响定时涨落。下联“长”字，一读作“cháng”，指时间频率，常常的意思；一读作“zhǎng”，通“涨”，指浮云的自然消长和出现。

坤仪配地，佑一方潮平崖阔
水德参天，护寰海风正帆悬

简介：作者佚名。

该联原悬挂于天后宫垂花门。

简注：该联出自对联“坤仪配地，水德参天”，赞美妈祖护佑海上平安和国家安宁。

慈荫海事
灵德配天

简介：作者佚名。

该联原悬挂于天后宫正殿。

简注：该联赞美妈祖庇荫海上航运，其神灵的恩德与天同辉。

野寺看云，春楼听雨
平山望月，邃馆来风

简介：作者赵汝涌（？—1936），字伯江，号秋江，山东蓬莱人。清光绪二十四年（1898）进士，曾任户部郎中。书法家。

该联悬挂于天后宫寝殿。

简注：该联用简练、朴实的语言，表达了一种恬静、安谧的意境。

寰中慈母女中圣
海上福星天上神

简介：作者佚名。

该联原悬挂于天后宫。

简注：该联赞美妈祖是天上的神仙、海上救难的福星，像慈母和圣人一样佑民护国。

蓬莱望宫阙，千秋俎豆肃明禋，航海师祖
溟渤静波涛，万国朝宗襄盛治，永庆安澜

简介：作者佚名。

该联原悬挂于天后宫。

简注：“千秋俎豆”中“俎”和“豆”，都是古代祭祀用的器具。“俎豆”也有奉祀、祭祀、崇奉的含义。“千秋俎豆”或“俎豆千秋”，是指后人永远祭祀供奉。上联赞美妈祖的功绩。下联叙说在妈祖护佑下，国家昌盛，海不扬波，万国来朝。

秉功法而降灵，海纳百川赡顺
仰神光之普照，风恬万里苐安

简介：作者佚名。

该联原悬挂于天后宫。

简注：“海纳百川”出自晋袁宏《三国名臣序赞》“形器不存，方寸海纳”的文句。李周翰注：“方寸之心，如海之纳百川也，言其包含广也。”意指大海可以容得下成百上千条江河之水，比喻包容的东西非常广泛，而且数量很大。全联赞颂妈祖利用神功护佑世间，保障海上交通安全。

即以蓬莱作舟楫

不怕沧海起风波

简介：作者阴庆恩（生卒年不详），清光绪三十四年（1908）任蓬莱县知县。

该联原悬挂于澄碧轩。

简注：原联有注："戊申夏日，奉檄□□斯邑，登阅东望，海阔天空，胸襟为之一畅。阁后旧有'海不扬波'四字，甲午'不'字为炮所击，今重整澄碧轩，故集十四字以志之。北平阴庆恩。"全联是指蓬莱阁后原有清托浑布书"海不扬波"石刻，1895 年 1 月 18 日甲午战争中被日舰击伤"不"字，变成"海扬波"的历史故事，喻指只有国家强大，才能确保海疆平安。

看破沧桑僧亦懒

游经蓬岛吏俱仙

简介：作者佚名。

该联原悬挂于避风亭。

简注：上联是说出家僧人看破世事百态颇显慵懒。下联化用清吴藻《台城路·题近湖山馆图》"十里莺花，半床书画，仙吏合居蓬岛"的词句，意指游历到蓬莱仙境即可变成神仙。

文梓舟轻，三岛烟澄似平镜

木兰桨软，十洲雾敛碧如环

简介：作者佚名。

该联原悬挂于蓬莱阁。

简注："三岛""十洲"是传说神仙居住的仙境，源于战国秦汉间的"三神山"故事。该联描绘在文梓木制成的轻舟上，划动木兰木做成的船桨，海面似平镜，如碧环，恍如仙境。

迥若寒空动烟雪
回看天际下中流

简介：作者佚名。

该联原悬挂于卧碑亭。

简注：上联出自唐杜甫《韦讽录事宅观曹将军画马图》“其余七匹亦殊绝，迥若寒空动烟雪”的诗句。下联出自唐柳宗元《渔翁》“回看天际下中流，岩上无心云相逐”的诗句。

我是东坡老居士
俨然天竺古先生

简介：作者佚名。

该联原悬挂于苏公祠。

简注：该联出自唐王维《过乘如禅师萧居士嵩丘兰若》“深洞长松何所有，俨然天竺古先生”的诗句。“古先生”出自东汉末老子入夷狄为浮屠的传说，后世因以“古先生”借称佛及佛像。

游客到此须饮酒
先生在上莫吟诗

简介：作者佚名。

该联原悬挂于苏公祠。

简注：上联化用宋苏轼《元丰八年遗过子尺牍》“人间饮酒未须嫌，归去蓬莱却无吃”的诗句。全联用风趣诙谐的语言表达出对大文豪苏东坡的崇敬之情。

果然日与山海对
公爱此间我爱公

简介：作者佚名。

该联原悬挂于苏公祠。

简注：联文中“日与山海对”出自宋苏轼《文登逢莱阁下石壁千丈为海浪所战时有碎裂……》“我持此石归，袖中有东海。……置之盆盎中，日与山海对”的诗句。全联用简练的语言表达出对大文豪苏东坡的爱戴之情。

精气神彼我练成一体

儒释道是谁分做三家

简介：作者佚名。

该联原悬挂于吕祖殿。

简注：宋末元初，道教王重阳（全真道的开创者）提倡儒释道三教归一。此联正是宣扬了儒释道归为一统的道家理念。

惊看海外三千户

剩有人间十二楼

简介：作者夏时（1837—1906），字佑简，号菽轩，湖南桂阳人。清咸丰十一年（1861）举人，官至江西、陕西巡抚。

该联原悬挂于避风亭。

简注：全联选自夏时《观海市》诗文：“水碧天明宿雾收，仙家城阙起中流。惊看海外三千户，剩有人间十二楼。”联文化用唐骆宾王《帝京篇》“小堂绮帐三千户，大道青楼十二重”的诗句。“海外三千户”指秦始皇派徐福到海外寻找长生不老药时所率领的童男童女。“人间十二楼”指神话传说中的仙人居处。《史记·封禅书》载：“黄帝时为五城十二楼，以候神人于执期，命曰迎年。”

水碧天明宿雾收

仙家城阙起中流

简介：作者夏时。

该联原悬挂于避风亭，本联选自夏时《观海市》。

简注：全联化用唐苏瑰《兴庆池侍宴应制》“金阙平明宿雾收，瑶池式宴俯清流”的诗句。作者描写于秋日清晨登阁观赏海市的情景，语言简练，含蕴深切。

领会群言有一是

揽观万化自初生

简介：作者佚名。

该联原悬挂于苏公祠。

简注：上联化用明杨继盛“遇事虚怀观一是，与人和气察群言”的诗句，来推崇苏轼的为人处世态度。下联是对海市蜃楼的描绘，表现海市同自然界万物一样都有一个“从无到有”的过程，正如道家所言“道生一，一生二，二生三，三生万物”，变化无穷。

久知世界一泡影

要向先生借枕头

简介：作者佚名。

该联原悬挂于苏公祠。

简注：上联出自苏轼“久知世界如泡影，大小真伪何足评”的诗句。下联出自唐沈既济《枕中记》“我今落魄邯郸道，要向先生借枕头”的文句。

莫向神仙看汉柱，云迷秦桥石烂

曾经沧海忆钱塘，月满黄浦来潮

简介：作者佚名。

该联原悬挂于宾日楼。

简注：联文中“汉柱”出自晋张勃《吴录》“象林海中有小洲，生柔金。自北南行三十里，有西属国。人自称汉子孙。有铜柱，云汉之疆埸之表”。“秦桥”出自《三齐记》“青城山，秦始皇登此山，筑城造石桥，入海三十里”。以此赞美古今奇观。

吟啸几人，同祠丹崖，地近东坡，知从古忠孝神仙，心源一契

翱游天下，晓暮苍梧，朝来北海，看此间蓬瀛方丈，拳石三山

简介：作者佚名。

该联原悬挂于宾日楼。

简注：联文中“晓暮苍梧，朝来北海”，出自元曲《吕洞宾三度城南柳》“翱翔天地，放浪江湖。东方丹丘西太华，朝游北海暮苍梧”的文句。“北海”最早是指渤海一带，《孟子·梁惠王上》中“挟太山以超北海”指的就是渤海。“苍梧”，指零陵（今湖南永州）。此句有将四海之外一日都游遍的意思。该联表述儒家“忠孝”与道教“神仙”之道出自一心，认为二者的出发点相同，作者以此表达了对自由的向往，同时展现了心中的天地豪气和远大抱负。

海市蜃楼皆幻影

忠臣孝子即神仙

简介：作者龚葆琛（1824—?），字依尧，号雨生，福建闽县人。清咸丰二年（1852）举人，同治五年（1866）任山东商河县知县。

该联刻于卧碑亭内。

简注：该联喻晓世人海市蜃楼是一种大自然奇观，过眼遽失不能妄求；如果能够做到忠君爱国、孝敬父母，这样的人便达到平凡生活中的神仙境界。

乐奏钧天，潮汐声中喧岛屿

宫开碣石，笙歌队里彻蓬瀛

简介：作者卢用和（生卒年不详），字展臣，清末书法家。

该联刻于天后宫戏台。

简注：该联刻于蓬莱阁天后宫戏台石柱，点明是用于供奉妈祖酬神唱戏之场所。联律严谨，文辞精当，韵致高雅，形容为妈祖演出的戏曲给人以“此曲只应天上有，人间能得几回闻”之感。

祥光通宇宙，道贯天地三界
青烟透霄汉，太空虚幻万灵

简介：作者佚名。

该联原悬挂于三清殿正殿。

简注：该联意指道教文化底蕴深厚，联文言简意赅，耐人寻味。

乾坤底定龙蛇蛰
风月清凉鸥鹭闲

简介：作者佚名。

该联原悬挂于刘公祠。

简注：该联化用宋黄庭坚《清明》“雷惊天地龙蛇蛰，雨足郊原草木柔”的诗句，描述自然界万物复苏的景象。

攻错若石，同具丹心扶社稷
江山如画，全凭赤手挽乾坤

简介：作者李烈钧（1882—1946），字侠如，号侠黄，江西武宁人。国民革命军陆军二级上将。

该联为1934年5月题于蓬莱阁。

简注：“九一八”事变后，冯玉祥将军以民族大义为重，反对蒋介石的不抵抗政策，积极与吉鸿昌等人组织抗日同盟军。1934 年 5 月，冯玉祥与国民党元老李烈钧同游蓬莱阁，李烈钧也对蒋“攘外必先安内”的政策心怀不满，力主冯玉祥再度出山，挽救民族危亡。李烈钧在蓬莱阁上书就此联，冯玉祥也满怀激情地写下“碧海丹心”四字题额，表达其抗日的决心。

蓬莱士女勤劳动
繁荣生活即神仙

简介：作者叶剑英（1897—1986），原名宜伟，字沧白，广东梅县人。中华人民共和国开国元勋，曾任国防部部长、全国人大常委会委员长。

该联悬挂于蓬莱阁，1960 年题。

简注：该联化用清龚葆琛“海市蜃楼皆幻影，忠臣孝子即神仙”的联文，却赋予时代特征，表达了人们向往幸福、繁荣、和平、自由的精神诉求。

没有仙人有仙境
蓬莱阁上好题诗

简介：作者董必武（1886—1975），原名董贤琮，字洁畲，号璧伍，湖北黄安人。曾任中华人民共和国副主席、全国人大常委会副委员长。

该联悬挂于蓬莱阁，1964 年 8 月题。

简注：1964 年 8 月，时任国家副主席的董必武步履稳健，登上矗立于海天之间的蓬莱阁，他意兴盎然地拿起笔墨，为蓬莱阁题下“丹崖仙境”四个大字，并题诗：“来游此地恰当时，海国秋风暑气吹。没有仙人有仙境，蓬莱阁上好题诗。”该联为诗中的后两句，这一山海绝唱，以深邃的文心和超然的情韵，勾勒出瑰丽奇异的蓬莱仙境，启迪着人们对美好生活的向往。

凌空欲化仙，高阁白云千里目

出世如临幻，长涛碧海万斛珠

简介：作者马萧萧（1921—2009），山东安丘人。曾任中华诗词学会顾问、中国楹联学会名誉会长。著有《石牌坊的传说》《翠笛引》等。

该联为1987年题于蓬莱阁。

简注：上联出自蓬莱十大景“仙阁凌空”，描写“高阁白云千里目”的景象。下联出自蓬莱十大景“万斛珠玑”，赞美“长涛碧海万斛珠”的盛况。联文气韵空灵脱俗，遣词精到鲜活。

神奇壮观蓬莱阁
气势雄峻丹崖山

简介：作者刘海粟（1896—1994），字季芳，号海翁，江苏常州人。曾任南京艺术学院院长，上海美术家协会名誉主席，中国美术家协会顾问。

该联悬挂于蓬莱阁入口“人间蓬莱”坊，为1983年书写。

简注：联文简短而不简单，像一幅清淡水墨画，虽不施重彩，却为人们描绘出一幅蓬莱阁、丹崖山的壮美雄奇画卷，留给读者无穷遐思畅想。

碧海仙槎心神飞越
丹崖琼阁步履逍遥

简介：作者费新我（1903—1992），字省吾，浙江湖州人。曾任中国书法家协会理事，中国书法家协会江苏分会顾问，江苏省国画院一级美术师，中国美术家协会会员等。

该联悬挂于蓬莱阁入口“人间蓬莱”坊，为1982年书写。

简注：全联紧扣蓬莱阁山、海、阁特色，抒发登临蓬莱阁愉悦从容的心理感受，着墨不多，引人入胜。

几曾神仙来福地

分明词赋收壶天

简介： 作者费新我。

该联为 1982 年题于蓬莱阁。

简注： “福地”，指神仙居住之处。道教有“七十二福地”之说，亦指幸福安乐的地方，旧时常以“福地”称道观寺院。“壶天”指仙境、胜境。全联联语简短，给人以无穷的畅想。

四十八愿众生同登极乐地
六般若密凡圣皆入清凉界

简介： 作者朱德源（1919—2004），号如愿居士，浙江杭州人。第三代朱氏铜艺术传人，书法家。

该联悬挂于弥陀寺正殿，为 2002 年书写。

简注： 上联“四十八愿”出自《佛说无量寿经》，据说阿弥陀佛做国王时，曾听如来说法，内心非常感动，发下四十八愿，将王位让给他人，自己出家修道。下联“六般若密”指的是佛家的六度：布施、持戒、忍辱、精进、禅定、般若，也是佛家六种到达彼岸的方法。

碧海青天映新阁
雄风白浪耀神州

简介： 作者张仲愈（1923—2016），山东荣成人。中国书法家协会会员，中国传统文化促进会主任委员，中国国际名人协会理事，中国书画院研究员。

该联原悬挂于吕祖殿。

简注： 本联描述蓬莱阁高踞渤、黄二海，碧海白浪、清风惠畅的宜人景致。

龙酬丹崖所期和风甘雨
王应东坡之祷翠阜重楼
横批：霖雨苍生

简介：作者高英（1932—1994），字高翔，山东蓬莱人。曾任蓬莱师范学校教务主任、工会主席，蓬莱市政协副主席。

该联悬挂于龙王宫正殿，为1984年书写。

简注：上下联首字联为“龙王”，点明丹崖山龙王宫是蓬莱沿海百姓祈福纳祥、祈求保佑的场所。

海邦万里庆安澜
五湖四海降甘霖
横批：风调雨顺

简介：作者高英。

该联现刻于龙王宫正殿北门，为1984年书写。

简注：联文表现蓬莱阁龙王宫保佑海运、久旱降甘霖的作用，说明历经千载的蓬莱龙王信仰影响广泛。

赠大圣定底神珍千年魔尽
还八仙渡海宝物万里波平
横批：福庇海邦

简介：作者高英。

该联现悬挂于龙王宫寝殿，为1984年书写。

简注：上联出自《西游记》中孙悟空向龙王索要定海神针当作武器的故事。下联出自《东游记》中八仙斗龙王的典故，均取材神话故事，以赞美龙王功德。

佑一方潮平岸阔
护环海风正帆悬

简介：作者王遐举（1909—1995），号野农，湖北监利人。当代著名书法家。曾任民革中央监察委员会委员，海峡两岸书画家联谊会会长，中国书法家协会理事等职。

该联刻于天后宫前殿。

简注：该联出自唐王湾《次北固山下》“潮平两岸阔，风正一帆悬”的诗句。对仗工整，具有音韵美，以此赞颂妈祖慈航普度护佑百姓的功德。

海邦万里波澜平
蓬瀛千载慕神庥

简介：作者滕少华（1947—　），别署望云楼主人，山东莱州人。历任北京市监察局副局长，北京市纪委委员，国家监察部纪检监察研究所所长，中国监察学会副会长。

该联悬挂于天后宫前殿，为2006年书写。

简注：全联称赞万里海疆同沐妈祖荫德，蓬莱天后宫兴建千年，百姓感恩妈祖的护佑。

慧眼千帆，保驾护航，有求必应
慈心四海，消灾免难，是祷皆灵

简介：作者鲍贤伦（1955—　），浙江鄞县人。中国书法家协会理事，浙江省书法家协会副主席，曾任浙江省文物局局长。

该联悬挂于天后宫正殿。

简注：全联讴歌妈祖恩德浩荡，有求必应，普施人间，造福百姓。

丹崖留圣迹，慈母婆心垂宇宙

仙山显神灵，浩然正气贯乾坤

简介：作者张荣庆（1938— ），河北安国人。著名书法家，中国艺术研究院研究生院博士生导师，曾任中国书法家协会研究部主任、中国书法家协会理事、中国美术馆专家委员会委员。

该联悬挂于天后宫正殿。

简注：全联反映百姓祈求妈祖赐福保平安的美好愿望。

入深山修心养性
出古洞得道成仙

简介：作者王汝霖（1938— ），字谷雨，别号泮水居士，山东曲阜人。曲阜市文化馆副研究馆员，中国楹联学会楹联书法艺术委员会委员。

该联现悬挂于胡仙堂，为2003年书写。

简注：全联出自胡仙修炼成仙的故事。相传明朝登州府内有一户姓胡的人家，有三个儿子，自幼淡泊名利，无心读书，到处寻求民间药方，进山采药为老百姓治病。兄弟三人中医术最高的是老三，他妙手回春，药到病除，因此被人尊称为“胡仙”。后来他潜修仙道，得道成仙。因此人们建“胡仙堂”来纪念他的功德。

常称香港通海客
且看蓬莱会神仙

简介：作者欧阳中石（1928—2020），山东泰安人。著名文化学者、书法家、书法教育家，首都师范大学教授、博士生导师，全国政协委员，中国书法家协会顾问，中国画研究院院务委员。

该联悬挂于蓬莱阁，为1987年书写。

简注：全联作者运用对比的手法，上联以20世纪八九十年代中国南方涉外出入口岸香港的繁华为参照，下联以蓬莱仙境为神仙汇聚之所，将人间与仙境对照，赞颂蓬莱悠久的神仙文化。

面北当风，风力虽狂绝不入
开轩秉烛，烛光固小竟常明

简介：作者欧阳中石。

该联悬挂于避风亭，为 1987 年书写。

简注：全联描写蓬莱阁避风亭“亭外海风狂啸，亭内燃烛不灭”的神奇避风效果。避风亭之所以避风，与其建筑结构以及丹崖山地形有关。避风亭北面城墙与呈弧形的悬崖相连，当北风吹来，气流顺悬崖城墙外壁急剧上升，形成上冲气流越亭而过，因而“面北当风……绝不入”；另外避风亭东西南三面均为墙壁，空气不能对流，出现“开轩秉烛……竟常明”的避风效果。

俯览大地出蓬莱
仰观海市生楼阁

简介：作者赖少其（1915—2000），笔名少麟，斋号木石斋，广东普宁人。当代著名国画家、书法家、金石家、作家和诗人，曾任安徽省美术家协会主席、中国版画家协会副主席、上海市美术家协会副主席等职。

该联悬挂于蓬莱阁，为 1987 年书写。

简注：全联化用唐姚合《秋夜月中登天坛》“仰观天近，俯览山深”的诗句。上联俯视脚下蓬莱阁，云烟缭绕，海水环抱，给人以“蓬阁出凡尘”之感。下联描写在蓬莱阁上仰看天上海市蜃楼，出现楼阁亭台等幻影。

真临仙阁凌虚地
来读苏公海市诗

简介：作者赵朴初（1907—2000），安徽太湖人。中国著名书法家，社会活动家，中国佛教协会会长，中国书法家协会副主席，全国政协副主席。

该联悬挂于苏公祠，为1982年书写。

简注：联文出自赵朴初诗文："真临仙阁凌虚地，来读苏公海市诗。不羡群仙浮海日，却思戚帅筑城时。"上联着墨走入蓬莱阁神仙境地，下联表达对苏轼《海市诗》的喜爱。

不羡群仙浮海日

却思戚帅筑城时

简介：作者赵朴初。

该联悬挂于太平楼，为1982年书写。

简注：全联运用对比的手法，表达了作者对虚幻神话传说中"神仙"不多羡慕，抒发了对戚继光筑城抗倭功绩的无比崇拜与缅怀之情。

劝群生尽忠尽孝，瞬息间跋遍全区，岂仅丹崖留胜迹

愿世人修福修善，那时候皈依道果，都来碧海谒师尊

简介：作者王际周（生卒年不详），安徽淮南人。书者袁承光（1963—　），山东蓬莱人。中国书法家协会会员，蓬莱市书法家协会主席。

该联现悬挂于吕祖殿正殿。

简注：联文"劝群生尽忠尽孝"化用吕洞宾《忠孝诰》"欲世人生而为忠臣孝子则难，劝世人学而为忠臣孝子则易"的文句。全联描述吕祖信仰的广泛影响及世人对吕祖的崇敬之情。

开天辟地

炼海烧山

简介：作者王一葵（1941—　），字子久，号愚斋、向阳子，北京人。中国书法家协会会员，北京市书法家协会理事。

该联刻于三清殿前殿南门，为1981年书写。

简注：全联出自联句“按南辰定北斗开天辟地，立五行分八卦炼海烧山”，表现了道家宣扬征服自然、超越自然的美好理想。

天之高地之厚水之深恩覃三界
赐其福赦其罪解其厄德被十方

简介：作者佚名。书者刘恒章（1964—　），山东牟平人。中国书法家协会会员，山东省书法家协会创作委员会委员，烟台市书法家协会副主席。

该联现悬挂于三官庙前殿，为2008年书写。

简注：联文“赐其福赦其罪解其厄”，出自明《万历续道藏》：“即有天官赐福，地官赦罪，水官解厄”的文句，是指道教三官中天官赐福、地官免罪、水官解困。

职司天上文章府
专照人间翰墨林
横批：亘古文宗

简介：作者佚名。书者刘显超（1964—　），山东蓬莱人。中国书法家协会会员，烟台市书法家协会副主席。

该联现悬挂于三官庙文昌殿，为2008年书写。

简注：该联描写道教“文昌帝君”的职能。道教中将“文昌帝君”尊为主宰功名禄位之神，又称“文曲星”，为古代读书人、求科名者所最尊奉的神祇。

生财有道义为先
助人为乐福后来
横批：福佑众生

简介：作者佚名。书者贾敦超（1955— ），别署钝斋，山东齐河人。中国书法家协会会员，烟台市书法家协会副主席。

该联现悬挂于三官庙财神殿，为2008年书写。

简注：上联化用《增广贤文》“君子爱财，取之有道”的文句，全联提醒人们求财要遵守正道，讲究信义，与人为善，终得福报。

太白托塔率九龙十二天将扬道法
暮鼓晨钟震四海九五仙尊布玄机

简介：作者佚名。书者袁承光。

该联现悬挂于三官庙玉皇阁，为2008年书写。

简注：联文中“九龙”“九五”都是指至尊之意。全联描述了玉皇大帝在道教中“执掌天界”“四海归一”的崇高地位。构思巧妙，对仗工整。

有仙巡天看浪飞澒洞便预留千秋神话
斯处合海听钟奏宫商当凌越八表碧霄

简介：作者范曾（1938— ），字十翼，别署抱冲斋主，江苏南通人。中国著名画家，南开大学终身教授、博士生导师，北京大学中国文化书院导师。

该联现悬挂于田横山合海亭，为2001年5月书写。

简注：上联描写田横山后海海浪袭天、礁石嶙峋的独特山海风光。下联描述合海亭高耸山巅，亭内铜钟声浑厚响亮，响彻天宇。

八仙过海，传闻如此多奇
万事由人，风景这边独好

简介：作者黄文欢（1905—1991），曾化名李光华，越南义安省人。越南民主共和国党政领导人。著有《黄文欢文集》。

该联为1983年黄文欢题于蓬莱阁。

简注：该联作者身为外国人，却具备深厚的中文功底。联文描绘蓬莱阁丰富的八仙文化与优美的自然风光，从上联神话传说“八仙过海”，转入下联强调人间“万事由人”，用毛泽东“风景这边独好”词句收尾，构思巧妙，收放有度。

水城镇海留碧血

英杰遗光照丹崖

简介：作者欧阳中石。

该联为1987年欧阳中石题于蓬莱阁。

简注：联文上联“碧血”，指为正义死难而流的血、烈士的血，出自《庄子·外物》“苌弘死于蜀，藏其血，三年而化为碧”的文句。下联“遗光”指前人遗留的恩泽。全联赞扬戚继光抗击倭寇、保卫海防的英雄业绩，为蓬莱阁丹崖山留下宝贵的精神财富。

古船曾捍海疆犹存雄风壮华夏

博物长留仙境更有巧思昭蓬莱

简介：作者高英。

该联原悬挂于原登州古船博物馆大门两侧，1990年题。

简注：上联描写1984年登州港（蓬莱水城）发现的元朝战船在古代海防中的作用。下联描绘经过脱水保护的元朝古战船在登州古船博物馆中所起到的展示、教育等功能。

沉睡未忘昔日风涛恶

突醒喜见今朝海山新

简介：作者佚名。

该联原悬挂于原登州古船博物馆，1990 年题。

简注：联文“风涛恶”与“海山新”形成对比，全联表达了人们牢记历史，勿忘国耻，奋发图强，开创未来的决心。

一船再见平波阵
万众犹闻击楫声

简介：作者高英。

该联原悬挂于原登州古船博物馆，1990 年题。

简注：联文“击楫”出自晋祖逖统兵北伐，渡江中流，排击船桨，立誓收复中原的典故。全联作者赞颂戚继光抗击倭寇，率领戚家军同倭寇海上作战的恢弘壮阔场面，仿佛听见戚继光“封侯非我意，但愿海波平”的心声。

刀鱼寨中蛰龙复起
蓬莱阁下征帆再扬

简介：作者郝子文，山东蓬莱人。教师，参与《蓬莱县志》编辑工作。

该联原悬挂于原登州古船博物馆，1990 年题。

简注：联文“刀鱼寨”是指宋庆历二年（1042），登州知州郭志高于此建水军基地，设立“刀鱼巡检”，用于停泊刀鱼战船，训练水军。上联描写蓬莱元代古战船在蓬莱水城重见天日；下联描述古战船在登州古船博物馆展览，发挥其展示教育功能。

先哲捍宗邦民族光荣垂万世
后生驱劲敌愚忱惨淡经营中

简介：作者沈鹏（1931—　），江苏江阴人。书法家、美术评论家、诗人，中国文学艺术界联合会第十届荣誉委员，第八届全国政协委员，曾任中国书法家协会主席。著有《当代书法家精品集·沈鹏》、《沈鹏书法选》、

《沈鹏书法作品集》（日本）、《沈鹏书长恨歌琵琶行》等。

该联悬挂于戚继光纪念馆正门内柱。

简注：该联高度颂扬戚继光征战疆场、戎马一生的功勋史绩，倡导后人从中汲取精神养分，将爱国主义精神发扬光大。

丹心映日月
伟业壮山河

简介：作者阎崇年（1934—　），山东蓬莱人。北京社会科学院满学研究所研究员，北京满学会会长，中国紫禁城学会副会长，著名历史学家，央视《百家讲坛》主讲人。著有《满学论集》《燕史集》《袁崇焕研究论集》《燕步集》。

该联悬挂于戚继光纪念馆大门外柱。

简注：该联高度赞扬戚继光胸怀报国之志，奋斗一生，成就一番伟业。

民族精神昭日月
戚家肝胆铸海疆

简介：作者冉繁英（1956—　），字盛之，天津人。中国书法家协会权益保障委员会委员，中国书法家协会书法培训中心教授，天津师范大学艺术系客座教授，天津市书法家协会秘书长。著有《学写楷书格言》《盛之墨象　冉繁英书法作品集》等。

该联悬挂于戚继光纪念馆一厅外柱。

简注：该联盛赞民族英雄戚继光率领戚家军扫清倭患，保卫海疆，其高尚的爱国主义情怀天地为证，日月可鉴。

勋垂东南
望著幽燕

简介：作者苏士澍（1949— ），满族人。曾任全国政协常委、中国书法家协会主席、中华出版促进会理事长、清华大学美术学院书法研究所名誉所长。著有《中国书法艺术·秦汉卷》等。

两方题字分别位于戚继光纪念馆戒石坊南面、北面。

简注："勋垂东南""望著幽燕"取自《明史·戚继光传》，高度浓缩了戚继光一生的历史功绩：东南沿海抗击倭寇，保卫海疆安宁；北方边境防御蒙古部族袭扰，固边卫土。

功成帐下三千士
名满人间灭百虏

简介：作者孙新龙（1962— ），浙江天台人。中国书法家协会会员，浙江省书法家协会篆刻创作委员会委员，台州市书法家协会理事，台岳印社社长。书法、篆刻作品在《书法》等专业性报刊上发表，并先后入展全国第二、第四届篆刻艺术展。

该联现悬挂于戚继光纪念馆二厅内柱。

简注：该联描写了戚继光带领三千"戚家军"东南沿海涤荡倭寇，保家卫国的历史功绩。

卫祖国万里抗倭寇
固海疆三军展雄风

简介：作者张爱萍（1910—2003），原名张端绪，四川达县人。曾任中华人民共和国国务院副总理、国务委员兼国防部部长、中共中央军委副秘书长等职。书者张宏（1959— ），字白鹤，号博瑞，浙江平湖人。中国人民大学画院教授，中国书法家协会会员，杭州宋城画院名誉院长，西泠印社社员。著有《张宏篆刻作品选》《张宏书法作品集》等。

该联悬挂于戚继光纪念馆二厅外柱。

简注：该联描写了戚继光带领东南沿海军民英勇抗倭，保卫祖国海疆安全的英雄事迹。

众志成城歌百年壮思
重镇威仪仰千古高风

简介：作者徐本一（1947—　），字性初，籍贯浙江宁波。国家一级美术师，中国艺术研究院中国书法院研究员，武汉大学国学院兼职教授，中国书法家协会鉴定评估委员会委员，国际书法家协会副主席，中国国际书画艺术研究会理事，湖北省书法家协会主席等职。2014 年获“第五届中国书法兰亭奖·艺术奖”，出版《徐本一书法作品精选》《徐本一行草唐诗册》等。

该联悬挂于戚继光纪念馆三厅外柱。

简注：该联歌颂了一代战神戚继光忠心为国，治军有威仪，其事迹彪炳千秋。

繁霜尽是心头血
洒向千峰秋叶丹

简介：书者蒋金明（金铭）（1965—　），别号白云道人，江苏沭阳人。空军美术书法研究院艺术委员会委员，中国书法家协会会员。

该联悬挂于戚继光纪念馆。

简注：本联联语取自民族英雄戚继光诗作《望阙台》，表达了戚继光誓死报国的赤胆忠心和满腔热血。

奋臂千山振
英声百战留

简介：书者王及（1944—　），浙江椒江人。中国书法家协会会员。曾任椒江文物管理委员会副主任。编著有《台州历代书画篆刻家传略》《历史古镇章安》《椒江历代诗词选》《蒲华研究》《柯九思诗文集》等。

该联悬挂于戚继光纪念馆。

简注：本联联语取自戚继光诗作《部兵戍蓟》，全联赞扬民族英雄戚继光南平倭寇，北守长城，功高盖世。

指挥戚家军平倭功德公居首
抵抗鞑虏汗卫国勋劳孰比肩

简介：作者王登科（1963— ），辽宁海城人。中国书法家协会会员，辽宁书法理论研究会秘书长，辽宁省书法家协会理事。

该联悬挂于戚继光纪念馆。

简注：全联赞扬民族英雄戚继光抵抗鞑靼、平倭御寇的丰功伟绩。

遥知百国微茫外
未敢忘危负岁华

简介：作者荆向海（1953— ），山东桓台人。中国书法家协会会员，山东省书法家协会理事。

该联悬挂于戚继光纪念馆。

简注：联语出自戚继光诗作《过文登营》，赞扬民族英雄戚继光的远大抱负和远见卓识。

文韬披岸千史留文字
武略峥嵘万里踏清才

简介：作者施邦华（1931—2015），浙江黄岩人。著名书画家，国家一级美术师，山东画院高级画师、艺术顾问，山东兰艺书画研究院院长，山东中山书法研究会副会长，山东省美术职称评定委员会成员。著有《年画技法》、《山东省志·文化志》“美术书法章”、《齐鲁民间艺术通览》“民间美术篇”等。

该联悬挂于戚继光纪念馆。

简注：全联赞扬戚继光文武双全，青史留名。

四百年前人间豪杰
千秋史上民族英雄

简介：作者吴泽浩（1943—　），号铁塔轩主，广东汕头人。济南市文联主席，国家一级美术师。著有《吴泽浩国画作品精选》《吴泽浩画集》。

该联悬挂于戚继光纪念馆。

简注：全联表达对民族英雄戚继光的景仰之情。

下翻银浪，上仰碧霄，神话越千年，八仙醉酒腾身去
梦绕蜃楼，魂牵海市，奇观惟一瞬，七彩化虹照眼来

简介：作者胡吉祥（1939—　），河南西平人。曾任中共河南平顶山市委副秘书长兼市地方史志办公室主任，中国楹联学会理事，河南楹联学会、河南诗词学会副会长。著有《龙山诗联集》《棠溪诗联集》《湛园诗联集》等。

该联题蓬莱阁。

两海共千秋，分得开名，分不开水
二龙盘一岬，同不了界，同得了天

简介：作者刘志刚（1965—　），甘肃崇信人。中国楹联学会会员，华夏诗联书画研究院研究员，中华对联文化研究院研究员。著有《龙泉逸韵》《汭声集》《诗情联韵龙泉寺》等。

该联题黄渤海分界坐标。

稽古鉴沧桑，掀开航海千年史
扬帆追日月，驶出登州一片天

简介：作者苏振学（1970—　），山东淄博人。中国楹联学会会员。

该联题原登州古船博物馆。

古迹铭心，长教浩气腾天起

丰碑励志，莫使妖风卷土来

简介：作者黄斌（1962—　），山东即墨人。中国书法家协会会员，山东省青年书法家协会主席。

该联题备倭都司府。

宫殿巍峨，著我中华龙气象

风情殊异，昭其上善水精神

简介：作者方六军，湖北黄陂人。

该联题龙王宫。

七仙皆去但留我

千载以来唯渡人

简介：作者温家才，山东龙口人。

该联题吕祖殿。

登此高阁仙作侣

养吾浩气海为师

简介：作者程鸿，湖北通山人。中国楹联学会会员。

该联题蓬莱阁。

跨山海而来，得拜蓬莱三宝殿

揽风云以悟，长修境界九重天

简介：作者张志强。

该联题弥陀寺。

临锦宫，碧海丹崖，千缕祥光随日出

仰天后，慈心懿德，万分敬意伴潮生

简介：作者翁景星，福建将乐人。中国楹联学会会员。

该联题天后宫。

威镇苍瀛，问逆类妖族，谁敢兴风作浪

身临蓬岛，望遥天阔海，我思掣剑骑鲸

简介：作者董汝河（1946—　），河北张家口人。国家二级编剧，中国戏剧家协会会员，中国楹联学会会员。

该联题龙王宫。

唐涛宋浪，剑影弓声，风雷曾锁刀鱼寨

战事不存，游人相继，云水还拍古渡船

简介：作者韦化彪（1958—　），安徽怀远人。中国人民解放军军事交通学院教育技术中心副教授，中国楹联学会、中国散文学会、天津市作家协会会员。

该联题蓬莱水城。

两海欢歌，千涛堆雪吞云去

一弦和曲，万水归宗奏乐来

简介：作者解连德（1969—　），字德馨，号雪梅堂主，山东龙口人。山东省诗书画研究院研究员，江西诗词学会会员。著有《博哂诗词》。

该联题黄渤海分界坐标。

揽胜蓬莱，风光入我一生梦

听涛沧海，浪漫抒怀万顷诗

简介：作者邢伟川（1957—　），河北曲阳人。中国楹联学会会员，保定市楹联学会常务理事。

该联题蓬莱阁。

第七章　散　文

第一节　宋代散文

蓬莱阁记

朱处约

世传蓬莱、方丈、瀛洲①，在海之中，皆神仙所居，人莫能及其处。其言恍惚诡异，多出方士之说，难于取信。而登州所居之邑曰蓬莱，岂非秦汉之君东游以追其迹，意神仙果可求也？蓬莱不得见，而空名其邑曰蓬莱？使后传以为惑。

据方士三山之说，大抵草木鸟兽神怪之名，又言仙者宫室伟大、气序和平之状，餐其草木，则可以长生不死。长往之士，莫不欲到其境而脱于无何有之乡。际海而望，翕然注想物外，不惑其说者有矣。

嘉祐辛丑②，治邦逾年，而岁事不愆，风雨时若，春蓄秋获，五谷登成，民皆安堵。因思海德润泽为大，而神之有祠俾，遂新其庙，即其旧以构此阁，将为州人游览之所。层崖千仞，重溟万里，浮波涌金，扶桑日出。霁河横银，阴灵生月，烟浮雾横，碧山远列。汐浑潮落，白鹭交舞，游鱼浮上，钓歌和应。仰而望之，身企鹏翔；俯而瞰之，足蹑鳌背。听览之间，恍不知神仙之蓬莱也，乃人世之蓬莱也。

---

①　蓬莱、方丈、瀛洲：古代传说东海中有蓬莱、方丈、瀛洲三神山，山中有不死之药，秦皇汉武曾东游以追求之。《史记·秦始皇本纪》："齐人徐市等上书，言海中有三神山，名曰蓬莱、方丈、瀛洲。"相传山形如壶，故又称三壶山。

②　嘉祐辛丑：宋嘉祐六年（1061）。

上德远被，恩涵如春，恍若致俗于仁寿之域，此治世之蓬莱也。后因名其阁曰蓬莱，盖志一时之事，意不知神仙之蓬莱也。

（明泰昌《登州府志》卷十五）

朱处约（生卒年不详），字纯臣。宋嘉祐五年至七年（1060—1062）任登州知州，倡建蓬莱阁。官至祠部郎中。

书吴道子[1]画后

苏　轼

东坡居士告史全叔[2]：智者创物，能者述焉，非一人而成也。君子之于学，百工之于技，自三代历汉至唐而备矣。故诗至于杜子美[3]，文至于韩退之[4]，书至于颜鲁公[5]，画至于吴道子。而古今之变，天下之能事毕矣。

道子画人物，如以灯取影，逆来顺往，旁见侧出，横斜平直，各相乘除，得自然之数，不差毫末，盖古今一人而已。余于他画，或不能必其主名。至于道子，望而知其真伪也。然世罕有真者，如全叔所藏，平生盖一二见而已。元丰八年十一月。

道子画圣也。出新意于法度之中，寄妙理于豪放之外，盖所谓游刃余地，运斤成风者耶！[6]

（蓬莱阁碑刻）

---

① 吴道子：又名道玄，河南禹州人。唐代著名画家，画史尊称“画圣”。

② 史全叔：河内人，曾任承议郎。

③ 杜子美：杜甫，字子美，河南巩县人。唐代伟大的现实主义诗人，被后人称为“诗圣”。

④ 韩退之：韩愈，字退之，河南河阳人。唐代诗人、文学家、哲学家、思想家，倡导古文运动，唐宋八大家之一。

⑤ 颜鲁公：颜真卿，字清臣，山东临沂人。创颜体楷书，唐代楷书四大家之一。封鲁郡开国公，故世称“颜鲁公”。

⑥ 最后一段出自《跋吴道子地狱变相》。

苏轼（1037—1101），字子瞻，号东坡居士，四川眉山人。宋嘉祐二年（1057）进士，官至礼部尚书。苏轼为唐宋八大家之一，善书法和绘画。诗词代表作有《水调歌头·中秋》《赤壁赋》《念奴娇·赤壁怀古》等。

蓬莱阁记所见

苏 轼

登州蓬莱阁上，望海如镜面，与天相际。忽有如黑豆数点者，郡人曰："海舶至矣。"不一炊久，已至阁下。

元丰八年十月晦①日，眉山苏轼书。

（《苏东坡全集》）

北海十二石记

苏 轼

登州下临大海，目力所及，沙门、鼍矶、牵牛、大竹、小竹凡五岛。惟沙门最近，兀然焦枯。其余皆紫翠巉绝，出波涛中，真神仙所宅也。上生石芝，草木皆奇玮，多不识名者。又多美石，五彩斑斓，或作金色。

熙宁己酉②岁，李天章师中③为登守，吴子野④往从之游。时解贰卿⑤致政退居于登，使人入诸岛取石，得十二株，皆秀色粲然，适有舶在岸下，将转海至潮。子野请于解公，尽得十二石以归，置所居岁寒堂下。

近世好事能致石者多矣，未有取北海而置南海者也！

元祐八年八月十五日，东坡居士苏轼记。

（明泰昌《登州府志》卷十五）

---

① 晦：农历每月最末一天。
② 熙宁己酉：宋熙宁二年（1069）。
③ 李天章师中：李师中，字诚之，今山东曹县人。宋熙宁二年曾任登州知州。
④ 吴子野：吴复古，字子野，广东揭阳人。
⑤ 解贰卿：解宾王，字伯京，山东蓬莱人。曾任刑部侍郎。

纳川亭记

章望之

人与天地并生而异道，能周而为变化者一，气也。天地之气不舒，则四时五纬与山川水土，举失其常；人之气不舒，则思虑塞而精神有遗，百疾于是乎生。故君子所乐奉者，天地之大。大而高莫如山岳，大而深莫如河海。其间又有禽兽草木之所蕃，鼋鼍鱼鳖之所错，秘怪神异之所储，珠玉宝藏之所产，世之百物莫不具诸。是以高深之地，君子乐之，以其能开人思虑，泰人精神，盖耳目广则聪明豁耳。不然，何以孔子登东山而小鲁，登泰山而小天下哉？故遇西子，然后知世无美色；享太牢①，然后知世无珍味；闻箫韶②，然后知世无至音；观海岳，然后知世无大物。古之君子务见博而知远者以此。

吉州刺史刘侯涣③之为登州也，为纳川亭于城之北隅，以地滨于海，言此所以容受百川也。广狭得中，奢俭得宜，役不劳而事不烦，其可以为寓目适心之所，殆无与亢者，岂非助大丈夫胸臆之一端欤？侯有文武长材，济之以刚正凛然不可夺之风。尝入居清要，出总繁重，皆赫著能名。

今之作斯亭，以壮郡国游观之胜，以资宾客宴飨之盛。暇日则命戎旅习水战，以无忘戎备。其动翼如，其静肃如。于是正人朝士之出是途，莫不交口，咏其交宾接下之和，美其忠奉朝廷之勤。异日，侯去为天子股肱，知其必能以兴作之心，充斥其行事。

（明泰昌《登州府志》卷十五）

章望之（生卒年不详），字表民，北宋福建浦城人。官至光禄寺丞。著有《救性》《明统》《礼论》。

---

① 太牢：古代帝王祭祀时，牛、羊、猪三牲全备为太牢。

② 箫韶：虞舜时的乐章。

③ 刘侯涣：指刘涣，字仲章，今河北保定人。宋庆历五年（1045）任登州知州。

第二节　元代散文

观海市记

杨　瑀

尝谓天下有至神至怪而不可知之事，恒见则以为常，罕见则以为异，是固理势之必然，何足怪哉。

丁亥①孟夏②二十二日，余钦奉上命，始至蓬莱。越二日侵晨，谒文庙毕，与都阃袁公同登蓬莱阁。召守阁之士，问其海市，则曰："春夏见，秋冬少见；大雾之后天晴见，天阴不见；微风见，无风不见，大风不见。风微急，其见也速而巧；风微缓，其见也迟而拙。"余谓海市有时，难以必见，遂纵观海港，将启行焉。

俄而，从者报曰："山抬头张口，海将市矣，愿少止而观焉。"翘首视之，牵牛岛见一楼台，其前则低，其后则昂。大竹山见一大城，其色则青白，其高则居山三分之二，其规模制度，则雄伟壮丽，殆若王者之都，人世罕见。顾盼之间，且惊且愕，以为天下有此神怪之事！又自以为眩而妄也。凭栏视之，倏然俱已收矣。余以为海市虽美，特暂焉而已，固不知其有所谓久者也。

俄有报者曰："珠玑山更见一城，其色则半青半黄，其形则或高或下。其城上之诸楼，则隐显无常。其城角之大楼，则离合不定。"视牵牛岛二峰，或开而离，或合而连，或小者忽然而大，或尖者突然而平。虽终日变幻，皆舒迟而模糊。愚又以为海市虽久，特拙焉而已，又不知有所谓极天下之至巧者焉。

俄又有报者曰："半洋山复见一城，其中初起一楼，次起一楼。二楼并峙，相离咫尺。复合为一大楼，中留一门，仍复塞焉。其东则起三圆亭，皆

---

① 丁亥：元至正七年（1347）。

② 孟夏：初夏，指农历四月。

重檐三叠，透彻玲珑。其西则起三假山，皆孤峰特耸，突兀嵯峨。其大楼之东，复起一小楼，渐与大楼相等。其大者则默移于前，小者则潜移于后，殆如王者前宫后寝之制。既而升者沉，起者伏，遂隐而不见。俄而一楼独大，巍然突起于中；三阁微小，森然环列于左；三屋又小，纷然杂处于右。而前后左右，各起数楼。或行或止，或断或连，或淡而似远，或浓而似近，俨如城郭之上，四面八方，各有楼阁之错综。已而显者微，明者晦，复隐而不见。忽一大殿耸起于中，极其尊严，不事奇巧，虽迭出而不殊；三方楼端拱于左，皆楼上有楼，其帘箔窗牖，闪烁难言；三团松植立于右，皆松上有松，其葆盖台基，形容特异。”愚又以为古今之名画，秦汉之离宫，人为虽巧，终不足以拟其天成之妙。袁公作而起曰：“斯亦旷特之奇观，愿酌而贺焉。”

未几，三松之顶，三楼之脊，微有云气，初如一线，与大殿之脊相连。俄而小者渐大，狭者渐阔，恍然一巨桥。下视三松三楼，皆变为三大桥。柱中涵数洞，昭晰分明，有如苍龙跨海之势。既而通者塞，开者闭。忽变为一大台，又析而为二，破而为三。其中则变为一大宫，如宗庙之正室，其左右则分二小宫，如明堂之傍室。已而缭以垣墙，笼以林树，环以房屋，又合于一，极天下之大家。既而其垣墙则或高或下；其林木则或聚或分；其房屋则或疏或密；杂居散处，又如一大村落，中有数十余家，复又混而为一。或望之如磨，又似杯形；或视之若杯，又如盘制。或脊耸而檐长，犹如大厦之相连；或脊缩而檐短，又如屏风之独立。或方起一楼，未成而复隐；或复起一阁，既显而又微。凝滞多而动荡少，亦如劳者欲佚，作者欲息，动极思静之意。

时则日欲将暮，兴已半阑，观者倦而立者疲。仆虽屡更，皆跛倚而临事。余乃起曰：“时已久矣，众皆倦矣。宾主之情，既已尽矣。海市之变，亦已极矣。”命舆将归。袁公复曰：“海市之变无穷，观者之兴已尽，继此而万变迭出，亦未可尽知也。”愚又以为海市虽巧，特见于半洋一山而已。如彼耆老所谓诸山连市，遍海呈奇，又余所未见而不知者也。

且诸海市似云而不飞扬，似雾而不阴晦，似烟似气，则凝而不散，动而有常。其体则有大小、方圆、长短、广狭之殊；其用则有屈伸、往来、起伏、升沉、离合之异；其变化则有久暂、迟速、死活、浓淡、巧拙之等。虽一时同观之人，若心志不专，瞻视不定，或见其左，则遗其右；或睹其后，则失其前。故语之以浓者、久者、死者、迟者、拙而粗者，则人之所见皆同；语之以淡者、暂者、活者、速者而精巧者，则人所见各异。诚所谓天开活画，百巧备藏于中。人皆远而望之，各随其所见，而各自以为然。如己有所见，己以为然，而人或以为不然；人有所见，人以为然，而己或以为不然。人己同有所见，人己同以为然，而众人或以为不然。众人皆有所见，众人皆以为然，而未见者又或以为不然。己以为然者，己固信之，而人或疑之。人皆以为然者，人固信之，而己或疑之。人己同以为然者，人己固同信之，而众人或疑之。众人皆以为然者，众人固皆信之而未见者又或疑之。诚乃天下神怪之至，而不可知者也。将谓有主之者耶？杳杳冥冥之中，谁从而为之，余固不得而知之也。将谓无主之者耶？奇奇异异之事，何从而有之，余亦不得而知也。不知而不问焉，则终于不知而已矣。将就知者而问之，神怪之事，圣人所不语也，予将孰问欤？近而求诸余身，将问诸余心，余心无言而有知也，将告余曰："昆虫草木，固物也；日月星辰，亦物也，究而极之，其所以为神怪之至，均为造化阴阳之实理，历万古而不易者也。"故因以记之。

（《古今游记丛钞》卷五）

杨瑀（1285—1361），字元诚，号山居道人，浙江杭州人。官至中奉大夫。著有《山居新语》。

第三节　明代散文

蓬莱阁记

韩　敏

蓬莱阁，大都督卫公青因海神祠而建也。祠旧在沙门岛小岨山，蛟龙之所出没，蜃气之所滃结，洪涛巨浪之所腾沛。居民艰于航海，弗克以时而祝厘焉。乃视地之可迁者，得近城之崖，出海天人境，空阔中可容百余楹，曰：此可也。于是，具其事，请于朝。遂出己资若干缗，取石于崖浒，斩木于郁林，鸠工卜日，校崖形胜，下其颠半之，益其下而倍之，级而上之，若鳞次然。崇其中作殿宇，旁有廊庑，外有山门。殿之东建三清殿，旁列皆如制。迤西又有楹栏曲绕，为奉神者居，使传以道言，而复其役。居民以公劳，塑像世祀焉。

总督备倭永康侯徐安，继公之任，建天风海涛亭，翘然后耸，若自天而落者。登眺之暇，燕坐憩息，足以游目骋怀也。亭之东建观音阁，制度加备焉。

今年夏，大都督公主器，平羌将军，宣城伯卫颍，以予尝宦游其地，属为文字以记。予以为，东极之山曰开明，南极之山曰暑门，西极之山曰阊阖，北极之山曰寒门，皆远在四裔；而蓬壶、方丈、瀛洲之三神山，风致殊绝，又在四极山之中，是皆渺茫幻泡，莫之或知。今登公之阁，尘念顿失，身势恍惚，虽海外四极三山之风致，必不是过也。名曰：蓬莱。举目一览，南仆昆仑，东俯三韩，西偃恒阜，北下不周，举凸然牒然于前，而溢溘爽气，袭人襟袂。吾知登斯阁也，得以穷高极远，望氛浸以节劳役，其恋阙思亲之心，油然于此而生矣。姑因其请，以复是为记。

（明泰昌《登州府志》）

韩敏（生卒年不详），江苏淮安人。明天顺三年（1459）任登州府知府。

蓬莱阁记

杨　琅

阁以蓬莱名，纪形胜也。蓬莱，或者以为方外之境，神仙之窟，形胜之区。而阁得名者，气象类之也。若夫东牟之隅，丹崖瞰海，划凸塞凹，相方定址，此阁之创建也。碧瓦鳞次，檐牙翚举，画栋彩槛，青碧夺目，此阁之壮丽也。开窗寓瞩，周览形胜，则鲸波无际，涵乾吸坤，何宽旷也。沙门、鼍矶，诸岛联络，何清绝也。重楼翠阜，海市出没，何神奇也。夷窠獠穴，簇丛可指，何高爽也。若乃阳乌吐彩，而波光荡摇，兔魄腾辉，而清影交映，则阁之朝暮也。暗烟凝而海天浑，岸草香而鱼鸟适，云涛驾风，岛屿飞白，则阁之四时也。朝夕殊象，四时异景，所以昭阁之形胜一也。时或衣冠萃止，升高望远，游阁之嘉宾也。感时触物，珠玑吐喷，赋咏之篇什也。盖海宇廓清，狼烟息焰，士君子歌诵太平之盛也。阁昉于宋，而湮其址，创而新之，自今以始也。后之视今，犹今之视昔，嗣是时葺理之，则是阁与山光水色，同无极也。创之者谁？元戎永康侯徐公安也。成化辛卯秋己丑，则阁之创建年月日也。后三年甲午春清明日记。

（明泰昌《登州府志》）

杨琅（1425—1470），字朝重，福建莆田人。明成化六年（1470）擢山东按察司佥事。著有《举业经义》。

海市卷后序

边　贡

华泉子曰：“余自童子时，读苏子《海市诗》，而窃慕焉。顾未尝一至海上，寤寐思服者二十年于兹矣。”

乃今读是卷，而心休焉。曰：“是可以弗观已矣，然不能无感焉。”则为之言曰：“夫有天地即有海，有海即有市，有市即有见之者矣。而数千岁弗传焉，其故何也？过之而弗观，观之而弗纪，与弗见者一也。而一显于宋，盛传于今，岂非海市之遇也哉！”

然是卷也，侍御君记之，诸大夫则赋咏之。夫记之者，见之者也；赋咏之者，非必人人而见之也。而若或见之者，无他焉，征诸记而已矣。

天下之人之慕海市如余者岂少哉。吾恐读是卷而心休焉者，将不独余也。柳柳州①曰："美不自美，因人而章。兰亭不遇右军②，则清湍修竹芜没于空山矣。"吁！岂独一兰亭也哉！

正德七年十一月朔旦，华泉边贡书。

（蓬莱阁碑刻）

边贡（1476—1532），字廷实，号华泉，山东历城人。明弘治九年（1496）进士，官至户部尚书。边贡早负才名，善诗文，风格婉约，为"前七子"之一，与李梦阳、何景明、徐祯卿号称"四杰"。著有《华泉集》十四卷。

蓬莱观海亭集序

王崇庆

登州之有蓬莱，说也久矣。始予佐郡之至于斯也，会久旱，祷诸广德王庙。既而作海市辨，以僭正向往，汛扫荒唐。自是骇而笑、疑而非者半，用是益慨习心之难消也。嗟呼！追思往迹，迩来三十有二年矣。若乃碧桃开谢于涛声之间，海月盈亏于天汉之表，宦情去住于登眺之余，吾又不知今夕之为何夕也。乃己酉③之冬，会郡人侍御陈君行庵④，吴君晋庵⑤，相与坐论畴昔。因谓是邦与海为邻，古今大夫士多题咏者，

---

① 柳柳州：柳宗元，字子厚，河东郡人，唐宋八大家之一。因官终柳州刺史，又称柳柳州。

② 右军：指王羲之，字逸少，山东临沂人，东晋书法家，有"书圣"之称。因官拜右军将军，人称王右军。

③ 己酉：明嘉靖二十八年（1549）。

④ 陈君行庵：陈其学，字宗孟，别号行庵，山东蓬莱人。明嘉靖二十三年（1544）进士，官至南京刑部尚书。

⑤ 吴君晋庵：吴昶，字伯明，号晋庵，山东蓬莱人。明嘉靖二十三年（1544）进士，官至御史。

然而版刻不无散逸残缺。因走书中丞儆庵应公①，为折衷之。公忻然喜曰：吾意也。遂以檄下节，推潘子滋为编次，润色焉。所以雅墩胜概，考纪岁月，固非寻常加灾梓木比也。敢并述而序之，用告来者。

（明泰昌《登州府志》卷十三）

王崇庆（1484—1565），字德征，号端溪，河南濮阳人。明正德三年（1508）进士，十四年（1519）任登州同知，曾任南京户部、吏部、礼部尚书。著有《周易议卦》《五经心义》《山海经释义》《端溪文集》《南户部志》《开州志》。

阅海操记

毕懋康

昔班孟坚②既通田狩之义，而赋曰："临之以《王制》，教之以《风》《雅》"，是王道之成乎？陉山之田，长杨之猎，失其义矣。而泽萃有戒，代不释兵，国家大司马岁行周教，而郡邑各治，赋震震于委致，围脆致冲；监司于兵为所职，则每履其部而简阅之；御史大夫若直指使者各因旌毂所至，集士伍以饬教令。简力校武，选徒擢骑，此大政也。

青齐海岱之州，其在牟城，大海为池，故事有海操。余以丁巳中夏按其郡，午日登蓬莱阁阅焉。尔时霾曀亘天，叆叇云布，呵欶掩郁，咫尺莫辨。余方忆轩辕涿鹿三日沾濡若矣，而法以斗机，何圣人制用之神耶？于是材官请发号矣，乃亟令传宣。火炮一鸣，四塞③忽散，或以金石盈气触克则销，或以发地冒阳宜炊以火，斯已奇矣。少焉大明摭辔于金枢之穴，翔阳逸骇于扶桑之津，沖瀜沆漾，浮天无岸，潤泊柏而迤飏，磊匒匌而相豗，弘舸连

① 中丞儆庵应公：应大猷（1487—1581），字邦升，号容庵，浙江仙居人。明正德九年（1514）中进士，官至刑部尚书。曾巡抚云南、四川、山东，所至均有政绩。留有《容庵集》十卷，《周易传义存疑》一卷。

② 班孟坚：班固，字孟坚，陕西咸阳人。东汉著名史学家、文学家。

③ 四塞：谓夷服、镇服、蕃服在四方为蔽塞者。指四方屏藩之国。

轴，巨舰接舻，五楼三翼，既扬旌枻，苍鹰文鹢，缀骛风樯，萍布星浮，盖七八里许。三军哗扣振旅，甲胄骈集，为楼船将军者，为濯船黄头者，为伐松木客者。云兴之将，飙起之师，抑扬电霆，奔骋貔貅，李牧之百金士，勾践之千君子，左属攫戾之鞬，右握破坚之矢，拓弦作霹雳声，阙巩之甲，步光之剑，丈八之矛，文犀之渠，时力、距来之弩，九斿、七斿、六斿、四斿之羽，如荼、如火、如墨之阵。万响烈发，炎起烟迷，纵接横交，杀声震天，飞沫起涛，彯沙㟙石。而往来传警之棹，速告急宣，望涛远决，冋然鸟逝。大海泂泞潗潜，不见水端，信寰宇一奇观也。

夫青齐古称四塞之国，毂击肩摩之途，连衽成帏，举袂成幕，患不在无兵也。昔管夷吾[①]治齐而罢士无伍，桓公卒用以霸。今蔽海而陈者，士徒集矣，戎器除矣，一旦有叫呼饮马，能灭此而朝食乎？能驱浮囊而断横波之锁者乎？暴子弟采金煮海，啸为游艇之子者，而剪其为长蛇，而暴其为奔鲸者乎？桓桓而号习流者，屯羽秉枹，拱稽傣分，皆凛凛于尺籍伍符，无废用命者乎？不然而徒靡县官之食，以罢士伍矣，蔽海而阵何益哉？萃之戒曰："不虞未见时者当先见弊。"矧边陲之忧，今不啻为于邻之震，无然苏苏，无然索索，惟事事有备无患，图之此为时矣。夫人众而不整，命曰人满；地大而不垦，命曰土满；武张而不适于用，命曰武满，三满者谓之国蹶。其无以师徒为武，无以辽海为远，无日不讨军实民隐，而咨度之。先为不可胜，以待敌之可胜，又何忧东事哉。余故于泽萃之象，一篇之中三致意焉。

皇明万历四十六年岁在戊午重九日，赐进士第中宪大夫，顺天府府丞，前奉敕巡按直隶、陕西、山东阅视延固二镇，广西道监察御史，兵部员外郎，中书舍人，新都毕懋康撰。

（蓬莱阁碑刻）

毕懋康（1575—1644），字孟侯，号东郊，安徽歙县人。明万历二十六年（1598）进士，历任兵部右侍郎、户部右侍郎。著有《军器图说》《西清集》《疏草》《安涔集》。

① 管夷吾：字仲，以管仲之名而广为人知。春秋初期政治家、军事家、思想家，法家学派的代表人物。

重修三清殿记

陈其学

赐进士资政大夫、食一品俸南京刑部尚书、前三任总督、都察院右都御史兼兵部右侍郎，郡人陈其学撰。

赐进士中宪大夫、江西按察司副使、前监察御史，郡人浦之浩①书。

赐进士第承德郎、户部云南清吏司主事，郡人张诩②篆。

按备倭城北垣即丹崖，乙潮处殊斗绝立远，而东迄海口顿止，嶜崟结秀，若龙首然。乃上领建有三清殿，规制雅称于廓。余每游憩之，纵观扶木之旭，沆瀣轧沕，盈盈可餐。幻碧影翻，高深涵互，逸言挂席，拟即洞溟之境矣。粤若密神揖其前，环屿带其后，仙洞嵌其下，蓬阁翼其旁，且与帅府对峡过脉，台伏隐然，盖势胜也。

顾正统再造之季，距兹旷百祀余，而岿然者果日非其旧。迄隆庆戊辰③，张凤筠④公来开府，雅意新之。储秩稍越，辛未卜八月上吉启工，讫于壬申四月下旬，计端殿、角寝、旁庑、重门暨观音堂咸庀饬之，率仍其故址，而闳伟顿殊。恃帅府、太平楼亦改构完，相望兢耸，重增兹威壮焉。

甫衅庙，公即拜冠军，给传于浙矣。越数月，阖武弁暨士庶胥与砻石。且属余以言曰："张公前是尝雩于海神，获应缮其祠。值梁抚翁勘海运至，谂悉以帑金加一力。佥咨异之，乃兹毖举畅导纯诚。郡节推江碧溧公亦齐心为捐缗钱四万。诸跃然陈义者，若或开右鸠佣虑材，百顺蒇悉。第苦楹栋乏良具，忽大洋中浮木十数，若巨楂泊于次。赢三四丈者三，余亦无虑二丈许，植品奇罕，且如刊适用，真灵贶也。目今川原滋泽，溟澥恬波，运艘安流，岛裔驯詟。帖云：'仰得一之灵降时万之福，于赫函蒙顾不尚哉！'请纪之。"余曰："诺。"逾时复来，重曰："祝厘姑勿论，惟张公淳朴完素，瞉

---

① 浦之浩：字子化，山东登州蓬莱人。明嘉靖二十年（1541）进士，官至江西按察使副使。

② 张诩：山东登州蓬莱人。明嘉靖十四年（1535）进士，授户部主事。

③ 隆庆戊辰：明隆庆二年（1568）。

④ 张凤筠：名可久，太仓世官。

薄自茹，治军簿一，尚清省有威惠，我大东悦亲者垂五年，暨去后益见思。即以兹真宇为遗爱处，每乐游而亟彦咏之，罔或斁惟无拂所，请藉用与之俱传。”余曰：“诺。”

寻质之我薄相，苏岩兄乃剧言曰：“抑以未必神之者，为确论邪？《记》曰：‘明则有礼乐，幽则有鬼神。’存心事天，自是性情合契，而象生其中。按《杂志》云：‘张间建节祠庙，而政誉尤著；王世安为政公平，民皆悦服。’凡祠庙岁久皆重新之。盖仁以治人，故从人，礼以治神，故从祇，神人之间心实联之，而爱敬考衷固同出也。”

在晋仙山亦尝建三清殿，若刘湏溪著者，乃居然文之，虽其典谟无声要，亦因心而可以义起者。矧兹且以爱张公者请邪？余遂述其语，因以识岁月云。

张公名可久，太仓世官。余护作者例，宜悉附石阴。

大明隆庆六年岁次壬申六月初三日立。

（蓬莱阁碑刻）

陈其学（1508—1593），字宗孟，号竹庵，别号行庵，山东蓬莱人。明嘉靖二十三年（1544）进士，官至刑部尚书。卒赠太子少保，谥“恭靖”。

蓬莱阁多寿亭序

陈其学

粤稽古盛王，未有遗年者。我国朝且着之令甲，永锡灵长之脉。逮我圣天子，重敦典以培植元苞，即合六幕而仁寿之也甚殷。乃命我钟文陆①公代之东巡，实钦承之。首按嵎海穷陬，揽辔澄清而冲涵恬润且无际。暨登阁，望洋浮天合碧，泠瑸酝醽，必有遐旷者以应世瑞云。

按志，牟人颛蒙椎鲁，历今犹有古风。矧斥瘠无营业，惟务农，且俭

---

① 钟文陆：钟化民，字维新，别号文陆，浙江余杭人。明万历八年（1580）进士，官至右佥都御史。

啬，寡谐际，心目一无他适。此其朴钝寒散，殆与淳气相合。自是，多得之郡守王公素善养老者，即以百八十余人导之入见。霜髯雪发，恍若华表蹁跹，把袂牵裳，肘腋交携，鱼贯而前，咸据掌致诸地。乃一一温焕之，各赉以金帛。亟谕所司其无伤，欢声沸出殊然气象。於戏！美哉！寿乎夥且多也。即移郡建多寿亭于蓬莱阁，仍绘之像，以昭太平之世。

重谈及余髦，业会题俞旨存问矣。盍乞言以纪之？遂如礼授粲杠沐，问其寿及所以寿。余罔生无以諮。按字纬曰："寿者，受也，谓纪之者天。"又曰："守也，谓顺之者人。"理数难齐，姑曼云已。余孱植少多病，亟慎以守之，奚翅齐战。迨强而仕，辄投之边徼垂二十年，以病归。一惟心息相依，和天倪以顺天年。延今仅能言视勃窣，可愧以多，幸老民自叙，乃辱命以裁撰耶。

仰惟顺承天施，涵濡旁魄，即衰榆枯梗，顿生有泽色。缠绵布濩，皞皞难名，而幽鸟鸣春，知识云然哉。随率诸俦辈，偕诣多寿亭下，爇炷宝薰，望阙叩首，同呼以祝之曰："天子万年。"

（清光绪《蓬莱县续志》卷十三）

海游记

王世贞

登故枕海山，东门不一里，大蒐之圃在焉，其阳依海壖而坛。余与参政姜君①良翰行部登，既视事五日，乃以牍之闲出游，觞于坛。

轻云蒙笼，风师不惊，文沦若縠，容裔滉漾，与天下上。俄而，东南雄虹起，亘空若银桥，蜿蜒而下饮于海，惊流喷蹙，玑贝万斛，飞跃注射，若五金之在溶，芒颖眩烂，眦触睛炫，已徐徐缩入海。既久之，顾见鼍矶、大小竹诸岛，云气骤变，峰屿尽改，或断或续，或方或圆，或峻或衍，或英或坯，或陟或密，或堕或隒，或浸淲波浪，或斗插入汉，或为鸥，或为伏虬、

① 姜君：指姜宝，字廷善，号凤阿，江苏丹阳人。明嘉靖三十二年（1553）进士，官至礼部尚书。

为虎豹者不一。童子趋而前曰："是其将市乎？"忽大风发，吹云散，不果市。

余慨然谓姜君曰："於乎！此奇衺之士所得而影响其君，为始若武①者哉！彼其惊幻变之熹微，叹光景之恍忽，以为其下真若有神仙者焉，思竭天下之力以从之，而竟不可得；不知其泡沫之躯倏焉而灭，为兹海之云气久矣。夫身挟名而俱尽者何限？乃南望田横之岛，则隐隐负生色焉，然至于读鲁仲连②被发蹈海之书，蝉蜕物表，视斯人未尝不惝恍俱失也。於乎！古所谓仙不死者，是欤非耶？"姜君不答，第趣觞觞，余醉而归。

（《弇州山人四部稿》卷七十二）

王世贞（1526—1590），字元美，号凤洲，又号弇州山人，江苏太仓人。明嘉靖二十六年（1547）进士，官至南京刑部尚书，赠太子少保。王世贞与李攀龙、徐中行、梁有誉、宗臣、谢榛、吴国伦合称"后七子"。著有《弇州山人四部稿》《弇山堂别集》《嘉靖以来首辅传》《觚不觚录》等。

蓬莱阁赋

潘　滋

厥惟登州，在昔牟子。星分虚危，地接瀚海。出日之方，产药之窟。泉有温汤，城曰不夜。于是宁州开烟霞之洞，文邑筑望仙之台，庶几遇子乔③于缑氏④，接玉女于天台者也。于是楚之客而至齐者，言于齐伯："小人以吏事聘于诸侯，无所辱命，则必观蓬莱而归矣。"齐伯曰："诺。"谷旦惟差僚左，胥会霜戟，明鸾车哕，建霓旌飘羽。

---

① 为始若武：如始皇、像汉武。

② 鲁仲连：又名鲁连，战国末期齐国人。稷下学派后期代表人物，著名的平民思想家、辩论家和卓越的社会活动家。

③ 子乔：周灵王太子，名晋，字子乔。

④ 缑氏：山名，即缑氏山，在河南省偃师县。

盖步自刀鱼之寨，经于沙门之宫。重岭巍崱以仡，连冈开閜以巃嵸。礲透迤以层升，周寥窲而径至。览檀峦之秘偈，觌苍巘之绘事。薜蘿钩頡以倩俐，䶑鼬睒矆以膗漩。像蜎闪偭以窘宵，鳄螭菌蹐而骈颠。于是，鸣籁吹，华钟撞，肃龙妃，祠海王，尔乃置酒于晃爌之室，息燕于迢递之轩。斟琼浆之濯瀯，蔬石华之蜷蛛。为坻为渑，或屐或船，三醻三酬，既沃既沾。于是，停杯候潮，醽酒临浪，极目空阔，舒襟沆瀁。气泊漂以不风，天清冷而无云。夫何冯夷①挥霍，阳侯②喷渍。摇摇泄泄，悬濑襄汉；澎澎濞濞，流沫迸岸。泊硊旷以倾腾，闳崛岉而相啞。纷盘荡以激雪，訇赴势以奔雷。闪潏潀以回飙，喟呥哨而飞涝。恍蛇惊而鸟攫，歘龙踔而虎跔。斯可以为杰矣，则又有杰者。

于是西望诸山，大竹小竹，弥雾涭烟，峭壁无路，绝壑连天；大洋半洋，案衍亶曼，千岽百嶵，穷之无端。其上则翡翠孔鸾，鸲鹆雎鸠；其下则白虎赤狐，驳马骊牛；其华则雁红桴杞，薏苡蘼芜；其树则楂黎橡栗，朱桐白榆；其土则丹青雌黄，锡碧金银；其石则赤玉玄厉，玫瑰琳瑉，斯可以为宏矣，则又有宏者。

于是重城言言以中峙，大海汤汤以四远。似芙蓉之出水，类明珠之走盘。既星罗于八州，亦基置于六卫。貔貅备倭之如林，冠带鸣学而如缀。朱门烨于长衢，黄茀绵于广陌。驱噩织罽之乡，负盐黑齿之国。斯可以为奇矣，则又有奇者。

尔乃凌丹崖而值上，抗蓬莱之所基。虹修梁以夭矫，猊穿柱之跷踞。鱼鳞切迭于重桷，虾须戌削于绮疏。莽雾掩翳于藻井，朝阳炫射于金铺。于是，拜抃神鳌以扬鬐，运大鹏而奋翮。青天荡荡，引舌可舐，匏瓜历历，举手可摘。启罘罳而流眺，叫閶阖以披胸。窥泰山之日观，招九嶷之祝融。何大畜之天衢，信凭虚而御风。抚八埏于我闼，眇四渎于盂盎。虽身处江海之远，而心存魏阙之上。于是，划然长啸，草木振恐；单衣无温，毛骨尽竦。尔乃揖客而下，洗盏更酌，杂坐岩槛，踦履盘髆，握取石子，射覆纵谑。既而碧云乘于员

---

① 冯夷：古代神话中的黄河水神。

② 阳侯：古代传说中的波涛之神。

峤①，明月出于西山。发商歌而互答，放白鹤以高骞。

于是潘子顾谓客曰："今日之游乐乎？"客曰："乐则乐矣，然而有所闻者未之见也，有所慕者未之遇也。"潘子曰："何谓有所闻者未之见也，有所慕者未之遇也？"客曰："昔蓬莱之仙，有安期生②之出阜乡，麻姑③之降蔡经，此而无之，是虚名也；有而不见，是虚行也。二者无一焉而可？"潘子曰："异乎！吾所闻。徐生④侯生⑤入海求仙者，是方士之瞀也；文成⑥死、栾大⑦诛，明天下之无仙人者，是武帝之觉也。今吾与子之登斯阁也，有所见有所遇矣。太公之兴于营丘，尚其功也；鲁仲连之辞封爵，高其志也；韩信之军于潍水，屈其谋也；田横之入海岛，服其义也；孟子述先王之游观，止邪心也；仲尼之欲乘桴浮海，示有为也。今圣人在上，百臣成能，天无烈风，海波不兴，岁丰人足，讼简刑清。于是，致白雉于越裳，来肃慎之楛矢。内外向夙，遐迩一体。然后，作为雅颂，陈之清庙，告厥成功，书之竹帛，以垂无穷。此蓬莱之实也。若夫流连之乐神仙之事，何足多乎？"客怃然避席曰："吾乃今得闻先王之风，愿敬受教无他。"

（明泰昌《登州府志》卷十六）

潘滋（生卒年不详），江西婺源人。明嘉靖二十九年（1550）任登州府推官，编有《蓬莱观海亭集》。

---

① 员峤：海外五仙山之一。

② 安期生：一名安期，人称千岁翁、安丘先生，琅邪人。秦汉期间燕齐方士的代表人物，黄老哲学与方仙道文化的传人。在陶弘景《真灵位业图》中列在第三左位，奉为"北极真人"。

③ 麻姑：又称寿仙娘娘、虚寂冲应真人，道教神话中的女神。

④ 徐生：指徐福，字君房，齐地琅邪郡人，秦时著名方士。

⑤ 侯生：战国时韩国人，著名方士，与徐福、卢生齐名。

⑥ 文成：指李少翁，西汉齐人，著名方士。

⑦ 栾大：西汉人，著名方士。

重修蓬莱阁记

宋应昌

按史：秦皇东游海上，登之罘[①]，以冀与神仙遇；汉武时，燕齐迂怪之士，扼腕言海上有蓬莱、方丈、瀛洲三神山之属，仙人可致。帝欣然，庶几遇之，即其地以望"蓬莱"。则蓬莱阁之名，实昉此焉。

说者曰："兹名也，秦汉之侈心也，胡为乎？沿之而以重修烦也。"

考郡乘[②]：宋嘉祐时守臣朱处约氏实创构之，谓"上德远被，致俗仁寿，此治世之蓬莱也"。语具贞珉[③]中。余览而旨之，叹曰："知言哉，古人一丘一壑，不废登咏，矧是阁首踞丹崖，俯瞰沧溟，千折之槛，三至之阶，恍然出人间世，固域内一奇胜也，乌可无修！"

在昔尧天海涵，寅宾日出，周波不扬，肃慎东来，爽鸠氏之所宅，管敬仲[④]之所官，升降不知凡几，于海王之国仅一瞬也，可以观世；风雨晦冥之潮汐万状，沙门、砣矶、牵牛、二竹[⑤]之楼台闪忽，鱼、龙、犀、螭、象罔之出没无常，安期、羡门、紫芝、瑶草[⑥]之若有若无，凭栏一睇，恫心骇目，斯诧奇吊诡之囿也，可以观变。尔乃观海摅襟，登高作赋，或明风于爰居，或辨物于楛矢，或寓言于《齐谐》，或侈谈于裨海，或赋子虚[⑦]以见奇，或祷海市以志感，秀色雄乎涛声，逸思巧于蜃气，可以观材。至若东扼岛夷，北控辽左[⑧]，南通吴会[⑨]，西翼燕云[⑩]，艘运之所达，可以济咽喉，备倭之所据，可以崇保障，封豕靡所渔，长鲸罔敢吸，可以观要。抚时察变，度材修

---

① 之罘：烟台市芝罘区北伸入海中的一个半岛。

② 郡乘：载录历史曰"乘"，郡乘即郡志。

③ 贞珉：石之坚且美者，形容石碑。此指朱处约《蓬莱阁记》碑，今不存。

④ 管敬仲：指管仲，春秋时齐国宰相。登州原属齐地，故引此。

⑤ 沙门、砣矶、牵牛、二竹：岛名，今属山东长岛。

⑥ 安期、羡门、紫芝、瑶草：安期、羡门为古代传说中的仙人；紫芝、瑶草为仙草。

⑦ 赋子虚：汉司马相如作《子虚赋》。

⑧ 辽左：辽东。

⑨ 吴会：苏州。

⑩ 燕云：幽州和云州，今河北、山西辖地。

要。四者备，天下之大观矣，乌可无修！

语有之，台以察氛祲，节劳佚，微独于目观美也。盖古之仁人君子，遐思逖览，罔不在民。记超然台则起物外之想，登岳阳楼则勤先忧之思，宁独骋盼望流光景为旷已乎。若乃登兹阁者，纪纲之臣，肃其宪令，封疆之臣，宣其慈惠，文学之臣，藻其鞶帨，将帅之臣，振其武略。俾物无疵厉，民无夭札，跻斯世，而蓬莱之庶几仁人君子之用心哉。

无论世无神仙，蓬莱政使有之，以方我大明盛治，摹唐型周，海静风恬，真人天境界，果何若也。抑方丈、瀛洲君子固掩口不欲道耶。然则是阁也，修于治世尤亟矣。余固曰“知言哉，宋臣也”。卑卑秦汉从谀者流，奚置喙焉。

是役也，前抚李公①宪檄经始稽费，则公课百余缗，乡官戚总戎②输资百余缗，预办材辽左。会巡抚辽东顾公海檄兵道郝，返其值金，输木千金，艘运三年，材靡帑出，力靡民劳，规画宏敞，视旧贯什倍之矣。阁入国朝，一修于永熙间，再修于成化七年，凡兹三修也，阁事竣。适不榖建节之初，郡吏具状守巡以请，佥谓材美制钜，地胜名远，不可以不记也，于是乎记。

（明泰昌《登州府志》卷十五）

宋应昌（1536—1606），字思文，号桐岗，浙江杭州人。明代抗倭名将。明嘉靖四十四年（1565）进士，曾任山东巡抚，官至兵部右侍郎，加右都御史。宋应昌以兵部右侍郎经略朝鲜，击败日军，取得“平壤大捷”。著有《经略复国要编》等。

甜井记

王云鹭

蓬莱阁下百余武，小海傍有甘泉焉。秋夏苦霖潦所浸，余甃以石壁，覆

---

① 前抚李公：前任巡抚李戴。李戴，字仁夫，延津人。明隆庆二年（1568）进士，历任户部尚书、工部尚书。

② 戚总戎：戚继光（1528—1588），字元敬，号南塘，晚号孟诸，卒谥“武毅”，山东蓬莱人。明朝抗倭名将，杰出的军事家、书法家、诗人、民族英雄。

以瓦亭，扁曰“甜井”。客有过而问曰：“兹泉也，郡胡珍重之若是也？”侍者莫能答，以告余，余曰：“处有顺逆，行有难易，区区一掬泉耳，而邻于汪洋无际之巨壑，千流皆卤，万派悉咸，彼独孑然挺然，而天性本来之甜淡无恙。硁硁然小人哉①，敢藐海若，敢抗波臣，往来井井②，难乎哉，易乎？”客闻之喟然曰：“滕薛③不可以敌秦楚也，势也；雕刻不可以改面目也，定也。可以为难矣。”知其难，兹固余珍重斯泉之意也。镌之石。

（明泰昌《登州府志》卷十五）

王云鹭（生卒年不详），字翀儒，河南夏邑人。明隆庆五年（1571）进士，万历十七年（1589）任登州府知府。

多寿亭图后序

王云鹭

余编行乡约保甲法，得偏历城䦨及郊关之内。计户不满三千，见垂白而扶杖而匍匐甚众。因询其年，得八十以上及百岁共百八十七名口，七十者不与焉。先是，我按台钟公④，因东省少歉，大疏蠲逋。适巡牟海，又便宜开仓。皆以广布朝廷寿国寿民之政，会郡具乡保二图集上公曰：“仁寿哉兹民，何兹地之多耶？果仁人静而有常之理耶？果地瘠民贫，生不见异物造化乘除之数耶？衍气多仁，寒气多寿，地气使然耶？果斯民莫不欲寿三王，生之而不伤，而国家生养休息之恩耶？除南刑书陈公⑤，钦旨存问；余缙绅则礼于其庐；匹夫匹妇，别优以粟帛。一时士民欣然，咸颂我公老安少怀盛举也。间有识之者曰，自古以来，东海民多寿，误者以为有仙，吾郡真人间世蓬莱

① 硁硁然小人哉：语出《论语·子路》，比喻渺小而顽强。

② 往来井井：语出《易·井》，洁净不变的意思。

③ 滕薛：春秋时的两个小国。

④ 钟公：钟化民。

⑤ 陈公：陈其学。

也。余忝郡长吏，承宪檄建多寿亭于蓬莱阁下。并绘刻一百八十七老形状姓名于后，以示来者云。”

（民国《重修蓬莱县志》卷五）

松石亭记

阎士选

东海岛中有石，其形怪异。我兵以防汛往者，舁之入府。前守刘君，命辇之道，时聚观者甚众。睹此石温润而栗，文理森如，根节盘结，千条万缕，如老人苍颜鹤发，蹲踞不前状。环视抵里，木质犹存。佥曰：“此古松化为石也。”再玩益真。余命筑台供之海神庙前。

试问此石生于何代？长于何时？何年为松？何年为石？以迄于今，若有对者，而倾耳不闻？余常登岱宗之上，有五大夫松在焉，尚尔亭亭，且琳宫梵宇，唐槐汉柏不知其几，然木形俱未改。以石视之，固皆奕世儿孙行也。《抱朴子》曰：“松树三千岁者，状如龙形，名曰‘飞节’。”兹石固其类与？余独怪夫秦皇汉武之时，六龙亲驾，停舆海澨，驻跸岩阻，比献谀之徒，凡一草木之异，诞为琼枝瑶草，乃不获睹此石。彼孰知瓦砾皆能说法，卷石即是传丹，当时诸臣固信不及此，宜石之隐而不现也。善乎！吾夫子之赞《易》也，曰：“知变化之道者，其知神之所为乎！”昔修羊公化为石羊，以悟汉景帝①；圯上公化为黄石②，以悟张子房③。胥此类也。

台成，复鸠工虑材，为亭于其间。时前守刘君④名道，迁转运以去。而今守黄君名体仁⑤方来，与郡丞燕君汝靖、郡卒樊君在峰、司理陈君效忠⑥、

---

① 昔修羊公化为石羊，以悟汉景帝：东汉刘向《列仙传》记有修羊公的故事。

② 黄石：黄石公，秦汉时人，道家学者，后得道成仙，被道教纳入神谱。赠张良《太公兵法》。

③ 张子房：张良，字子房，颍川城父人。汉高祖刘邦的谋臣，汉朝的开国功臣之一。

④ 刘君：刘道，湖广黄冈举人。明万历三十四年（1606）任登州府知府。

⑤ 黄君名体仁：黄体仁，字长卿，号谷城，上海县城人。明万历三十二年（1604）进士，官至东兖道副使。

⑥ 陈君效忠：陈效忠，字葵心，顺天府人。明万历年间贡生，曾任登州府推官。

新司理张君绾①、邑令邢君琦②，皆乐观厥成者。余顾诸大夫而言曰：“历观前代，凡有事海上者，皆以求仙黩武，人情怆皇，无从容暇豫之态，故耳目有所不及详。迄宋且画海而守，不敢越辽一步。惟我明威德远布，四夷宾服，我兵得盘桓岛屿间，而石适与之值，相呼挽之入舟以归，盖海波之不扬也久矣，固我国家万年太平。征云保太之道，愿与诸大夫时共图之。”诸大夫曰：“唯唯。”遂书以为记。

万历三十八年春仲吉。

赐进士第、中宪大夫、整饬海防兵巡道、山东按察司副使，广陵阎士选撰。

总镇标下中军、莱州卫武举、指挥□□督镌。

（蓬莱阁碑刻）

阎士选（生卒年不详），字立吾，陕西绥德人。明万历八年（1580）进士，曾任山东按察使。辑有《东坡守胶西集》四卷。

镜石记

阎士选

海中有山，名为“漠岛”，因建海庙于其上，土人又称为“庙岛”。峭石当前，光明如鉴，佥谓灵气所钟也。舟人间有取其石归者，号曰“镜石”。约方，广止于径尺。而石之背及前后，皆坚栗晦蒙，独一面当前，莹润圆滑，瞪目对之，冠裳须眉可辨。每当日映，若有五色射人，山光云影，恍惚动荡，包含固无尽者。昔人所谓握方诸之镜，处深泽之间，而上引太清，物类相随，此石固有之矣。余既以松石供海庙前，复取镜石配之，左顾右盼，松石似皮毛零落之尽，而独存真实，镜石似聪明韬晦之极，而尤露真常，二石皆龙象也。海外有形语之国，口不能言而相喻以形，其以形语也捷于口，

① 张君绾：张绾，字佩珩，号恒南，山西盂县人。曾任登州府推官。

② 邢君琦：邢琦，开州人。曾任蓬莱知县。

二石可以口耳思议哉？《淮南子》曰："明镜之始，型蒙然。及粉之以元锡，摩之以白旃，而后其光始显。"今兹石之生，孰为之磨练而呈光在前耶？此皆不可知者也。

常闻海神灵应，凡越海者过庙必祷，自历代以来，如求仙采药及征辽通金，凡所举动，皆为神所厌弃，而当时导谀召侮之辈，备诸丑态，何常不昭昭镜石中，鉴肝胆而悚毛骨？顾人每忽之，卒陷于危亡而不之救，惟神不可知，是以常知比诸臣，何不引镜以照之也。汉武叹"天下岂有仙人"，唐太宗谓"魏徵若在，不使我有征辽之行"。余以二君得镜晚矣。宣和通金则始终自眯者，语有之："盲人不可贻以镜，邪士莫能鉴其疵。"悲夫！

镜石得自彭公所。而公尝督兵援朝鲜，每为余言："朝鲜大臣之家，苍翠四封，安于逸乐，以召致倭患。幸赖中国威灵保全之，迄今犹无枕戈念也。尝以之训戒将士，为殷鉴[①]云。"余味其言，有足发明镜石之意，且于海防有裨，因并记之。彭公，名友德，蓟州人。

（清道光《重修蓬莱县志》卷十二）

蓬莱阁记

陈钟盛

登州，滨海而郡，有山蜿蜒，分脉泰宗[②]，来自东南，崒嵂海岸，作镇城北，前人构阁其上，榜曰"蓬莱"。

夫蓬莱境界，号称仙居。其说见于山经水注所记载，骚士韵客所托兴，不一而足。而是阁之构乃以是名，其有慕而为之耶？抑将以形破影，以迹蹈空，使登是阁者，悟蓬莱亦如是阁，不必更从阁外觅蓬莱耶？

予以丙子秋奉命守登。初一登临，见荒烟蔓草，颓垣裂瓦，满目萧条，感极而悲。盖以崇祯五年燹于兵故[③]也。及考诸舆志，则登为古嵎夷地，寅

---

① 殷鉴：语出《诗·大雅·荡》："殷鉴不远，在夏后之世。"泛指可以引为教训的往事并不太远。

② 泰宗：泰山。

③ 兵故：指1630年至1633年的孔有德兵变。

宾出日于是乎在。而西北有田公寨，是固五百义士所慷慨发愤不为汉臣者也。北折而南，则有之罘岛、文登山、不夜城、系马台，是固秦皇汉武所巡幸驻跸，祷祀祈求，希望长生而不可得者也。极目浩渺，浮波隐见，则有皇城岛、砣矶诸峦峙间。太宗渡辽之绩①，仁贵天山之功②，流传约略，犹有可论述者。然则登虽小郡，实南北关钥，自昔圣帝明王英雄豪杰之所式化驰骛之区也。乌睹所谓瑶花琪树玉阙金楹之胜概，安期子晋王乔叶善之往来，而号曰蓬莱也哉！虽然世外蓬莱有与无不必论，而解脱缰锁，涤除烦苛，以自心蓬莱，造斯世蓬莱，其得失可还商也。

我明太祖肇造区夏，薄海内外，靡非臣妾，列圣相承，重熙累洽，民生三百年来，不见兵革。鸡犬桑麻，嬉游歌舞，声影闻望，迄于四境，前后长兹土者，或公慈而廉明，或易直而子谅，政无虎猛，俗鲜鸿哀，所称至治之世，纳兆庶于春台，其在斯时乎！使世外果有蓬莱，其优游自得与物无竞之景，当亦如是耳已。无何乱起，刊湮荡析之惨，仳离怨旷之气，通于城野。而曩之所谓鸡犬桑麻、嬉游歌舞、声影闻望迄于四境者，盖已不可复识矣。

予抵登之年，竭蹶砥砺，积粟储器，以戒不虞。幸而鲸波载息，狡穴爰清，虽不敢谓学道爱人，遽臻上理，而生聚教训，固守土者之责也。其荡析仳离之景，行且一转。而曩昔嬉游歌舞之乐，不且再见欤！其纳兆庶于春台，使之优游自得也，即以环登为蓬莱亦可耳。至若流连景会，随物悲喜，写骚情于毫端，抒逸兴于赋底，则善乎范希文③之言曰君子“先天下之忧而忧，后天下之乐而乐”。虽是阁之中风潮月汐，雾彩星棋，一日之内，晦冥异态，可以娱宴，而匪所思存也。

时因葺治城垣，修建海神、天妃诸庙，以为国祝厘，为民祈祷，用纪其事与予之意以告登众，以贻后来有如此者。

（清顺治《登州府志》卷二十）

---

① 太宗渡辽之绩：指唐太宗三次伐辽。

② 仁贵天山之功：指薛仁贵三箭定天山。

③ 范希文：指范仲淹，北宋著名政治家、文学家、军事家、教育家。他在《岳阳楼记》中留下“先天下之忧而忧，后天下之乐而乐”的千古名句。

陈钟盛（生卒年不详），字雅德，号怀我，江西临川人。明万历四十七年（1619）进士，崇祯九年（1636）任登州府知府。著有《问天集》《天文月镜》等。

观海市记

王在晋

登有丹崖，巉岩面海。上有半仙、狮子十三洞，秀丽奇绝。蓬莱阁嵯峨踞其上，登阁则海山之胜，一览毕收。傍为海市亭，下为灵祥庙，祀海神，宋崇宁、元至正间，皆赐额。庙之下即陈兵列寨，备倭副将军居之，寨倚岩而城。城之西北为田横山，淮阴侯①破齐，横与其徒五百人栖此。城东距海，岩阿有小榭，仅可容四席，水犀演队于其下。

余于万历庚申②三月二十日阅兵此间。期门似飞，列刃攒镞。主帅指麾传令，艨艟出海，三军仰视，如空中坛宇，倚天门而布阵。冯夷击鼓，风伯扬旌。鼋鼍蛟龙张髻舞鬣，雷响电激；鳞介分列颜行，为我环卫。上缴流云，下钓渊泽。山海百灵，壮中华之气，而销夷甸之氛。猗兴盛哉！是日，海天开霁，惠风弥鲜，舟无翩飘，波无流猋。二三同事仗剑而临戎者，大参陈君亮采③、宪副陶君朗先④、都阃刘君炳文⑤也。刘君向余言："海日晴熙气暖，当有市。"余谓："东坡居士知登州，以不见海市为憾，祷于神而得之。台使者按部而来登，辄坐守经旬累月，不得见而去。维余凉德，其何以徼灵于海若不爱宝而适逢其会哉？"言未已，而大竹山忽浮而露址，牵牛岛石门现出。陶君曰："此海市之征也。"无何，而岛屿复沉，无所见，目瞪

---

① 淮阴侯：指韩信，江苏淮阴人。西汉开国功臣，中国历史上伟大的军事家、战略家、统帅和军事理论家。

② 万历庚申：明万历四十八年（1620）。

③ 陈君亮采：陈亮采，福建晋江人。明万历进士，曾任广东布政使司右参政。

④ 陶君朗先：陶朗先，字符晖，浙江嘉兴人。明万历进士，官至登莱巡抚。

⑤ 刘君炳文：刘炳文，湖北崇阳人。明万历三十一年（1603）武举人，四十七年（1619）任山东都司。

瞪以望。震艮之间，奋浩气以弥漫，吐白毫而浤汩，旋散旋收，浮天无际。大竹诸山，忽而昂伏，忽而小大。阳侯吸哦，以岸起洪澜，蛇演而云回，若上下之无根，而远近之可掇。姑余司窈，马衔当蹊。孰得而窥其所以然？穷其所不必然？三军结阵罢战。余与诸君凭槛而观，长山漠岛，漏天珠玑，吐纳灵潮，呼吸万里，盘涡谷转，凌涛山颓。壮之乎，蓬莱之观也！渺太清而空六合矣。牙将请畤海神，余整冠祀毕，观祠前巨石岨嶙对峙，皆千夫不能拔。更有石如镜，含光照人，遐迩毕映。有石松化木根，土脂酝酿，嵬嵬不可辨。

正欲周遭间览，而倌人报“海市出矣”。往海市多见于鼍矶、牵牛、大小竹、沙门岛间，近则数十里，远则百里。今见于西北皇城岛之前三四百里。而遥中为巍楼，东西为犄角楼，红垣环匝，俨然宫阙。而东北一角，红光隐隐，直薄丹霄。已复直北迭起重楼四五座，云蒸气结。视皇城岛更远一二百里，色如淡墨，未施五采，在依稀仿佛间，亦亭亭久之，始化去。却不如先现者，红黑分明，显而易晰。余与三君倚丹崖雉堞坐而凝眄，以待层楼之变化。虽歊雾滃浡，流光蒙汜，卷舒动荡，而楼台隐隐晻薄，直逼空苍，历巳午而不散。三君邀余入席，至申而始消歇。登即有海市，而无此之远，无此之久。东坡所云“荡摇浮世生万象，岂有贝阙藏珠宫”者，予幸目睹之。是日，宁海侍御俞公造谒，言海滨人士有至老而不得见者。

今以偶观水阵，邂逅遇焉。奇哉！兵书言东海出气如鳖，渭水出气如蜃，蜃形似蛇，而人腰以下鳞尽逆。一曰状似螭龙，有耳、有角，背鬣作红色，嘘气成楼台。望之丹碧，隐然如在烟雾高鸟，就之以息，喜且至气，辄吸之而下。今俗谓之“蜃楼”，将雨即见，而是日无雨，蜃何以见也？又闻蛇求于龟则为龟，求于雉则为蜃，得其脂和蜡为烛，香闻百步。烟出其上，皆成楼阁之状。夫蛇与雉交何也？无之，何独登有蜃，而时呈宫室、台楼、城堞、人物、车马、冠盖之形？市一起而诸岛皆为联络，起伏聚散之无恒，何也？太史公云：“海旁有蜃气，成楼台，野气，成宫阙。”又言：“海中三神山，去人不远，患且至到，船风引而去。盖尝有至者，诸仙人及不死之药皆在焉。其物禽兽尽白，而黄金银为宫阙。未至，望之如云。及到，三神山反居水下。夫去人不远，望之如云，即大竹、小竹、牵牛。能浮能沉，若大若小，或离或合，不可测识。”讵蜃气而能令山之浮沉、大小、离合。为登海中岛生石芝、草木，皆奇玮，多不识名。又多美石，五色斑斓，或作金银色。禽兽白，而黄金化为宫阙，其说匪诬。意亦三神山有蕴必吐，而蓬莱、方丈、瀛洲传在渤海中，余兹益信焉。而诸神仙及不死之药，庶几旦暮遇之矣。

（明泰昌《登州府志》卷十五）

王在晋（？—1643），字明初，号岵云，江苏太仓人。明万历二十年（1592）进士，曾任山东巡抚，官至兵部尚书。著有《海防纂要》《三朝辽事实录》《越镌》《岵云集》。

东坡苏公像记

张万宪

自苏公于岁晚获见海市也，人称奇观。其啸咏、韵和镌石于斯者，脍炙绣口，不知凡几千百。

然凭吊之余，止付一欣慕而已，曾未有议创祠像而祀之者。迄戊寅[①]秋八月既望，兵道周公[②]以祀海登临，余亦从事左右，慨然捐俸，命余董建厥祠，一若苏公之灵，有以默启之者。故庀材鸠工，两月告竣，而独难其像，繇是玩其诗，绎其文，尚论其世，而遐想其形，凝思郁结者浃旬。忽假寐中，一人峨冠博带，拱余而言曰：“人之形骸尚属浮寄，况寄外之寄，何求逼真？吾之像仿佛可也。周公且不日有佳兆矣。”余既觉悟，告于周公，犹未之信。迨余绘梦所见状，授之匠斫，工人之巧酷肖所梦，真耶似耶固不遑辨，而周公果已乔迁矣。余于是信畴昔之梦为苏公也。

由此观之，擅艺精者灵不昧，树业不朽者神必传。公生百世之上，百世之下首倡盛举，慨然捐俸者，周公也；奉命董役恍然亲炙者，余也。孰知非

① 戊寅：明崇祯十一年（1638）。

② 周公：周之训，号日台，黄冈人。明万历四十一年（1613）进士，曾任山东参政。

周公也，亦非余也，总皆苏公灵爽有以默相而启之者也。余故摭述其终始，以俟后之同志崇祀不替云。

（清康熙《蓬莱县志》卷七）

张万宪（生卒年不详），明崇祯七年（1634）任登莱海防都司。

第四节　清代散文

海市赋

黄宗羲

余登达蓬山望海，山僧四五人，皆言春夏之交，此地特多海市。各举所见，与图画传闻者绝异。盖传闻者，多言蜃气烛天，影象见于空中，岂知附丽水面，以呈谲诡。言者不出云气仿佛，岂知五采历落，刻露秋毫。东坡在登州，以岁晚得见为奇，然霜晓雾后，往往遇之，亦不必拘拘于春夏也。信耳信目，自有差等。山僧约明年三四月，来宿其舍，海神当不余弃。先次第其言而赋之。

己酉[①]之冬，观海达蓬。山僧四五，指点空濛。曰："滨海之地不一，兹独当夫神宫也。光怪发作，亦何人而不逢？但称登州之海市者，盖不免于瞽聋。"余曰："各言其状。"

本源曰："其为城也，雉堞崔嵬，丽谯晔晔。三里七里，勾股可摄，于焉戎马，乘城蹀躞。照白窃骊，雨鬃风鬣。俨烽火之告严，危黑云之将压。其为楼也，蹇产百尺，成以鬼巧。绮窗朱琐，明星萦绕。神妃杂遝，凭阑渺渺。其语可闻，若在妆晓。有时而现为黄幄，深檐婀娜，绣带悠扬。何采旄桂旗之尽屏，兹特叠出以为章？"

汪道者曰："亦有单门聚落，忽然而来。屋瓦参差，门户洞开，嗟朝烟之不起，岂井臼之生埃。固职方所不纪，亦战争所不灾。"续宗曰："当旭日

① 己酉：清康熙八年（1669）。

之初高，有霜钟之寓质。制宏万石，音谐七律。藏寂寞之元声，虽满盈而不出。少焉变为城郭，中引长桥，值刺史之行部，或中丞之入朝。鸣笳列驺，夹毂喧嚣，何珠宫贝阙，而以卤薄宣骄？其后幻为染肆，绿沉红浅，罗绮缤纷，借霞天以为色，蒸香草而成文。彼蜀江之濯锦，信天人之攸分。”补陀僧曰：“桔柚初黄，飒然风叶。览观大洋，涌起宝塔。四面勾栏，七重鞺鞳。华瞩风涛，光交目睫。遇其变现，状若鹦螺。琐碎未品，大越丘坡。闪尸之下，湛然水波。若夫海路壮阔，一山千里，虽人迹所不交，亦针经之能指。尔乃帆席未挂，僧窗宴启，忽焉丛岛逼塞，孤峰魁峙，疑异国之飞来，岂灵居之迁徙！当其电绝，不烦蝣晷。名曰浮山，海人习此。”或曰：“此何理也？”余曰：“夫积块之间，红尘机巧，菁华销铄，犹且群羊飞鸟，野马磅礴，彼大海空灵，神明郛廓。百色妖露，岂能牢落。故其轩豁呈露者，穷奇极变，而无有龃龉。此固蛟龙之所不得专，天吴蜩像之所不能作。况蜃之为物甚微，吐气更薄乎？南海谓之浮山，东海谓之海市，是乃方言之托也。”

（《南雷文定》卷十一）

黄宗羲（1610—1695），字太冲，号南雷，别号梨洲老人，浙江余姚人。他与顾炎武、王夫之并称明末清初三大思想家（或清初三大儒），有“中国思想启蒙之父”之誉。著有《明儒学案》《宋元学案》《明夷待访录》等。

蓬莱阁三清宫新置赡庙田地碑记

张 端

赐进士出身、内翰林弘文院侍读，东莱张端撰文。

赐进士出身、内翰林国史院编修，郡人王一骥①丹书。

赐进士出身、内翰林秘书院检讨，郡人沙澄②篆额。

---

① 王一骥：字念石，山东蓬莱人。清顺治三年（1646）进士，官至江南凤宿道副使。

② 沙澄：字渊如、会清，山东蓬莱人。清顺治三年（1646）进士，康熙年间任礼部尚书三十余年。

粤考三清宫之建昉于开元，其间圮而修，修而圮，不知几易，所以屡建屡颓，不能永守而罔敝者，盖有由也。其缘每由香火浅淡供用，无资而修。佰之士不得不奉守神明，至殿宇倾阤，遂使创建之意致今废。然若是者，即宫宇巍焕，止侈观耳，乌能历从而罔敝欤？嗟乎！创之者非难，守之者难也；守之者非难守之，而神人有赖奕祀，可恃以无虞者为更难也。

幸遇我清朝崇兴，天简硕德，以庇我东牟。永为神人之主者，非我朱老公祖耶？我公躯膺巡抚山东登莱青都察院，素行阴善，广葺庙宇。甫下车，瞻拜其间，窃见庙貌聿新，不忍威严法像而坐视其寂淡，因而宏开令善，大阐玄风。安设全真羽士，侧立圜堂，翻杨皇集，秉典雅欲，奠定疆宇，康泽下土，以偕跻夫仁寿。而又苦于供奉之无资，遂捐金四十两置买赡养地，又捐演武场地二处，俾世守以为供养之资，永维盛典于不坠。是故先之讽咏秉集，所以宣圣谟；次之设圜，所以绍圣脉；终之置田捐地，所以绵世守，示不泯。兹盛举也，猗与休哉！神之香供不没，则我公之遐泽与之俱不没矣，所称神人有赖奕祀，可恃以无虞者。非与此，则公之贻泽于神，与神之嘉赖于公，讵浅鲜哉！谨勒铭以志不朽云。

旨顺治六年岁次已丑孟冬之吉。

钦差巡抚登莱青等处地方赞理军务兼管粮饷、都察院右副都御史朱国柱建立。

助缘官吴霖、梁明儒，住持道士王赞极、刘常和。

（三清殿碑刻）

张端（1617—1654），字中柱，号文公，山东莱州人。明崇祯十六年（1643）进士，官至国史院大学士，赠太子太保，谥“文安”。

海镜亭记

施闰章

登州临观之胜，曰“蓬莱阁”，枕丹崖，俯沧海，士大夫燕游歌咏必于是焉在。樽酒未终，云物百变，然长山诸岛逼出其左，若得海之一隅。阁下四壁皆石刻，多世俗所称。“蓬莱八景”，殊少善本。苏文忠旧书《海市歌》，字已剥落，类刓削者。凡前人碑刻名迹，吏多征拓墨本，不予其直，民怨其病已也而毁之，如此者甚众，是可惜也。

右折而下为海潮庵，庵左侧有亭皎然，轩楹四敞，盖先朝台使者阅水师处，今武备不讲久矣。把酒凭栏，左右洲岛参差。至此则一碧万里，无复纤芥。风微日霁，波平如熨。上可以凭虚御风，与三山十洲相往来；而下可以接鲛宫蜃市于几席间也。

丁酉①夏四月十有四日，予夜宿亭畔，水月空明，毛发可数。书其上曰“海镜”。明年再至，则郡丞马君扫除丹雘登望，潇洒留连不能去。事固有名微而实胜，居卑而视广者，有类于是。后之好事者，其毋务崇其观，丰其垣，以废吾亭。乃砻石而记之。

（清顺治《登州府志》卷二十）

施闰章（1618—1683），字尚白，号愚山，晚号矩斋，安徽宣城人。清顺治六年（1649）进士，十三年（1656）任山东提督学政，官至江西布政司参议。施闰章是著名的诗人，有“南施北宋”之称。著有《施愚山先生全集》《学余堂文集》等。

增置天桥铁栅记

徐可先

登，海郡也；三面鲸波，万家蜃气，俨然称东国雄藩焉。故郡城翼峙海陬，控引巨浸，虑其孤，特更设水城，齿赖唇安，车资辅立，依倚盖甚重也。

顾水城北隅，突兀波面，中开广浦以泊艟艨，城缺丈余，以通出入；上横巨板，名曰“天桥”，制诚善已。独天桥之下不设关阑，咫尺怒涛，飞帆迅驶，倘寇艅突犯，阑入周垣，仓卒张皇，堵御无策，是天桥非通行之口，

① 丁酉：清顺治十四年（1657）。

直揖贼之门也。水城有事，迫近郡城，敌得所凭，我失所恃，是水城非维干之助，直藉寇之资也。

夫郡城必不可无水城，水城必不可无天桥，乃以天桥一隙，至使水城失其利，郡城滋其害，犹不思所以严扃钥，固防闲，非所称虑患周详，御侮缜密者也。

余以顺治戊戌①拜命莅登，当海氛昌炽之时，值牟土敎残之后，彷徨战守，夙夜靡宁，审视天桥，尤深顾虑。谓塞以门关，风涛之喷薄可畏；甃以砖石，舟师之作止难通。爰采众谋，最宜栅闸：疏其罅，任潮汐之往还；密其棂，杜奸宄之窥窃。无事则悬之，而舟航不阻；有事则下之，而保卫克完。外施铁叶，攻击无虞。内斫坚材，久长可恃。备万全之纤漏，图永逸于一劳，诚罔有逾焉也已。于是详允各宪，刻日庀工，始于己亥②之秋，竣于庚子③之夏。慎司启闭，允协舆情，而登之两城遂若封函谷以丸泥，更无不测震惊之恐矣。兼设郡城水门板闸三座，亦以铁叶固之。计费共乙千五百有奇。惟时民资方殚，国课正殷，加派不堪，关支不便，适督抚许公讳文秀④、直指程公讳衡、兵道朱公讳廷璟实捐资首倡，而同守马君思才、司李彭君舜龄升任、司李王君鼒，以及蓬莱令成克襄、黄县令王作、福山令申修、招远令张作砺、栖霞令翟进仁、宁海牧王之仪、文登令李荫澄，咸矢志乐输。蓬莱丞王启疆，尤克任综理。虽余亦裁俸赞襄，要不过成事因人，何敢自矜劳勚，所患燕安日久，渐底废弛，或忘创始之艰，不时加修葺焉，则非所翼于将来，而不能不兀兀忘之者，是为记。

（清顺治《登州府志》卷二十）

徐可先（1615—1689），字声服，别号梅溪，江苏武进人。清顺治二年（1645）举人，十五年（1658）任登州府知府，官至山东提学副使。

---

① 顺治戊戌：清顺治十五年（1658）。
② 己亥：清顺治十六年（1659）。
③ 庚子：清顺治十七年（1660）。
④ 许公讳文秀：许文秀，奉天人，清顺治十六年（1659）任山东巡抚。

演武场校士观海市记并诗

宫梦仁

环坤舆皆海，而雄桀者，登为最。海之灵异千万其状而奇幻者，海市为最。余昔时每道经山左，不获过登一揽此胜，心依依若有失。

乙丑①奉命校士二东，以丙寅暮春按登属，将抵郡数十里内，山之岿者、岌者、峘者，岈然洼然、若垤若穴者，往往拥岩垂涧，陂陀错互。而丹岩山之巅凭虚列雉，则有蓬莱阁矗焉霄际，所以观海也。然询之司是土者，市亦不恒有，余传遽有期，固不能驻而俟。昔东坡先生知登，因祷于神而市为之见，又惧余诚之不足以格神也。孟夏十有四日，校士演武场，场去海数十尺，多士奋迅欢舞，各效其能：或开十石弓引满破的，或双舞剑器浑脱浏漓，或跃马横刀剽捷若神。东士多材，余顾而乐之。是日终风且霾，海涛砰磅，势不获见市。少焉吏忽报，由白云蓬蓬绕岛而起，其殆将市矣，余初弗之信。有间，又曰：络绎油斎随风徘徊，市殆将现也。余伫厅事后观之，海果市。市初起，如冒絮盘裹山趾，俄而蓊翳荟蔚却迎凌乱，方者类井疆，圆者如腰鼓，匼匝弥漫奔涌厓巘，未几而市以成。有觚棱干云轮囷蔽日者，则楼观之参差也；有崇墉崔崒雉堞缅联者，则都城之壮丽也；小大丛聚摩击林旅者，则人民之骋骛也。乃若松桧晻暧，峦壑森邃，烟景鲜澄，云物深靓，乍迫乍离，顷刻千变，则又气象纷猋至莫可名状而后止。

当市之起也，云旂而聚于山；其解也，云散而归于海。其聚其归，孰主张是？孰纲维是？意有毁画虚空，驱斥蛟蜃，凿混沌掀扶舆，以耀人目者。然幻者若是其真耶？将人世之市朝陵谷一切真境，律以数千百年之沧桑，正未始不幻耶？吾安能执化人袪，而一一从而讯之，呜呼异矣。司土者告余曰："若者海市，若者山市，往多见于北山之隅，今之现于东者为特异，意夫子之精诚默契，海亦效灵，如山辉水媚之有旨来欤？"余则怎敢当礼不云乎？人者五行之秀气窍于山水，《诗》不云乎"维岳降神，生甫及申"。今登之士，文者朴而秀，武者果而艺，其旨树也，力而向化也。敏异日者鹏搏

① 乙丑：清康熙二十四年（1685）。

豹变，足以乘风云而御六气，故山川之气相映发焉。余且拭目望之，岂第侈游观之乐已哉。此胜事也，不可以不记，记成乃赋诗。

昭代天统绍轩唐①，提封万里威弧张。
黄枝紫舌恢土疆②，白麟赤雁冰休祥。
齐鲁控引天东方，纷吾敷教来名邦。
牟州人文云锦章，弦歌之士咸升堂。
射夫并莅虞周庠，采蘩为节古义良。
金钟大镛鸣铿锵，乌号在握矢插房。
燕颔虎颂纷腾骧，咫尺瀛海环扶桑。
包天带地百谷王，万顷一碧波淼茫。
奔流啮山蛟鳄狂，斯须倒景迷八荒。
七十二峰凝紫光，鲸须刺天鲲身长。
龙威驾海鼋为梁，幻如初平③鞭万羊。
倏忽巨灵排崇冈，天门晓开烟景苍。
层城百雉俨周防，鳀室象阙遥相望。
非烟非雾缭垣墙，十洲仿佛依女床。
群帝游兮舞霓裳，骖白鸾兮翳凤凰。
穹龟长鱼时低昂，旷然造物同回翔。
轩豁呈露分毫芒，胸襟摩荡无留藏。
洸洋超忽非寻常，圣朝绝域通梯航。
楼船射蛟波不扬，太史珥笔分七襄。
我欲纪胜丹岩旁，摩岩作颂声琅琅。
如鸦大字誊缣缃，永与金石同寿昌。

---

① 轩唐：传说中的古代帝王轩辕、唐尧的并称。

② 黄枝紫舌恢土疆：语出《隋书·炀帝纪下》：“提封所渐，细柳盘桃之外，声教爰暨，紫舌黄枝之域。”

③ 初平：传说中的仙人。晋葛洪《神仙传》载：丹溪人皇初平，十五岁时牧羊山中，被道士引进金华山石室，后得道登仙，能起石为羊。

赐进士出身大中大夫，会推特简提督山东学政按察使司副使，前湖广驿传盐法道、河南督粮监兑道、布政使司参议加二级，甲子科湖广文武乡试监试，戊午科河南乡试监试，抚院密题奉旨河南武乡试主考，丁巳科河南、山东、山西、陕西四省乡试提调，贵州道监察御史加一级巡视东城，翰林院庶吉士，瀛洲宫梦仁定山氏题于登州公署。

（蓬莱阁碑刻）

宫梦仁（1623—1713），字究宗，号定山，江苏泰州人。清康熙十二年（1673）进士，康熙二十四年（1685）提督山东学政，官至福建巡抚。著有《读书纪数略》《齐鲁诗》《湖广通志》。

海市诗跋

汪元絅

登州海市，古今称为瑰玮奇丽之观，游其地者，每不得一见为怅。学宪宫公①，于丙寅暮春校士演武，当驰骋纵迭之会，获兹胜览，咸谓公精诚所致。公辞让不敢当，作以诗文志其事，盖以归美山川，且为多士颂也。

絅窃谓：天地清淑之气，钟异于人而造就之，未至则人材往往不出。我公衡文齐鲁，所在积学之士、奇杰之英罗而致之，学宫振兴、乐育之治翕然一时，诚足感孚神明，而溟渤为之效灵也。诵读之下，盖叹我公作人之盛，何多让欤！絅尝备员末属，爰本乡士推公之意，敬书数言，昭示方来，亦冀附公诗文之末，托名不朽，实有厚幸焉。

康熙二十九年岁次庚午二月，东莱司马汪元絅谨跋。

（蓬莱阁碑刻）

汪元絅（生卒年不详），江苏苏州人。清康熙二十七年（1688）任莱州府同知，后升岷州府知府。编有《岷州志》。

---

① 宫公：宫梦仁。

海市记

彭肇洙

五月十一日，余至登州。僧言：“观海市者，先明诸岛状。天薄云，东北微风，雾气敷于岛脚，正其时也，无甚奇异。本地方官民，或数年不遇，尚有至老未见者，亦似有缘焉。”余惘然久之。

次日，登蓬莱阁，僧历指诸岛名，就晚洁斋。十三日晨起，效东坡祷海神。巳刻，泛舟弹子窝，探仙人洞。甫登岸，舟子云：“沙门岛市矣！”岛后高前低，低处现一塔，一杆从顶出，杆头斜挂一幡，随风舞曳；高处化为墩，上平下方，四棱如削。俄而塔变为葫芦象，杆化而为人，东张西顾，往复数次。倏又非塔非人，顶上横出一梁，直接墩。忽一落，梁在中；又一落，在下。顷之，墩、塔融成一片，中开一门，门正中一柱，左右二绮窗，旋方旋圆，玲珑透彻，如初日照耀。随又化为莲花座，一尊者趺坐其上，高触半空，头戴棕笠，耳肩项膝，俨然寺中庄严。

小竹岛之市也，初见一城，一衣白人奔走垛上，疾若飘风。顾盼间，化为八角亭子，周遭楮柱约数十，水光中澈，直达外洋。一帘垂西北，二柱中，匾额、对联隐隐。旋又化为玉尺岸，岸后张一口，类狮子，口中连吐三球；岸前化为屏，高可七八丈，阔二三丈许，就中涌出大殿一座，静穆雄浑，极似皇家宫阙。殿前竖二桅，屏后突架一棚，若陈席，三人周旋其间。而大殿脊上忽叠起小殿一重，一如大殿式。架又化而为门，门又化而为窗，方圆闪倏，如沙门岛。

高山岛极远，遥见大旗烂漫，悬绕碧空。一楼台雄峙其后，三面开敞，有人于中作歌舞状。

回顾长山岛以西诸小岛，各拥一帽如覆盆。俄顷，连为一气，中闪一洞，渐开渐阔。上化为长桥，可数里，横跨海面。大竹岛化为城，尾拖一吻如象鼻，忽从岛脊，划然中开，水天一色。奇幻不及诸岛。

自巳中起，历午、未二刻方散。种种变态，真绝世奇观！

（《乡园忆旧录》卷五）

彭肇洙（1699—?），字仲尹，四川丹棱人。清雍正十一年（1733）进士，官至河南道监察御史。著有《抚松亭遗编》《竹窗巽言》等。

蓬莱阁阅水操记

徐　绩

登州①北濒大海，其山曰“丹崖”，其最胜者曰“蓬莱阁”，士大夫燕游歌咏必集其处。盖不独海市幻形，荡摇万象，有珠宫贝阙之奇；而风帆沙屿，灭没于沧波浩淼之区，云物诡殊，顷刻百变。意古高世隐德之士若安期、羡门之徒，犹有往来栖息于是中者。

明季倭犯朝鲜②，登州外接重洋，距朝鲜不远，故御倭之制为特备。既于城北增筑水城，而水师兵额最广，至分营为六（明季登州水师有左营、右营、中营、游营、平海营、火攻营）。近制但有前营，设兵六百余名，分南、北、东三汛。

百数十年来海波恬息，民生不见有犬吠之警，反得倚巨浸为天堑，而鱼盐蜃蛤不待他仰而足，黄发垂髫皆熙然自遂其生。岂非国家声灵遐暨，寰海咸宾，吾民父子祖孙，其涵濡于郅治之泽者为已深哉？

闲尝按图考志，得故学使施闰章《海镜亭记》，谓此亭先朝台使者阅水师处。而讶今武备之不讲也久，辄为之低徊三复，感二百年来前后事势之异，而叹本朝之治化为独隆。又念吏兹土者，荷圣化之帡幪，得优闲岁月，苟禄以冒迁者，亦复不乏其人。是则登览之余，又可以动旷官之戒也。

三十七年秋，余以阅兵至此，得游所谓蓬莱阁者。于焉勒习水师，纵观诸战艘扬帆捩舵，往来疾驶之纷纷。而总戎窦公③，复募善水士，教以蹴波

---

① 登州：登州是山东地区重要的行政区划，唐朝武德四年（621）置，治牟平（今属山东），神龙三年（707）移治蓬莱县（今蓬莱市），明清沿之。

② 明季倭犯朝鲜：指万历壬辰朝鲜战争。明万历二十年（1592）四月十四日，日本为了吞并朝鲜，发动了震惊世界的壬辰倭乱。

③ 窦公：窦瑸（1715—1802），字文贻，号欲诚，山西平定人。清乾隆七年（1742）武进士，历任江西瑞州铅山营都司，贵州、湖广、广东等省提督。

列阵，跃入深潭计三四丈余，而腰以上不没，藏火药具于帽檐旁侧。忽焉炮声四起，与洪涛声砰訇互答，烟幂重溟，回风环卷，云滃雾乱，博望迷离，已复各出牌刀相斫击，撇旋左右，出没如神，余为目眩者久之。爰加厚赏以旌其能，窦公特请余为文以记之。余既叹本朝治化之隆，幸斯民得生海不扬波之盛世，又嘉窦公之勤于其职，而余得藉是以讨军实。时训练庶非无事而漫游者，公又检得大小奤位五十四，具为故时兵琐所不载，一一稽其在处而籍书之。此皆海防军政所关，于事为可书者，遂不辞其请，而为之记。若夫写云涛之壮观而肆登览之奇怀，前人之所述者侈矣，余又何以加焉。窦公名瑸，山西平定州人。

乾隆三十七年岁次壬辰九月初五日。

兵部侍郎兼都察院右副都御史、巡抚山东等处地方、督理营田兼提督衔节制全省军务，三韩徐绩记。曲阜孔继涑①书。

登州府知府万绵前②、同知于殿琰③、蓬莱县知县杜文辉④勒石，历下张培基镌。

（蓬莱阁碑刻）

徐绩（？—1811），字树峰，汉军正蓝旗人。清乾隆十二年（1747）举人，乾隆三十六年（1771）至三十九年（1774），任兵部侍郎兼都察院右副都御史，巡抚山东，节制全省军务，后又在河南、京师、新疆等地为官。

---

① 孔继涑（1727—1791），字信夫，号谷园、东山、葭谷、云庐子，山东曲阜人，孔子69代孙。清乾隆三十三年（1768）举人，候补中书。曾十二年足不出户，精研帖学。刻有《玉虹楼帖》《玉虹法帖》《国朝名人帖》《瀛海仙班帖》《隐墨斋帖》《摹古帖》等。

② 万绵前，字分村，号守愚，浙江仁和县人。清乾隆三十七年（1772）任登州府知府。

③ 于殿琰，字子愚，奉天正红旗人。清乾隆三十七年（1772）任登州府同知。

④ 杜文辉，湖北安陆人，清乾隆三十六年（1771）任蓬莱知县。

重修登州蓬莱阁记

杨本昌

登州北门外有水城。水城北垣跨丹崖绝壁，俯瞰潮汐。女墙内有若城楼者曰“蓬莱阁”，实与首县同名。盖昔人摭取三神山名以名县，又名阁云。神仙之说，诚不可为典要，然而天海空明，岩岫窈冥，人烟缥缈，自是尘外异境，名亦宜之。

嘉庆戊寅①，余自刑部来为郡守。一日，与县令谈君②共陪总戎刘松斋③将军跻丹崖，望瀛海，而高阁欲坠，危梯不登，盖创建逾八百载，零落垂二百秋。于是总戎慨然倡议修旧。余对曰：“守土之责，固其废坠是为。”谈君亦曰：“属在邑境内，敢不良图。”遂参语许诺。商功庀材，克日经营，输木斸金，无间远迩，择人赋事，广集贤能。惟是余与谈君皆有民事，不获朝夕视功。而总戎以操防余晷，上下丹崖，躬亲监造，寒暑不休。于己卯④六月初一日经始，至本年九月初九日告成，总戎未尝间一日不来。阁基凭旧，而壮丽逾前。阁外有回廊，东偏作室如舫，为登降所由。前两翼对启数楹，为憩息之所，皆昔无而今增。阁之东西，宾日楼、海市亭，皆久废而更立。惟避风亭不改旧贯，第易檐以为新。其它位置点缀，悉出总戎心裁，指画结撰自成，美哉功乎！

总戎今海内伟人，壮岁以文名为循良吏，而常论兵传剑，嘎啃戎马之郊。至白首请缨，开幕府，拥貔貅。而更儒衣缓带，雍容雅歌云海之间。始为文臣而能武，晚为武臣顾好文。岂贤者固不可测欤？

余谓登州地僻而民风淳，土薄而人情厚。士贵诗书无奇衺之说，民安农贾无险诐之行。车马不远通于淫物，酒浆不夜聚于灵巫，富民不结客于千里，豪

---

① 嘉庆戊寅：指清嘉庆二十三年（1818）。

② 县令谈君：谈素敦，江苏丹徒人。清嘉庆二十三年（1818）任蓬莱知县。

③ 总戎刘松斋：刘清（1742—1827），字天一，号郎渠，又号松斋，贵州广顺人。清嘉庆二十一年至二十五年（1816—1820）任登州镇总兵，倡捐重修府学、瀛州书院及蓬莱阁。官至四川按察使、山西按察使。

④ 己卯：指清嘉庆二十四年（1819）。

杰不著名于图书。是以巷无聚人，狗吠不惊，而总戎得以优游坐镇，燕处超然。详指生平宦游所至，无如蓬莱阁上数年最乐，虽自谓神仙中人不啻也。然则总戎虽贤，若非驻蓬莱之乐土，亦犹未必能纵情文雅若此，其可美也！

阁甫告成，总戎奉命移镇曹州①，出南门回首望云中栋宇，如从三神山侧风引而去，宾从惝恍，马足踟蹰。夫岂为一阁而恋恋若此，毋亦怀乐民风之美，不胜言别之难也？总戎虽不治民，而受代当去，尚犹顾念民风，怀乐无已。况余与谈君得与民休息，而至今留者欤？

于是览杰阁之新作，怀名贤之旧游，而喜斯民之可与经始，可与乐成，可与相保于无穷。遂援笔而记之云。

诰授朝议大夫、己未科进士、前刑部郎中、登州府知府，南宁杨本昌撰。

大清嘉庆岁次己卯九月吉日立。

（蓬莱阁碑刻）

杨本昌（1755—1832），字寿尔，号东园，云南曲靖人。清嘉庆四年（1799）进士，授刑部主事，官朝议大夫、刑部郎中。嘉庆二十三年至道光元年（1818—1821）任登州府知府，重修蓬莱阁。

登州观海记

焦　循

乾隆六十年四月初一日，同仪征江安、甘泉阮鸿游登州蓬莱阁，望海。是行也，出登州城北门，入备倭城南门，约里许，至蓬莱阁。阁在岛上，岛高十丈，半山有天后宫。宫门内有六石，两两相比，高丈许，紫色，圆耸，今名曰“三台石”。由右角门出，北行，上数十级，遂临海。其左为避风亭，亭后为苏公祠，近改为官厨，苏公像须披面尘，殊不堪。由右历二十余级，登阁上，阁南北两面空敞，南望莱阳大山。一塔高入云表，众峦环拱，州城

① 曹州：古地名，今山东曹县一带。

雄踞其下，万灶稠叠。北则海在足下，苍茫无际，远帆出没，小如黑豆。是时，日色在东，阴雾幂历，长山岛可望见，他岛皆隐雾中。阁距海二三十丈，其下有弹石涡，涡中尽小石，圆润可玩，东坡取以伴蒲草者也。其白者颇可混玉，但离水则不泽耳。岛根遒锐错落，海燕千百，呢喃其间。波纹平秀，不似江河之险。道士云："其浪广数里，非人目所能尽，故不见其状。"余尝过泰山，自其麓仰之，高直与岨崃诸山等，盖由济南以来，皆泰山之身，至泰安见其卒耳。呜乎！泰山不见其高，斯为至高；东海不见其波，斯为巨波；圣人不见其德，斯为大德。以波涛洪洞言海者，不知海者也。

已而复登北门城楼。是时天光清朗，海波如鉴。长山岛之西，见庙岛；其东见大竹岛、小竹岛、纱帽岛、鼍矶岛，岛根有白云载之，岛在半空，天与海接。城上有刍者，问以海市，刍者曰："四五月，天微阴，东北风起，则见于岛上，或如城，如楼，如山林，如村落，如塔。有小市，有大市，变幻不常，无定日，惟居阁畔者可见之。"一老卒云："阁上望岛有市，岛上人望阁亦有市，盖虚气也。"或以不见海市为恨。余曰："乌知岛上人此时不见阁上有市耶？则我辈身在市中而不觉，何有于他人岛上市也？"同人皆大笑而返。

（《雕菰集》卷二十）

焦循（1763—1820），字理堂，江苏甘泉人。清嘉庆六年（1801）举人，思想家、数学家、戏剧理论家。著有《里堂学算记》《易章句》《易通释》《孟子正义》《剧说》《雕菰集》。

增修瀛洲书院碑记

富察惠吉

登州有蓬莱阁，天下皆知之。刘松斋总戎与前守杨东园两先生，募万余金重修之，巍然焕然，闻者称美。余以西曹累上考用道府，来东观风于济东泰武，临者数矣。以前守转济南，乃承乏斯郡。山陬海澨，地僻事简。而文学科第，常为东省雄。既至，治阅月，吏曰下书院课试。循城以西，依郭一泓，曰“君子洲”。洲中屋数椽，则所谓“瀛洲书院”也，创建年月不可考。既入，据案策应课生童十数名，堂室隘且就塌，师徒无所居。岁租入不及百金，供山长修脯不足也。出门纵望，则蓬莱阁屹然峙其后。碧海万里，帆樯鸥浮，波涛荡胸，岛屿点目。海市楼阁出没隐见，宛然瀛洲之若即若离也。亟倡捐并与各牧令谋之，得钱四千二百缗，息于商，以岁所入，给生童膏火。其甄别课试，正副额数，悉为详定章程，刻诸石。而广其堂庭，增其学舍，费三千余金，则蓬属绅士等专任之。八阅月而落成。秦汉人言：东海有三神山，曰方壶、蓬莱、瀛洲，仙人所居。殆天上非人间，登即其地也。昔唐太宗作文学馆，以房杜等十八人为学士，天下向慕，谓之登瀛洲。

宋太宗以词臣神仙之职，玉堂东西壁画浩渺瀛洲之象。今翰林院后堂，绕以池水，榜曰“登瀛”。夫为书院，而适得翰林所思拟之地，真足夸胜天下矣。虽不能置广厦千万间，集曼倩、长卿、邹生、枚叔于一室，起李谪仙、苏玉局于一时，著作词章，讨论今古，以极瀛洲之胜，而诸生之来学者，诚能精求乎道德性命之微，研究乎周情孔思之奥，以本末兼备之身，出为国用。如宋时韩、范、欧阳、司马诸公，德行经纶，两相彪炳，则名儒名臣，俱于是乎出。其视蓬莱阁徒以博游观之美者，为何如哉？如曰仅为生童砚水、檠灯、布裁、腶束计，而不得与斯阁争伟壮之观，见亦小矣。况登自古多名士，自秦时文士登山以名县，士居成乡以名城，其后才人辈出，至我朝以翰林为名卿者踵相岂接也。岂神山福海，多毓仙才，且名流积学留传者有素，得以表其所学于天下欤？抑缙绅先生之登瀛者，纵观天下之所学，归而传诸其乡者有自欤？诸先生既束身圭璧，而更即其所传于昔，与所观于天下之学，相与敬业乐群，以备他日登瀛之选，则瀛洲之所蕴者大矣，岂必以壮丽夸美观哉？爰就所欲造就于诸生者为之记，而次输金及襄事者于碑阴，俾后人得览观焉。

（民国《重修蓬莱县志》卷五）

富察惠吉（？—1845），满洲正白旗（一说镶黄旗）人。清嘉庆年间由荫生补刑部主事。曾任陕西、云南巡抚，官至陕甘总督。

坤爻石记

张　辅

丹崖天后宫前甬道南，有六石焉，左右翼而两两对峙。高自八九尺至丈余，围自丈余至两丈余，皆赭色。纵横有纹理，斑驳可爱，不为玲珑巉峭之状，而方正敦笃，气骨巍然，尤可敬而仰也。

道光丁亥，余自沂调守登州，腊月二日抵郡，初四日祗谒天后，因得观焉。退而考之郡志，记载阙如，其称名取义，不可得而详也。询之庙祝、郡人，所言互异，则有七星、落星、泰山诸名。夫所谓七星者，当错综为七以象斗，不当两两相比，而数止于六也。若星陨化石，是为灾异，陨而六。史氏记之即间有遗漏，亦必载于方志。登自古为内地，而史氏不书，方志不载，不得为落星，况质与色又不相合耶。泰山距登千余里，果其辇而致之，必记其人，书其年月日，不应阙如。若谓自泰安东北抵海，皆岱宗之脉络，而在登郡者究不得以泰山名。兹三说者，于义无取。或又谓登之先有道士，航海至高丽募化，遇一异人云："万里往返，风涛险阻，吾无以赠子，赠子六松可乎？"归而植诸庙前，一夕皆化为石。果尔则其人必神仙者流，而六石乃灵异之尤著者，志更不得而阙也。今郡志有松石记一章，乃明时汛兵自岛屿舁归者，记中言其文理千条万缕，如老人苍颜鹤发。而环视柢里木质犹存。既与今石不合，而亦不言有六。且一松石之仿佛尚记之传之，乌有诡异可喜如前说而反轶之耶？

乾隆五十九年，前督学今云贵总制大中丞仪征阮公①，字以"三台"，

① 仪征阮公：阮元（1764—1849），字伯元，号芸台、雷塘庵主，晚号怡性老人，江苏仪征人。清乾隆五十四年（1789）进士，官至两广总督、云贵总督。历乾隆、嘉庆、道光三朝，被尊为三朝阁老、九省疆臣，一代文宗。

其称名较正，其取义较类矣。然余窃寻绎之，而犹觉其未尽也。昔伏羲氏①之画八卦也，坤爻六断，坤者地也。邵子②说系辞谓：天一生水，地六成之。《中庸》言：地之广厚，云“振河海而不泄”。而即以水之不测继之，盖水之为物，本乎天而行乎地。海为众流所归，于水中最巨。试登兹山东北望，茫乎其无津涯，浩乎其无畔岸，洞心骇目，向若而惊，使非恢恢大矩，何以顺其就下之性？何以容其翕受之量？何以通其朝潮夕汐、日盈月虚之精？何以成其蕃昌品汇、孕育珍奇之大？天后应地无疆，威灵丕著。则此六石者象坤爻之六断，以见天后合德于乾，承天道以制水运，万古安澜。有感斯应，其功甚伟，其事甚神，而其理甚确。固与《易》、与《中庸》之言若合符节者也。且兹山以丹崖名，今庙门外石质与色皆相似，然率迤逦纷互，求盈尺之突出者而不可得。而此六石者，山立峰罗相敌相让，察其根柢所盘礴，若生于斯，若移植于斯，是造物者特产此石以应坤爻。而位置之间显示神明变化之理，天也、地也、水也，盖一以贯之者也。爰名为坤爻石，而记其义如此，以质天后之神，以俟后之君子。

赐进士出身中宪大夫，知登州府事加二级，又随带加三级，洛阳张辂幼轩氏撰。

道光丁亥，洛阳张幼轩先生来守斯土，抵任后三日谒天后宫，见甬道旁有巨石六，相比对立，考之旧志，记载厥如。先生赐以名而并志以文，未及镌勒，惨遭太恭人大故，濒行以属淑。淑于先生为门下士，长者命不敢辞，爰鸠工砻斤，以示永久。

时戊子四月二日也，蓬莱学生门人蒋淑谨跋。

（蓬莱阁碑刻）

---

① 伏羲氏：伏羲（生卒年不详），又称宓羲、庖牺、包牺、牺皇、皇羲、太昊等，华夏太古三皇之一，被尊为中华民族的人文始祖，相传伏羲教民结网，渔猎畜牧，发明创造八卦，亦传说伏羲创文字、古琴。

② 邵子：即邵雍（1011—1077），字尧夫，自号安乐先生、伊川翁，后人称百源先生，谥号“康节”，河北涿州人。创“先天学”，以为万物皆由“太极”演化而成。著有《观物篇》《先天图》《伊川击壤集》《皇极经世》等。

张輶（生卒年不详），本名张玉麒，字幼轩，河南洛阳人。清嘉庆年间进士，曾任贵州学政、湖北主考官，道光七年（1827）任登州府知府。

重修登州蓬莱阁记

张　輶

登之蓬莱阁，郡城文脉所关也。镇台松斋刘老大人，甫来兹土，建议重修，鸠工庀材，亲身督阅，嗣是而府学、而关门口，诸有益于郡人者。甫三载而次第修举焉，是用勒石以垂不朽云。

大清道光岁次癸巳，登州府阖郡人等敬立。

（蓬莱阁碑刻）

重修天后宫碑记

张　輶

位镇坎宫俎豆宜隆祀典，德符坤载沧溟悉沐神庥。登郡备倭城北，蓬莱阁迤西，旧建有天后宫，庙创始未详于何代，明禋聿重于此邦，碣石宫前望榱题之，特耸丹崖山上，绚黝垩而常新。盖圣母之显应丕昭，而都人之馨香以祝已，历数百年矣。

乃者往岁十月，回禄告灾郁攸莫解，宫殿既成为灰烬，神灵遂失所凭依。绅耆莫不痛心，商贾为之惨目，凡夫扬帆以往滨海而居，方共祷于慈云，讵忍听其暴露。惟是工程綦大，缔构维艰，计需赀不下万金，斯成厦难支一木。幸我太守英公为民造福，倡议捐修，俯顺舆情，仰祈灵贶。偕邑侯王公若何倡劝，若何经营，罔弗筹画咸周，规模豫定。计自兴工之日，以至蒇事之期，八阅月而已告成功，十数间而悉符旧制。

树木者咸讬其荫，饮水者必思其源。固由善信之乐施，十方共成义举；实荷神工所默佑，三岛争仰宏规。于以肃观瞻焉，于以申祈赛焉。巩址基于磐石，欣颂环海镜澄；壮庙貌于蜃楼，定宜瀛壶碑勒。从此帆樯赖以恬辑，旸雨召以和甘。而凡我邑人尤当时加整葺，倍致虔诚。废者修之，坠者举之，庶少答天后威灵之格于靡尽，亦永传太守倡修之意于无涯也。

董事绅士周云龙、辛文峰、周昌龄、辛文沚、陶秉毅、柳壬海、石良颐、张运长、张焕邦、张焕彝、张香海、辛本相、曲步云、庄昂、田在春、侯殿邦薰沐敬书。

道光十七年岁次丁酉秋九月勒石。

（蓬莱阁碑刻）

重修天后宫记

英　文

古圣王之制祀也，有功于民则祀之，能御大菑则祀之，能捍大患则祀之，所以祈民福答神庥也。后世更制为宫室，崇为殿寝，肖为像貌，以求神之式凭，而神式凭焉。故福应如响，历千百载而益著，何者？感之诚则来假来飨，神固依人而行者也。

登州备倭城之西北隅，故有蓬莱阁，因山为基，俯逼海澨，海舶往来，恒指阁以定海道。宋徽宗朝敕立天后圣母庙，乃丁阁之西营建焉，殿宇巍然，神灵丕著，居贾行商有祷辄应，水旱偏灾有祷辄应。英文承乏斯郡迄今八载，春秋时祭，常得展敬焉。往岁十月，正殿寝宫不戒于火，都人士咸请更新之。因捐俸以为倡，阅若干月而资集，若干月而工竣。复请为文以纪终始，乃语之曰："郡处海滨，民贫土瘠，故四民错处，农末相资，多泛海以谋生者，而行则帆樯安辑，居则旸雨顺时，神之福吾民也可谓至矣！庙貌之新固宜，而诸君子能毅然成之，以仰答神庥，亦可谓知所先务矣。吾用是卜诚之感，而神之假以佑我斯民于无既也。"

记曰：庙之建始于宋宣和四年，统计四十八间，历加整葺，故数百年丹垩常新。道光十六年，正殿、寝宫凡四十八间并毁，乃重修之，基址规模一仍其旧。工始于道光十七年二月十七日，成于九月初九日。督修者知蓬莱县事山西王文焘，董其事者邑人周云龙、辛文峰、辛文沚、周昌龄、陶秉毅、柳壬海、石良颐、张运长、张焕邦、张焕彝、张香海、辛本相、曲步云、庄昂、田在春、侯殿邦。而知登州府事，长白英文为之记。

道光十七年岁次丁酉菊月敬立。

（蓬莱阁碑刻）

英文（生卒年不详），满洲旗人。清道光十至十八年（1830—1838）任登州府知府，道光十八年（1838）任四川川北道台。

德惠常昭——英公祖判盐案记

登郡负山控海，古称斥卤之乡，官斯土者率以地瘠民贫为虑，而闾阎生计世业鱼盐。有宋时，苏文忠公莅任五日，即上盐榷书为民图休息，土人至今祀之，盖非以文章祀，实以治迹也。

道光四年，邑人蓄盐于长山岛，为每岁腌鱼计，经官封囤，禀抚宪饬司会道查覆有案。至道光十八年，抚宪新兼盐政，恐登属收贮大盐，浸灌有商票地，饬行查察。适有宁海州详报封盐之事，我英焕堂公祖大人（印文满州荫生）体察舆情，当堂讯断，判以登属各州县额设引票，从无积滞。推原其故，皆因各属离场遥远，灶户无多，所煎盐斤不敷本处食用，全赖收买关东大盐以资接济。若竟骤行禁止，民间之受累，书役之需索，其弊何可胜言。复提灶户质讯，亦无异词，案结而颂声作矣。吾郡产盐，向不设商，课归地丁，听其自煮自晒，民运民销，只准在于不设引境内，听从民便，倘漏入引地，即属私盐，照越境兴贩例治罪。此雍正年间定例，百余年来遵循日久，复得公祖秉公判断，申明定制，由此后民安乐业，锡福无涯。

至我公祖惠政甚多，民取尤不忘者。则练兵扬武戢夷船之窥探也，劝赈济饥援荒年之困厄也，书院抡材明悬玉镜，试闱易制巩媲金台，又为公慎严明所不克尽其事者。十八年冬，升任四川川北道宪，迨去之日攀辕满路，而讴思至今不置，盖民情之上达久矣，载诸贞珉，永垂不朽，是士民之志也夫。

大清道光己亥年正月朔，阖郡绅民公立。

（蓬莱阁碑刻）

修登郡西道路记

汪承镛

平治道涂者，守土之责也。登郡为山左极东境，重峦峭壁，险阻难行。郡西四十里至诸田观，辙迹所经，往往轮摧轴折，行者苦之。余下车即思开凿，而费颇巨，佥称难治。

去秋之济南便道履勘，人力可施，归而谋之官绅，克日鸠工，咸丰七年三月兴作，五月毕役。重修石桥二，一在五里桥之北，一在三十里埠之东。创建石桥一，在三十里埠之西。桥旁浚沟行水，沟长数十丈或三百余丈。其旧道难修别开新道者二，一在凤岭口南，一在红土沟，各长数十丈。用大石填平者三：半壁桥之沟，车行沟中颇苦泥淖，以大石填平之；赤山口石太孱岩，难施椎凿，买民田三亩，平铺大石一百二十丈，其旁浚沟行水；赤山口南至十里埠亦铺大石浚沟焉。去石而易以土者一，阎王鼻石脊隆起，旁皆深沟，凿其脊，填其沟，实以土。买民田以广道者一，茶棚南至下魏道口三里许，崎岖逼仄，即其旁买地数亩横开之，使容二轨。其余石之高者凿之，纵横者平之，凸凹倾侧者垫之，窒塞者开之，蹙狭者廓之，中断者续之。二十里埠街衢之礧砢者，亦如砥焉。

天梯石栈一旦易为康庄，其愉快何如乎！然亦守土者职所当为，或天将使险阻为坦途以待于余？苟人人惮其难为而不为，则覆载何赖有人事乎？为发斯义以告为民牧者。又筹项二百缗，发典生息，为岁修费，详请登莱青道立案注籍，勿使隳其成事也。斯役也，凡买料石六十万斤，条石称是，役夫七千余工，计费共一千五百有奇。维时有捐修考院，续解余钱遂举而用之。其未盈之数，余悉勉任。董斯役者为府学训导陈君官懋、邑绅柳壬海、张焕邦等勤劳颇著，例得附书。

大清咸丰七年六月吉日。

盐运使衔候选道知登州府事，如皋汪承镛撰。

（蓬莱阁碑刻）

汪承镛（1804—1878），字笙初，号晓堂，江苏如皋人。清道光年间贡生，曾任济南通判，曹州、青州同知。清咸丰元年（1851）任登州府知府，在任期间捐修登州府学宫、登州试院，后任济南府知府。著有《读史揭要》《署窗杂录》《四书质疑》等。

登州天桥闸口捐廉挑沙记

汪承镛

大禹之治水曰疏、曰瀹、曰决，皆挑也。故必使无壅塞而后水可治，而舟楫之出入顺利，亦以去淤为第一义。登郡户鲜盖藏，向赖奉天米物商运接济。水城天桥闸口，为商船出入门户，每日久沙淤，未至者不得入，既至者不得出，或停泊大洋，致遭风浪漂没，而货船不时至，米物短绌，居民遂困。虽历示商船带沙外运，而经费不继，淤塞依然，往往候潮出入，蒿目民天。因倡捐铜制钱叁百千，发典商取息，同商船所捐钱文，统由董事者经理，为每岁挑沙费，不经吏胥之手。庶此患永除，不惟水旱有备，而丰岁亦得米物充裕。此守土者分所应为。盖仿大禹治水之法而小用之，继事者以时督察，勿弃前功，则惓惓之意所厚望于将来者尔。其章程别具于后：

——天桥口挑沙应备公项，经本府倡捐钱文发商生息，所有息钱，由该董事按季赴当支取，并将该处进口商船所捐钱文，统归该董事经管支用。

——商船所捐钱文，向系散存水城各栈房，每月朔望由蓬莱阁绅董收交该董事。柳同兴铺内汇存，此次悉循其旧。如商捐钱文水城各栈房或有挪亏迟延，应责成该董事禀官究追。该董事徇情不禀，着落赔补。

——收支钱文账目首宜清楚，应将每半月商船所捐钱文若干，每季文取息钱若干，每次大挑雇夫若干，用钱若干及零挑雇夫名数钱数，分晰登记，不得遗漏舛错。俟年终核结总账，送呈府县查考，以昭核实。

——挑沙自本年六月起，嗣后每年春秋大挑二次。外遇有淤浅处所，随时大挑。凡遇大挑时，由该董事认真督率，务使出入船只顺利无滞，并先期报明府县，以凭稽查。至每年春秋二季，官船出进仍照旧案，由蓬莱县雇夫挑挖不在此例。

——雇夫零挑，现经该董事议定，每年三、四、五、六、七、八、九共七个月，雇夫三名，仍由各栈房轮签、照管，该董事一体查察，以免人夫偷闲，有名无实。

——挑沙必须择地安置，今议定或存放教场之北沙城之南，或用小船载赴山西口抛弃，毋得堆积两旁，以致随潮壅塞。

咸丰玖年六月。

盐运使衔候选道、登州府知府，如皋汪承镛记。

（蓬莱阁碑刻）

万古流芳——刘邑侯德政碑

汪承镛

需贤佐治，紫宸记循吏之名；革弊安民，黎庶重慈亲之戴。除苛宛如除虎，弦野声欢；牧民有类牧羊，琴堂化洽。此我邑侯所以荣封晋接，善政恒施也。邑侯氏刘印扬廷，字谏棠，蜀省绵州安邑人也。先世燃藜，髫龄怀橘，励行而岷嶓俱峻，洗心而江汉同清。文稿凤鸣，供奉艳生花之管；艺坛麟拔，成均分贡树之香。九重深识其鸿慈，特使亲民草野，百里暂停夫骥足，遂教握篆蓬山。

夫蓬邑之为地也，田乏膏腴，地多斥卤。所饶者鱼盐蜃蛤，幸通乎闽粤幽燕。驾一叶于雪浪银涛，不过觅蝇头之利；合数旬之千山万水，未足偿蠹役之奸。商人有称贷之忧，旅客增徒劳之叹。邑侯有以除之，曰：“照得蓬邑各海口，时有商船出入，其所装载物多寡不一，若一概令照满载纳课，殊不足以昭平允，合行出示晓谕，为此示仰差保店家船户人等知悉。自示之后，如有商船进口，实系满载者呈报满载，若半载者即报半载，倘有不及半载者亦即按照货物多寡呈报，以凭查验抽税，倘敢不遵，一经察出或被告发，定行从严究办。该保正副及海差，如有徇隐并借端需索，查出决不宽贷，各宜凛遵毋违。”吴帆云集，辽羽风驰，利增三倍之多，市溢五都之美。在民在官均其惠，宛沾甘雨于枯苗，多取寡取得其宜，似挹清风于孤竹。从此眠安于夜，惊息威狐，寒极而春，功同司马矣！

至若丧主当悲哀之际，扛夫习勒索之风，大事忽当坏土未成夫马鬣，多方相扰重缗难厌夫狼心。而我邑侯又于讹诈之白夫，判公平于朱笔。岂弟功成团练，节励廉清而已哉！夫坑石偷开陆公有禁，矿铅挖取魏公示惩，无不惠普丹崖，功深碧海。何况除大害即兴大利，惟爱国必先爱民。斩荆削棘，亿万家仰樾木之阴；锄月耕云，数百载思甘棠之德。铭曰：

蜀山毓秀，江水钟灵。天生名世，国有长城。君念为念，民情为情。扫除积弊，永洽群生。山藏海纳，月白风清。用勒不朽，青珉同贞。

大清咸丰岁次乙卯四月朔，阖郡绅民公立。

（蓬莱阁碑刻）

德被久远

汪承镛

登郡滨海之区也，地瘠民稠，山田荦确。居人半资鱼盐之利，所需盐斤动以亿万计，虽名斥卤之乡，而本境煎盐无多，全赖关东大盐接济。盖自雍正年间久已著为定例，如前黄公祖有盐事碑，英公祖有盐案判，班班可考也。

我公祖汪大人下车后，兴利除弊，百废具举，即如平道途以便行旅，修试院以储贤材，以及立义学、举节孝类皆年远久湮，俱起而更新之，种种善政更仆难数。去岁冬，忽有西繇场盐官，将烟台八角诸海口鱼盐封禁，合郡骚然，于是郡庠生真士恩呈恳札饬开封。我公祖曾以登州鱼盐为沿海居民生计所关，其利甚便，且向不设巡缉私，自应准其收买关东大盐，详准立案。

此次查案批饬永禁滋扰，从兹口碑载道，欢声溢于闾阎。

古人所称“仁人之言，其利溥哉!”我公祖当之洵无愧矣。昔宋苏文忠公莅登五日即上盐榷书，为民图百年休息计，以此衡彼同属有孚惠心，安见古今人果不相及也？爰勒贞珉以志甘棠之爱云尔。

咸丰二年五月，详明以登州府属沿海居民，多以捕鱼为业，每逢春夏捕鱼之际，所需盐斤动以亿万，本地煎盐味苦，抑且日久变味，必须关东大盐方能经久，生计所关未便禁止，且登郡向不设巡缉私，自应准其收买关东大盐，经司议详奉院批准。

咸丰七年岁次丁巳十一月谷旦，阖郡公立。

（蓬莱阁碑刻）

重修蓬莱阁记

豫　山

郡城之北有城焉，明之备倭城也。城北面踞丹崖山，下临大海，高凡十余丈，上有蓬莱阁焉。旧为海神广德王祠。苏文忠公守登州时，祷于此而见海市者也。阁建于宋嘉祐中，太守朱处约就海神祠旧基构之。明洪武九年，始因阁下丹崖山为城，城周匝不过三里，而与郡城相犄角，筹海防者于此，盖有深意焉。

自朱太守建阁为州人游览所，而苏公以一代名贤为之提唱海市一诗及海上书怀诸作，翰墨流传更为海山增色，一时搢绅先生咸惜爱而珍重之。有明三百年间，一修于大都督卫公青①，再修于永康侯徐公安②，三修于大中丞宋公应昌③，迄崇祯五年毁于兵，太守陈钟盛又重建之。虽其时兵燹频仍，海氛不靖，而名卿大夫讲武之余犹谈风雅，此蓬莱阁所以至今存也。方今海宇廓清，四夷宾服，士君子来游于此，睹其山川之壮丽，声名文物之美，且

① 卫公青：卫青（？—1436），字明德，上海松江人。明朝初期将领、都督佥事。

② 徐公安：徐安，明正统年间任山东备倭都司府指挥佥事，世袭父辈徐忠爵位。

③ 宋公应昌：宋应昌（1536—1606），字思文，号桐冈。明嘉靖进士，抗倭名将。

都未尝不太息久之。窃羡文忠旧泽千载下犹有存者，顾令野蔓荒榛日滋芜秽，烈风淫雨时肆摧残，致使登斯阁者嘅叹。夫陵谷变迁，不等于磐石苞桑之固，词章湮没，莫留夫吉光片羽之遗，非惟坐镇是邦昧昔人安不忘危之旨，抑何以振兴文教，上绍眉山遗徽耶。

余以壬戌①仲冬来守是郡，公余之暇登临斯阁，谒苏公祠宇，见其丹青零落，轩宇倾颓，为之耿耿于怀。思有以新之，而病其工程浩大，力有未逮也。上年七月风雨暴作，阁前山城忽堕十余丈，阁亦岌岌欲坠焉。郡人来告于余，余恐城坏而阁亦坏，一方之名胜既湮，一方之藩篱且因以不固也。亟商之仝志寅好，捐廉若干，并募诸绅商修之。择城中绅士之公正者陶、王二公董其事，以参军章君嗣曾、少尉倪君烒监理之，经一载有余而城工毕，阁亦焕然一新焉。以苏公之旧祠狭隘也，移之三清殿后。又建屋三楹于避风亭西，名之曰澄碧轩，盖以碧海澄清，金瓯巩固，乃可与文人学士歌咏升平也。落成之后，因以是记之。

知登州府事、世袭二等轻车都尉、前工部郎中，长白东屏豫山撰并书。

大清同治六年岁次丁卯嘉平月立。

（蓬莱阁碑刻）

豫山（？—1890），字东屏，满洲正黄旗，吉林长白人。荫生，曾官轻车都尉。清同治元年（1862）十月至六年（1867）任登州府知府，光绪年间任山东按察使。

澄碧轩记

豫　山

昔在虞部时，习闻蓬莱胜概。岁壬戌，出守来郡。每当春夏之交，避风亭上诗酒怡情，留连不忍去。惜少憩息所思，欲拓地一弓，葺屋三楹，未遑也。乙丑秋七月，大风雨，丹崖倾圮，古堞随之，乃醵金重加修整，稍增旧

① 壬戌：指清同治元年（1862）。

址，式筑新轩，藉云水光，得静深趣。惟澄斯静，惟碧愈深，以此名之。善观海者，应亦有同心焉。若夫宾日、海镜诸名胜，则有当年之旧基在，是有待于有志兴复者。

（清光绪《蓬莱县续志》卷十二）

豫大公祖重修蓬莱阁下城垣及苏文忠公祠宇碑

去郡城百余步有城焉，曰备倭城。城北面巍然峨然，与南城楼对峙者，蓬莱阁也。阁之旁有祠焉，苏文忠公祠也。按《宋史》："文忠以元丰八年由黄州移守登州，莅任之初，虑盐法病民，疏请除之，郡之人至今利赖之。公常观海市于阁，因于阁旁为祠祀之，盖以酬公德也。"

今太守豫公慈惠廉明，为吾郡兴利除弊，方诸文忠无多让焉。自壬戌来登迄今六年矣，修城垣兴学校，文事武备整饬有方。乙丑七月暴雨作，备倭城北面倾者数十丈，蓬莱阁亦危乎殆焉，公闻而虑之，亟醵金修之，修备倭城并新蓬莱阁焉，费钱七千缗，阅年余而工竣。工甫竣而南寇至，公复筹资百金为防守费，乡人避难入城者，保全以千万计。论者谓公重新斯阁风雅宜人，而不知公重修斯城功德被人矣。

夫虑民淡食，为民除弊，苏公之德也。思患预防，为民保卫，豫公之德也。惠政虽不同，而心乎为民则无不同，公与文忠其殆有后先辉映者乎！今年正月，大府以公贤，移公守琅琊。公在登六岁而迁，文忠在登五日而迁，其久暂虽殊，而功德之被人不以久暂异也。公以文忠祠宇狭隘，捐廉重新之，惟贤太守能敬贤太守也。郡之人戴公之德，永矢弗谖，为文纪之。后之颂公者，其亦如今之颂文忠也夫。

同治七年　月，郡人公立。

（蓬莱阁碑刻）

蓬莱阁灯楼记

雷树枚

余宦游山左①三十年，足迹几遍。而海滨之区，尤留意焉。初，成山，见山顶有灯楼。询之土人，知为南北商舶而设。至文登鸡鸣岛、利津铁门关亦均有之。盖海口类多礁石旋流，商舶往来，皆知趋避，其为益殊非浅鲜也。

登州海口林立，近年潘伟如②廉访督税东海关，建灯楼于福山、烟台及宁海崆峒岛，商人咸颂其德。郡城蓬莱阁据丹崖山上，北与大小竹岛及长山庙岛遥遥对峙，为南北商船必经之路。每逢阴雨之夜，云雾渺茫，沙线莫辨，情惧夫误入迷津者之失所向往也。

余于同治七年分守来郡，即拟建灯亭以利商舶。兹商之彭明府，慨然以为可行，遂议定灯油等费每月需制钱若干。余与彭明府、李二尹、李少尉、应千戎并水城各栈，按月摊捐，交陶允执茂才妥为经理。并示谕各岛居民，俾共知悉。

从此垂诸久远，永无废堕，庶几明光所在，帆樯宵渡可无迷途之虞。未敢云便民也。亦分守是邦者聊尽吾心云尔。

（清光绪《蓬莱县续志》卷十二）

雷树枚（生卒年不详），北京人。清同治七年（1868）任登州府同知。

增修吕祖阁碑记

贾　瑚

光绪二年春，予奉命来守是郡。甫莅任，雨泽愆期，虔申祈祷。适抚宪

① 山左：山东。

② 潘伟如：潘霨（1826—1894），初字燕山，后改伟如，号铧园，晚号心岸，江苏吴县人。官至贵州巡抚。

丁宫保阅伍来登，睹民有饥色，心焉忧之。驻节蓬莱阁，阁之东偏为吕祖阁，规模狭隘，宫保议式廓之，首捐银一千三百五十两，属署登州镇王静海军门司其事，曰："一木一石，无劳民力。"军门毅然任之，率所统振字营，复捐银一千六百两，庀材鸠工。兴作之始，军门授曹州镇总兵，因以其事委予。予知是役也，宫保于修整祠宇之中，寓以工代赈之意也。体此意以经营，务使涓滴皆归实用。于是为享殿，为轩亭，为门户，为缭垣，七阅月而事竣。计用银二千三百五十两，余六百两。以二百两生息，为本阁岁修之资；以四百两捐入瀛洲书院，为助修膏之费。夫古之仁人君子，凡举一事兴一役，皆必有深意存乎其间。宫保此举，祠宇修整，而饥民之赖以全活者，亦甚众也。民和而神降之福，故动则有成，其宫保之谓乎？是为记。

（清光绪《蓬莱县续志》卷十二）

贾瑚（生卒年不详），字殷六，号小樵，山西夏县人。清咸丰九年（1859）进士，光绪二年（1876）任登州府知府。

重修迎仙桥记

江瑞采

"赛画桥"古名"迎仙桥"，建自有宋，以迄于今，碑碣灭磨，梁杠倾圮，断石犖荦，行渡艰难。余去岁捐廉倡修文庙，原拟一同劝修，嗣因庙工浩大，赖阖邑绅士商民，竭力擎助，始克告成。余款寥寥，而此桥乃河流总汇归海尾闾之所，非高宽蟠结，不足资泄宣，历久远。比城中画桥工费尤钜，估计筹捐，幸赖钦差帮办防务吴军门，暨统领黄朱两军门，本镇蔡军门，水师唐协戎、梁游戎等助金赞成。邑之士民，因之无不鼓舞踵输。遂于二月，诹吉开工，督工者广文张君绎武、张君还午，监工绅士张君吉甫、吴君大观、贺君寅荣、李君景颜，不避春霖沥漉，酷暑炎歊，监督维勤，阅六月工竣，共用青蚨三千余缗。工坚料实，款不虚縻。桥成后，秋雨滲霪，河水涨涌。行人未尝唤渡，商贾乐有康衢。公暇临瞩，近控镇水庵，澜汗洪涛，砥柱磐固，海童马衔，缩促潜渫。天吴仿佛而莫见，阳侯眇瞻以远驰。上接蓬莱阁，浡潏大人之市，赑屃长公之祠。阛阓隧分，枝岐潭沦。激盘猛而窟墐，滐消洶而魁犴。沸溃濆沦，阒其铲削。沙汭散文于云锦，螺蚌被光于绫罗。车渠全集，玛瑙接连。估帆来裸人之国，鱼盐矗黿鼍之梁。泱瀼来澍，天地融朗。觌安期于峤壶，见阜乡之舄履。偓佺征侨，蜚织襞襀于兹桥之上；表斯郡之灵杰，永为万众之撝呵。使潢潦涓流，亦得朝宗；测蠡乘蹻，咸窥潮汐。泱泱乎观止也！是为记。

（清光绪《蓬莱县续志》卷十二）

江瑞采（生卒年不详），字黼文，安徽歙县人。清光绪五年（1879）任蓬莱县知县，编有《蓬莱县续志》。

感德碑——江邑侯德政

盖为政之大端，莫如教养；而教养之兼举，惟赖循良。

我邑侯江公，己卯之秋摄篆兹土，兴利除弊，化普琴堂，易俗移风，欢腾草野。文庙系文风重地，重修而教化更新；保甲为保庶良谟，编查而闾阎安堵。增书院之经费，膏助青灯；严义学之条规，恩沾白屋。修南道招徕行旅，设绥局保护商船。拯灾患数十余家，表节烈三百余氏。巡更彻夜宵小潜踪，割网除奸渔村乐业。修城垣以资扞圉，造河桥以便往来。免牵累于讼庭，网开三面；绝苞苴于暗室，夜凛四知。两袖清风，孔奋之菜茹自奉；一官如水，褚珍之伞笠无余。维时海防綦严，戎旅驻扎；卒之昼夜无警，兵民相安。我公之调停于其间者，用心亦良苦矣。至若纂志书，积社谷，筑海口，栽树株，拓粥厂，禁烟局，修祠宇，济孤贫，鼠走赈灾，牛痘施种，为学宫筹息金，为试院修窗牖，诸多善政不胜枚举，无非教养之深心所推而广，斯亦无愧于循良者矣！

公印瑞采，字黼文，皖南歙县人也。邑人于公之升迁惓惓不忘，爰勒贞珉以志甘棠之遗爱云尔。

光绪八年岁次壬午二月，阖邑绅士商民公立。

（蓬莱阁碑刻）

重修天后宫记

司铭三

登州城北二里许，旧有蓬莱阁，前踞丹崖，后临沧海，高极数十丈，远眺千余里，称胜境焉。宋崇宁间，于蓬莱阁西偏敕建灵祥宫祀海神。历元暨明，屡赐碑额，越至今崇封尤渥，递加护国庇民妙灵显应宏仁普济福佑群生天后圣母。春秋致祭，诚以庙邻海澨，帆舶往来如织，一遇风涛危险，祷求辄应，人之荷帡幪者，能勿共感慈德哉！

道光十六年不戒于火，太守英公一律重修，迄今垂五十年。风剥雨蚀渐致凋残，庙之近西南为龙王宫，坍塌尤甚。董事诸公劝集各岛船户、沿海绅商募资修葺，仍虞经费不足。适逢升任奉天山海关道续公督理牛庄権政，铭三奉北洋大臣直隶督宪李委办海关差务，燕见之暇，偶为谈及，蒙续公首先倡捐，因劝海、辽、沈，盖及各省行商同襄盛举，共得制钱肆千余缗。遂庀材鸠工，自正殿以至山门，凡旧者新之，倾者整之，丹雘垩黝，气象焕然。于光绪六年兴修，十年蒇事，共用制钱三千伍佰余缗，余钱伍佰缗，复拔修城南东岳庙，特少为补苴云尔。

董事诸公黄宗敬、张健封、吴大观、张封、赵汝翰、张吉甫、李景颜、卢恩绍，其捐资姓氏悉登诸匾，以为后来好善者劝。

钦加同知衔、直隶知望都县事，邑人司铭三敬撰。

大清光绪十年岁次甲申八月谷旦。

（蓬莱阁碑刻）

司铭三（生卒年不详），山东蓬莱人。清同治元年（1862）举人，清光绪十一年（1885）任河北望都县知县。

遗则常存——公祀帮办山东海防事宜广东水师提督军门三等轻车都尉世袭云骑尉瑚敦巴图鲁吴公碑记

登州府治旧有鲁仲连祠，传者谓有蹈东海语，故祠建海滨，今废久矣。前任广东提督军门吴公，奉天子命以帮办山东海防军务，统带练勇各营，建节来海上，严令束伍，加意恤民。驻于丹崖山次，茇舍偫储，更筑数楹，中设鲁连神牌，朝夕祀之，以志慕效。既移节渡海树援高丽，奉调回关，将星遽陨。讣至，登州士民惊悼悲思，盖公之神采至深且远，而惠逮于吾郡人士者尤多也。

初，公之始来，首重儒学，捐金书院，酌加膏薪，更筹宾兴，尽馈乡试，至夫重洋拯溺，不吝厚犒。近郊灾毁，赈及遍村，时有疾疫施以药，哀及鳏寡给以粟，道路崎岖则平之，桥梁坍塌则修之，凡若此者公为之，因而各营统带亦乐而共为之。倥偬海防，不虑士马之驿骚，转获升平之康乐，若公所为，即如排难解纷，称天下士者不是过耳。即公祀鲁连之所并以祀公，其谁曰不宜？爰诹吉日设公神牌，奉置鲁连神牌之右，从众志也。昔公往高丽，咸愿刻石以志公德，公辞不许。兹者祠祀繄岂公心，顾公已古矣。东海之蹈若应其言，公祠鲁连之初，其非寄意深远耶？夫惊波骇浪毕底镜澄，公殁金州与吾海滨一也，耿耿之心不以远迩常变而殊乎？则吾郡士民之祀公斯祠，不惟感激之为，抑亦后来慕效，聿昭高风亮节，而惠逮于无穷也。公讳长庆，字筱轩，安徽合肥人也。是为记。

光绪拾年岁次甲申六月，阖邑公立。

（蓬莱阁碑刻）

感德碑——军门章公郡城修河记

古今事功之成，非值其机不能立就，民生利害之故，非悉其隐不能遽行，值其机，悉其隐，或以事权不属，或以佥谋未协，亦易败于垂成。

郡城故有河，年久淤塞沙石充积，山水骤来容纳无地，河干鳞舍浸灌湍波，郡人士衋然伤之，议浚焉而力不逮。适值军门章公来镇此邦，知两岸居民必有深受其害而无如何者，因与郡伯暨邑侯会议，集防营壮健邪许兴工，自去秋疏瀹，今秋又复重浚，遂蒇事焉。郡人士数十年所企望者，数月而偿之，非值其机，悉其隐，能若是乎？夫古人之集事也，其毅然力任之概，足以贯乎事之始终，其慨然为民之怀，足以惬乎人之痌瘝，心而已矣。公于是役，每日必亲自巡视督察勤惰，居民时以望见颜色为幸。则其心乎，古人之心者，即其心乎，郡人士之心矣。

闻公统师江阴多惠政，江水每溢辄灌农田，民甚苦之，公为筑长堤若千里，农田遂无水患，歌诵不绝。今郡城河浚，秋霖夏潦宣泄从容，郡人士受福感恩，口碑载道，公之泽被不益长哉！是役也，统带雪岑章公、帮带文涛杨公不惮劳瘁，率勇若干人踊跃从事，合备书之，以志铭感。

光绪十五年岁次己丑嘉平月，阖邑绅庶公立。

（蓬莱阁碑刻）

宋宫保建桥修路运沙填沟阖邑感德碑①

登郡山川磅礴，代有伟人，戚少保当明之中叶，南督浙闽，北镇蓟门，功业巍然，昭人耳目。我朝龙兴辽沈，登州首隶版图，咸同之间东南巨憝倡乱，捻匪又北犯京师，祝三宫保起行间，提义旅，肃清畿甸，及大乱削平，迭膺简命驻军奉省，旋以钦差大臣帮办北洋海防，军务统归节制，任何其重，遇何其隆也！

夫公与戚少保生不同时，然综其事实，考其功烈，后先辉映。区区一乡之惠爱，何足为公传哉？特以吾郡人士之利，知无不为，褎然称首，修学宫不以军旅忘俎豆，修试院不以兵戎废弦歌，捐义仓，施粥厂，助宾兴，刊邑乘，隐寓务农重粟，兴养立教之思。即今道路坦平，桥梁利涉，独力倡修

---

① 宋庆（1820—1902），字祝三，山东蓬莱人。清咸丰十年（1860）任总兵，同治七年（1868）授湖南提督。同治八年（1869）参与镇压回民起义后，驻军旅顺口十二年。光绪十六年（1890）加封太子少保，四年后又加尚书衔。甲午战争中帮办北洋军务，节制各军，参加辽东、辽南历次战役。清朝廷签订《马关条约》，宋庆致电反对，被革职留任。光绪二十八年（1902）逝于军中，谥号“忠勤”。

者，则百废之具举也。挑拨河沙，填阙沟涧，挹彼注兹者，则两美之兼修也。

吾邑人民饫于公德者深，每饮食辄颂祷之，安肯令公之行谊湮没不彰。虽在公非以此见德，未可概其生平，而善推所为，始家邦终四海行见诩。我国家钟簴无惊，苞桑永固，垂竹帛而铭鼎彝，可与戚少保并传不朽也，是为记。

光绪二十二年岁次丙申，阖邑绅民勒石。

（蓬莱阁碑刻）

统带山东海防步队中营前护登州镇总兵协镇衔左营候补参府王公德政碑

登州为滨海之地，虽一隅僻处，实当南北要害之冲，非有德望大过人者坐镇其中，奚以树干城而资保障？

自静堂王公莅东牟统带海防军，力振武功以为兵民望，于是沿海一带莫不庆安堵焉。光绪二十年中东交战，正海疆多故之秋，时公带福字营，镇沙城，守炮台，随同总戎夏公、副戎傅公力战拒敌，两城获无恙，而海岛居民亦庆安全①，盖公与有力也。嗣后，拳匪倡乱，以仇教为名，到处焚毁一空，贻累民生，良非浅尠。公派兵丁保教士，护教堂，昼夜巡防，不少遗余力，盖为维持大局起见也，而生民之受赐多矣！加以廉明天赋，公正性成，有功不矜，乐善不倦，施棺木以助丧葬，解衣食以赈孤贫，救风火以恤灾危，舍药饵以疗疢疾，补桥路以便商旅，葺城垣以固藩篱，卡陆路以保行人，巡海洋以防巨盗，公买卖以惠商贾，息词讼以安善良。藉非严以驭军士而赏罚分明，宽以保黔黎而恩威并用者，曷克如斯？昔岳节使旌旗丕变号令如山，程将军刁斗森严樵苏清野，自古素钦重望，迄今犹播美谈。矧以公威重琱戈，望隆金斗，握尚父六韬之略，麾元戎五丈之旌，安闾阎而鸡犬无惊，整队伍

① 登州福字营将领王静堂，带领士兵镇沙城，守炮台，偕同登州总兵夏辛酉、傅介寿一道抗击外来侵略，保卫了蓬莱水城、府城及周边岛屿居民的生命财产安全。

而貔貅用命，尤足表雄风于渤海，而留骏惠于蓬山者耶！

绅商等渥承闿泽，望切长城，仰壁垒之聿新，乐市廛之不扰，祭征虏雅歌投壶，史册永垂英范。曹武惠爱民洁己，乡闾亦慕高风，纵无增益于毫厘，愿为表扬于万一。爰勒贞珉敬志德威，亦以颂大树之功，而并表甘棠之爱云尔。

光绪三十年秋，水城、南北隍城岛、庙岛山前村绅商公立。

（蓬莱阁碑刻）

老残游记（节录）

刘 鹗

话说山东登州府东门外有一座大山，名叫蓬莱山。山上有个阁子，名叫蓬莱阁。这阁造得画栋飞云，珠帘卷雨，十分壮丽。西面看城中人户，烟雨万家；东面看海上波涛，峥嵘千里。所以城中人士往往于下午携尊挈酒，在阁中住宿，准备次日天未明时，看海中出日。习以为常，这且不表。

……到了阁子中间，靠窗一张桌子旁边坐下，朝东观看，只见海中白浪如山，一望无际。东北青烟数点，最近的是长山岛，再远便是大竹、大黑等岛了。那阁子旁边，风声“呼呼”价响，仿佛阁子都要摇动似的。天上云气一片一片价叠起，只见北边有一片大云，飞到中间，将原有的云压将下去。并将东边一片云挤的越过越紧，越紧越不能相让，情状甚为谲诡。

过了些时，也就变成一片红光了……

（《老残游记》第一回）

刘鹗（1857—1909），原名孟鹏，字铁云，又字云抟、公约，号老残，清代江苏丹徒（今镇江市）人。博学多才，精于考古，在数学、医术、水利等方面多有建树。著有《铁云藏龟》《老残游记》等。

第五节　现代散文

蓬莱阁上

阎哲吾

久闻蓬莱之名，所以一到登州，便要一登蓬莱阁，看那所谓“仙境”的景色。

蓬莱阁在登州北门外，出了城，还要进一道水城，又名避倭城，相传是防倭寇的。城沿海滨筑成，如今也没有大用。

行不二里，便到蓬莱山，蓬莱阁就在那上边。上有庙相联，曰龙王宫，曰白云宫，曰上清宫，由这些名字一望而知里边住持必定是个道士。所谓“蓬莱仙境”者便是此地了。

入正门，有六块大石，想是从海滨岩石移植石上的，高丈许，周围亦有丈许，分三对排立两庭，壁上有扬州老乡阮元题的“三台石”三字，注谓“此石类似天空三台星宿之位置”。

正门有牌坊，题得明白：“丹崖仙境”，据说这山又名“丹崖”。入内向右折，拾级而登，便到蓬莱阁了。

因为阁楼有锁，乃先叫老道取钥开门，我们便先向阁的后面去，一道短墙围住山崖，隔绝了茫茫大海，但听到怒吼的涛声，如万马奔腾。迎面可见长山八岛，据说其间有四十里地之遥。

转身沿墙向后看，最边见有屋，曰澄碧轩，门外有联云：“山东孤云随马去，海上明月共潮生。”

沿屋南行，墙上有镜石，石面颇光润可照见人。顺南座有避风亭，据老道云，无论海风如何大法，室内终可无风。沿避风亭东去，有石刻曰：“海不扬波”“碧海清风”“寰海镜清”。再东行，入一室，内有苏东坡碑，并有龚葆琛石刻联句：“海市蜃楼皆幻影，忠臣孝子即神仙。”中梁有匾曰：“碧海青天”。更东入苏公祠，有东坡像及其碑文。门外有联曰：“不向南华乞烟火，又来东海看涛山。”室内有苏公自书之海市诗。据云系苏公来蓬后未见海市蜃楼，乃为文拜祷海神广德王，因得见，苏乃作海市诗，句中多感慨之意，想见其当时之不得意。

沿崖看罢，复由老道引登蓬莱阁。阁内有额檐曰“蓬莱阁”，下款是“梅庵铁保书”。笔力雄厚。屋内联对甚多，其一有言曰：“山水有灵亦警知己，性情所得未能忘言”，句为吾家（阎）敬指先生所撰。

登阁三面望海，更远一筹。老道言曰：海市蜃楼可于春夏时见到，但没有定时。其倒影俨如真物，房屋，楼台，林木等俱全，真假令人莫辨。有时大连、营口、烟台之市景常幻映于海上，航海家多畏之。这大概是空气疏密折光之理，并非如一班人之所谓“仙境”之神乎其神罢了。

登了蓬莱阁，回到登州城，同事某，忽忆某学究之打油诗曰：京城登不得，省城不敢登，惟有登州城，登（动）登（名）登登登（形容词）！

于是大家相顾一笑，不觉路遥天黑，重返寄寓休息便了。

（《现代创作游记选》）

阎哲吾（1907—1988），原名阎葆明，字哲吾，后改名包明，江苏扬州人。现代戏剧家，中国戏剧家协会上海分会会员。著有《防不胜防》《母性之光》《中华民族的母亲》《老坏的末路》《法律以上》《中国话剧教育史稿》等。

海 市

杨 朔

我的故乡蓬莱是个偎山抱海的古城，城不大，风景却别致。特别是城北丹崖山峭壁上那座凌空欲飞的蓬莱阁，更有气势。你倚在阁上，一望那海天茫茫、空明澄碧的景色，真可以把你的五脏六腑都洗得干干净净。这还不足为奇，最奇的是海上偶然间出现的幻景，叫海市。小时候，我也曾见过一回。记得是春季，雾蒙天，我正在蓬莱阁后拾一种被潮水冲得溜光滚圆的玑珠，听见有人喊：“出海市了。”只见海天相连处，原先的岛屿一时不知都藏到哪儿去了，海上劈面立起一片从来没见过的山峦，黑苍苍的，像水墨画一样。满山都是古松古柏，松柏稀疏的地方，隐隐露出一带渔村。山峦时时变化着，一会山头上幻出一座宝塔，一会山洼里又现出一座城市，市上游动着许多黑点，影影绰绰的，极像是来来往往的人马车辆。又过一会儿，山峦城市慢慢消下去，越来越淡，转眼间，天青海碧，什么都不见了，原先的岛屿又在海上重现出来。

这种奇景，古时候的文人墨客看到了，往往忍不住要高声咏叹。且看蓬莱阁上那许多前人刻石的诗词，多半都是题的海市蜃楼，认为那就是古神话里流传的海上仙山。最著名的莫过于苏东坡的海市诗，开首几句写着："东方云海空复空，群仙出没空明中，荡摇浮世生万象，岂有贝阙藏珠宫……"可见海市是怎样的迷人了。只可惜这种幻景轻易看不见。我在故乡长到十几岁，也只见过那么一回。故乡一别，雨雪风霜，转眼就是二十多年。今年夏天重新踏上那块滚烫烫的热土，爬到蓬莱阁上，真盼望海上能再出现那种缥缥缈缈的奇景。偏我来得不是时候。一般得春景天，雨后，刮东风，才有海市。于今正当盛夏，岂不是空想。可是啊，海市不出来，难道我们不能到海市经常出现的地方去寻寻看么？也许能寻得见呢。

于是我便坐上船，一直往海天深处开去。好一片镜儿海。海水碧蓝碧蓝的，蓝得人心醉，我真想变成条鱼，钻进波浪里去。鱼也确实惬意。瞧那海面上露出一条大鱼的脊梁，像座小山，那鱼该有十几丈长吧？我正看得出神，眼前刺溜一声，水里飞出另一条鱼，展开翅膀，贴着水皮飞出去老远，又落下去。

我又惊又喜问道："鱼还会飞么？"

船上掌舵的说："燕儿鱼呢，你看像不像燕子？烟雾天，有时会飞到船上来。"那人长得高大健壮，一看就知道是个航海的老手，什么风浪都经历过。他问我道："是到海上去看捕鱼的么？"

我说："不是，是去寻海市。"

那舵手瞟我一眼说："海市还能寻得见么？"

我笑着说："寻得见——你瞧，前面那不就是？"就朝远处一指，那儿透过淡淡的云雾，隐隐约约现出一带岛屿。

那舵手稳稳重重一笑说："可真是海市，你该上去逛逛才是呢。"

赶到船一靠近岛屿，我便跨上岸，走进海市里去。

果然不愧是"海上仙山"。这一带岛屿烟笼雾绕，一个衔着一个，简直是条锁链子，横在渤海湾里。渤海湾素来号称北京的门户，有这条长链子挂在门上，门就锁得又紧又牢。别以为海岛总是冷落荒凉的，这儿山上山下，高坡低洼，满眼葱绿苍翠，遍是柞树、槐树、杨树、松树，还有无数冬青、葡萄以及桃、杏、梨、苹果等多种果木花树。树叶透缝的地方，时常露出一带渔村，青堂瓦舍，就和我小时候在海市里望见的一模一样。先前海市里的景物只能远望，不能接近，现在你却可以走进渔民家去，跟渔民谈谈心。岛子上四通八达，到处是浓荫夹道的大路。顺着路慢慢走，你可以望见海一般碧绿的庄稼地里闪动着鲜艳的衣角。那是喜欢穿红挂绿的渔家妇女正在锄草。有一个青年妇女却不动手，鬓角上插着枝野花，立在槐树凉影里，倚着锄，在做什么呢？哦！原来是在听公社扩音器里播出的全国麦收的消息。

说起野花，也是海岛上的特色。春天有野迎春；夏天太阳一西斜，漫山漫坡是一片黄花，散发着一股清爽的香味。黄花丛里，有时会挺起一枝火焰般的野百合花。凉风一起，蟋蟀叫了，你就该闻见野菊花那股极浓极浓的药香。到冬天，草黄了，花也完了，天上却散下花来，于是满山就铺上一层耀眼的雪花。

立冬小雪，正是渔民拉干贝的季节。渔船都扬起白帆，往来拉网，仿佛是成群结队翩翩飞舞的白蝴蝶。干贝、鲍鱼、海参一类东西，本来是极珍贵的海味。你到渔业生产队去，人家留你吃饭，除了鲐鱼子、燕儿鱼丸子而外，如果端出雪白鲜嫩的新干贝，或者是刚出海的鲍鱼，你一点不用大惊小怪，以为是大摆筵席，其实平常。

捕捞这些海产却是很费力气的。哪儿有悬崖陡壁，海水又深，哪儿才盛产干贝鲍鱼等。我去参观过一次"碰"鲍鱼的。干这行的渔民都是中年人，水性好，经验多，每人带一把小铲，一个葫芦，葫芦下面系着一张小网。趁落潮的时候，水比较浅，渔民戴好水镜，先在水里四处游着，透过水镜望着海底。一发现鲍鱼，便丢下葫芦钻进水底下去。鲍鱼也是个怪玩意儿，只有半面壳，附在礁石上，要是你一铲子铲不下来，砸烂它的壳，再也休想拿得下来。渔民拿到鲍鱼，便浮上水面，把鲍鱼丢进网里，扶着葫芦喘几口气，又钻下去。他们都像年轻小伙子一样嘻笑欢闹，往我们艇子上扔壳里闪着珍珠色的鲍鱼，扔一尺左右长的活海参，扔贝壳像蒲扇一样的干贝，还扔一种叫“刺锅”的怪东西，学名叫海胆，圆圆的，周身满是挺长的黑刺，跟刺猬差不多，还会爬呢。

最旺的渔季自然是春三月。岛子上有一处好景致，叫花沟，遍地桃树，年年桃花开时，就像那千万朵朝霞落到海岛上来。桃花时节，也是万物繁生的时节。雪团也似的海鸥会坐在岩石上自己的窝里，一心一意孵卵，调皮的孩子爬上岩石，伸手去取鸥蛋，那母鸥也只转转眼珠，动都懒得动。黄花鱼起了群，都从海底浮到海面上，大鲨鱼追着吃，追得黄花鱼叫。听见鱼叫，渔民就知道是大鱼群来了，一网最多的能捕二十多万条，倒在舱里，一跳一尺多高。俗话说得好：“过了谷雨，百鱼上岸。”大对虾也像一阵乌云似的涌到近海，密密层层。你挤我撞，挤得在海面上乱蹦乱跳。这叫桃花虾，肚子里满是子儿，最肥。渔民便用一种网上绑着坛子做浮标的“坛子网”拉虾，一网一网往船上倒，一网一网往海滩上运，海滩上的虾便堆成垛，垛成山。渔民不叫它是虾山，却叫做金山银山。这是最旺的渔季，也是最热闹的海市。

现在不妨让我们走进海市的人家里去看看。老宋是个结实精干的壮年人，眉毛漆黑，眼睛好像瞌睡无神，人却是像当地人说的：机灵得像海马一样。半辈子在山风海浪里滚，斗船主，闹革命，现时是一个生产大队的总支书记。他领我去串了几家门子，家家都是石墙瓦房，十分整洁。屋里那个摆设，更考究：炕上铺的是又软又厚的褥子毯子；地上立的是金漆桌子、大衣柜；迎面墙上挂着穿衣镜；桌子上摆着座钟、盖碗、大花瓶一类陈设。起初我还以为是谁家新婚的洞房，其实家家如此，毫不足奇。

我不禁赞叹着说：“你们的生活真像神仙啊，富足得很。”

老宋含着笑，也不回答，指着远处一带山坡问：“你看那是什么？”

那是一片坟墓，高高低低，坟头上长满蒿草。

老宋说：“那不是真坟，是假坟。坟里埋的是一堆衣服，一块砖，砖上刻着死人的名字。死人呢，早埋到汪洋大海里去了。渔民常说：情愿南山当驴，不愿下海捕鱼——你想这捕鱼的人，一年到头漂在海上，说声变天，大风大浪，有一百个命也得送进去。顶可怕的是龙卷风，打着旋儿转，能把人都卷上天去。一刮大风，妇女孩子都上了山头，烧香磕头，各人都望着自己亲人的船，哭啊叫的，凄惨极啦——别说还有船主那把杀人不见血的刀逼在你的后脖颈子上。”

说到这儿，老宋低着瞌睡眼，显然在回想旧事，一面继续讲：“都知道蝎子毒，不知道船主比蝎子更毒。我家里贫，十二岁就给船主做零活。三月，开桃花，小脚冻得赤红，淋着雨给船主从舱里往外舀潮水，舀的一慢，船主就拿铅鱼浮子往你头上磕。赶我长的大一点，抗日战争爆发了，蓬莱一带有共产党领导的游击队，需要往大连买钢，大约是做武器用。当时船主常到大连去装棒子面，来往做生意，我在船上替人家做饭。大连有个姓鲍的，先把钢从日本厂子里偷出来，藏到一家商店里。船主只是为财，想做这趟买卖，叫我去把钢拿回船来。你想日本特务满街转，一抓住你，还用想活命么？仗着我小，又有个小妹妹，当时住在大连我姐姐家里，我们兄妹俩拐进那家商店，妹妹把钢绑到腿上，我用手提着，上头包着点心纸，一路往回走，总觉得背后有狗腿子跟着，吓得提心吊胆。赶装回蓬莱，交给游击队，人家给两船麦子当酬劳。不想船主把麦子都扣下，一粒也不分给我。我家里净吃苦橡子面，等着粮食下锅，父亲气得去找船主，船主倒提着嗓门骂起来：‘麦子是俺花钱买的，你想讹诈不成。你儿子吃饭不干活，还欠我们的呢，不找你算帐就算便宜你。’这一口气，我窝着多年没法出，直到日本投降，共产党来了，我当上民兵排长，斗船主，闹减租减息，轰轰烈烈干起来啦。我母亲胆小，劝我说：‘儿啊，人家腿上的肉，割下来好使么？闹不好，怕不连命都赔上。’到后来，果真差一点赔上命去。”

我插嘴问：“恐怕那是解放战争的事吧？”

老宋说：“可不是！解放战争一打响，我转移出去，经常在海上给解放军运粮食、木料和硫磺。我是小组长。船总是黑夜跑。有一天傍亮，我照料一宿船，有点累，进舱才打个盹儿，一位同志对着我的耳朵悄悄喊：‘快起来看看吧，怎么今天的渔船特别多？’我揉着眼跑出舱去，一看，围着我们里里外外全是小渔船。忽然间，小渔船一齐都张起篷来。渔船怎么会这样齐心呢？我觉得不妙，叫船赶紧靠岸。晚了，四面的船早靠上来，打了几枪，一个大麻子脸一步跨上我们的船，两手攥着两支枪，堵住我的胸口。原来这是个国民党大队长。他先把我绑起来，吊到后舱就打，一面打一面审问。吊打了半天，看看问不出什么口供，只得又解开我的绑，用匣子枪点着我的后脑袋，丢进舱里去。舱里还关着别的同志。过了一会，只听见上面有条哑嗓子悄悄说：'记着，可千万别承认是解放军啊。'这分明是来套我们，谁上你的圈套？舱上蒙着帆，压着些杠子，蒙得漆黑，一点不透气。我听见站岗的还是那个哑嗓子的人，仰着脸说：'你能不能露点缝，让我们透口气？'那个人一听见我的话，就蹑手蹑脚挪挪舱板，露出个大口子。想不到是个朋友。我往外一望，天黑了；辨一辨星星，知道船是往天津开。我不觉起了死的念头。既然被捕，逃是逃不出去的，不如死了好。一死，我是负责人，同志们把责任都推到我身上，什么也别承认，兴许能保住性命。说死容易，当真去死，可实在不容易啊。我想起党，想起战友，想起家里的老人，也想起孤苦伶仃的妻子儿女，眼泪再也忍不住，巴搭巴搭直往下滴。我思前想后了一阵，又再三再四嘱咐同志们几句话，然后忍着泪小声说：'同志们啊，我想出去解个手。'一位同志说：'你解在舱里吧。'我说：'不行，我打的满身是火，也想出去凉快凉快。'就从舱缝里探出头去，四下望了望，轻轻爬上来，一头钻进海里去，耳朵边上还听见船上的敌人说：'大鱼跳呢。'"

"那时候已经秋凉，海水冷得刺骨头，我身上又有伤，海水一泡，火辣辣地痛。拚死命挣扎着游了半夜，力气完了，人也昏了，随着涨潮的大流漂流下去。不知漂了多长时候，忽然间醒过来，一睁眼，发觉自己躺在一条大船上，眼前围着一群穿黄军装的人，还有机关枪。以为是又落到敌人网里了！问我话，只说是打鱼翻了船。船上给熬好米汤，一个兵扶着我的后脖颈子，亲自喂我米汤，我这才看清他戴的是八一帽徽，心里一阵酸，就像见到最亲最亲的父母，一时忍不住放声大哭起来。"

"我就这样得了救，船上的同志果然把责任都推到我身上，挨了阵打，死不招认，敌人也只得放了他们。这件事直到许久才探听清楚：原来就是那船主怀恨在心，不知怎么摸到了我们活动的航线，向敌人告了密，才把我们半路截住。你看可恶不可恶！"

讲到末尾，老宋才含着笑，回答我最初的话说："你不是说我们的生活像神仙么？你看这哪点像神仙？要不闹革命，就是真正神仙住的地方，也会变成活地狱。"

我问道："一闹革命呢？"

老宋说："一闹革命，就是活地狱也能变成像我们岛子一样的海上仙山。"

我不禁连连点着头笑道："对，对。只有一点我不明白：我们现在革了船主的命，可不能革大海的命。大海一变脸，岂不是照样兴风作浪，伤害人命么？"

老宋又是微微一笑，笑得十分自信。他说："明天你顶好亲自到渔船上去看看。现在渔船都组织起来，有指导船，随时随地广播渔情风情。大船都有收音机，一般的船也有无线报话机，不等风来，消息先来了，船能及时避到渔港里去，大海还能逞什么威风？——不过有时意料不到，也会出事。有一回好险，几乎出大事。那回气象预报没有风，渔民早起看看太阳，通红通红的，云彩丝儿不见，也不像有风的样子，就有几只渔船出了海。不想过午忽然刮起一种阵风，浪头卷起来比小山都高，急得渔民把桅杆横绑在船上，压着风浪。这又有什么用？浪头一个接着一个打到船上来，船帮子都打坏了，眼看着要翻。正在危急的当儿，前边冷丁出现一只军舰。你知道，这里离南朝鲜不太远，不巧会碰上敌人的船。渔民发了慌。那条军舰一步一步逼上来，逼到跟前，有些人脱巴脱巴衣裳跳下海，冲着渔船游过来。渔民一看，乐的喊：是来救我们的呀！不一会儿，渔民都救上军舰，渔船也拖回去。渔民都说：'要不是毛主席派大兵舰来，这回完了。'"

原来这是守卫着这个京都门户的人民海军专门赶来援救的。

看到这里，有人也许会变得不耐烦：你这算什么海市？海市原本是虚幻的，正像清朝一个无名诗人的诗句所说的："欲从海上觅仙迹，令人可望不可攀。"你怎么倒能走进海市里去？岂不是笑话！原谅我，朋友，我现在记的并不是那渺渺茫茫的海市，而是一种真实的海市。如果你到我的故乡蓬莱去看海市蜃楼，时令不巧，看不见也不必失望，我倒劝你去看看这真实的海市，比起那缥缈的幻景还要新奇，还要有意思得多呢。

杨朔（1913—1968），原名杨毓瑨，字莹叔，山东蓬莱人。现代著名作家、散文家、小说家。他的作品基调是歌颂新时代、新生活和普通的劳动者，代表作有短篇小说集《月黑夜》和长篇小说《三千里江山》。

蓬莱阁赋

宋耀武

人间第一阁，丹崖山上行。挥毫以寄壮志，吟赋以抒豪情。

海上神山，虚无缥缈，人间仙阁，毓秀钟灵。南倚艾崮，容千顷沃野；北临黄渤，怀万里沧溟。登州岬、铁山岬，形同蟹螯，拱京津之门户；田横山、老铁山，状似锁钥，扼黄渤之喉颈。

徐福卢生，寻求仙芝灵药；齐威燕昭，欲觅福地仙境。秦皇数度东巡，企求长生不老；汉武屡次驾临，渴望江山永宁。春秋战国之时，方士演绎海市蜃楼；北宋嘉祐年间，郡守巧建仙阁胜景。

丹崖仙阁，古老璀璨。位列四大名楼，独踞两海之畔。惊涛半壁，绝崖倒悬，嵯峨欲飞，势接云天。各抱地势，错落有致，画栋雕梁，斗拱啄檐。楹匾荟萃，碑刻琳琅，曲径通幽，悬廊回转。云雾绕楼阁，亭榭忽隐现。聚山水之灵气，得天地之神传。林绿山青，草茵花艳。蓝天碧海，阳光沙滩。如诗如画，天堂人间。来之让人流连忘返，去则令人梦绕魂牵。

南望万家烟雨，北眺一片沧茫。遇风起之际，卷起堆雪，拍石裂岸，惊涛浊浪。若风平之时，穹宇寥廓，碧波漭漾；群鸥翻飞，锦鳞浮上；舸航云际，岛接大荒。心旷神怡，顿觉超尘脱俗；荡心涤肺，令人宠辱皆忘。倘天公作美，海市突现，鬼笔仙工，千形万象。车马船舰倏隐，珠宫贝阙蓦藏；忽起重楼翠阜，又出层峦叠嶂。

文人骚客，争相吟咏。佳境得天之独，美传自古而有。阁上八大奇景，寰宇千秋美名。仙阁凌空太虚里，神山现市空明中。狮洞烟云绕丹崖，万澄碧波映仙境。晚潮新月，万叠晶光摇影碎；万斛珠玑，一湾碧浪漾珠明。日出扶桑，“骏乌宵腾羲驭还”；渔梁歌钓，“虬龙蛰穴浪花平”。

“三座神山”由海市蜃楼而化，“八仙过海”因蓬莱福地方成。群仙常临蜃楼蜇窟，诸神时至琼堡华宫。安期开宴巨枣献，鲛人滴泪珍珠成。龙伯钓鳌，力撼水族；精卫填海，情感天庭。

人文景观，情景交融。具“碧海丹心”，方能“海不扬波”；有“碧海清风”，所以“寰海镜清”。坤爻石玄机潜藏，福寿碑寓意显通。龙王治水，行云布雨润大地；妈祖显灵，扶危济困救苍生。文化厚重，历史久远。令人驻足，赏析观瞻。《蓬莱阁记》脍炙人口，《海市诗》篇誉满轩辕。叶帅挥毫，讴歌蓬莱士女；董老题诗，赞美琼阁丹山。五日知府，苏东坡奏疏二状；一生抗倭，戚继光兵论两卷。八仙会聚丹崖，留下千古佳话；三尊端坐宫阙，引来万家香燃。田横古寨，忠烈高节浩气长存；备倭水城，爱国佑民精神永传。

如椽巨笔，描不尽丹崖美景；鸿篇华章，写不完仙阁韵涵。天道有常，人生苦短。求长生，虽帝王兮终黄粱一梦；为民谋，即平民兮亦流芳百年。

（2011 年《蓬莱阁文化学术研讨会论文集》）

宋耀武（1953—　），山东蓬莱人。原蓬莱市人大常委会副主任，中华辞赋家联合会常务理事。

教育部审定
2012

义务教育教科书

数学

一年级

上册

人民教育出版社

YIWU JIAOYU JIAOKESHU

SHUXUE

数学

二年级　上册

中国环境标志
CHINA ENVIRONMENTAL LABELLING
绿色印刷产品

义务教育教科书　数学　二年级　上册
价格批准文号：鲁价格一核（2019）021014
举报电话：12358

ISBN 978-7-107-26359-0
9 787107 263590 >
定价：6.76元（上光）

蓬萊阁志

下

蓬莱阁景区管理服务中心 编

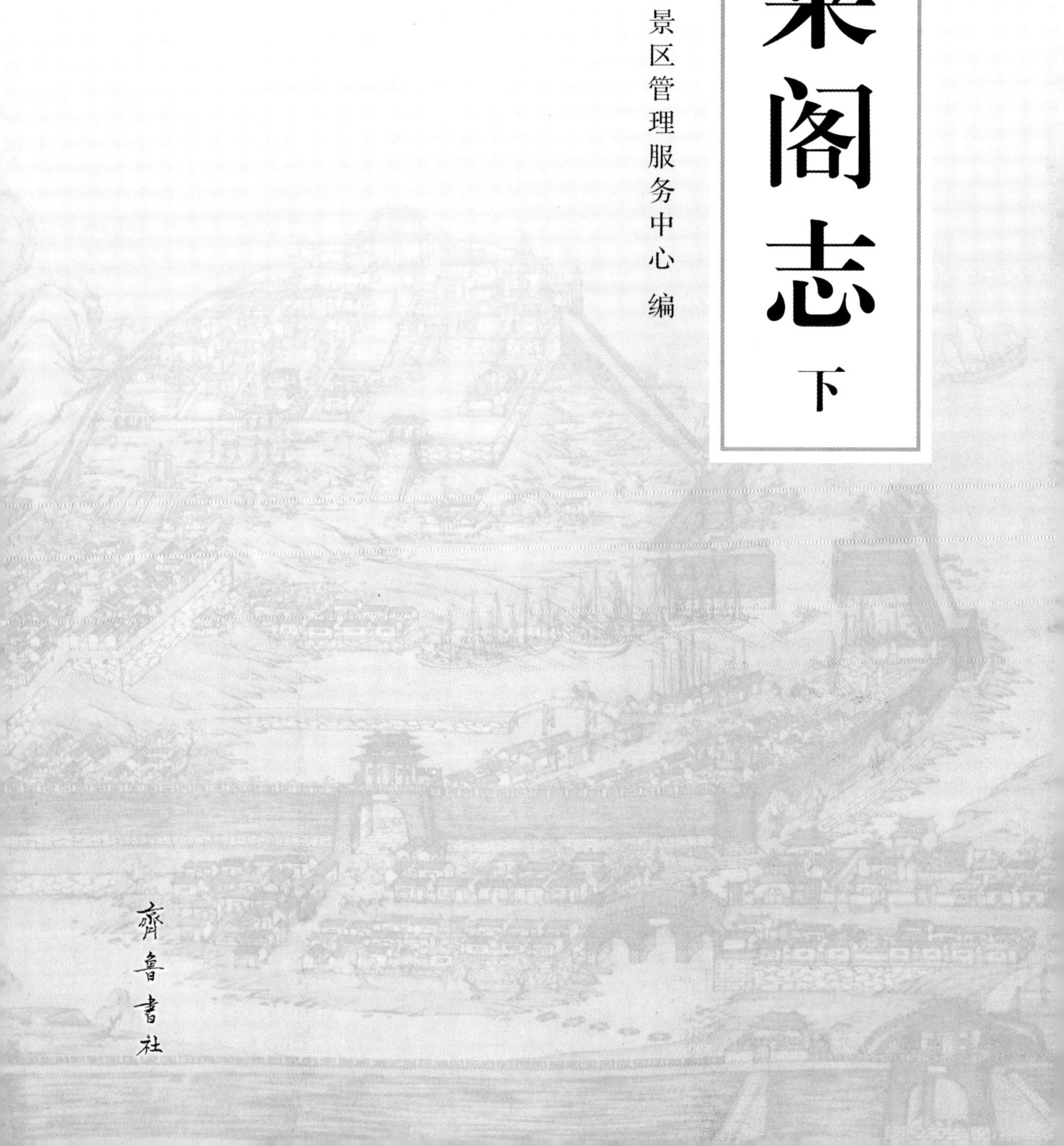

齊魯書社

第八章 诗词歌曲

第一节 宋代诗词

送朱司封知登州

梅尧臣

驾言发夷门，东方守牟城。
城临沧海上，不厌风涛声。
海市有时望，闾屋空虚生。
车马或隐见，人物亦纵横。
变怪其若此，安知无蓬瀛。
昨日闻公说，今日闻公行。
行将劝农耕，用之卜阴晴。

（《宛陵集》卷二十三）

梅尧臣（1002—1060），字圣俞，世称“宛陵先生”，安徽宣城人。宋皇祐三年（1051）进士，官至尚书都官员外郎。曾参与编撰《新唐书》，并为《孙子兵法》作注。著有《宛陵先生文集》《毛诗小传》等。

次韵孔宪蓬莱阁

赵 抃

山巅危构傍蓬莱，水阁风长此快哉。

天地涵容百川入，晨昏浮动两潮来。
遥思坐上游观远，愈觉胸中度量开。
忆我去年曾望海，杭州东向亦楼台。

（《蓬莱县续志》卷十四《艺文》）

赵抃（1008—1084），字阅道，号知非子，浙江衢州人。宋景祐元年（1034）进士，官至殿中侍御史，著有《赵清献公集》。

海市诗并序

苏　轼

余闻登州①海市旧矣。父老云："常见于春夏，今岁晚不复出也。"余到官五日而去②，以不见为恨，祷于海神广德王之祠，明日见焉，乃作是诗。

东方云海空复空，群仙出没空明中。
荡摇浮世生万象，岂有贝阙藏珠宫。
心知所见皆幻影，敢以耳目烦神工。
岁寒水冷天地闭，为我起蛰鞭鱼龙。
重楼翠阜出霜晓，异事惊倒百岁翁。
人间所得容力取，世外无物谁为雄。
率然有请不我拒，信我人厄非天穷。
潮阳太守南迁归③，喜见石廪堆祝融④。

---

① 登州是山东地区重要的行政区划，唐朝武德四年（621）置，治牟平（今属山东），神龙三年（707）移治蓬莱县（今蓬莱区），明清沿之。

② 元丰八年（1085）谪居黄州六年的苏轼得以"复朝奉郎知登州军州事"。十月十五日到任，五天后再度调任为礼部郎中。

③ 指韩愈遇赦离开阳山路过衡山时，恰逢秋雨连绵，韩愈向山神祈祷，希望能一睹衡山的风采，果然天气转晴，得遂所愿。

④ 石廪、祝融均为衡山七十二峰之一。

自言正直动山鬼，不知造物哀龙钟。
信眉一笑岂易得，神之报汝亦已丰。
斜阳万里孤鸟没，但见碧海磨青铜。
新诗绮语亦安用，相与变灭随东风。

元丰八年十月晦书

（苏公祠碑刻）

苏轼（1037—1101），字子瞻，号东坡居士，四川眉山人。宋嘉祐二年（1057）进士，官至礼部尚书。苏轼为唐宋八大家之一，善书法和绘画。诗词代表作有《水调歌头·中秋》《赤壁赋》《念奴娇·赤壁怀古》等。

登蓬莱阁

韦　骧

行尽东州到此州，登临更尽北山头。
孤城突兀连沧海，三岛参差耸暮秋。
广座下疑鳌负石，危檐远学蜃为楼。
蓬莱方丈虽冥邈，高阁今朝亦胜游。

（《四库全书集部·钱塘集》卷四，上海古籍出版社2007年版）

韦骧（1033—1105），原名让，字子骏，浙江杭州人。宋皇祐五年（1053）进士，官至尚书主客郎中。著有《钱塘集》。

陈宗圣县丞往登州问有所干以此托之

孔平仲

北望登州匹马驰，驼裘孤扇任风吹。
才闻使者方相委，事属公家不敢辞。

聚落萧条宿山县，波涛浩荡瞰天池。
烦君一上蓬莱阁，归说扶桑日出时。

《平仲清江集钞》

孔平仲（1044—1111），字义甫，一作毅父，江西新余人。宋治平二年（1065）进士，官至户部、金部郎中。著有《续世说》《孔氏谈苑》《珩璜新论》《释稗》等。

登蓬莱阁

许　遵

鼓吹旌旗夹道开，乘闲接客上蓬莱。
良辰共喜黄花节①，清宴许辞白玉杯。
一望山川连海阔，数声歌笑入云回。
官家底事催清兴，风雨长吟一写怀。

（清光绪《蓬莱县续志》卷十四）

许遵（生卒年不详），字仲涂，江苏盱眙人。登进士第，宋治平三年（1066）任登州知州，官至中散大夫。

忆秦娥·蓬莱阁

烟漠漠，水天摇荡蓬莱阁。
蓬莱阁，朱甍碧瓦，半浸寥廓。
三山谩有长生药②，茫茫云海风涛恶。

---

① 指重阳节。

② 三山谩有长生药：古代传说东海中有蓬莱、方丈、瀛洲三神山，中有不死之药，秦皇、汉武曾东游以追求之。《史记·秦始皇本纪》："齐人徐市等上书，言海中有三神山，名曰蓬莱、方丈、瀛洲。"

风涛恶，仙槎①不见，暮沙潮落。

（《齐乘》卷五）

作者佚名，据《齐乘》记为宋人。

和毛宣尉蓬莱阁韵

黄 庚

杰阁翚飞翠霭间，蓬莱元不在人寰。
绿围城郭千村水，青逼帘栊四面山。
华表鹤归辽海远，高台凤去夕阳间。
我来倚遍阑干月，云锁重门夜不关。

黄庚（生卒年不详），字星甫，号天台山人，浙江人。宋末元初诗人，著有《月屋漫稿》。

第二节 元代诗词

忆秦娥·咏海市

马 钰

云烟漠，红光紫雾成楼阁。
成楼阁，鸾飞凤舞，往来琼廓。
神仙队仗迎丹药，虚无造化龙生恶。
龙生恶，蓬莱三岛，横铺碧落。

（《洞玄金玉集》卷九）

① 仙槎：神话中能来往于海上和天河之间的竹木筏。

马钰（1123—1183），原名从义，字宜甫，入道后更名钰，字玄宝，号丹阳子，山东牟平人。马钰是全真道祖师王重阳在山东收下的首位弟子。金大定十年王重阳逝世后，马钰成为全真道第二任掌教，与王重阳另外六位弟子合称为“北七真”。著有《洞玄金玉集》十卷。

忆秦娥·蓬莱客赞重阳真人

马　钰

离西漠，重阳来访蓬莱阁。
蓬莱阁，祥光浮动，果然侵廓。
阐扬教典胜施药，道尊自是师严恶。
师严恶，僻人归正，要超碧落。

（《洞玄金玉集》卷九）

秦楼月·蓬莱阁

丘处机

蓬莱阙，漫漫巨海深难越。
深难越，洪波激吹，怒涛翻雪。
玉霄东畔曾闻说，虚无一境天然别。
天然别，鳌山不动，蜃楼长结。

（《磻溪集》卷六）

丘处机（1148—1227），字通密，道号长春子，山东栖霞人。道教全真道掌教，元代思想家、政治家、文学家、医药学家。丘处机被奉为全真道“七真”之一，以及龙门派的祖师。著有《长春祖师语录》《大丹直指》《磻溪集》等。

登蓬莱阁

丘处机

一上蓬莱阁，虚心瞪目遥。
云移山自长，水到海还消。
俯视蛟龙窟，傍观乌鹊桥。
何忧远轻举，咫尺近丹霄。

（《磻溪集》卷四）

蓬莱飞峰

韩信同

海上神山名自昔，来去随潮无定迹。
天人俯览念虚浮，六鳌顶戴穷神力。
栖仙贝阙蕊珠宫，多种瑶芝琼草碧。
依然根著不坚牢，飞入石堂作南壁。
螺纹蛎迹石龙存，云气随潮时雨湿。
仙风飒爽生羽翰，招纳霓裳羽衣曲。
试登绝顶望五湖，高接洞天才咫尺。
药炉灰冷多登真，九转丹成人未识。
云间鹤迹托来篇，王邓真人久相忆。

（《石仓历代诗选》卷二百十四）

韩信同（1252—1332），字伯循，号古遗，元代福州宁德人。领石堂教授，究心濂洛关闽之学。著有《四书标注》《三礼易经旁注》及《书集解》等，俱散佚。

登蓬莱阁

赵 亨

尘埃世路悲寥落，一上蓬莱最高阁。
海天无穷目力短，暂觉烦襟为轩豁。
虚檐飘渺接云烟，水底蛟龙总晏然。
方壶圆峤杳何许，笑欲举手招飞仙。
秦皇汉武何如主，可怜浅识邻儿女。
遗台突兀倚晴洲，犹是徘徊望仙处。
岂知方士皆妖妄，徐福未来栾大①往。
沙丘风惨辒辌车②，栢梁露冷铜人掌③。
千秋有客重登眺，往事悠悠尚堪吊。
可人幽鸟解忘机，唤取樽前谐一笑。
前年水灾今旱虐，使者东行拯民瘼。
岂无虾蟹可疗饥，矫诏珠宫驱海若。
夜来万鼓声何壮，应是长风骇巨浪。
客床摇梦不成眠，起看扶桑红日上。

（明泰昌《登州府志》卷十六）

赵亨（生卒年不详），元代人。

---

① 汉代术士。

② 古代的卧车，亦用做丧车。《史记·李斯列传》：“李斯以为上在外崩，无真太子，故秘之。置始皇居辒辌车中，百官奏事上食如故。”

③ 《史记·孝武本纪》：“其后则又作柏梁、铜柱，承露仙人掌之属矣。”汉武帝和秦始皇等许多皇帝一样，祈愿长生不老，曾命人以铜铸成铜人，立于汉宫前的柏梁台上，伸开手掌，捧着铜盘，承接空中的露水。用这种露水和玉屑拌和，制作所谓长生不死之药，以供服用。

奉朝命释囚东山暨提刑霍君清浦提刑同登登州蓬莱阁

刘敏中

半液潮声撼客床，起瞻红日上扶桑。
一天云景相明灭，万古仙山隔渺茫。
海市不偿诗眼债，驿尘空点鬓毛苍。
且乘万里长风底，卷取沧浪共此觞。

（《中庵集》卷四）

刘敏中（1243—1318），字端甫，山东章丘人。官至翰林学士承旨，谥“文简”。著有《中庵集》。

第三节　明代诗词

蓬莱阁

黎　贞

蓬莱阁上望蓬莱，万丈瀛洲缥渺开。
云鸟烟光巢翡翠，海门蜃气结楼台。
安期丹灶今何在，徐福楼船去未回。
老我一襟怀古意，倚阑登眺重徘徊。

黎贞（1348—1407），字彦晦，号秫坡，广东新会人。洪武初庠生。明代理学家。著有《秫坡集》《古今一览》《家礼举要》。

咏　海

薛　瑄

骢马晓辞莱子国①，北上高岗俯辽碣。
辽阳②万里天风寒，山溪二月凌澌结。
空蒙极目春无边，春涛汹汹涵春烟。
还从绝顶下长坡，高城忽起沧溟前。
沧溟倒浸红楼影，通衢四达尘埃静。
已应持节是明时，况复观风得佳境。
天空海阔霜台③高，霜台逸思何飘飘。
巨鳌负山④真浪语，大方见笑非虚谣。
乾坤俯仰高歌起，有物无名大莫比。
瀛海茫茫未足夸，真是人间一泓水。

蓬莱海山环峙，景多奇胜。昔文忠苏公、文清薛公先后游此，皆诗以咏之。夫二公文章无赖于蓬莱之景，而蓬莱之景实藉二公以增重于天下。故抚景诵诗，足称二绝。余万历戊寅⑤夏叨莅兹土，见其石残字缺口，久之将失其传。乃不揣鄙拙，手录于石，复爰工绘图，共成一帙。俾览兹刻者，即不获履其地，而东海之奇，先哲之美，具在目中矣。

己卯⑥之秋八月既望，卫思南山人蔡叔逵⑦书于署之冰玉堂。

蓬莱佳景。

（苏公祠碑刻）

---

① 莱子国是春秋时的小国名，位于山东黄县。

② 辽碣、辽阳是指辽东地区，大致相当于今辽宁省的范围。

③ 霜台指代蓬莱阁。

④ 借指海上仙山。我国古代神话传说中海上仙山是被巨鳌驮于背上的，典出《列子·汤问》。

⑤ 指明万历六年（1578）。

⑥ 指明万历七年（1579）。

⑦ 蔡叔逵，字于渐，河南卫辉人，明万历六年（1578）任山东按察副使。

薛瑄（1389—1464），字德温，号敬轩，山西河津人。明永乐十九年（1421）进士，官至礼部侍郎兼翰林院大学士，谥“文清”。明代著名思想家、理学家、教育家和文学家。著有《薛文清文集》《读书录》等。

次陈侍御韵

赵鹤龄

一

饬岳东渤上，乘暇望蓬莱。
海晏夷通贡，时清浪息雷。
兔乌随吐纳，云汉共昭回。
道体分明见，神功不可猜。

二

蓬瀛登处在云头，光景无边足胜游。
满目海天襟抱阔，升平圣化及遐陬。

次张宪使韵

赵鹤龄

蓬岛晨登最上头，清光无限豁双眸。
循环口月东西转，浩荡乾坤上下浮。
理气信水身外物，功名泾渭水中沤。
晏然海宇当加备，安能烦吾圣主忧。

弘治庚戌冬至山东按察司副使蜀泾赵鹤龄书

（天后宫碑刻）

赵鹤龄（1443—1502），字永年，陕西郃阳人。明成化十一年（1475）进士，任刑部郎中。明弘治二年（1489）任山东按察司御史兼巡海右道副使，奉旨巡查海防。

李都阃同登蓬莱阁观海

张　吉

苍髯如戟李将军，平生嗜好在斯文。
行边宛转阴山北，望水沉吟东海渍。
蓬莱暑雨开新霁，半落沧潮含晓云。
崔嵬阁道骧空阔，导吾并盖穷氤氲。
须臾云散诸岛出，二竹三门联甲乙。
寸心恍惚共神谋，两目蔽顸与天毕。
却忆太始混沌初，阴阳摩荡无形质。
二仪既辟清浊分，洄潏颐中止天一。
外浮乾象内涵坤，倒景神人难致诘。
坤轩西北轾东南，万派奔趋同一律。
海市流传不记秋，古今胜事信无俦。
南多鲛室北蜃室，变幻起灭难推求。
蜃为楼阁鲛为绡，往往真与尘世侔。
虽侔尘世终莫有，吁嗟入目不入手。
是时我与李将军，注目晴空颇良久。
渺然一碧何所见，恍恍徒闻鳌抃蛟龙吼。
人言海烟映日海市乃露呈，孰是神物无依凭。
空明万象惊瞆褒，伸手谁探波底星。

（《古城集》卷五）

张吉（1451—1518），字克修，号翼斋，别号古城，江西余干人。明成化十七年（1481）进士，官至贵州布政使。著有《陆学订疑》《古城集》。

蓬莱阁

王廷相

阁突烟霄上，城吞渤澥浔。
古今空岛屿，天地此登临。
大圣乘桴兴，高人蹈海心。
蓬莱如可涉，吾欲驭风寻。

（《王廷相集》，中华书局出版社 1989 年版）

王廷相（1474—1544），字子衡，号浚川，河南兰考人。明弘治十五年（1502）进士，官至兵部尚书。明代著名文学家、哲学家。著有《慎言》《雅述》《内台集》《丧礼备纂》等。

登蓬莱阁次沈草堂①韵

王良臣

丹崖②绝顶蓬莱阁，阁上已登恍似仙。
山到尽头横截海，水当穷目直连天。
平吞日月光先吐，斜浸星河影倒悬。
谩道弱流三万里，乘风几欲奋孤寒。

王良臣（生卒年不详），字汝邻，河南淮阳人。明弘治六年（1493）进士，曾任山东按察使副使，备兵青、登、莱三郡，官至按察使。编有《诗评密谛》。

---

① 即沈际飞，字天羽，自署震峰居士，江苏昆山人。明代戏曲理论家。著有《草堂诗余新集》。

② 蓬莱阁所在山的岩石为赭红色，故有丹崖山之称。

次许郡牧①韵

王良臣

登临何处笑颜开，高阁凌空俯草莱。
风卷寒潮偏惧客，山含落日更衔杯。
丹崖万古镇常在，青鸟②何年去不回。
风景可人看未了，几时杖履许重来。

恭次黄参伯③登阁绝句

王良臣

一

海错庖官荐膳羞，山川风景是东牟。
持杯醉向沧溟洗，诗在蓬莱顶上头。

二

清秋高阁对芳羞，谁问当年故国牟④。
桑海未更人世换，明月常照碧峰头。
正德壬申⑤岁闰五月既望，巡海副使宛丘王良臣识

（天后宫碑刻）

① 即许遵（简介见后）。

② 青鸟是有三足的神鸟，是传说中西王母的使者。

③ 即黄绣，字文卿，江西清江人。明弘治三年（1490）进士，曾任山东按察佥事，兵备辽东，历副使参政。

④ 东牟、故国牟是古县名，西汉置，治所在今山东牟平。这里借指登州。

⑤ 指明正德七年（1512）。

蓬莱阁观海

赵　鹤

蓬莱阁下晚凉开，倦客乘凉坐未回。
不住鸟声冲雨过，有时龙起带潮来。
愁云尚识田横岛，仙月还虚汉武台①。
回首夕阳瀛海上，一尊怀古独徘徊。

（清顺治《登州府志》卷二十一艺文）

赵鹤（1458—?），字叔鸣，号具区，江苏扬州人。明弘治九年（1496）进士，官至山东提学副使。著有《书经会注》《五经考论》《具区集》等。

观海市和坡翁②韵

游　琏

波涛万顷摇晴空，祥光掣影珊瑚中。
中涵万象不可测，五山③浮海流仙宫。
妖虫吹气生倏忽，往来变幻谁为工。
非烟非雾起千尺，希奇盛事传苏翁。
我来适与无胜会，遥看海若腾苍龙。
层峰削立车牛岛，大竹小竹④环虎雄。
分明图画列城郭，平高聚散无终穷。
楼台坛坛彩虹跨，浮金耀壁波融融。
尘怀抖擞豪兴发，便会谒海真千钟。

---

① 指汉武帝为求仙所筑的高台。
② 坡翁、苏翁指苏轼。
③ 古代传说中东海的仙山，分别为岱舆、员峤、方壶、瀛洲、蓬莱。
④ 车牛岛、大竹、小竹指蓬莱阁北边海中岛屿。

人生得乐即我有，何必俯首思元丰①。
醉来皓月驾瑶海，蟾蜍抱影流青铜。
安得一苇航无极，密迩太乙托雅风。

闽山少石游琏
（避风亭碑刻）

游琏（1487—1566），字世重，号少石，福建连江人。明正德六年（1511）进士，曾任登州府知府，官至江西布政司参政。游琏为“连江六才子”之一，著有《海道经》《蓬莱集》《少石文集》等。

登蓬莱阁

浦　铉

人间无路问蓬莱，大竹山前一径回。
吞吐鲸波淹日月，升沉蜃气幻楼台。
海边渔父随鸥狎，云里仙人跨鹤来。
向夕波摇星宿动，明珠历历掌中开。

（《咏鲁诗选注》，山东人民出版社 1983 年版）

浦铉（1482—1542），字汝器，号竹塘，山东文登人。明正德十二年（1517）进士，曾任湖广道监察御史、河南道监察御史。赠光禄少卿，谥“忠烈”。著有《竹堂奏疏》《竹堂诗集》等。

① 指宋元丰八年苏轼在蓬莱阁上祷海神见海市一事。

登蓬莱阁

周　宠

同陈龙山宪副①登蓬莱阁偶成，此予按登之第二游也②。

一

牟山杰阁是蓬莱，此日登临亦快哉。
屼屹奇峰天设险，瀰漭巨浪地轰雷。
田横义岛③垂芳誉，苏老诗章骋妙才。
只为蜃楼空两度，笋舆将发又徘徊。

二

东巡偶尔到登州，十日蓬莱两度游。
空阔海天添逸兴，微蒙烟雾动乡愁。
峰峦砥柱中流见，鸥鸟随波水面浮。
相对龙山谈世态，飘然疑是泛虚舟。

嘉靖壬辰④秋孟吉旦，奉敕清戎山东监察御史临海东山周宠书

（苏公祠碑刻）

周宠（生卒年不详），字君锡，号东山，浙江临海人。明嘉靖五年（1526）进士，嘉靖十一年（1532）任山东监察御史。

---

① 明朝地方掌管一省司法的长官称之为按察使，其下设有按察副使，“宪副”是对按察副使的敬称。

② 明嘉靖十一年（1532）七月间，作者任山东监察御史，在奉命查验地方军备过程中，与同僚登蓬莱阁所作。

③ 指蓬莱阁西北的田横山。传说田横败走时，率其徒五百人，曾筑寨于此，因此得名田横寨。田横（？—前202），齐国人，起兵反秦，自立为齐王。刘邦统一天下后，派人招抚，田横赴洛归顺途中自杀。海岛五百部属闻田横死，亦全部自杀。

④ 指明嘉靖十一年（1532）。

将适维杨登阁

陈其学

蓬莱箇是有楼居，楼外征尘上锦袪。
碧熨玉壶天水际，紫汲金穴岛云竦。
浮槎何处觅渚次，挂席日边餐霞初。
满壁赋情半苔藓，令人长忆木玄虚①。

（明泰昌《登州府志》卷十六）

陈其学（1512—1593），号竹庵，别号行庵，山东蓬莱人。明嘉靖二十三年（1544）进士，官至刑部尚书。赠太子少保，谥“恭靖”。

蓬莱阁望海

谷继宗

蓬莱阁上海云平，一望扶桑万里晴。
神女弄珠②朝捧日，仙人骑鹤③夜吹笙。
天连浪起浑天地，月逆潮来暗入城。
此处只疑逢罔象，何须尘外觅登瀛。

（《咏鲁诗选注》，山东人民出版社1983年版）

谷继宗（生卒年不详），字嗣兴，号少岱，山东历城人。明嘉靖五年（1526）进士，官至宜兴知县。著有《谷继宗遗稿》等。

---

① 即木华，字玄虚，河北枣强人，西晋辞赋家，今存《海赋》篇。
② 典出汉刘向《列仙传》卷上《江妃二女》，即汉江女神。
③ 典出汉刘向《列仙传》卷上《王子乔》，王乔骑鹤的传说故事。

登蓬莱阁六绝

吴维岳

一

蓬莱阁上起鸾笙，碣石云红峤气清。
海水冥冥春又绿，至今无处问徐生。

二

群山映带曙霞开，千尺巉岩水上台。
仙驭有无春色里，长空云尽鸟飞回。

三

万里晴波蜃雾消，迎仙犹识汉皇桥①。
琼楼半倚空明上，日晚微风落洞箫。

四

鞭石乘槎②迹未分，众山杯外送斜曛。
漫将海水论深浅，历尽沧桑是白云。

五

微茫气色闪金银，岛屿桃花细浪春。
洒恰正临遗枣地③，月明疑见弄珠人④。

六

南中烽燧⑤近如何，江海鱼盐愿息戈。
干羽七旬应格远，鲸鲵休破越裳波⑥。

（明泰昌《登州府志》卷十六）

---

① 指汉武帝在此望仙处。

② 即秦皇汉武求仙的故事。

③ 传说仙人安期生食巨枣如瓜，借指神仙之地。

④ 指仙人。

⑤ 指万历播州之役。明万历十八年（1590），播州宣慰使发动叛乱，明朝廷急调四川巡抚李化龙前往镇压，先后用兵30余万，费银200万两，历时十年赢得胜利。

⑥ 古国名，泛指南方。

吴维岳（1514—1569），字峻伯，浙江安吉人。明嘉靖十七年（1538）进士，曾任山东按察副使，官至右佥都御史。著有《天目山斋岁编》《海岱集》等。

蓬莱阁午日宴集

王 言

芳晨寻约泛花游，郡府筵开阁上头。
藿影旆摇山雨霁，数声歌动海云秋。
潮回珠树光吞月，斗傍灵槎景入楼。
为问沧浪濯缨者，无如此处赋清流。

（明泰昌《登州府志》卷十六）

王言（1518—1586），字代言，号一泉，山东招远人。明嘉靖二十年（1541）进士，官至中宪大夫。著有《一泉集家训》。

奉和谷南代巡①登蓬莱阁二首

陈东光

一

望海楼高涛十最，追游此日始登临。
金银珠彩传蓬阆②，蛟蜃云霞变古今。
鳌背风来波淼淼，扶桑③日上影阴阴。
探奇直欲乘槎去，拟向仙宫搴桂林。

① 原为巡抚，明初指京官巡察地方。
② 蓬莱阆苑，传说中的神仙住处。泛指仙境。
③ 神话传说中的神树，为太阳（金乌鸟）的栖息之地。

二

曾闻观海难为水，又说仙人海上多。
鲛室蜃楼纷气象，瀛洲方丈①渺烟波。
有槎可泛直须往，无筏堪乘将奈何。
徙倚危阑望不极，空令记胜忆东坡。

钧阳②陈东光

（蓬莱阁碑刻）

陈东光（生卒年不详），字叔晦，号平岗，河南禹州人。明嘉靖十四年（1535）进士，曾任山东副使参政，官至四川右布政使。

和吴峻伯③蓬莱阁六绝

王世贞

云间群从登焉。

一

坐看红日映天鸡，曙色中原一瞬齐。
雄观古来谁得似，昆仑高挂大荒西。

二

虚无紫气隐蓬莱，水落青天忽对开。
已借鳌簪为岛屿，还从蜃口出楼台。

三

绛节秋逢鸾鹤群，安期④遣信欲相闻。

① 即中国神话传说中的东海三座神山中的两座。
② 指河南禹州。
③ 即吴维岳（简介见前）。
④ 即安期生，仙人名。

袖中亦有千年枣①，不羡瀛洲②五色云。

四

早晚苍龙自在眠，春波织就蔚蓝天。

风雷忽卷秦桥③去，日月还依禹碣悬。

五

万乘秋风屈布衣，沧桑今古定谁非。

田横五百应如在，徐市④三千竟不归。

六

君泛仙槎拟问津，我从东海学波臣。

隋珠却坠双明月，鲸岛寒光夜夜新。

（天后宫碑刻）

王世贞（1526—1590），字元美，号凤洲，又号弇州山人，江苏太仓人。明嘉靖二十六年（1547）进士，官至刑部尚书。明代文学家、史学家，“后七子”领袖之一，与李攀龙、宗臣等结成复古文学流派。著有《弇州山人四部稿》《弇山堂别集》等。

游蓬莱阁

王世贞

余游蓬莱阁，睹弹子涡石，因记苏长公一章歌之，与参政姜公⑤共拾取数十枚为玩，遂戏效其体作数语，书付道士，并呈姜公。公前身为白玉蟾⑥

---

① 传说海上神山所有的五种仙草仙药之一，东晋葛洪《嵇中散孤馆遇神》有记载。

② 传说中的仙山。

③ 相传秦始皇东游时所造的石桥。

④ 即徐福，字君房，秦代琅琊（今山东青岛）方士。

⑤ 即姜宝。姜宝（1514—1593），字廷善，号凤阿，江苏丹阳人。明嘉靖三十二年（1553）进士，官至礼部尚书。

⑥ 白玉蟾（1134—1229），字如晦、紫清，号海琼子、武夷散人，海南琼山人，道教金丹派南五祖之一。

高第，解服食法，其有以教我。

昔闻蓬莱顶，神仙好围棋。
争道不相娱，散掷东海湄。
海若鼓锋涛，为汝作玉师。
历落涵天星，皎镜支汉机。
数惊骊龙①顾，或起陵阳②悲。
我无菖蒲根，杯水浴置之。
岂必真壶峤，方圆亦参差。
宇宙在一掬，芥子为须弥。
姜侯蟾翁裔，服食夙所宜。
他日访三神，煮以疗吾饥。

（清顺治《登州府志》卷二十一艺文）

蓬莱阁后六绝

王世贞

一

东望鼍矶③插汉高，坐来峰屿小秋毫。
不知云雾连波长，漫道任公已钓鳌④。

二

高城钟鼓唤苍茫，海若镕波浴太阳。
绮色中天徐散尽，空青一点是扶桑。

---

① 传说中的一种黑龙。典出《庄子·列御寇》。
② 指陵阳子明，道教神话人物，《列仙传》中有记载。
③ 即砣矶岛，位于山东长岛庙岛群岛。
④ 古代神话传说，典出《庄子·外物》。

三

初月弓弯碧海秋，乱峰如镞碍云流。
鲛人只讶秦皇至，使者还疑肃慎①留。

四

不尽沧波返照红，千寻霞锦蹙回风。
中流忽迸真珠起，知是垂天饮白虹。

五

汉兵飞度下朝鲜②，十万旌旗鸭绿悬。
烽戍只今寒月色，可闻杨仆将楼船③。

六

杖底秋风忆旧游，题诗应在阁东头。
长令风雨千山合，不逐星辰五夜收。

（清顺治《登州府志》卷二十一艺文）

袁将军邀饮蓬莱阁和汝思作

王世贞

悬梯阁道倚蓬莱，地尽天空鸿雁回。
日似海人珠捧出，山疑秦帝策驱来。
千秋未假徐生药，六月长留袁绍杯。
为问异时陵陆改，始知尘世有仙才。

（《弇州四部稿》卷三十五）

---

① 古民族名。曾居于我国东北地区，亦泛指远方之国。

② 指汉武帝派兵东征朝鲜。

③ 杨仆，西汉名将，汉武帝任其为楼船将军。《汉书·朝鲜列传》载，元封二年（前109）秋，杨仆受命率兵五万横渡渤海，与左将军荀彘共征朝鲜。此代指水军。

放舟蓬莱阁下①

戚继光

三十年来续旧游，山川无语自悠悠。
沧波浩荡浮轻舸，紫石崚嶒出画楼。
日月不知双鬓改，乾坤尚许此身留。
从今复起乡关梦，一片云飞天际头。

（戚祚国等编《戚少保年谱耆编》卷十二）

戚继光（1528—1588），字元敬，号南塘，晚号孟诸，山东蓬莱人。明嘉靖二十三年（1544）袭登州卫指挥佥事，官至左都督。谥“武庄”“武毅”。明朝著名军事家、民族英雄，创建“戚家军”扫平倭患。著有《纪效新书》《练兵实纪》《止止堂集》等。

阁上宴戚将军

方　宝

蓬莱阁上剑歌豪，纵酒聊舒百战劳。
漠北②金河③归雁断，塞南④铜柱拂云高。
樽前霜菊浮隋苑，乱后砧声杂海涛。
却笑牛山空堕泪⑤，风尘天地属吾曹。

（明泰昌《登州府志》卷十六）

方宝（生卒年不详），山东蓬莱人，曾任诸城训导。

---

① 该诗系作者晚年调往广东任职之前，回乡小住期间，于蓬莱阁下放舟所作。
② 指中国蒙古高原沙漠、戈壁以北的广大地区。
③ 即大黑河，在今内蒙古境内。
④ 边塞以南的地区，指中原。
⑤ 即春秋时齐景公登临牛山堕泪的故事。

寄讯蓬莱阁

王世懋

中丞①刘泉公有海上之行，且登蓬莱阁望三山，寄赠一律以壮其游。

遥闻高阁俯蓬壶，为问三山②定有无。
云暖蜃楼朝结市，月寒鲛室夜沉珠。
惊湍槛外星河覆，异域樽前岛屿孤。
若遇安期须乞枣③，莫教秦帝石空驱④。

（避风亭碑刻）

王世懋（1536—1588），字敬美，别号麟州，江苏太仓人。明嘉靖三十八年（1559）进士，官至南京太常少卿。明代文学家王世贞之弟，著有《王仪部集》《艺圃撷余》等。

宴蓬莱阁

蹇　达

阁俯沧溟接混茫，相将词客兴飞扬。
波涛今古吞元气，岛屿东西挂夕阳。
仙圃几人求大药，孤根何处托扶桑。
万流转识朝宗意，并倚危栏望帝乡⑤。

（明泰昌《登州府志》卷十六）

---

① 明、清两代常以副都御史或佥都御史出任巡抚。
② 蓬壶、三山指古代传说中的海上仙山。
③ 指安期食巨枣的神话传说故事。
④ 指神助秦始皇驱石造桥的典故，出自晋伏琛《三齐略记》。
⑤ 指京城。

蹇达（1542—1608），字汝上、汝循，号理庵，重庆人。明嘉靖四十一年（1562）进士，隆庆元年（1567）任山东按察司佥事，官至右都御史兼兵部尚书。抗倭名将，著有《督府奏疏》。

登蓬莱阁

刘　孝

凭高夕望水云偎，浩涛烟波势若催。
我欲登梯觅灵岛，天教群屿护仙台。
渡田心佳增盐事，危阁登楼访楚材。
空阔寂廖有谁至，信潮应有好音来。

隆庆辛未①夏相台②刘孝题

（天后宫碑刻）

刘孝（生卒年不详），河南安阳人。明嘉靖三十五年（1556）进士，曾任山西曲沃县令，官至山西右布政使。

登蓬莱阁短述二首

吴　定

予登东溟③乃在癸未④之岁杪，时雪连冰合，所昔闻观日出、观市、观潮俱不可得，能至其晚照委红、新月半浴、浮空澈底、砌玉铺金、万顷莹烁百状俱出，良足奇观也。恐亦向来登览者所罕际云。

---

① 指明隆庆五年（1571）。
② 指相州，今河南省安阳市的别名。
③ 指东海。
④ 指明万历十一年（1583）。

一

岁晚风为阵，鱼龙冻已坚。
冰明忽上月，雪拥不分天。
驱石①闻遗柱，乘槎②是岁年。
沧溟浑不改，今古总茫然。

二

返照琼瑶遍，凌空万里清。
几星浮岛阔，一线远洋明。
风览听潮至，云埋想市横。
秦皇今在否，却欲问徐生③。

安阳止庵吴定

（苏公祠碑刻）

吴定（1550—1609），字止庵，河南安阳人。明万历二年（1574）进士，曾任山东巡按御史，官至大理寺卿。

遥和吴止庵侍御登登州蓬莱阁看海上月出

孙继皋

其一

君上蓬莱阁，何如蹑五城。
霜威消蜃气，月彩傍窗明。
贝阙层波隐，琅璈半夜迎。
将无生羽翰，汗漫友卢生。

① 指神助秦始皇驱石造桥的典故。
② 指徐福东渡海上寻仙的往事。
③ 即徐福。

其二

仙人不可望，君到即蓬莱。
月出巨鱼避，天寒青鸟来。
波纹迎槛入，斗柄拂檐回。
海晏登临见，澄清赖上才。

（《宗伯集》卷十）

孙继皋（1550—1610），字以德，号柏潭，无锡人。明万历二年（1574）进士，官至吏部侍郎，著有《宗伯集》《柏潭集》。

癸未嘉平[①]之望同蹇大参陪[②]兼按台[③]题蓬莱阁二首

张克家

一

旷哉前一眺，海色满天涯。
目击玄虚陟，神摇怅望槎。
游龙通异域，飞鹤出仙家。
坐赏不能去，寒城落照斜。

二

衔杯蓬阁暮，暮景若相留。
残月金冰上，轻云遇岛流。
猜影谭海市，想象见瀛洲。
欲与安期遇，茫茫何处求。

宣城象川张克家

（苏公祠碑刻）

① 指明万历十一年（1583）腊月。
② 即蹇达（简介见前）。
③ 提刑按察使司的简称。

张克家（生卒年不详），字有光，安徽宣城人。明嘉靖四十四年（1565）进士，万历十年（1582）任登州卫佥事，官至御史。

蓬莱阁夜观海上出日

郑汝璧

飞阁冥冥海峤孤，忽看残夜起阳乌。
晨光积气时开阖，绛节金支乍有无。
沆瀣初消旸谷①皛，重轮徐动矞云扶。
流形尽摄寒空镜，观化疑采赤水珠。
蜃市微茫双阙窅，贝宫隐见万灵趋。
便堪炼药寻三岛，曾记搴芝按五图。
人世风尘成底事，好因清浅问麻姑。

（《续修四库全书集部·由庚堂集》卷十一）

郑汝璧（1546—1607），字邦章，号昆岩、愚公，浙江丽水人。明隆庆二年（1568）进士，万历二十一年（1593）任山东布政司右布政使，官至兵部右侍郎。著有《由庚堂集》《皇明功臣封爵考》等。

登蓬莱阁

王云鹭

琼树昔曾留素鹤，孤槎今复泛蓬莱。
台光极目碧云合，蜃气凌风近堞开。
涸鲋②从来羞润泽，衔沙③何处见涓埃。

① 传说中日出的地方，亦作“汤谷”。
② 即涸辙之鲋。出自《庄子·外物》。
③ 即衔沙填海。《山海经》精卫填海故事。

安期有枣予堪啖，潦倒不将腐鼠回。

（明泰昌《登州府志》卷十六）

王云鹭（生卒年不详），字翀儒，河南夏邑人。明隆庆五年（1571）进士，万历十七年（1589）任登州府知府。编有《蓬莱阁集》。

观海市①

万世德

登州之有海市，自昔记之。然多出于夏月，南至②后苏长公以冬月祷海神而见，遂以为千古异事，观其诗可知。余以五月三日抵登，四日直指③广平张公邀登蓬莱阁，方举酒而市出，众异之，余款张公亦然。而楼阁台榭、郊关草树影分明。从官指示云："此小市也，大市则连亘诸岛，出没万状，景色更多。"次为六日，余出阅武校射之际，侍使传语市复见，回顾不见诸岛，或为城廓，或为村墟，或为楼台，或为桥梁，倏高倏下，忽隐忽显，至海外可环一青山，突兀数千里，尤为奇怪，即土人亦罕见之，至兹盖三遇矣。余阅蓬莱阁集游览诸公，望市不见者甚多。余一登即见，且至于再至于三，岂海若④之有灵亦际遇之偶然耶？即谢苏长公精神，亦属大观之奇矣。为诗四章，乃报其灵贶云。

一

一上高楼一望奇，东来佳气转棼丽。
长城忽自波间出，绮阁惊从天外垂。
明德歌云通奥杳，玄机真是发葳蕤。

---

① 这四首诗为作者于明万历二十六年（1598）朝鲜平倭后，任蓟辽总督，在登州登蓬莱阁观海市后所作。

② 指冬至。

③ 汉武帝时朝廷设置的专管巡视、处理各地政事的官员。也称"直指使者"。

④ 东海的海神。

竦身直挂扶桑外，拟向仙都驾六螭。

二

十洲三岛①未能探，景物何由大壑涵。
岂是鼋鼍开化国，似从龙象挂灵龛。
波翻草树云连屿，风送楼台日倒岚。
曾笑浮沤成幻影，也能千古作奇谈。

三

日日拟从蓬岛游，云汉身世转悠悠。
衔杯幸得高人沏，望气真窥元化流。
隐显纷纷皆聚散，沧桑历历总沉浮。
凌风欲觅安期处，为问曦和②第几洲。

四

始信壶中别有天，分明大地出重渊。
蛟波已布泉中象，蜃气应销海外烟。
拱极旦辰常夜夜，朝宗江汉自年年。
一付署檐称灵异，可载风雷下濑船。

万历戊戌③云中万世德书

（蓬莱阁碑刻）

万世德（1546—1603），字伯修，号邱泽、震泽，山西偏关人。明隆庆五年（1571）进士，曾任山东按察司副使，官至右都御史兼兵部右侍郎，卒赠兵部尚书加太子太保。著有《海防奏议》四卷。

① 中国古代神话中神仙居住的地方。
② 传说中尧时执掌天文历法的官吏。
③ 指明万历二十六年（1598）。

东牟观兵夜宴蓬莱阁二首

黄克缵

一

城列千灯锦帐开，东风吹客上蓬莱。
天光海色春相映，叠鼓鸣笳夜急催。
鳌首三山含雾动，潮头万马拍空来。
观兵幸值妖氛息，徙倚危栏一举杯。

二

晚风吹浪不胜寒，灵境尘寰此壮观。
银汉遥倾蓬岛外，朱旗高掣暮云端。
潮通鲛市①来常满，楼瞰龙宫立未安。
极目扶桑千万里，茫茫知有海天宽。

（吕祖殿碑刻）

黄克缵（1550—1634），字绍夫，号钟梅，福建晋江人。明万历八年（1580）进士，因先后任兵部尚书、刑部尚书、兵部尚书、工部尚书、吏部尚书，史称“黄五部”。著有《数马集》《古今疏治黄河全书》四卷。

秋夜泛舟蓬莱阁下

徐梦麟

宦况萧萧发自华，几从仙侣泛浮槎。
阁临穷海天疑半，席近寒潮月未斜。
帆影乱惊三岛雁，砧声遥落万山笳。

① 指鲛人的集市。古人认为在东海之上，云气笼罩、蜃楼联结之处有鲛市，那里贸易之物尽是珍宝，凡人船只不可抵达。这里指代海市。

年来卧鼓鲸波静，倚剑挑灯逸兴赊。

（清顺治《登州府志》卷二十一艺文）

徐梦麟（生卒年不详），字惟仁，安徽宣城人。明万历十四年（1586）进士，万历二十六年（1598）任登州府知府，官至按察使。

登蓬莱阁

邹德泳

蓬莱爽气正秋初，万叠瑶光接素裾。
鸟没望中随地尽，蜃生空处觉天余。
城临岛浪翻云浸，亭俯岩花带雪纾。
大国名游谁与续，思王①应好赋居诸。

万历己丑②岁孟秋行人安福邹德泳书

（避风亭碑刻）

邹德泳（生卒年不详），字汝臣，号泸水，江西安福人。明万历十四年（1586）进士，官至太常正卿。著有《湛源文集》《平旦录》等。

登蓬莱阁

李本纬

凌虚高阁敞丹台，纵目鸿濛万里开。
走槛蛟龙春上下，宿窗牛斗夜昭回。
潮飞析木梭边雨，浪吼丰隆③鞭底雷。

---

① 即三国曹植。

② 指明万历十七年（1589）。

③ 古代神话中的雷神。

长啸振衣天海阔，分明期羡①与衷徊。
万历癸丑②季春，参政都门③李本纬题。

（苏公祠碑刻）

李本纬（生卒年不详），字君章，山西曲沃人。明万历二十年（1592）进士，万历四十一年（1613）任山东按察使，官至山东右布政使。著有《灌蔬园集》。

登蓬莱阁

王在晋

一

碣石巑岏汩浪浮，东风披拂上重楼。
天河渺漠连三岛，人世分明近十洲。
剑戟当关藏虎豹，旌旗出海拥貔貅。
辽阳王气平吞虏，手握安边第一筹。

二

蜃气才收岛屿平，绚霞五色藩岩城。
延津龙剑④排山动，明月蠙珠出海晴。
风静片帆分沆漭，天开万里息欃枪⑤。
净将浊眼看苍昊，长啸凭栏酒欲醒。

三

断岸嶕峣叠翠重，天空浪净泛艨艟。

---

① 即仙人安期和羡门。
② 指明万历四十一年（1613）。
③ 即山西曲沃。历史上曾是古晋国之都。
④ 延津指古代津渡名，晋时属延平县（今福建省南平市）。龙剑指龙泉、太阿两剑。见《晋书·张华传》。
⑤ 彗星的别名。

琼台瑶岛飞黄鹤，弱水丹山限祖龙。
香雾氤氲青玉案，锦屏缭绕白云封。
殷勤欲觅神仙侣，惆怅蓬莱隔几峰。

四

蔽崖寒雪石门深，水面青螺似盍簪。
楼阁浮沉归广漠，鱼龙出没混晴阴。
气横渤澥能成市，海润空苍可作霖。
长控一鞭千幛落，三神何处待招寻。

（明泰昌《登州府志》卷十六）

王在晋（1567—1643），字明初，号岵云，江苏太仓人。明万历二十年（1592）进士，万历四十七年（1619）任山东巡抚，官至兵部尚书。著有《岵云集》《三朝辽事实录》《越镌》。

甲子仲夏登署中楼观海市

徐应元

有美蓬莱阁，屹立丹山头。
高出五云端，俯瞰大海流。
坐对三神山，下藏蛟与虬。
云气时出没，忽然结为楼。
冉冉双城市，鸟隼杂彩斿。
见岂山灵发，隐若山灵收。
把酒一眺望，因之悟所由。
岛云有聚散，世事等蜉蝣。
东家铅椠子，篝灯焚膏油。
西家羽林儿，跃马试戈矛。

一旦受知遇，谈笑致通侯①。
穷达其何尝，海云一转眸。
我生信有缘，家世亦瀛洲。
岂其追仙侣，来作蓬岛游。
麻姑今何在，所思空悠悠。
幻影与浮名，总之任短修。
倚栏长啸傲，此外复何求。

（明泰昌《登州府志》卷五）

徐应元（生卒年不详），河北沧州人。明万历二十六年（1598）进士，万历四十五年（1617）任登州府知府，官至户部郎中。主持纂修泰昌版《登州府志》。

蓬莱十大景②

徐应元

仙阁凌空

阁在丹崖山之巅，俯瞰沧溟，突兀凌空，呼吸可通帝座，仙凡往来其中，俱不可辨识。尝为之诗云：

神仙自有楼居兴，不向人间示姓名。

瀛洲徐应元题

神山现市

海市常变，人诧为异，然千万年来未尝有改，是市常而人变也。尝题云：

① 秦汉时侯爵的最高一等，又称彻侯、列侯。
② 蓬莱十大景中的漏天银雨、铜井含灵二景位于阁东三十里，其余八景在蓬莱阁。

倏忽不知人换世，乍观蜃市各惊心。

瀛洲徐应元题

狮洞烟云

洞在蓬莱阁下，面北。航海自北来者南望，烟云出没，人物依稀，亦有市焉，但游此中者不觉耳。

蓬莱自有神仙窟，何必区区望十洲。

瀛洲徐应元题

万斛珠玑

岩下石子万斛，圆莹若珠，尝疑为鲛人所泣。题云：

海客何劳空坠泪，无人拾取任珠还。

瀛洲徐应元题

渔梁歌钓

海上之人，忘机既歌且钓，葛天无怀，殆类是与。尝为之句云：

欸乃四时渔兴乐，太平景象在烟波。

瀛洲徐应元题

碧浪金乌

晨起东望，天色晴明，海天相际之处，初浮光耀金，冉冉而上，倏离披璀璨，遍海皆赤而日出矣。诗云：

东方混沌无生计，惟有旭阳先照临。

瀛洲徐应元题

晚潮新月

新月初出，波心掩映，登楼一望，神气倍清。因横襟赋云：

海若亦知人意净，故教水月洗灵心。

瀛洲徐应元题

波澄万里

风恬浪静，一碧万顷，中国信有圣人乎。因题云：

圣朝文治重新日，无复鲸鲵乱海波。

瀛洲徐应元题

漏天银雨

悬崖水滴，细者若游丝，大者若倾注，淙淙然真银雨声也。呜呼！

谁能移此岩前润，化作甘霖遍九天。

瀛洲徐应元题

铜井含灵

井在漏天东海中里许，黄色若金，潮退水落，以绳绠探之，深不测底。尝为之句云：

想是当年渴父①饮，沧波不足更穿深。

瀛洲徐应元题

（明泰昌《登州府志》府志图）

① 即夸父，中国神话人物。出自《山海经·海外北经》中夸父逐日的故事。

登蓬莱阁

徐应元

高阁悬天际，危栏枕水滨。
云霞如有约，鸥鹭若相亲。
山影当窗乱，涛声入座频。
心知潦倒处，身境总非真。

（明泰昌《登州府志》卷五）

蓬莱阁观海

尹嘉宾

万历己未九月奉旨召募①，承侍御陈公中湛②招游蓬莱阁观海。

溟涬浩无端，划然东北豁。
滔滔遂古今，倜傥为谁发。
真宰收不住，一六逗生伐。
闫浮等芥舟，华藏眠豪发。
纵命吸之尽，讵喻金仙法。

秋日如秋月，为浴海水凉。
芳草如芳兰，为饮海气香。
弄日拾瑶草，神飙吹我裳。
麻姑③去何久，今夕当还乡。

---

① 明万历四十七年（1619）初，明军讨伐后金努尔哈赤，萨尔浒之战明军惨败。在此形势下，作者奉旨到山东募兵。

② 即御史陈于廷。陈于廷，字孟谔，号中湛，浙江宜兴人。明万历二十三年（1595）进士，曾巡按山东。

③ 中国古代神话传说中的长寿女神。

我非祖龙①使，诏书急辽阳。
五千水犀甲，擢榜黄头郎。
霜台②麾白羽，涛立成沸汤。
喑噫大地簸，岛屿相击撞。
川岳皆效灵，翊兹百谷王。
谈笑歼修鲸，洗兵换耕桑。

（苏公祠碑刻）

尹嘉宾（1572—1622），字孔昭，号澹如，江苏江阴人。明万历三十八年（1610）进士，万历四十七年（1619）九月，奉旨到山东募兵。官至湖广提学副使。工诗善书，著有《焚余集》。

甲子③仲夏登署中楼观海市④

袁可立

余建牙东牟，岁华三易，每欲寓目海市，竟为机务缨缠，罔克一覩。甲子春得旨予告，因整理诸事之未集者，又两阅月，始咸结局，于是乃有暇晷。仲夏念一日，偶登署中楼，推窗北眺，于平日沧茫浩渺间，见俨然一雄城在焉。因遍观诸岛，咸非故形，卑者抗之，锐者夷之，宫殿楼阁杂出其中。谛视之，飞檐列栋，丹垩粉黛，莫不具焉。其纷然成形者，或如盖、如旗、如浮屠、如人偶语，春树万家，参差远迩，桥梁洲渚，断续络联，时分时合，乍隐乍显，真有画工之所不能穷其巧者。世传蓬莱仙岛，备诸灵异，其即此是与。自巳历申，为时最久，千态万状，未易殚述。岂海若缘余之将

① 指秦始皇。

② 即御史台。

③ 指明天启四年（1624）五月。

④ 作者登州为官三年，未能得见海市，而即将离任升迁之际，却意外有幸目睹登州海市。兴奋之余写下《甲子仲夏登署中楼观海市》，是历代众多描绘登州海市的诗文中最为朴实传神的一首。

去，而故示此以酬厥夙愿耶？因作诗以纪其事云。

登楼披绮疏，天水色相溶。
云霭泽无际，豁达来长风。
须臾蜃气吐，岛屿失恒踪。
茫茫浩波里，突忽起崇墉。
垣隅迥如削，瑞彩郁葱隆。
阿阁叠飞槛，烟霄直荡胸。
遥岑相映带，变幻纷不同。
峭壁成广阜，平峦秀奇峰。
高下时翻覆，分合瞬息中。
云林荫琦柯，阳麓焕丹丛。
浮屠相对峙，峥嵘信鬼工。
村落敷洲渚，断岸驾长虹。
人物出没间，罔辨色与空。
倏显还倏隐，造化有玄功。
秉钺来渤海，三载始一逢。
纵观历巳申，渴肠此日充。
行矣感神异，赋诗愧长公。

睢阳袁可立题
云间董其昌①书

海市诗弟以米家法书之，虽不能称大作之雄伟，然东坡海市诗，非弟谓其三力未完，拙书犹不欲让，惟老年丈勒石得法，可以敌长公之笔，为东海不朽事。弟亦不复书名，百世而后，淮公代匠斫者沿如之敉其昌。

董年丈初不欲书名，示谊士之拒，游之再三，乃始落款。今并之立弥刻

① 董其昌（1555—1636），字玄宰，号思白、香光居士，上海华亭人。明晚期著名书画家，官至南京礼部尚书。

识其实。

天启甲子冬吴郡温如玉①摹勒上石。

（避风亭碑刻）

袁可立（1562—1633），字礼卿，号节寰，又号闲闲居士，河南睢县人。明万历十七年（1589）进士，明天启二年（1622）出任登莱巡抚，官至兵部尚书。著有《弗过堂集》《抚登疏稿》《评选古唐诗》等。

蓬莱阁怀古

袁可立

夙慕蓬莱仙，今到蓬阁上。
神仙杳难求，海水空漭漾。
秦皇踪已沉，汉武终觖望。
田横五百人，至今堪惆怅。
义城鲁仲连②，功成甘退让。
千载有同心，感时怀高尚。

（苏公祠碑刻）

蓬莱阁望海

袁可立

极目丹崖上，排洋岛屿横。
雪花喷浪色，雷吼撼涛声。

① 温如玉，湖北郧阳人，侨寓青州，工真、草、篆、隶，尤善钩临法帖。
② 鲁仲连（前305—前245），战国时期齐国高士，长于阐发奇特宏伟卓异不同的谋略，著有《鲁仲连子》14篇。

师渡蛟潜窟①，檄传虏徙城②。
长安③拟不远，望断暮云平。

天启甲子春睢阳袁可立题

（苏公祠碑刻）

登蓬莱阁

陶朗先

蓬莱踪迹半虚真，杰阁峨峨俨若神。
槛外浮槎还逼汉，石边短碣尚称秦。
苍茫海国悬东极，错落星芒动北辰。
千古沧桑谁定是，止余鸥鸟一相亲。

（明泰昌《登州府志》卷五）

陶朗先（1579—1625），字元晖，浙江秀水人。明万历三十五年（1607）进士，万历四十一年（1613）任登州府知府，官至山东登莱巡抚。其诗文函牍刻印成《明秀水陶元晖中丞遗集》。

蓬莱阁

李士高

天路无穷际，谁云是尽头。
五云意飞鸟，三岛暂盟鸥。

---

① 明天启三年（1623）春夏之间，努尔哈赤下令大肆屠戮旅顺和金州一带的百姓。袁可立令大将沈有容率领登莱水军三千六百人，出海应援毛文龙，重创后金军队。登莱之师一举打下金州，收复要塞旅顺等战略要地，使辽南数百里土地重新收归于明朝。

② 明天启三年（1623）二月，袁可立设奇策反收降了努尔哈赤的女婿刘爱塔，使后金在辽海的形势遭受重挫。后金四卫后撤，空其信地而不敢居守。

③ 代指京城。

喷薄涛成雨，空蒙蜃起楼。
吞掀一不怒，夜半触虚舟。
（明泰昌《登州府志》卷五）

李士高（生卒年不详），字孟乾，号同元，河北磁州人。明万历三十八年（1610）进士，万历四十五年（1617）任登州府推官，官至户部主事。

观东坡海市诗刻次韵

宋 献

重九前五日，观察王明初①、大将军张扶舆②招饮蓬莱阁，因观东坡海市诗刻次韵。

忽来放眼天地空，神界惝恍超寰中。
何须妄拟攀壶峤③，身已金堂蕊贝宫。
况逢胜日开芳宴，豪吟细咏称神工。
落照亭亭隐波外，炙笙调管惊鱼龙。
迩檐扪抚漫滤字，灵气呵护惟坡翁。
始信文章千古事，其人往矣孰敢雄。
今日当杯一凭吊，相与诘难穷无穷。
隔岸欲呼遁鹤返，会看泽扫付祝融。
湎怀永夜频跋烛，山寺隐约来疎钟。
愧我因人真碌碌④，拉手语笑情已丰。

---

① 即王在晋（简介见后）。

② 即张可大（1580—1632），字观甫，江苏南京人。明万历二十九年（1601）武进士，明崇祯元年（1628）任山东登莱总兵官，官至南京右都督。后死于孔有德兵变。谥庄节。著有《南京锦衣卫志》等。

③ 传说中仙山方壶、员峤的并称。

④ 原碑刻有小字注：“时余以敦趋馈运遇海故云。”

岘首①感慨襄阳歌②，醉归完宛聆白铜③。
人生贵得适意耳，东海何孤大国风。
崇祯岁在己巳④季秋月濑江宋献漫咏并书于驶雪堂中

宋献（生卒年不详），字献孺，号如园，江苏溧阳人。明崇祯二年（1629）任山东监军佥事，官至山东参议。

观　海

吕大器

予自使署历今垂廿年，披览天下佳山水亦多，而广大奇险未有若蓬莱海。壬午⑤之冬，予北上过齐，为虏骑纵横直逼至登，因同登人士登陴效守，得纵观海，且陟蓬莱阁等。阁下古洞宕壑，巨波撼之如雷，洞以西有石如珠湾里许，奇石峭峰若今假山之礌磊人成者。忆坡公当年来登五日，并祷海市。若洞、若石与珠湾，或倥偬未之到也。而予得览焉，快有甚于坡老。

蓬莱杰阁峭天宇，灏气直乏苹今古。
搔首未携谢朓⑥诗，盈眸却有坡仙语。
洪涛不将纤尘留，柱石能撑浊世流。
有乞蜃楼为我设，无心鸥鸟任波浮。
海上自有钓鳌客⑦，线借虹霓钩借月。

---

① 即湖北襄阳县南的岘山。

② 为唐代诗人李白所作。

③ 即白铜鞮，南朝梁歌谣名。

④ 指明崇祯二年（1629）。

⑤ 指明崇祯十五年（1642）。

⑥ 谢朓（464—499），字玄晖，河南太康人。南朝齐诗人，永明体即新体诗创始人。著有《谢宣城集》。

⑦ 谓有远大抱负或豪迈不羁的人。典故出自《列子集释》卷五《汤问篇》。

时危不乏谪川人，只愁举世妒李白。
明珠一湾雪千峰，玲珑怪幻如天工。
举杯直上层缯处，一腔心胆彻碧空。

（苏公祠碑刻）

吕大器（1586—1649），字俨若，号先自，四川遂宁县人。明崇祯元年（1628）进士，官至吏部左侍郎。谥“文肃”。著有《东川文集》《抚甘督楚疏稿》。

第四节　清代诗词

登蓬莱阁

孙廷铨

凌空高阁倚丹峰，胜日登临不易逢。
万里帆来飞鸟影，千年笔迹访仙踪。
蜃楼隐约通三岛，海市依稀驾六龙。
极目东瀛①探绝胜，五云深锁翠芙蓉。

（《咏鲁诗选注》，山东人民出版社1983年版）

孙廷铨（1613—1674），字枚先，号沚亭，山东博山人。明崇祯十二年（1639）举人，清时官至内秘书院大学士。谥“文定”。著有《颜山杂记》《沚亭自删诗》等。

---

① 指东海中的瀛洲仙山。

蓬莱阁望海

周亮工

一

万派空明际，凭高昧所之。
先生移我意①，此水过吾师②。
云堕千帆乱，波腾一岛移。
神仙不可接，浩渺使人悲。

二

入望画沉沉，苍茫何处寻。
万山恒欲俯，一水互为侵。
汩没空时序，波涛自古今。
百端交集处，清泪满衣襟。

（清顺治《登州府志》卷二十一艺文）

周亮工（1612—1672），字元亮，号栎园，河南开封人。明崇祯十三年（1640）进士，崇祯十四年（1641）任山东潍县县令，官至户部右侍郎。明末清初文学家、篆刻家、收藏家。著有《赖古堂集》《读画录》。

登蓬莱阁

周亮工

蓬莱高阁俯神州，阁外平看大海流。
望里仙门真可接，空中龙势未全收。
东南风缓楼台幻，日月光悬岛屿浮。
莫话桑田深浅事，波涛澎湃足人愁。

---

① 取自伯牙学琴的典故。

② 取自《云仙散录·渊明别传》。

登蓬莱阁

王 鑨

蓬莱阁在海之旁，海抱蓬莱接大荒。
阁外不分天上下，眼中惟见海茫茫。
金翻波浪来精卫①，火合乾坤出太阳。
我自登临观造化，古今无尽是文章。

蓬莱阁观海市

王 鑨

蓬莱阁对蓬莱山，遥望蓬莱山之间。
水面作楼忽作树，城头为台复为关。
烟波渺渺换今古，人物悠悠似往还。
欲从海上觅仙迹，令人可望不可攀。

昔太白②仿崔灏③《黄鹤楼》，作《凤凰台》《鹦鹉洲》④之诗。余复仿太白、崔灏，而作蓬莱阁海市之诗，深愧古今人不相及也。

督学使者孟津王鑨大愚父题并书

（蓬莱阁碑刻）

王鑨（1607—1672），字子陶，号大愚，河南孟津人。清顺治元年（1644）贡生，顺治五年（1648）任山东提学道按察司佥事。明末清初戏曲作家，著有《大愚集》《秋虎丘》《双蝶梦》等。

---

① 中国上古传说中的神鸟。

② 即李白。

③ 即崔颢（704—754），唐代开封人，有诗《黄鹤楼》。

④ 凤凰台、鹦鹉洲即指李白所作的《登金陵凤凰台》《鹦鹉洲》诗。

题海潮庵壁

蔡永庄

华阁空明四望闲，朝霞日射五云斑。
天低若有衢堪步，地绝疑无磴可攀。
槛外泬寥通八极，座中缥缈识三山。

蔡永庄（生卒年不详），山东蓬莱人。清顺治三年（1646）进士，清顺治、康熙年间招远县官，《招远县志》有载。

观海市歌小引

施闰章

余校士东牟，思见海市。事竣，谒海庙，因祷焉。翌日临发，海市适见，歌以纪之。

蓬莱海市光有无，玄冬物色夸大苏。
我亦再拜乞海若，愿假灵迹看须臾。
是时苦旱海水渴，神龙困懒枯珊瑚。
鼍鼓忽鸣津吏①呼，天吴②出舞鲛人趋。
大竹盈盈横匹练，小竹湛湛浮明珠。
方圆断续忽易位，明灭低昂顷刻殊。
列屏复帐闪宫阙，桃源茅屋成村墟。
沙门小岛更奇绝，浮屠倒影凌空虚。
有时离立为两人，上者为笠下者车。

① 掌管渡口事务的官员。
② 传说中的水神。

砉然双扉开白板，中有奇树何扶疏。
三山十洲一步地，群仙冉冉来蓬壶。
神摇目眩看不定，惜哉风伯①为驱除。
人间快意亦如此，浮云长据胡为乎。
噫嘻！浮云长据胡为乎。

（蓬莱阁碑刻）

施闰章（1618—1683），字尚白，号愚山，晚号矩斋，安徽宣城人。清顺治六年（1649）进士，顺治十三年（1656）任山东提督学政，官至江西布政司参议。施闰章是著名的诗人，与宋琬有“南施北宋”之称。著有《施愚山先生文集》等。

重至海镜寺

施闰章

借问蓬莱阁，何如此地看。
三山平对酒，万里入凭栏。
日落回潮碧，风疏清磬寒。
旧曾观海市，徙倚思漫漫。

（《学余堂诗集》卷二十六）

望日楼②同杨登州王司李张蓬莱③看日出

施闰章

烛龙夜半开大荒，羲和振辔严晨装。

---

① 中国古代神话传说中掌管风的神。
② 蓬莱阁东临，也叫宾日楼。
③ 杨登州、王司李、张蓬莱指登州府知府杨奇烈，推官王鼐，蓬莱知县张延基。

珊瑚十丈横天出，乍看弦直忽已方。
大如华盖覆金屋，艳如玉盘堆火齐。
鲛绡菡萏作帷幛，仿佛隐见无端倪。
车轮烨烨从中跃，赤乌飞起彩云落。
光芒倒射鼋鼍宫，扶桑枝罥蓬莱阙。
客云日出光不同，阴晴百变随神工。
连朝霾雾今日霁，邀有天幸开心胸。
数言未毕日千尺，翻如素月出东辟。
天明万事从此生，安得长绳系白日。

附记：日初出时，一线横衺，如有方幅棱角，色深赤如丹砂。已而，焰如火，外有绛帷浮动，不可方物。久之，赤轮涌出，厥象乃圆，光彩散越，不弹指而离海数尺，其大如镜，其色如月矣。

丁酉①四月十有八日宣城施闰章识

世传浙潮与海市同为怪事②。余海国氓也，日涉胥涛，未睹灵幻，殊为憾事。即蹈眺秦望③峰头，未极日观之奇。读尚白先生二章，如身游其际而目击其光怪也。至篇章之崛秀雄浑，形容佳至，真堪与蜃楼旭焰，并称千古奇绝。

山阴祁豸佳④书山人许庆士⑤勒石

（蓬莱阁碑刻）

---

① 指清顺治十四年（1657）。

② 浙潮、海市即钱塘江潮、登州海市，与雷州换鼓、广德埋藏统称天下四绝。

③ 即秦望山，在浙江省杭州市西南。相传秦始皇东巡时曾登上此山以望南海，故名。

④ 祁豸佳，字止祥，号雪瓢，浙江绍兴人。明天启七年（1627）举人。明末清初著名画家、篆刻家。

⑤ 许庆士，字鸣岐，山东临邑人，清代书法家。

登蓬莱阁

王　鼒

赢得公余杖履间，凭高物外紫云班。
数年海国波看静，此日神洲意可攀。
初上扶桑红一粒，乍连蜃市绿千山。
登临共作盟鸥客，逸兴犹余缥缈间。
（清顺治《登州府志》卷二十一艺文）

王鼒（1622—?），字允调，山西长治人。清顺治三年（1646）进士，曾任登州府知府，官至广东岭西参议道。

登蓬莱阁

彭舜龄

蓬莱高阁眺神州，阁外平看大海流。
望里仙门真可接，空中龙势未全收。
东南风缓楼台幻，日月光悬岛屿浮。
莫话桑田深浅事①，波涛汗湃足人愁。
黍丘彭舜龄稿
（蓬莱阁碑刻）

彭舜龄（生卒年不详），字几城，号容园，河南夏邑人。清顺治六年（1649）进士，顺治十六年（1659）任登州府推官。

① 典出晋葛洪《神仙传·麻姑》。

登蓬莱阁

李经国

五月留东意若闲，阆风吹彻海云班。
惊涛夜发谁孤啸，危阁春高我一攀。
雉堞欲空天外地，蜃楼疑接水中山。
洋洋只此无庸诧，共在乾坤远近间。

（清顺治《登州府志》卷二十一艺文）

李经国（生卒年不详），河北南宫人。清顺治十四年（1657）任登州府知府，官至山西岢岚道按察使司副使。

登蓬莱阁

马思才

仙阁凌层插碧空，登临会带雨余风。
危栏缥缈接云宇，飞栋扶摇映斗宫。
海送潮声雪入座，岛堆春色翠敷栊。
等闲长啸东风外，可是蓬壶跨鹤翁①。

（清顺治《登州府志》卷二十一艺文）

马思才（生卒年不详），陕西华县人。清顺治十五年（1658）任登州府同知。

---

① 指仙人王子乔。

蓬莱阁观海

赵　仑

孤城高阁倚崔嵬，俯槛平临实壮哉。
岛屿参差看远近，鲲鲸变化任徘徊。
扶桑浴日云中出，碣石惊涛天际来。
极目三山何处是，秦皇空自问蓬莱。

（《咏鲁诗选注》，山东人民出版社1983年版）

赵仑（1636—1696），字阆仙，号叔公，山东莱阳人。清顺治十五年（1658）进士，官至太常寺少卿。著有《因树屋集》。

和长兄登蓬莱阁

赵　隆

望仙门外汐连潮，前后追随步紫霄。
海畔渔蓑双屐老，天涯宦迹一身遥。
重看旧咏留残石，馀抱新愁付短箫。
千古楼台成蜃市，祖州有地谩相招。

（《咏鲁诗选注》，山东人民出版社1983年版）

赵隆（生卒年不详），字次公，号泰器，山东莱阳人。清顺治九年（1652）贡生，曾任浙江武义县知县。著有《四书霁月讲义》《蕤犊山人集》《浣香园诗集》等。

登蓬莱阁观海

陈缵绪

一上重楼意自闲，凭栏西望石斓斑。
俯临丹壁浑无磴，仰眺青旻疑可攀。
学海几年窥二酉①，求仙何处觅三山。
古今多少荒唐事，尽付沧桑潮汐间。

（清顺治《登州府志》卷二十一艺文）

陈缵绪（生卒年不详），山东蓬莱人。清顺治年间贡生，曾任郯城训导。

金明池·大热有怀蓬莱阁

曹贞吉

大海涵青，丹楼耸翠，淼淼鸿蒙奥府。蜃气荡，云车鬼马，贝阙拥，鲛姝龙女。望扶桑，几点烟螺，便打叠，鳌背匆匆归去。更荒岛人烟，斜阳草树，蟹簖鱼罾凄楚。

安得披襟常卧此。对铜井金波，冰轮初吐。无从觅，湘灵鼓瑟，但可向，安期乞雾。醉婆娑，晞发临流，任万斛天风，卷晴吹雨。纵烁石流金，凭栏一啸，试问暑归何处。

（《珂雪词》下卷）

曹贞吉（1634—1698），字升六，又字升阶、迪清，号实庵，山东安丘人。清康熙三年（1664）进士，官至礼部郎中，以疾辞湖广学政，归里卒。清代著名诗词家，与嘉善诗人曹尔堪并称为“南北二曹”，词尤有名，被誉为清初词坛上“最为大雅”的词家。著有《珂雪集》《朝天集》《黄山纪游诗》等。

---

① 指大酉、小酉二山，在今湖南省沅陵县。相传小酉山洞中有书千卷，秦人曾隐学于此。指代丰富的藏书。

和喻方伯登蓬莱阁韵

崔徵璧

畴咨荣帝眷，飞牡到山隅。
海阔澜常静，峰清望不孤。
瞻云歌自永，浴日事非无。
凭眺神京①近，皇恩遍万殊。

（清顺治《登州府志》卷二十一艺文）

崔徵璧（1639—1714），字方崖，号文宿，河南长垣人。清康熙九年（1670）进士，康熙二十八年（1689）任登州府同知，官至工部右侍郎。著有《西清初学编》《诗韵鹄》《东海集》。

蓬阁眺雪

崔徵璧

一

梅影疏香绕榭开，晓窗鸭篆坐衔杯。
玉峰环立分清韵，拟是山阴泛棹来。

二

崚嶒高阁玉雕栏，满地同云带笑看。
遥想灞桥崇岭上②，六花堆里卧袁安③。

（清顺治《登州府志》卷二十一艺文）

---

① 指京城。

② 明代吴伟曾作《灞桥风雪图》，此用来借喻蓬莱阁雪景。

③ 本指生活清贫但有操守的高士，出自“袁安困雪”的典故。此借喻蓬莱阁的雪景。

登蓬莱阁观海

劳之辨

余童时习闻家大人云："昔年随先中丞金粟公①之官登莱道，尝见波涛明灭中，现出神山幻影：楼台城郭，烟火参差，鸡犬桑麻，往来种作，不数人世桃花源也。嗣先中丞历迁山左，由臬而藩。迨崇祯戊寅②间，复有建牙东牟之推，未受事即予告归里。每思十洲三岛，便如隔世，此天下奇观也。"余丙辰③岁，叨奉简命首夏校士东牟，事竣即登高阁俯沧溟，遇山僧而问之，答云："春夏间海常现市，居人视之等布帛菽粟耳。"余竟不得见。丁巳④秋，再游斯地，又不得见。岂余未行东坡祷神⑤故事耶？抑造化神奇变幻，有不见胜于见者耶？行将上书家大人，知必笑而起曰："蓬莱弱水⑥未许渔人问渡，汝他日忆吾重叙四十年前佳话，以此昔人之卧游梦游也可。"因作诗以纪之。

蓬莱海色称奇绝，三山自古灵仙窟。
浮生到此愿已足，何必真有珠宫与贝阙。
昔年王父官东牟，家君陪侍上高楼。
少时游历老能忆，云物依稀五千秋。
回思海上悬晴旭，叠鼓鸣笳杂丝竹。
朝日初窥秦氏妆⑦，暮涛正乱吴儿曲⑧。
岛屿突兀空潢中，忽然变幻失恒踪。

---

① 即劳之辨的祖父，名永嘉，字金粟，明万历二十九年（1601）进士，曾任登莱巡抚。

② 指明崇祯十一年（1638）。

③ 指清康熙十五年（1676）。

④ 指清康熙十六年（1677）。

⑤ 即指苏东坡知登州时在龙王宫祈祷，第二天得见海市的故事。

⑥ 古代神话传说中称险恶难渡的河海，蓬莱只有神仙才能飞渡到那里。

⑦ 指古代美女秦罗敷。出自汉《乐府诗集·陌上桑》中“日出东南隅，照我秦氏楼”。

⑧ 明清时期流传于江南太湖流域一带青年男女之间的民间歌曲。

云山断续非人世，殿阁嵯峨疑鬼工。
一自中丞乞骸骨，神山缥缈无从即。
梦中犹记倚危栏，放眼乾坤沧海阔。
小子于今续旧游，棠阴犹在海东头。
海天浩渺原如许，琪树丹崖不可求。
世间幻影俱如此，安期羡门真妄耳。
致书老父应破笑，昔年所见亦尔尔。
噫嘻，海云红，海潮白，功名富贵如瞬息，
人生那得长望扶桑看日出。

康熙丁巳孟冬望前百学使者劳之辨题

（苏公祠碑刻）

劳之辨（1639—1714），字书升，号介岩、介庵，浙江石门人。清康熙三年（1664）进士，康熙十六年（1677）任山东提学道佥事，官至左副都御史。著有《静观堂诗集》。

戊午①登蓬莱阁

孔毓圻

齐鲁奇观首望洋，果然天地大文章。
三山渺渺千峰翠，万顷茫茫一色苍。
漫向寰中思涤荡，好凭阁上问沧桑。
几年能得朝窗意，此日裁得引兴长。

太子少师袭封衍圣公孔毓圻漫题

（蓬莱阁碑刻）

孔毓圻（1657—1723），字钟在，又字翊宸，号兰堂，山东曲阜人。孔

① 指清康熙十七年（1678）。

子第67代嫡长孙，清康熙六年（1667）袭封衍圣公，康熙九年（1670）授光禄大夫，加太子少保，康熙十五年（1676）晋太子少师。著有《兰堂遗稿》《幸鲁盛典》等。

登蓬莱阁

任　璿

一眺蓬莱阁，波间岛屿分。
潮声含宿雨，海气变秋云。
鞭石①何年事，御风②从昔闻。
扶桑知不远，好待日华曛。

（苏公祠碑刻）

任璿（？—1698），字政七，号具茨，别号在庵，河南新乡人。清康熙十八年（1679）进士，康熙三十一年（1692）任登州府知府。著有《东园吟》《丹崖草》等。

即东坡韵赋海市诗

任　璿

登州海市，在昔奇闻。东坡到官五日祷于神，而一见焉，今古传为异事。余典郡载余，未获畅观，仅从烟雾波涛中，仿佛形似而已，乃怅然于怀，而即其韵以赋之。

海天万里浮远空，双丸③出没波涛中。
变幻浮沤无穷极，恐有神物潜蛟宫。

---

① 取自《三齐略记》："秦始皇作石桥于海上，欲过海看日出处。"指秦始皇求仙的故事。

② 借指仙家。

③ 即太阳、月亮。

从来异事惊闻见，况复咀华夺天工。
大苏一至嗟岁晚，非时乃欲驱虬龙。
诘朝岛屿烟峦起，疑是波臣识此翁。
文人到处逢迎好，天吴讵敢称豪雄。
窃幸后尘遥相逐，却怜海若翻技穷。
四时频上蓬莱望，春深潮汐何融融。
但觉移情①波浩邈，安得伯牙操递钟②。
重楼翠阜未曾有，我缘独啬尔独丰。
云雾散尽一泓碧，不教纤翳点青铜。
大方见笑非浪语，好向沧溟问东风。

塘南任璿漫稿

（避风亭碑刻）

和喻大方伯③登蓬莱阁韵

任 璿

方岳临高阁，霓旌壮海隅。
潮声天外落，帆影日边孤。
积水知多少，神山望有无。
维公怀博济，吟眺意何殊。

（清顺治《登州府志》卷二十一艺文）

登蓬莱阁观日月

任 璿

登蓬莱阁观日月初出，莫可形状，信笔赋之，以抒己意云而。

---

① 指伯牙学琴“海上移情”的故事。

② 语出《汉书·王褒传》：“虽伯牙操递钟，逢门子弯乌号，犹未足以喻其意也。”

③ 指喻成龙。

朝登蓬莱阁，赤乌飞彩緕。
暮登蓬莱阁，药兔明素练。
俯仰朝暮间，日月如流电。
中有不老人，抱膝吟清晏。
一水自来往，三山时隐见。
我欲往从之，浮槎去已远。
坐惜扶桑景，空对冰轮转。
泛泛海上鸥，忘机良所羡。

(清顺治《登州府志》卷二十一艺文)

题海镜亭壁

任　璿

危亭临彼岸，对镜欲开颜。
瀚海凭栏外，沧洲引领间。
天空连积水，地尽接神山。
顿使予怀渺，长吟且未还。

登蓬莱阁

甘国璧

壬辰①仲秋，按部东牟。公余同王西斋副戎②、靳雁堂司马③、佟硕也别驾④登蓬莱阁作。

---

① 指清康熙五十一年（1712）。

② 指副总兵王仲儒。王仲儒（1644—1698），字景州，号西斋，别号梦华山人，江苏兴化人。著有《西斋集》。

③ 指同知靳治荆（简介见后）。

④ 指通判佟硕也。

漻泬澄清已半秋，使车行部一登楼。
北临大海波涛阔，南接巅城烟火稠。
扑面凉风天外至，宜人爽气座中浮。
欣逢盛世民安日，得共诸君作胜游。

（蓬莱阁碑刻）

甘国壁（1669—1747），字东屏，号立轩，汉军正蓝旗人。清康熙四十九年（1710）任山东登莱青道道台，官至资政大夫。著有《农园要览》《实政条要》等。

蓬莱阁观海

甘国壁

偶来高阁上，极目海天秋。
朝夕潮分至，乾坤水会流。
帆樯云际下，岛屿浪中浮。
呼吸通仙境，蓬瀛一望收。

渤海使者甘国壁并书

（蓬莱阁碑刻）

奉和观察甘公①同诸公登蓬莱阁原韵二首

陈　谦

一

蓬莱气爽海山秋，俯视崇墉百尺楼。
渤澥②风回青嶂迥，岩疆波静绿荫稠。
熙恬高会如舟济，荒徼遥看似渚浮。
继美苏公神祷应，一时甘雨纪同游。

① 即甘国壁。
② 即渤海。

二

巍阁临天际，晴空岛屿秋。

龙兴邻大漠，蜃市结东流。

柔远梯航集，求仙宫阙浮。

凭高时骋望，烟火万家收。

海昌陈谦

（避风亭碑刻）

陈谦（1655—1732），字廷益，号任斋，浙江海宁人。清康熙四十七年（1708）任莱州府知府，清乾隆十年（1745）任登州府知府。

己丑①十二月二日登蓬莱阁叠韵二首

陈　谦

一

杰阁雄风面面开，东游览胜共徘徊。

当年烽火神京接②，此日帆樯异域来。

云荡波心疑海市，雪凝山榭俨蓬莱。

渺然一粟身如寄，破浪犹期志未灰。

二

闻道蚕丛③牟子开，忽跻仙岛重低徊。

天风吹北三冬暮，海日生东半夜来。

点点遥岑浮绝塞，泱泱大国哂吾莱。

归途闲话沧桑事，胜代遗模等劫灰。

东莱④太守海宁陈谦

（避风亭碑刻）

---

① 指清康熙四十八年（1709）。

② 指帝都京城。

③ 代指蜀道。

④ 古地名，古登州的一部分，今山东龙口市一带。

登蓬莱阁恭次原韵二首

靳治荆

壬辰仲秋，同王西斋副戎、佟硕也别驾，奉陪观察甘老大人登蓬莱阁，恭次原韵二首。

登蓬莱阁

登临真不负清秋，水色天光聚一楼。
蜃气远蒸岚翠润，鲸波细卷浪花稠。
苍茫蓬岛疑相接，仿佛星槎许共浮。
却忆蛟山①曾纵目，又从使者壮兹游。

蓬莱阁观海

丹阁重霄上，沧溟一气秋。
鲛人吹细浪，贾舶狎洪流。
当槛群峰立，凭虚万象浮。
挥毫惊海若，杰句望中收。

辽海靳治荆

（苏公祠碑刻）

靳治荆（生卒年不详），字熊封，号雁堂，辽东襄平人。清康熙五十一年（1712）任莱州府同知，清乾隆十年（1745）任登州府同知，后任吉安知府、徽州知府等职。著有《思旧录》，曾主持修《歙县志》。

---

① 位于山东峄县，今为枣庄市峄城区。

登蓬莱阁奉和陈任斋太守留题原韵二首

靳治荆

一

高阁嵯峨绝巘开，公余曾此一徘徊。
望中纵览沧波阔，天畔群瞻紫气来。
饶有雄词凌海若，宁无仙路接蓬莱。
钝顽似我真堪笑，欲觅丹砂自养灰。

二

海国秋澄天宇开，凭高极目一低徊。
偶因蹑屩穿云去，想见披裘踏雪来。
万壑朝宗归北极，三山浮玉接东莱。
扶摇却羡鹏飞远，颇忆当年志不灰。

辽海靳治荆

（避风亭碑刻）

登蓬莱阁

王　霱

一

佳气荒城此日开，欣瞻五马①重徘徊。
穿云绝磴层层出，破雪征车款款来。
自昔舍香传禁苑，而今布泽遍蓬莱。
遥看浮玉青山改，抹却黄尘几处灰。

二

高阁飞甍傍海开，期将挈榼共迟徊。

① 太守的代称。

忽得寻胜君先去，未许趋陪我并来。
地主徒惭空北海，风流窃喜著东莱。
每题良足传佳话，寄语游人兴不灰。

蓬莱阁，登之名胜地也。己丑①嘉平月，莱州陈刺史②来斯，有会勘之役。方拟公余挈榼提壶，共邀阁上之游，一览海天之胜。子谓征车甫下，诘朝竟先我往观矣。并贻佳句，负惭实深，勉和二章，以博一笑云。

钱江王霭
（苏公祠碑刻）

王霭（生卒年不详），浙江钱塘人。清代监生，康熙四十四年至五十一年（1705—1712）任登州府知府。

登蓬莱阁观海集唐

李元龙

披襟眺沧海，巍峨百尺楼。
苔痕苍晓露，爽气集高秋。
远近山河净，乾坤日夜浮。
坐临思不已，谁与共东流。

西溪李元龙草
（避风亭碑刻）

李元龙（生卒年不详），江西玉山人。清代监生。清康熙五十一年至六十一年（1712—1722）任登州府知府。

---

① 指清康熙四十八年（1709）。
② 即莱州府知府陈谦。

蓬莱阁

廖腾煃

嵯峨高阁逼层空，极目苍茫意不穷。
北去幽营①千尺雪，南通闽粤②一帆风。
波洪岛屿晴光远，蜃敛楼台晚照红。
莫道沧溟隔烟雨，蓬壶咫尺是仙宫。

玉华廖腾煃

（避风亭碑刻）

廖腾煃（1641—1717），字占五，号莲山，福建将乐人。清康熙八年（1669）举人，官至户部侍郎。康熙五十三年（1714）奉命到山东犒军。著有《浴云楼稿》《海阳纪略》《寿世鸿篇》《慎修堂诗集》等。

登蓬莱阁醉歌用东坡先生韵

张鸣钧

烟迷雾霭涵太空，幻浮象怪稊米中。
非想非非太寂寞，海山差胜忉利宫。
三千大千本积水，东倾浪说缘共工③。
疾雷震荡万灵怒，鱼鳞架屋随飞龙。
我欲乘气游汗漫，竦身不挈方瞳翁④。
下视蓬莱水清浅⑤，六鳌⑥一钓连雌雄。

---

① 指幽州、营州，今河北、辽宁环渤海一带。
② 指福建、广东两省。
③ 中国古代神话中的水神。
④ 借指神仙。
⑤ 典出晋葛洪《神仙传·麻姑》。
⑥ 神话中负载五仙山的六只大龟。

千年老蜃失贝阙，珍奇玩好归无穷。
上诉天公敕水府，石霞云练还冲融。
借取北斗挹东海，酝酿万顷啜一钟。
髯苏①惊倒叹神异，兹事宁独夸元丰。
兴酣大叫川谷裂，惊起鼍吼声如铜。
醒来意象复何有，水波木落来秋风。

雍正五年丁未七月上浣登蓬莱阁醉歌用东坡先生韵
山东巡按张鸣钧作并书
（蓬莱阁碑刻）

张鸣钧（1678—?），字双南，号笠滨，浙江湖州人。清康熙五十四年（1715）进士，清雍正五年（1727）任山东巡按，官至顺天府尹。

读东坡先生海市诗追和原韵小序

王士俊

癸丑②夏，余以巡海之役登蓬莱阁，问所谓海市者，未及见也。读坡公诗，有“心知所见皆幻影”之句，则不见亦可矣。公之诗多深于禅，此亦其一斑耳，因次和之。

空即是色色即空，海边楼阁现空中。
自从题诗为说法，冯夷③往往闭幽宫。
云诡波谲皆泡影，何事费手夺化工。
桑田沧海凡几易，又况伎俩嘘乖龙。
无生无灭罢诸相，谁其棒喝有髯翁。

① 后人对苏轼的别称。
② 指清雍正十一年（1733）。
③ 传说中的黄河之神，即河伯，泛指水神。

我来不祷亦不见，未必彼此分雌雄。
见其幻者失真意，见其真者无终穷。
幻中有真真中幻，造物元理水乳融。
髯翁此游颇超妙，较胜赤壁与石钟①。
作诗亦极拿攫势，后来此事推元丰。
搜索枯肠拟学步，漫用频催击钵铜。
诗成未抉前人奥，有愧传灯山宗风。

黔南王士俊草

（苏公祠碑刻）

王士俊（1683—1750），字灼三，号犀川，贵州平越人。清康熙五十六年（1717）举人，康熙六十年（1721）进士，官至河东总督兼河南巡抚。雍正十一年（1733）至登州巡海。著有《河南山东古吏治行》《河东从政录》《困之录》《闲家编》。

登蓬莱阁

崔应阶

一

一别沧溟五十年，蓬莱今复辨桑田。
朱颜大药②求难得，碧海青山境即仙。
阆苑不须烦鹤驭，蜃楼空自没苍烟。
垂髫犹记登瀛路，曾藉长风破浪还。

二

杰阁凌虚实壮哉，凭栏纵目海天开。
三山云净仙踪渺，万里波澄贾舶来。

① 借指苏轼所作的《赤壁赋》和《石钟山记》。
② 长生不老药。借指秦皇汉武求仙的故事。

日出扶桑霞焕彩，月明珠岛蚌生胎。
梯航是处皆来享，不数鱼盐管子①才。

乾隆癸未小春②登蓬莱阁
楚鄂崔应阶题
（蓬莱阁碑刻）

崔应阶（1699—1780），字吉升，号拙圃，别号研露楼主人，湖北武汉人。清代荫生，乾隆二十八年（1763）任山东巡抚，官至刑部尚书、左都御史。著有《拙圃诗草》《黔游纪程》《研露楼琴谱》《官镜录》。

敷政东牟同诸友冒雪登蓬莱阁率成一律

陈葆光　张一飞　程师濂

直上蓬莱阁，人间第一楼。
云山千里目，海岛四时秋。
政简寻仙迹，杯空市鹿裘。
诸君偏爱雪，非为醉中游。

三晋芝田陈葆光

一上蓬莱阁，危然百尺楼。
有大皆化日，无地不成秋。
幸我能飞舄，随人且布裘。
更欣飘玉雪，太守出仝游。

望溪张一飞和作

① 即管仲。管仲（前719—前645），姬姓，管氏，名夷吾，字仲，谥敬，春秋时期法家代表人物，是中国古代著名的经济学家、政治家、军事家。

② 指清乾隆二十八年（1763）十月。

杖策最高楼，乾坤一气浮。
苍茫徐福岛①，远近海人舟。
只为寻仙至，何妨踏雪游。
愿君拼十日，仝向洞天留。

宝山程师濂和作
乾隆乙未②岁嘉平上浣书石
（蓬莱阁碑刻）

陈葆光（生卒年不详），字望如，号芝田，山西灵石人。清乾隆时期曾任登州府知府，官至湖南盐运使，授中宪大夫。著有《芝田吟稿十卷》。

张一飞（生卒年不详），安徽桐城人。

程师濂（生卒年不详），字茂来，上海宝山人。清乾隆三十年（1765）举人，乾隆六十年（1795）任蓬莱知县。

登蓬莱阁

喻成龙

高阁倚虚碧，人烟逼海隅。
气连三岛近，晴浴一峰孤。
日月从出没，乾坤信有无。
临流思利济，深省圣恩殊。

（清顺治《登州府志》卷二十一艺文）

喻成龙（？—1714），字武功，辽宁沈阳人。清代荫生，曾任山东布政使，官至湖广总督。著有《塞上集》《九华山志》《西江草》。

① 代指三神山。
② 指清乾隆四十年（1775）。

登蓬莱阁二首

丁　蕙

一

丹崖矗立青冥高，春日登临兴自豪。
烟岛回环罗翠黛，碧天无际卷银涛。
珠宫月出来仙驭，贝阙波平奠巨鳌。
极目苍茫云路迥，三山玉节首频搔。

二

画栏朱栋俯鸿濛，四顾茫茫万象空。
吐纳江河连碧落，荡摩日月沐青铜。
方壶路接蛟波外，楼阁嘘成蜃气中。
到此尘嚣都不染，欲乘黄鹄御天风。

（清顺治《登州府志》卷二十一艺文）

丁蕙（1637—1699），江西丰城人。清康熙六年（1667）进士，官至山东登莱道。著有《理学源流》《五花阁诗集》。

海潮庵

丁　蕙

兰若藏天麓，平临大海澜。
窗虚云岛入，砌撼雪涛寒。
鱼为听经出，龙因护钵蟠。
潮音成妙谛，晏坐喜蒲团。

蓬莱阁

沙 澄

海上层城城上楼，倚栖长啸动清秋。
惊涛远拍三山树，片石平分万里流。
风迅中天横独鹤，烟凝绝岛舞潜虬。
披襟不尽登临兴，浩渺余情寄十洲。

(清顺治《登州府志》卷二十一艺文)

沙澄（1620—1696），字会清，山东蓬莱人。清顺治三年（1646）进士，官至礼部尚书。著有《四书讲义》。

蓬莱阁望诸岛歌

赵执信

君不见不周崩摧地维裂，东南海溅共工血①。
千山万山皆平沉，鳌撑无力海水深。
女娲拣石炼天色，余块累累向空掷。
落处蓬莱浅且清，看当霜雪寒逾碧。
长山西接沙门长，鼍矶北去凌苍苍。
牵牛灭没见尻臂，大竹小竹②争颉颃。
或如星槎堕河汉，或如古鼎腾光芒。
鱼鼋戢戢尽昂首，云霞历历森成行。
余者琐细不足数，鸥浮鹭立参微茫。
雄观何年付高阁，丹邱县圃檐间落。

---

① 《山海经》记载，传说火神祝融与水神共工大战，共工战败，怒触不周山，山崩地裂，天倾西北，地陷东南，女娲捡五色石子，炼化补天。

② 长山、沙门、鼍矶、牵牛、大竹、小竹：今蓬莱阁以北海中岛屿名。

云卧分明见凤麟，天飞真拟骖鸾鹤。
惊风飒飖碣石来，银涛连山中划开。
漂摇岛屿相摩戛，激荡海底生轰雷。
登高望远心易哀，黄昏白日须臾催。
半城烟火下山路，身是仙人被放回。

（徐世昌编《晚晴簃诗汇》，中华书局1990年版）

赵执信（1662—1744），字伸符，号秋谷，山东淄博人。清康熙十八年（1679）进士，官至右春坊右赞善兼翰林院检讨。清代现实主义诗人、诗论家、书法家。著有《饴山集》《谈龙录》《声调谱》等。

登州杂诗十首（第四首）

赵执信

阁自巍峨山自丹，惟余碧海引凭栏。
更添翠樾青林色，真作蓬莱顶上看。

（《饴山诗集》卷六）

坡仙祠

赵执信

五日登州守，千秋海市诗。
蛟龙留胜迹，雨雪满荒祠。
才觉乾坤尽，名将日月垂。
丹青余想像，漂泊识须眉。
岛翠堆虚牖，檐丝罥断碑。
仙灵几延伫，山鬼强攀追。
黯淡苍苔气，凋残碧树枝。

寿陵归国步，邻舍捧心姿。
遍选丹崖字，谁为黄绢词。
寒山公独在，坐卧我于斯。
酒酹沧波远，吟耽夕照迟。
方平有云驾，肯负执鞭期。

海潮庵

赵执信

万里青莲色，虚空拥化城。
人随海鸟至，僧带馨声迎。
梵呗潮相应，楼台蜃不争。
登临悟无住，浑欲厌浮生。

蓬莱十大景诗

徐人凤

仙阁凌空

嵯峨丹阁倚丹崖，俯瞰瀛洲仙子家。
万里夜看旸谷日，一帘晴卷海天霞。

狮洞烟云

怪石纡回一径深，阴阴古洞纳潮音。
仙人丹灶知何在，分得烟云拥碧岑。

渔梁歌钓

蚱蜢乘风桂楫轻，虬龙蛰穴浪花平。
一声欸乃千山静，万里沧浪试濯缨。

日出扶桑

海云沆漭覆虞渊①，踆乌宵腾羲驭还。
何必烛龙衔始出，沧波原是接长天。

晚潮新月

纤阿回驭碧天低，罔象长驱雪浪齐。
万叠晶光摇碎影，鲛人珠泪滴玻璃。

神山现市

跨海空濛驾五城，依稀冠盖递将迎。
当年若使秦皇见，不遣徐生海峤行。

万里澄波

淼淼无垠天宇宽，涟漪不动碧光寒。
难凭一叶云中度，止有三山镜里看。

万颗珠玑

千尺寒云锁翠微，一湾碧浪漾明玑。
似从汉渚逢游女，携得双珠满袖归。

铜井金波

溟渤汪洋尽作咸，独余智井味芳甜。
闲来汲向花阴煮，蟹眼飕飕风满帘。

漏天滴润

旷宇苍凉日正明，危岩涓滴溜还鸣。
海涯那得巫山女，暮暮朝朝无限情。

（清顺治《登州府志》卷二十一艺文）

徐人凤（生卒年不详），江苏武进人。清康熙二十一年（1682）进士。

① 古代神话传说中日没处。

蓬莱阁望海

邵长蘅

我来一踏蓬莱阁，溟涨高寒岛屿秋。
元气苍茫日月浴，青天出没蛟螭游。
田横五百余荒寨，徐市三千隔祖洲。
缥缈神山不可见，天风万里声飕飕。

（徐世昌编《晚晴簃诗汇》，中华书局 1990 年版）

邵长蘅（1637—1704），一名衡，字子湘，号青门山人，江苏常州人。著有《青门全集》《清史列传》。

登蓬莱阁

王　苹

高阁蓬莱闻少日，今来秋眺鬓苍浪。
地雄青社①临孤迥，山古医闾②接混茫。
鳌背云浮双郭③外，蛟涎涨落十洲④旁。
天风碧海斜阳在，曾对清吟玉局⑤狂。

（清光绪《蓬莱县续志》卷十四艺文志）

王苹（1661—1720），字秋史，号蓼谷山人，山东历城人。清康熙四十五年（1706）进士，曾任成山卫教授。著有《二十四泉草堂集》。

① 祀东方土神处。借指东方之地。
② 医巫闾山的省称。山在辽宁省北镇县。
③ 指代登州府城及蓬莱水城两城。
④ 此借指蓬莱阁。
⑤ 苏轼曾任玉局观提举，后人遂以“玉局”代称苏轼。此处借指苏轼的《海市诗》。

蓬莱阁观日出放歌

王　苹

天风泠泠吹八荒，郁仪①杲杲临扶桑。
大海澒洞海复海，金鸦欲起沧波黄。
香冥山林暗岛屿，须臾漭滉腾红芒。
贴水朱殷才一线，群仙惝恍开天阊。
半规渥丹离灏溔，轮满火伞张荧煌。
奔涛相磨沓潮荡，如镜具发青铜光。
万丈烧空射眸子，百道下烛赪虬藏。
阳施阴闭飞廉②静，金支翠蕤冯夷翔。
云霞角驳分绚烂，紫赤变灭何苍凉。
我时来观斗指酉③，维日卯出秋繁霜。
黄腄④古城闻不夜，溟渤沐浴双丸忙。
更传曜灵⑤广于屋，嗒然拄颊高阁旁。
传闻胡为尽谬妄，目极如是添激昂。
夜半轮衔昌黎窜，夜中日明青莲⑥狂。
将无祝融或有异，岂其岳颠遥相望。
齐谐志怪⑦总夸谈，邹衍谈天⑧同荒唐。
扶桑之口途渺茫，岱宗之尾百里强。
会凌绝顶鸡唱后，遐睇旸谷羲和缰。

（《王苹诗文选》，济南出版社 2009 年版）

---

① 古代传说中的太阳神。
② 指风神。
③ 北斗星指向西方。指代秋分时节。
④ 指黄县和腄县，腄县即福山县。借指登州。
⑤ 金鸦、曜灵指太阳。
⑥ 昌黎、青莲指韩愈和李白。
⑦ 典出《庄子·逍遥游》，《齐谐》是古时记载奇闻逸事的书籍。
⑧ 典出《史记》卷七十四《孟子荀卿列传》。邹衍是战国末期齐国人，阴阳家学派创始者与代表人物。

登蓬莱阁

赵继范

高阁架飞虹，三山接碧空。
云连千尺岫，浪卷万涛风。
海屋筹①何在，安期信不通。
从来多幻景，且莫羡苏公。

（《蓬莱诗文集》）

赵继范（1685—1769），字文庵，号叔南，山东莱州人。清代贡生，曾任甘肃楷州府知府。

蓬莱阁观海用东坡海市韵

沈　心

列仙缥缈凌高空，三岛远在弱水中。
何年五丁割左股，移来仍扼冰夷宫。
陡岩特受怒涛激，危颠杰构疑神工。
浩渺无垠天共碧，仿佛云气随飞龙。
凭阑沙际绝人迹，但见鸥客盟凫翁。
成连动操久阒寂，元虚作赋真奇雄。
璜溪老渔昔封国，俯仰霸业嗟终穷。
百灵奥府蟠莫测，沐日浴月波交融。
涓涓细流亦不让，噏嘘阴火能潜钟。

① 即“海屋筹添”，出自宋苏轼《东坡志林·三老语》，原谓长寿。此指能使人长生不老的仙岛。

苏髯虔祷现翠阜，风流往迹追元丰。
钓竿苦忆孔巢父，清音谁戛龙吟铜。
鼍矶一点静相对，振衣千仞吹长风。

（《孤石山房诗集》卷四）

沈心（生卒年不详），初名廷机，字房仲，号松阜，一作松皋，仁和（今浙江杭州）人。清雍正时诸生。著有《孤石山房诗集》。

蓬莱阁谒苏公祠即用公取石韵

沈廷芳

人事有推迁，山海无移改。
阁下十丈壁，洪涛冲不碎。
胡为先生祠，倾圮失光采。
享座埋烟尘，石颗乱珠琲。
轩楹纵寥落，古像岿然在。
平生爱临水，身后常面海。
群龙或来朝，幻蜃发润瑰。
奇观底用祷，重到我欣对。
灵旗翻晴风，煦拂沴应解。
再拜祝有年，新祠行可待。

雪后登蓬莱阁观海市次魏舒韵

沈廷芳

阁中祷雪恰三年，雪里重登意畅然。
海镜亭方抱冰玉，沙门岛忽现桑田。
寒凝蜃幻浮空境，风静龙潜浩淼天。
佳景愧无佳句报，瞻祠还合谢坡仙。

（《隐拙斋集》卷十六、十八）

沈廷芳（1692—1762），字畹叔，号椒园，仁和（今浙江杭州）人。清乾隆元年（1736）举博学鸿词科，官至山东按察使。藏书家，好经学。著有《隐拙斋集》《十三经注疏正字》等。

蓬莱阁

赵玉藻

波撼高楼敞夕晖，参差岛屿望中微。
晴山翠滴连云动，雪浪惊翻带雨飞。
采药应怜千载事，求仙①谁遣一航归。
蓬瀛只在沧洲外，空说凭虚愿不违。

（《柏园诗集》）

赵玉藻（生卒年不详），字幼文，山东莱州人。清代诸生，著有《柏园诗集》。

登蓬莱阁

李树谷

海东雄镇属蓬莱，飞阁何年画槛开。
万里鲸波浮日月，半空蜃气结楼台。
传烽故垒风吹荻，勒字高崖雨渍苔。
坐镇忻逢清晏日，遥看重译驾航来。

（《咏鲁诗选注》，山东人民出版社1983年版）

李树谷（生卒年不详），河南夏邑人。

---

① 采药、求仙指代秦皇、汉武寻仙访药之事。

蓬莱阁

王德容

海口连山山上城，城高山峙海空明。
窗开四面水天色，日上三竿雷雨声。
岛屿微分晨气暗，帆樯骤集晚潮平。
凭栏正好凌云赋，万里波涛一叶轻。

（《咏鲁诗选注》，山东人民出版社 1983 年版）

王德容（1781—1853），字体涵，号秋桥，山东蓬莱人。著有《秋桥诗选》《秋桥诗续选》。

同椒园丈①登蓬莱阁谒东坡先生祠即用先生取石韵

吴可驯

高阁涵远春，我来春欲改。
长风起暗潮，万顷琉璃碎。
上映丹青壁，碑砚分错采。
下泊弹子涡②，喷薄珠石琲。
抚景怀古人，先生遗像在。
想当守郡时，谈笑吐云海。
雄笔振神山，壮观空大块。
只今读残碑，和者谁与对。
叹绝兹游奇，客抱豁以解。
归路指东莱③，花开犹我待。

（徐世昌编《晚晴簃诗汇》，中华书局 1990 年版）

---

① 即沈廷芳（1692—1762），字畹叔，一字荻林，号椒园，浙江杭州人。清乾隆元年（1736）举人，官至山东按察使。著有《隐拙斋集》等。

② 指卵石。

③ 古地名，今山东龙口市一带，属古登州的一部分。

吴可驯（？—1749），字骥调，号南骥，浙江杭州人。清乾隆六年（1741）副贡。著有《南涧诗钞》。

登蓬莱阁

阮　元

下见沧溟上绛霄，城头一阁独超超。
天能包括鲸波静，日有光华蜃气销。
岛外帆移千里目，坐中人壮午时潮。
曾游山海东经内，郦注①江河总寂寥。

（徐世昌编《晚晴簃诗汇》，中华书局1990年版）

阮元（1764—1849），字伯元，号芸台，晚号怡性老人，江苏仪征人。清乾隆五十四年（1789）进士，曾任山东学政，官至云贵总督，官拜体仁阁大学士。谥“文达”。著有《小沧浪笔谈》《山左金石志》等。

按试登州听海潮

阮　元

海雨湿土春初晴，痴云自北趋南行。
风来渤澥暮转急，吹落万派惊涛声。
初疑驱车来远道，轮雷欲动迟而轻。
后如闭阁伏虚枕，檐前冻雨千条倾。
或是汝南马旋磨，不则试院茶煎枪。
相视不语共攲耳，出户仰首看南荣。
天空昼静日将落，颇有卤气来山城。

① 指北魏郦道元《水经注》。

城头雉列屋鳞次，其中直作波涛鸣。
丹崖田戍近三里，长流回洑斗纵横。
日行北陆海底暖，潜阳蒸起蛟龙鲸。
欢声沸腾岛屿振，夕汐淘汰沙石清。
洋洋一洗耳底净，心体虚豁无凡情。
人生不俗即仙骨，岂有大药真长生。
更待夏仲望岱岳，远收青色归双睛。
耳目至此叹观止，或令聋瞶开聪明。

登蓬莱阁观海风浪大作

王初桐

蓬莱之山不可到，蓬莱阁中好登眺。
阁前海阔天茫茫，万里长风来远峤。
大海小海浮杯中，珠宫贝阙吟鱼龙。
新罗朝鲜①只咫尺，豆帆一霎成艨艟。
我思钓鳌樽桑渚，白浪连山迷去所。
白气蒸为骇岸云，浪花洒作晴天雨。
须臾风止烟霏霏，青铜一镜磨斜晖。
划然长啸惊鸥鹭，群向田横岛上飞。

（清王培荀《乡园忆旧录》，齐鲁书社 1993 年版）

王初桐（1729—1821），原名元烈，字于阳，号竹所，上海嘉定人。清代监生，曾任寿光县知县、宁海州同知。著有《济南竹枝词》《奁史》。

① 即朝鲜半岛等外域。

登蓬莱阁

何凌汉

阴阳澒洞浮虚空，乾坤万有藏其中。
我来两度乞海市，百灵屏息凭夷宫。
瀛洲太守感通应①，召祈雨雪称神工。
杰阁登临置高会，须臾变化其犹龙。
少长咸集欢饮聚，翩然名士皤然翁。
忽想岛屿生台榭，微风净敛波涛雄。
两岛夹峙中峰突，岑楼丛树窅以穷。
昔时殷愿今乃释，举酒更酌心融融。
援琴一操奏流水②，知己相遇皆牙钟③。
黄云盖地膏泽厚，海若效顺成年丰。
照水晚烟曳匹练，衔山落日悬钲铜。
新诗吟罢歌且舞，归舆习习来清风。

（清光绪《蓬莱县续志》卷十四艺文志）

何凌汉（1772—1840），字云门，号仙槎，湖南道州人。清嘉庆十年（1805）进士，先后任工部尚书、吏部尚书、户部尚书等职。谥“文安”。著有《云腴山房文集》。

蓬莱阁纪游九首

邓显鹤

一

阁在山城北，海水齕其腹。

① 指宋代苏轼祈祷海神得见海市之事。
② 出自高山流水遇知音的故事。
③ 即俞伯牙和钟子期。典出《列子·汤问》，比喻知己或知音。

狂吞恣未已，余怒势一束。
孤峰割云根，万牝咽虚谷。
潮来地欲浮，潮退地疑缩。
盈缩咫尺间，朝夕自往复。
大地积一气，于此偶停蓄。
观澜纳万川，见少渺一粟。
太息拘墟俦，井干踔泥足。

二

振衣挟策上，遂至避风亭。
四面广且洁，诸岛如环屏。
炯炯初日出，万里皆澄清。
海水时汩没，天风响泠泠。
即此悟仙境，有如梦初醒。
所嫌济壁诗，徒以污山灵。
我欲仆此石，高咏穷沧溟。
成连不可接，无由移我情。

三

其南为龙宫，苏寺踞其顶。
颓垣杂瓦砾，坏磴积泥泞。
我来谒荒祠，四壁腥风冷。
当年广德王，曲徇坡仙请。
起蛰鞭鱼龙，鬼神钦骨鲠。
我无玉局才，焉敢望侥幸。
既此一瓣香，未必公首肯。
再拜下山来，萧萧短鬓影。

四

寺前列层城，迤逦成平坡。
矗立六怪石，排列如头陀。
或云陨星化，三台仍其讹。

日夕望居民，烟火千万家。
海门落照红，战艘卧平沙。
缅昔胜国末，盗贼如乱麻。
此地最惨酷，杀掠遍山阿。
迩来二百载，四海靖鲸波。
颇闻闽粤间，稍稍烦天戈。
制乱贵未形，召之不在多。
敬告守土吏，请听采风歌。

五

东出朝海庵，石径斗以耸。
梯空恣寻搜，遂及千仞洞。
窅窅不测深，逼仄未嫌壅。
悬岩缒而下，始如鸟入笼。
拏云臂初伸，触石根疑动。
炬然鬼火寒，衣湿岩流重。
晚潮如山来，砰湃声汹涌。
临崖三五辈，遥望生怖恐。
我愿必到此，中道敢移踵。
心夷无险途，志定有余勇。

六

鼓勇策之进，西得弹子窝。
碎石光的皪，烂若排玑珂。
中立两石母，盘踞如青螺。
窃闻诸岛间，稍稍出渔歌。
云有三神山，眷属皆仙娥。
风雨不可即，羽卫环蛟鼍。
我无生天分，侧足罹尘罗。
安得抱此石，自结云水窠。

海枯石倘烂，我得亦已多。
大笑问坡仙，袖中能几何？

七

北望烟雨迷，云是田横岛。
炎飙扇海水，孤屿已不保。
惜哉五百人，性命轻如草。
卓彼鲁仲连，蹈海志益矫。
千秋节义魂，日月光皎皎。
吊古发幽情，悲风来浩浩。

八

神州几万重，弱水几万里。
世岂有神仙，蓬莱乃在此。
今年徐福行，明年祖龙死。
真人果长生，山鬼不来矣。
连弩射之罘，刻石颂功烈。
如何汉武贤，而欲蹈覆辙。
文成五利诛，神仙不自保。
咄哉东海翁，空卖如瓜枣。

九

学仙既不成，浮海亦不果。
二者吾谁从，庶几择其可。
伊余抱微尚，失足溷尘堁。
未知诸天中，何罪膺谪堕。
坐令磊落胸，如蚕自缠裹。
神仙事渺茫，海水日掀播。
虚闻一苇杭，坐使歧途左。
故山近句漏，中有丹砂颗。

长生未可学，死籍落犹颇。
笑谢安期生，归鼓资江柁。

（《南村草堂诗钞》卷三）

邓显鹤（1777—1851），字子立，号湘皋、南村老人，湖南新化人。清嘉庆九年（1804）举人，任宁乡训导等职，晚年在书院主讲。著有《南村草堂诗钞》《易述》，编有《沅湘耆旧集》等。

蓬莱阁观日出歌赠蔡子

刘 淳

海之大兮不可测，日出乃在海东极。
天鸡一鸣催火乌，赤霞腾涌日五色。
泰山绝顶称奇观，凭高常若天风寒。
羡尔蓬莱阁中客，卧对扶桑赪玉盘。
长鲸鼓鬣方崔嵬，波涛深黑云不开。
义轮飞出海水碧，神仙化作金银台。
金银台空杳难见，蔡侯亹亹说忘倦。
相逢逆旅漏尽时，陡觉目光闪岩电。
君登泰山复望海，两见出日穷真宰。
我今漂泊都市间，愿希余照未能攀。
壮游终当遍五岳，直泛楼船海上还。

（《云中集》）

刘淳（1792—1850），初名天民，字孝长，号云中、莘农，湖北天门人。清嘉庆二十一年（1816）举人，曾任远安教谕等职。著有《云中集》。

次坡公醉画竹石壁上诗韵

招子庸

因公至蓬莱阁，信宿阁下，得观海市，酒后兴酣，拂壁作大墨竹，缀以奇石，并次坡公醉画竹石壁上诗韵。

奇观得酒奇气出，奇气纵横生竹石。
濡染十指何淋漓，洒向蓬莱雪色壁。
生平游兴寄诗画，坡老文章皆笑骂。
写竹何须问主人，此壁不挥谁挥者。
欲界仙都竹有光，随风叶叶生剑铓。
大风披拂龙蛇走，入海定作老蛟吼。

（清光绪《蓬莱县续志》卷十四艺文志）

招子庸（1793—1846），原名功，字铭山，号明珊居士，广州南海人。清嘉庆二十一年（1816）武举，曾任青州府知府。著有《粤讴》一卷。

水　城

慕维德

别有孤城在，当年用备倭。
门闲拳白鹭，山翠点青螺。
试上高亭望，千秋一镜磨。
从知沧海量，至大不扬波。

慕维德（生卒年不详），字淇澹，号如山、笠舟，山东蓬莱人。清嘉庆二十四年（1819）进士，翰林出身，清道光十一年（1831）任福建汀州知府，道光十九年（1839）任光禄寺少卿。著有《松龛诗存》。

海镜亭

鹿林松

万里无边际，空明独此亭。
地天浮一碧，齐鲁荡余青。
旁射蛟龙气，中盘岛屿形。
何人正垂钓，烟雨满沧溟。

鹿林松（生卒年不详），字木公，号雪樵，山东烟台人。清代诸生，著有《雪樵诗集》。

蓬莱阁观海

季芝昌

斗室不悬五岳图，尺水不容万斛舻。
半生劳劳走尘土，眼界局促心郁纡。
我家恰送江入海，一角未许窥全模。
今朝放眼向海若，浮天际地无方隅。
晴光照耀闪金碧，大竹小竹擎盘珠。
老龙翻鳞起骤雨，沙门杳霭云模糊。
晨露暮烟各殊状，百怪变化才须臾。
东连朝鲜北辽沈，浪船点点飞鹥凫。
奇观如此得未有，径思饱泛十幅蒲。
徒夸蜃市小楼阁，如以蠡测良区区。
天风吹我登三壶①，玉扃金阙神仙都。

① 传说中的海上三神山蓬莱、瀛洲、方丈的合称。

琴声乍听伯牙①弄，锦样艳说鲛人②铺。
裹中携石③偶然耳，至今文采祠髯苏。
矶头问取钓鳌客，不知入网谁珊瑚。

道光甲午④夏四月督学使者江阴季芝昌

（蓬莱阁碑刻）

季芝昌（1791—1860），字云书，号仙九，自署丹魁堂主人，江苏江阴人。清道光十二年（1832）进士，官至闽浙总督。谥“文敏”。著有《丹魁堂诗集》《外集》《诗赋合钞》。

将赴西川宴集蓬莱阁留别四首⑤

英　文

一

海上移情寄⑥一琴，十年簿领静尘心。
巢怜鸠性营常拙，地与鸥盟狎最深。
但学道州⑦书下考，敢追坡老寄豪吟。
九天双阙瞻迢递，疏陋真惭捧玉音。

二

荡函漫与路人看，此去牵丝蜀道难。

---

① 春秋时精于琴艺的人。

② 神话传说中的人鱼。

③ 指代苏轼《游珠玑崖》诗中“我持此石归，袖中有东海”的故事。

④ 指清道光十四年（1834）。

⑤ 该诗是作者于清道光十八年（1838），去职登州将赴西川（四川）之际，在蓬莱阁上宴饮时所作。

⑥ 指春秋时期楚国著名琴家俞伯牙年轻时拜师学琴的故事。

⑦ 指唐代诗人元结，其晚年曾任道州刺史，故称。

僰水岁闻边角警，陇云①春拥碧裘寒。
翻怀瀛峤留泥雪，未许天梯息羽翰。
辙迹从兹人境远，乘槎何自溯回澜。

三

班春岁岁画幡红，太息年光逝水同。
四野祥和迎瑞雪，十城慈惠共清风。
行田愿祝驯桑雉，安土休教徙泽鸿②。
自有贤侯报新政，讼庭闲处答诗筒。

四

情逾潭水剧难忘，久住山城别绪长。
盐蜃纵饶人自俭③，刀牛早化俗尤良。
凭栏喜见辉金碧④，断梓欣看就栋梁⑤。
他日蓬山重回首，岱云东去是桐乡⑥。

长白英文稿

（蓬莱阁碑刻）

英文（生卒年不详），满洲旗人。清道光十至十八年（1830—1838）任登州府知府，道光十八年（1838）任四川川北道台。

---

① 历史上綦江在汉代又叫僰水，甘肃简称“陇”，以此借指作者家乡一带地方。

② 原碑刻有小字注：“郡境岁比不登，贫人多渡海赴关东觅食，虽官为截流饥粟，而流亡不能尽拯，每一念及，为之恻然，今年岁遇有秋，远徙者已自止矣。”

③ 原碑刻有小字注：“居人质素能守世业，至于渔盐之利，虽属微末，濒海诸户借以为生，资本多薄，使有司或加苛察，往往病民，近则已宽税弛禁、廪几舆情便焉。”

④ 原碑刻有小字注：“去年重修蓬莱阁，至今始毕工。”

⑤ 原碑刻有小字注：“今岁重修考试，展旧增新，奂轮兼美。”

⑥ 古地名，今安徽省桐城县北。后因以为官吏在任行惠政、有遗爱之典。

登蓬莱阁

孙　敕

一

丹崖绝顶蓬莱阁，矗立海滨无倚着。
画栋撑天天低垂，洪涛系影影倒落。

二

吕仙祠外避风亭，云烟缥缈风无声。
中有人焉呼欲出，羡门齐楚安期生。

三

我来正值海清宴，盘桓一月情未倦。
他年兴到还来游，留诗作券石一片。

道光甲辰①春三月下澣胶东孙敕勒石

（蓬莱阁碑刻）

孙敕（生卒年不详），字玉山，时称“玉山先生”，清代山东平度人。善书，工篆刻，胶东半岛有书法传世。

蓬莱阁

孙　勷

蓬莱杰阁冠齐州②，足力疏慵惜未游。
有客忽来谈胜迹，此身浑拟到仙洲③。
眼中突兀腾鳌背，梦里迷漫幻蜃楼。
老我壮心犹健在，乘风指日访丹邱④。

---

① 指清道光二十四年（1824）。
② 犹中州。古时指中国。
③ 仙人居住的水中陆地。
④ 即丹丘。传说中神仙所居之地。

古者逸士高人，必游名山五岳，余仰慕之者久矣。蓬莱阁为登郡胜境，去吾邑仅三日之程，而牵于俗累，竟不果往，余甚恧焉。今者将蹑履裹粮，偿此夙愿，又恐其终不果也。率成一律，勒石邮寄。庶息壤①在彼，或不至求向禽之约②云。

咸丰辛亥③春胶东洞山氏书

（蓬莱阁碑刻）

孙勲（生卒年不详），孙敕之兄，字既垣、基垣，号洞山，人称“洞山先生”，山东平度人。清道光年间增生，工书法，尤精草书。

七　古

汪承镛

我家累世东海住，求仙不识蓬莱路。
捧檄东牟秋雨晴，登阁长吟惬心素。
吾乡见海不见山，登州海国山回环。
山海胜概一阁攀，瀛洲方丈虚无间。
海市出当春夏际，自非坡老谁能跂。
海涵山蕴气结凝，幻出形容恣奇异。
不尔散漫无端倪，寄无所寄归元气。
阴阳不媾不成象，请向当筵谈吕四。
吕四料角④接大洋，其水赤黑青紫黄。
山摇鳌背珠浮光，西连弱水东扶桑。
大化流动精难藏，琳宫琼宇不可望。

① 明谢肇淛《五杂俎·地部二》记载：“息壤，石也。”此处指石碑。

② 取自《后汉书·向长传》。向平、禽庆为两汉时期的隐士，向平曾以子女婚嫁完毕，视为人生了无牵挂，约好友禽庆游览五岳名山。

③ 指清咸丰元年（1851）。

④ 今江苏省吕四港镇、廖角嘴一带。

对此我复思故乡，仙云流水天微茫。
何处十洲与三岛，丹崖直上凌苍昊。
纵无仙骨有仙缘，竟欲扬帆掇瑶草。

余道光己丑①于役来登，即游斯阁，海色山光，心胸一快，迄今三十年矣。咸丰初来守是郡，公余辄偕僚友登眺，尘容俗状，赖此洗涤，余于斯地殆有夙缘。忆初至时，曾赋七古，兹勒诸石，以为他日雪鸿之证。

如皋汪承镛晓堂氏书并跋

（蓬莱阁碑刻）

汪承镛（1804—1878），字笙初，号晓堂，江苏如皋人。清道光年间贡生，清咸丰元年（1851）任登州府知府，官至光禄大夫。著有《读史揭要》《暑窗杂录》《四书质疑》等。

观海市

夏　时

水碧天明宿雾收，仙家城阙起中流。
惊看海外三千户，剩有人间十二楼。
潮落鸡声闻隐隐，岛含龙气望悠悠。
西台②绣使③劳形载，包括沧溟万顷秋。

信都夏时

（蓬莱阁碑刻）

夏时（1839—1906），字佑简，又字书命，号菽轩，湖南桂阳莲塘人。

① 指清道光九年（1829）。

② 官署名，御史台的通称。

③ 绣使有绣衣使者、绣衣直指、绣衣御史等称谓，由侍御史充任。本诗所言西台绣使是指作者本人。

清咸丰十一年（1861）举人，清光绪年间任登州总兵，官至光禄大夫，建威将军。

登蓬莱阁

彭慰高

崚嶒杰阁倚晴峦，人在蓬莱眼界宽。
沧海无波有龙卧，危栏落日见雕盘。
天开屏障千峰秀，地绕松篁六月寒。
纵目难忘生聚计，炊烟万灶起林端。

（徐世昌编《晚晴簃诗汇》，中华书局1990年版）

彭慰高（1811—1887），字讷生，号钝舫老人，江苏苏州人。清道光二十三年（1843）举人，官至浙江候补道。著有《仙心阁诗钞》。

登蓬莱阁

陈　锦

海气横天压夜营，沙痕啮浪暗潮生。
田横寨里水奇绿，坡老祠边风大鸣。
百尺层台临绝岸，一轮寒月涨孤城。
书生草檄寻常事，曾拥飞轮阁下行。

陈锦（1821—1877），字昼卿，号补勤老人，浙江山阴（今浙江绍兴）人。清道光二十九年（1849）举人，同治初投笔从戎，镇压太平军，官至山东候补道。著有《补勤诗存》《勤余文牍》等。

蓬莱阁观日出

陈　锦

山城月黑摇晨钟，水天一抹磨青铜。
陈起明星大如卵，微风淡荡飏晴空。
砉然界破一痕白，剑气珠光恣腾掷。
神龙衔烛窥天门，万里澄波闪空碧。
坏云拥絮何苍苍，靺鞨红过袈裟黄。
山河倒影薄天际，蜃楼城市兀在旁。
此时海外日已赤，金乌似箭朝天射。
独恋东溟跃浪难，中有银山万重隔。
须臾捧出红半盂，铜盘溜水爝火俱。
岛屿云收静如贴，轻潮点点归宵渔。
我行海上八千里，俯瞰朝暾生脚底。
地缺东南眼界宽，朱轮十丈冲波起。
泰山日观尤岧峣，匹练小视吴门潮。
开窗夜半见海日，置身绝顶卑云霄。
何图此日殊所睹，忽讶扶桑蔽云树。
巨浸黏天水气高，隔岸神洲不知数。
争道蓬壶出日迟，只缘身在壶中住。

将之登州视海防不果

陈　锦

卅载名场汗漫游，曾经沧海见神洲。
可堪天地日蛙龟，渐与家山风马牛。
乍挽洪波归北海，便传飞檄指东牟。
朱炎已过凉飔满，好看蓬莱阁上秋。

（《补勤诗存》卷二十）

蓬莱秋色二首

陈　锦

一

倚天楼阁镇狂澜，泼面惊涛涌巨观。
风雨几人双蜡屐，乾坤无际一危栏。
百年士卒承平久，千古英雄勇退难。
有我登高题壁处，阮孚先已篆柔翰。

二

几度沧桑问片楂，千寻飞阁入云拏。
叨陪鳌极三台石，直刺蛟宫一抹沙。
绝岛无人泥印在，故乡何处阆天赊。
好山肯道蓬莱独，秋色湖光染鹊华。

（《补勤诗存》卷二十一）

蓬莱阁观海歌

慕昌溎

蓬莱杰阁凌长空，东海名胜常称雄。
俯窥沧溟渺不极，蜃市变化虚无中。
我本好奇逸兴发，一尊特向高台设。
是时澹日过朝晡①，海云如墨浪翻雪。
狂飙骤起万山昏，长天吹破青铜色。
惊涛澌湃岛屿动，喧豗震裂老蛟窟。
骊龙怒起战翔阳，水上浮光明复灭。

① 朝时（辰时）至晡时（申时），即一天当中的上午 7 点至下午 5 点之间。

大鱼鼓鬣似奔雷，百川一吸喷成沫。
有如钱塘破阵舞①，百灵恍惚纷出没。
冯夷击鼓天吴歌，耳目惝佯心惊绝。
云开风静波浪恬，神山遥望青巉巉。
玉妃素女向我笑，金枝翠羽藏烟岚。
海阔天空万籁绝，无言独下潮海庵②。
归途衣袂风袅袅，好趁夕阳听水鸟。
红尘回首望高楼，杨花乱舞山城道。

（徐世昌编《晚晴簃诗汇》，中华书局1990年版）

慕昌溎（1859—1886），字寿荃，山东蓬莱人。清代女诗人。著有《古余芗阁遗诗》。

登蓬莱阁望雪

林之彦

连朝望雪艰难甚，今日纷纷扫不清。
粉饰太平真有象，冻拳乌鹊竟无声。
揭来高阁风加紧，怪底窗虚月倍明。
多少穷黎方待暖，拥裘敢叹薄寒生。

（清光绪《蓬莱县续志》卷十四艺文志）

林之彦（生卒年不详），北京大兴人。清道光十年（1830）任蓬莱县知县。

① 即钱塘破阵乐，出自唐代传奇小说《柳毅传》。
② 旧时蓬莱阁下临海一庙宇。

蓬莱阁二首

张　栋

早学柴桑把钓竿，青蓑着雨透轻寒。
归舟欸乃银涛里，一抹西山夕照残。

倚栏岛屿数分明，万叠鸿波势不平。
杰阁空中斜倒影，又将图画到蓬瀛。

（清光绪《蓬莱县续志》卷十四艺文志）

张栋（生卒年不详），山东蓬莱人。曾任安徽宣城通判。著有《青云诗稿》。

第五节　近现代诗词

满江红·登蓬莱阁

吴佩孚

北望满洲，渤海中，风潮大作。想当年，吉江辽沈，人民安乐。长白山前设藩篱，黑龙江畔列城郭。到而今，外寇任纵横，风尘恶。

甲午役，土地削；甲辰役，主权堕。叹江山如故，夷族错落。何日奉命提锐旅，一战恢复旧山河。却归来，永作蓬山游，念弥陀。

（《吴佩孚将军传》）

吴佩孚（1874—1939），字子玉，山东蓬莱人。民国时期著名将领、爱国者，官至直鲁豫两湖巡阅使、十四省讨贼联军总司令。著有《循分新书》《正一道诠》等。

风入松·戊午秋登蓬莱阁

张伯驹

齐烟九点望胶东，霞日海腾红。仰观俯视神游遍，上鸾云，下到龙宫。一粟浮沉身世，千年梦逐坡翁。

波澜壮阔卷长风，银浪叠重重。遥天万里消阴晴，问蜃光，吹气何从？却笑人间名利，无非楼阁空中。

张伯驹（1898—1982），原名张家骐，字家骐，号丛碧，别号游春主人、好好先生，河南项城人。民国四公子之一。张伯驹是集收藏鉴赏家、书画家、诗词学家、京剧艺术研究家于一身的文化奇人。著有《丛碧词》《氍毹纪梦诗注》等书。

游蓬莱阁

张宗昌

好个蓬莱阁，他妈真不错。
神仙能到的，俺也坐一坐。
靠窗摆下酒，对海唱高歌。
来来猜几拳，舅子怕喝多。

张宗昌（1881—1932），字效坤，山东掖县人。绰号“狗肉将军”等，奉系军阀头目之一。

海上杂诗·蓬莱阁

冯玉祥

蓬莱阁，蓬莱阁，
迷信风尚而今依然打不破；

吕洞宾专祠巍且峨，
阁上许多仙人县志曾载过；
东面备倭城，
如今反落得颓废荒凉七零八落。
神仙们真能来守边拒敌末？
那可算是杭州时轮金刚法会的成绩啊！

冯玉祥（1882—1948），字焕章，原名基善，安徽巢湖人。中国国民革命军陆军一级上将，西北军阀首领、爱国民主人士。有“基督将军”“爱国将军”称号，是蒋介石的结拜兄弟，系国民政府抗战青天白日勋章、美国总统二战银质自由勋章、国民政府首批抗战胜利勋章三大抗战勋章获得者。

蓬莱十咏（选五首）

曲培书

文峰顶

文峰坐镇蓬莱城，代有英雄享盛名。
武毅忠勤多战绩，孚威大节更坚贞。

海　市

海市蜃楼一大观，亭台殿阁幻中看，
古称方丈乃仙境，尚待科学解疑团。

戚继光祠

南塘本籍蓬莱乡，古宅迄今尚有坊。
缘何讹传隶定远，芝山古墓正堂皇。

海不扬波刻石

安澜海上静无波，惟有仙人可渡过。
不幸中东甲午战，竟将不字爆消磨。

汉　鹿

汉室中兴点将才，李忠战绩显云台。

乡愚不识夫人墓，竟把金石作井台。

曲培书（生卒年不详），民国时期山东蓬莱人。

无　题

董必武

来游此地恰当时，海国秋风暑气吹。
没有仙人有仙境，蓬莱阁上好题诗。

董必武（1886—1975），中国共产党的创始人之一，原名董贤琮，又名董用威，字洁畲，号壁伍，湖北黄安（今红安）人。历任全国政协副主席，中共中央监察委员会书记，中华人民共和国副主席、代主席。

满江红

郁达夫

三百年来，我华夏威风久歇。有几个如公成就，丰功伟烈。拔剑光寒倭寇胆，拨云手指天心月。到于今，遗饼纪征东，民怀切。

会稽耻，终当雪。楚三户，教秦灭。愿英灵永保，金瓯无缺。台畔班师酣醉石，亭边思子悲啼血。向长空洒泪酬千杯，蓬莱阙。

郁达夫（1896—1945），原名郁文，字达夫，浙江富阳人。中国现代作家、革命烈士。

无　题

臧克家

秦皇汉武，尘寰欲壑未满，缥缈觅三山。

神仙梦幻，空余史迹斑斑。
海市蜃楼，现实活鲜，今朝胜往昔两千年。
中外游侣，登上蓬莱高阁，顿眼阔心宽。
新开港口，看吞吐万国船。
天青水蓝，人间换了，向遗踪寻诗趣盎然。

臧克家（1905—2004），曾用名臧瑗望，笔名少全、何嘉，山东潍坊诸城人。著名诗人，闻一多的学生，忠诚的爱国主义者。曾任全国政协常务委员，中国作家协会理事，中国诗歌学会会长。

无题二首

赵朴初

其一
真临仙阁凌虚地，来读苏公海市诗。
不羡群仙浮海日，却思戚帅筑城时。
其二
夸谈此地八仙过，更着羲之换白鹅。
莫笑荒唐了无据，试言今日事如何。

赵朴初（1907—2000），安徽太湖人。幼承家学，勤于文史哲的研习。中国佛教协会会长，中国现代社会活动家。曾任中国书法家协会副主席，全国政协委员，全国政协副主席。

无　题

张平化

蓬莱胜景誉人间，美景奇闻任畅谈。

海市蜃楼皆幻影，勤耕巧织即神仙。

张平化（1907—2001），原名张楚材，湖南酃县（今炎陵县）人。曾任红二方面军政治部宣传部部长、八路军三五八旅政委、湖北省委第二书记、中央宣传部部长等。

无　题

陆定一

没有仙人有仙境，董老真言题在先。
劳动致富讲文明，社会主义新地天。
待看二〇〇〇年，蜃楼虽见不羡仙。

陆定一（1906—1996），江苏无锡人，中国无产阶级革命家。历任中共中央宣传部部长、国务院副总理、中央书记处书记、文化部部长、全国政协副主席。

登蓬莱阁奉和董老

张爱萍

琼阁求仙已过时，而今来游莫为迟。
喜看丹崖焕异彩，蓬莱儿女赋新诗。

张爱萍（1910—2003），曾任华东军区参谋长、国务院副总理、国务委员兼国防部长等职务。

登蓬莱阁观澜亭

柳　倩

波涌千层逐浪翻，无端独自莫凭栏。
海风拂拂催秋老，长岛遥遥落日残。
众屿横陈安水城，峰山纵列属仙班。
蓬莱无限风光好，仙阁回眸更壮观。

柳倩（1911—2004），原名刘智明，当代著名诗人、学者、剧作家、书法家，曾任中国作家协会会员、中国书画函授大学名誉教授、中国诗词学会顾问、中国艺术研究院院长。

戚继光水城

柳　倩

志在防倭建水城，依山傍海练新军。
门通战舰连千浪，船泊辽东锁万程。
鱼寨宋兴边外患，炮台明立梦无痕。
将军立马丹崖看，海市蜃楼属旧闻。

雨中过蓬莱

柳　倩

风风雨雨过蓬莱，晓色遥看逐雾开。
人到丹崖心渐爽，凭高喜见怒潮来。

甲子秋日作

柳　倩

人入丹崖好写诗，渔歌晚唱月明时。
扶栏休向蓬山看，身在烟霾不自知。

无　题

柳　倩

曈曈日出烽岗，海风吹拂衣裳。
点点扬帆入海，好风送我还乡。

宝塔诗

袁随善

俺
古船
蓬莱戍边
刀鱼寨指挥咱
南北巡逻海疆保安
十四水密舱艺巧线形纤
下压载上悬帆何惧风高浪险
六百年一觉沉睡醒来时换了人间

袁随善（1916—1999），江苏武进人。原中国船舶工业总公司舰船研究院第七〇八所总工程师，第三届全国人大代表。主编有《中国海洋渔船图集》等。

登蓬莱阁

黄 均

蓬莱阁上望蓬莱，此日登临亦快哉。
我欲骑鲸驱海若，为吞倒景出楼台。

黄均（1914—2011），北京人，号懋忱，祖籍台湾淡水。工笔人物画家、美术教育家。历任中央美术学院教授，中国美术家协会会员，北京古都书画研究院院长，北京工笔重彩画会副会长。1985年加入北京市台湾民主自治同盟为盟员。代表作《文姬辨琴图》《史湘云醉眠芍药圃》《琵琶行》《木兰理妆》《白居易》《民族英雄郑成功》等。

题蓬莱阁

贺敬之

果然蓬莱神仙境，沧桑却与人间同。
五日东坡煎灶户，十年南塘成水城。
将军斗书浇块垒，元勋珠句慰平生。
我今登阁增感慨，江山多难复多情。

贺敬之（1924— ），山东峄县人。现代著名革命诗人、剧作家。历任中国作家协会和戏剧家协会理事，文化部副部长、代部长等职。新中国成立后，创作了《回延安》《放声歌唱》《三门峡歌》《十年颂歌》《雷锋之歌》《西去列车的窗口》《中国的十月》《八一之歌》等著名诗篇。

蓬莱阁杂咏五首

到蓬莱

刘　征

茫茫一碧海天开，岛影云光逐望来。
仙境未离人境远，轻车一晌到蓬莱。

刘征（1926—　），原名刘国正，北京人。著名的语言教育家、作家。现任《中华诗词》主编，中华诗词学会副会长，中国毛泽东诗词研究会副会长。

访苏祠

刘　征

论盐五日苏民困，岂止狂歌海市空。
眉宇高寒遗像在，登山第一礼髯公。

吊戚祠

刘　征

高贤祠庙没荒云，仙境丹崖彩饰新。
千古蓬莱劳远梦，买丝应绣戚将军。

看“海不扬波”炮痕

刘　征

碧血如潮百战多，赢来沧海不扬波。
炮痕试剥苍苔看，忍放承平入醉歌。

天后宫

刘 征

雾鬓星眸伴远航，一锚曾镇海风狂。
渔家不睬尊天后，但认波神是女郎。

题蓬莱阁

欧阳中石

高阁建础立丹崖，半在尘寰半入霞。
天后常邀云外客，神凡同醉泛仙槎。

欧阳中石（1928—2020），山东肥城人。全国政协委员，中国书法家协会顾问，中国画研究院院务委员，中国文史研究馆馆员。学书先从师武岩法师，后又师从吴玉如。从唐碑入手，旋即转临北魏诸墓志，后亦曾涉足于篆、隶、甲骨、金文，尤于欧阳询诸碑临池最勤。多作行书，宗法二王。草书以王羲之、孙过庭为宗。书风妍婉秀美，潇洒俊逸，既有帖学之流美，又具碑学之壮大。

水城清淤碑

欧阳中石

四年三次上蓬莱，几度登临意未衰。
天后慈心青碧海，龙王稽首奉丹崖。
成仙吕祖云中去，获罪东坡贬后来。
立志水城名自隐，同和告史费疑猜。

无　题

王丙乾

碧海万顷层层浪，丹崖雄俊步步高。
蓬莱琼阁风光美，神州处处好河山。

王丙乾（1925—　），直隶（今河北）蠡县人。历任财政部处长、司长、副部长、部长、党组书记，国务委员，全国人大副委员长等职。

无　题

张学棣

秋阳秋色送秋霾，齐鲁风光次第开。
岱麓倥偬沂水尽，一轺飞掣上蓬莱。

张学棣，著名书法家、书法理论家、诗人。南京师范大学博士生导师，教授。

蓬莱阁联想

王德海

十亿元元赛八仙，丹崖连水水连天；
取经域外兴华夏，引进云梯揽月旋。
到得蓬莱期海市，精神物质欲双全；
芸芸龙胄悠悠梦，天外当知别有天。

王德海，山东泰安人，著名书法家。中国艺术研究院文化艺术市场研究中心泰安书画院院长、书法教授，南京市长江书画院名誉院长，一级书画师，山东省书法家协会会员。

无　题

吴建贤

日落沙明天倒开，波摇石动各萦回。
轻舟汎月随沄转，疑是山阴雪后来。

吴建贤，上海人。中国书法家协会理事，上海市书法家协会副主席，上海市文学艺术联合会委员。

蓬莱阁

王作言

朱楼千载傲苍穹，气笼丹崖幻缈中。
袖挽昆仑三月雪，身披东海霞九重。
画栏凭处天风短，悬壁临前欲念空。
试看落晖灯万点，波涛翻滚走蛟龙。

王作言（1947—　），山东蓬莱人，高级记者。历任《中国商报》副总编辑、《国际商报》总编辑、中国驻阿塞拜疆大使馆经济商务参赞、中国商业文化研究会执行会长。

蓬莱阁苏公祠诵东坡居士海市诗

王作言

太守五朝奉旨归，毫生蜃气阁生辉。
山川炳焕输琼韵，落日长风逐浪飞。

登蓬莱阁二首

王作言

其一

海上起高山，楼藏云雾端。

抬头摘星月，回首炼金丹。

其二

求丹不见还，遗恨两千年。

今日登临者，人人皆神仙。

望海潮·蓬莱阁

王作言

丹崖形峻，壁伸云绕，高擎琼阁飞亭。蜃气楼台，烟霓幽洞，一帘天地丹青。碧海送长风。更堞雉余照，月挂沧溟。螺链轻摇，满帆归唱浪涛声。

古今过往匆匆。叹秦皇汉武，未得长生。太守五朝，徒留恨墨，引来多少诗情。尘外堪迷蒙。任鸥歌鹭语，万点渔灯。多少人间仙境，都在美梦中。

一丝风·望蓬莱水城

王作言

负山扼海锁浪波，刀寨一池罗。素萦戚氏魂魄，青史令吟哦。

操水武，舰巡梭，退寇倭。秋风明月，暗上墙堞，同把思托。

蓬莱仙境

莫　言

蓬莱阁上望长岛，碧水蓝天卧舰船。
一线白沙分二海，七壶黄酒醉八仙。
遥思甲午悲鏖战，莫忘豺狼策警鞭。
军号再听心又热，鬓丝如雪叹流年。

翻检手机旧照片，忆起当年故地游
四十二载一转瞬，颓然老气已横秋

莫言（1955—　），本名管谟业，山东高密人，当代著名作家。2011 年凭借作品《蛙》获得茅盾文学奖。2012 年获得诺贝尔文学奖。2016 年 12 月当选中国作家协会第九届全国委员会副主席。

再登蓬莱阁

莫　言

海市蜃楼虚幻景，空非是色色非空。
高僧题壁图宏法，猛将练兵为建功。
血浸丹崖铭国耻，舟浮方士盼西风。
我来旧地思袍泽，仙阁斜阳相映红。

戊戌八月，重游老营盘，再登蓬莱阁得句
庚子深秋　莫言

第六节　外国使节诗词

蓬莱阁

郑梦周

采药未还沧海深，秦皇东望此登临。
徐生诈计非难悟，自是君王有欲心。

（《韩国文集丛刊》，景仁文化社 1990 年版）

郑梦周（1337—1392），字达可，号圃隐，祖籍今韩国庆尚北道浦项市乌川邑。朝鲜高丽王朝末期著名政治家、外交家、哲学家、文学家，被誉为朝鲜理学的鼻祖。明洪武年间六次出使中国，著有《圃隐集》。

蓬莱阁

郑道传

风急扁舟一叶轻，八仙祠下是州城①。
晚登高阁还南望，此去金陵复几程。

（《韩国文集丛刊》，景仁文化社 1990 年版）

郑道传（1342—1398），字宗之，号三峰，祖籍朝鲜安东奉化。朝鲜李朝初期政治家、儒学家、诗人。李氏王朝首任领议政。著有《三峰集》。

登州蓬莱阁感怀②

李崇仁

征鞍初卸郡城西，又向峰头杖瘦藜。

---

① 指登州府城。

② 这首诗是李崇仁作为正使，于明朝洪武十九年（1386）在登州所作。

阳谷波翻看日出，蓬莱云近讶天低。
坡仙绝唱谁能和，岛客幽魂每欲迷。
自是登临多古意，非开游子独悲凄。

（《韩国文集丛刊》，景仁文化社 1990 年版）

李崇仁（1347—1392），字子安，号陶隐，祖籍今韩国庆尚北道星洲郡。高丽王朝末期著名文学家、诗人。著有《陶隐集》。

登蓬莱阁①

权　近

蓬莱古阁在高丘，破础颓垣野草秋。
徐市不远天渺渺，安期难遇水悠悠。
鼍喷雪浪长风壮，鳌戴神山灏气浮。
秦汉到头何事业，白云千载使人愁。

（《韩国文集丛刊》，景仁文化社 1990 年版）

权近（1352—1409），字可远、思叔，号阳村，安东府人。高丽王朝末期、李朝初期著名的理学家、文学家、诗人，封“吉昌君”。著有《礼记浅见录》《五经浅见录》等。

蓬莱阁

李　稷

蓬莱高阁临沧海，海上三山若个边。
欲棹扁舟寻得去，浪翻风壮意茫然。

① 该诗作于明洪武二十九年（1396）。

山东山北海连天，利涉须凭万斛船。
今古几多舟楫手，令人重忆传岩贤。
（《韩国文集丛刊》，景仁文化社 1990 年版）

李稷（1362—1431），字虞庭，号亨斋，星洲人。高丽、朝鲜王朝文臣、诗人，官至领议政。著有《亨斋集》。

登蓬莱仙阁

吴允谦

蓬莱仙山昔闻名，今日登临眼忽明。
大浸亘中夷夏阔，长风搴远斗箕平。
浮槎万里身如粟，排浪千层气掣鲸。
坐到月高银汉净，空中倘有玉箫声。
（《韩国文集丛刊》，景仁文化社 1990 年版）

吴允谦（1559—1636），字汝益，号楸滩，海洲人。朝鲜李朝仁祖大王时期政治家，官至领议政。著有《楸滩集》。

登蓬莱仙阁

吴允谦

独登仙阁思悠然，万古无疆只有天。
回首茫茫碧海水，几年还是种桑田。
（《韩国文集丛刊》，景仁文化社 1990 年版）

登蓬莱阁

李民宬

秦皇汉武遣方士望海中蓬莱山故名。

门虚碧浪涌，楼回彩霞明。
水落田横寨，天低不夜城。
秦皇何所得，汉帝亦无成。
远客凭栏久，苍溟月又生。

（《韩国文集丛刊》，景仁文化社 1990 年版）

李民宬（1570—1629），字宽甫，号敬亭，祖籍今韩国全罗北道义城郡。朝鲜李朝时期著名诗人。著有《敬亭集》《敬亭续集》。

登蓬莱阁

金尚宪

登州楼观跨虚空，势压沧溟万里穷。
桥石已从秦帝断，星槎惟许汉臣通。
乾坤荡漾洪波里，日月分开积气中。
半世远游今白发，百年奇绝此难同。

（《韩国文集丛刊》，景仁文化社 1990 年版）

金尚宪（1570—1652），字叔度，号清阴、石室山人，安东府人。朝鲜李朝仁祖时期官至左议政。著有《清阴集》《野人谈录》等。

蓬莱阁晚眺

李献庆

东路登登直北驰，云高铁岭到来夷。
官居切汉三千丈，云气含村十二时。
仙兴吏情清鼓吹，山形江势俨城池。
淳风不死耕桑稳，卧合治规是我师。

（《韩国文集丛刊》，景仁文化社 1990 年版）

李献庆（1719—1791），字梦瑞，号艮翁、白云亭、玄圃，朝鲜王朝著名儒士。著有《艮翁集》。

第七节　歌　曲

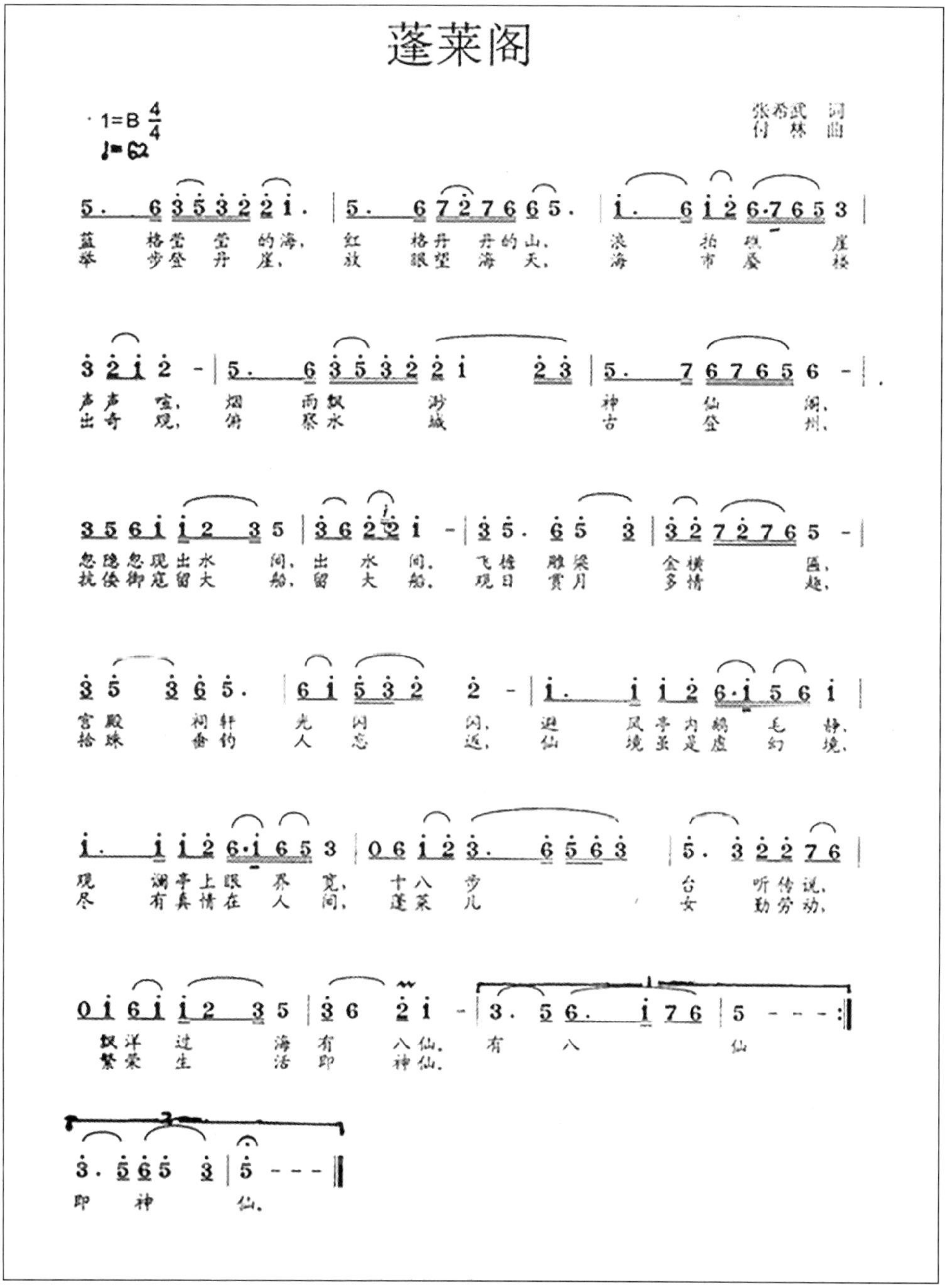

作者简介：

词作者张希武（1938— ），山东莱州人。著名词作家、剧作家，山东歌舞剧院一级作词。代表作有《沂蒙姑娘唱家乡》《打秋千》《中华情思》《锦绣中华》等。

曲作者付林（1946— ），黑龙江富锦人。词曲作家，中国音乐家协会理事、中国音协流行音乐学会主席、中国大众音乐协会副主席、中国音乐文学学会常务理事。代表作有《妈妈的吻》《小螺号》《楼兰姑娘》等。

演唱者张也（1968— ），湖南长沙人。中国女高音歌唱家，国家一级演员，中国音乐学院声乐歌剧系教师。代表歌曲有《走进新时代》《祖国颂》《走在小康路上》《这是美丽的祖国》等。

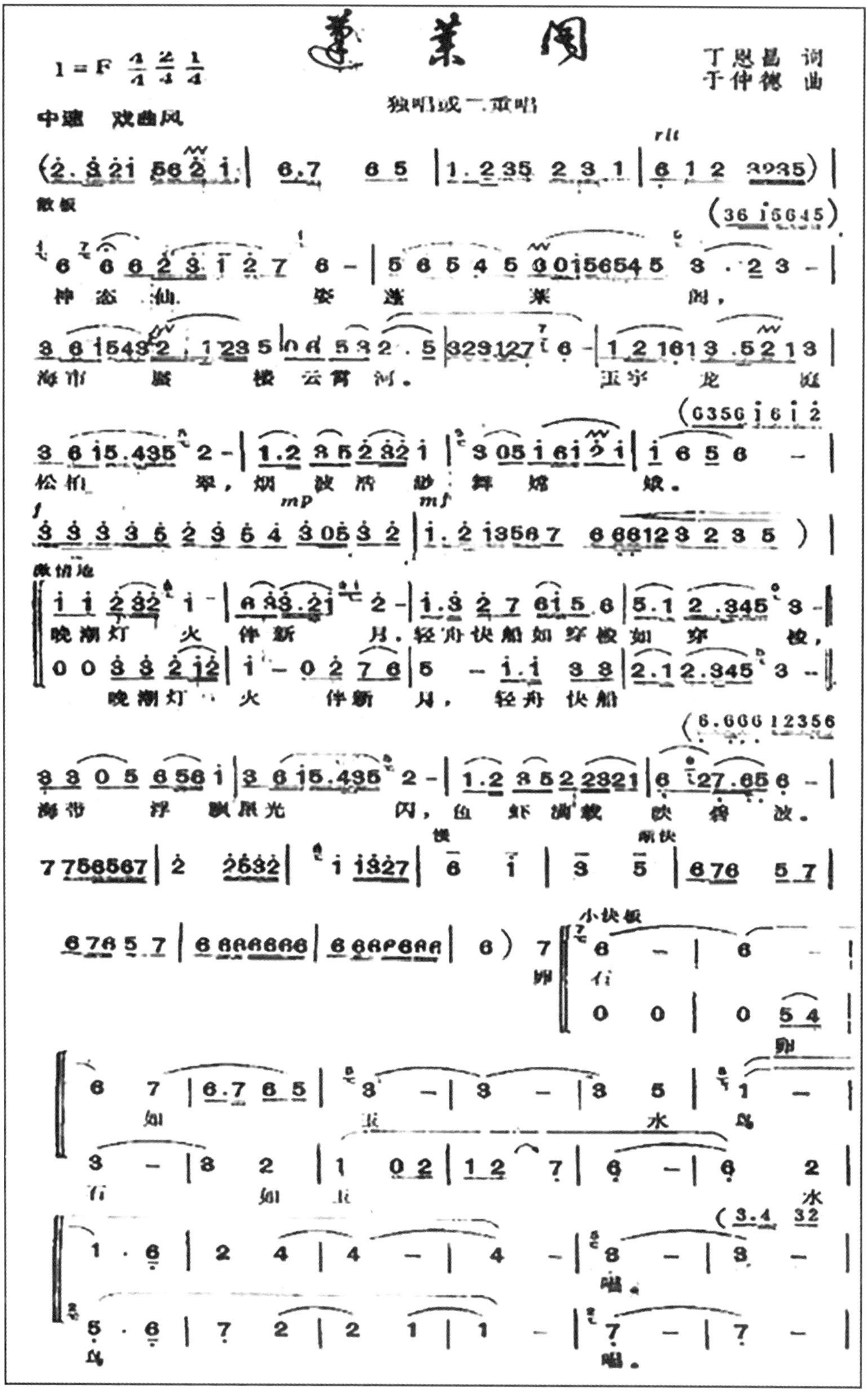
蓬莱阁
1=F 4/4 2/4 1/4
丁恩昌 词
于仲德 曲
独唱或二重唱
中速　戏曲风
rit
散板
神态仙姿蓬莱阁，
海市蜃楼云霄河。
玉宇龙庭
mp
mf
激情地
晚潮灯火伴新月，轻舟快船如穿梭如穿梭，
晚潮灯火伴新月，轻舟快船
海带浮飘鳞光闪，鱼虾满载映金波。
慢
稍快
小快板

作者简介：

词作者丁恩昌（1946— ），山东淄博人。国家一级编剧，中国音乐家协会会员。代表词作有《军民齐绣红太阳》、《泰山景》、《小小桂花香》、《西部建设者》、《农家有双绣春手》、《小鸭救小鸡》、《小老鼠找朋友》、《修铁牛》、《鸟语花香》、《我的家乡在山东》、《悄悄闪光》、《沸腾的工地》（与施光南合作）、《大厦的眼睛》（与唐珂合作）、《华夏陶瓷》（与丁修茂合作）。著有诗集《人生方程》《丁恩昌歌词选》《丁恩昌作词歌曲选》等。著有剧本《求医》《出车》。

曲作者于仲德（1936— ），山东莱阳人。著名指挥家。曾任山东歌舞剧院院长，第五届中国音乐家协会理事，中国音乐家协会表演艺术委员会副主任，中国民族管弦乐学会常务理事，山东省音乐家协会主席。现任山东歌舞剧院名誉院长，山东省音乐家协会名誉主席、专家指导委员会主任。个人传略被收入《世界华人文学界名人录》。

演唱者王素萍（1937— ），女，天津人，祖籍河北广平。著有论文《第五代导演和第五代电影综述》《从四十年代电影期刊看四十年代电影》、长篇纪实传记文学作品《她还没叫江青的时候》。

八 仙 过 海

香港电视剧《八仙过海》主题歌

1=F $\frac{2}{4}$

苏 翁词
关圣佑曲

作者简介：

词作者苏翁（1932—2004），原名苏炳鸿，广东顺德碧江人。著名粤剧编剧家、剧评家。填词粤语歌曲有《相似泪》《新禅院钟声》《分飞燕》《天涯孤客》《八仙过海》。主要粤剧作品有《铁马银婚》《章台柳》《宇宙锋》《摘缨会》《杨枝露滴牡丹开》《江湖恩怨侠鸳鸯》《白龙关》《张仙传》《一支红杏未出墙》等，主要粤曲作品有《重台泣别》《花蕊夫人》《琴心记》等。

曲作者关圣佑（1943—2011），原名关庆耀，广东顺德人。香港作曲家，以一曲《快回头望一望》（刘凤屏主唱）一炮而红，其后二十多年中创作了数百首脍炙人口的歌曲。代表作有电视剧主题曲《秦始皇》《八仙过海》《武则天》《江山美人》《宝莲灯》《再向虎山行》《霍东阁》等，在内地和香港家喻户晓。他作曲、填词的贺年歌《欢乐年年》《迎春花》在世界各地广为流传。

演唱者刘凤屏，中国香港人。香港老牌实力派歌手，绰号“娇娇女”。代表歌曲有《问问你》《快回头望一望》。音乐专辑有《恭喜发财》《蝴蝶血》《问问你》《针叶树》《刘凤屏之歌》《海棠花·红烛泪》《明月诉情·怎了相思账》《刘凤屏国语金曲》。

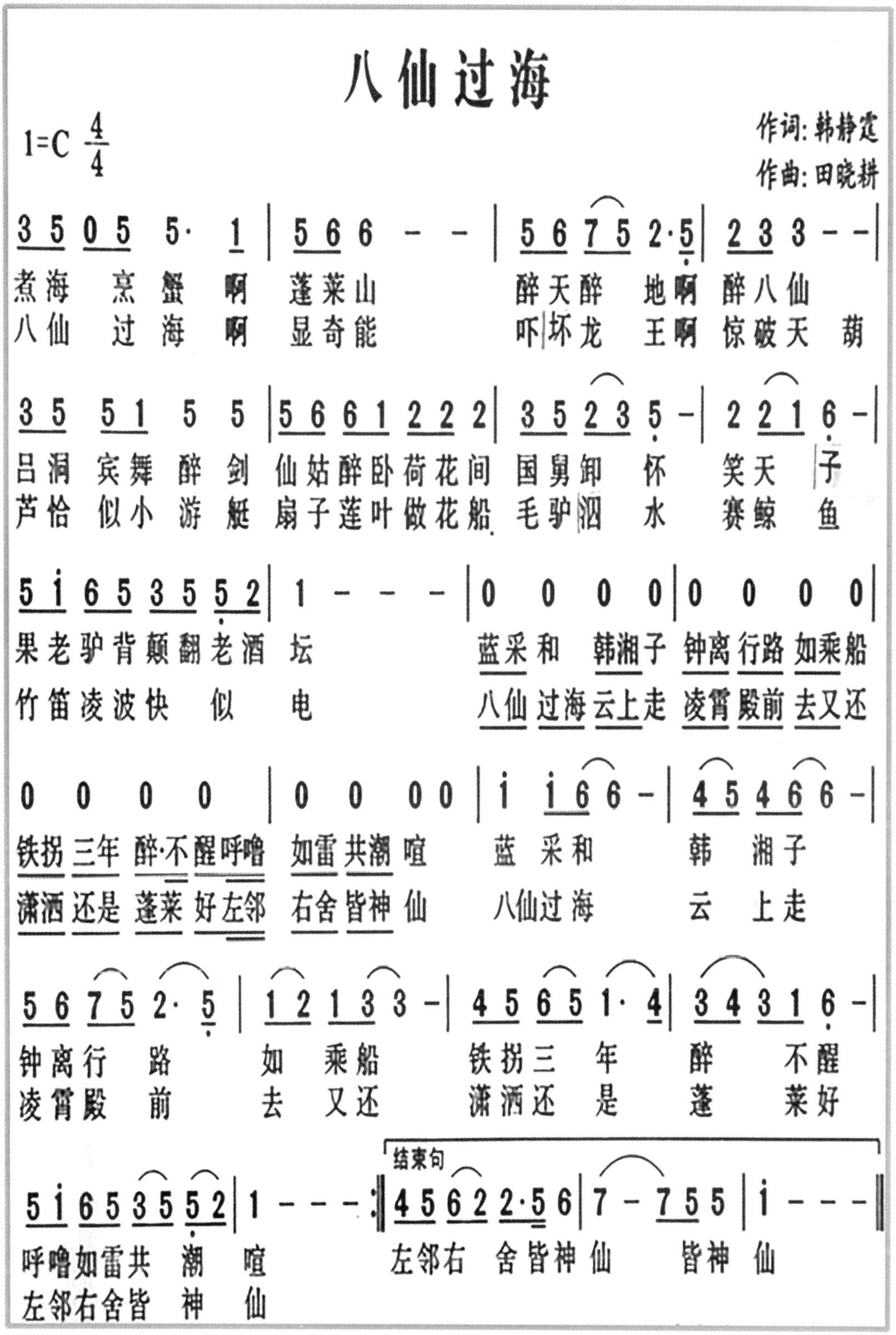
八仙过海
1=C 4/4
作词:韩静霆
作曲:田晓耕
煮海烹蟹啊蓬莱山 醉天醉地啊醉八仙
八仙过海啊显奇能 吓坏龙王啊惊破天葫
吕洞宾舞醉剑 仙姑醉卧荷花间 国舅卸怀 笑天子
芦恰似小游艇 扇子莲叶做花船 毛驴泗水 赛鲸鱼
果老驴背颠翻老酒坛 蓝采和韩湘子 钟离行路如乘船
竹笛凌波快似电 八仙过海云上走 凌霄殿前去又还
铁拐三年醉不醒呼噜 如雷共潮喧 蓝采和 韩湘子
潇洒还是蓬莱好左邻 右舍皆神仙 八仙过海 云上走
钟离行路 如乘船 铁拐三年 醉不醒
凌霄殿前 去又还 潇洒还是 蓬莱好
结束句
呼噜如雷共潮喧 左邻右舍皆神仙 皆神仙
左邻右舍皆神仙

作者简介：

词作者韩静霆（1944—　），吉林东辽人。中国电影编剧、作家。历任军委空军政治部文艺创作室主任，中国作家协会全国委员会委员，农工民主党东方书画社社长。主要作品有小说《凯旋在子夜》《战争，让女人走开》，电影、电视连续剧《大出殡》《市场角落的“皇帝”》《孙武》等。

曲作者田晓耕（1955—　），北京人。历任《歌曲》副主编，中国音乐家协会副秘书长。主要作品有《光荣的北京》《港人爱国心》《我为你站岗》《好大好大的世界》《今日中国充满希望》《笑容》等。

演唱者青春鸟布丁果果组合。北京青春鸟影视艺术发展中心隆重推出的青春歌舞组合。2001年，“布丁果果”商标正式注册，成为中国青春歌舞组合中的著名品牌。

第九章　书　画

第一节　书　法

1. 翟云升书法

四月清和雨乍晴，南山当户转分明。
更无柳絮因风起，惟有葵花向日倾。

翟云升（1776—1858），字舜堂，号文泉，山东莱州人。清道光二年（1822）进士，著名诗人、古文字学家、书法家。他的隶书，由精雕秀媚到凝练厚重，再由凝练厚重到大气磅礴、朴实无华、酣畅淋漓，是名重一时的书坛大家。著有《隶篇》《隶篇续》《隶篇再续》各15卷。

2. 董必武书法

来游此地恰当时，海国秋风暑气吹。
没有仙人有仙境，蓬莱阁上好题诗。

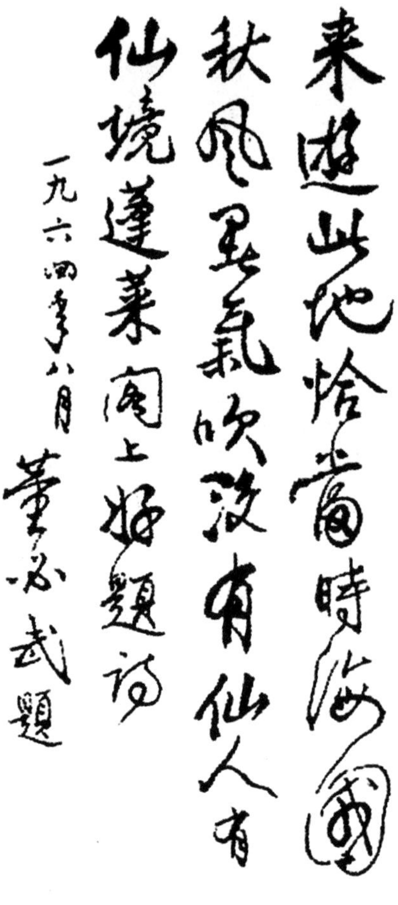

董必武（1886—1975），字洁畲，号壁伍，湖北黄安人。新中国成立后历任全国政协副主席，中华人民共和国副主席、代主席，全国人大常委会副委员长，中央政治局常委。董必武的字刚劲挺拔，俊俏舒逸。他曾在1948年为第一套人民币书写文字。

3. 刘海粟书法

天风海涛

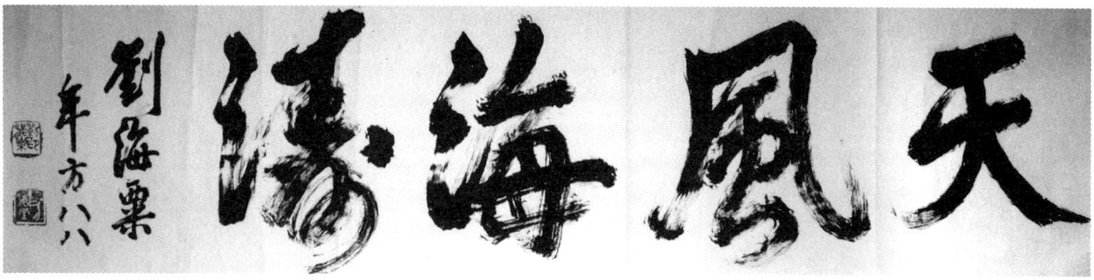

刘海粟（1896—1994），名槃，字季芳，号海粟，江苏常州人。现代杰出画家、美术教育家。新中国成立后历任南京艺术学院院长、上海市美术家协会名誉主席、中国美术家协会顾问等职务。曾荣获英国剑桥国际传记中心授予的“杰出成就奖”、意大利欧洲学院授予的“欧洲棕榈金奖”。刘海粟早年习油画，画风苍古沉雄。兼作国画，线条有钢筋铁骨之力。后潜心于泼墨法，笔飞墨舞，气魄过人。晚年运用泼彩法，色彩绚丽，气格雄浑。出版有《海粟老人书画集》《刘海粟油画选集》《海粟国画》《画学真诠》等。

4. 叶剑英书法

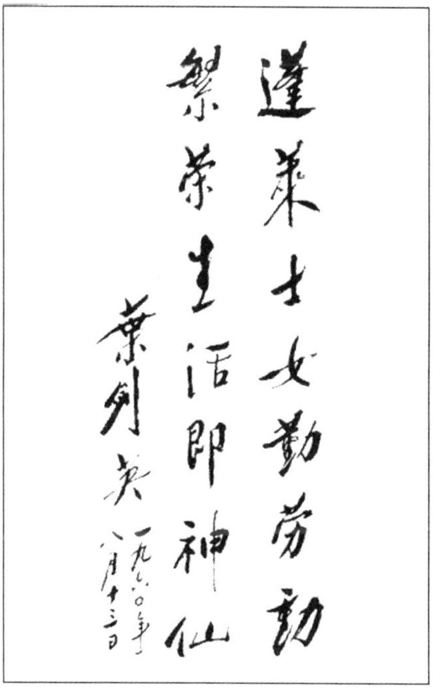

蓬莱士女勤劳动，
繁荣生活即神仙。

叶剑英（1897—1986），原名叶宜伟，字沧白，广东梅州人。无产阶级革命家、政治家、军事家，中国人民解放军和中华人民共和国的创建者和缔造者之一，中华人民共和国十大元帅之一。新中国成立前，任中华苏维埃共和国中央革命军事委员会委员兼总参谋部部长、八路军参谋长。新中国成立后，历任中国人民解放军武装力量监察部部长、第四届全国政协副主席、国防部部长、全国人大常委会委员长等职。叶帅的字浑圆遒劲，柔中带刚，自然流畅，不落俗套。

5. 费新我书法

人间胜地，海上仙山。

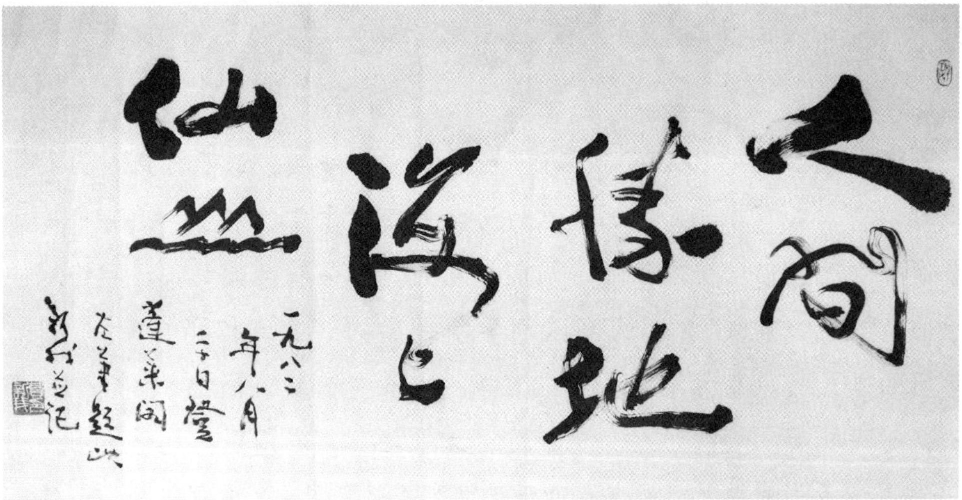

费新我（1903—1992），字立千，号立斋，浙江湖州人。擅长中国画、书法。中国美术家协会会员，中国书法家协会理事，中国书法家协会江苏分会顾问，江苏省国画院一级美术师，历任苏州市武术协会名誉主席、湖州书画院名誉院长等。他的隶法古拙朴茂，楷书敦厚，行草不受前人羁绊，参以画意，有强烈的节奏感。著有《费新我书法选》《怎样学书法》《费新我书法集》等。

6. 魏文伯书法（1）

红日丹崖开异彩，
蜃楼海市壮奇观。

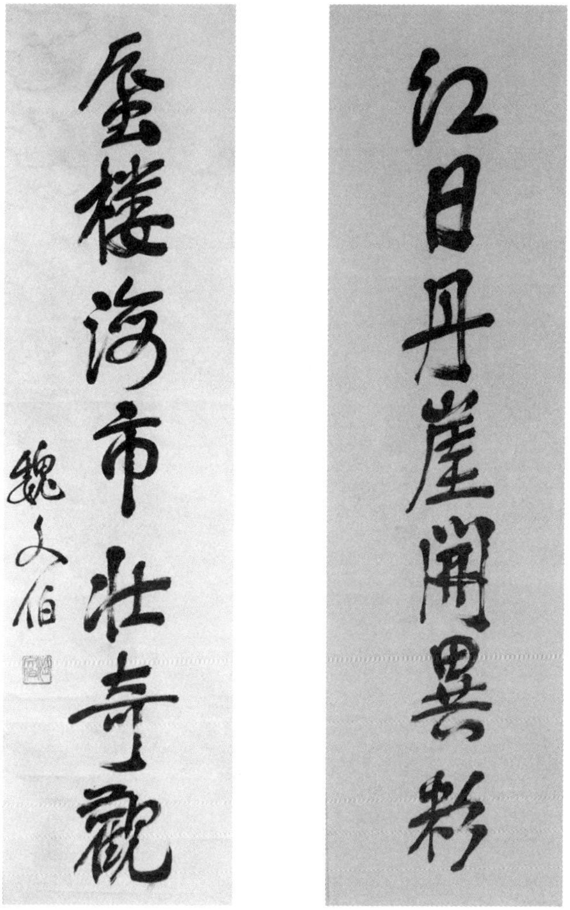

魏文伯（1905—1987），湖北新洲人。曾任中共上海市委书记处书记、司法部部长，是中共八大、十二大代表，中顾委委员，第三届全国人大代表。为中国书法家协会理事，工诗词，好书法，所作小楷质朴遒丽，一笔不苟；行草非唐非宋，亦唐亦宋；喜作擘窠大字，结体雄秀，呈雍穆端庄之姿。

7. 魏文伯书法（2）

九万青天登梯得路，三千碧海破浪乘风。

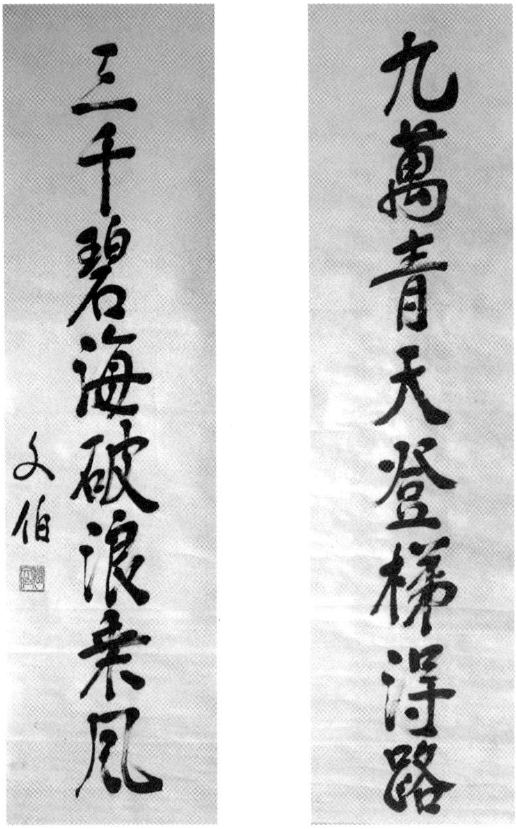

8. 赵朴初书法

夸谈此地八仙过，更着羲之换白鹅。
莫笑荒唐了无据，试言今日事如何。

真临仙阁凌虚地，来读苏公海市诗。
不羡群仙浮海日，却思戚帅筑城时。

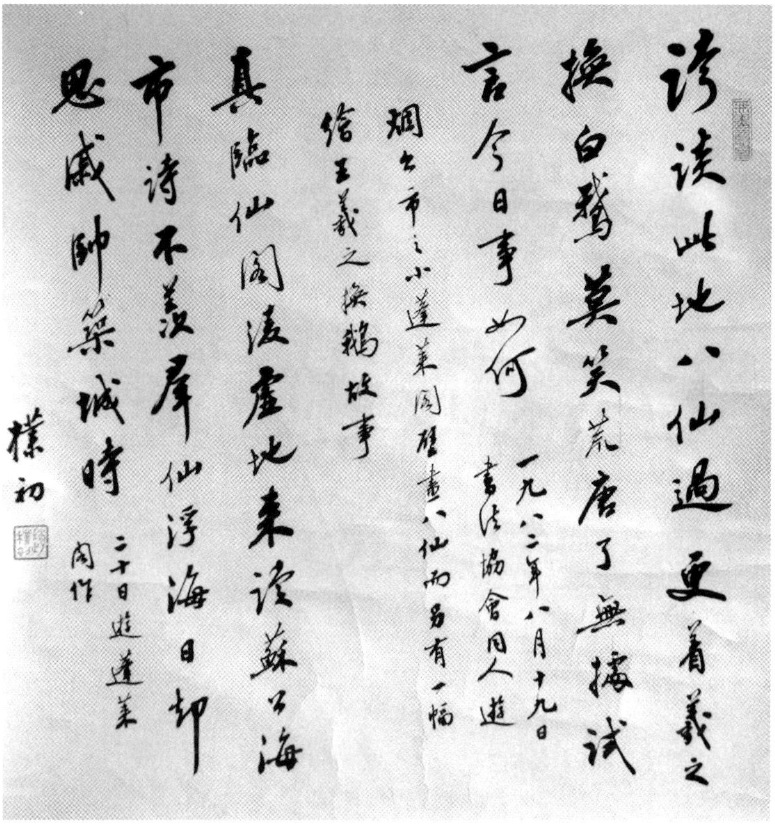

赵朴初（1907—2000），安徽太湖人。历任中国佛教协会会长，中国佛学院院长，中国藏语系高级佛学院顾问，中国宗教界和平委员会主席，中国书法家协会副主席，中国民主促进会中央常委，民进中央参议委员会主任、副主席、名誉主席，全国政协副主席等职。他的书法作品俊朗神秀，在书法界久负盛名。

9. 武中奇书法（1）

寻真误入蓬莱岛，
香风不动松花老。
采芝何处未归来，
白云遍地无人扫。

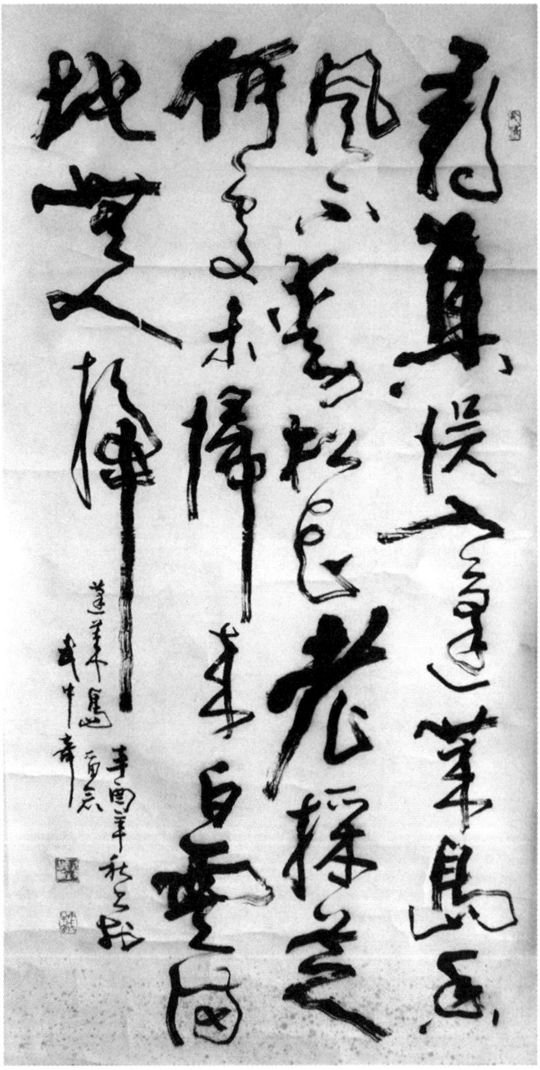

武中奇（1907—2006），山东长清人。曾任江苏省人大常委会委员，中国书法家协会江苏分会主席，江苏省画院副院长，中国书法家协会理事。他的书法真、草、篆、隶均有深厚功力，书风气势浑厚，挺拔苍劲。书法作品曾参加全国第一、二、三、四届书法篆刻展和中日书艺交流展等。

10. 武中奇书法（2）

佑一方湖平岸润，护寰海风正帆悬。

11. 程思远书法

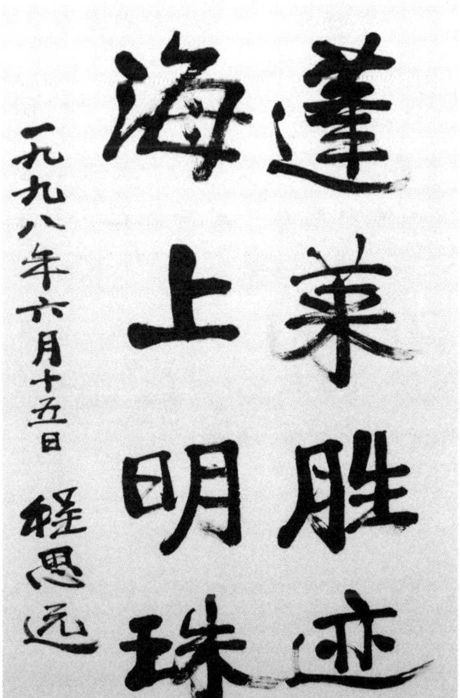

蓬莱胜迹，海上明珠。

程思远（1908—2005），广西宾阳人。著名的无党派爱国人士，政治活动家。历任中国国际文化交流中心副理事长兼秘书长、总顾问，全国政协副秘书长，第七届全国政协副主席，中国和平统一促进会会长，全国人大常委会副委员长。著有《蒋李关系与中国》《李宗仁先生晚年》《政坛回忆》《政海秘辛》《白崇禧传》《我的回忆》。

12. 吴作人书法

登阁成仙

吴作人（1908—1997），安徽泾县人。曾任中央美术学院院长，中国美术家协会常务理事、副主席，中国文联副主席，中国美术家协会主席，全国人大代表。吴作人的字以行草得流畅，以楷篆取厚重，游行自在，通畅自然，儒雅而刚健。其油画《齐白石像》《三门峡》、中国画《牧驼图》等均为中国美术馆收藏。发表有文章《印度绘画》《谈风景画》《对油画的几点刍见》等。著有《吴作人画集》《吴作人画辑》《吴作人速写集》《吴作人文选》等。

13. 张爱萍书法

琼阁求仙已过时，
而今来游莫为迟。
喜看丹崖焕异彩，
蓬莱儿女赋新诗。

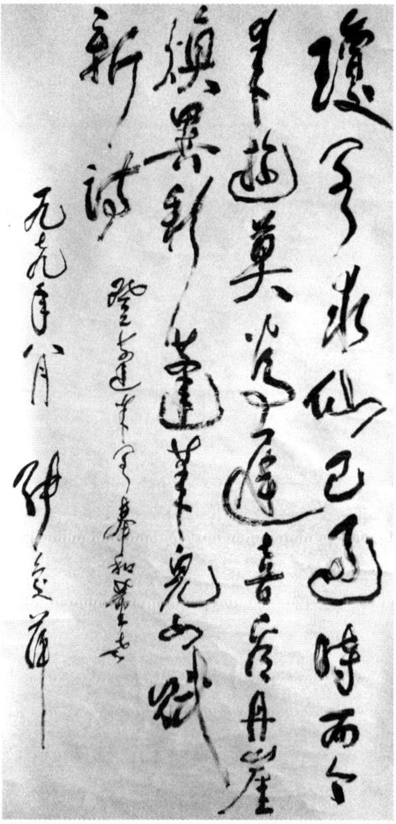

张爱萍（1910—2003），四川达州人。1928年加入中国共产党。土地革命战争时期，任红三军团政治部主任，第十一团政委，骑兵团政委，参加了长征。新中国成立后任中国人民解放军副总参谋长，国务院副总理，中共中央军委副秘书长，国务委员兼国防部部长。他的书法具有张旭神韵，英姿飒爽，精气充沛，风流云转，得行草之真谛，有将军之风骨。

14. 钱伟长书法

才过青州府，
又登丹崖山。
蜃楼尽缥渺，
游踪在人间。

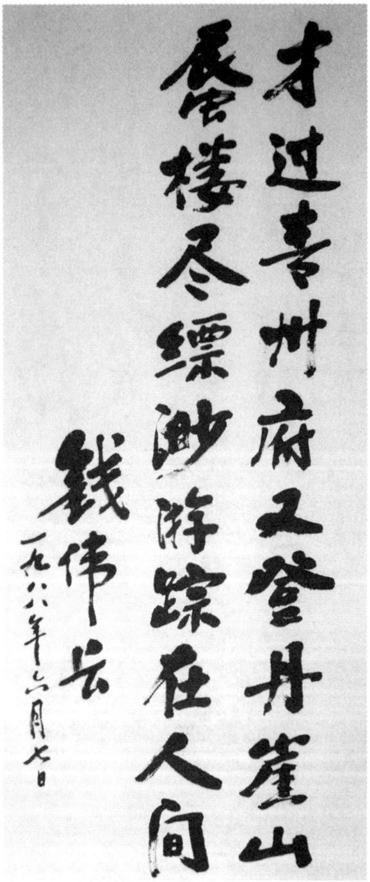

钱伟长（1912—2010），江苏无锡人。中国力学家、应用数学家、教育家，中国科学院院士，上海大学校长，南京航空航天大学名誉校长。中国近代力学、应用数学的奠基人之一。第六至九届全国政协副主席，民盟中央副主席、名誉主席。他的书法作品质朴简淡，字里行间透露着一股从容淡定的气势。

15. 李半黎书法

梦醉蓬莱

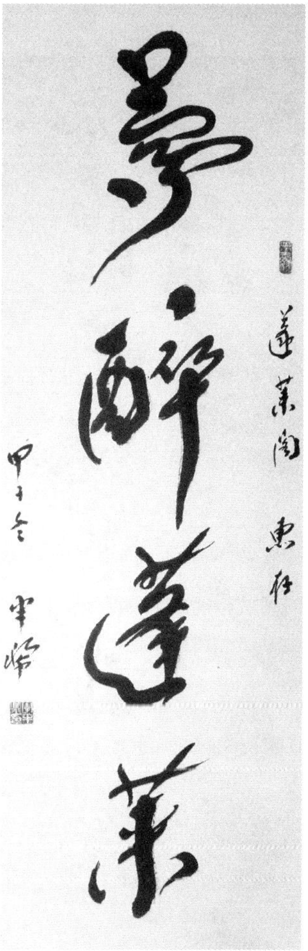

李半黎（1913—2004），原名李周裕，河北高阳人。中国书法家协会理事，四川省书法家协会主席，四川省新闻工作者协会主席，中华书院特聘名誉理事，中国老年书画研究会顾问，四川省诗书画院副院长，四川省文联常委，兰亭书会名誉会员。自幼喜爱书法，初从颜真卿入手，后取怀素、何绍基诸家之长，入古而不泥，致力出新而力戒狂怪，书风偏于豪放而不失婉约。

16. 黄均书法

蓬莱阁上望蓬莱，此日登临亦快哉。
我欲骑鲸驱海若，为吞倒景出楼台。

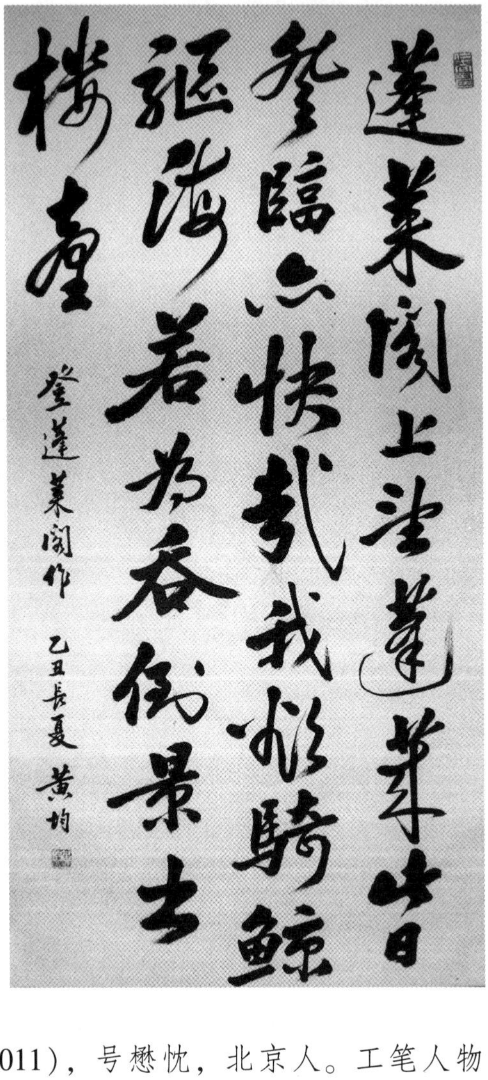

黄均（1914—2011），号懋忱，北京人。工笔人物画家、美术教育家。历任中央美术学院教授，中国美术家协会会员，北京古都书画研究院院长，北京工笔重彩画会副会长，中山书画社顾问，东方书画社顾问及中国口岸协会书画研究会顾问。

17. 黄苗子书法

人在蓬莱仙境

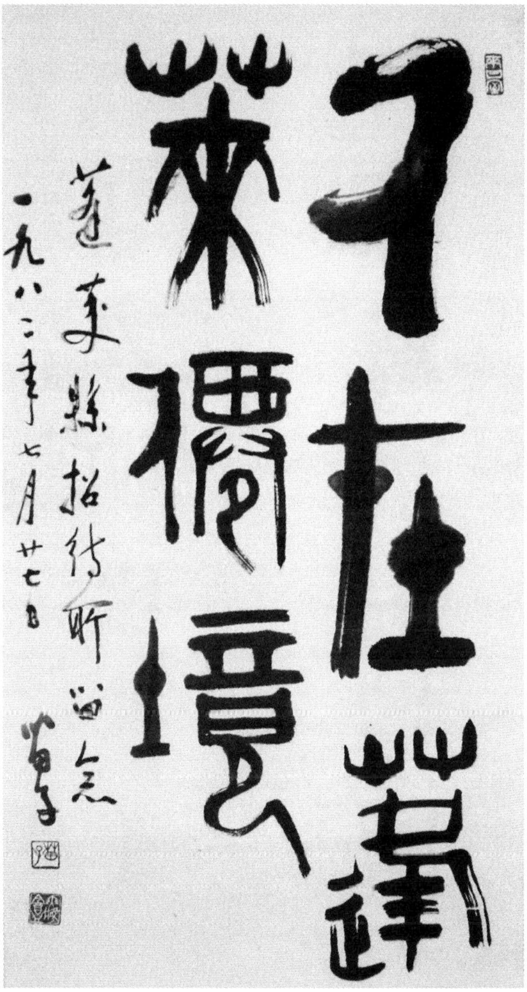

黄苗子（1913—2012），广东中山人。著名漫画家、美术史家、美术评论家、书法家。曾任全国文学艺术界联合会委员，中国美术家协会理事，中国书法家协会常务理事，全国政协委员。黄苗子书法从古代“象形字”中得到启发，将书法和漫画结合起来，创作出一种新型的书法体系。

18. 赖少其书法

俯览大地出蓬莱，仰观海市生楼阁。

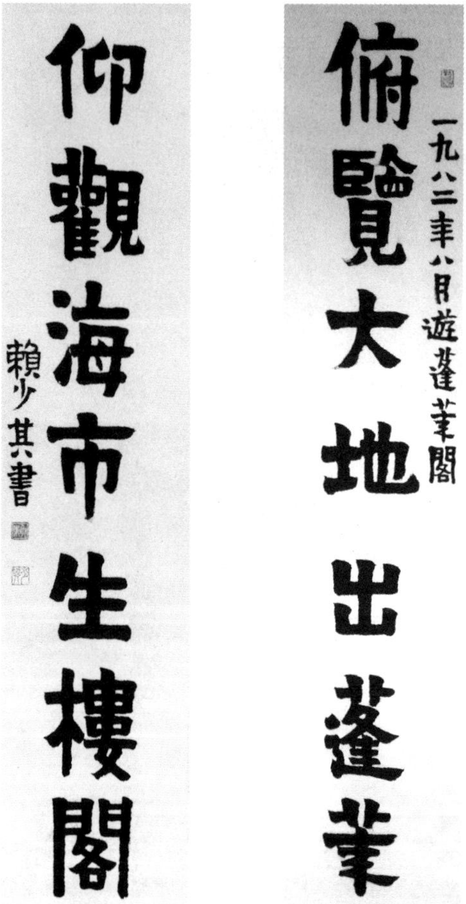

赖少其（1915—2000），笔名少麟，斋号木石斋，广东普宁人。历任中华全国美术工作者协会全国委员会委员，华北文联秘书长，上海市美术家协会副主席，安徽省文联主席，中国书法家协会名誉理事，安徽省书法家协会主席，中国版画家协会副主席等。他的漆书端庄凝重，富有金石味，行草则流走自然，在风华婉转中显露出艺术上的天真和淳厚，体现着拙和朴的美，共同形成了赖少其朴拙奇崛、圆劲浑厚的书法风格。

19. 荣毅仁书法

此间风景独好

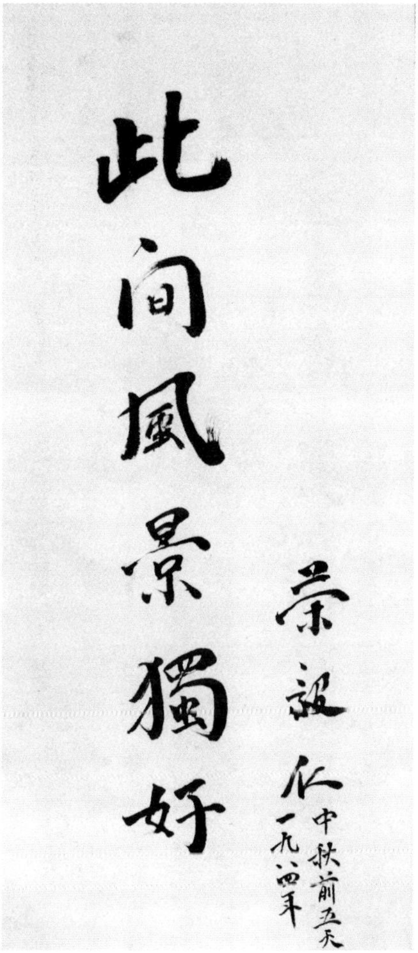

荣毅仁（1916—2005），江苏无锡人。中国现代民族工商业者的杰出代表，曾任中华人民共和国副主席，全国人民代表大会常务委员会副委员长，中国人民政治协商会议第五届全国委员会副主席，中华全国工商业联合会主席，中国国际信托投资公司董事长。荣毅仁的书法雄厚遒劲，秀骨天成。结字大气磅礴，苍劲有力，飘若浮云，矫若惊龙。

20. 王光英书法

仙 境

王光英（1919—2018），北京人。曾任民建中央委员会副主任委员、中央委员会常委，全国人大代表，全国人大常委会副委员长，全国政协委员，第六届全国政协副主席。

21. 华国锋书法

海空奇观

华国锋（1921—2008），原名苏铸，山西交城人。曾任中共湖南省委书记处书记，中共中央主席，中央军委主席和国务院总理。华国锋的书法端庄稳重，自成特色，浑然大气，骨力尽显。

22. 贺敬之书法

果然蓬莱神仙境，沧桑却与人间同。
五日东坡煎灶户，十年南塘成水城。
将军斗书浇块垒，元勋珠句慰平生。
我今登阁增感慨，江山多难复多情。

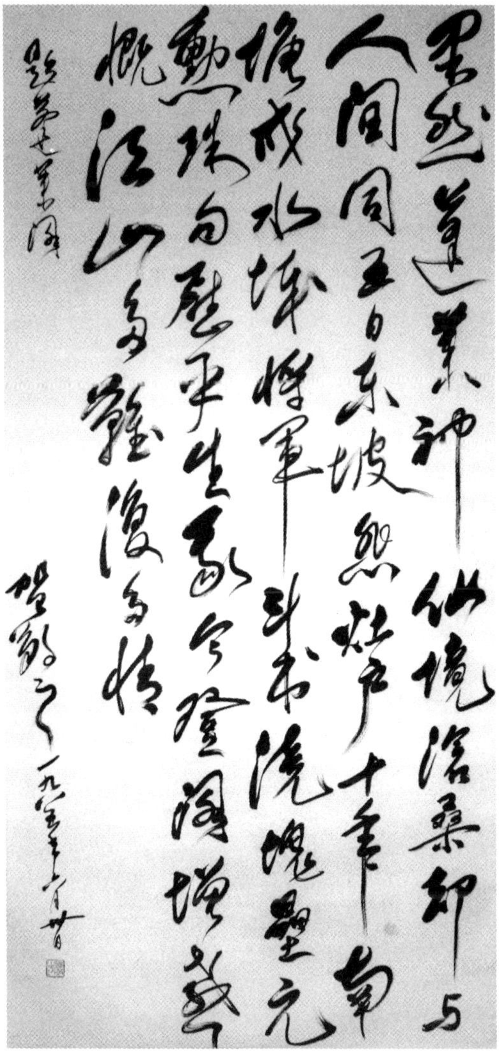

贺敬之（1924— ），山东峄县人。现代著名革命诗人、剧作家。历任中国作家协会和戏剧家协会理事、文化部副部长等职。新中国成立后，创作《回延安》《放声歌唱》《三门峡歌》《十年颂歌》《雷锋之歌》《西去列车的窗口》《中国的十月》《八一之歌》等著名诗篇。他的书法字势飞动，气韵流畅，激情飞扬，节奏感强烈。

23. 周坚夫书法

仙阁凌空

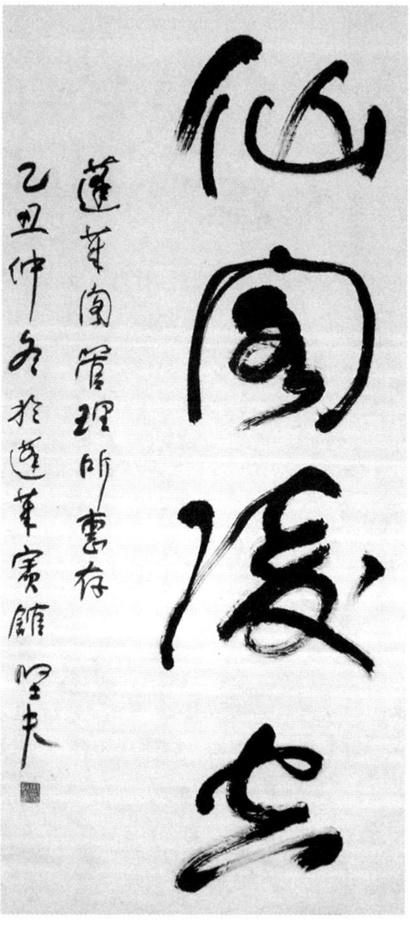

周坚夫（1925— ），山东蓬莱人。1944年参加革命，当代著名书法家。历任山东省即墨县教育科长、师范校长，《山东文学》副主编，山东艺术学院副院长，山东文学艺术界联合会党组副书记兼秘书长，中国书法家协会会员，中国书法家协会山东分会名誉主席、特邀顾问，齐鲁书画研究院院长。

24. 欧阳中石书法

高阁建础立丹崖，半在尘寰半入霞。
天后常邀云外客，神凡同醉泛仙槎。

欧阳中石（1928—2020），山东肥城人。首都师范大学教授、博士生导师，中国书法文化研究所所长，全国政协委员，中国书法家协会顾问，中国

画研究院院务委员。著有《欧阳中石书沈鹏诗词选》《中石夜读词钞》《当代名家楷书谱·朱子家训》《中石钞读清照词》《老子〈道德经〉》等众多书法作品集。其书法格调清新高雅，沉着端庄，俊朗而飘逸，古朴而华美，在国内外享有盛誉。

25. 沈鹏书法

先哲捍宗邦民族光荣垂万世

后生驱劲敌愚忱惨淡经营中

沈鹏（1931— ），江苏江阴人，著名书法家。全国政协委员，中国文联副主席，中国书法家协会名誉主席，中国美术出版总社顾问，《中国书画》主

编。著有《沈鹏诗词选》《三余吟草》《沈鹏书法选》《沈鹏书法作品集》（日本）《沈鹏书白居易长恨歌、琵琶行》《草书千字文》《楷书千字文》《岳阳楼记》等书法作品集。他的书法笔法潇洒，墨色飘逸，返虚入浑，积健为雄。

26. 刘艺书法

尝闻海上有仙山，山在蓬莱县那边。
楼阁巍峨丹崖顶，栉风沐雨越千年。

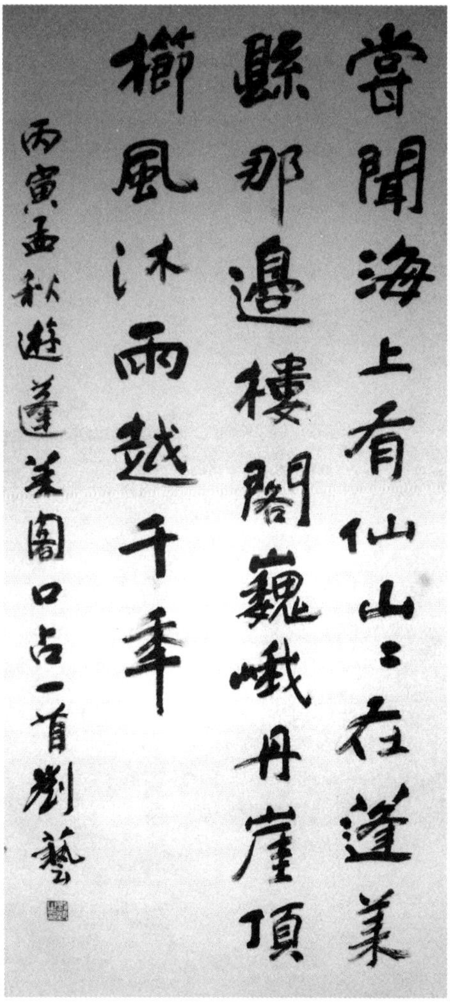

刘艺（1931—2016），原名王平，别署王实子，原籍台湾台中市。著名书法家、书法理论家。曾任中国书法家协会顾问、副主席，中国书法家协会创作评审委员会主任，中国文联书画艺术中心副主任，中国楹联学会顾问。著有《书苑徘徊：刘艺书法图文选集》《刘艺草书琵琶行》《刘艺草书秋兴八首》《刘艺书法作品选》等书法作品集。他的书法精于今草及章草，并擅行、楷、隶诸体。法度严谨，风格清健秀逸，洒脱自然。

27. 张连之书法

烟云飘缈郁孤台，积翠浮空雨半开。
想见之罘观海市，绛宫明灭是蓬莱。

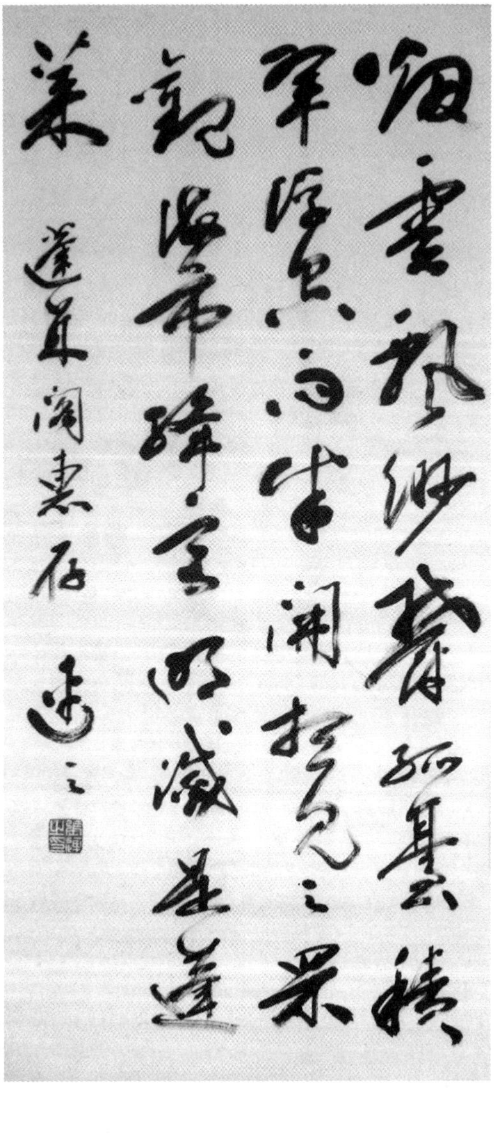

张连之（1937—2016），山东牟平人。曾任中国书法家协会会员，山东省书法家协会副主席，山东画院高级画师，烟台市书法家协会主席，烟台市政协书画联谊会副会长，烟台市老年学会书画委员会主任，《中国书画家》杂志社艺术委员会主任委员。编辑出版有《烟台市书画作品选》《烟台市首届书学研讨会论文集》《烟台市十人书法作品选》《烟台市篆刻作品集》等。他的书法简淡率真、秀美、酣畅。

28. 王一葵书法

开天辟地

炼海烧山

王一葵（1941— ），字子久，号愚斋，北京人。中国书法家协会会员，北京市书法家协会会员。幼年随其父王继光（著名书法家、篆刻家）学习书法，篆刻。书法运笔方侧兼用，多表现金石趣味，在注重传统和继承家学的基础上力求形成自己的书风。

29. 唐云来书法

初临仙阁觅仙踪，碧海丹崖四面风。
渺渺仙踪何处去，沧波曾见九州同。

唐云来（1944— ），天津人。中国书法家协会理事，天津市书法家协会副主席兼秘书长、评审委员会委员。其书法初宗颜真卿，继涉汉魏碑版墓志，后以米芾书翰为宗。作品追求率意纵横、平淡天真的风格。作品曾入选“全国第三届书法展”“第四届全国中青年书法家作品展”“第五届全国书法展”。《书法》杂志、《书法报》、《中国书画报》曾多次刊登其作品及专题介绍。作品被《中南海藏书法集》《中华名匾》等近百种出版物刊载。

第二节 绘 画

1. 李光心《蓬莱水城》

李光心（生卒年不详），清代蓬莱人。

2. 喜禅《竹子》(1)

喜禅（1881—1953），法名昌庆，原名延天循，又名延培基、伯庄、东阁、寿镝等，山东广饶人。在写竹落款时常见的还有佛子昌庆、青龙山僧、绿涛僧、郎罗等。喜禅是著名的墨竹大家，其作品气势旺盛，生机无限，妙趣横生。他画竹干雅逸挺拔，刚柔相济；画竹枝多中锋回锋起笔，笔笔送到，使竹枝有弹力感而不雷同；画竹叶沉着有力，灵活自然，飘逸流畅。

3. 喜禅《竹子》（2）

4. 俞剑华《蓬莱胜景》

俞剑华（1895—1979），原名俞琨，曾用名俞德，字剑华，山东济南人。著名中国绘画史论家、中国画家、美术教育家，擅长山水画，兼擅花卉，并工书法。创作的山水画笔墨苍劲，构图丰满，含蓄有味，自成一格。

5. 江寒汀《松》

江寒汀（1904—1963），原名荻、庚元，笔名江鸿、石溪、上渔，号寒汀居士，江苏常熟人。中国美术家协会会员，中国美术家协会上海分会理事，上海市第二、三届政协委员。近现代海派小写意花鸟代表画家，风格走清代华嵒一路，笔墨老到，色彩明丽，形象生动，构图稳健。

6. 任率英《钟离雅趣图》

任率英（1912—1988），河北束鹿人。中国农工民主党党员，北京市农工民主党文化工作委员会主任，中国美术家协会会员，中国连环画研究会顾问，北京工业大学书画协会顾问。任率英的工笔人物画，画风工细艳丽，雅俗共赏。

7. 黄胄《吕洞宾像》

黄胄（1925—1997），曾用名梁叶子、苗迪，河北蠡县人。著名中国画画家、收藏家，杰出的社会活动家。曾任中国人民革命军事博物馆美术公司顾问，中国画研究院副院长，中国美术家协会常务理事。黄胄的人物画善于运用速写的表现手法来抓住人物特征，线条流畅有力，风格奔放，生活气息浓郁。出版有各种文本和不同形式的《黄胄作品集》三十余种，理论文集有《黄胄谈艺术》《黄胄书画论》等。

8. 黄正襄《蓬莱阁图》

黄正襄（1923—2018），台湾淡水人。曾任北京文史研究馆馆员，中国三峡画院第一副院长，海峡两岸书画家联谊会副会长，全国侨联文学艺术家协会副会长，中国老教授协会会员，中国诗词协会会员，北京湖社画会副会长。他的画风既有古典画法的浓淡干湿、抑扬顿挫，又有透视虚实、色彩斑斓之效果。他将南宗、北宗山水技法融为一体，独创出新的绘画风格，世称“黄氏山水”。先后出版画册有《黄正襄画集》《黄正襄画选》《黄正襄诗画》《黄正襄山水画技法》。

9. 张彦青《蓬莱阁》

张彦青（1917—2007），原名焕，字剑进，号抚愠斋主，山东临清人。历任中国美术家协会会员，中国美术家协会山东分会常务理事，山东省政协委员兼政协书画组副组长，山东省文史研究馆馆员，山东老年书画研究会副会长，齐鲁书画研究院院长。他早期兼擅中西绘画，晚年则从事山水画创作。

10. 崔子范《荷花》

崔子范（1915—2011），山东莱阳人。中国美术家协会会员，北京中国花鸟画研究会会长。作品题材广泛，构图简练概括，具有古拙朴实、苍劲浑厚的鲜明风格。作品有《松柏长青》《江上秋色》《五月枇杷满树金》《藤萝牡丹》等。

11. 刘米夫《果老望海图》

刘米夫，当代画家，擅画人物。

12. 刘米夫《洞宾视丹图》

13. 刘米夫《铁拐喜醉图》

14. 刘米夫《钟离节风图》

15. 刘米夫《国舅唱福图》

16. 刘米夫《湘子得宝图》

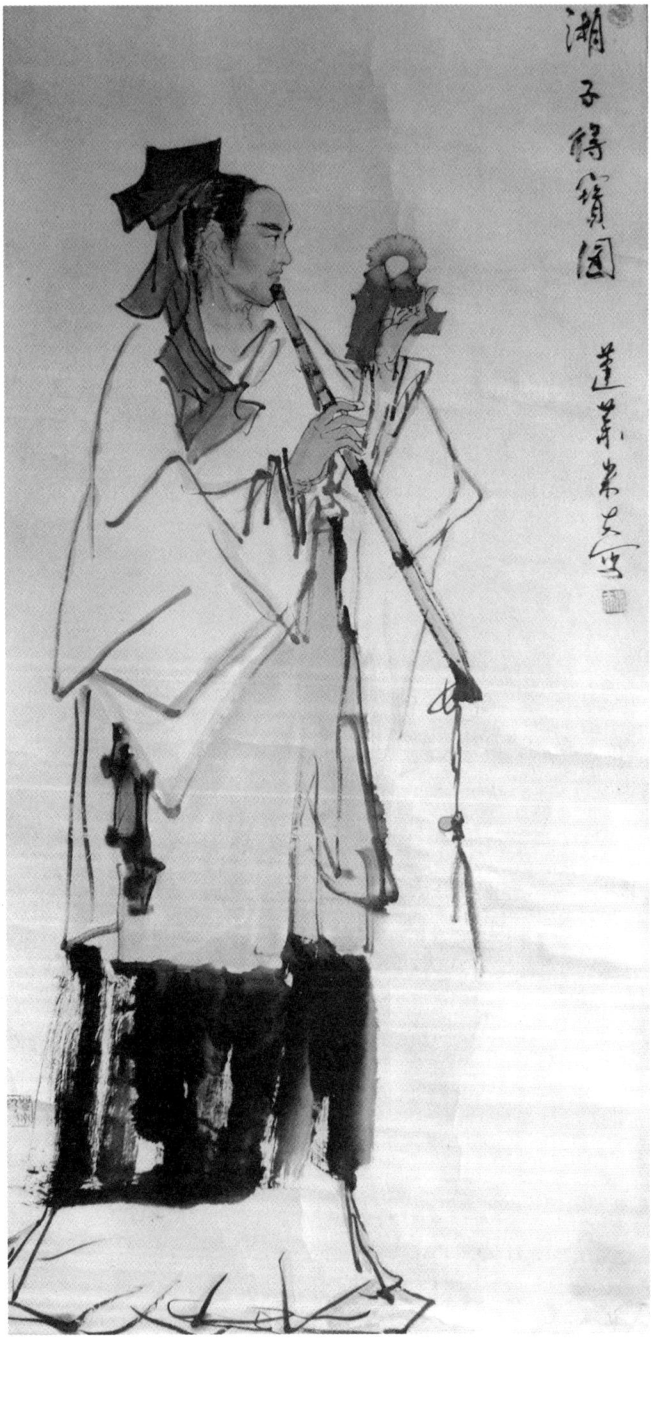

17. 刘米夫《采和贡芝图》

18. 刘米夫《仙姑采莲图》

19. 峻青《蝉》

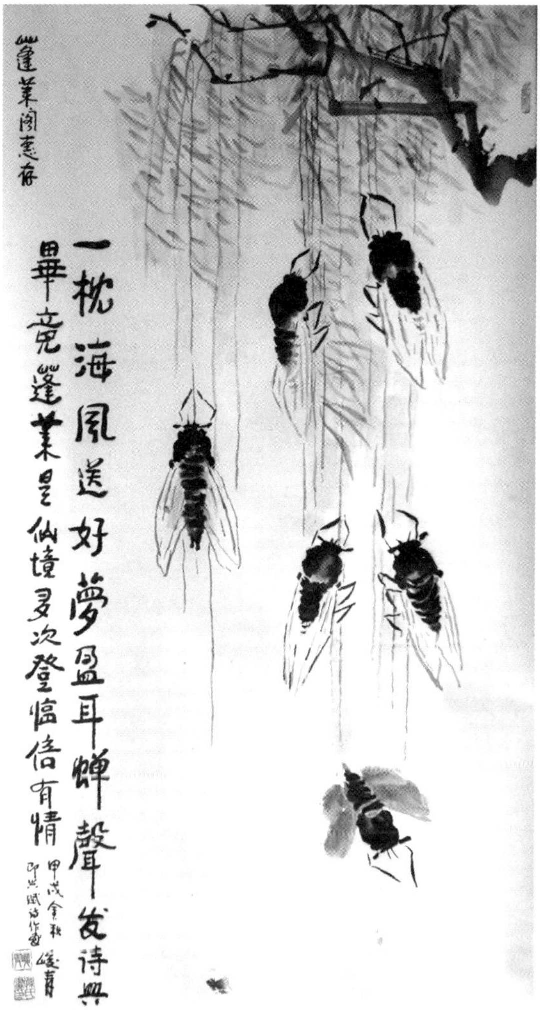

峻青（1922— ），原名孙俊卿，山东海阳人。当代作家，擅长创作革命斗争题材的作品。参加过抗日战争和解放战争，后担任报社记者和编辑工作，解放后任文艺界领导工作。擅长山水、人物、花鸟画，20 世纪八九十年代在北京、福州、深圳、香港、澳门、曼谷等地举办联展和个人画展，引得观众争相参观。代表作《黎明的河边》《党员登记表》等。

20. 鲁知深《松鹤图》

鲁知深（1924— ），原名李明，山东蓬莱人。幼年入楞严寺为小沙弥，法名知深。禅余拜境肃法师习丹青，逾十年。离寺后加入中国人民解放军，转战南北，1952年转业至杭州市文化局工作。曾任杭州画院副院长，杭州市美术家协会副主席，中国手指画研究会副会长，西泠印社理事。

21. 任育民《牡丹图》

任育民（1960— ），河南伊川人。中国书法研究院艺委会委员，中国青年书法家协会常务理事，洛阳书画院副院长兼秘书长。自幼热爱书画，多次参加省以上展览并获奖。著有作品集《任育民墨迹》《任育民写意牡丹》等。

第十章 文 物

1. 蓬莱1号古船

蓬莱1号古船于1984年5月在蓬莱水城清淤工程中出土，现藏蓬莱古船博物馆。

蓬莱1号古船为元代木战船，残长28.6米，残宽5.6米，排水量173.5吨。甲板上部已经失存，底部船板和舱隔板大部分保存完好，第三舱和第七舱保留有桅座，船尾有舵承座，复原后应为三桅木帆船。该船在造船技术上有许多独到之处。首先，它采用流线型船型，船体长宽比达到5∶1，保证了战船的快速性。这艘战船与《登州府志》记载的宋朝“刀鱼战棹”瘦长船型极其相似，在我国是第一次发现。其次，在造船工艺上有许多发明，如主龙骨与尾龙骨、首柱的连接采用倒钩型榫接，并在接头处增加补强材；采用列板倒钩型榫接，接头均设计在舱壁板处，大大加强战船的纵向强度；使用“J”型锔板，将舱壁板和列板连接起来，同时起到舱壁板补强材的作用，这种一举两得的挂锔工艺，在我国古代船舶中也是第一次发现。另外，古船采用我国造船工匠发明的水密舱技术，将全船分成14个水密舱，战船一旦遇到被敌人击伤或其他事故时，船上一个或几个舱室进水，战船仍然具备一定的贮备浮力，不会发生翻沉，战船仍然保持良好的航海性能和战斗性能。古船的龙骨呈弓形，可使战船增大升力，加快航速，这是现代流体力学出现后才解决的难题，而在七百年前我国就已使用这一技术，充分体现了元代造船业的技术领先程度。这些独到的造船技术，说明蓬莱1号古船曾是木帆船时代世界上最先进的战船。

2. 蓬莱2号古船

蓬莱2号古船于2005年7月24日在蓬莱水城清淤工程中出土，现藏蓬莱古船博物馆。

蓬莱2号古船为明代木质战船，残长22.5米，残宽5.2米，排水量为171.5吨。船体近平，瘦长流线型，首柱、龙骨、6道舱壁、肋骨、左右舷各11列外板保存完好，复原后应为三桅木帆船，是沿用“刀鱼战棹”船型改进的明代战船。2号古船与1号古船船型极为相近，但比较中更能看出其船体结构上的细微差别，如2号古船主龙骨与首柱接头处采用钩子同口，其榫接方式与1号古船不同，是在与首柱接头一端制有水平方向横通榫，有利于控制主龙骨与首柱的结合部位不产生位移，且在接头处除了使用穿心钉、大蘑菇钉钉固外，另加有铁箍，上方还有纵跨二舱的补强材。这种连接方式比1号古船更为细致精巧。另外，2号古船每个舱位的舱壁底部与船底交接处均设有两个流水孔，且残留有木栓，当木栓插入流水孔时形成水密舱，拔出木栓时，船体相通，便于清洗和疏排船底积水。中国古船的水密舱技术和功能在2号古船中得到完整的诠释。

3. 韩国古船

韩国古船于2005年7月26日在蓬莱水城小海清淤工程中出土，现藏蓬莱古船博物馆。

韩国古船是一艘明初高丽货船，残长 17.1 米，残宽 6.2 米，排水量 128.5 吨。平底，方头方尾，长宽比约 3∶1，有 10 个舱，现存 5 道隔舱壁和 4 道隔舱壁遗痕。船舱内保留有前桅座和中桅座，复原后为 2 桅木帆船。船上出土了高丽生产的青瓷碗、陶茧形壶、陶瓮等文物。

韩国古船在结构特点上有与众不同之处，它有高丽古船的造船工艺，如：在船体的中线处用三块厚重的木板构成龙骨板，由 16 支木栓（木栓在韩国文献中被称为“长槊”）连成一体。其次，外板采用上角形鱼鳞式搭接方式连接。第三，外板连接以木钉为主（木钉在韩国被称为“皮槊”），铁钉辅助，木钉自外上向内下钉入，肉眼可见。同时，韩国古船也采用了中国传统造船工艺，首先，采用横向舱壁来保证船舶的横向强度。其次，韩国古船发现中桅座和前桅座用于安装桅杆，保证了船底强度不被破坏。第三，在中心龙骨板接头处用宽大补强材加固。这种独特的结构，为韩国发现高丽古船所未有。韩国古船的结构特点说明中韩古代造船技术的交流源远流长，它在登州港出土，也是中韩两国海上丝绸之路交流史上的重要实物例证。

4. 明紫檀木舵杆

明紫檀木舵杆于 1984 年 6 月在蓬莱水城清淤时出土，现藏蓬莱古船博物馆。

明紫檀木舵杆长 8.2 米，木材被加工成方木，两端粗细不等。一端宽 43 厘米，高 48 厘米，凿有 9 厘米的圆形穿孔；一端宽 37 厘米，刻有 3 行 48 字：“黄字三百十五号，一根长二丈八尺，厚一尺二寸，舵头破心，闪脚破开一尺五寸，巴节三个。永乐十年六月　　日进四百料。”木材上的“永乐十年”“舵头破心”等刻字表明，该木材为明代永乐十年（1412）造船选用的舵杆构件。紫檀木舵杆编号是依据《千字文》“天地玄黄，宇宙洪荒”的“黄”字头来编号。紫檀木舵杆带有编号，显示出官方管理机构对于珍贵船材的管理严格程度，甚至连“巴节三个”均仔细标明，也说明当时对于海外而来紫檀木的珍视程度。除此之外，这根紫檀木舵杆，还与明代郑和下西洋有着密切的关联。紫檀木原产于印度东部、东南部等地区，随着郑和下西洋，东南亚和印度洋沿岸的珍贵木材，源源不断进入中国。从紫檀木舵杆的文字记载年代来看，正好处于郑和第三次下西洋后，也是郑和船队大型宝船出现并抵达印度的时期。在中国北方登州港，发现并保存郑和下西洋引进的紫檀木船舵，也反映了登州港在明朝初期繁盛的运输景象。

5. 明黄花梨木船材

明黄花梨木船材于 1984 年 4 月在蓬莱水城清淤中出土，现存蓬莱古船博物馆。

明黄花梨木船材共有 2 根，1 根长 4.6 米，宽 0.6 米，厚 0.25 米；1 根长 3.9 米，宽 0.5 米，厚 0.34 米。经中国林科院木材所专家鉴定，两根船材均是黄花梨木。黄花梨产于中国海南、广东、广西一带，但由于明清时期的掠夺性砍伐，至清晚期，原料日益匮乏，现已成凤毛麟角。黄花梨生长缓慢，虽经百年仍粗不盈握，这种大体积的黄花梨造船木至少要上千年才能长成，极为珍贵，历史价值极高，它在登州港出土，也从侧面印证了蓬莱造船业的发达。

6. 明木碇

木碇于 1984 年在蓬莱水城清淤工程中出土，现藏蓬莱古船博物馆。

木碇，明代海船木碇，为双爪木锚，分为碇杆、碇爪、插栓三部分。碇杆长521厘米，宽40厘米，为灰黄色杉木，首部有缆孔，中部为束腰形，有双碇担孔。碇爪长251厘米，宽16—20厘米，厚2.5—12厘米，系用楠木加工制成，碇杆与碇爪用两个插栓相连接。碇杆重171.2千克，碇爪重36千克。木碇结构形状非常进步，用木极为精良，因此从结构形状、制作用材和连接形式来看均属佳品。它在使用上具有较大的灵活性，主要应用在沿海的大型船只上，是蓬莱海上丝绸之路的重要实证。

7. 唐汉白玉佛首

唐汉白玉佛首出土于蓬莱安香寺村，现藏蓬莱古船博物馆。

唐汉白玉佛首高53厘米，底径20厘米，呈椭圆形，佛发自然成螺状卷，顶上微隆起肉髻，面部饱满，细长弯眉，双眼俯视，隆鼻挺秀，双唇微启，耳轮垂埵，表情平静安详，呈现出慈悲庄严之美。

8. 东汉琴亭国李夫人墓画像石

东汉琴亭国李夫人墓画像石发现于蓬莱沈余村，现藏登州博物馆。

东汉琴亭国李夫人墓画像石，长 110 厘米，宽 49 厘米，厚 19 厘米，石灰岩质地。画像石阳刻神鹿浮雕，神鹿为卧姿，体型健硕，匀称饱满，安详自然。鹿眼直视，炯炯有神，鹿角、鹿尾采用自然写实的雕刻手法，冲破边栏，造型简洁明快，形象栩栩如生。画像石左面刻有“汉廿八将佐命功苗东藩琴亭国李夫人灵第之门”隶书题记，字体匀称，蚕头燕尾，波磔分明。

画像石题记中的“琴亭国”，指的是东汉“云台二十八将”之一的李忠之孙李纯的封地。此石集历史价值、艺术价值于一体，据《登州府志・金石志》记载：“同治壬申（1872），村人甃古井得此石，蓬莱张氏得知，因摹以传。”据传该画像石当年出售朱拓本每份银洋二十元，墨拓本每份十元，人们一时争相求购，可见其珍贵。该画像石是山东出土的最具代表性的汉画像石之一。

9. 隋开皇五年佛造像题记石幢

隋开皇五年佛造像题记石幢出土于蓬莱安香寺村，现藏登州博物馆。

隋开皇五年佛造像题记石幢，青石质地，现仅存幢身。幢身是较规整的十六面柱形体，高119厘米，周长118厘米，分上、下两部分。上半部分上层雕刻精美的浅浮雕璎珞纹；中层对称雕凿四龛佛造像，佛龛为尖拱龛，内雕菩萨造像，左右站立侍者，造像身形丰满，衣饰线条流畅，头部较大，面部残破较重；下层雕凿造型各异的狮子座。幢身下半部分雕刻发愿文和题名。

隋代石幢比较少见，这座石幢有精美的造像和文字，还有明确纪年，是不可多得的文物精品。

10. 明毗卢遮那佛莲台

明毗卢遮那佛莲台原藏于蓬莱北林院村佛寺，现藏登州博物馆。

明毗卢遮那佛莲台，高98厘米，口径59厘米，青铜质地，自上而下分别铸有20层佛像，每层佛像50尊，共计1000尊。莲台整体铸造，每个佛像胸前另以铁铆钉铆固。千尊佛像皆结跏趺坐于莲花台上，双手重叠，作禅定印，身后均有背光。有的佛像背光上刻有供养人的姓名。毗卢遮那佛是梵音名号，即大日如来，是佛教密宗尊奉的最高神明。莲台系毗卢遮那佛造像莲花台底座，因其形状粗圆若缸，俗称“千佛缸”。

明毗卢遮那佛莲台是一件十分罕见的文物，具有重要的历史研究价值和工艺美术价值。

11. 西周环带纹铜鼎

西周环带纹铜鼎，现藏蓬莱古船博物馆。

西周环带纹铜鼎，高 32.5 厘米，口径 32.8 厘米，两耳，鼓腹，三足。立耳外侧饰回字纹，内侧饰凤纹，口沿下饰以变形兽体卷曲纹，腹部饰波曲环带纹。鼎本是一种烹饪器，在商、周时期发展成为祭祀用的礼器。

12. 西周铜凤纹贯耳壶

西周铜凤纹贯耳壶，现藏蓬莱古船博物馆。

西周铜凤纹贯耳壶，高39厘米，口径12.5厘米，底径21.5厘米，青铜质地，颈部饰凸起的凤纹，两侧对称设有贯耳，圈足上部饰凸起的云雷纹。该壶工艺精湛，造型别致，是西周时期青铜器中的精品。

13. 明铜碗口炮

明铜碗口炮于1988年出土于蓬莱营子里村，现藏登州博物馆。

明铜碗口炮，共两门，整体用青铜铸造，形制相同。炮口略呈大碗口状，直径26厘米。炮膛呈直筒形，深55厘米，碗口以下内径11厘米，向后逐渐变细，底径9厘米。炮身外壁铸有三周加强箍，箍宽1.5—2.5厘米。药室隆起呈球状，底座加厚至5厘米。碗口炮形体粗短，管壁厚薄不均，在2.3—3厘米之间，外壁留有明显的模铸痕。一门碗口炮长61厘米，重73公斤。炮身中部镌有铭文4行27字："莱州卫莱字七号大炮筒重一百二十斤洪武八年二月日宝源局造"。另一门炮长63厘米，重73.5公斤。炮身中部镌刻铭文也分为4行，计30字："莱州卫莱字二十九号大炮筒重一百二十一斤洪武八年二月日宝源局造"。

两门碗口炮铸于明洪武八年（1375），由明廷铸造钱币兼铸火器的机构宝源局铸造，下发到山东沿海的莱州卫使用。这两门碗口炮是我国已经发现的早期铜制管形火器中有铭文可考的最早铜炮，也是铜火铳向铜炮演变过程中被明确称作“大炮筒”的最早实例，是研究我国古代火炮发展历史的珍贵文物。

14. 晋青瓷辟邪水注

晋青瓷辟邪水注，现藏蓬莱古船博物馆。

晋青瓷辟邪水注高 9 厘米，长 13 厘米，通体施青釉，釉面匀润光亮，造型似狮而带翼，呈昂首蹲伏状，背部有一管状插口，器身篦划兽发纹，印贴胡须鬃毛、兽尾，四肢健硕，肌肉丰满，生动传神，是一件工艺水平较高、观赏性较强的瓷艺珍品。采用如此凶猛的形象，是取其辟邪免灾之意。

15. 唐长沙窑黄釉褐彩贴花执壶

唐长沙窑黄釉褐彩贴花执壶，20 世纪 80 年代出土于蓬莱东关村，现藏蓬莱古船博物馆。

唐长沙窑黄釉褐彩贴花执壶，侈口、尖唇、卷沿、束颈、圆肩，肩部有对称复系一对，前为爪楞状短流，后方桥形把手，直腰，大平底，通高 21.1 厘米，通体施青釉，色泽略淡黄，贴花图案为椰枣纹，上施褐釉彩斑，并利用积釉的厚薄，呈现贴花图案，形态生动逼真，别有一番情趣，是唐长沙窑代表性作品。长沙窑位于湖南省望城县铜官镇一带，又称铜官窑，是唐朝重要的瓷器产地。长沙铜官窑的产品曾远销海外，遍及亚洲和非洲等地，是唐代对外贸易往来的重要商品之一。采用在釉下进行彩绘的烧造工艺是长沙铜官窑首创，它最先把花鸟、草虫、鹿、鱼、山水及诗歌等题材作为装饰，开辟了瓷器装饰工艺发展的新途径。

16. 宋耀州窑刻牡丹纹执壶

宋耀州窑刻牡丹纹执壶，现藏蓬莱古船博物馆。

宋耀州窑刻牡丹纹执壶，高 18.1 厘米，口径 3.9 厘米，底径 9.8 厘米，腹径 16.5 厘米，胎薄质细，釉色淡青泛白，滋润，有细开片，直口，长颈，广肩，鼓腹，高圈足外撇，肩一侧有口流，另一侧肩颈间有一弯曲把柄，腹部刻有大朵团花牡丹，其上并划细叶脉纹，刻法简洁潇洒，层次清晰，立体感很强，牡丹枝叶舒展，姿容娇娆。这件刻牡丹纹执壶，刻划线条活泼流畅，刀锋犀利，刚劲有力，牡丹花图案繁密，布局工整，讲求对称，浑然一体，是宋耀州窑瓷器中的精品。耀州窑位于陕西铜川市，因地属古代耀州而得名，也叫铜川窑，是北方著名的青瓷窑口，产品远销韩国、日本、东南亚一带。

17. 元磁州窑龙凤纹瓷罐

元磁州窑龙凤纹瓷罐，20 世纪 80 年代在蓬莱以北海域发现，是水下发现的元磁州窑精品，现藏蓬莱古船博物馆。

元磁州窑龙凤纹瓷罐，高 35 厘米，口径 19. 5 厘米，底径 16 厘米，腹径 37 厘米。罐身以褐色为图，米白色衬底，形成强烈的色彩对比。肩部绘卷草纹，腹部正面开光绘蟠龙，龙昂首前伸，张口怒目，鬃毛刚劲后扬，龙身披鳞，弯曲舞动，周围饰卷云纹；背面绘凤纹，凤昂首曲颈，双翅平展，羽翼丰满，凤尾随风飘舞，周围满饰卷云纹。龙凤穿云纹饰绘画笔法娴熟流畅，形象生动自然，具有典型的民间风格，极富装饰效果。因这种瓷罐彩绘图案多是龙、凤，俗称“龙凤罐”。磁州窑是我国北方最大的民窑，分布于河南、河北、山西三省。瓷器产品种类繁多，以富有乡土气息和民间色彩见长。近年来，磁州窑瓷器在我国辽宁省绥中沉船及韩国新安沉船中均有发现。

18. 清青花釉里红缠枝牡丹纹尊

清青花釉里红缠枝牡丹纹尊，现藏登州博物馆。

清青花釉里红缠枝牡丹纹尊，高46.2厘米，口径19.8厘米，器身对称透雕夔龙，耳上饰卷云纹，口沿饰回形纹和如意云纹，颈部饰变形蕉叶纹，肩部饰锦纹和缠枝莲纹。腹壁主题图案饰青花釉里红缠枝牡丹花卉，近底处饰回形纹和双兽面纹。

青花釉里红烧制难度较大，成品率低，而这件青花釉里红尊，器型饱满，造型端庄，以青花、釉里红装饰的牡丹纹饰，花卉清新舒展，叶脉清晰可辨，红花蓝叶，色彩搭配巧妙，是青花瓷文物中的精品。

19. 清代“六千斤”铁炮

清代“六千斤”铁炮，1982年出土于原登州府城北城墙下，现展示在蓬莱水城天桥口西侧炮台。

该铁炮长310厘米，口径15厘米，属红衣炮型，生铁材质。炮身有数道炮箍，中段铸有一对炮耳，炮尾呈渐细螺旋状，并分布有铸造浇口，炮身前段阳铸铭文：“大清道光二十一年孟夏，山东巡抚托、登州总镇玉督制，大炮一位重六千斤，登州府知府诸镇监造，福建匠人林□□铸。”铭文中“山东巡抚托”是山东巡抚托浑布，“登州总镇玉”是登州总兵玉明。按清代道光时期1斤=604.5克计算，该铁炮今重量约为7254斤。

1841年鸦片战争时期，山东巡抚托浑布筹办山东海防，他聘请有铸炮经验的福建炮匠铸造“六千斤”等一批铁炮。该炮目前是山东省内现存清代最大的红衣火炮。

第十一章　名楼人物

朱处约

朱处约，生卒年不详，字纯臣，宣城（今安徽省宣城市）人。宋仁宗年间（1022—1063）进士，历任承奉郎、太常博士、通判、侍御史、司封员外郎、登州知州、祠部郎中。

1059 年，朱处约调任登州知州，北宋著名诗人梅尧臣题诗相送，诗名《送朱司封知登州》："驾言发夷门，东方守牟城。城临沧海上，不厌风涛声。海市有时望，闾屋空虚生。车马或隐见，人物亦纵横。变怪其若此，安知无蓬瀛。昨日闻公说，今日闻公行。行将劝农耕，用之卜阴晴。"诗中描述了登州传奇的海市奇景，表达了对朱处约的惜别之情。

1060 年，司封员外郎朱处约到任登州知州，据清代《登州府志》记载："朱处约，司封员外郎，嘉祐五年任。"第二年（1061），登州风调雨顺，五谷丰登，百姓安居乐业，呈现出一片欣欣向荣的景象。朱处约为给登州百姓提供一处游览的场所，将龙王庙西迁，在其旧址兴建起蓬莱阁。蓬莱阁雕梁画栋，珠帘卷雨，占尽山海之胜。朱处约认为，建立蓬莱阁是将神话传说中的仙境，变成可以看得到的人间仙境美景。从此，无数文人墨客纷至沓来，蓬莱阁成为人们寻仙访古、一览海市的必去之所。

1062 年，朱处约作《蓬莱阁记》，开篇点明了蓬莱是传说中的仙境："世传蓬莱、方丈、瀛洲，在海之中，皆神仙所居，人莫能及其处。"而登州治所就在蓬莱，那这个蓬莱是不是传说中秦皇汉武求仙之地呢？"岂非秦汉之君东游以追其迹，意神仙果可求也，蓬莱不得见，而空名其邑曰蓬莱。"朱处约转而详细记载了建蓬莱阁的缘由："岁事不愆，风雨时若，春蓄秋获，五谷登成，民皆安堵。因思海德润泽为大，而神之有祠俾，遂新其庙，即其旧以构此阁，将为州人游览之所。”用排偶章法描绘了蓬莱阁的壮丽景色，“层崖千仞，重溟万里，浮波涌金，扶桑日出，霁河横银，阴灵生月，烟浮雾横，碧山远列，沙浑潮落，白鹭交舞，游鱼浮上，钓歌和应。仰而望之，身企鹏翔；俯而瞰之，足蹑鳌背”，表达了治理蓬莱的喜悦之情。

1063 年，朱处约因在登州治理有力，政绩卓著，升祠部郎中，离开了登州蓬莱。其兴建的蓬莱阁历经千年，作为一方名胜位列中国古代四大名楼。

苏　轼

苏轼（1037—1101），字子瞻，号东坡居士，四川眉山人，宋代著名文学家、书画家，“唐宋八大家”之一。北宋嘉祐二年（1057）进士，官至吏部尚书、兵部尚书、礼部尚书，著有诗文集《东坡七集》、词集《东坡乐府》等。

元丰八年（1085）年 5 月 6 日，因“乌台诗案”被贬后第 7 年，苏轼得到朝廷重新起用，被任命为登州知州。苏轼从 10 月 15 日由常州抵达登州蓬莱，20 日接诏回京任礼部郎中，至 11 月 8 日动身进京，在蓬莱总共停留了 20 多天，而莅任时间只有 5 天。在此期间，苏轼体察百姓疾苦，关注海防建设，畅游山海风光，即使离开后，仍对蓬莱念念不忘，留下了大量关于蓬莱的诗文。他写下奏章《乞罢登莱榷盐状》《登州召还议水军状》，诗文《蓬莱阁记所见》《书吴道子画后》《北海十二石记》《海市诗》《鳆鱼行》《遗垂慈堂老人》等 21 篇，为蓬莱留下不朽篇章。

苏轼奏请为登州百姓取消食盐专卖制度，后人建苏公祠以示纪念。登州濒海，自古盛产海盐。春秋时期，在此设立许多煮盐专户，名为“灶户”。灶户以制盐为生，百姓赖灶户食盐。宋代推行榷盐政策，灶户所产之盐只能卖给官家，再由官家卖给百姓，官家买低卖高，从中得利。结果灶户纷纷破产逃走他乡，百姓吃不起盐，民怨沸腾。苏轼到任后对食盐官卖的弊端进行全面了解，上奏《乞罢登莱榷盐状》，提出“先罢登、莱两州榷盐，依旧令灶户卖与百姓，官收盐税”的建议。不久，登、莱百姓获准得到了不食官盐的优惠，一直持续到晚清。清代盐政碑中记载：“有宋时，苏文忠公（苏轼)，莅任五日即上榷盐书，为民图休息，士人至今祀之。盖非以文章祀，实以治绩也。”

苏轼奏请加强登州海防建设，为明代蓬莱水城的兴建奠定理论基础。登州港古时是海上丝绸之路起点之一，宋代之后，因与辽、金隔海对峙，为海防需要，港口承担的经济职能逐渐为军事职能所取代。苏轼来登州后，对海防情况和存在问题了然于胸，写下《登州召还议水军状》。在这篇奏状中，苏轼根据登州的重要战略地位和百余年的防卫情况，提出登州武备松弛、屯兵多有外调的严重问题，强烈建议朝廷不要把登州水军调往别处，“今后登州平海澄海四指挥兵士，并不得差往别州屯驻”，以确保国家的安宁。这些建议充分展示苏轼的军事战略思想，奠定了明代登州海防建设、屯兵建制的理论基础，为明代蓬莱水城的兴建留下珍贵蓝本。

苏轼留下千古绝唱《海市诗》，堪称蓬莱阁的点睛之笔。苏轼来登州之前，对登州海市向往已久。如今到任才 5 日，就要离开，他以未见海市为遗憾，便向海神祈祷。不可思议的是，第二天海上竟真的出现了海市。苏轼惊喜之余，挥笔写下《海市诗》。诗中描绘的海市蜃楼仙气回荡，声势浩大，既表达了他面对蓬莱山水美景的欣喜，也流露出对人生的感悟和忧思。苏轼在以后的诗文中也经常提起：“登州下临瘴海，枕簟之下，天水相连，蓬莱三山，仿佛可见。春夏间常见海市，状如烟云，为楼观人物之象。数日前偶见之，有一诗录呈为笑也。”在苏轼之后，历代达官名宦、文人墨客到登州也必写诗著文，吟咏海市，成为蓬莱文化一景，蓬莱阁也因此增色，名扬四海。

苏轼在蓬莱阁观海，为蓬莱留下世代传诵的美文。苏轼多次登游蓬莱阁，尽情欣赏蓬莱阁上的风光，兴之所至，挥笔写下别有情味的《蓬莱阁记所见》：“登州蓬莱阁上，望海如镜面，与天相际。忽有如黑豆数点者，郡人云：‘海舶至矣’。不一炊久，已至阁下。”区区三十八个字，展示了苏轼深厚的文学功底，他以简约精练的文字描绘出在蓬莱阁上观海时，阔大浩瀚的海面上风平浪静，行舟楫之利的船舶由远而近，静中有动，有声有色，可谓形神兼备，颇富诗意。

蓬莱阁弹子涡石因苏轼而知名，位列蓬莱十大景之一。1069 年苏轼在广东潮阳吴子野宅中，观赏解宾王从登州运出的十二枚奇石。当这些美石出现在苏轼眼前时，他便对登州蓬莱产生了向往之情。1085 年苏轼来到登州后，在蓬莱阁下发现了由海浪冲刷而成的“弹子涡石”，他采得数百枚，带回四川老家，放入盆盎中欣赏，并用来种植庭院内水边生长的菖蒲。苏轼离家赴京前，写下《文登弹子涡石》，赠予垂慈堂寺院僧人了性老人。序云：“蓬莱阁下，石壁千丈，为海水所战，时有破裂，淘洒岁久，皆圆熟可爱，士人谓此弹子涡也。”后人觉“弹子涡石”宝气珠光，万斛难量，故又名“万斛珠玑”，将其列为“蓬莱十大景”之一。

苏轼写下经典之作《鳆鱼行》，赞颂登州海产珍品。登州临海，海产丰富，最负盛名的当属鲍鱼。鲍鱼，古称鳆鱼。登州所产鲍鱼，美名久远。北宋杨彦龄《杨公笔录》中记载：“鳆鱼……以今登州所出，其味珍绝。”苏轼出任登州知州，在品尝鲍鱼美味之余，挥笔写下《鳆鱼行》。苏轼在诗中不仅写了鲍鱼的产地、捕捞的季节及方法，而且讲述了王莽、曹操喜食鲍鱼的历史故事，读来妙趣横生。他明确指出，蓬莱阁下的砣矶岛所产鲍鱼十分昂贵，“一枚何啻千金直”，招来外来人贪捕和贩卖；并以同情的心情描述了砣矶岛渔民采捕鲍鱼的惊险情景；同时还写了鲍鱼的美味、医药价值及其加工、制作、收藏方法，以及送鲍鱼给友人，表达深厚情谊等。苏轼这首《鳆鱼行》，成为千百年来描绘和赞颂鲍鱼的经典之作。

丘处机

丘处机（1148—1227），字通密，道号长春子，山东栖霞人，元代道教领袖。丘处机开创全真道龙门派，接任全真道第五任掌教，后执掌全国道教。著有文集《磻溪集》《鸣道集》及道教著作《大丹直指》《摄生消息论》等。

丘处机与蓬莱阁渊源颇深，他 21 岁与师父王重阳在蓬莱传教，45 岁到 71 岁每年夏季都在蓬莱阁避暑，举行大规模道教活动，留下诗词《登蓬莱阁》《蓬莱阁述怀》《忆秦娥・蓬莱阁》《望海吟》《海上观涛》《秋风海上》《海上述怀》等，使蓬莱阁在道教信徒中产生较大影响。

丘处机在蓬莱阁传教，推动了道教在蓬莱的传播。1169 年，21 岁的丘处机跟随师父王重阳、师兄马钰、谭处端到蓬莱阁传教。道教名碑《终南山神仙重阳真人全真教祖碑》记载："至登州，游蓬莱阁，下观海，忽发飓风，人见真人随风吹入海中，惊讶间，有顷复跃出，唯遗失簪冠而已。移时，却见逐水波，泛泛而出。"王重阳在蓬莱阁显示道法，引起一时轰动，吸引大量道教徒云集蓬莱阁习道听法。1192 年至 1219 年，丘处机的个人声望如日中天，他在蓬莱阁举行大规模道教作醮活动，吸引大量百姓参加。丘处机在蓬莱阁、艾山、邱山等地传教，用募集的资金在蓬莱等地修建众多道教宫观，扩大了道教在胶东的影响。

丘处机题写诗词赞咏蓬莱阁，凸显了蓬莱阁神仙文化。蓬莱是神仙文化的发源地，秦皇汉武先后来此求仙寻药，企盼长生不老。蓬莱阁是道教的洞天福地，也是弘道传法的最佳场所。丘处机在蓬莱阁传教时题有五律《登蓬莱阁》："一上蓬莱阁，虚心瞪目遥。云移山自长，水到海还消。俯视蛟龙窟，傍观乌鹊桥。何忧远轻举，咫尺近丹霄。"他登上蓬莱阁，畅享山海风光，以体悟道，发出成仙在即、仙宫就在眼前的感慨。丘处机在蓬莱阁上逍遥自在、无拘无束、怡情山水，《蓬莱阁述怀》中有"无心只有轻云白，举头不见繁华色"的词句。《忆秦娥·蓬莱阁》用道教哲学思想"虚无一境天然别"诠释蓬莱阁以北海面上出现的"海市蜃楼"奇观。

丘处机写下大量蓬莱阁观海诗，成为蓬莱阁古代诗词重要组成部分。蓬莱阁北临大海，一年四季景色各异。丘处机《望海吟》序中写道："余观天下形势壮观，自潼关以东、淮水以北无出登州"，他认为登州的山海风光壮观独绝，天下无双。诗中描写大风刮起时大海波涛汹涌，如同万里霜雪卷地而来，一旦天气晴朗，又别是一番景象。《海上观涛》诗中用"怒色冲天昏气象，雷声出地骇尘寰"，寥寥数笔写出大海惊涛骇浪的声威，气势壮观。《秋风海上》中用"大方洪水浸天阔，东极万里青茫茫"展现大海风平浪静、海天相接时的别样静态。《海上述怀》中"求仙悲汉武，失道叹秦皇。采药童应老，乘槎客未详。空余三岛迹，时复显嘉祥"，既描写蓬莱海市的虚幻缥缈，也对秦皇汉武求仙失道行为表示惋惜。

于　钦

于钦（1283—1333），字思容，山东益都人。元代著名学者，曾任国子监助教、兵部侍郎、山东廉访照磨、益都路总管等职，著有《齐乘》。

元仁宗延祐六年（1319）前后，于钦任职山东，期间实地考察齐鲁各地，参考史籍，编修的《齐乘》是山东现存最早的方志。该书记载蓬莱海市、蓬莱阁诗文、蓬莱阁“弹子涡”“狮子洞”等，是研究元代蓬莱阁文化的珍贵史料。

于钦在蓬莱阁观看海市。他考察蓬莱期间，效仿苏东坡，与登州知州李述之一同前往广德王庙祈祷，希望能看到海市。两天后，蓬莱阁北面大竹岛海域出现海市，于钦在宾日楼上全程目睹这一海上奇观。这次海市先是以一艘巨船形象出现，随后幻化成旌旗摇曳、剑戟纷纭的战争场面，最终以长廊形状消失。于钦在《齐乘》中以较大篇幅记载登州海市，对海市成因作出分析，认为是海中“蛟龙吐气”所致，他还提到海市与三神山的联系，认为是秦汉方士误将海市当成海上神山。千百年来，登州海市和三神山传说也为蓬莱阁赋予更多虚无缥缈的仙境氛围。

于钦记载蓬莱阁诗文。蓬莱阁临海而建，景色优美，历代文人雅士慕名而来，在此写诗作赋，留下无数诗文雅作。于钦游览蓬莱阁，目睹阁上留存的众多诗作，并在《齐乘》中收录一首以蓬莱阁为主题的宋词《秦楼月》：“烟漠漠，水天摇荡蓬莱阁。蓬莱阁，朱甍碧瓦，半浸寥廓。三山谩有长生药，茫茫云海风涛恶。风涛恶，仙槎不见，暮沙潮落。”词中既展现蓬莱阁“朱甍碧瓦，半浸寥廓”的辉煌气势，同时又感叹神山访药不可得。在宋元时期，除了这首《秦楼月》，涉及蓬莱阁的诗词还有很多，诸如元代丘处机《蓬莱阁述怀》等。登阁咏诗成为一种文化时尚，于钦曾发出“登者皆歌之”的感慨，蓬莱阁在当时的知名度可见一斑。

于钦记载蓬莱阁下“弹子涡”。他在书中写道：“（蓬莱）阁下碎石为海浪淘激，岁久圆滑，土人谓之‘弹子涡’，黑白者可以弈。”弹子涡石因常年经受海浪冲刷而形态圆润，甚至可用作对弈的棋子。当年苏东坡在登州任职期间，曾捡取数百枚弹子涡石，带回眉山老家用以养菖蒲，并作诗馈赠“垂慈堂老人”——僧人了性。弹子涡石逐渐演变成蓬莱十大景之一的“万斛珠玑”，吸引无数游人前往观赏。

于钦记载蓬莱阁下“狮子洞”。他记述蓬莱阁时提到：“（蓬莱）阁下有狮子洞”，此洞位于蓬莱阁北临海绝壁处，因巨石伏于洞门前状若狮子而得名，也叫“仙人洞”。天要下雨时，狮子洞中云雾缭绕而出，颇显奇幻。后来这一景象演变成蓬莱十大景之一的“狮洞烟云”，为蓬莱阁增添了不少神秘色彩。

于钦记载蓬莱阁下“泠然泉”“甘泉亭”。他在书中记载：“（狮子）洞前有泠然泉，古称浪井，潮升浪起则没，水退则甘洌如故。旧有甘泉亭。”蓬莱阁下“泠然泉”在潮水中时隐时现，这与后来蓬莱十大景之一的“铜井含灵”颇为相似。此外，于钦还提到蓬莱阁在元代以前就有“甘泉亭”，明泰昌版《登州府志》也将“甘泉亭”标注在蓬莱阁下小海西南角。如今蓬莱阁下“泠然泉”“甘泉亭”虽已不复存在，但《齐乘》作为较早记载“泠然泉”“甘泉亭”的地方志，为研究蓬莱阁文化提供了重要史料。

戚继光

戚继光（1528—1588），字元敬，号南塘，晚号孟诸，山东蓬莱人。世袭登州卫指挥佥事，官至一品都督，加封太子太保再加太子少保衔。历经嘉靖、隆庆、万历三朝，史称“三朝虎臣”。明代杰出的军事家、民族英雄。著有兵书《纪效新书》《练兵实纪》和诗文集《止止堂集》。

戚继光童年生活在蓬莱，青年时期从军，在蓬莱水城驻防十余年，晚年回到蓬莱，与蓬莱阁、蓬莱水城有着深厚渊源。戚继光在蓬莱水城练兵督办海防，在蓬莱阁上赋诗及捐款修葺蓬莱阁等，为蓬莱阁及蓬莱水城做出了贡献。

戚继光在蓬莱水城操练水兵、整饬军队，加强海防建设。1544 年，17 岁的戚继光荫袭登州卫指挥佥事。1551 年为加强水城海防，登州卫新制造三门巨炮，架在水城炮台，因众将士惧怕不敢发射，戚继光亲自点燃巨炮，以身示范。在场阅兵的巡抚王积目睹全过程，深感敬佩，上疏推荐戚继光：“才猷出众，骑射兼人。应武闱而每多中式，领民兵而颇服众心，勇略独冠群英，志节更超流俗。”1553 年，26 岁的戚继光因功升“署都指挥佥事”，担任山东沿海的备倭重任，管理登州、文登、即墨 3 营 24 卫所。他上任之初，振饬营伍，整修卫所，清理钱粮，严明军纪。其舅舅因在军中长期任职，凭借资格老和辈分高，不听从号令，戚继光秉公处理，按照军法，当众给予舅舅杖责处罚，而后晚上又来到舅舅家，当面摘帽道歉，行外甥礼节，舅舅深受感动，从此遵守军纪。部下见戚继光执法严肃、不徇私情，对他更加敬重。戚继光还对军官挪用银两和军官任用情况进行整治，山东半岛的明军战斗力大为改观。1553 年 7 月，戚继光见蓬莱水城水门遭到人为破坏，栅栏栓木被海水冲失，便上奏朝廷，修补水门，恢复了蓬莱水城海防工事。山东沿海成为当时沿海各省最为牢固的防线。

戚继光在蓬莱赋诗明志。青年时期的戚继光在蓬莱阁下成立诗社，与友人同游蓬莱阁，后有“早年结社蓬莱下”的诗句。戚继光担任登州卫指挥佥事时，公务之余，经常登上蓬莱阁感怀赋诗，19 岁写下《韬钤深处》：“小筑暂高枕，忧时旧有盟。呼樽来揖客，挥麈坐谈兵。云护牙签满，星含宝剑横。封侯非我意，但愿海波平”，表达自己保家卫国的远大志向。其中“封侯非我意，但愿海波平”抒发他不求个人名利，只愿海疆平安的崇高爱国主义情怀。1555 年的农历正月初一，28 岁的戚继光登上蓬莱阁下的太平楼，登高遥望北方京师，赋诗《乙卯元日登太平楼》，抒发忠君报国之志，展现出戚继光宽阔豪壮的胸怀。尾句的“翘首五云宫阙近，灵氛常映太平楼”，表达戚继光感念皇恩，祝愿天下太平的希冀。

戚继光在蓬莱阁上赋诗感怀，留下赞美蓬莱阁的经典佳作。1583 年，56 岁的戚继光受张居正事件影响，调任广东总兵，上任前，顺道回蓬莱故乡探视，期间多次登临蓬莱阁，感赋《放舟蓬莱阁下》：“三十年来续旧游，山川无语自悠悠。沧波浩荡浮轻舸，紫石崚嶒出画楼。日月不知双鬓改，乾坤尚许此身留。从今复起乡关梦，一片云飞天际头”，抒发三十年来远离故乡，对家乡的牵挂和思念之情。其中的“沧波浩荡浮轻舸，紫石崚嶒出画楼”一句，描写了蓬莱阁北面海上轻舟浮荡，高峻突兀的丹崖山上蓬莱阁雕梁画栋，成为赞美蓬莱阁诗句中难得的佳句。

戚继光捐修蓬莱阁，在蓬莱阁历史上影响深远。1585 年冬，58 岁的戚继光病退回到蓬莱，对亲友说，“登州故有海市，多仙人侣，余将时栖息蓬莱阁上，冀有安期羡门，相与逍遥物外，以乐太平之盛时”，他渴望晚年与蓬莱阁相依，与神仙相伴。1586年，戚继光看到蓬莱阁年久失修，便捐资修葺蓬莱阁，为古代官吏所少见，事迹被《登州府志》《蓬莱县志》记载。

李承勋

李承勋（约1557—1603），字锡庸，括苍（今浙江省丽水市）人，明代万历年间著名将领。李承勋世袭处州卫指挥同知，历任浙江军门坐营把总，操捕都司游击，蓟辽参将，山东备倭副总兵、总兵，贵州总兵，浙江总兵等职，刻印戚继光《纪效新书》十四卷，撰有《纪效新书后跋》。

李承勋的一生先后三次驻防蓬莱水城，立《吕祖咏海市诗》碑，加固蓬莱水城城墙，增设敌台，重建三清殿、白云宫，对蓬莱阁、蓬莱水城的修建多有贡献。

李承勋在蓬莱阁古建筑群内立《吕祖咏海市诗》碑。1592年，李承勋任浙江操捕都司游击，受明朝廷派遣率领南兵奔赴朝鲜，抵御日军入侵。1593年，李承勋回国首次驻防蓬莱水城。公务之余，他率儿子李大生同游蓬莱阁，令儿子扶乩，得《吕祖咏海市诗》一首：“青天忽见动东风，一望三山雾气中。万丈晴光疑有蜃，四迴苍色岂无龙。已开城郭三千界，又见楼台十二重。要识人间总虚幻，不须翘首对长空。”该诗“咸称绝唱”，在海市描写上运用佛教“三千界”与道教“十二重”等用语，将海市描绘得宏大深邃。这一年，李承勋被调任蓟辽参将保卫京城，勒石刻碑暂被搁置。1596年，李承勋任山东备倭副总兵，再次驻防蓬莱水城，立《吕祖咏海市诗》碑于蓬莱阁“吕公亭”内。碑刻正面为吕洞宾肖像，吕祖束冠跣足，面容庄重。背面为《吕祖咏海市诗》，笔法苍劲有力，结构饱满匀称。明末，“吕公亭”毁于战火，改在宾日楼内祭祀吕祖，移碑今址并重建碑亭，名“吕祖像碑亭”。

李承勋砖砌蓬莱水城城墙，增设敌台，至今犹存。1596年，万历援朝战争后期，李承勋为防御日军从海上入侵明朝，及时采取防御措施。明泰昌《登州府志》卷五《城池》中记载：“万历丙申（1596）因倭警，总兵李承勋甃以砖，东、北、西三面，共增敌台三座，南一面仍旧。”李承勋率军在明初人工夯筑的土城基础上砌筑砖石，内外城墙修筑堞墙，形成结构紧密、整齐森严的蓬莱水城砖石城墙。同时，李承勋增建敌台于城墙外部，向外凸出墙体，用于三面防御敌人，大大加强城墙的防御功能。李承勋采取的这些措施，极大地增强蓬莱水城的防御功能，有效地抵御倭寇入侵。李承勋修建的砖砌蓬莱水城，在其后的历次明、清战事中发挥着重要作用。

李承勋重建蓬莱阁三清殿、白云宫。1598年，李承勋升任山东备倭总兵时，率军驻防朝鲜，协助朝鲜抵御倭寇。五年后，他带兵回国，第三次驻防蓬莱水城。蓬莱阁东部三清殿失火，延及烧毁白云宫。三清殿始建于唐代开元年间，为蓬莱阁古建筑群的重要庙宇。自唐代至明代每年正月初九在此举办“三清殿庙会”，一直香火旺盛。这次三清殿因香火不慎发生火灾，连同白云宫付诸一炬，满目疮痍。李承勋于是带头捐资，并率领士兵重建三清殿、白云宫，以恢复旧观。清代张端《蓬莱阁三清宫新置赡庙田地碑记》中记载：“（朱国柱）甫下车，瞻拜其间，窃见庙貌聿新。”三清殿重建46年后，清代山东巡抚朱国柱见到修葺一新的三清殿，正是李承勋所建。三清殿此后又经过数次维修，至今保存完整，而白云宫再罹火灾，仅留下山门。

袁可立

袁可立（1562—1633），字礼卿，号节寰，河南睢县人，明代后期政治家、军事家。明万历十七年（1589）进士，历官四朝，官至兵部尚书、太子少保，著有《弗过堂集》《抚登疏稿》《评选古唐诗》。

袁可立任登莱巡抚驻节蓬莱。天启初年，明在与后金的战争中丧失辽东半岛，蓬莱成为地近辽东的前沿重镇。1622年，袁可立临危受命出任登莱巡抚，驻节蓬莱，一上任便厉兵秣马，整饬海防。他用戚继光“水军先习陆战”之法，组建水、陆军队四万余人，战船四千艘。1623年2月，袁可立亲设奇计，诱降努尔哈赤的女婿刘爱塔，这是明朝廷诱降后金级别最高的将领。为防范和打击后金军队，袁可立主动出击兵进榆关，所到之处“舳舻相接，奴酋胆寒”，从此扭转了战局。袁可立在蓬莱接待朝鲜使臣，详细研究了使臣的申文，妥善地处理了朝鲜王朝政变。并三次向朝廷上奏，促成了明朝廷遣使到朝鲜举行新国王的册封典礼，巩固了与朝鲜的宗盟关系。

袁可立蓬莱阁上赋诗遣怀。袁可立驻蓬莱三年，多次挫败后金对山东半岛、辽东半岛的侵扰，确保了东北沿海的平安。天启皇帝嘉奖其：“清任以和，直方而大；精神折冲于千里，文武为宪于万邦。”袁可立登上蓬莱阁，一览海天苍茫、波涛汹涌的壮观景象，作二首五律以抒心意。《蓬莱阁怀古》：“夙慕蓬莱仙，今到蓬阁上。神仙杳难求，海水空漭漾。秦皇踪已沉，汉武终绝望。田横五百人，至今堪惆怅。义城鲁仲连，功成甘退让。千载有同心，感时怀高尚。”《蓬莱阁望海》：“极目丹崖上，排洋岛屿横。雪花喷浪色，雷吼撼涛声。师渡蛟潜窟，檄传虏徙城。长安拟不远，望断暮云平。”袁可立诗中评说与神仙境地蓬莱有关的秦皇、汉武、田横、鲁仲连等历史人物，表达自己追慕先贤的襟怀抱负。这两首诗用汉白玉雕刻镶嵌于苏公祠内东墙，诗书皆佳，是蓬莱阁极具价值的诗文碑刻。

袁可立蓬莱阁上观海市作《观海市》诗。袁可立任登莱巡抚三年，虽然久慕蓬莱特有的海市奇观，却没机会一睹其真容。1624 年 7 月 6 日，连续忙碌两月的袁可立终于有了一点闲暇时间，他轻车简从，到蓬莱水城巡视。当袁可立登上丹崖山巅的蓬莱阁，推开北面窗户远眺烟波浩渺的大海时，原本一碧万顷的海面上，凭空出现了一座雄踞天地的城郭，宫殿楼阁，飞檐列栋，丹垩粉黛，春树万家。心潮澎湃的袁可立诗兴大发，挥笔写下了一首长诗《甲子仲夏登署中楼观海市》：

余建牙东牟，岁华三易。每欲寓目海市，竟为机务缨缠，罔克一觏。甲子春得旨予告，因整理诸事之未集者。又两阅月，始咸结局，于是乃有暇晷。仲夏念一日，偶登署中楼，推窗北眺，于平日沧茫浩渺间，见俨然一雄城在焉。因遍观诸岛，咸非故形，卑者抗之，锐者夷之，宫殿楼阁杂出其中。谛视之，飞檐列栋，丹垩粉黛，莫不具焉。其纷然成形者，或如盖、如旗、如浮屠、如人偶语；春树万家，参差远迩；桥梁洲渚，断续络联；时分时合，乍隐乍显，真有画工之所不能穷其巧者。世传蓬莱仙岛，备诸灵异，其即此是与。自巳历申，为时最久，千态万状，未易殚述。岂海若缘余之将去，而故示此以酬厥夙愿耶？因作诗以纪其事云。

登楼披绮疏，天水色相溶。
云霭泽无际，豁达来长风。
须臾蜃气吐，岛屿失恒踪。
茫茫浩波里，突忽起崇墉。
垣隅迥如削，瑞彩郁葱隆。
阿阁叠飞槛，烟霄直荡胸。
遥岑相映带，变幻纷不同。
峭壁成广阜，平峦秀奇峰。
高下时翻覆，分合瞬息中。
云林荫琦柯，阳麓焕丹丛。
浮屠相对峙，峥嵘信鬼工。
村落敷洲渚，断岸驾长虹。
人物出没间，罔辨色与空。
倏显还倏隐，造化有玄功。
秉钺来渤海，三载始一逢。
纵观历巳申，渴肠此日充。
行矣感神异，赋诗愧长公。

此诗记叙了作者为官东牟，几年后才得见海市的喜悦心情和海市奇观变幻莫测的景象。诗中对海市的描写具体细腻，形象逼真，使人如亲睹其景，共临其兴，是一首描写海市的上佳诗作。该诗是蓬莱阁千年来记录海市奇观最翔实准确的诗文，也是历代记录海市最有影响力的一首诗作。

袁可立在蓬莱阁留下“三绝碑”。袁可立的《甲子仲夏登署中楼观海市》成诗后，专门邀请其好友、明代书法大家董其昌书成墨宝，再由刻石高手、曾任山东观察副使的温如玉摹勒上石。完成石刻共九方，镶嵌于蓬莱阁避风亭内墙壁上。董其昌书法师以米芾之风，圆润苍劲，俊逸飘洒。温如玉的观海市诗刻石在《肃府帖》之后，其技艺已臻化境，故董其昌于尾跋中盛赞其“勒石得法”，使董书增色，以至“可敌长公（苏轼）之笔”。这九方石刻堪称珠联璧合之作，可谓萃一代之技艺，乃书坛之瑰宝，被誉为“三绝碑”，是蓬莱阁文化中的一颗璀璨的明珠，给蓬莱阁留下了一份宝贵的文化遗产。

袁可立在河南睢县仿建“小蓬莱”。1625 年 12 月，归乡颐养天年的袁可立，对蓬莱阁难以忘怀，在河南睢县故里兴建起一处国内罕见的船形私家园林，该建筑仿蓬莱阁的形制而建，居高临下，依山傍水，远望似停在水中的一艘战船，因此被称为“小蓬莱”，当地俗称“袁家山”“陆园”。1994 年，睢县文物管理部门派人到蓬莱阁将袁可立的《海市诗》石刻，复制到睢县袁家山。370 年后，袁可立的珍贵《观海市》诗石刻，又荣归故里，在睢县当地传为佳话。

托浑布

托浑布（1799—1843），字安敦，号爱山，蒙古族人。清嘉庆二十四年（1819）进士，历任湖南安化、湘潭知县，福州知府，漳州知府，广西左江兵备道，福建督粮道、直隶按察使、布政使、山东巡抚，卒于任上。生前著有《瑞榴堂诗集》《纪效新书・序》等。

托浑布任山东巡抚四年间（1839—1843）与蓬莱阁颇有交集。他题写“海不扬波”石刻，修筑沙城，完善丹崖山及蓬莱水城防御工事，在蓬莱水城铸造大型铁炮，为蓬莱阁和蓬莱水城留下珍贵的海防历史文物。

托浑布题写“海不扬波”石刻。1839 年 9 月 14 日，托浑布就任山东巡抚，适值朝廷严禁鸦片。1840 年 4 月间，他亲临蓬莱，督查禁烟，巡视海防，期间登上蓬莱阁，题写“海不扬波”石刻，嵌于蓬莱阁一楼北墙。石刻长 323 厘米，宽 80 厘米，花岗岩质，隶书阴刻“海不扬波”，楷书阴刻落款，上款“道光庚子三月”，下款“长白托浑布题”，寓意为海疆安宁，不起战事。然而半个世纪后，甲午战争爆发，日军吉野号等三艘军舰于 1895 年 1 月 18 日，从海上炮轰登州府城，其中一枚炮弹正中蓬莱阁“海不扬波”石刻，将“不”字击毁，变成了“海扬波”。后来虽经修补，但“海不扬波”石刻已失去原貌。

托浑布修筑沙城。1840 年 6 月，鸦片战争爆发，山东海防压力骤增，托浑布再赴蓬莱督办海防。蓬莱阁以东海岸沙滩开阔，为防止英军登陆，托浑布在此沿海岸线筑起一道沙堤，沙堤前面挖设壕沟、陷阱，沙堤后面驻扎军队，在近海滩头地带形成一道军事防御设施，俗称“沙城”。据民国《蓬莱县地理志》记载：“（沙城）在县城东北海滨，道光二十一年（1841），中英鸦片战争之际，山东巡抚托浑布驻节郡城，督办海防，饬知县王文涛全民创业，以护郡城，分八段，长里许，按设老式大炮十余门。”后来，沙城在甲午战争及解放战争中依然充当过蓬莱驻军的防御工事。中华人民共和国成立后，蓬莱城建设用沙多取自于此，沙城逐渐毁弃。

托浑布完善丹崖山及蓬莱水城防御工事。因“（蓬莱）水城东面女墙垛口较多，天桥口闸门、蓬莱阁檐头较高，恐沙堆不能偏护”，托浑布借鉴《武备志》，提出“棉被护城如悬帘之法”，并派人购买数千条棉被运往登州，在沙城无法覆盖区域，用棉被加以遮蔽伪装。丹崖山位于蓬莱水城最高点，是蓬莱海防的战略要地，托浑布便派人修缮蓬莱阁北段城墙以及普照楼下段城墙并加装垛墙，进一步完善丹崖山城墙防御工事。现在这两段城墙保存完整，成为近代山东海防的重要遗迹。

托浑布在蓬莱水城铸造大型铁炮。当时，蓬莱铁炮数量少，性能落后，“千斤”以上大型铁炮尤其匮乏，难以满足蓬莱海防需要。1841 年初，托浑布在登州设立铸造局铸造大型铁炮。因山东缺少铸造“六千斤”以上大型铁炮的工匠，托浑布便派人去福建学习铸炮技术，并聘请当地工匠来蓬莱主持铸造“六千斤”以上铁炮。至 1841 年秋，登州铸造局共铸造出“八千斤”铁炮 6 门、“六千斤”铁炮 10 门、“两千斤”铁炮 23 门。这批铁炮最初被安放在沙城空旷处，鸦片战争后被移入登州府城北门炮局。随着登州海防废弛，这批铁炮也逐渐淹没在岁月中。新中国成立后，蓬莱水城城墙上仍然摆放着数十门清代铁炮，“文革”期间这些铁炮全部流失。1982 年，蓬莱县第二配件厂在原登州府城北城墙遗址施工时发现两门铁炮，蓬莱阁管理所从厂长吕顺兴处征集，安放在蓬莱阁水门东、西炮台。两门铁炮属红衣炮型，生铁材质，长度超 2 米，炮身有数道炮箍，中段铸有一对炮耳，炮尾呈渐细螺旋状，分布有铸造浇口，炮身前段阳铸铭文，铭文内容分别是“大清道光二十一年孟夏，山东巡抚托、登州总镇玉督制，大炮一位重二千斤，登州府知府诸镇监造”和“大清道光二十一年孟夏，山东巡抚托、登州总镇玉督制，大炮一位重六千斤，登州府知府诸镇监造，福建匠人林□□铸”。两门铁炮是托浑布在登州筹办海防时所铸造的大型铁炮。后来，蓬莱阁管理处文物工作人员于1997年8月又从山东省禹城市乡村征集了1门两千斤铁炮，也是托浑布在登州铸造的同类型铁炮，现藏于蓬莱古船博物馆。这3门铁炮是蓬莱海防史的珍贵文物。

宋 庆

宋庆（1820—1902），字祝三，蓬莱区泊子宋家村人，清代著名将领。宋庆30岁从军，历任花翎游击、南阳镇总兵、湖南提督、尚书衔四川提督、太子少保等职。

宋庆在蓬莱生活了三十年，对家乡怀有深厚的感情，先后修学宫、葺试院、捐义仓、施粥厂、修桥、筑路、疏浚河道、续修史志等，为家乡蓬莱做出许多贡献。蓬莱阁收藏展示多件宋庆文物，如蓬莱阁东厢《宋宫保建桥修路运沙填沟阖邑感德碑》、天后宫垂花门西侧宋庆书“虎”字碑、登州博物馆珍藏“草桥”桥头券石、慈禧太后赏赐宋庆“耆年伟略”匾以及宋庆墓志铭等，显示出宋庆作为清代蓬莱名人与家乡的渊源。

蓬莱士绅百姓为宋庆树功德碑，立于蓬莱阁东厢。碑铭《宋宫保建桥修路运沙填沟阖邑感德碑》，刻于1896年。碑文四百余字，记述宋庆平息反叛、保卫京城、甲午抗日等功绩，以及晋身高级将领后造福家乡的诸多贡献。碑文记载：“不以军旅忘俎豆，不以兵戎废弦歌”“兴养立教之思”“即今道路坦平，桥梁利涉，独力倡修者，则百废之具举也。挑拨河沙、填阏沟涧，挹彼注兹者，则两美之兼修也”，对宋庆于国家、地方的诸多事迹和品行给予了高度评价。

宋庆书“虎”字碑，立于蓬莱阁天后宫垂花门西侧。因单书“虎”字一笔挥就，笔力遒劲，故称“一笔虎”。“虎”字碑为宋庆书于1889年，当时他率军驻守旅顺，修筑炮台，训练士兵，整肃军容，设防不怠，为诸军之首。宋庆原书“虎”字为单幅宣纸书法，后由旅顺当地人收藏，“文革”期间被旅顺博物馆征集，“文革”后落实政策，“虎”字宣纸书法重新回到原收藏人手中，现被蓬莱区三仙山景区珍宝馆收藏。

“草桥”桥头券石，收藏于登州博物馆。2007年7月10日，原驻军木器厂东侧密汾河河道清淤，施工中在旧河道发现蓬莱城“三山不显，七桥不露”之一的草桥，位于地下的草桥仍然起着桥梁作用。“草桥”拱券石上镌刻“光绪丙申（1896）草桥宋宫保捐修”。这方石刻的出土，印证了宋庆在蓬莱“建桥修路”记载的真实性，体现其对家乡河道维修的贡献。

慈禧太后赏赐宋庆“耆年伟略”匾，收藏于登州博物馆。1890年，清廷加封宋庆“太子少保”。1894年，清廷为褒奖宋庆的功绩，下诏在蓬莱城内修建“忠心捧日”石牌坊及宋氏祠堂。1899年，宋庆八十寿辰，清朝廷颁赐“寿”字贺寿，以往清朝武将罕有获赐“寿”字的殊荣。光绪皇帝赐其“倚之干城”匾额。慈禧太后赐其“耆年伟略”匾额，悬挂于宋氏祠堂。1966年“文革”期间，“耆年伟略”匾被摘下，削掉匾额上“慈禧”二字，运到武霖村卫生室用作病床铺板才得以保存下来，“文革”后蓬莱阁管理处征集到此匾。“耆年伟略”匾额字贴金箔，制作精致，120年后仍熠熠闪光。

宋庆墓志铭，收藏于登州博物馆。墓志铭全称《皇清故光禄大夫建威将军晋封三等男爵赏戴双眼花翎太子少保尚书衔四川提督军门宋忠勤公墓志铭》，记述了宋庆生平、甲午战争陆战、家庭子女等情况，许多内容填补了史料记载的空白。2013年出版的《蓬莱市志》记载宋庆：“原配马氏早逝，续弦滕氏，后又娶一妾（失姓名），滕氏产有一子（早夭）。”《宋庆墓志铭》中却记载：“原配马，继配滕，又继配孙，皆封一品夫人。马、滕前卒，马夫人生女一，适同县吴宗闵。”“侧室倪、覃，恩封宜人。”可见宋庆先后迎娶马氏、滕氏、孙氏三位夫人，均被封为一品夫人，此外还娶过倪氏、覃氏两位如夫人。宋庆的子女情况，《宋庆墓志铭》中记载：“已而，孙夫人连生丈夫子二：天俊，蓬莱县学生，议叙花翎郎中衔，早卒；天杰，河南试用道，赏五品京堂。”“马夫人生女一，适同县吴宗闵。”可见《蓬莱市志》记载有误。宋庆先后迎娶三位夫人、两位如夫人，有两个儿子，一个女儿。《宋庆墓志铭》可弥补《蓬莱市志》等记载的不足，具有较高的史料价值。

吴长庆

吴长庆（1829—1884），字筱轩，安徽庐江人，清代著名将领。1855 年吴长庆世袭云骑尉，历任安徽守备、江苏游击、直隶正定镇总兵、浙江提督、广东水师提督等职。1880 年吴长庆以广东水师提督衔帮办山东军务，10 月至登州。1882 年 7 月吴长庆受命率军从登州抵达朝鲜，平息朝鲜兵变。1884 年吴长庆病逝于金州任上，光绪皇帝“诏优恤，谥武壮”。

吴长庆在蓬莱阁重建仲连祠。1880 年 10 月，吴长庆受命帮办山东海防，率所部淮军驻于蓬莱丹崖山。丹崖山上原有一座年代久远的仲连祠，是为纪念鲁仲连而建，位于蓬莱阁东吕公亭处，毁于明代后期。鲁仲连是战国末期齐国人，周游各国，为人排忧解难，不计报酬。曾以一封《遗燕将书》说服据守聊城的燕将罢兵，“一箭书退敌百万兵”创造了中国军事史和论辩史上的奇迹。鲁仲连胸怀天下，体恤百姓却淡泊名利，数立奇功却不接受封赏，功成身退隐居东海，后人在丹崖山为其立祠纪念。明代政治家袁可立在《蓬莱阁怀古》一诗中赞其：“夙慕蓬莱仙，今到蓬阁上。神仙杳难求，海水空漭漾。秦皇踪已沉，汉武终阙望。田横五百人，至今堪惆怅。义城鲁仲连，功成甘退让。千载有同心，感时怀高尚。”吴长庆对鲁仲连极为推崇，于 1881 年捐资在白云宫院内重建仲连祠。仲连祠自成一院，占地面积 540 平方米，主祠坐北朝南，三开间，建筑面积 67.5 平方米。院内紫藤茂密，院外古木环绕，环境清幽静谧。

吴长庆驻防蓬莱广施德政。吴长庆驻蓬莱期间，整饬军队，加强海防，重教崇文，注重培养文武兼备的人才。1881 年，22 岁的袁世凯投奔到吴长庆麾下，被任命为庆军营务处会办差事。吴长庆安排袁世凯跟其幕僚、后来的状元张謇学习。张謇和袁世凯一文一武，经过在吴长庆军中的历练，后来都成为中国近代史上卓有成就的人物。吴长庆为蓬莱瀛洲书院捐资白银一千两，增加书院职位，提高教师薪酬，改善教学环境，并对乡试学子提供帮助，大大提高了蓬莱士民的向学之风。吴长庆关注民生，修路建桥造福乡里；遇有灾荒，向灾民施粮赈济；遇有疫病，向百姓施药、救济鳏寡；遇有海难，派兵救援，并对遇难渔民及家人给予资助，妥善安置。吴长庆的善政义举深得民心。

蓬莱百姓在蓬莱阁为吴长庆立祠。1884年，吴长庆在金州病逝。蓬莱百姓得悉后，在仲连祠设其神牌，与鲁仲连一同祭祀，并将仲连祠改称“吴公祠”。院内立起一块大理石纪念碑，碑名《遗则常存》，碑文记载：“初，公之始来，首重儒学，捐金书院，酌加膏薪；更筹宾兴，尽馈乡试。至夫重洋拯溺，不吝厚犒；近郊灾毁，赈及遍村。时有疾疫施以药，哀及鳏寡给以粟，道路崎岖则平之，桥梁坍塌则修之。凡若此者公为之，因而各营统带亦乐而共为之。倥偬海防，不虑士马之驿骚，转获升平之康乐。若公所为，即如排难解纷，称天下士者不是过耳。”如今，吴公祠又恢复为仲连祠，但吴长庆的功绩仍然在蓬莱广为流传。

冯玉祥

冯玉祥（1882—1948），字焕章，原名基善，安徽巢湖人。近代著名爱国将领，中国国民党革命委员会（民革）主要创始人之一。

1934年，隐居泰山的冯玉祥游历胶东来到蓬莱。冯玉祥在蓬莱驻留多日，每天清晨在蓬莱阁下备倭城头读书，黄昏在“刀鱼寨”中散步，吟咏岳飞的《满江红》和文天祥的《正气歌》。他题诗作联，凭吊英雄，反对迷信，呼吁抗日，在蓬莱产生积极影响。

冯玉祥题诗反对封建迷信，呼吁抗日救国。5月19日冯玉祥抵达蓬莱，拒绝县长曹长春的洗尘盛宴，下榻丹崖山巅避风亭。冯玉祥游览蓬莱阁时发现求神问卜迷信活动盛行，心有感慨，遂作《丘八诗》：“蓬莱阁，蓬莱阁，迷信风尚而今依然打不破；吕洞宾专祠巍且峨，阁上许多仙人县志曾载过。东面备倭城，如今反落得颓废荒凉七零八落。神仙们真能来守边拒敌末？那可算是杭州时轮金刚法会的成绩啊！”冯玉祥召集各中学学生及机关职员数百人在蓬莱阁戏楼发表抗日演讲，现场解答问题，呼吁青年一代破除迷信，奋起努力，救国家于危难，救民族于水火。

冯玉祥作联题诗凭吊戚继光。冯玉祥和国民党元老李烈钧前往戚家祠堂凭吊民族英雄戚继光，他称赞戚继光“戚公与倭人大战，为国人中仅有之人物”。回到蓬莱阁后冯玉祥写下对联：“先哲捍宗邦，民族光荣垂万世；后生驱劲敌，愚忱惨淡继前贤”，赞颂戚帅捍卫邦国的伟绩丰功，抒发继承先贤传统、力挽乾坤的雄心壮志。并作《题戚武毅公》诗：“大人物，戚武毅，大战倭寇所向无敌；有学识，有经验，挫败倭寇万丈凶焰；九一八，失三省，转年热河又退兵；多伦失，滦东陷，国家生存，民族攸关，奈何摇尾乞怜于国联？如今思武毅，只觉我们有张厚脸皮！”以此警示世人勿忘国耻。

冯玉祥蓬莱阁上题写“碧海丹心”。5月20日，冯玉祥与李烈钧在避风亭内讨论国际形势，商谈抗日救国，他脱口而出“蓬莱阁中高谈抗日”，李烈钧应对“抗倭城头纵论保民”。李烈钧在蓬莱阁外廊柱子上写下对联：“攻错若石，同具丹心扶社稷；江山如画，全凭赤手挽乾坤”，请冯玉祥为对联补额，冯玉祥挥毫写下横批“碧海丹心”以表心迹，抒发忠心报国情怀。冯玉祥在《日记》中有联：“备倭城头畅谈抗日，避风亭内策划兴邦”，记述了这段历史。冯玉祥将军出资将“碧海丹心”四个大字刻石，镶嵌于蓬莱阁下的东墙壁上，后移至南墙，成为冯玉祥将军爱国主义精神的历史见证，供后人瞻仰。

杨　朔

杨朔（1913—1968），原名杨毓瑨，字莹叔，山东蓬莱人，中国当代著名作家，与刘白羽、秦牧并称“中国当代散文三大家”。散文代表作有《海市》《蓬莱仙境》《荔枝蜜》《茶花赋》《泰山极顶》等。

1959年6月，杨朔回到故乡蓬莱。在蓬莱期间，他感受故乡的变化，应邀在蓬莱阁开展文学创作讲座，游览蓬莱阁，触景生情，创作散文佳作《蓬莱仙境》《海市》，描写蓬莱阁的风景、人和事，字里行间流露出对故乡的真挚情感。特别是《海市》，描写了海市蜃楼的奇妙幻景，为宣传蓬莱阁、蓬莱海市做出卓越贡献。

杨朔在蓬莱阁上作文学创作专题讲座。1959年杨朔回到故乡蓬莱，蓬莱县委宣传部邀请他到蓬莱阁上作文学创作专题讲座，并组织30余位文教界人士参加。杨朔以自己的亲身感受，对文学创作进行了深入浅出、通俗易懂的讲解。两个小时的讲座结束后，杨朔与大家一同参观蓬莱阁，并在蓬莱阁前合影留念。杨朔的文学讲座对蓬莱文教界人士产生深刻影响，推动了蓬莱文教事业的发展，高英就是当年参加讲座后逐渐成长为蓬莱文化领域的著名地方学者。

杨朔创作散文《蓬莱仙境》。回到故乡蓬莱的杨朔写下了《蓬莱仙境》，表达了杨朔对故乡的热爱和赤子之情。文中提到“瞧那一片海滩，滩上堆起一道沙城，仿佛是我小时候常去洗澡的地场。”“原先那沙城应该是一道荒岗子，现在上面分明盖满绿葱葱的树木。”“再瞧那一个去处，仿佛是清朝时候的‘校场’，我小时候常去踢足球玩。”寥寥数语提到儿时记忆中的“沙城”和“校场”，由此可以推断出它们大概存续的时间，为史料记载提供了佐证。

杨朔创作名篇佳作《海市》。文章开篇以朴实精炼的语言赞美蓬莱阁：“城北丹崖山峭壁上那座凌空欲飞的蓬莱阁，更有气势。你倚在阁上，一望那海天茫茫、空明澄碧的景色，真可以把你的五脏六腑都洗得干干净净。”让人对蓬莱阁充满美好的想象。接着，欲扬先抑的引出盛大的海市奇观，引人入胜：“这还不足为奇，最奇的是海上偶然间出现的幻景，叫海市。”但因时令不对，海市未能得见，于是杨朔描述了儿时在蓬莱阁后拾珠玑，偶遇到可遇不可求的蓬莱海市。“只见海天相连处，原先的岛屿一时不知都藏到哪儿去了，海上劈面立起一片从来没见过的山峦，黑苍苍的，像水墨画一样。满山都是古松古柏；松柏稀疏的地方，隐隐露出一带渔村。山峦时时变化着，一会山头上幻出一座宝塔，一会山洼里又现出一座城市，市上游动着许多黑点，影影绰绰的，极像是来来往往的人马车辆。又过一会儿，山峦城市慢慢消下去，越来越淡，转眼间，天青海碧，什么都不见了，原先的岛屿又在海上重现出来。”他用简洁的笔墨，点染出一幅苍茫迷离、变幻莫测的海市奇景，将虚幻的海市描绘得活灵活现，引起人们无限的向往和遐思。文中还提到蓬莱阁上许多前人关于海市蜃楼的诗词，并引用苏东坡的著名《海市诗》，借古人的吟咏为海市增添几分神秘色彩。《海市》全文构思精巧，意境优美，1959 年 10 月在《人民文学》杂志上发表，1960 年入选中学语文课本，在国内迅速传播，蓬莱阁和蓬莱海市知名度得到进一步提升。如今，海市奇观已成为蓬莱阁最大亮点之一。

高 英

高英（1932—1994），原名高文宝，字高翔，烟台市蓬莱区栾家口村人。历任蓬莱师范学校语文教师、教务主任、工会主席，蓬莱市政协副主席。高英精于书法、篆刻，名录载于《中国印学年鉴》。他的书法作品正草隶篆四体俱佳，民间流传甚多。

高英是蓬莱最早从事蓬莱阁文化研究与普及教育的著名地方学者，为研究和保护蓬莱阁文化做出了开拓性的贡献。20 世纪 80 年代，蓬莱阁处于开放初期，百废待举。高英受蓬莱阁方的邀请，撰写蓬莱阁导游词，作为导游员的培训教材，为蓬莱阁导游队伍成为全国旅游业知名导游品牌付出了心血。

1980 年 9 月 25 日蓬莱阁正式对外开放，然而主要建筑的匾额楹联多毁于“文革”。高英为蓬莱阁古建筑群龙王宫等创作多幅楹联联文，如龙王宫后殿匾额“福庇海邦”，楹联“赠大圣定底神珍千年魔尽，还八仙渡海宝物万里波平”；龙王宫前殿匾额“霖雨苍生”“龙”，楹联“龙酬丹崖所期和风甘雨，王应东坡之祷翠阜重楼”；吕祖殿正殿匾额“吕祖殿”；子孙殿匾额“熊罴赐梦”；登州古船博物馆楹联“古船曾捍海疆犹存雄风壮华夏，博物长留仙境更有巧思昭蓬莱”，均为高英亲手题写，书法功底深厚，笔法苍劲庄严。1984 年 7 月，高英为蓬莱水城清淤工程撰写《蓬莱水城清淤碑记》碑文，树立于小海西侧。

高英致力于蓬莱阁文史资料搜集及研究，为蓬莱阁的发展倾注了大量心血。他的足迹遍布丹崖山古建筑群的每一个角落，不断发现历代文人墨客遗留的诗文碑刻。他根据宋代朱处约《蓬莱阁记》中对“嘉祐辛丑”的记载，考证出蓬莱阁始建于北宋嘉祐六年，即公元 1061 年，纠正了前人关于“蓬莱阁始建于宋朝治平年间”记载的舛误。高英相继撰写发表了《“甲午”佚事一则》《杨朔在蓬莱阁上谈写作》《吴佩孚自书联》《冯玉祥蓬莱之行》《戚继光是蓬莱人》等文章，出版《蓬莱阁志》（合作）、《蓬莱阁诗文选粹》等蓬莱阁文化研究著作。高英最早注释了苏轼《海市诗》《蓬莱阁十大景》等古代诗文，是当代蓬莱点校、注释、研究蓬莱阁诗文的代表性学者。

郑梦周

郑梦周（1337—1392），字达可，号圃隐，高丽庆州（韩国庆尚北道永川）人。郑梦周是朝鲜高丽时期著名政治家、文学家、理学家。郑梦周科举中状元，历任成均馆学官、艺文馆提学、成均大司成、匡靖大夫、政堂文学、门下侍中（宰相）等职，著有《圃隐集》。

郑梦周多次作为高丽使节经蓬莱登州港出入中国。郑梦周在蓬莱期间，写下《蓬莱阁》《登州仙祠》《登州过海》《蓬莱驿示韩书状》《三月十九日过海宿登州公馆郭通事金押马船阻风未至留待》等诗文。郑梦周记录所见的登州港、蓬莱阁、苏轼碑等历史遗迹至今保存完好，在中朝关系史上留下珍贵记载。

郑梦周为恢复登州港至朝鲜传统航线做出贡献。明洪武初年，高丽使团多横渡黄海抵达明朝都城南京。1372 年郑梦周第一次作为高丽使团副使，与正使洪师范等 150 人出使明朝，从太仓港返回途中发生海难事件，洪师范等 39 人溺死。郑梦周从海上脱险，返回南京见到明太祖朱元璋后，提出更换海上航线的建议，请求恢复传统中朝海上北路航线——"登州海行入高丽渤海道"，以提高航行安全。朱元璋虽然安排郑梦周率使团从登州航线回国，但考虑北元势力盘踞北方带来的不安全因素，没有立即答应恢复登州航线。其后高丽使节又多次发生海难事件。经过高丽王朝多次交涉，为了避免海上风险，1374 年明朝廷终于批准了郑梦周等请求将往来航线改为传统登州航线的建议，并强调中朝间往来航线"往登州过海"，从此登州港成为明代中朝使节往来出入口岸。1376 年明朝廷"改登州为府，置蓬莱县，时上以登、莱二州皆濒大海，为高丽、日本往来要道，非建府治、增兵卫，不足以镇之"，登州成为山东半岛的政治、经济、文化、外交中心和主要城市。

郑梦周将明朝服装式样带回高丽，演变成"韩服"。明朝建国后，高丽王朝举国上下仍穿着元朝蒙古服装。据《明太祖实录》中记载："癸酉，高丽使者郑梦周等至京，复赐衣服而遣之。"郑梦周作为高丽正使向明太祖朱元璋申请明朝服装式样，从登州港启程带回高丽。从此高丽王朝"改服易裳”，明朝服装经过改良演变成今日“韩服”。

郑梦周在蓬莱阁赋诗怀念苏轼。1372 年郑梦周第一次出使明朝，从蓬莱回国时，撰写《登州仙祠》：“何处登临慰我思，芝罘城下古仙祠。只嫌汲汲南归疾，未和坡翁海市诗。”郑梦周在诗中抒发对苏轼的思慕之情，此后朝鲜使节多有赋诗纪念苏轼。

郑梦周登阁题诗《蓬莱阁》。1386 年郑梦周第四次出使明朝，回国时途经蓬莱。他再次登上雄踞丹崖的蓬莱阁，感慨万千，写下一首七绝《蓬莱阁》：“采药未还沧海深，秦皇东望此登临。徐生诈计非难悟，自是君王有欲心。”郑梦周用秦始皇派遣徐福到蓬莱神山求取长生不老之药的典故反映蓬莱悠久的历史，嘲讽了秦始皇执迷于长生不死的幻想，并彰显出郑梦周深厚的中华文化底蕴。

郑梦周诗作影响众多高丽、朝鲜使节。郑梦周是最初讴歌蓬莱阁的高丽诗人，他的诗作影响众多高丽、朝鲜使节。600 余年来，在郑梦周的引领下，高丽和朝鲜使节歌咏蓬莱仙阁的佳作不断，至今存诗 100 余首，这些歌咏蓬莱阁的诗作，既是中朝关系史中的动人诗篇，也为蓬莱海山增色良多。

第十二章　名楼轶事

朱处约始建蓬莱阁

朱处约，宋代司封员外郎，于嘉祐五年（1060）至嘉祐七年（1062）任登州知州，他在丹崖山海神庙旧址建起凌空欲飞的蓬莱阁，并为后人留下一篇耐人寻味的《蓬莱阁记》。

北宋嘉祐六年（1061），登州知州朱处约在丹崖山海神庙旧址首建蓬莱阁。他在《蓬莱阁记》中写道："嘉祐辛丑（1061），治邦逾年，而岁事不愆，风雨时若，春蓄秋获，五谷登成，民皆安堵。因思海德润泽为大，而神之有祠俾，遂新其庙。"

作为一州之郡守，朱处约对秦皇汉武东巡求仙之传说自然了若指掌，而今来到登州任职，看到这里如此美妙的山海奇观，少不得有一番自己的想法，正如其文中言道："世传蓬莱、方丈、瀛洲，在海之中，皆神仙所居，人莫能及其处，其言恍惚诡异，多出方士之说，难于取信，而登州所居之邑曰蓬莱，岂非秦汉之君东游以追其迹，意神仙果可求也？蓬莱不得见，而空名其邑曰蓬莱，使后传以为惑。"但又委婉地说自己"治邦逾年"而"五谷登成"，都是海神的恩赐，因此借重渔民对海神的信仰，以要为海神重修庙宇的理由，将广德王庙迁到了丹崖山西侧，而在丹崖极顶建起了一座巍峨的高阁，并毫不掩饰其"将为州人游览之所"。实际上，朱处约就恰似秦皇汉武的接力使者一般，是要将人们一直所追求的仙人仙境，转化为现实。正如其文中所言："恍不知神仙之蓬莱也，乃人世之蓬莱也……此治世之蓬莱也，意不知神仙之蓬莱也。"

秦皇汉武追求长生不老，成就了人间"蓬莱"这一空名，而独具匠心的朱处约，则是一位致力于把理想转化为现实的人，通过建起巍巍的高阁，观赏神奇的自然景观，以令人叹为观止的手笔，完成了神仙世界落户人间的传奇之作——蓬莱阁，将虚无的蓬莱变为直观的仙境，使其成为神仙文化在人间的承载体。明时守臣陈钟盛深谙朱处约造阁的动机，无非是要“以形破影，以迹蹈空，使登此阁者悟蓬莱亦如此阁，不必更从阁外觅蓬莱耶”。

苏轼与蓬莱弹子涡石

苏轼，别号东坡居士，眉州眉山（今四川眉山市）人。他是中华文坛上的一代巨匠，也是一位著名赏石家。苏轼曾在登州任知州，虽时间短暂，但他不仅发现并采藏过弹子涡石，而且以生花之笔留下了流传至今的弹子涡石诗。

弹子涡石产于蓬莱阁丹崖山西北侧的海滩沙石中，因石体小似弹丸且分布在涡形滩涂，古时当地人称其为弹子涡石，有“一斛碎玉，万斛珠玑”的说法。宋熙宁二年（1069）苏轼被贬于江南，应挚友、曾任皇宫教授的吴子野之邀，到广东潮州吴公隐居的岁寒堂赏观从登州海运回的北海十二石（砣矶石），苏轼见石大为称赏，蓬莱从此成为苏轼热切向往之地。元丰八年（1085）六月，苏轼接旨到登州任知州，苏轼的兴奋可想而知。他说：“受命已一月，甚欲速达，而远接人未到，船亦未足。”苏轼正式踏上赴登之途是八月，于十月十五日抵达登州蓬莱。令苏轼意想不到的是登州之任匆匆五日，于十月二十日又接急诏回京（开封）任礼部郎中。卸任后方始游登州水光山色。当游至蓬莱阁上看到“目力所及”的海上诸岛（长山列岛）时，吴子野北海十二石的印象浮现在眼前，但因政事紧迫，留下了未能入北海诸岛采石的遗憾。不过令苏轼欣慰的是，当游至丹崖山北麓海滩时，他慧眼识珍，发现沙土中五色温润、圆熟可爱的弹子涡石，遂与从者两次入滩共采获数百枚。

苏轼是当年十一月初踏上离登之路的，对采获的弹子涡石，一部分送回眉山家园，或置于长有菖蒲的浅水之中，或置于盆盎之内水浴观赏；一部分赠送友人作登州之任的纪念；一部分自己珍藏，心念不遗。此间还发生过两件让苏轼挠头的趣事。元祐八年（1093）苏轼被贬出知扬州任上时，于广东峤南任职的表弟程德孺赠他一绿一白两件英德石，他把双石浸置在一只来自高丽的铜盆中，并用七年前在登州采获而随身携带的弹子涡石围簇着，令双石锦上添花，视为“希代之宝”。他初命名为“双石”，又以盆水喻梦中的仇池，命名为“仇池石”，也称“盆山”“家山”，后来因弹子涡石“附其足”，又以盆水喻海称“海石”。同年，苏轼自扬州还曾带石入苏府，时任都尉的驸马王晋卿特至苏府赏观。谁知王晋卿因喜至极，当场吟诗欲“借”“夺”。苏轼不好直面拒绝，便巧以当朝名宦三益友也同爱此石为由，仿“和氏璧”的故事，要王晋卿用所藏唐代名画家韩幹的两幅备鞍马画作相交换，令王晋卿知难而罢。对盆山海石，苏轼不但随身携带爱不释手，心中更时时牵念从不遗忘。绍圣元年（1094）约八月在湖口（今江西湖口县），苏轼于藏石者李正臣舍内看到一件“玲珑宛转，若窗棂然”的九峰石，他不但喜极赐其名“壶中九华”并吟诗，而且“欲以百金买之”，与盆山海石“为偶”，但因又接到被贬惠州（今广东惠州市）的圣旨而“无暇”购买。时隔八年，苏轼被流放南疆海南遇赦北归重过湖口，还想购壶中九华石与盆山海石作伴。可惜此石已被好事者购走，苏轼因无缘拥有心爱之石而十分懊丧，便于当年四月十六日又吟诗以自解。这两件趣事，彰显了苏轼对盆山海石爱不释手、情有独钟的情感。

苏轼是诗词大家，又是赏石家，自然要吟诗咏颂弹子涡石。清代王文诰集注的《苏轼诗集》中，吟咏与弹子涡石有关的诗达七首，其中专题吟咏弹子涡石的诗有两首。第一首大意是初到登州在“海隅”荒野发现怪诞的弹子涡石，其洁白者有充枕纳凉之效，于是将部分赠予僚友子明的父亲梅丈作枕。“始于文登海上，得白石数升，如芡实，可作枕。闻梅丈嗜石，故遗其子子明学士，子明有诗，次韵。海隅荒怪有谁珍？零落珊瑚泣季伦。法供坐令微物重，色难归致孝心纯。只疑薏苡来交趾，未信虫宾珠出泗滨。愿子聚为江夏枕，不劳挥扇自宁亲。”诗在扼腕叹息极美的弹子涡石无人发现、珍爱之后，将弹子涡石喻为“零落珊瑚”，好似来自交趾（越南）的“薏苡”（草珠）和珍贵的“虫宾珠”（珍珠）。第二首，序云：“蓬莱阁下，石壁千丈，为海浪所战，时有碎裂，淘洒岁久，皆圆熟可爱，土人谓此弹子涡也。取数百以养菖蒲，且作诗遗垂慈堂老人。”诗曰：“蓬莱海上峰，玉立色不改。孤根捍滔天，云骨有破碎。阳侯杀廉角，阴火放光彩。累累弹丸间，琐细成珠琲。阎浮一沤尔，真妄果安在。我持此石归，袖中有东海。垂慈老人眼，俯仰了大块。置之盆盎中，日与山海对。明年菖蒲根，连络不可解。倘有蟠桃生，旦暮犹可待。”该诗把弹子涡石喻为“弹丸”、“珠琲”（珠串）的同时，以取、持、置、养为线索，用文学巨匠的手笔把弹子涡石的产地、成因、色泽、形态、名称来历揉于诗中，又以非凡的禅能、悟性和想象淋漓尽致地讴歌了弹子涡石，其中“我持此石归，袖中有东海”“置之盆盎中，日与山海对”的诗魂雅句，成为古今石家的口头禅。面对权势非凡的王晋卿欲借夺盆山海石而吟作的诗有三首。诗中说弹子涡石来自产“珠蒲”的神仙所宅之地“瀛州”；称弹子涡石为“文登玉”“碎玉”；色泽娟秀“如蛾绿”（青黛螺），特点是置于一绿一白的双石底部水浴可“幽光先五夜，冷气压三伏”；还说自己对为官老来居无定所又“四壁”皆空并不足惜，唯晚年幸得“希代之宝”盆山海石，所以生时“千里常相逐”，官职或晋或贬心中从“未遗”，死后还要与盆山海石一起“归溯”家乡岷山大自然。此外还有《壶中九华诗并引》和《和〈壶中九华诗〉以自解》两首。二诗写苏轼欲重金购买壶中九华石与盆山海石作伴和无缘所得的心境，表达对盆山海石的眷恋。

苏轼与蓬莱弹子涡石结缘至今已有九百三十多年的历史，此石因苏轼而名，其文化代代相传。南宋石家杜绾借苏诗首以“登州石”为名将弹子涡石载入其著作，即我国古代最完整、最丰富的石谱《云林石谱》；明代林有麟所著《素园石谱》对其进行转载，大文学家王世贞游蓬莱，因记苏轼弹子涡石诗，也拾取数十枚，并和苏诗之韵作《取弹子石》诗；清代名士沈心所著《怪石录》对苏、王之诗又进行转载；此后弹子涡石文化的研究延续至今。苏轼是蓬莱乃至烟台赏石的开拓者。蓬莱是烟台乃至胶东赏石资源颇丰的县级市，这里的赏石不仅品类多（现已发现十余种），富含玉髓、玛瑙，质地花色精美，有的还具有地质历史科研价值，不过一直不见经传。苏轼发现、采藏弹子涡石，并吟诗多首，首次把蓬莱赏石推进中华石坛，令蓬莱乃至烟台成为中华赏石文化的重要发祥地之一。苏轼为赏石新标准提供了实践依据。北宋文人米芾在总结前人赏石经验的基础上，提出了“漏、瘦、皱、透”鉴石标准，后来苏轼又加了一个“丑”字，从此五字鉴石标准沿用历代。仔细研读苏轼的弹子涡石和盆山海石诗，不难看出，苏轼早在九百余年前，就开启了用“形、质、色、纹、意、名、座”诸方面观赏弹子涡石和盆山海石的先河，这不仅影响历代，也为今人提出鉴赏奇石的新标准提供了实践依据。苏轼观赏弹子涡石是“置之盆盎中”水浴进行的。此法是苏轼根据此石产于海水之中，且具体小、群体美突出的特点独创出来的，他这种因石制宜的创新精神，也给今人以启示。

李承勋与《海市诗》碑刻

蓬莱阁丹崖山上古建筑群中，有一座吕祖小像碑亭，亭子坐南面北，形制小巧，别具一格。亭内立有一方汉白玉石碑，石碑正面雕刻着八仙之首吕洞宾的肖像，画面上吕祖束冠跣足，面容庄重，衣袂飘飘，仙风道骨。石碑背面镌刻明代抗倭将领李承勋的《吕祖咏海市诗》，创作于明万历二十年（1592），笔法苍劲有力，结构饱满匀称，诗文朗朗上口，意境深远，为蓬莱阁碑刻中的珍品。

李承勋，字锡庸，浙江省处州府人。其由锦衣卫调处州卫，世袭指挥同知。明万历元年（1573），因东南沿海受倭寇侵扰，其奉命前往浙江行省抚标练兵，法令严明，倭寇不敢进犯。万历二十年（1592），登州沿海一带倭寇猖獗。李承勋接到圣旨，命他到登州抵御倭寇。李承勋领旨后，内心激动不已，他早就听说登州出现过海市，曾引得秦皇汉武多次到登州寻求长生不老药的事情。于是李承勋当即率领士兵，从浙江来到登州，在知府大人的安排下，入住黑山公署处（今蓬莱后勤司令部）。一日，李承勋来到蓬莱阁，见到苏轼的《海市诗》后，被其诗文倾倒，久久徜徉在海市的绝妙意境中。他也想一睹渴盼的海市蜃楼迷人景色，可惜正值冬天，不是海市出现的季节，他便信步来到吕公亭，祈祷吕洞宾，希望来年春天让他见到海市。第二年开春的一天，晴空万里，微风浮动，李承勋正在蓬莱阁下，眺望对面的长山列岛，思索防御倭寇之事。忽见海面上涌来一团雾气，不久，对面的长山列岛在雾气中若隐若现，海面上出现了从未见过的楼台殿阁。李承勋内心一片欣喜，吕祖让他见到了梦中的海市蜃楼。李承勋与儿子李大生一同扶乩，得到《吕祖咏海市诗》一首：

吕祖咏海市诗

青天忽见动东风，一望三山雾气中。
万丈晴光疑有蜃，四回苍色岂无龙。
已开城郭三千界，又见楼台十二重。
要识人间总虚幻，不须翘首对长空。

李承勋将该诗勒石刻碑，于吕祖殿旁建一碑亭，保存至今。

温如玉与蓬莱

在蓬莱阁避风亭内墙，镶嵌着九方《海市诗》石刻。石刻由明代袁可立撰写，董其昌书丹，温如玉刻石。因董其昌是书法名家，三百多年来，石刻作为古迹名刻闻名遐迩，而将“海市诗”刻石上墙的明代书法家温如玉，与蓬莱颇有渊源。

温如玉，字孟醇，湖北郧阳人。明嘉靖三十二年（1553）考中进士，累官至御史。隆庆三年（1569），温如玉升任正四品山东按察副使兼登州海防道，当时辽阳一带的海岛居民流离失所，许多人转为海盗，时常在登州沿海出没抢劫。温如玉采取大张旗鼓出兵于海上、每天训练水师等措施，极大震慑了海盗。他同时秘密派遣登州卫指挥汤诏等官员，招降诸岛的海盗首领，宽恕海盗以前所犯罪过，在岛上建立起保甲制度，对岛民进行约束，此外分给其田地，允许岛民外出经商，使岛民致力于耕种和经商，从而过上安定的生活。温如玉在任内尽心尽责，因操劳过度，患病后回乡调养。温如玉居官二十多年，故乡的旧居未增添一砖一瓦，他以廉洁清正著称于世，登州、辽宁百姓感其恩德，将其事迹记载于地方史志名宦卷中。

在蓬莱颇有政声的温如玉，多才多艺，在文学方面造诣很深，诗赋精工，文章璀璨，被称为“江左高才”。在书法方面，温如玉擅长真草隶篆，曾将明朝肃宪王朱绅尧等人秘藏北宋名帖“淳化阁帖”，双钩翻刻，成为流传至今的“肃府阁帖”，供历代书法者临摹学习，为中华碑帖文化的传承做出重要贡献。作为明代后期的书法家，温如玉许多书法作品流传至今，被人们收集珍藏。袁可立在登州任登莱巡抚期间，将董其昌书写的《海市诗》由温如玉刻石上墙，镶嵌收藏在蓬莱阁避风亭内，成为蓬莱阁一百余方碑刻中最为著名的碑刻之一。

孔有德兵祸水城

2005年，蓬莱水城开展了新中国成立后的第三次大规模清淤工程，当地文物工作人员配合山东省考古所、烟台市博物馆进行考古发掘，在蓬莱水城小海中不但出水了精美的陶瓷器，而且在淤泥内还发现了零零散散地分布着的许多明代城砖，有些城砖中心刻有“工城”二字。这些城砖默默地向人们诉说着这样一个悲惨的故事：

明崇祯四年（1631），孔有德率军反于直隶吴桥，纵兵大掠，连陷临邑、新城等六县，长驱至登州。崇祯五年正月，与官兵孙元化会战，官兵不利。嗣后，累次孔军与官兵交战，孔终失败，航海遁去。其将王秉忠守水城，官兵穴城置火药轰城，城破。王退保蓬莱阁，官兵树旌招降，始释甲被。系战役结束后，惟见荒烟蔓草，颓垣断瓦，满目萧条，令人悲感。

这次叛乱事件不仅给蓬莱水城及蓬莱阁古建筑群造成重大的损失，而且给当地百姓带来残酷的伤害。

孔有德是明代末期辽东总兵毛文龙的部下。这支部队驻守在辽东沿海一带，屡次袭击满清政权的后方，给清军造成一定威胁。但这支部队军纪败坏，不听指挥，冒领军饷，骚扰地方。袁崇焕督师辽东后，借机除掉毛文龙，收编该部。后来，明政府将该部分散驻扎在辽东半岛到山东半岛沿海的各个岛屿上。面对两个政权的分化打击，这支部队军心涣散，事变频仍，逐渐演变成大规模的孔有德叛乱事件，史称“登州事变”。

明崇祯四年（1631）八月，清军围攻大凌河（今辽宁锦县），时任登州巡抚的孙元化急调孔有德率军驰援，早有异心的孔有德，拖延军务，趁机叛乱。仅六天时间，连克陵县、临邑、商河、齐东、德平、新城、青城等七座县城，并利用孙元化有意招抚，疏于防范的心理，乘机东进，于当年十二月二十日，围困登州府城，登州告急。孙元化却仍存侥幸心理，且布防失当，派所部收编的辽兵移守城外，令登莱总兵城内备战，由此使得驻扎城外的辽兵更加不满，半数官兵战场倒戈。

明崇祯五年（1632）正月初二，孔有德见城池坚固，久攻不克，又采取诈降手段，他精选降兵三百人，诈开城门。联络了城内的辽兵、辽民，夜半时分，举火为号，内外呼应，打开东门，使叛军杀入城内，不到天明，占据登州全城。登州府城陷落之后，登莱总兵退入水城，固守待援。正月初四，叛军集中兵力，攻打水城，守军势单力薄，寡不敌众，渐渐难以支撑，防御全线崩溃，登莱总兵张可大自缢身亡，自此水城也落入叛军之手。

此后数月，孔有德坐镇登州，封官加爵，收编部队，招降纳叛，并四处出击，扩大势力范围，同时利用明王朝急于招抚的心理，再三上演诈降丑剧，致使明军部队围剿行动犹豫不决，贻误战机。直到同年九月，明军各路人马陆续赶到，才迫使叛军龟缩于登州府城与水城之中。

山东巡抚朱大典、巡按谢三宾等人率兵在登州城外安营扎寨，鉴于城池坚固，易守难攻，他们确定划地分守、构筑工事、长期围困、分番攻守、封锁海道、悬赏破贼的作战方案，使各部队情绪激昂、踊跃思奋。

十月，明军开始大举攻城，叛军严防死守，双方形成僵持局面。到了冬天，天寒地冻，水城中粮食、物资极其匮乏，叛军甚至啖人肉、点天灯，残害百姓无数，生灵横遭涂炭。

明崇祯六年（1633）二月，明军发动攻势，夺取了水城护墙。孔有德眼看登州不保，于十三日连夜乘船逃跑。十六日，明军占领登州府城。叛军残部据守水城，负隅顽抗。十七日，明军游击刘良佐率兵隐藏在水城西北角的永福寺中，将水城城墙凿成洞穴并填满火药引爆。爆炸声起，明军沿着塌陷的城垣冲进水城，叛军退守于蓬莱阁。山东巡抚朱大典立马督战并竖起招降旗，叛军见大势已去，取胜无望，纷纷放下了手中武器，一千余人做了明军的俘虏。

孔有德领着残兵败将在旅顺登陆后，遭到明军伏击，只余孔有德率少数人马逃脱，最后在盖州投降了清政权。

铁保“蓬莱阁”匾额

蓬莱阁是历代文人汇萃之地，碑刻匾额琳琅满目，后因世事变迁，尤其是经过民国时期的战乱、抗日烽火和解放战争的洗礼，绝大多数匾额楹联毁于战火。至新中国成立初期，蓬莱阁上所存的木制牌匾楹联已寥寥无几，后又经历“文革”浩劫，只有“蓬莱阁”匾额得以保全，就此成为蓬莱阁古建筑群中旧有的唯一匾额，并以其出自清代书法名家铁保之手，而堪称吉光片羽，弥足珍贵。虽然如此，在“文革”“破四旧”中，“蓬莱阁”匾额的上下款识，还是遭到人为铲除，如今游人所看到的蓬莱阁匾额，其上款“嘉庆九年甲子七月之吉”以及下款“铁保书”，均为20世纪80年代初期补上的。

爱好书法的细心游人和专业人士会发现“蓬莱阁”匾中，其上、下款识后补的痕迹不仅显而易见，而且字体与铁保的传世作品出入颇大，尤其是下款“铁保书”三字的上下空白处，旧有的字迹和两枚印章的痕迹似乎还隐隐可见。显然其下款仅以“铁保书”三字来应对“文革”期间铲除的下款不够妥帖，这无疑成为了许多人心中的疑问和游览欣赏中的遗憾。

铁保（1752—1824），字冶亭，号梅庵，满洲正黄旗人，清中期乾隆、嘉庆、道光年间著名文学家、书法家。他优于文学，长于书法，词翰并美，与翁方纲、刘墉、永瑆并称清代乾嘉“四大书法家”。清嘉庆八年（1804）任山东巡抚，嘉庆十年（1806）升任两江总督，对照匾额的上款年代，此匾是其任山东巡抚时所作，这从时间上来看相对吻合，没有什么疑问。但其下款上的空白偏差又作何解释呢？查阅蓬莱阁的资料，偶然检索到由姚乃麟编写于1935年的《现代创作游记选》，其中恰有一篇关于蓬莱阁的游记，作者阎哲吾（时济南戏剧训练班主办，编著有《剧团管理》《导演方法论》《学校戏剧概论》等）在这篇名为《蓬莱阁上》的游记里，为我们描述了20世纪30年代抗战前的蓬莱阁景色，如三台石和丹崖仙境坊，以及今天的蓬莱阁后长廊的澄碧轩、避风亭、卧碑亭、苏公祠等。在对蓬莱阁的描述中这样写道：“沿岸看罢，复由老道引登蓬莱阁。阁内有额颜曰‘蓬莱阁’，下款是‘梅庵铁保书’，笔力雄厚，室内联对甚多，其一有言曰：‘山水有灵亦惊知己，性情所得未能忘言’句为吾家（阁）敬指先生所撰……”结合《现代创作游记选》书序，该书旨在给一般爱好游览的朋友们作为游览向导和参考的资料。并指出：“在本选内各篇的作者，对游览的经验都很丰富，并且他们全都是从事文艺的人，用细腻流畅的笔调写错综复杂的游记，对山水风景、名胜古迹作有系统的描述。无论在技巧与结构诸方面，都可说是非常圆熟而要凑的。而每篇作品均富有文艺的风趣，能使读者读了，有如身历其境之感，一些不会觉得枯燥和硬化。一卷在手，可作卧游，尤为本选内作品的特色。”

这篇游记文章，不仅为我们提供了民国时期蓬莱阁许多建筑单体的文字描述资料，而且使我们对“蓬莱阁”匾额原有的款识有了新的认知，解开了多少年来人们心中的疑问。

蓬莱阁消失的《墨竹图》

蓬莱阁一楼北侧墙壁上，原为清代著名画家招子庸绘制的《墨竹图》壁画。“高可丈余，宽亦如之。满壁琅玕，有扫月拂云之气概，笔意生动，与板桥并美。”中日甲午战争发生后，1895 年 1 月 18 日，日本海军吉野号等三艘军舰炮击蓬莱阁，一发炮弹击中阁北壁间的“海不扬波”刻石。硝烟散去，阁内墙壁的灰皮被大面积震落，粉壁上招子庸绘画的巨幅杰作《墨竹图》从此湮没人间。

招子庸（1793—1846），字铭山，号明珊居士，广东南海人。他生于书香之家，天赋才艺，能书善画，可惜命运多舛，仕途上一直不得志。清嘉庆二十一年（1816）中举，道光十七年（1837）任潍县知县。潍县县衙中挂有前任县令郑板桥的竹石图，这对也善于画竹子的招子庸来说，是一种无言的激励。每当闲暇之余，招子庸也会挥毫泼墨作画，抒发情怀。道光二十一年（1841），招子庸因受友人的案件牵连而被罢官。道光二十六年（1846）在家乡病逝。

道光十八年（1838）冬，英文升任四川川北道道台。临行前，他在蓬莱阁宴请宾朋好友。他的好友招子庸因公事，提前两日来到蓬莱。于是英文白天陪同好友参观天后宫、白云宫、蓬莱阁等他亲自督修的建筑，晚上两人秉烛夜谈各自的理想、抱负。第三天，英文特意带领招子庸到苏公祠，观看苏东坡的海市诗，一为自己即将离别，未曾见到海市，聊以自慰；二是好友招子庸与苏轼都是画墨竹的高手，想让好友在蓬莱阁留下墨宝。说来也巧，当天海市竟然不期而至，满足了他的愿望。中午聚会饮酒时，两人谈到苏轼的海市诗、书画、在登州任职的情形，竟然和苏轼一样，在冬天见到海市。两人十分高兴，不知不觉都喝多了。招子庸想到好友的盛情款待，即将分别，不知何日重逢，不由悲从中来。此情此景，恰似当年的苏轼与郭祥正。

宋元丰七年（1084），苏轼奉命自黄州移居汝州，七月初到达当涂。好友郭祥正在家中为朋友接风洗尘。酒席上，苏轼尽情宣泄积累在内心的郁闷。见好友心情不好，郭祥正想起求画之事，便问："子瞻兄喜欢竹石，可否给我画一幅水墨竹石呢？""行！"苏轼望望四周，说："就画在这边墙壁上罢。"说完，举笔挥毫。画毕，又在画上角题了一首诗，诗曰："空肠得酒芒角出，肝肺槎牙生竹石。森然欲作不可回，吐向君家雪色壁。平生好诗仍好画，书墙涴壁长遭骂。不瞋不骂喜有余，世间谁复如君者。一双铜剑秋水光，两首新诗争剑铓。剑在床头诗在手，不知谁作蛟龙吼？"郭祥正当即作诗答谢，并将家中一双铜制古剑赠送苏轼。

想到此，招子庸乘兴而绘墨竹。英文只见招子庸"顿开眼界大放狂，尽道奔澜收腕底。龙蛇直立气盘盘，但听乾声响笔端。急挥迅扫不停手，满壁飒飒生秋寒。须臾黑汁数升尽，化作雨万青琅玕"。画完《墨竹图》后，招子庸写下《次坡公醉画竹石壁上诗韵》一诗，诗曰："奇观得酒奇气出，奇气纵横生竹石。濡墨十指何淋漓，洒向蓬莱雪色壁。生平游兴诗酒画，坡老文章皆笑骂。写竹何须问主人，此壁不挥谁挥者。欲界仙都竹有光，随风叶叶生剑铭。大风披拂龙蛇走，入海定作老蛟吼。"此事此诗成为美谈，传诵一时。

招子庸登州海防轶事

招子庸道光十七年（1837）至道光二十一年（1841）任潍县知县。招子庸是清代著名画家，擅长画墨竹，他曾在道光十八年（1838）前后因公到访登州，游览蓬莱阁，"信宿阁下，得观海市，酒后兴酣，拂壁作大墨竹，缀以奇石”。可惜他在蓬莱阁内壁创作的竹石图早已彻底毁于甲午之役中的日寇炮火。道光二十年（1840），招子庸再次因公到登州的这段经历却鲜为人知。

1840年6月鸦片战争爆发，7月英军攻克浙江定海。为逼迫清政府就范，英国海军舰队北上天津大沽口。双方交涉一个多月，英军同意退回广州继续谈判。登州作为拱卫京师的海上战略要道，自然成了英军往返航道上的必经之地。此时山东巡抚托浑布在登州筹备山东海防，潍县县令招子庸也奉命前往。英舰两次光顾登州海域目的何在？托浑布亟需摸清对方真实意图，却不知该派谁前去英舰打探虚实。此时招子庸想起了从广东投奔自己而来的老乡鲍鹏，这人曾在广东洋行当过买办，又懂英语，很适合跟英国人打交道。于是招子庸便主动向托浑布推荐了鲍鹏，托浑布便派招子庸和鲍鹏前去英舰打探敌情。清代关康已在《平夷录》中对招子庸和鲍鹏两次直接同英军交涉的过程作了详细记载：

> 第一次是在道光二十年七月，招子庸和鲍鹏以商人身份乘小船靠近英舰，鲍鹏先登舰，与英军沟通后，招子庸亦登舰，得到英军礼遇，并获取英军此次北上的真实战略目的——同清政府“讲和通商追取烟价”。离开英舰前，招子庸送给英军四头牛，英军回赠“千里镜一个，玻璃盏一个，酒四小瓶”。
>
> 第二次是在道光二十年八月二十一日，五艘英国军舰闯入登州外海，这次是鲍鹏独自前往英舰，得知英军此行目的是想在登州补给物资。托浑布同意满足英军需求，但由于英军所需物资太多，风急浪大，补给物资难以送达英舰。英军只得自行派船来取，却不料船在海上倾覆，船员所幸游到岸边，算是捡回性命。登州当地也为这些人提供必要救助，第二天便将各类物资补给送到英舰。在满足补给需求后，英舰离开登州海域，继续南下广州。

登州免于战火荼毒，在朝廷看来，托浑布避战有功；在托浑布看来，招子庸和鲍鹏也是有功之人。尤其是鲍鹏，更是被南下广州代表清政府同英国继续谈判的文渊阁大学士琦善看重，成为其随身翻译，全程参与广州谈判。这一切对于招子庸来说，貌似人生即将达到巅峰。可谁曾想到，半年后英国人在广州与琦善谈判中强行炮制出《广州条约》，借机霸占了香港岛。清朝国威尽失，道光帝龙颜大怒，他以收受英国人“贿赂”之罪将琦善押解回京革职查办，鲍鹏作为琦善的谈判翻译，则以涉嫌“勾连英国人，欺瞒朝廷签订《广州条约》”被治罪，而招子庸也受到牵连，以“私留逃犯”罪被革职，“永不续用”。

自此，招子庸的功名之路便走到了尽头。他回到广东，靠卖画为生，景况凄然，令人唏嘘不已！

蓬莱阁“海不扬波”轶事

在蓬莱阁主阁北墙外壁上，镶嵌着一处引人注目的隶书石刻，这就是清代山东巡抚托浑布题写的“海不扬波”。

“海不扬波”刻于1840年，青石作底，字大如斗，气势雄浑。美中不足的是，“海不扬波”的“不”字有大块缺损，是经过后人精心修补的，这里有一个鲜为人知的历史故事。

1840年，鸦片战争爆发前夕，山东巡抚托浑布来到蓬莱。一日，他登上云烟缥缈的蓬莱阁，眺望着浩渺无际、微波不兴的大海，颇有感慨，信笔挥毫，写下了“海不扬波”四个大字，表达了希望万里海疆平安无事的心愿。然而，事实并非如此。五十余年后的1894年，日本发动了甲午战争，战火蔓延到蓬莱。1895年1月18日，日军吉野号等三艘战舰闯至蓬莱阁下，发炮轰击蓬莱城。一发炮弹正中“海不扬波”的“不”字，幸而是一颗没有爆炸的哑弹，却把大半个“不”字打飞，“海不扬波”变成了“海扬波”。与其说哑弹与托浑布的题字开了个小小的玩笑，不如说历史给了封闭的中国以无情的讥讽，没有强大的国家，“海不扬波”的美好心愿，只能是一厢情愿而已。

今天，当我们登上蓬莱阁，站在当年托浑布畅怀命笔的楼台前，只见碧海平静，银鸥翻飞，渔帆点点，棹歌互答，好一派繁荣景象，“海不扬波”再也不会变成“海扬波”了。

水城炮台古炮的由来

在巍巍的蓬莱水城东、西古炮台上，挺立着两门高大威武的火炮。它们雄姿傲然，造型古朴，引得游人驻步观赏。

1982年，蓬莱凤凰村意外地出土了两门火炮。一门火炮长3.06米，口径0.36米，上铸造铭文："大清道光二十一年孟夏山东巡抚托登州总镇玉督制大炮一位重六千斤登州府知府诸镇监造福建匠人林□□铸"；另一门火炮长2.41米，口径0.3米，铸造铭文"大清道光二十一年孟夏山东巡抚托登州总镇玉督制大炮一位重二千斤登州府知府诸镇监造"。这两门火炮是清代道光年间山东巡抚托浑布、登州总镇玉明监造。

1840年，山东巡抚托浑布督办海防，来到了素有"京津咽喉"之称的蓬莱。当时恰逢中英鸦片战争爆发，我国沿海一带海防骤紧。托浑布抵蓬后急令蓬莱知县王文焘增筑炮台，并且在地势紧要的蓬莱城东北海滨，沿着蜿蜒的海岸，修筑起一里多长的沙堤，命名为"沙城"。与此同时，他还征集福建及当地铸造业的能工巧匠，在很短的时间内，铸造了一批威力强大的火炮，布置在蓬莱阁高大坚固的炮台上。甲午战争爆发后，日本为进攻威海卫，曾制造准备在登州登陆的假象。这期间，日舰多次在登州沿海游弋，并炮击蓬莱城，蓬莱守军就是用这批火炮发炮还击，将不可一世的日寇击退。

如今，两门古炮静静地守护在蓬莱水城古炮台上，作为中英鸦片战争的珍贵遗物和具有历史功绩的军事文物，供游人观赏。

吴佩孚蓬莱轶事传说

名人与故乡总有着扯不断的渊源，民国时期的吴大帅——吴佩孚，在蓬莱家喻户晓。而今吴佩孚家族遗迹，在蓬莱踪迹全无，那处蓬莱著名的吴家大院，已被全部拆除。吴佩孚在蓬莱的轶事传闻，百姓多口耳相传，至今不见刊载。今搜集其数则蓬莱乡间轶事，是真是假，供方家稽考。

修缮戚继光祠堂

1894年，日本发动侵略中国的甲午战争，此时十几岁的吴佩孚在蓬莱水城水师营当学兵。当年日军炮击后的蓬莱，百姓纷纷到戚继光祠堂上香祈祷，祈求戚将军显灵，保佑百姓平安，别让侵略者祸害百姓，这一情景给吴佩孚留下难忘印象。

戚继光祠堂建于明朝崇祯年间，是明朝廷为褒扬戚继光的功绩专设“表功祠”。明清时期，蓬莱官方依旧例设专人管理，每年春秋两季，举行隆重的官方祭祠活动。清朝灭亡后，原来蓬莱官方定期祭祀和维修的戚继光祠堂，无人问津，日渐衰落。戚继光后裔在蓬莱只有一户，日子日见艰难，戚家祖居遂易手他人，戚家人搬进了表功祠居住。戚继光表功祠因年久失修，有的屋顶透天漏雨，逐渐破败不堪。吴佩孚得知戚继光祠堂的情况，汇来款项安排修缮，整修了戚继光祠堂的门厅、正厅、后厅，新建两座碑亭，将戚继光父亲戚景通刻制的文天祥手书“忠”“孝”石碑，移进碑亭。此外，在祠堂北部增建三间瓦房，供戚氏后人居住，看管祠堂。至今戚继光的第十三代孙戚兆华（现年 80 多岁）叙述此事，仍对吴佩孚修缮祠堂念念不忘。现在吴佩孚为戚氏后人修建的住房，因戚继光景区统一规划已经拆除，但作为故事，仍然在戚氏家族中代代流传。

清淤蓬莱水城

位于蓬莱城区北部的蓬莱水城，古称“登州港”，是我国古代北方著名港口和对外交流口岸，自 707 年登州港得名以来保存至今，是我国古港史中的一处奇迹。我国唐朝时期的著名古港如扬州港、广州港等早已淤塞，而唯独登州港（蓬莱水城）得以保存下来。蓬莱水城是蓬莱画河入海口的一处自然海湾，自唐朝以来是日本、朝鲜遣唐使等登陆口岸。因该海湾出口向北，冬季受北风影响，画河河水携带的泥沙和海浪潮汐携带的泥沙同时沉淀在港内，日积月累造成港口淤塞，因此各朝代对蓬莱水城的港口清淤都极为重视。清朝时规定入港的船舶，出港时需携带淤泥倒入水门口外的外海，以保持港口的水深，清朝后期曾设立五名专业清淤人员，清理水门口内外泥沙，当地俗称“五尊神”。到民国时期，蓬莱水城的淤积愈加严重，大型帆船和轮船已不能驶进港内，只能停泊在水门口外及外海海面进行装卸，费时费力，还影响航运及地方经济的发展。蓬莱民间传说吴佩孚曾安排一队士兵驾驶“小火轮”，来蓬莱水城清淤，小火轮船和士兵的耗费不用蓬莱政府和商会负担。这一清淤活动曾持续数年，对蓬莱水城港口正常使用起到了较好的作用。因无文字记载，这次港口清淤的具体时间、清淤规模、持续年限等已不可考，仅仅作为口碑在蓬莱民间流传。

让烟潍公路拐到蓬莱

蓬莱自唐神龙三年（707）设立登州后，一直是山东半岛的政治、经济、文化和交通中心。蓬莱传统的官方道路，是蓬莱城区向南经庙山西折，经龙口、莱州通往内地，古官道多丘陵地带，道路崎岖不平。民国成立后，为发展交通事业，计划修建烟台至潍坊的烟潍公路，传说吴佩孚在北洋政府中施加了影响，让原来较直的烟潍公路拐弯经过了蓬莱。为什么说是拐弯到蓬莱呢？因为烟潍公路最佳路线是取道山东半岛中部，从潍坊经莱西、莱阳等地至烟台，线路平直较为经济。而经山东半岛北部的莱州、龙口、蓬莱、福山到达烟台的线路较为曲折，所以说是拐弯到蓬莱。但烟潍公路的修建，极大地方便和推进了蓬莱等地的交通和经济事业的发展，是有益蓬莱本地发展的重要历史事件。

请大帅远走高飞

北伐战争时期，北伐军进展顺利，吴佩孚率领的联军节节败退，吴军失败的消息不断传到蓬莱。这时曾传闻吴佩孚计划回故乡蓬莱隐居，传说蓬莱商会获知这一消息，恐怕吴佩孚给蓬莱带来兵患，于是迅速筹集了一笔款项，派人去南方送给吴佩孚，并带话给吴："请大帅远走高飞。"吴佩孚是否接受了款项和如何表态，现在都不得而知，但是从此吴佩孚未再回故乡蓬莱。但传说唯一例外的一次，吴佩孚在北京隐居期间，因多年未给父母扫墓，曾悄悄地回了一次蓬莱，悄悄地来，悄悄地走，蓬莱人都不知道。吴死后葬于北平郊外，从此吴家和蓬莱断了联系。

吴佩孚的轶事传闻在蓬莱民间还有一些，如翁曾堃作为使节出使俄国，为东北边界据理力争而被俄扣押，回国后沦落在故乡蓬莱。吴佩孚听说了同学的情况，接翁到军中任职，翁在俄期间创作的《苏武牧羊》词，随之在全国流行一时。还如，做了大官的吴佩孚，不为吴氏亲戚族人荐职，据说还下了手谕禁止吴姓人当官，在北洋政府呼风唤雨的吴佩孚，没让蓬莱的吴氏族人沾到什么光，等等。人生一世，大多数人如流星划过夜空，终生默默无闻，逝后被人遗忘。但是蓬莱籍明代将领戚继光捐修蓬莱阁以及清代将领宋庆在故乡修桥铺路、灾年设粥厂赈灾等，却被蓬莱百姓津津乐道。中国传统文化提倡行善积德，许多名人都遗惠于乡里。可见行善于世间，造福于乡梓，会被老百姓口耳相传，留存在人们的记忆里。

碧海丹心长相映

在蓬莱阁主阁前院的南墙壁上，有巨大刻石一方，上镌“碧海丹心”四个醒目大字，这是国民党爱国将领冯玉祥将军的手迹。

冯玉祥（1882—1948），原名冯基善，字焕章，祖籍安徽巢湖，民国时期著名军事家、爱国将领。

1929年蒋冯战争爆发，冯玉祥战败下野，所部被蒋收编。于是他发表了下野通电，声称“洁身引退，以谢国人”，同时宣布“从此入山读书”。1931年“九一八”事变后，冯玉祥积极主张抗日，反对蒋介石的不抵抗政策，因而受到蒋的排斥。1932年，日本又在上海制造“一·二八”事变，冯玉祥极力主战，但苦于手中无兵。冯玉祥的抗日主张得不到蒋介石的支持，而他本人又不愿与蒋同流合污，于是便托病住进徐州医院，并准备重返晋西峪道河。当时主政山东的旧部韩复榘得知这一消息后，立即派铁甲车前往徐州，有意请冯至泰山隐居，冯玉祥经过认真考虑，同意了韩的请求，便来到泰山，住到泰山普照寺一带，每日以读书写字打发时光，但一腔爱国激情仍积缊心中。1934年5月，冯玉祥第二次来泰山并前往胶东游览，好友李烈钧闻讯赶来。冯玉祥偕同李烈钧下榻在蓬莱阁“避风亭”内。阁上道士忙为之洒扫，却被冯的卫士接去了笤帚，说：“这不行，打扰百姓，长官要骂我们的。”登阁之日，冯玉祥见四处求神问卜的迷信活动甚盛，愤然写下丘八诗一首：“蓬莱阁，蓬莱阁，迷信风尚而今依然打不破；吕洞宾专祠巍且峨，阁上许多仙人县志曾载过。东面备倭城，如今反落得颓废荒凉七零八落。神仙们真能来守边拒敌末？那可算是杭州时轮金刚法会的成绩啊！”

在蓬莱期间，冯玉祥多次向民众发表演讲，宣传抗战。冯玉祥时常到当年戚继光抵御外敌入侵的备倭城，诵读古人爱国诗词，抒发自己爱国之情。一天，冯玉祥先生会见陆军大学军事教官李烈钧。谈起国事，李烈钧十分激动，力主冯玉祥再度出山，挽救民族危亡。他反复陈词，见冯玉祥不为所动，遂拿起毛笔，在蓬莱阁的外廊柱上写下一副对联：

攻错若石，同具丹心扶社稷
江山如画，全凭赤手挽乾坤

写完对联，李烈钧请冯玉祥补额，此时的冯玉祥受蒋介石挟制，抗日壮志未酬，对于当时国内形势和蒋介石“假抗战真独裁”的本质看得深远，其爱国、忧国的衷肠李烈钧又不能完全领会。因此，冯玉祥也不搭话，挽起衣袖，拾起笔，挥毫写下了“碧海丹心”四个大字，以明心志。

当日下午，他们来到蓬莱城西南角武霖村戚继光祠堂，瞻仰明代抗倭名将戚继光。冯玉祥观看祠内的戚继光画像，以及明代以来褒扬其生平功绩的匾额等，联想到自己的一生，不胜感慨，回蓬莱阁避风亭后，冯玉祥又提笔为戚祠题联，联语是：

先哲捍宗邦，民族光荣垂万世
后生驱劲敌，愚忱惨淡继前贤

写完后，冯玉祥立即派人前去刻制悬挂。他兴犹未尽，又作《题戚武毅公》诗一首：

大人物，戚武毅，大战倭寇所向无敌；
有学识，有经验，挫败倭寇万丈凶焰；
九一八，失三省，转年热河又退兵；
多伦失，滦东陷，国家存亡，民族攸关，奈何摇尾乞怜于国联？
如今思武毅，只觉我们有张厚脸皮！

冯玉祥还在蓬莱阁戏楼发表抗日演说，大声疾呼：“中国抗日则存，不抗日则亡。”即便是在蓬莱阁上观赏风景，冯玉祥心中也满是抗日激情。他与李烈钧在蓬莱阁上对仗题联，冯玉祥题写上联："备倭城头畅谈抗日"，李烈钧对出下联："避风亭内策划兴邦"。

冯玉祥蓬莱之行，迄今已七十多年，今天当我们看着这些石刻、对联时，完全可以感受到当年冯玉祥将军登临蓬莱阁的心情。东北沦陷，全国人民抗日激情像火山爆发，而他却被迫隐居山林，以读书习字打发光阴。站在蓬莱阁上，纵目远眺，大海那边的东北大地上，敌骑纵横，他不能"继前贤"，像戚继光那样"驱劲敌"，便只有向着这万顷碧海，抒发他的一片丹心了！

于学忠出资打龙井

1935年春，时任中将的于学忠在奔赴北平参加会议后，顺便回蓬莱于家庄看望年过古稀的父母和家人，商量购地建新室（现在的立德小学）等事宜。于学忠回乡立即惊动了蓬莱国民党县政府，县政府即派专人去于家庄村给于学忠送请帖，邀请其到蓬莱东来顺饭庄做客赴宴。于学忠觉得盛情难却，便应邀而来，但提出东来顺的饭要在蓬莱阁吃。县政府人员心领神会，立即按照他的意思操办。于学忠在随从和县政府人员的陪同下来到了丹崖山蓬莱阁，东来顺的厨师们也挑着食盒，带着菜肴，来到蓬莱阁。于学忠观光完毕后，来到观澜亭与幕僚们一起论起了国内外时局的发展、军阀间的争斗、家乡的发展变化，等等。厨房设在观澜亭下坐东面西三间小屋内，这里灶具齐全，是有头有脸的达官贵人来此吃喝的专用场所，就餐地点就设在观澜亭。当时的蓬莱阁由道教俗家弟子管理，有一姓庄的道士携全家常年居住在阁上，此时自然成为主人，参与到为于学忠服务的行列。于学忠在观澜亭视察水城时，突然发现一位中年小脚妇女，带着两个小孩，挑着两桶水，步履蹒跚地朝蓬莱阁走来，便开始询问起吃水的事。庄道士介绍说，阁内的用水全是人工从西营子南端肩挑而来，往返三里多。阁里防火用水全部是接雨水装在大缸内备用，正月十六蓬莱阁天后宫庙会人山人海，更是滴水如油。庄道士还提起募捐打井的想法。于学忠听完庄道士一席话，心中受到很大触动，看到中年妇女带着两个孩子从那么远挑水为自己做饭，也感到不安，立即表态出资五百大洋为蓬莱阁打井。随同人员听到他的表态，无不欢欣鼓舞。县政府陪同人员听到于学忠的许诺，自然不敢怠慢，急忙表态做好打井的组织工作，并让城防部门调拨炸药为打井攻坚所用。于学忠是个很务实的人，他征询庄道士选址打井的意见后，亲自看了三个点，综合地理条件，最后敲定在蓬莱阁西侧俗称“龙道”的南端打井。于学忠最后高兴地说：“龙道打井，今天我们打的是龙井。”从此，“龙井”之名就被沿用下来。龙井位于蓬莱阁古建筑群的西南角，石英岩结构，政府四处搜罗能工巧匠，采用土洋结合的办法，在27天的时间里，将一口深9米的水井打成。龙井的井口用四块规整的青石铺砌而成。从此，这口龙井为蓬莱阁上庄家生活用水、游人用水、防火用水提供了方便。1995年，蓬莱阁景区对龙井重新淘浚，清除了水中杂物，重修了井口。将平台式井口改为圆柱形高台井口，上加防护网。旁有碑记：“龙井，丹崖唯一之泉井，井深32米，水深3米。潮起水咸，潮落水甘。相传系龙王出入龙宫通道，实为泉脉与海水相通。龙井历经沧桑，数次塌陷干涸，经浚泉脉复原貌，龙井面貌一新，立碑以志。”

于将军早已辞世，但他那拳拳爱民之心，将永远载入蓬莱阁史册。

董必武题诗

1964年8月，时任国家副主席的董必武来到蓬莱，在蓬莱阁上留下了一首脍炙人口的七言诗：

来游此地恰当时，海国秋风暑气吹。
没有仙人有仙境，蓬莱阁上好题诗。

董老的诗，借蓬莱之景，抒发胸中之情，表现一种意境。蓬莱素有“人间仙境”之称，而蓬莱仙人却是凡间俗人所见不到的。仙人见不到，仙境却是真实而直观地存在着。蓬莱阁作为蓬莱的标志性景物，矗立在大海之滨的丹崖山上，早已被视为仙境的载体，为世人所瞩目。

因为秦皇汉武时期的寻仙传说，丹崖山自古便有人间蓬莱之说，古人借物冠名，总是要有一点来由的。神山仙岛太缥缈，何不将这遍布圣迹神踪的海峤丹崖以仙岛的名字称之！这样一来，虚幻的变成直观的，这也便有了体验和想象的空间。当年郡守朱处约在丹崖山上别出心裁地营造起一座楼台，称之“蓬莱阁”，使一处徒有虚名的仙境又增加了新的内容。对于建阁的目的，朱郡守在《蓬莱阁记》中说得很清楚：“将为州人游览之所……恍不知神仙之蓬莱也，乃人世之蓬莱也。”从此，凌空仙阁成为人间蓬莱的一处胜迹，也被誉为蓬莱十大景中的第一景。而今，它又被视为人间蓬莱的一枚城徽，充满着神灵仙界的意蕴，闪烁着耀眼迷人的光芒。不管沧溟大海中的蓬莱仙岛如何扑朔迷离，眼前实实在在的山海景观着实令人惊叹不已，浮想联翩，恰好印证了董老精彩纷呈的诗句。丹崖仙阁，碧海蓝天，确实能给人以自然的美、人文的美、诗情的美、画意的美，堪称人世间的一绝，神话世界的瑰宝。董老意境通俗朗朗上口的诗句，无疑为这美丽的山海景观增添了浓墨重彩，为后世蓬莱留得宝贵财富。

三清殿下石榴石

闻名遐迩的“人间仙境”蓬莱阁，引天下无数游客纷至沓来。而蓬莱阁三清殿台阶上一个闪光的颗粒，也曾在蓬莱引起了一股不小的寻宝热，同时也翻开了蓬莱奇石宝玉史上新的一页……

1992 年，时任蓬莱市侨办主任的于秋中在一次陪同华侨游览蓬莱阁时，无意间发现三清殿门前的台阶上，有一个发光的东西，嵌在台阶的一块黑石头上，他觉得奇怪。因当时外事任务在身，他未能仔细探究。外事活动结束后，他特地带着一些采凿工具，返回蓬莱阁，在征得相关人员的同意后，将这块发光体抠了下来。

这块发光体约有一粒大花生米大小，呈黑色。对着太阳逆光看，便显示出鲜艳的红色。有着从事高校物理教学 20 年经验的于秋中马上意识到，这可能就是一颗红宝石。为了给蓬莱红宝石一个合理和合法的名分，他开始找专家，查资料，研究这个发光体到底是个什么玉石。

1994 年清明节期间，曲阜师范大学物理系的李呈祥教授回老家蓬莱市北沟镇下朱潘村。他曾在 1986 年蓬莱海上出现海市蜃楼奇观时，作为专家，接受过山东电视台以及央视媒体的采访，知名度很高。他与于秋中是好友。得知李呈祥教授回乡的消息，于秋中立即找到了他并让他鉴定。李呈祥教授看了于秋中递交的标本，并查看了蓬莱城区以及老家的山坡、田野、河套和海滩捡到的一些类似的发光颗粒，便初步断定是宝石。为确保无误，他将一些标本带了回去，找地质专家进一步鉴定。一个多月后，李呈祥教授来电话了，确认那些发光的颗粒就是红宝石，准确讲是石榴石红色宝石。

消息传来，于秋中欣喜若狂，奔走相告。一时间，蓬莱北沟镇下朱潘村掀起了一股寻宝热。据当时任下朱潘村党支书的杨喜润讲，那时正赶上拔麦的农忙季节，可许多农民听说他们村出宝石了，便把自己家的麦地都撂下不顾而去捡宝石……后来，不光下朱潘村，周围许多村的农民和企业职工也趋之若鹜，纷纷加入寻宝的行列。尤其到了星期天，漫山遍野，全是捡宝的人群。北沟当时的一位村委副主任，开始还不知道他们村出宝石。当告诉他宝石是什么样、到什么地方捡时，他没费多大劲，一下子就在脚下捡到一个特大的石榴石红色宝石，像小鸡蛋那么大，直径约有 30 毫米，重量达 250 克拉，这是于秋中在蓬莱见到最大的一颗宝石。

为进一步了解蓬莱石榴石红色宝石的相关知识，于秋中听说中国地质大学在武汉，便让当时恰巧在武汉工业大学就读的女儿于海群利用课后冒着40℃的高温天气，骑着自行车去找地质专家。

于秋中奔波辗转，终于得到了专家的正式鉴定：蓬莱阁三清殿玄武岩台阶上嵌有的一颗暗红色发光体及蓬莱北沟镇下朱潘村一带出现的类似发光颗粒，系石榴石红色宝石。蓬莱石榴石属铝系石榴石，大体又可分成两种：呈深红、玫瑰红的为镁铝石榴石，呈暗红或褐黑色的为铁铝石榴石。石榴石在工艺美术上称“紫牙乌”，中国珠宝界习惯上也把石榴石称作“紫牙乌”。蓬莱石榴石红色宝石多数为暗红色，映日方显特有的星彩光泽，十分美观。蓬莱石榴石红色宝石的硬度为摩氏 6.5—7.5 度，比重为 3.4—4.2 克/立方厘米，属优质石榴石红色宝石。

据于秋中整理的有关资料表明，蓬莱红宝石属于石榴石类红色宝石。因石榴石晶体与石榴籽的形状、颜色十分相似，故名“石榴石”。

于秋中还把采拾蓬莱石榴石的方法，整理成文字，介绍给周围那些跃跃欲试、摩拳擦掌的寻宝者。他说，在蓬莱火山带，如城区周围的山地和沿海，东至南王、刘家沟、马格庄（即现在的新港街道）等镇，西至北沟镇的大片山地和海滩，裸露的山坡、田野、河套、海滩，尤其是刚耕的土地并且是雨后可以进入的时候，上午 9：00 和下午 3：00 在有阳光的天气里，是寻找石榴石的最佳时机，往往几步远就能见到宝石发出的光……

于秋中还不辞辛苦，先后多次到烟台城乡各地探寻石榴石的打磨加工和饰品的制作技术。

与此同时，蓬莱另一位奇石收藏家沈周田也在为蓬莱石榴石红色宝石的发掘而奔忙。

沈周田是蓬莱供水总公司退休干部，过去曾在地质勘探队从事水文地质专业工作，跑遍了大半个中国。在蓬莱出现石榴石寻宝热的前后，他不顾年迈带病的身体和野外作业的辛劳，戴上老花镜，背起他盛有铁锤、罗盘和放大镜的背包，栉风沐雨，徒步跋涉在蓬莱有可能产生石榴石的地带。他和于秋中一样，探求蓬莱石榴石不是以捡宝发财为目的，而是从地质专业的角度和个人的兴趣爱好，来发掘蓬莱的奇石宝玉文化。

作为媒体记者和奇石爱好者且又是于秋中、沈周田的好友，我近水楼台取得了对他俩探求蓬莱阁石榴石有关情况的了解。有时我也参与到他们的探宝行列。为了探明蓬莱石榴石的成因、品位和成色，我也曾和沈周田一起，先后到被称为“中国蓝宝石之乡”的山东昌乐县北岩镇的二姑山以及被称为“可与美国魔鬼之塔相媲美”的即墨马山考察，走访过当地的百姓。那产生宝石且壮观的柱状节理石林，让我们惊叹不已。

为什么蓬莱阁上能有石榴石的出现？沈周田对蓬莱石榴石红色宝石也有很深的研究。据他讲，石榴石原生矿是玄武岩，如央视第 10 套《探索·发现》栏目报道过刘嘉麒院士和科考队的刘欣，在大兴安岭火山地貌中发现的石榴石绿色宝石、红色宝石等，都附在玄武岩上。在蓬莱的古火山带出现的那些黑褐色石头，就是玄武岩，属基性喷发岩覆盖在第四系地层之上、在火山碎屑物形成的火山口地形区域内的玄武岩矿石。而蓬莱阁三清殿门前的台阶，正是用这种黑褐色的玄武岩砌成的。所以，蓬莱阁出现石榴石就不足为怪了。同时，由蓬莱阁三清殿门前台阶的玄武岩发现的石榴石红色宝石，推断出有古火山喷发所带来玄武岩经过的地方均有产生石榴石的可能，进而把蓬莱石榴石的出产地由蓬莱阁延伸到蓬莱几个古火山口及周边地带。有的火山喷发的玄武岩经多年风雨剥蚀已经风化，曾附在上面的石榴石便脱落下来四处流落，掩埋于泥沙之中，有的仍附在至今还坚硬的玄武岩石上。在地面上能见到的石榴石属于前一种情形，蓬莱阁三清殿玄武岩台阶上的石榴石红色宝石，便属于后一种情形。在后来于秋中和沈周田的野外调查报告里，也证明了这一点。

从沈周田撰写的调查手稿和整理的考察报告里，我们得知，在蓬莱火山发生的这些区域内，均能捡到石榴石（砂矿）。品位西部高于东部，颗粒也是西部大于东部，直径一般在 3—10 毫米，而大于 20 毫米的少见。当时，蓬莱查明的就有五、六个村庄几百人在搞蓬莱石榴石红色宝石的收藏，有的存有几十颗，有的存有几百颗，个别藏家有几公斤……其中有的人去市场交易，更多的人是送珠宝店加工成戒面、别针、耳坠、耳钉、胸坠、手链等饰品。

据于秋中、沈周田的调查结果，我们还得知，蓬莱石榴石很早就被人发现，但很少人知道是石榴石宝石。旧社会蓬莱当地许多人只是把它当火石，抽烟取火时用。蓬莱城区周围有许多火山口，石榴石宝石便是随着火山爆发，在特定的高温高压下形成，经多年风化、雨水冲刷等作用，才出现于世以至被人们发现的。

据山东宝石协会秘书长李通一等专家讲，石榴石属高、中档宝石（也有的资料介绍说是中、低档宝石），是十二生辰宝石之一，在世界各国生辰石中位列一月生辰石。它象征忠诚、友爱、真实。许多旅行者喜欢佩戴石榴石，这对于他们来说象征着可以顺利走远，特别是可以保佑旅行中平安无事。石榴石最光辉的一页，是它被许多王室选作收藏的宝物，因为许多波斯人常将石榴石作为君主的偶像而崇拜。蓬莱石榴石红色宝石更有其特殊的品质：美观、坚硬、稀少。尽管目前看分布范围与产量不大，可有一定的潜力。宝石最显著的特点就是稀有。据悉，全国宝石级的大矿、富矿也不多见。

据资料介绍，宝石级石榴石的标准要求是：透明度好，颜色鲜艳，粒径大于 5 毫米。翠绿色的钙铁石榴石在国际宝石市场上非常受欢迎，红色、橙红色石榴石也很珍贵，橙色的石榴石（也叫锰铝榴石）最近几年价格上涨较快。中国地质博物馆中，藏有一颗橙红色的锰铝榴石大晶体，重达 1397 克拉，产于新疆。美国国家自然历史博物馆中珍藏着世界上最好的一颗褐黄色透明的肉桂石（铁钙铝榴石），是一个雕刻精巧的基督头像，重 61.5 克拉，堪称无价之宝。

于秋中、沈周田现在蓬莱退休多年，他们有更多的时间研究蓬莱宝石了。蓬莱城区及北沟、南王、新港、刘家沟，还有昌乐古河流经的 7 个乡镇，都曾留下他们的足迹。对那些初涉石坛的收藏奇石珍宝者，于秋中和沈周田都毫不吝啬把他们探宝的一些“秘方”予以传授，让大家一起分享赏石所带来的乐趣。

蓬莱不愧是人间仙境，风水宝地。这里不仅风光秀丽，而且物产丰富。据有关资料显示，蓬莱境内除了有开采量居全国县级前列的黄金资源外，一些重要的非金属矿尤其是能构成奇石宝玉类也有繁多的品种。如山上除了有泰山石、太湖石、灵璧石、卷纹石、木化石（硅化木）、干勾石、上水石、彩云石、模树石外，还有特有的蓬莱玛瑙石、川李绿玉以及多种与萤石（氟石）伴生的石种，各种各样的矿物水晶石也常常惊撼问世；海上，除了有光洁圆润的登州石（也称长岛球石、卵石）、凝脂纯净的黄蜡石、璀璨晶莹的丹崖石、令人称奇的蜂窝石以外，还有享誉古今、曾被宋代大文豪苏东坡爱不释手的“弹子涡石”。蓬莱石榴石的发现，无疑又为蓬莱奇石宝玉史增添了新的记录。蓬莱石榴石广泛分布于山坡、田野、河流、海滩等地，但由于过于零散而不便大规模机械集中开采，这反倒为民间喜好奇石宝玉者作为业余捡宝寻梦提供了非常好的平台。在蓬莱，我们可以经常看到当地的一些中青年妇女佩戴由石榴石加工的饰品，徜徉于仙境。石榴石既为主人增添了美感和尊贵，又为仙境平添了靓丽的风景。

蓬莱石榴石红色宝石荣登珠宝的大雅之堂，是蓬莱奇石宝玉史上的一次重大发现。后来在探求石榴石的同时，紫荆山街道三里桥村南发现的柱状节理玄武岩石林，在蓬莱阁三清殿门前“脚踏石阶如闻咚咚水声”的奇观，为蓬莱大地增添更加神秘的色彩和诱人的魅力。

“人间蓬莱”匾额的由来

1994年冬，蓬莱阁下新修一牌楼。此牌楼由清华大学古建筑设计院设计、曲阜古建筑队承建。牌楼的建成既解决了过去进阁无门的问题，也成为一处蔚为壮观的新景致。

但美中不足是当初的设计未考虑到匾额与楹联。据当时正在施工的曲阜古建筑队负责人称，牌楼历来无字。我听后很不以为然。适逢这段时间市委安排我参与旅游工作调查，便与蓬莱阁聘请的一些老顾问和有关工作人员商讨之，多数人认为还是有个匾额才好。于是，我极力倡导鼓动大家献计献策，补额填联。

一段时间里，大家对匾额的设想建议归纳起来有三：一是请中央领导题写，并有同志承诺，可托人即刻求到最高首长墨宝；二是因地制宜，用蓬莱阁上现存的清代铁保榜书“蓬莱阁”三个大字，且正是阁上匾额；三是高薪聘请名家书之。一时群言各抒，莫衷一是。我则觉得，这三条都有一定的道理，但又都不合适。第一，蓬莱阁乃千年古迹，非新上景点，请现今党和国家领导人题写古迹门匾，欠妥（当然，在阁上题词书丹例外）。第二，用清人铁保的字亦欠贴切。一则清代距今太近，铁保的身份、书法及名声也难与蓬莱第一匾额相匹配；二则“蓬莱阁”三字是为楼阁所题，题阁之匾只能挂在楼阁之上，若挂在门坊上，恐会贻笑大方；三则将来游人入此牌楼要观两大景，即蓬莱阁及水城，因二景齐名，同为国家级文物保护单位，若只写“蓬莱阁”，忽略了水城，岂不自煞一风景。第三，高薪聘名家，倒是顺应当今“社情”，不过资金是否即刻筹得足暂且不论，担心的是高赏之下虽有应者，而应者之中又有几多可用之大手？另外，征集匾额写什么内容？用什么字体？也是难题。单就修缮古迹的许多特定的近乎苛求的条件而言，清人犹嫌弱，今人更谈何？

匾额楹联之事一时陷入困境，呈山重水复、江郎才尽状。

当初创意搞匾楹联是我挑起，而今搁浅难以成事，内心很不踏实。一日，忽发感悟：古迹还得古人书。既然千百年来仙境之上，骚人墨客多会于此，何不从中觅幽集粹。于是想到了最初建蓬莱阁的朱处约，但此公惜无正史记载，其又未留下真迹；又想到了留下笔迹的明代大书法家董其昌，但董字纤细柔弱，不宜书匾。又一日，眼前一亮，豁然开朗，想到了有宋一代大学士——苏轼。苏轼，字子瞻，号东坡居士，乃北宋以来我国著名大文豪，又列宋代四大书法家之首，最让人喜处是他曾任过登州太守，到任时间是元丰八年（1085），而这个时间距前任太守朱处约建蓬莱阁的嘉祐六年（1061），才刚刚过了24年。可以说此人之后，再无一位来者的学养名声能逾越之。真是“众里寻他千百度，蓦然回首，那人却在灯火阑珊处”。

确定苏轼之后，查找当地志书资料，但难觅其书匾之类。故萌生集其字的念头，因苏字由二王与颜鲁公化出，遒劲端庄，最宜书匾。这虽有先入为主之嫌，但历史上已有先例，只要妥帖能为世人所接受。于是，先拟了若干匾额词句，诸如“蓬莱揽胜”“蓬莱胜境”之类，然后查其书迹。事有多济，也是偶合，一日夜里，竟从书箱中查出一帧苏轼手迹影印件，写的恰是蓬莱仙境。这是苏轼在元祐元年（1086）写的一纸书札，叫作“遗过子尺牍”。原件现藏于台湾故宫博物院，为纸本行书，纵14.2厘米，横26.7厘米。尺牍上的字写得神采飞扬，煞是好看。全文是：

> 元丰八年正月旦日，子由梦李士宁草草为具。梦中赠一绝句云：“先生惠然肯见客，旋买鸡豚旋烹炙。人间饮酒未须嫌，归去蓬莱却无吃。”明年闰二月六日为予道之，书以遗过子。坡翁。

从文中出现的两个时间看，叙述的是元丰八年（1085）的事情，书写时间约是第二年，即元祐元年（1086）。经考，苏轼写这纸尺牍的历史背景大致如下：元丰八年（1085），宋神宗皇帝驾崩，哲宗皇帝即位。这年五月，因“乌台诗案”讪谤朝廷罪遭贬的苏轼被重新起用。当时诏曰：“复轼为朝奉郎知登州军州事”（《续资治通鉴》宋纪七十七），其意是恢复苏轼京内谏官职，并任其为登州太守军政兼管。于是，在经历了六年贬谪生活之后，苏轼终于离开了当时荒凉偏僻的黄州，来到了向往已久素称人间蓬莱的登州（当时登州设在蓬莱）。这也是他1077年离开密州（诸城）后，第二次到山东为官。苏轼到任后，不忘在黄州自号“东坡居士”的境遇，与民同甘共苦，兢业为政。虽时间很短，但各方面的作为却不小。所感所为涉及政治、经济、军事及诗书画与自然形胜、山海风光等，真不愧为一代卓然不群的大家。元丰八年（1085）岁末，苏轼被召回汴京升礼部郎中。但此公意犹未尽，进京后仍时刻眷恋着登州，惦念着这方水土与百姓。甚至不惜冒再遭贬谪之险，上书太皇太后与朝廷，为民请命、为固登州海防进谏。计写有《乞罢登莱榷盐状》和《登州召还议水军状》等篇章，其情其意甚感登州百姓。后来人们在蓬莱阁旁专修一苏公祠纪念他，并有一楹联歌道："五日登州府，千载苏公祠！"可见苏东坡与登州的情分。

话扯远了，再回到尺牍上来。正是在东坡恋恋不舍地离开登州的翌年（1086）闰二月里，正是在东坡贬放出京多年又荣耀以归感慨系之的日子里，写下了这纸赠其三子苏过的尺牍。苏过，是东坡最疼爱的儿子，多年来一直追随守侍左右，与东坡相依为命，共担苦乐。东坡如此郑重其事地赠一诗句、书法给他，也是一种对亲子、对登州挚爱的表露（另，苏轼书法轻不示人，若出手必工，即便是一纸便条，亦欲后传百世，不为人笑）。还有一层意思则是东坡感激其弟苏辙多年来对自己的关怀与牵念之情（个中情由此来赘述）。苏轼的这纸尺牍，实际上是给苏过讲了一段有趣的小故事。说的是，苏辙去年正月初一做了个梦，梦中仙人李士宁从仙岛蓬莱匆匆来到人间，子由很高兴地与之相聚，立即置办酒宴款待之。并告曰：到人间作席饮酒，不必挑剔浓淡甘苦，放开肚皮吃就是了，因为回到蓬莱仙岛后，那里的神仙不食人间烟火，你是没有饭吃的。其意是：人间虽苦有酒喝，仙境再美无饭吃。

这段故事原本是苏辙叙述给苏轼听的，是兄弟二人思想情感交流的一段佳话，诗中描绘的小故事栩栩如生，饶人兴味，使人如闻其声，如临其境。苏轼之所以要写这么一段内容赠其儿子，个中缘由尚未见记述。但有一点是值得注意并加肯定的，那就是他对登州的怀念与留恋、对仙岛蓬莱遐思来断，其情其意跃然字里行间。尺牍虽是写子由之诗，却道的是子瞻之情。苏轼乃千古文豪，是一位具有多方面才能的文学艺术家。其诗词，一扫晚唐、五代绮丽柔靡之习，开北宋以来豪放词风；其赋与散文长于说理，纵横恣肆，有强烈的艺术感染力；其书法遒劲潇雄，气韵隽逸，列宋朝第一。其弟苏辙与之比肩，有许多相似之处。但在苏轼被贬谪六年后，二人在思想及文风表现力上已明显拉开了距离。苏轼在诗词文赋和书法艺术上高于苏辙，当时已成公论。即使这样，苏轼还是将苏辙的一首看似文笔极平常甚至平俗打油的小诗笔录书赠其爱子，这是耐人寻味的。我想如果不是诗中提到的仙人与蓬莱等勾起了这位大文豪的情愫，他是断不会引子由诗来抒发感慨的。细揣东坡当时刚刚被起用擢升的心境，以及其朴素唯物主义的思想特点和六七年来与民相处之所得所感，他必是被诗中阐释的一种要人间真情附仙境之景物的美好愿望所感染并有所悟，同时也有这样一层：东坡对子由元丰八年正月旦日梦见蓬莱仙人，自己恰在这年五月脱去苦难去人间蓬莱登州任职一事，感慨万千，唏嘘不已，故抄录小诗以抒怀。

正是在对以上背景及情况作过一番分析思考的基础上，我将尺牍小诗中的“人间”与“蓬莱”缀成一语——“人间蓬莱”，奉为匾额用词。

“人间蓬莱”，涵盖之意力图与历史相符，即与苏轼当时心境及用意相吻合。东坡在文学创作上，历来愿借“天上人间”“人间天上”浪漫之笔作遐想翅膀。鉴于他当时对登州的眷恋，对蓬莱仙境的向往，将登州山海胜景喻为人间蓬莱并不唐突牵强，亦符合其时之思想情感与写作表现手法。

“人间蓬莱”，所含之意力图与实际相符。“蓬莱”，自古便是仙境的代名词，传说中的海上仙山蓬莱是虚无缥缈的；登州海域独有的海市蜃楼也是瞬间即逝的；而呈现在人们面前的登州山海风光却是亘古未变的天然美景。故“人间蓬莱”暗喻着人们向往的蓬莱仙境在人间登州再现。亦即如今登州丹崖山附近的山海胜景就是蓬莱仙山在人间的一个缩影载体。

“人间蓬莱”比之“蓬莱胜景”“蓬莱揽胜”之类，在取字上力图不落窠臼，词句虽平淡白话，寓意却深邃绵长，“看似平常最奇崛”，欲求平实中耐人寻味之境界；在景物与区域涵盖观照上也宽阔得多，它甚至可包容如今整个蓬莱的山海风光、自然形胜以及风俗民情、人文景观等。

当然，这一缀法亦不无断章取义、穿凿附会之虞，但全面分析苏轼来登州前后之思想状况及文法表现形式，窃以为还是能与历史相符，与实际相谐的。更何况集字是历史上一种正常的文化现象形式，若集得好，可弥前贤之夙愿，并昭其德于世间。笔者曾将此创意讨教于多位省内外方家，皆以为然，且希望能尽早促成为好。于是，1994年冬在征询部分顾问和有关负责同志意见后，最终研究以此语制匾。匾额署款“苏轼”及朱文印章“子瞻”，亦查之当时手笔迹样。

与匾额同时刻制的还有均已作古的当代艺术大师刘海粟、费新我留迹阁上的楹联两幅。

岁次乙亥正月十六，公元1995年2月15日，天朗气清，惠风和畅。苏轼手迹“人间蓬莱”匾额，衬蓝贴金，高悬于新落成的四柱冲天式牌楼上。蓬莱市委书记程竹坤、市长王胜科与全市各界干部群众千余人，在牌楼前隆重集会。鼓乐鞭炮声中，他们将匾额上的红绸徐徐揭下。自此，“人间蓬莱”昭示人间。

蓬莱阁“八仙醉酒”塑像溯源

每当人们步入“人间蓬莱”坊，径级登临凌空如飞的蓬莱阁游览时，要数坐落在阁楼二楼上那一簇活灵活现的“八仙醉酒”塑像，最惹人注目。这组“八仙醉酒”塑像为八单体组合式，由北京中国木偶艺术剧团美术大师索万今形体制作、杨军服装制作。整个群塑运用现代木偶制作用料工艺——纸塑造型，优雅细腻、神态各异、栩栩如生。塑像背靠大海，面座朝南，与周围那古朴的桌椅、画廊、绮疏水乳交融，浑然一体，缤纷耀彩。伴随着临海的涛声，更显得人物静中有动、可亲可爱。虔心的游人逢至必定置身像前拜谒，与仙人举杯问盏，猎取倩影，当会儿片刻逍遥神仙，真乃心旷神怡，犹如脱凡胎换仙骨之感，再惬意不过了。若能沾得一身仙气，也算是不枉来仙境一遭，证实古人所云“身到蓬莱即是仙”嘛！

这组“八仙醉酒”塑像是1992年夏末立于阁上的。塑像的制作工艺确是独树一帜。据索万今大师介绍，塑像的制作工艺流程甚是复杂。首先，用细黏土雕塑出人物的头、手、脚等显露部分制成阳模，按“等身”比例法制作，晾干后表面涂隔离层；然后，用石膏翻出阴模，修型阴干，在阴模内裱糊数层道林纸或牛皮纸，约5毫米厚，风干揭模，活脱脱的人物雏型便面世。此胚质轻坚韧，易雕易饰。由于地处沿海，空气潮湿，定型后进行防潮、防腐、防蛀处理。最后根据人物年龄特征，从现代审美角度出发，运用写实手法，人物肤色用油漆装饰，面部质感、表情既逼真又生动。

塑像在北京完成，运抵蓬莱阁组装。布局上或坐、或卧、或立、或倾，相得益彰。正当拂晓竣工之际，阁外突然大雨滂沱，遮天盖地，持续了好一会儿。真是巧了，这雨打春天至夏季高贵如油，早不下晚不下，偏偏在八仙像落成才下。在场的工作人员感慨地说：这是仙人显灵感动了龙王，给家乡人民带来福祉哩！让我们祈祷吧！于是乎，不知是谁从何地找来一尊不大不小的石香炉，大伙儿向八仙像焚香叩拜，以示祷祝。虽不是教徒，但个个虔诚，祈望蓬莱庶民将来必定“风雨时若，春蓄秋获，五谷登成，民皆安康”。以此告慰修建仙阁的朱处约老太守。

这组塑像的设计采撷了八仙在过海前把酒兴叹这一瞬间的形态，以八仙桌为轴心展现人物，让仙人们围桌边饮边商过海法术，把他们定格在似醉非醉、醉与大醉之间。于是，便有了“八仙醉酒”这一主题。

按常规，八人饮酒是双双而座，对面而饮，若这样处理，定然呆板，无论是从审美还是拍摄角度而言，谓之大忌。设计者们避俗就新，有意破开“一张桌八把椅子”的俗套拘囿，以八仙桌面为视平线，让人物线上立、线中坐、线下卧，形成一幅侧 45 度角的扇面构图；以酒为载体，体现出仙人们不同的醉态——韩湘子抱坛给吕洞宾斟酒；张果老乐不合口端杯相应；汉钟离耐不住性子擎碗干杯；荷仙姑指爵誓言：“我奉陪到底！”曹国舅多贪了两杯，醺醺然低头不语，生怕丢了云板；蓝采和与铁拐李只好受点委屈——让蓝采和不胜酒力，卧凳酣睡，酒洒衣襟；铁拐李嗜酒如命，让他独揽酒坛，醉倒桌下。如此的构图，使一纸空想变为了现实——“八仙醉酒”塑像就这样诞生了。

蓬莱阁“沐日浴月”匾的故事

1981 年冬，当代著名书法家聂成文先生游览蓬莱阁时，应蓬莱阁负责人的邀请，为蓬莱阁主阁题写“浴日沐月”。聂成文先生生于 1946 年，现任中国书法家协会副主席，原辽宁省文联副主席、文联书记处书记、书法家协会名誉主席，中国书协草书委员会主任、创作评审委员会委员，全国中青年书法展评委会副主任，中国书法培训中心教授。1983 年该题字被制成匾额悬挂于蓬莱阁一楼檐下，至今已有 35 年，历经岁月洗礼，仍金光闪闪，吸引游客驻足观赏。

2016 年 4 月，烟台市人大常委会委员张宜中先生在研究抗日战争时期蓬莱抗战史查找资料时，查到一张 1946 年中共蓬莱党政军负责人在蓬莱阁留影的老照片，他突然发现蓬莱阁一楼檐下赫然悬挂着“沐日浴月”匾，他百思不得其解，于是向蓬莱阁等有关部门咨询此事，他写道：“2016 年 4 月 11 日早晨，我在研究抗日战争时期中共党组织任命的‘蓬莱县县长李慕’资料查找其照片时，发现一张抗日战争时期时任中共胶东特委书记曹漫之（照片中坐在最前台阶者）和时任中共蓬莱县委书记王一夫、县长李慕（因资料没有说明两人所在位置，无法确认两人）等党政军负责人在‘蓬莱阁’阁前台阶上的合影，发现当时‘蓬莱阁’底层门上（即现在铁保手书‘蓬莱阁’牌匾处）悬挂的是‘沐日浴月’四字牌匾（‘沐日浴月’一词，是指受日月光华的润泽）。这在现有资料中没有查到相关记载和说明，我多次到蓬莱阁景区也没有看到这幅牌匾。为何出现这一历史情况？我咨询过蓬莱阁景区，他们也不知道这段历史，请您们给予赐教。”

张宜中先生发现的“沐日浴月”匾史料十分珍贵，现在的蓬莱阁工作人员之所以不知道此事，是因为 1947 年冬天的一场劫难。这年冬天，进攻胶东的国民党军队盘踞蓬莱阁上，拆卸蓬莱阁匾额、门窗等木材，用于烧火造饭、取暖等，蓬莱阁古建筑群里历代珍藏下来的 200 多块匾额、楹联，除铁保书“蓬莱阁”匾外，其他匾额均被损毁殆尽。原山东文史馆馆员、蓬莱籍著名书法家葛家修先生在《蓬莱阁志》（未刊本）对国民党军队的破坏行为记录道：“蓬莱阁虽迭遭兵燹，其匾联、门窗及各种设备，还能依旧存在。自国民党盘踞蓬城，阁上驻扎军队，任意作践，不知护惜。匾联、门窗俱变为燃料，或作掩蔽洞，不堪入目。国民党不久逃窜，名闻全国之古迹，又归人民掌握，经数次重修，略复旧观。”蓬莱阁原有的“沐日浴月”匾额自此损毁。受此劫难，历史上保存下来的蓬莱阁 200 多块匾额内容、题写者、题写年月等历史信息从此从历史上消失了。

蓬莱阁主阁究竟应该悬挂“沐日浴月”匾，还是“浴日沐月”匾呢？查询《辞海》等专业性词典，只有“沐日浴月”的详细解释，而“浴日沐月”不见典籍。“沐日浴月”的意思是指受日月光华的润泽。传说大禹登上南岳衡山，获金简玉字之书，上有文字：“祝融司方发其英，沐日浴月百宝生。”清朝诗人沈德潜将其收录在《古诗源》一书中。

搜寻有关蓬莱阁的历史文献，查询到“沐日浴月”一词，在清代施闰章的《登州祭东海广利王文》中出现。顺治十四年（1657 年）四月十五日，山东提督学政施闰章在蓬莱阁龙王宫祭海，在《登州祭东海广利王文》中写道：“惟神涵育万灵，吐吸百谷，沐日浴月，化无为而自成，出雨兴云，诚有祈而斯应乃有蜃楼海市。”施闰章为清代顺治年间的著名学者、书法家，他曾发现并提携《聊斋志异》的作者蒲松龄，在当时很有名望，因此推测蓬莱阁的“沐日浴月”匾，或许与施闰章在蓬莱阁龙王宫祭祀东海龙王敖广的活动有关。

20 世纪 50 年代，葛家修等先生在《蓬莱阁志》楹联匾额编撰时，“沐日浴月”匾早已不存，可能当时有关人员的记忆出现差错，因此变成“浴日沐月”，若有可能应该复原原有的“沐日浴月”匾额，从而尊重历史，恢复蓬莱阁的原貌。

我为彭真委员长做导游

我叫王玉梅，曾任蓬莱阁管理处导游科科长。每当我回想起两次为彭真委员长做导游的情景，心中仍然激动不已，老一辈无产阶级革命家的音容笑貌和亲切平易的作风，使人久久不能忘怀……

1988 年 6 月 30 日上午，蓬莱阁导游科的电话铃声欢快地鸣响起来，我们接到上级通知，彭真委员长十点到蓬莱阁，要求我们做好导游准备工作。导游科的姑娘们紧张地忙碌起来，大家兴奋地悄声议论着，不知谁神秘地说：“真是神了，昨天刚下一场雨，这是为彭老洗尘的！”姑娘们忽地把目光转向窗外：天晴气朗，一丝云彩也没有，绿树红瓦格外清新，好像刚刚整过装束，等待老一辈革命家的光临。

导游姑娘们怀着激动兴奋的心情，和领导们一起列队等候。时间到了，彭真委员长的专车缓缓地驶进仙阁。车门开了，彭老高大的身影出现在我们面前。他老人家带着刚毅、质朴、平易的笑容和前来迎接的领导一一握手，当我被介绍给委员长时，他那亲切的笑容一下子感染了我，我像个孩子站在长辈面前，紧张和拘谨一下子全没了，我只有一个念头，好好地为他老人家做好导游。

彭委员长看得很细，听得很认真。在龙王宫，我介绍说，过去渔民们崇拜龙王，出海之前，来龙王宫焚香许愿，祈求龙王保佑海上平安。彭委员长听到这里，风趣地问："龙王真能显灵吗？"我答："能！昨天刚刚下过一场雨，今天天气格外好，那是老龙王为彭老洗尘啊！"彭老见我认真的劲头，开怀大笑起来。在场的三十多位陪同的领导们也会心地大笑，大家不约而同地鼓起掌来，气氛十分活跃和轻松。

彭老来到观澜亭，这里是观看古老的海军港——蓬莱水城全貌的地方，我认真地向彭老讲述当年戚继光在这里操练水军，加强海上防务，抵御外患的历史功绩。当我讲到明崇祯皇帝为褒扬戚继光的功绩，下旨建祠庙和牌坊时，彭老赞许地连连点头，提出要去戚继光祠堂。遗憾的是，由于时间甚紧，未能成行。

令人喜出望外的是，7 月 5 日，彭真委员长再次专程来蓬莱阁，并视察戚继光祠堂，并指定由我导游，这是彭老到蓬莱后的第五天。

这天，我早早地做好准备，提前到戚继光祠堂恭候。彭老见到我像见到老熟人一样，他老人家亲切地说："我专程来听你讲戚继光。"彭老的鼓励使我十分激动，我陪彭老步入祠堂，他仔细地观看陈列的戚继光著作和生前遗物，又一一诵读碑文石刻。接着，彭老又步行前去观看戚继光父子总督坊和母子节孝坊。两坊之间相距甚远，但彭老迈步雄健，毫无疲倦之意，对两坊前前后后的雕镂绘制、碑刻论述，一一阅览观赏。彭老神色凝重，颇为动情地说："自古忠孝难两全啊！"

当天，彭老浓墨挥洒，留下了"民族英雄戚继光"的题词。

每当我想起彭老——这位受全国人民爱戴的国家领导人，他博大的胸怀、细腻的感情，心中总是热乎乎的，总有一股力量，激励我们努力学习和工作。

叶帅蓬莱阁题诗始末

闻名遐迩的蓬莱阁，令游人仰慕，为文人墨客所垂青。已故的叶剑英元帅就曾在这里留下了光辉的诗句："蓬莱士女勤劳动，繁荣生活即神仙。"这奇丽的诗句，在蓬莱阁所藏作品中堪称一绝。

叶帅的诗句好就好在不仅仅是采取了现实主义的浪漫手法，而最重要的是巧妙地借用清人龚葆琛的“海市蜃楼皆幻影，忠臣孝子即神仙”句子，反其意而用之，把辩证唯物主义和历史唯物主义的立场和观点融于其中，抒发了一个无产阶级革命家的博大胸怀和对人民群众的深厚情感。

当然，这并非巧合，也并非叶帅情高弄墨，这里还有一段往事……

1960 年，我们的国家进入暂时困难时期。党中央一方面号召全国人民自力更生，艰苦奋斗，共渡难关；另一方面，组织各级领导干部深入各地，了解情况，以迅速制定国民经济的调整措施。就在这时，叶帅怀着忧国忧民之心来到山东烟台的蓬莱县。

叶帅此行，是 1960 年 8 月 13 日从龙口乘车进入蓬莱县的。这天，当他的专车行驶在去蓬莱县的烟潍公路时，看到沿途两旁的田间，到处都是辛勤劳动的农民，或老人，或儿童，或男人，或妇女，他们虽然个个衣衫破旧，面带饥色，但却精神旺盛，干劲十足，给这片干枯歉收的田野带来生机和活力。面对这一切，叶帅两眼紧紧靠在车窗玻璃上，脸色时青时白。不难看出，他为这些农民百姓的勤劳精神和质朴感情而赞许、高兴，同时对他们的贫困感到焦虑、忧心。感慨之余，他默默自语道：“人民，多好的人民啊！只有他们，才是创造历史的真正动力；只有他们，才能创造出社会主义的明天。除此，绝没有什么神仙皇帝！可是……”叶帅紧紧地皱上眉头。

到达蓬莱县委驻地后，叶帅立即召集有关方面负责人并听取他们的汇报，最后应邀去蓬莱阁游览。

这天，蓬莱晴空万里，阳光明媚，美丽的大海，微波荡漾。叶帅的专车在蓬莱阁山下绿荫中戛然停住，举世闻名的蓬莱阁便立即出现在面前。但是，由于一路所见，此时叶帅的心情仍很沉重，即使仙境在即，可萦现在他眼前的依然是那些饥色满面的辛勤农民。因而，在拾级而上登阁游览时，任凭导游员滔滔不绝地讲解，叶帅仍是神色严肃，默默无语，使陪同人员大惑不解，暗暗纳闷儿。当行至丹崖绝顶处的蓬莱阁背后东侧的卧碑亭时，叶帅突然在清人龚葆琛的“海市蜃楼皆幻影，忠臣孝子即神仙”联语碑刻前收步伫立，并一次次地细读，一字字地品味，时而又微微摇首。从中不难看出，叶帅对碑刻句子有迥然不同的观点。想必是他一眼看穿，封建社会的所谓“忠臣孝子”，多指那些忠心维护封建统治的社会上层人物，而真正推动历史前进的人民群众的作用和地位，却在唯心史观的笔下被全部抹煞。因此，面对碑刻，叶帅的心完全回到忧国忧民的思虑之中，一路上的所见，再次萦现在他的眼前……就在这次游览结束后，叶帅心潮起伏，感慨万千，欣然挥毫写下“蓬莱士女勤劳动，繁荣生活即神仙”的唯物史观联语。

果然，历史对叶帅的联语已作出了充分的肯定，蓬莱人民也没有辜负叶帅的希望与重托。党的十一届三中全会后，蓬莱儿女用智慧和汗水奏响了生活的新篇章，使千百年来梦寐以求的人间仙境成为现实，叶帅如果有知，定会含笑于九泉之下。

董必武副主席题词蓬莱阁的故事

古稀之年忆往昔，有件事令我难以忘怀：46 年前，我陪同时任国家副主席的董必武一起游览蓬莱、长岛两地，董老的言行举止、音容笑貌至今仍可以在脑海中清晰地回放。

那是 1964 年 8 月某日的上午，当时在长山要塞区船运大队任中队长的我，突然接到保卫处紧急通知，说下午 1 点有位中央首长要进岛，要我把交通艇准备好，在一号码头待命。我猜测着这名首长的身份，心中既紧张又期待。

下午 1 点左右，首长的汽车开到蓬莱码头，艇上全体官兵出队迎接，随着车门缓缓打开，一位身材高大、精神矍铄的白发老人下车走来。“董必武，董副主席！”因为以前在北京工作时见过董老几面，我一眼就认出了他。码头上顿时响起热烈的掌声。

当时董老的随行有他的夫人、女儿及省委秘书长、二十六军军长及烟台地方领导。不一会儿，我们接到通知，说董老想到长岛的庙岛游览。我们立即调来一艘登陆艇，大家搀扶董老登艇起航。时令正值夏末初秋，天气晴朗，大海碧波万顷，泛着粼粼的波光，年届八十的董老不由意兴勃勃。

靠岸后，我与警卫员搀扶董老上岛。由于当时的庙岛未经修整，路上崎岖，大家担心董老吃不消，打算用轿子抬董老上岛。谁料，董老听罢大手一挥：“我想我的身体还没到坐轿子的地步吧！”于是，便由我和警卫员搀扶他步行前往。董老浑身是凛然的大将风范，任脚下坎坷不平，一路上却从未说累。

走了1公里的路程后，我们到达海神娘娘庙，当时看守庙宇的一位老道士出来迎接。董老对历史文化素有研究，见到海神娘娘的塑像后，说其与妈祖含义相同，并将其中的典故和趣闻讲给随行人员听。老道士听得连连点头，大家更是觉得有趣。这时，董老的小女儿指着案几上摆放的数十双小绣鞋，好奇地问：“爸爸，这些小鞋子是作什么用的？”董老听罢哈哈大笑：“傻闺女，这是求神赐娃娃用的呀。抓着男孩的鞋子就生男孩。”说着伸手从背后案几上随手摸了一双，见是双男孩的鞋子，便笑说要带回去收藏。董老说，妈祖文化是中国民间文化的重要组成部分，要好好保护。见到庙岛上破败的景象，董老心中十分痛惜，立即拿纸笔写下字条，让银行拨款用于庙岛修整。随后，董老又登艇返回蓬莱港，下艇后，艇上全体官兵请求与董老合影。快门一闪，一张珍贵的影像瞬间定格。

随后，董老一行又乘车到蓬莱阁游览，董老依然坚持不坐轿子，一路上仍由我搀扶。拾级而上，董老步履稳健，看着楼阁矗立于海天之间，别有一番大气与开阔，他意兴盎然地拿出笔墨，为蓬莱阁题下“丹崖仙境”四个大字，并题上七言诗：“来游此地恰当时，海国秋风暑气吹。没有仙人有仙境，蓬莱阁上好题诗。”当年的蓬莱阁由于年久失修，随处可见颓墙断壁，荒草丛生，罕有游客光临。董老痛心道：“自古闻名海内外的古迹、神仙文化的汇集，不能让它继续破败下去，蓬莱阁，一定要修！”于是又拿过纸笔，写下字条，让银行拨款修整。

在蓬莱阁逗留了两个多小时后，董老离烟返京，而他题下的字迹却成为阁上永久的光辉，与他的合影也成为我一生的珍藏。

第十三章 传说故事

“三神山”的故事

在蓬莱的北边，有一片茫茫大海。古时候，这里的人们经常看到海面上的一种奇异景象：海天之间，突然出现峰峦叠嶂，林影绰约，屋宇楼台，车马行人，时隐时现，神秘莫测。当人们想进入景物中看个究竟，却不等靠近，它便瞬息之间消失了。后来，人们把这一景象称作“海市蜃楼”。到了战国时期，神仙之说盛行，一些方士便把海市蜃楼说成是海中的神山。一些典籍也附会了神山之说，作了大量记载。《列子》一书中讲到，很久很久以前，渤海之中有五座神山，名字分别称作岱屿、员峤、方丈、瀛洲、蓬莱。

五神山上的亭台楼阁都是金玉砌成的，禽兽都是白色的。山上长满了挂着珍珠一样果实的树木，这些果实吃起来味道非常好，并且吃了之后便可长生不老。五座神山没有根基，常随波漂泊。在山上居住的仙人们对此十分忧虑，便禀告玉帝，把神山固定下来。玉帝命北方之神禺强驱使十五只巨鳌来到渤海，每三只背负一座神山。从此以后，神山便固定下来。

传说有个龙伯国，这里的人长得特别高大，达到四十丈，能活一万八千岁。有一天一位龙伯国巨人到渤海钓鱼，一下子钓走了六只巨鳌。这六只巨鳌负载的是岱屿和员峤。由于这两座神山失去了巨鳌的负载，便漂流到北极，沉入海底。玉帝得知后勃然大怒，下令缩减龙伯国的国土，并让这个国家的人身体一下子变得十分矮小，以示惩罚。但是漂走的两座神山已无法返回，五神山便从此变成了蓬莱、方丈、瀛洲三神山了。

三座神山都是仙境，是一个令人神往的地方，但是凡人难以到达这里。归结其原因，主要是三座神山向来都是以虚幻缥缈的意象而传世。正因为如此，一方面是说蓬莱仙山太遥远，唐诗中就有王令的“昆仑之高有积雪，蓬莱之远常遗寒”，李商隐的“刘郎已恨蓬山远，更隔蓬山一万重”。另一方面，仙山周围海水浮力太弱，连羽毛都漂浮不起，舟船岂能行驶？《幼学琼林》中即有“蓬莱弱水，唯飞仙可渡”，《太平广记·神仙》亦有“蓬莱隔弱水三千万里，非飞仙无以到”的句子，更加强调了蓬莱仙山是可望而不可即的。

《海内十洲记》一书把蓬莱称为蓬丘，周围五千里，有圆海环绕，圆海的水是黑色的，所以又称为冥海。浩瀚的冥海无风之日也是波涛滚滚，所以凡人是无法往来的。蓬莱山上居住着九老真人、九天真人、太上真人等，除了这些飞仙，凡人是不可能在此落脚的。

方丈在东海中心，周围五千里。山上有群龙聚居的金玉琉璃宫、三天司命所治之处。群仙中不想升天的，也都居住此处。数十万亩耕田种植的是灵芝仙草。方丈神山上还有一处清泉，称为玉石泉。还有一座九源丈人宫，主神管辖的是天下水神和龙蛇巨鲸以及阴精水兽之类。传说各路神仙云游海上，都相中了方丈这座神山，便想据为己有，于是发生了争执。他们到玉帝那里评理，玉帝说：“只这么一块宝地，谁也不用争了，众仙都在这里，和睦相处，共享福祉吧！”从此，众仙人在这里无忧无虑，修身养性。后来佛教也借用“方丈”这一带仙气的吉祥名字，称主持寺院的和尚为“方丈”，以求如意吉祥。

瀛洲山周围四千里，山上到处长满了灵芝仙草。山涧的玉石缝隙里喷涌着泉水，甘甜醇香，美如佳酿，被称为“玉醴泉”，凡人如果喝上几口，便会酩酊大醉，也从此长生不老了。

传说三神山上有两种奇异的神鸟，分别生长在蓬莱山和瀛洲山上。蓬莱山上的神鸟称“蓬莱鸳鸯”，形状似大雁，雌雄偶居不离，经常徘徊人间，双足从不落地。这种神鸟一万年才交配生雏，雏鸟一千年后开始学飞，遇到太平盛世时才显形于国门。生长在瀛洲山上的神鸟叫藏珠鸟，其状如凤，通体黑里透红，两只翅膀鲜红娇艳。它飞翔时常常发出叫声，鸣叫时口中便会吐出一颗颗明珠。这种珠子很轻，能发出闪闪亮光，被称为夜明珠。这些夜明珠一是为神山照明，二是为仙人们装饰衣服。

三神山的传说影响很大，特别是被人们津津乐道的山上的玉泉神水、灵芝仙药等，吃了之后便可以长生不老。这很能满足人们的长生愿望，便演绎出了诸多到三神山访仙求药的故事。

“蓬莱”地名故事

“蓬莱”作为地名，究竟始于何朝何代？当地的人们都说“蓬莱”这个地名，与二千多年前的秦始皇求仙有关。

相传春秋战国时期，渤海中有“蓬莱”“方丈”“瀛洲”三座神山，其上物色皆白，黄金白银为宫阙，珠矶之树皆丛生，华实皆有滋味，吃了能长生不老。秦始皇统一六国后，为求大秦江山永固，自己长生不老，便慕名来到渤海海边寻找神山，求长生不死药。他来到蓬莱后，登高远眺，大海上不见神山踪影，只见海天尽头有一片红光浮动，便问身边的方士：“那是什么？”方士回答：“那就是仙岛。”秦始皇大喜，又问：“仙岛叫什么名字？”方士仓促之间，无法应答，忽见海中有水草随波漂浮，灵机一动，便以“蓬莱”作为回答。“蓬莱”者，“蓬草蒿莱”也。

其实，早在秦始皇之前，“蓬莱”作为海上神山的名字就已经传开了。成书于战国时代的《山海经·海内北经》中就有“蓬莱山在海中”之句；《列子·汤问》亦有“渤海之东，有五山焉，一曰岱舆，二曰员峤，三曰方壶，四曰瀛洲，五曰蓬莱”的记载。

汉武帝修筑蓬莱城

汉武帝作为历史上一代雄主，文韬武略，精明能干，唯一的缺点就是太迷信。与其他帝王年老体衰后开始追求长生之道不一样，汉武帝十六岁刚继位，就开始了他对长生之路的追求。他遍求方士，大炼丹药，祈求长生不老。当他听说渤海中有三座仙山“蓬莱、方丈、瀛洲”，山上居有仙人，有长生不老药，便于太初元年（前104），兴师动众出巡蓬莱，寻找长生不老之药。他甚至还想亲自乘船渡海求仙，无奈天不作美，风涛十余日，结果无功而返。他为了能寻到仙山，便在此专门修筑了一座小城，每天登上丹崖山眺望大海，但是，他没有秦始皇幸运，没看到海市蜃楼，也没找到长生不老之药，就下令将他在海边为眺望神山而修筑的小城赐名为“蓬莱”，聊以自慰。从此，在山东半岛北部便有了一个实实在在的人间蓬莱。

据清代《蓬莱县志》载，蓬莱旧城鼓楼（址在今画河桥西50米处）的前身，原是古城东门，称为“望仙”门，门额上刻有“望仙旧迹”字样，便为汉武帝当年修筑小城、望海寻仙的地方。

蓬莱阁“烂柯处”的由来

蓬莱阁丹崖山上原有“烂柯处”，明泰昌《登州府志》卷五《地理志·宫室》中明确记载：“多寿亭，在蓬莱阁南，万历十八年知府王云鹭建，又前有烂柯处。”“观棋烂柯”是一个引人遐想、令人感叹的传说，在民间流传甚广。明代王世贞《列仙全传》中记载：晋代有个叫王质的人，一次到山中砍柴，看到两名老人坐在溪边大石头上面下围棋，于是把砍柴的斧子放到地上，驻足观看。老人把一个形似枣核的东西给王质，王质吸其汁后竟然不觉得饥渴了。过了一会儿，一老人对他说：“你来这儿好久了，应该回家了。”王质起身拿斧子，木头斧柄却已经完全腐烂了。回到家里后，王质发现家乡已经完全变了模样，与他同时代的人已经故去不知多少年了。原来，工质上山砍柴误入仙境，遇到神仙，仙界一日，人间千年。后王质入山得道成仙。

当年蓬莱阁前建起王质“烂柯处”，大概也希望能有王质一样的奇遇吧。龙王宫又名“海神庙”，是祭祀东海龙王的地方。龙王宫止殿金柱雕刻富丽堂皇、曲折盘绕的神龙，檩枋上施华丽的苏式彩绘，彩绘内容都是我国古代著名的传说故事，有“文王访贤”“尧舜禅让”“汉钟离度吕洞宾”“高山流水”“张良拾履”“赵颜求寿”“观棋烂柯”“和合二仙”。这些彩画是1983年维修龙王宫正殿时由工匠师傅精心绘制而成，其中“王质烂柯”是根据蓬莱阁历史记载选定的。

天后宫唐槐的传说

蓬莱阁天后宫院内，有一株枝繁叶茂的大树，树高一丈二尺余，树围近四米，丹崖山土层较薄，过去的树木大都因干旱枯死，唯有这棵槐树顽强地活了下来。它年年滋生新枝，开花时，满树白花如玉，弥漫着醇厚浓郁的香气。它的枝干龙飞凤舞般地向东伸展，宛如一幅用墨凝重、线条粗犷的丹青画幅。这就是和蓬莱阁一起闻名远近的“唐槐”。

在民间有这样的神话传说：八仙过海之前，曾在蓬莱丹崖山落脚。一天铁拐李和张果老在此对弈，时值炎夏，烈日当头，无以遮蔽，酷热难耐。铁拐李施展法术，从他的仙葫芦里倒出一粒种子，埋入地下，念动咒语，转眼之间地面长出了绿芽，绿芽越长越大，很快长成了一棵枝叶婆娑、浓荫蔽日的大槐树。两位仙人就在这树荫下继续对弈。

据说，这棵槐树自长成后就没有任何变化。一辈一辈的老人都说，打记事起它就是这幅模样，因为这是仙人施法生长的，不再继续长大，也死不了，总是这个样子。清道光年间，天后宫失火，一夜里烧毁房屋三十余间，惟独这棵槐树幸免，其中的奥秘或许就在这里。

避风珠的传说

蓬莱阁位于丹崖山巅，西有一座避风亭，面北而建，南、东、西三面为砖墙，北面则是全部敞开。无论亭外的北风如何猛烈，亭内却始终烛火不灭，碎纸不飞。欧阳中石先生为此撰联“面北当风，风力虽狂绝不入；开轩秉烛，烛光固小竟常明”。

避风亭为何如此神秘，民间流传着一段美丽传说。

传说避风亭里有一颗稀世奇宝——避风珠，为蓬莱仙岛的镇岛之宝，人们亲切地叫她“珠儿”。她非常善良，非常可爱，白天为蓬莱仙岛的人们避风镇海，夜里为他们指航照明。居住在这里的人们才得以世世代代耕田捕鱼，安居乐业。

但是，有些坏人觊觎这件稀世珍宝很久，很想得到“珠儿”。

一天，大海里刮起了巨大风暴，几个坏人驾着一艘怪船钻出了海面，桅杆断成了几节。在狂风巨浪中隐隐约约地传来了喊声：“救命啊！救命啊！”可怜的呼声很快就被巨浪淹没。眼看小船要被海浪打翻，突然之间，船神奇般地被救到仙岛上。被救的坏人装作很惊讶地问仙岛上的人们，“为什么我们会在这？”仙岛上的人们告诉他们，“因为有珠儿在，是珠儿救了你们。”

“真的吗？真的有如此的宝贝吗？”那几个家伙露出了贪婪的目光。“能让我们见见吗？”他们向仙岛上的人们乞求道。“当然可以了，不过，珠儿既会帮助善良的人，也会惩罚恶毒的人。”一个老渔翁带着他们去见珠儿。坏人用花言巧语欺骗珠儿，说家里有年迈的老母亲，还有妻子和儿子等着他们回家，求好心的珠儿送他们回家。善良的珠儿帮助他们把破船变成一艘新船，送他们回家。可是坏人们却抓住了珠儿，让珠儿跟着他们去海上抢劫，让珠儿为他们避风。珠儿早已看出他们的诡计，她化身为一道红光，逃脱了坏人的魔掌，飞上了蓝天。坏人们露出了凶残的模样，搭箭拉弓，想把珠儿射死！

这时，海上出现了五光十色的海市幻影，四面八方都是蓬莱阁，空中到处都是珠儿的影子，让他们分辨不出。最后他们的箭射光了，又饥又渴，便靠上了一个小岛，谁知刚下船就葬身大海。原来小岛都是幻影，都是珠儿变幻出来的。

八仙过海

相传，八仙久仰蓬莱绝世风景，于是在吕洞宾的率领下一齐来到蓬莱，饮酒赋诗，其乐融融，当时的盛况可从唐代大诗人杜甫的《饮中八仙歌》窥其一斑。如果套用杜诗，蓬莱八仙喝酒的情形应是：

“果老骑驴似乘船，眼花落井水底眠。拐李三斗始朝天，道逢麴车口流涎，恨不移封向酒泉。国舅日兴费万钱，饮如长鲸吸百川，衔杯乐圣称世贤。韩湘潇洒美少年，举觞白眼望青天，皎如玉树临风前。仙姑长斋绣佛前，醉中往往爱逃禅。纯阳一斗诗百篇，长安市上酒家眠。天子呼来不上船，自称臣是酒中仙。钟离三杯草圣传，脱帽露顶王公前，挥毫落笔如云烟。采和五斗方卓然，高谈雄辨惊四筵。”真可谓是盛况空前啊！

酒酣耳热之时，海上忽然出现了一片奇怪的景观，缥缥缈缈，变幻莫测，原来，蓬莱外海出现了海市蜃楼。铁拐李已喝得醉醺醺的，斜着一双怪眼，大呼道：“久闻蓬莱仙山乃神仙居处，我等何不乘着兴致，到那仙山海外一游？”

张果老毕竟老于世故，摇头道：“不可，既然是海外神仙清修之仙岛，切不可贸然造访，扰人清静，否则会有麻烦惹上身的。”

韩湘子却是个好事之人，道：“大家都是神仙，怕什么？说不定人家也闷得慌，正想找人玩耍，巴不得咱们上门呢。”蓝采和少年心境，也跃跃欲试，故而大声附和。

八仙当中以吕洞宾威望最高，于是大家都看他怎么说。没等他开口，汉钟离却呵呵一笑，率先将手中的大芭蕉扇往海里一扔，那扇子见水就长，变成了小船一般大小，而汉钟离肥胖的身躯早已腾空而下，稳稳落到扇上，他袒胸露腹地躺在小船般的扇子上，潜运玄功，那扇就有如神助，朝海那边漂去。

吕洞宾酒劲上来，也就首肯了。他拔出背后的阴阳宝剑，如大鸟般轻盈地飘落到海面，两柄宝剑划出两道光华，他就稳稳立在这剑芒之上，如一道流星划过天空，迅捷前进，不一会儿就赶上了汉钟离的扇船。

铁拐李把酒葫芦的塞子拔出，仰头“咕嘟咕嘟”喝了个底朝天，把酒葫芦抛向海里，然后跳上葫芦，劈波斩浪，朝前疾行。

韩湘子倒是犯了难，眼见得各位仙友大展神功，各显神通，分明是谁也不打算驾舟前往，自己焉能破例？没奈何，他将平时从不离手的洞箫扔到海里，喝了声：“变！”顿时变成一排洞箫，倒也像一个大竹排，他一见大喜，姿态优美地跳下，奋力追赶前方的几位道兄。

蓝采和年纪虽小，功力却也不弱，他随手将手中的花篮丢到海里，花篮变成了一艘小花舫，他纵身一跃，跳到上面，居然也乘风前进。

何仙姑巾帼不让须眉，她的宝贝是一枝荷花，她将荷花平放海面，吹了口气，顿时变成一朵硕大的花船，何仙姑飘然而下，踏定荷花，御风而行。

曹国舅一向正襟危坐惯了，如今难得放浪形骸一次，自是全仗了酒劲涌来，他的宝贝是当年上朝时常拿的云笏板，于是也不甘人后，立定云笏板，飞速前行，在海面上划出一道道浪花。

张果老也没办法，七位道友都兴致勃勃，自己岂能扫他们的兴！于是就把他的那头神驴赶到海里，习惯性地倒着坐上去，神驴不等他拨响手中的渔鼓，早已迫不及待地追赶前方的几位去了。不愧了一句“果老骑驴似乘船，眼花落井水底眠”，他忽上忽下，履海如履平地，在海面下屏住呼吸也能酣眠好久呢。八位神仙你追我赶，互不相让，好不惬意！

八仙在海面各施法术，兴高采烈，不料此举惊动了东海龙宫。原来那吕洞宾的阴阳宝剑百炼成钢，厉害无比，剑锋所指，正是龙宫深处，加之其他几位的宝贝也各有所长，搅得龙宫一阵乱晃。龙王三太子率领虾兵蟹将与巡海夜叉出来探听虚实，发现是八个癫子一般的人在海上嬉戏追逐，他们仗着手中的宝贝横冲直撞，“太没把咱东海龙宫放在眼里了”。但是看了一会，龙王三太子又开始对那八人的宝贝垂涎欲滴，他们的宝贝有的泛着青光，有的透着红光，就连那头驴子一看也知非同凡品，他心想，这不是送上门的大肥肉吗，不得白不得。不过，这三太子不是傻子，也看得出那“八个癫子”功力不凡，所以眼珠一转，有了主意。他令手下去请龙宫大太子相助，约定平分宝贝。

大太子一听有宝贝分，兴冲冲率了部下赶到，两兄弟一商量，决定突然袭击，将八人擒入海底，乘机夺取他们的宝贝。

却说八仙正你追我赶，在海面上飞驰，突然，蓝采和眼前出现一只大手，像钳子一样紧紧抓住他的脚，把他拖入海里。听到一声惊呼，吕洞宾回头一看，已不见了蓝采和，他道行在八仙中最高，掐指一算，已知是海底龙宫在暗算他们，心中大怒，挥剑赶到，其他六位也知发生了意外，纷纷赶来相救。

吕洞宾脚下也突然伸出一巨大的螯爪，想将他拖入水下，他顺手一剑，将其斩为两段，一股鲜血涌起，原来正是那龙王三太子，偷鸡不成反蚀一把米，直接被纯阳真人吕洞宾的宝剑杀了。

另一边，大太子将蓝采和擒住后，令手下看住。他又被何仙姑美貌吸引，直奔何仙姑的荷花而来，连人带花，往水里猛拖。何仙姑没想到会有这样的遭遇，不禁吓得花容失色，奋力往外拉，但已渐渐没入水中。铁拐李大怒，飞起一拐杖，击中大太子的头部，抓何仙姑的手才松开。大太子跳出海面，与铁拐李斗了起来。一个是钦封东海龙宫大太子，一个是散仙猛将铁拐李，两家功夫匹敌，斗了个平手。

这时，龙王三太子已被吕洞宾杀了，大太子见势不妙，慌忙抓住蓝采和逃窜，其他几位神仙当然不肯放他走，把他团团围住。早有虾兵蟹将将战况报给龙王，龙王一听三太子丧命，龙颜震怒，亲率龙宫水族，倾巢出动，正遇上七仙围困龙宫大太子。到底老龙王功夫高超，一出手就伤了张果老，汉钟离几次想救回蓝采和，也无功而返，毕竟水性不如龙王。但虾兵蟹将实力不济，七仙却个个本领高强，打得龙王父子只有招架之功，而无还手之力。龙王父子只好挟持着蓝采和狼狈收兵。

回到宫里，老龙王敲响金鼓，召唤另三海龙王相助，而七仙因折了蓝采和，自然也不肯善罢甘休，于是两家在东海再度展开一场大搏杀，真是浊浪排空，日月无光，虽说又伤了另一位龙宫小王子，但韩湘子也挨了一剑，两家都是杀红了眼，谁也不肯收兵。

就在四海龙王掀起冲天巨浪，摆出要与七位仙人决一雌雄的架式时，就听空中传来一声："住手!"

瞬间，海面一片宁静，空中祥光万道，瑞彩千条。原来，是南海观世音菩萨经过此地，及时制止了两家恶斗。东海龙王一见菩萨驾临，赶紧放出蓝采和，向菩萨哭诉两位龙子惨遭八仙杀害，请菩萨主持正义，惩罚八仙。而八仙也跪拜菩萨，表示愿接受菩萨的教诲。

菩萨说："东海龙王，如果我救活你两位龙子，你不得再与他们纠缠不休，如何?"

东海龙王大喜，连连称是。这可是他连想都不敢想的，但素闻观音菩萨法力无边，救人应不在话下。

观音菩萨又对八仙说："你们可愿出手救活龙宫两位太子，使两家化干戈为玉帛?"

吕洞宾躬身道："菩萨，弟子法力浅薄，恐怕难救已死之人。"

观音菩萨微笑着对铁拐李说："我赐你两粒仙丹，有起死回生之功效，已在你葫芦里了，你可愿送予两位龙子?"

铁拐李根本就没看见菩萨赐药，怎么葫芦里就有药呢?但他呆了一会儿，恍然大悟，道："善念即仙丹，弟子谨遵法旨。"铁拐李从葫芦倒出两粒红通通圆溜溜的丹药，分别喂到两位龙子的口中，不一会儿，他们就活了过来。而挨了一剑的韩湘子血流不止，何仙姑正要说："拐兄，为什么不留一颗仙丹治韩湘子的伤?"却见葫芦里又滚出一颗丹药，韩湘子吃了，剑伤顿时无影无踪，完好如初。原来，只要心存善念，铁拐李的葫芦里就会有无穷的灵丹妙药，而若是心存歹意，丹药就会消失。后世人尊铁拐李为药仙，他的宝葫芦里有各种各样的药，这是后话。

众人一齐拜倒在地，菩萨早已驾祥云远去。八仙辞别四海龙王，各持宝物，渡海而去。

蓬莱阁上话吕祖

“仙山隔云海，霞岭玉带连，据说世外有天仙。天仙休羡慕，世人刻苦干，何难亦有欢乐园……”每当听到这悠扬又灵逸的旋律，面前就会浮现出云蒸霞蔚间蓬莱阁凌空而立的画面。

蓬莱素有仙境之称，蓬莱阁更是历史久远，八仙过海的传说，便始于此。相传八位神仙曾在阁上畅饮仙酿，随兴将法器掷于海中，幻化之后，凌波踏浪而去，留下了“八仙过海，各显神通”的典故，世人相传至今，更是以此来鼓励集体中各人使出全力、拿出本领完成共同的事业。由此可见，八仙文化已融入到人们的日常生活、学习中。

“草铺横野六七里，笛弄晚风三四声。归来饱饭黄昏后，不脱蓑衣卧月明。”丹崖山下，校园里，孩子们书声琅琅，所吟诵的这首七言绝句《牧童》，作者为吕岩，作于唐末，载于《全唐诗》中；又名《令牧童答钟弱翁》，载于南宋诗人刘克庄编的《千家诗》。其诗大意为：辽阔的草原像是被铺展在田野里的一样，目之所及都是绿草葱茏。晚风中，隐隐约约传来牧童的悦耳笛声，时断时续，随兴而吹。小牧童放牧归来，在吃饱晚饭后，连蓑衣都没有脱，直接躺倒在草地上，沐浴着明月清辉。

《牧童》一诗所展示的就是这样一幅牧童晚归休憩图，小牧童的可爱形象跃然纸上，闲适幽静的田园生活也有声有色，表达出诗人内心的向往。《唐诗鉴赏》中是这样评价的：吕岩的《牧童》一诗，写尽了牧童的轻松闲适，展现出一派无牵无绊的天然随意。

那看到这里，大家是不是对作者想要了解一二呢？但吕岩其人，又似乎并不是多么赫赫有名的诗人。稍安毋躁，我们先来看看这首诗背后的故事：相传钟傅（字弱翁）原本是宋代的一个书生，承蒙宦官李宪推荐，做了兰州推官。但因为人耿直，不懂得长袖善舞，所以仕途非常不顺，多次被降职。

为此，钟傅倍感烦闷。在镇守平凉（今甘肃省平凉县）期间，有一日，他心中郁结，就独自一人外出散心，信马由缰行至乡间，偶遇一位云游道士。只见这道士丰神俊朗、谈吐不凡，钟傅就与他结伴同游，边走边谈，甚是投机。从正午走到黄昏，天色渐渐暗下来，远远地看见一个小牧童骑着黄牛，随心吹着牧笛，悠悠然由远及近。钟傅不觉心生羡慕，说："这小牧童虽目不识丁，却也活得简单，快活呀！"道士微微一笑，手捋长髯道："快活自然，他却也是会吟诗作赋的。"钟傅自然不信，道士点头示意，牧童笑嘻嘻地跳下牛背，见了礼，一边摸着牛角一边稚声吟道："草铺横野六七里，笛弄晚风三四声。归来饱饭黄昏后，不脱蓑衣卧月明。"这一下，可令钟傅惊愕不已，他细细体味诗中意境，明白这是道士的良苦用心。牧童吟诗，实是道士之言，意在为迷失宦途中的自己指路，及早离开尔虞我诈的官场，回归田园生活。所以，真正的诗作者，就是这位道士——吕岩。

那么，吕岩究竟是何人呢？他字洞宾，号纯阳子，自称回道人，是唐末五代著名道士，也就是世人所称的吕祖、纯阳祖师，八仙之一。在蓬莱阁吕祖殿中，吕洞宾仙风道骨，美髯善目；吕祖殿西侧有座小亭，里面安放着吕祖石刻像，石像后面是明朝名将李承勋镌刻的《吕祖咏海市诗》："青天忽见动东风，一望三山雾气中。万丈青光疑有蜃，四回苍色岂无龙？已开城郭三千界，又见楼台十二重。要识人间总虚幻，不须翘首对长空。"

吕洞宾在八仙中，排行虽然不是"老大"，但他的影响却是深远于其他七仙。八仙塑像中，吕洞宾端坐在主座上；再从奉祀的专庙多寡也可见一斑，可以说，吕祖庙、吕祖殿、吕祖宫成千上万，遍布全国各地。

在蓬莱民间传说中，吕洞宾便集"剑仙""酒仙""诗仙"于一身，在人们的心里，他是最有人情味的一个神仙。其实，吕洞宾出身官宦世家，从小就非常喜爱读书，能过目不忘、诵读如流，被赞为"神童"。可就是这样一个颖悟绝伦的人，科举却屡屡不第，吕洞宾失意之余，又不甘心，于是辗转再三，他踏上了第四次应考的旅途。晚间投宿时，偶遇汉钟离，在其"一枕黄粱梦，醒来悟此生"的点化下，吕洞宾改弦易辙弃儒学道。从此，他仗剑云游天下，扶弱济贫，除暴安良。

但吕洞宾身上的儒家风范却是有增无减，这是为什么呢？熟知八仙故事的人都知道，吕洞宾不仅神通广大，而且他对于道教的传承起到了举足轻重的作用。这就要从很久以前说起了。据记载，中国道教史，尤其是神仙史，历来有南北二宗之说。大道之传，始自太上老君李耳，又名老聃，即我们现在所熟知的老子；其后白云上真，白云上真再传道于东华帝君；帝君授法于钟离权，也就是汉钟离；之后，汉钟离点化吕洞宾，将道法传授给他。

自此，吕洞宾潜心修道，终得仙法，度化世人。为弘扬道法，吕洞宾先后传道于海蟾帝君刘成宗（即戏金蟾的刘海），又传道于重阳帝君王德威（即创立北派全真教的王重阳）。目前，北派、南派（张紫阳真人）、东派（陆潜虚）、西派（李涵虚）等道教门派，皆称源于吕祖。正是因为吕洞宾对道教的代代传承、发扬光大贡献甚伟，所以被后人尊誉为道教大宗师，也被尊为剑祖、剑仙。

其实，吕洞宾不仅是道教宗师，还是一位多产诗人，有几百首诗文传世。在前文中，《牧童》一诗阐释了他对“人法地，地法天，天法道，道法自然”的明悟。而且，在很多诗词中都有弘法。如：

苏幕遮

天不高，地不大。惟有真心，物物俱含载。
不用之时全体在。用即拈来，万象周沙界。
虚无中，尘色内。尽是还丹，历历堪收采。
这个鼎炉解不解。养就灵乌，飞出光明海。

雨中花

三百年间，功标青史，几多俱委埃尘。
悟黄粱弃事，厌世藏身。
将我一枝丹桂，换他千载青春。
岳阳楼上，纶巾羽扇，谁识天人。
蓬莱愿应仙举，谁知会合仙宾。
遥想望，吹笙玉殿，奏舞鸾裀。

风驭云軿不散，碧桃紫奈长新。
愿逢一粒，九霞光里，相继朝真。

铁拐李收伏蝗精度李吉

清朝年间，登州府出了个青天大老爷，名叫李吉。李吉体恤下情，爱民如子，把登州府治理得井井有条，百姓安居乐业。

话说这一年春天，风调雨顺，庄稼长势喜人，眼看又是一个少有的好年景。不料天有不测风云，有一天忽然飞来无数的蚂蚱（蝗虫），简直是遮天蔽日。蝗虫落到地里，绿油油的庄稼顷刻间就被吃了个精光，连秸秆都不剩下。

李吉得报，连忙发动百姓下地灭蝗，连三班衙役也都打发到地里去了，可仍旧是杯水车薪，无济于事。李吉只好连夜给巡抚、朝廷修书，命人飞马报灾。谁知道，巡抚大人正在府中花天酒地，歌舞升平，他不耐烦地责备李吉的信使败了他的兴致，并提笔回信斥责李吉“小题大做”“耸人听闻”。李吉忧心如焚，无奈之下急忙装了一车蚂蚱，亲自去见巡抚。当巡抚心惊胆战地看到满地、满墙、满院子都是见什么啃什么的蚂蚱时，这才如梦初醒，相信登州地面的确遭了蝗灾。不久，朝廷发下了赈灾粮银，可是经过层层克扣，运到登州时已所剩无几。李吉无奈，一面派人发放那点儿赈粮，一面去大户人家打拱作揖，劝他们开仓救灾，行善积德……

再说那一天，铁拐李正在蓬莱阁后的仙人洞中静坐练功，忽觉心中一惊，忙掐指一算：“不好，登州有难，正遭七七四十九天蝗灾！”他立即出洞，见一妖女正在云端作法，指挥黑压压的蝗虫大肆吞噬庄稼，不由得怒火中烧，厉声喝道：“何方妖孽，竟敢为害人间，看打！”那妖女认得是上八洞神仙之一的铁拐李，怒道：“臭瘸子，敢来管老娘的闲事，待老娘来教训教训你！”说罢，双手舞动钢叉上前迎战。两个在空中你来我往，杀得天昏地暗，日月无光。铁拐李边战边暗自思忖：“这妖孽如此厉害，怕是有些来历，不如先上天庭查看一番，再作道理。”主意打定，便卖个破绽，抽身就走，驾云直往南天门而去。正行间，忽然面前金光一闪，被人拦住去路，定睛看时，原来是太白金星。铁拐李赶忙拱手问道：“大仙何往？”太白金星哈哈一笑，说道：“贫道此来，为的正是刚才与你争斗的那个小小孽障。它本是贫道后花园中看守灵芝的蝗精，不知何时偷下凡间，竟然野性不改，在此撒泼作恶，待贫道助你将它收了。”说罢，附在铁拐李耳边，如此这般地一说。铁拐李大喜，返身再去向那妖女叫战。那妖女以为一战成功，不料铁拐李去而又返，顿时杀气腾腾，张口喷出一团黑气，举叉来战。战了几个回合，铁拐李又卖个破绽，转身就走。妖女笑道：“臭瘸子，这回看你还往哪里走。”正待擎起钢叉，太白金星在云端现出身形，喝道：“孽障，还不快快现出原形！”妖女抬头见是主人到了，顿时骨软筋酥，站立不住，就地打个滚儿，现了原形——原来是只斗大的母蚂蚱。太白金星使了个袖里乾坤法，瞬间将蝗精收在袖中。铁拐李接着作法，霎时大雨倾盆，水流成河，眨眼把地面的蝗虫都冲进了海里。蝗灾既解，太白金星说道：“贫道这就返回天庭，玉帝阶前甘受管理不严的责罚。那登州府李吉，前世与我道有缘，夙根深厚，不妨度他一度，还是道友去成此功德吧。”说完，驾祥云冉冉而去。

再说登州府李吉，见一场大雨解了蝗灾，心感上苍的大恩大德，便择吉日前往丹崖山上的三清殿进香。当轿子行至蓬莱阁下迎仙桥时，忽见一个疯疯癫癫的瘸腿老叫花子，端个破碗拦住了去路。衙役们急忙上前驱赶，老叫花子却用碗筷打着节拍，旁若无人地唱了起来：“知府爷，苦蝗灾，没有蝗灾我不来，来了见他好痴呆，纸扎的乌纱头上戴，摇头晃脑让人抬，受气的滋味全忘怀。”

李吉听了怦然心动，知道眼前这个老叫花子肯定有些来历，于是慌忙下轿，来到他跟前，见其端着的破碗里有些烂菜臭汤，便问：“老人家，这些东西能吃吗？”老叫花子瞅了李吉一眼，说道：“不吃肚里饥（谐音，即“不痴度李吉”）啊。”李吉何等聪明，心里顿时明白，倒头便拜。老叫花子一见，却扭身便往海边走，李吉随后追赶。别看那老叫花子瘸着腿，趿拉着破草鞋，一副不紧不慢懒洋洋的样子，走得可是真快，李吉一路紧跑还撵不上，急得他索性脱了厚底官靴，赤着双脚追去。

来到海边，瘸腿老叫花子脱下一只草鞋随手抛出，那只鞋立时化作一只仙鹤，载着瘸腿老叫花子乘风而去。李吉追到海边，见地上只有老叫花子遗留下的另一只草鞋，就依样画葫芦，抓起来往空中一抛，那只草鞋也随即化作了一只仙鹤，翩然落地。海边的众多百姓，眼看着李吉上了鹤背，只听一声嘹亮的鹤唳，一人一鹤，转眼间升入云端。

后来，登州百姓便把李吉称作“赤脚王”，尊其为“耍祖”，并在蓬莱阁坐落的丹崖山上建祠以资纪念。

汉钟离发奋建书院

汉钟离为给张果老选坐骑，离开了蓬莱阁。他边走边想，铁拐李、何仙姑、张果老都为蓬莱仙岛做了好事，我要不做点事情，脸面上过不去。他风尘仆仆走到栖霞城，进西门不远就到县衙，见大槐树东面有座文庙，看天色不早，就在里面找个地方住下。第二天早上醒来，看墙上有八幅壁画，各题诗一首，因年久失修，全诗已辨认不清，只能辨出其题是：一、城头朝霞。二、方山晚市。三、翠屏出云。四、温泉浴月。五、长春仙井。六、笔峰观日。七、方堤新柳。八、外潘瑞莲。下面落“邹见作画”。回头见对面墙面，也题诗一首：

蓬莱南面是栖霞，近水依山数百家。
风俗若能存古意，武陵谁去觅桃花。

看罢，他想，这诗虽不像出自名家，但也有点味道。栖霞城的确不及蓬莱县一个村子大，沿途所见，可说是山多、树多、庄少、人少，连头坐骑也没找到，此地无心久留，还是赶紧上路。他沿路观了栖霞八景。第三天傍晚，到了莱阳城。这城比栖霞城大，比蓬莱城小，沿途见到习武成风。晚上他就宿在城南门里的学社里。睡到后半夜，有撕打声阵阵传来，睡不成觉，于是他走到院内，看一壮汉在教四十多个后生打拳。这拳打得张如弓，缩如球，刚劲有力，变化莫测，与南拳、北拳、猴拳、狸拳、少林拳、太极拳都不一样。这帮后生打完了拳又练起刀，刀刚练完，又接着玩枪。天将破晓，徒弟尽散，壮汉还在独自练拳。汉钟离走过去问道：“请问壮士尊姓大名？家住何处？”

“免贵姓赵，家住城南赵疃。”

“你练这个拳颇见功夫，不同一般，请问这拳法如何称呼？哪位高师传授？”

“我看你也不是一般人物，告诉你，这叫太极梅花螳螂拳，是家父从陕西辞官回乡后传授于我。”

“确实非凡，看得出这是取各家之长，融为一体，自成一派的。你若精心操练，日后必能派上大用。”说完汉钟离告辞而去，观赏莱阳八景：游仙避暑、马山夕照、望石游春、旌旗晓齐、招虎晴岚、七子联峰、五友汇涨、挺城牧笛。看完后他心想，莱阳是个武地，呆了两天，没发现像样的坐骑，只好到别处看看。他又往东奔文登城而去，途经牙山，远远望去，只见山东半岛腹地，突起一座笔架奇峰，古木参天，笼着白云，环顾四面，山青水秀。汉钟离看这景色，引起了登山的兴趣，乘兴登上牙山，登高远望，见山的四周镶着碧波绿水，渤海、黄海壮观景色与蓬莱仙岛融为一体。他看得兴奋极了，站在牙山之巅，乐呵呵地唱起“牙山谣”：

大牙粗，二牙高，三牙来到二牙腰。
东眺洋，南北海，西隔胶水联东岱。
腹地深，前沿险，蓬莱仙岛擎苍天。
山巍巍，水漾漾，山青水秀豪杰藏。

下得山来，汉钟离直奔文登城。沿途虽景色宜人，可就是没找到像样的毛驴。文登城比莱阳城大点，比蓬莱城又小一些，楼台亭阁不及蓬莱多，城池也不及蓬莱城高大，可是文登城里的书院规模雄伟，占了半条街。汉钟离进了院门，迎面一个先生朝他走来，双手拱揖，说道：“汉仙大驾光临我院，有失远迎，在下于学仕是也。”

“于院长，这里可是极好的一所学府，不知是何人筹划所建？”

“是我大师兄茹生一手筹划，亲自主持建造的。”

“茹生不是蓬莱水城的富商吗？”

“他父亲是个有名的富商，他本人原是蓬莱县头名举人，进京三次都没有中榜，后来到文登任了书院院长。这个书院，就是他筹划建成的。”

“为什么后来又告辞回乡了？”

“书院建成后，他主张文武皆习，知县和当地绅士都竭力反对，他一气之下荐我来这任院长，自己告老还乡，冬天到南方游学访友，夏天到北方游历讲学，在家时亲授女儿读书识理。他原本是个学者，不是个商人。”汉钟离听后恍然大悟。

于学仕陪汉钟离又到屋里坐下，叫人端上茶来。汉钟离说：“这个书院盖得倒不错，我听说莱阳人善于武，那么文登人就长于学了！”从此文登学之说，就广为流传。

钟离在学仕院长一再挽留下，在文登书院一住就是十天，在于学仕陪同下游览了文登八景：古城不夜、灵水长春、峨石瀛波、苏岛海市、昆嵛层岚、铁槎丛秀、吕枰仙踪、秦桥古迹。又游览了荣成八景：不夜古城、龙眼神井、琉璃宝瓮、花斑彩石、百丈磐崖、天尽头碑、狱讼公所、望台台址。到成山角“天尽头”观赏了黄海奇观和秦王的养马岛，受益不浅。可就是没找到上好的毛驴，见约定的时间到了，他灰心丧气地往蓬莱阁返，走到奇山东头，耳闻高处传来歌声，抬头望去，见半山坡上有一个牧童安然自得地坐在牛背上，高兴地唱着“芝罘谣”小调，歌道：

奇山所，海防营，东山炮台扼仙境。
狼烟台，玉皇顶，昼夜巡察报敌情。
崆峒岛，芝罘山，阳主名刹秦王封。
登南山，望东海，秦皇汉武盼徐生。

牧童的“芝罘谣”小调越唱越欢快，汉钟离听着这个快乐的地方小调，不知不觉走过了福山地面，到蓬莱城东，望蓬莱阁上空祥云缤纷，霞光万道，绚丽多彩，异常壮观，他高兴地自语道：“蓬莱真乃仙境福地，可惜不是个文人名士之乡。”他走到丹崖山下，就听从蓬莱阁上随风传来阵阵幽雅乐声，他急急上山，一脚门里，一脚门外，何仙姑抢着对他说道：“钟离仙兄真是踩着点儿回来了，为给果老仙兄庆功，你晚来一步，得罚你干三大杯。”众仙一面让着喝酒，一面叙说自己挑选坐骑的详细经过，有惊，有奇，有喜，说得津津有味。汉钟离连根驴毛也没带回来，即使没有人埋怨，他也自感心中不快，连累带急，浑身都觉不舒服，勉强应付到酒宴散席，回到屋里就一头倒在榻上。

第二天一大早，大家都在龙王宫后给张果老相驴，七嘴八舌，好不热闹。

吕洞宾说：“这驴个大蹄大。”

铁拐李说：“这驴身长耳长。”

曹国舅说：“这驴胸宽腰宽。”

蓝采和说：“看，这头驴才是头好驴！”

张果老说：“这头驴哪都好，就是我的腿太短，上驴时，比原来那头驴要费点力气。汉仙骑过战马，他对这个一定深有体验。”大家一看，汉钟离没有来，蓝采和就跑去催他快来一块相驴。到屋里，看他躺在榻上，不省人事。大家驴也不相啦，都跑来忙着照料，只见他浑身高烧，胡话连篇，昏迷不醒，汤水不进。

铁拐李从他那宝葫芦里，拿出一丸药，送到他嘴里，大家轮流守护，待钟离退烧以后，又给他往嘴里灌独参汤。

汉钟离躺在榻上，似睡非睡，恍恍惚惚觉得吕洞宾走进屋里，对自己说道：“仙兄不要上火，这次你尽管没有选到良驹，路你也没白跑呀。”汉钟离在屋里转来转去，心想这趟路算是白跑了，无精打采地往下一看，只见那城里头万家灯火闪耀，似繁星落凡间，海湾里千船光景晃动，像龙宫移此地。多美的仙岛，多好的景致，真是绮丽无比。只可惜，你有己之所长，也有己之所短，尽管你有仙山美景，但你缺少人才，好景也不能久长。我是个武夫出身，只会带兵打仗，筑城布阵，只是腹中学问太浅，不能成全蓬莱仙岛。他正在发愁时，茹生进门来说道：“汉仙兄不要发愁，蓬莱古来多名士，王真人、李仙人都出自蓬莱，后来因开垦过度，毁了一流风水，才遭受风沙之害，人们只顾眼前温饱，哪顾得上兴办书院，培养人才。如今人们生活富裕了，只要有人出面办学，可说是一呼百应。”

“请问茹翁，现在咱要办，办个什么样的学好？”

“咱蓬莱仙岛是兵家重地，为百年长计，不办则罢，要办就要办个像样的，能出文武双全，智勇皆备的人才！”

“要建个像文登书院那样校舍，得花多少银子？”

“那座书院正是我主持建造的，共花一千两银子。蓬莱要建，一定要超过那个才成。”

“如何超过？”

“这也容易，房间一律坐北朝南，南窗要大，北窗要小，那才冬暖夏凉，光线亮堂。藏书楼要长宽高亮，多设座位，多设灯，成为全院自习最好场所。校园东边、西边，各建一长廊，以廊代墙，以利雨雪天通行。各教室外的闲地，除留一大练武场外，要广种花草树木，书院四周以林代墙，既挡风遮阴，又可使空气新鲜。”

“花费如何筹措？”

“蓬莱历来习俗，除了官办的府学、县学，其他书院都是私人办的，或乐捐修建。若有人出面牵头办学，我先乐捐纹银二百两。”

“咱要办学，你说叫个什么名字才好？”

“可叫瀛洲书院！”

“瀛洲书院？好，这个名字起得好！”

吕洞宾正在汉钟离身旁照料他，忽听他说办个瀛洲书院好，不禁随口喊道：“怪哉！妙哉！”他这一喊惊动汉钟离，他连着叫道：“茹翁！茹翁！你哪里去了？”

“我在这守你半天啦！茹翁压根儿也没来！”汉钟离这才醒来，知道自己病倒三天三夜，是在梦中遇见茹生的，就把梦中所见所有细细说给洞宾听，洞宾说：“你大功告成一半了！”

“我啥事没做，怎能说大功过半哪？”

“你把这个梦写出来，这不就是个很好的办学章程吗？以咱仙家之言有了章程，事情就算完成过半。”

汉钟离接着又休养了三天，身体见强一些，就挥笔把梦中所议的瀛洲书院办院章程，瀛洲书院建筑图写画出来，即邀请茹生上山过目，茹生看过后笑道：“怪呀，最近三天来，我就想办这件事，怎么你写的、画的，和我想的一模一样。”

“这有什么可怪的，英雄所见略同嘛！”他就把梦中之事叙说一遍，两人十分高兴，一块儿商定筹建书院，由汉仙牵头，向县内知名人士乐捐，由茹生出面办理。

九天过后，茹生亲自送来兴办蓬莱瀛洲书院乐捐簿，上面写：“茹生白银二百两，渔船二条。孙勤汉白银二百两，地八亩八分。张古槐白银二百两，牧驴场一处。王贤白银一百两，李继祖白银一百两。宫守玉白银一百两。合计白银三千四百两，渔船二条，地八亩八分，牧驴场一处。”

汉钟离一见大喜，对茹生说：“多谢茹翁，你可帮我大忙啦！跑县衙的事，就由我去办理。”他一送走茹生，就和吕洞宾去了州衙。此时在这里任知州的苏东坡闻二仙来访，忙迎进衙内，说道：“二仙兄来小衙，有失远迎，当面恕罪。”

“不必这等客气。”

“不知仙兄有何见教？”

吕洞宾说：“汉兄想在蓬莱城里建所瀛洲书院。”汉钟离便把要兴办书院的打算详叙一番。苏东坡听罢说：“此事甚好。”

汉钟离又把瀛洲书院办院章程送上。苏东坡看完之后，十分喜悦，说：“妙哉！妙哉！我亦深知在蓬莱兴办学校是必要之举，只因初到任上，缺少财物，未敢盲动。来！来来！请二仙兄品茶。”

吕洞宾呷了口茶说：“所需银两资材之事，皆由本县水城名士茹生等出面筹备齐全，现在来贵衙，只是借你这股东风。”

汉钟离把兴建蓬莱瀛洲书院乐捐簿送给东坡阅。苏东坡看过后说：“这极好！不知施工的事可有人操办？”

汉钟离又把建筑图送上，说：“按图施工，一切由我操办。”

“好！那成！”

三人磋商一番，由茹生任书院院长。力争今秋完工，及早开学。

茹生任院长半月后，着人去请吕洞宾、汉钟离、何仙姑赏花，顺便商议办学诸事。三仙家进入花园之中，又见在场的还有于学仕、王贤、赵珠、邹见等。引见坐下，家人提一壶滚开的水，在那一套十几个陶茶杯上，不停地转圈，往茶杯里冲水，杯中水有七分满的时候，即盖上杯盖，给每人面前敬上一杯，约有三分钟后，茹生才端起一杯，把盖掀开说：

“请诸位品茶！”

吕洞宾端起杯来，闻了一闻，连说道：“好茶！好茶！”

茹生说：“诸位细品茶，慢赏花，我把办学的事说说。到昨天晚上为止，乐捐的三千四百两银子全存在福顺德钱庄。乐捐资材已全运到城里存放地点。乐捐的渔船、牧场都由王贤代为院方接管，派人开始经营。招生告示、先生的请帖、购置典籍的书信均已发出。”

吕洞宾说：“兵贵神速。茹翁办事，好快呀！”

汉钟离拿出建筑图放在桌上，高兴地说道：“蓬莱瀛洲书院的筹建事宜也十分顺利，现在虽未建成，不过以我所见，只要先生到齐，即可告弟子开学。”

邹见插话说：“汉仙，既然书院尚未建成，学童何处上课，又在何地住宿？”

“这些我已有所考虑，为了珍惜学童的学习时光，可先借千佛寺、阿陀寺、李公祠、三官庙、三元宫的闲殿闲房设馆开讲。”

茹生点头，认为可行。

蓬莱阁下各庙庵住持，耳闻汉仙要借庙堂办学，一起前来诉说，今年十月按庙庵惯例有大香火，若在庙庵里办学，多有不便。汉仙见各僧道主持都不愿借房办学，也不好强迫。一想各种文告都已经发出去了，又不好收回，便自言自语道：“罢罢罢！无奈何，只得动用我的宝扇。”下了蓬莱仙阁，进了北门朝瀛洲书院房基走去，把图往地上一放，手拿宝扇不停地扇动。月光下，只见那砖瓦石木都从空中飞滚过来，自动堆砌成楼房台阁，和图上画的分毫不差。

天还不亮，他就把茹生请来。茹生到场一看，见一夜之间，全院楼房平地而起，十分惊奇，说道：“我建文登书院，整整建了五年，瀛洲书院一夜之间拔地而起，这是上天看在你的面上，神力所为。”

开课一个多月，进入冬月天。初一这天上午，汉钟离和茹生陪着众仙和苏东坡诸贤，来到瀛洲书院大门前，见院门上横着一块朱匾，上用金粉写着

“瀛洲书院”四个大字。漆黑色的两扇大门上贴着一副对子，上书：“治学读破万卷书，创业走遍千里路。”

进了院门，回头看这个门楼是内外不一，从外面看像个城门楼阁，从院里看，又是个十分壮观实用的戏楼，大家都称赞设计精巧实用。远远望去，藏书大楼座落在书院中央，左前方是中级班六个教室，教室东头是南北长廊；右前方是高级班六个教室，教室西头是南北长廊；院中央正前方，是宽敞的练武场，后面是先生、弟子宿舍、膳堂。整个书院显得宽绰明亮，雅致大方。走到近处，藏书楼门上的红匾用金粉写着三个大字：“万卷斋”。在两扇大门上写着副门对：“书山有路勤为径，学海无涯苦作舟。”

苏东坡说：“这字写得好，古色古香，落笔工整。”接着看了住处，转过来又看了书房，就到议事楼前，见朱匾上写着四个大字：“万世师表”。两扇门上写着副对联：“学而不厌，诲人不倦。”

说着话儿就进了茹生的办事地方，大家七嘴八舌地说汉仙筹划得好，这书院甚是气派。

苏东坡兴奋地说：“诸位，瀛洲书院能够创建，全凭黎民协力，仙贤之助，诸公能在该院任职，实在不易，望能同心同德，将书院办得尽善尽美，务求今后多出名士，以报答黎民和诸仙贤之所望。各项教学事宜定要做好，力争明春能增加学童人数，诸公看妥与不妥！”

茹院长站起来说道：“望我院全体同仁，按知州训示行事。吾不才，今后在执教中，有不当之处，盼同仁提示，请州衙常常来院察视，我必令行禁止，与诸同仁齐心协力，把书院办好。”

苏东坡听罢点头，以示同意，起身问道：“诸公还有何事？若无，请诸仙贤到小衙稍坐！”各位客气一番都走出屋门，正碰上学童下课，王贤说：“请诸位慢走一步，上戏楼观阅课间练武。”大家对这个突如其来的安排很感兴趣，纷纷登上戏楼。赵珠问道：“请问院长，观操可有什么仪式？”

苏东坡说：“仪式全免！”

茹院长说：“照往常做。”

就看赵珠手持一杆小旗，在胸前向上一举，全院六百学童立即八路纵队站列。赵珠两手将旗平分，一下子由八路纵队变成十六路练武长方阵，在赵珠教练指导下，个个上肢上下施转，四面环绕，手动架式像朵朵梅花，发动时张如弓，静止时缩如球。练了廿分钟，个个学生面不改色，气不粗喘。赵珠转过身来："练武完毕，请院长训示。"

茹院长说："各班级带回书房。"只见赵珠把旗往头顶上一举，左右摇了四下，六百学童立即分成十二个队，分别带回东西两面书房，向东面书房走的学童口里唱着：

十年树木，百年树人。
树木成材，可做栋梁。
树人成才，活聚宝盆。
力是财源，时是黄金。
财源可枯，黄金能尽。
育出人才，财富长存。

向西面书房走的学童口里唱着：

爹有金，妈有银，不如自己有学问。
靠亲戚，靠朋友，不如靠己一双手。
左手银，右手金，手脑并用聚宝盆。
勤读书，苦练武，智勇双全有生路。

众人看完后，都齐声叫好，有说有笑下了戏楼。

第二天上午，苏东坡、茹生、于学仕、张古槐同时差人上蓬莱阁给汉钟离送贺礼。钟离却因操劳过度突然昏迷过去，诸仙急忙前来搭救。

铁拐李点化孙勤汉

传说，铁拐李在终南山修行，成仙得道后，先后收汉钟离、吕洞宾、曹国舅、何仙姑、韩湘子、蓝采和七人为弟子，四海为家，游荡漂泊。蓬莱城北的丹崖山，风景秀丽，山高海阔，是他们经常聚会的地方。

这天上午，风和日丽，仙人们又来丹崖山聚会。

吕洞宾说："此次去关外云游，有一个多月没有观看蓬莱十大仙景了，今个天气晴朗，正好可在蓬莱阁看万里清波，不知诸位意下如何？"

其他仙人都说好，就说说笑笑地前往，却唯独少了铁拐李的影子，他到哪儿去了呢？

原来，这一个月来，铁拐李四处奔波，没吃上一块肉，没喝上一口酒，嘴里淡得慌，所以今天一大早他就改了常装，一个人进城，想去好好吃喝一顿。铁拐李一瘸一颠来到了大槐树下张记卤驴肉老铺的门前，一进门就急不可待地喊道：

"酒家！快拿蓬莱老酒和卤驴肉来！"

酒保伸手让座说："客官！你请坐！少等片刻就来。"

不一会儿，酒肉上齐了，一盘鲜嫩嫩的卤驴肉，一壶扑鼻香的老酒，确实诱人。铁拐李酒兴大发，美滋滋乐悠悠地边吃边喝起来。就在这时街上传来一阵吵闹声，他奇怪地问道："酒家！街上何人吵闹？"

"客官！这可是件怪事儿！"酒保边向他斟酒边说这件事情——

"在宜春门外东十五里的矫格庄，有个老翁叫矫公，病危时对儿子说，蓬莱自古以来就是个富足的地方，连皇帝都来这儿巡察。可他们家住的那个地方，正处在渤海湾风口上，受尽了风的欺，吃够了沙的苦，老人家一辈子信佛吃斋，求老天爷降下天恩，镇住风沙，保佑他矫家五谷丰登，人畜两旺。可未曾想，矫公直活到九十六岁归天，天老爷也没显过神灵，风是越刮越大，沙是越积越高，地是越来越少，眼瞅着房子都叫流沙掩埋过半。矫公临终前留下一句话，说是不要再信天老爷了，要不，就误了矫家子孙了！"

铁拐李听了这段故事后自言自语道："矫公活了九十六年，到底看破天机啦！"

酒保接着说道："矫公讲完这些话，一口气就再没上来。儿子哭着问他：'爹！不指望天老爷，叫儿孙走什么路？你快说呀！'矫公眼没睁，口没开，多一句话也没留下就死了。矫公的儿子料理完丧事，还是到处求神保佑，可是风照样地刮，沙照样地流。前些日子，给他爹烧了三周年，他在坟前对众人说：'三年来，能求的神都求了，该敬的香都敬了，风沙还是没消停。这是命中注定，不让咱老矫家住在此地，那咱就躲过这块家乡地吧！’街上的吵闹，正是城里人看矫公儿子率全族搬家呢！”

铁拐李听罢长叹一声："唉！真是一个不争气的儿子！酒家！我去开导开导他，这酒先放着，等我回来再喝。”

他说着起身来到街上，街上挤满了人。好不容易在人群里找到矫公的儿子，问："听说你要领全族人搬家！”

“正是！先到城里歇个脚，待会儿还要赶路！”矫公儿子懊丧地说。

铁拐李说："蓬莱仙岛，天下人都向往的福地，你家久住福地倒要领全族扶老携幼，背井离乡。你是一族之长，此举对得起祖宗吗？你不怕遭后人埋怨，遭天下耻笑吗？”

“家父遗嘱在先，我也是为后人寻求生路，怕什么后人埋怨，更不管外人笑不笑话！”

铁拐李继续规劝："风沙灾害，固然可怕，只要得法，也能治理，用不着搬家。”

矫公儿子摇了摇头，说："不瞒你说，先父下世前，都说蓬莱是块福地，可是临到俺们矫格庄，叫风沙欺的，男女老少，都铺沙盖沙吃沙喝沙，天老爷是信不得了，我给地老奶奶敬了三年香，可风还是刮，沙还是流，你说矫格庄还能呆下去吗？”

铁拐李生气地说："你信地老奶奶和信天老爷一个样，都没有用。好在你走得不远，只要你肯再回矫格庄，往后不再信天命，相信自己的本领，风沙我帮你治，你看怎么样？”

矫子瞅了瞅铁拐李的样子，满不在乎地说："别怪我说话直率，就你那只瘸腿，自己走路还一瘸一拐，还能帮我治风沙？真是说的比唱的好听。别挡道了，快让我走！”

没办法，铁拐李用拐杖使劲在地上捣，替矫子着急，可苦于矫子好话不听，也只好让他们离乡而去。

搬家人刚走出西门，铁拐李又追上来打趣地说："哎！我说矫老弟，你好好的一所庄园不住，非搬异乡不可，那么矫格庄我可是要去住啦！你别后悔呀！”

矫子晃着手中牵牛的绳子，连脚步也没有停下来，不屑一顾地说：“你是没吃过苦头，也不知俺们的难处。矫格庄你喜欢，就屈尊去尝尝风沙是什么滋味儿吧，俺不后悔，但愿你也别后悔，如何?”边说边牵着牛朝前走去，把铁拐李孤零零地甩在后边。

铁拐李还不甘心，在矫子后面高声喊道：“矫家把矫格庄送给我了!”就回到大槐树底张记卤驴肉老铺，边喝边吃边说：“可惜，可惜！蓬莱仙岛还有这么一块没有人愿住的地方。我看不能让矫格庄就这么撂荒了，得找个新主人哪。”

酒保接言道：“城东乡有个叫郝传的穷得叮当响，你可到鼓楼那儿找他去。”

酒足饭饱后，铁拐李出了铺子，走到鼓楼那儿，果然见到一个后生，守一副担子，在卖针头线脑。他走过去和那后生拉扯起来，知他姓郝，名传，家住城东马家沟，家里房无一间，地无一垅，以挑八股绳赚点钱，养活老娘，整天是饥一顿饱一顿。庄里庄外都嫌他穷，二十六岁了，还没娶上个媳妇。

铁拐李心想，这个人怪可怜的，倒可以给他一块谋生之地。

“郝传哪！我看你家什么也没有，当婚年龄也没娶上个媳妇，我倒有一所庄园，又有房子，又有地，因腿脚不好，侍弄不了，我借给你，房子白住，地白种，你可愿去!”

郝传一听，乐得倒地便拜：“俺愿去！回家告诉俺娘，俺们娘俩一块搬去。”两个人分了手，约好在矫格庄相会。

铁拐李出了城东门，来到矫格庄。这庄只有两条街，前街有八处破草房，后街有八处旧瓦房，房子空空荡荡，家里家外，炕上炕下，全都落着一层沙土。西头瓦房的屋角里，扬了个翻天，掷一地烂纸，他蹲下去翻弄着，有“旋风（精）装”的《道德经》《太平经》，有经折装的《般若经》《金刚经》。剩下的就是一堆烂货，他拿拐杖一扒拉，出来一部折子，上写着《神仙传》，拆开一看，里面却是块红绸子包的房契地契。铁拐李轻轻抚摸着，吹去上面的灰尘，自言自语地说道：“连地契房契都不要了，不指望再回头了。”说着他又包好，叠进折子里，收藏起来。又转到南街，见郝传挑着东西，搀着老娘搬来了。

铁拐李把这第一户人家，安排住在后街最东头，种村南面的二十五亩地。

然后，铁拐李拄着拐绕村转了一圈儿，唉，矫格庄是够惨淡了，风大、沙大、碱大，缺草、缺树。当他向空中望去，见那海风大作，吹得飞沙走石乌烟瘴气。低头向地面一瞧，沙丘密布。那正是：空中没有飞鸟，地上没有人迹。不一会儿天下起大雨，他又冒雨转了一圈儿，发现这沙是活的，小风小动，大风大动；小雨小流，大雨大流。一会儿雨过天晴，他又绕村转了一圈，心里一番合计，沙是活的又是死的，湿沙风刮不起来。

他想：只有把沙稳住，设法在沙滩上种出草来，把地皮封死，压上条子，植上树，才可能锁住风沙。这么大的地方，光他母子俩是万万办不到的，至少还得再请几户来。宜早不宜迟，要不就误了农时。

于是，他在蓬莱地面转了三天，先后在城南头找个屠户曲礼，在崮山后找个猎户刘山，在石皮山找个乐户乐仁。这样百十亩地，由四户种满好，他从乐仁家里出来，觉得一块石头落了地，待走出了半里地，才想起来，忘了记住乐仁他那个村的村名了，以后有事到哪里去找？他怎么想也想不起来，哎！有了！不如我就在这个地方，留个脚印，作为标记，往后有事，只要找到我这脚印，乐仁家也就找到了，想着，用劲儿在道旁大石上一跺脚，留下一个指向乐家村庄方向的大脚印，十分清晰。

自打铁拐李留下这个脚印以后，乐家这个村，就叫“仙人脚乐家”了。

铁拐李高高兴兴地回到矫格庄，走到曲礼家门口时，只听曲礼和他老婆在院子里吵架，非要走不可。

铁拐李就进去劝说，可怎么劝说，曲礼就是听不进去。

曲礼冲着铁拐李毫不客气地数落起来：“这里虽说有现成的房子现成的地，可是又要治风，又要治沙，出力不讨好，连口荤腥都尝不到，俺就觉得浑身的筋都短了，皮也紧了，这份儿罪俺可受不了啦，还是回老家，拿起俺那把屠刀，干老本行，过那种大肉管吃的日子舒服！”

铁拐李听了这话，觉这曲礼是个馋鬼，十个馋，九个懒，这样的人强留也留不住，就说：“你用不着和家里人发这么大的火，去留自便。”

他说完，又来到刘山家，刘山说："俺刘家祖辈以打猎为生，成年累月，爬山越岭，这把年纪啦，也不想再穿林过沟了，就想找个平乎点儿的地方，过上个舒服日子，没想到矫格庄这个地方连草都不愿长，下海摸鱼吧，摸了三天，连片儿鱼鳞也没摸到，这儿不是养活人的地方，得赶紧走，走晚了，非饿死不可！"

铁拐李一听这话，觉得刘山缺把火，是个傻乎乎的睁眼瞎，就说道："你不要着急，天无绝人之路，此地不养你，必有养你处，去留自便，只管走吧！"

他接着又到了郝传家，进门见郝传娘生病躺在炕上。郝传娘见铁拐李好心来看，挣起身来说道："恩人哪！你快帮俺劝劝那个不成器的儿子吧！叫他扔下那个没有根基的八股绳，俺们庄稼人，务农是本，可他就是不听，唪！"

"你儿子为何不安心种地哪？"

郝传娘叹着气说："他说：'这个兔子不拉屎的地方，猴年马月也发不了财，到什么时候能娶上个媳妇，还不如挑个小货郎担，不管乡下或城里，大姑娘小媳妇都围着他的担子转，自己娶不起，还能看得见。'这不，今天一早，他又挑担子串乡走户去啦！俺骂了他一气儿，叫他气得也病倒啦！"

铁拐李听这话，觉得郝传是个色鬼，留也无益，就安慰他娘说："你就这么一个独子，男大当婚，女大当嫁，孩子能及早成家立业，也不是坏事儿。你也想开一些，用不着跟他去生那些没边没沿的气，只好由他去。"

铁拐李走出了郝家门，心里琢磨，眼瞅着搬来的三户，一对半和矫子一样，都要搬走，乐仁那儿，直到今天还没搬来，得赶紧去催他，人误地一时，地误人一年，再拖下去，就误了农时啦！

他来到石皮山下，找到自己留下的脚印，定了定向，就朝着乐仁家走去。

乐仁一见他的面就说："自从你走了以后，俺就想了半宿，这个家我不能搬！"

"为什么又不能搬？"

"俺原本是个乐户，肩不能挑担，手不能提篮，只会吹个喇叭，卖的嘴皮子功夫，你一片善心，尽管好，俺可是除了嘴上功夫，别的啥活儿也不会干，因为这，俺就没有搬，又麻烦你白跑了一趟。”

铁拐李听了这话，觉得乐仁是个懒鬼，不搬了好。他只好对乐仁说：“三十六行，哪一行也缺不了，你本来会吹，又愿意干老本行，那你就吹去，不搬也罢！”

告辞了乐家，铁拐李隐身在蓬莱地面上空，转了三圈，见在中营村般若寺东南面，有一片大堤圈着的地，种的早春苞米已经破土，苗出得又齐又壮。他就下来现了身，在圈地的堤上仔细察看，见密密麻麻满堤长着一片青草，在这青草密布堤上，横成行，竖成排，压一丛丛柳条。在这柳条丛的空档里，栽着一行垂柳。他正看得入神，忽然天阴下来，天地间一片昏暗，紧接着，电闪雷鸣，刹时间，雨下得沟满壕平，平畅河白浪滔滔，河堤多处决口，洪水横冲直撞，到处乱流。唯独这一片圈地，安然无恙。雨过天晴，庄稼绿得格外引人喜爱，茫茫泽国里，这倒成了一片生机盎然的绿洲。

铁拐李又重新蹲到堤上再琢磨，为何此处安然无恙？

他扒开草皮仔细察看，不知不觉面前站着一个膀大腰粗黑脸老汉，老汉身后齐刷刷跟着八个后生，正在堵决口的堤。

铁拐李走到老汉面前，恭恭敬敬地问：“请问老大哥贵姓？”

老汉答道：“免贵姓孙。”孙老汉仔细一看，是八仙之一的铁拐李，就对八个儿子喊到：“你们八个都过来，快拜见仙人！”

铁拐李笑道：“罢了！请问大哥怎么称呼？”

孙老汉说：“不怕仙人笑话，从小俺爹没给俺起名，现在村里人都叫俺孙老汉。俺这八个儿子也没有学名，老大叫大娃、老二叫二娃，反正都叫娃！”

铁拐李一听乐了：“有名不在早晚。我只给你改一个字，往后你就有大名啦！”

“你给俺改个什么字？”

“我把老汉的‘老’字改成勤快的‘勤’字，就叫‘勤汉’吧！”

“叫孙勤汉？好！好！穷，就得勤快！仙人哪，麻烦你再给俺这八个儿子起个大名，日后也好见个世面。”

铁拐李见孙勤汉的八个儿子，个个都像铁打的一般壮实，便高兴地说："你说你穷，我看你比我富得多！你这八个儿子，就是八个无价之宝。依我之见，还是排着大挖叫吧！这是挖金挖银的那个'挖'，你只要领着你这八个儿子猛挖不止，要地有地，要粮有粮，要银有银，要金有金！"

"你说这话，和俺老爹在世时跟俺说得差不离儿。"

"你家老人在世时对你是怎么说的？"

"老人临终时对俺说：'俺操劳一辈子，只给你留下三亩地。可是俺开这三亩地的法子，比留这三亩地还贵重。你只要记住，领俺这八个孙子好好干，需要多少地，就有多少地。'老人去世后，俺就领着儿子，在这河边沙滩上年年冬天挖沙筑堤，一年四季在堤上种草、压柳、植树，如今俺这大圈地，有二十五亩，今年发这么大的水，一点儿灾没受，你看下面老曲头的地，被大水淹的不像个样子。可怜他一个孤老头子，没有人手。今儿个俺就领八个孩子，帮他堵上决开的口子。"

"好啊！你老孙家祖孙三代，都是勤劳聪明又善良的人啊！"铁拐李一面说一面帮他们父子堵上决开的口子。只见他把拐杖往那一插，不一会决开的堤就被堵死了。

铁拐李还对孙勤汉说："孙大哥！你这二十五亩良田好是好，可是你有八个儿子，儿子再给你生孙子，孙子又给你生重孙子，都靠这二十五亩地过活，那可不行啊！"

"是不行，可……"

"我送给你点儿礼，只要你肯收下，按你家老人传给你的致富法子，你好生地去侍弄庄稼，往后你需要多少地，就有多少地。"

"仙人家你给俺的礼，俺是一定得收，不过你得先讲明白，俺家老人，传给俺的是个什么致富法子？"

"你家老人传给你的法子叫八能致富法！"

"怎么个八能法？"

"这八能就是：人能动手用脑，草能固沙生土，条能固土保水，树能挡风抗霜，堤能阻水护苗，苗能打粮养畜，畜能肥地补人，人能治山改水。其实，这八能，你已经在做了，今后更要做下去。"

孙勤汉说："仙人，你放心吧，俺带领子孙一定要做下去。"

铁拐李进一步对孙勤汉说："孙大哥，城东有个矫格庄，全族全搬走了。他们把这个庄子送给我了！我只身一人，腿脚又不好，侍弄不过来，我看你孩子又多，人品又好，这个庄子，我全送给你啦。眼下农时不等人，后天一早，你就搬进去住，怎么样？"

"那敢情好！"

"不过有两条，一是，往后你老孙家，不管人丁多么兴旺，矫格庄这个村名不可改，借此来祭奠矫公老祖。二是，所有的房契、地契归你所有。一百零八亩八分地，你种一百亩，在抹直口西，蓬莱城北，还有八亩八分地，你暂时先种着它，以后城里有什么乐捐的事，以你的名义，把这八亩八分地捐出去。"

"这两条俺记住了，仙人尽可放心。"

铁拐李把装房地契那个《仙人传》折子从怀里拿出来送给他，就告辞了。

孙勤汉心里挂着仙人的话，不敢怠慢，第二天就带领二挖到八挖七个儿子，带着媳妇和孙子，高高兴兴地直奔矫格庄，只留下长子长孙经营中营村孙家祖产。

孙勤汉选了八处瓦房，父子分头住下。老伴领媳妇和孙女们留村里安排家务，孙勤汉领七个儿子和一大帮孙子，到庄外，看地势，查风口，重新安排了堤、林、田、路，撒草种，压柳条，植树木，又挖又栽，大忙了三天。跟着下了一场透雨，父子们又一齐动手，把妇女们在家里院子里收拾出的积沙流土用大车拉到村外。过了七天，草子发芽了，柳条柳树吐绿了，不到一个月，青草铺满地面，柳条摇摆在和风中，处处是一片翠绿。

铁拐李站在蓬莱阁上，见矫格庄变了大样，喜在心头。

年复一年，孙勤汉一家子起早贪黑，十分操劳，连年草青树绿，五谷丰登。海风尽管还是在刮，流沙却被青草、绿条、翠柳给锁住了。日子过得粮满囤，草满园，丰衣足食，还盖个挺阔气的书房，叫孩子们念书识字。到数九寒天，老少爷们想快活，办了个子弟同乐班，教自家子弟学着唱大戏。每年三月十六中营村赶庙会，子弟班都到老家唱五天大戏，周围三百里二百里的都来赶庙会，看孙勤汉家勤劳致富的路子，都很羡慕。散庙会回家，庄庄村村勤快的人，都学着走孙勤汉发家的门路，巧种自己家的地，不几年的工夫，蓬莱境内面貌大变。

众仙家在丹崖山上往下望，只见遍地草青树绿桃红，麦浪翻滚，羊满山，牛满夼，家家养驴猪满圈，把铁拐李乐得合不上嘴啦！一天，各仙要去观日出扶桑，铁拐李说："今天咱们不看天和海，谈谈蓬莱可否？"众仙一听这个话头就七嘴八舌地讲开了。

张果老说："蓬莱是仙岛呗！"

何仙姑说："蓬莱是福地呀！"

韩湘子说："蓬莱是人间天堂！"

蓝采和说："上有天宫下有蓬莱嘛！"

铁拐李说："这些在蓬莱，三岁的孩子都知道！"

曹国舅问："诸位都说蓬莱这地方好，可是咱一年到头，四处云游，今游这，明宿那，漂泊不定，到如今，也没安个家。既然大家都说蓬莱是仙岛福地，咱们就在蓬莱阁安个家，诸位看如何？"

众仙齐声说："好！"

吕洞宾说："那从今以后，咱就以蓬莱仙阁为家！"

从此，八仙定居蓬莱仙岛，以丹崖山上蓬莱阁为家，有事外出，去去就回。

打这以后，蓬莱仙岛算是出了名，各处的人，都来看这陆上仙岛。若得闲还要顺路到矫格庄看看，看看老孙家这户人家，已经发展到三百多户，住不下，又搬到湾子口许多户，可矫格庄的名字，直到如今也没有改。

后人有诗为赞：

矫子举族大徙迁，遗下偌大空庄园。
铁拐点拨孙勤汉，赐园赠田嘱莫懒。

何仙姑授做新衣裳

俗话说："黄县的房，栖霞的粮，蓬莱一身好衣裳。"蓬莱人这一身好衣裳，是怎么穿上的，要追根寻底，还得从蓬莱两个举人江南访友说起。

这两个举人，一个叫茹生，家住蓬莱水城，一个叫王贤，家住城东乌沟王家。俩人从小同窗，结为好友，又是同榜中的举人。后经媒妁之言，茹生妹妹嫁给王贤，两家又成亲戚。

那年，两人一块进京赶考落了榜，好不心烦，又未料到盘缠被盗，真是又气又急。后遇镇江举人戴义搭救，三人在京同结金兰。戴义年长为兄，茹生行二，王贤为弟。离别前，茹、王二弟约好戴兄方便时来蓬莱仙岛相会叙旧。

转眼之间三十年过去了，青年时期的约会，到老年才实现。戴义从江南赶到蓬莱阁小住了一个月，实现了前约。临别前，又约茹生、王贤三年后在镇江城里戴家巷相会。

不知不觉间，约会的日期到了，茹生、王贤俩商定：到秋天北风起时，乘茹家登州号货船下江南，为航行平安，装一船蓬莱仙岛老酒压舱。起程那天，茹、王妻子，姑嫂二人，一块来送夫君。船要启锚，姑嫂挥泪送别。

王姑爷家养了条狗，黑得没有一根杂毛，名叫"小黑"，与王贤整天形影不离。爱犬小黑怎么赶也不下船。无奈何，王妻叫家人把它抱下船，家人抱下三次，它又跳上三次，站在船头上，面对主人，摇头摆尾就是不肯下船。

茹生笑道："他姑父的爱犬，既然不想与主人分离，不妨带它一块下江南吧！"

于是启锚开船。

沿途一帆风顺，平安到达镇江。两个人领四个挑夫，挑上四担礼品盒，找到了城里戴家巷。

不料一打听，戴义夫妇今春身染瘟疫，先后亡故。其独子戴继宝夫妇，痛悼双亲，丧魂失魄，不慎失火，家产大都被焚，从此戴家一贫如洗。戴翁的小书僮戴财无奈，到金山寺当了杂役。茹生、王贤听罢，黯然伤神，悲痛不已。

他们进了戴家，在亡兄神主牌位前摆上四担祭祀。叩拜过后，对义侄继宝安慰一番，又赠给他五十两银子，吩咐他夫妻二人做个买卖，好生度日，再有什么难处，可到蓬莱跟两个义叔一块儿生活。

两人访友不遇，垂头丧气，就差一船夫上金山寺找来亡友的书僮戴财。

戴财一见两位义叔，大哭起来，说什么也要和两位义叔在一起，决不回庙里当杂役了。两位义叔一再劝说，他才止泪站了起来。

二人看他生活无着，叫他辞去庙里杂役，到船上跟义叔再寻谋生之路。

茹生、王贤二人在镇江住了三天，别了义侄继宝，由戴财陪同，连日又随船逛了扬州、苏州，到杭州时身边银两全花光了。这如何是好？二人想起压船的蓬莱仙岛老酒，便让戴财卖了。

正赶上家家户户置办年货，好酒卖个好价钱，赚了一大笔银两。在杭州过了年，赶上刮起南风，船老大催主人趁顺风早日起程回家。

戴财说："路上带那么多银两不妥当，不如在杭州买些茶叶、绸缎、瓷器，一来压舱，二来到蓬莱仙岛也能卖个好价钱，可以发一大笔财！"

茹生说："生意经俺不懂，银两由你经手，只须留下足够费用，余下银两，你看买点儿什么，就买点儿什么，只是不管买什么，品质都要上乘的！"

戴财就把卖酒赚的钱，买了一些西湖龙井茶、杭州绸缎、景德镇瓷器。临行前，船舱涮得干干净净，又拿茉莉花熏了舱。到装船时，那批瓷器怎么也装不下，戴财不甘心，就叫脚夫往船上装，船夫们说船已超载，就要往下搬。

戴财说："一船货换一船货，一定能装得下。"

船夫说："仙酒贵，瓷器贱，以酒换瓷，换回来的东西多，一条船装不了。"

茹生说："戴财啊，船装不了不可硬装，我看装不了的瓷器，还是再卖了吧！"

戴财说："南方瓷器价低，再卖出去就赔了，不如再去雇条船，装上瓷器，跟咱的船送到蓬莱！"

王贤说："这样也好，你就去雇吧！"

船雇来后，船上的人客气得很，又是帮着装货，又是安排食宿，乐得戴财觉得算是碰上好心船家。那剩下的瓷器，又装了一船。王贤带着戴财上了新雇的船，爱犬小黑也跟着主人过来，茹生自己上了“登州”号。

谁也没曾想到，因戴财没眼力，两个举人也大意了，雇来的船竟是条海盗船。这伙海盗见装了一船上好的景德镇瓷器，又只有两个人押运，就起了歹心，私下盘算溺死两个押船的，抢走满船瓷器。一路上，“登州”号紧紧跟在后面，海盗找不到下手机会。过了几天，正是二月初一，船行到成山头南面，海上忽然下起了鹅毛大雪，前后两条船互不见头尾。贼船老大看到天赐良机，一声大吼，众强盗眼疾手快，把王贤和戴财打倒在船，又掀到海里，爱犬小黑看主人遇害落水，在船上朝人狂吠一气，四个蹄子使劲往后一蹬，朝着主人落水处跃去。

王贤落水后，觉得身子底下就像有一个大包袱，轻轻把他托起来。见戴财在海面上探了几次头，直落海底，再也没有上来。

回头见那海盗船，被小黑这一猛蹬，竟触礁而沉。

王贤只听“救命！救命！”却不见一个活人。王贤不会水，死抱住那个大包袱不放手，小黑一会儿咬他的左衣袖，用四蹄划着水，一会儿咬他的右衣袖，往岸边飘浮。半天折腾，才爬上岸。上了陆地，见高崖处树一石碑，上写着“天尽头”三个大字。一打听，此地是荣成县的成山角。

王贤在善良渔民丛树生家休养了半月有余，遇到矫格庄孙勤汉家渔船路过此地，才搭船回到蓬莱水城。

王贤下了船，直奔茹生家，把路上一番经过对茹夫人一说，夫人一听丈夫遇难不归，当即晕倒。

王贤忙领茹生女儿巧云上李公祠请她舅父。她舅父是蓬莱名医李半仙，大号叫李继祖。

王贤刚进门，伙计便说：“李掌柜家中老母亲欠安，今早捎信叫掌柜回去侍奉，怕是个把月二十天回不来。”

巧云一听这话，心想母亲病倒，姥姥也病了，舅父回去救姥姥，有谁能来救母亲呢？眼泪不禁夺眶而出。

再说这天天刚亮，何仙姑想，铁拐李为蓬莱做了头一件好事，我何不下山，也去寻件事做。她刚出山门，见一年轻少女，随一长者，急急忙忙进了李公祠。

只见她摇摇摆摆，似春风舞垂柳。走近处细瞧，面容白里透红，赛玉雕翠刻。姑娘进了李公祠，不一会儿又出来了，两腮挂满泪珠，成了泪人。

一见到何仙姑，她倒地就拜，说道：“仙姑，你快发发慈悲，救救俺一家子吧！”

何仙姑说：“不知姑娘芳名，家住何处，有什么伤心事儿？”

王贤见巧云泣不成声，一一代她回答。

何仙姑一听，急着要去救人，忙对巧云说：“姑娘！你不用哭，既然求到我了，我就去走一趟，你快前面引路，我到你家去看看。”

三人匆匆赶回茹生家，只见前面一栋青砖瓦舍，孤门独院。过了月门，登堂入室，东屋炕上躺着一位夫人，满脸是泪，浑身是汗，哭得死去活来。

巧云说：“妈呀，何仙姑来给你看病来啦！”

茹夫人似在梦中，听何仙姑来给她看病，自感到荷花芬芳浓香，直穿肺腑，喘气顺畅多了，精神也振作起来，朝何仙姑点了点头，算是行了见面之礼，然后低声说道：“不怕仙姑笑话，俺现在好像掉了魂儿似的，有身无主呀！巧云这孩子苦哇，我没有大活头啦！”

何仙姑说：“我看你们大人孩子都好好的，不必胡思乱想。”茹夫人说：“俺们老茹家，祖辈留下一条‘登州’号货船，不是跑苏州，就是跑杭州，回来捎的那些绸缎，你不知有多好，巧云相中哪块儿就裁哪块儿，从今往后，孩子没有那种好日子了！”

何仙姑道：“孩子长得旺旺盛盛的，往后的日子，还会犯愁吗？”

茹夫人说：“这孩子长得是好，人也聪明，不管什么书，一教就懂，不管什么活儿，一看就会，可就是俺娘俩都没有福，他爹那条船，二月初一在黄海遇难，到如今，船无影，人无踪，看来凶多吉少，往后孤女寡母的日子可怎么过呀？”

何仙姑看看茹夫人的病情，知道她是因突然惊吓和伤悲，造成一时失常，需要排忧解愁，才能逐渐缓解，就安慰说道：“夫人不可为‘登州’号船焦急上火，海大着哪，说不定被风刮到别的码头，看那儿景致好，逛了两天，有生意可做，又逗留了几日，没能及早回来，夫人尽管放宽心，不出个月二十天，一定是人船齐归，全家团圆。”

茹夫人说：“仙姑说得也是理，巧云她爹曾三次进京赶考，终未中榜，这几年就像个云水僧似的，四处走访，行踪无定，有友访友会友，无友游山玩水。我听你这个话，心里也敞亮多啦，多谢仙姑看望。”仙姑说：“夫人不必客气，今后咱就姐妹相称吧！”

茹夫人说：“你要不提，俺可不配攀你这个高枝。巧云哪，快来拜见你的神仙姑姑！”

巧云拜过后，茹夫人就留何仙姑住下。晚上，何仙姑给茹夫人点了几个穴位，推拿治疗一气。茹夫人安静地睡了一宿。第二天醒来，身上就觉轻快了许多。何仙姑连着治了三天，到第四天，茹夫人病就痊愈了。

这天，茹夫人陪着仙姑进了巧云的住屋，说道：“你看看这屋里的绣品，全是巧云念书空闲，自己动手制作而成。再看这幅画，请仙姑当面指教。”

“这孩子真是聪明过人，写、画、刺绣无一不精！”

夸闺女娘高兴。茹夫人高兴之时，要陪仙姑到后花园去看看。

进了花园，何仙姑见那古树参天，怪石嶙峋，奇花异草巧布园中，桃、李、杏斗芳争艳。最引她注目的是晒在园内的四季衣服，是一套一个花色，一套一个式样，远远望去，琳琅满园。

茹夫人指着这些衣衫说：“这些衣衫，共是五十六套，男女各二十八套，是在二月初一姑父在东海遇难时，从海里飘上来的。”

何仙姑定睛一看，这衣衫不是凡间之物，一件往事就涌上她的心头……

去年二月初二，玉皇大帝调解陆海争端，在天庭宴请龙王，请东岳大帝、王母娘娘、太上老君和八仙作陪。

席间八仙费了许多口舌，劝说陆海和睦。东海龙王曾对子女过于溺爱，管教不严，办了许多错事，惹得东岳大帝不高兴。陆海关系也紧张起来。在八仙的劝导下，东海龙王知错认错，表示回宫后对子女严加管教，并向玉皇大帝许诺：只要东岳大帝不以此为由侵边扰民，海陆邻里就能和睦相处。

东海龙王为答谢八仙从中调解，散席之后对八仙说：“为再避免事端，回宫后我一定把龙子监禁起来，把女儿打入冷宫，罚她在年内制男女仙衣各二十八套送上仙岛，到时请诸仙笑纳！”

现在海里飘上来这些衣衫，数目正好是男女各二十八套，时间正是年内。看来正是东海龙王在王贤遇难之际搭救了他，通过他把龙女做的仙人衣衫送来仙岛。

何仙姑逐套仔细看了一遍，说道：“这五十六套衣衫，是东海龙宫所制，虽不是天宫的仙衣，却是龙宫仿天宫仙衣制做的，件件式样别致，质地优良，做工精细，是龙王送给仙岛的礼物呢！”

“俺不知它是仙衣，也不知是给仙岛谁家的礼物。她姑父说过，正是这件包袱救了他一命。但是，天外之物，他也不敢受用，全送到俺家。不过，像我等草木之人，命似鸿毛薄如纸，不一定能镇住它，俺也不敢收取。仙姑啊，你命比凡人贵重，这些衣衫你一定能镇住它，你全都拿去，能穿的穿，不能穿的还可以赠人。”

“你的心意我领啦，那一船瓷器到了东海龙王的水域里，得由这批衣衫来给补上才行，不能让你们家吃亏。”

“衣衫怎么能补上呢？”

“能啊！事在人为，眼下人们日子过得都不错，不愁吃，不愁穿，就盼能置办上几套新衣衫。你家开着绸缎庄，有的是上好面料，只要照着这五十六套仙衣裁制，拿到集市上，人们一定都争着来买，瓷器的损失不就给补回来了吗？”

“照你这么说，这事儿就好办了！城里北大街‘谦祥益’绸缎庄是俺家开的，前门是店，后门是成衣铺，前门进了咱家的面料，后门送咱铺子成衣。要做仙人式衣衫，只要把样子送去就行了！买卖事儿，店里、铺里自己都会做。”

“这些新式衣衫的样式，一般人就是照着样子裁他也裁不好。我看就这么办吧，我来教巧云剪裁，把店里管事的和裁缝叫来家，看巧云是怎么跟我学裁制的，他们回店前，我再当面指点一下，那样才行。”

“那好，那好。”

下午，何仙姑在客屋里，亲自传授巧云做“仙人式”衣衫，店里王掌柜带来四个裁缝，在旁边细心观看。只见何仙姑把选好的面料按料对、花对、色对，一层层铺了十层，在三个角上，都插上一根头号长针。拿起剪刀，又插上第四根针，剪刀每剪到针附近时，先在内侧插根针，再拔掉外侧的针，剪刀才剪过去。这样一剪子下去，就裁出十件衣衫。

心灵手巧的巧云只看何仙姑裁了一摞十套，就明白了。她叫家人把她的烫衣板拿来，放在桌子上，也学着仙姑的样子，去挑选面料，铺好布，插上针，就动手开剪，手够不着，就移动下面烫衣板。四个裁缝在一旁目不转睛地看着，一会工夫，仙姑和巧云每人裁了二十八摞，共五百六十套。

茹夫人问裁缝们："你们看了这么长的时间，都看明白学会了吗？"

"心里连一点儿数也没有，还得回到铺里亲自裁裁看。"

"你别等回铺再裁，就在这儿裁一摞我看看。"

四个裁缝都学巧云的裁法，对照样衣，选好料，铺摆好，每人裁了一摞。

何仙姑看了不很满意，说道："式样在胸中，尺码存心里，面料切纸齐，剪走料不移。"巧云心领神会，又说了一番自己的心得体会："腹样要像，尺码得准，铺料无风，剪走身直。"

"巧云这孩子真聪明，我这套'仙人式'衣衫剪裁法她全学去了，你们四个人怎么样？"

"八句秘诀都背下来了，就怕裁制出来不像样！"

"你们回铺去，先裁制出四套送来，待我查看后再说！"

裁缝们回到铺里，个个精心制作起来，到傍黑就把自己裁制的四套成衣送来。仙姑指出多处需修改，告诉改过之后，就可以大批制作，上市出售。

裁缝们走后，何仙姑要回仙山看看。

茹夫人非要把五十六套"仙人式"衣衫给仙姑送上山，仙姑怎么也不答应，说："我已经告诉铺子里，我裁的那二百八十套做出来，全部送来。海里飘上来的这五十六套衣服，原来是龙王送给仙岛的礼物，通过救王贤兄，让他给捎来，可先放你家里，由我代兄处理就是啦！"

茹夫人一听，正如自己所料，她即送仙姑回山。

何仙姑回蓬莱阁，见铁拐李还醉在那里，把他叫醒，把龙王送礼的事细说了一遍。

铁拐李说："龙王办事儿，不是风，就是雨，再不就是浪，叫人担惊受怕的，没有个稳当时候。这些礼物，你这么办很好，很细心。咱们仙家为人从不收礼，那二十八套女式的你不要了，那二十八套男式的，我是一套也不要，他们六个人，肯定也不能要。这样，龙王送来的那五十六套'仙人式'衣衫，我给他找个主算啦！"

"你给他找个什么主？"

"孙勤汉家子弟班，三月十六要到老家中营村庙会唱大戏，正缺戏装呢，这些衣衫如你说得那么精美，只要再接上水袖，不就成了上好的戏装了。"

"这可不行！茹家那船瓷器不就白白糟塌在海里了吗！"

"哪能叫他白掉到海里？他说救命的衣衫是天外之物，自己不能要，又要叫你全拿回来，这事儿就好办啦。"

两人商议这批衣衫怎么给孙勤汉，孙勤汉又怎么弥补茹家的损失，说妥就分头行事。

三月初一上午，孙家老俩口领着两个孙子、两个孙女，带着满满四车礼，直奔迎仙桥而来，铁拐李和何仙姑在水城振扬门外等候。

孙勤汉一见二仙，便说道："二位仙人交办的事儿，俺全都办理妥当！"

铁拐李说："那好！我就等三月十六看你家的好戏啦！"一面说着一面走，就到茹家门前，只见小海码头边，靠着一条货船，正是"登州"号。船上船下喜气洋洋，茹家门里门外，欢声笑语，车水马龙。他家那些姑舅姨表兄弟姐妹，一下子来了四十多人，庆贺茹生死里逃生，平安归来。

茹生夫妇将五十六套"仙人式"衣衫的礼单给孙勤汉夫妇，孙勤汉又双手呈上回礼礼品单，上面写着：白银六十两，米一车，面一车，鱼一车，肉一车，嘴里连说："这点儿小意思，不成敬意，请笑纳。"

张古槐问道："茹翁！你怎么能拖到至今才来家，可把家里人急坏啦！"

"二月初一，俺的船快行到成山头了，忽然下起了大雪，伸手不见五指，只听她姑父押运那条船发出一声巨响，接着救命喊声四起，我船前去搭救，半天也没有看见什么。不一会儿，四周静寂无声，俺想船沉人亡无疑了，就领船老大朝沉船方向拜过，起锚开船。不料在大雪中转来转去迷了航向，晚上大风刮起，只好随风飘流，到岸上去一看，竟是高丽国。言语不懂，只好写字交谈。他们对俺的遭遇很同情，当地商人把我一船货全买了去，价钱高出好几倍。我又在他们那里买了些高丽纸、红白参，瞅天好起锚，今天天不亮才赶到家，从遇难算起整整一个月了。”

孙勤汉说：“茹翁可是命大，不幸中万幸！二位仙家原和我商议，今天来你家济难，现在倒成了压惊贺喜啦，真是可喜可贺！”

正说到热闹的时候，“谦祥益”的王掌柜来了，他说：“东家！仙姑亲自裁的二百八十套‘仙人式’衣衫给东家送来。新做的衣衫送到前柜上，人们听说‘谦祥益’卖的是何仙姑裁的‘仙人式’衣衫，不到半天就全卖完了。现正催促连夜赶制。看来每天得赶出成衣一千套，三月十六日才能拿出两万套来，正好赶上中营村庙会。”

茹夫人高兴地说：“为了庆贺俺家老爷平安归来，所有来客，每人相赠何仙姑亲自裁的‘仙人式’新衣衫一套，花色、式样、质地任凭自选。”

铁拐李说：“我看年轻人选中自己喜爱的衣衫，不妨穿着新衣衫入席，以欢庆这个大喜大庆的日子。”

茹生笑道：“仙人这个主意极好，为给何仙姑亲授小女裁制‘仙人’式衫贺功，年轻人都穿着‘仙人式’衣衫入席！”

不一会儿，年轻的男女晚辈，穿着“仙人式”的衣衫，喜气洋洋，轮番给铁拐李、何仙姑、茹生、孙勤汉、王贤夫妇敬酒，热闹非常。

孙勤汉羡慕地说：“这衣衫太好啦！比仙女的衣衫短一点儿，比咱农家衣裳长一些，有吉庆喜事儿，老人穿这衣衫显得庄重富贵，年轻人穿着，显得华贵俊美。茹翁，今天做出这一千套，俺全包了，明天上午，我着人来取货。”

茹夫人问道：“她大伯，你定那么多衣衫有何用?”

“每年三月十六中营村赶庙会，俺回老家去祭祖，远近亲友，也都趁这个日子聚会一次。我就看好仙姑传授这衣衫，定上一千套，凡是祭祖时到我家的亲友和我自家人，每人相送一套，穿上新衣衫祭祖、赶庙会，让在九泉之下的老祖宗看看，现如今老孙家，不光地里庄稼长得好，肚子吃得饱，身上穿得也挺俏!”

张古槐说：“茹翁，孙翁能办到的事儿，俺也能办到。三月初二那一千套，我全包啦！后天送钱取货！”

茹生问道：“你老定这么多，又作何用？”

“蓬莱地面祖辈留传下来的习俗，每年清明节，男的都要上山踩青，女的都要打秋千，俺定这一千套，是为仿效二老翁，凡是家人和亲友，也一人相送一套，清明节那天，男仙满山岗，女仙满秋千，不负仙姑这番美意。”张古槐说到这里，众人又纷纷向何仙姑敬酒。

酒过三巡，菜过五味，孙勤汉说因庙会事多缠身，需先告辞。茹生再三挽留，又直喝到日头偏西，才尽欢而散。

茹生领着自家的晚辈亲友，把孙勤汉夫妇送到振扬门外，只见那五十多个青年男女，穿着色彩绚丽的“仙人式”新衣衫，一个赛过一个，一下子轰动了全城，都赶到大街上驻足观看，没出五天，在全县都传扬开了，说是龙王爷送给八仙一批新式仙衣，八位仙家，谁也不舍得穿，全送给城里“谦祥益”成衣铺做样衣，铺子里的面料一见何仙姑和样衣的面，就自动剪裁好了，这衣衫真有点儿仙气，越卖越多，就是卖不完。

谁买衣衫都夸它样式新、质地好、做工精、价钱贱，不过老式绸缎衣裳一半的价钱。一传十，十传百，全县千家万户都赶来买新衣衫，抢着赶这个时兴，讨这个吉利。也有买不起的人家，借邻居买到手的衣衫做样子，自己照着做。全县大家小户，姑娘媳妇一忙忙了半个月，都给出头露面的人置一套“仙人式”新衣衫。

二月十六日大清早，八仙易服来到中营村庙会上，散在赶庙会的人群中，见那大街上三十六行，行行交易有市，戏台前人山人海。凡是穿华丽新仙人衣的，都是蓬莱当地人。

就在这个庙会上，传出一首民谣：

黄县的房，栖霞的粮，蓬莱一身好衣裳。
海阳的滩，牟平的盐，平度河流通胶县。
招远的金，福山的银，文登人有好学问。
掖县月季，莱阳的梨，荣成舟船行天际。

庙会最后一天，压台戏是矫格庄老孙家子弟班，演的八仙庆寿，八仙扮演者穿着“仙人式”衣衫翩翩起舞，把八位仙家演得活灵活现，赢得众人一片喝彩。戏都演完半个时辰，潮涌般的人群把后台围得水泄不通，都要目睹八仙的华丽仙衣。

八位仙家看了这戏，个个乐不可支，张果老说：“庙会都散啦，咱经金果山回家吧。”众仙这才上路。

自打这庙会后，远远近近的地方都传扬开了“身至蓬莱人亦仙”，说是每个蓬莱人身上都穿一身“仙人式”衣衫。这就是蓬莱一身好衣衫的来历。有诗为证：

王贤误雇海盗船，义犬救主脱危难。
仙姑授做仙人衫，蓬莱人人赛神仙。

张果老献驴卤美肴

八位仙家赶完中营庙会，在回蓬莱仙岛的路上，途经金果山，走到一座庙前。

何仙姑说：“一路劳累，还是歇歇喘口气再走吧。”

张果老下了驴，说道：“我这头驴也得歇歇脚”，顺手便把驴拴在白果树上，“连日来与民同乐，甚是欢喜”。

“咱们八个人每人都说一句话，以表达对五天庙会的观感，众位如何！”吕洞宾赶庙会的余兴未减，便向大家提出倡议，大家也都表示同意。

铁拐李说：“那我先开个头。”大家应允。

铁拐李：“瀛洲三岛仙威扬，勤劳富裕撑栋梁。”

何仙姑：“蓬莱黎民衣衫好。”

张果老：“第一还数填肚肠。”

汉钟离：“英才涌出财源旺。”

韩湘子：“五福顺序寿为长。”

曹国舅：“礼义厚重贤人多。”

蓝采和："兴利除害花果香。"

吕洞宾："你我共开金果山，各显神通建家乡。"

铁拐李笑着道："这几句凑在一起，是一首好诗嘛！"

吕洞宾接着说："这就叫八仙办事，各显其能。"

铁拐李打趣地说："要显神通，张仙兄一定比我广大。"

张果老问道："那是为何？"

"只因比我多三条腿！"

"我多了三条腿，那我成个什么东西？"

吕洞宾说："天色不早了，留着话回去再说吧！"于是，又一起动身上路。

张果老解开驴，在山坡骑上，就见铁拐李在他前面，拄个拐杖，一跛一点的，正是三条腿，往下一瞅，他骑的这头驴四条腿，加上他的二条腿，正好六条腿，比他多了三条腿，心想拐子把我和驴加到一块儿了。一路上老是在琢磨这件事，也不知什么时候，大家都赶到他的前头。

再说蓬莱城里各个学堂的先生，五天来多去赶庙会，学童在家就成了没王的蜂，整天在街上玩儿掷铜钱的游戏。这种游戏，需得在地上挖两个小坑，城里大街的路面，全是用石磨铺成，小孩子也挺能动脑筋，把街上磨眼儿里塞的土都掏出来，以磨眼儿为坑，往里掷铜钱玩。天黑下来看不见了，谁也不去堵那个磨眼儿。这样一来，满城里的街上遍布着磨眼儿的石洞。

张果老骑驴进了城，抬头不见众仙的身影，就拍打小毛驴赶路，小毛驴一挨打，撒欢跑开了。驴哪知大街路面上还有石洞。说起来也巧，小毛驴稀里糊涂地跑呀跑，一下子前后各有一个蹄子折断在磨眼儿里，连人带驴跌倒在一起。

张果老爬起来一看，这儿正是"大槐树底张记卤驴肉老铺"。他心里想，真叫铁拐李说中啦，这明明是让我献上这头仙驴呀！

只好到驴肉铺问道："请问店家，宝号为何起了这个大名？"

酒保说："俺们底下当伙计的说不清楚。"

"谁能说清楚？"

“少掌柜只知其一二成，大掌柜也只能说个五六成。”

“谁能说十成哪？”

“那就得请俺们家老掌柜来说啦。”

“谁找俺啊？”听到伙计这话，张古槐从里屋出来。

“请教老掌柜，宝号为啥叫这个名字？”

“你是要听简的还是要听繁的？”

“我先听个简的吧。”

“简的嘛，就是这个卤驴肉铺子，从古至今都是俺们老张家开的。”

张果老觉得这个回答可以说等于啥事儿也没告诉他，又问道：“那就麻烦老掌柜，我再听个繁的吧。”

“这就得从天上玉山的龙肉说起啦。”

“请你尽管细说。”

“不知是多少年以前，玉皇大帝在天庭举行美食宴，经众神评议。天上玉山龙肉名列第一，‘天上龙肉’源于此说。地上燧人氏钻木取火，教黎民百姓熟食，全族庆丰收宴会上，空中飞的、地上走的、水中游的、土里生的、树上长的，加在一起，最后评出驴肉为第一。后来又不知过了多少年，驴肉又有蒸、煮、煎、炒、烤、炸、爆、汆、涮、卤几十种吃法，卤驴肉又被列为第一。后来这卤驴肉法子变化多啦，东、西、南、北流派很多，评来评去，最后评咱们胶东张家的为第一。胶东姓张的又有百八十家，到周朝，在丹崖山前，大槐树底下，俺老张家的卤驴肉又被评为第一。从古至今，俺家为防有人假冒俺店名骗人赚钱，这才挂起‘大槐树底张记卤驴肉老铺’的招牌。不瞒你说，只有俺家这个招牌才是正宗名牌，天下第一的卤驴肉。这回你可清楚了吧？”

“我更糊涂啦。”

“你糊涂什么？”

“为啥不叫‘蓬莱城里张记卤驴肉老铺’，而叫‘大槐树底’呢？”

“这你就不清楚啦，这叫先有‘老槐树底’老张家，后有蓬莱城。远在周朝，这儿就有了这棵大槐树，大槐树底下就有俺老张家。那汉武帝在这儿眺望东海蓬莱神山，才筑的城。要像你说的那个叫法，这前后整整差了七百年，那可怎么能行啊！”

“老掌柜，经你这么一说，我才全明白了，不过这一回，可该轮到我显一手啦。”

“这话怎说？”

“用我这头驴去做卤驴肉，留下老汤好好保存着，老用这锅老汤去烧制卤驴肉，卤出来的驴肉不管是色、味、香、形都比你家原产更上乘。那不就是我这个老张家第一了吗？”

张古槐听这话头，细细瞧看，不看便罢，看后，倒地就拜：“恕俺老眼昏花，有眼无珠，请仙家不要见怪。”

“这是干啥，五百年前，咱们原是一家。请快起来，我还有事儿相求。”说罢拉着张古槐到了门外，朝驴那一指说：“这驴送给你啦。”

张古槐一再谢恩，陪张果老到上房坐下，端上一壶蓬莱仙岛老酒，一大盘卤驴肉，两个人边吃边喝，细唠起来。

张古槐说：“仙兄，咱亲是亲，财是财，俺不能白得你一头驴呀。前柜上，还有半头驴的卤驴肉，全送给你。今晚，把你那头驴卤好后，你再拿走一大半，用两个半拉，我给你凑足一头整驴吧。”

张果老说：“这个好说，都是老张家自己的事儿嘛。”两个人又畅畅快快地喝了一气。

张古槐说：“仙兄海量，你且慢慢喝，俺到下面看看，叫他们挑些上等卤驴肉送来。”

剩下张果老一人，自斟自饮，思绪万千，随手取过文房四宝，端端正正地写了四行字——

多种粮草多养驴，
多吃驴肉多长智。
多智能人多生财，
多积财富多得利。

写毕了，自己又念叨了一遍，打火点着烧了，又向地上倒了一杯酒，祭奠自己心爱的仙驴。

张古槐这时进来，果老便问：“柜上有柳木板没有？”

“买了块小面板还没用，不知可行？”

“拿来我看看。”

张古槐叫人拿来，果老看过，长短大小正好，即挥笔又把那四行字写在木板上，说道：“麻烦你找个人，把这块木板钉牢在你门前那棵大槐树上，对你、对我、对蓬莱仙岛都会大有益处。”

这会儿正是半夜午时，一个伙计进来说：“老东家，新出锅的驴肉已经卤好了，颜色、口味、香气、咬头，从来没有这么好过，请二老先尝尝。”说着，就端上一大盘卤驴肉，一壶仙岛老酒。

张古槐吩咐伙计：“你下去找几根长钉子，把这块木牌子钉牢在门外大槐树上。”

他又给张果老满上一杯，举起杯来说：“仙兄所赠仙驴卤制的卤驴肉，看形色，闻香气都并非一般，请再品尝一番，看口味和咬头如何？”

“我喝仙岛老酒即足矣，要尝你尝吧，我就免了。”

“那是为何？”

“我于心不忍，怎么能自己食自己的腿呀！”说完起身要走。

张古槐一再要把卤驴肉给张果老带上山。

张果老说：“用不着那么多，你把陈的和新的卤驴肉各称上八斤，我拿回山上，请诸仙对比品尝一下就行啦。”

张果老走后才亮天。大槐树底下围起一大堆人，争着看仙人留下的木头帖子。看罢，又都挤到铺子里买卤驴肉。

一个中年汉子看完了，自言自语，背诵每句的最后三个字：

多养驴，
多长智，
多生财，
多得利。

一个黑胡子老头看完了，自言自语，背诵最后两个字：

养驴，
长智，
生财，
得利。

一个白胡子老头看完，自言自语，背诵最后一个字：

驴，
智，
财，
利。

这样不一会儿的工夫，陈的卤驴肉就卖完了，开始卖新卤制的。这锅卤驴肉一开卖，那可是看见就想买，吃也吃不腻，越吃越爱吃，谁吃谁说："大槐树底下张记卤驴肉，天下绝技。"

后来各地就传开了，说蓬莱城里仙人写个木头帖子——"驴、智、财、利"。传来传去，传成了"驴智财"啦。说吃驴肉有好处，能长智，能生财。城里乡下，家家户户，都争着买着吃。

看销路好，古槐家就一头跟一头的宰驴，就着张果老那头仙驴的老汤，卤了这头卤那头，卤出来的驴肉色、味、香、形仍和张果老那头驴的肉一样的鲜美。

这一锅仙驴老汤，就成了张古槐家的传家宝，常用常新，永远不竭。天上玉山上的龙肉，地上蓬莱卤驴肉的美名越传越广，越传越盛。这卤驴肉成了著名贡品，县城的官员三九天买了一批给皇帝进贡，皇宫里都觉得好吃。

隔一年的一伏天，宫中安乐公主点着名要吃卤驴肉，御膳房做的不是那个味道，气得她把盘子都给扔了。御膳房没了办法，星夜差人到蓬莱来买。

等把卤驴肉送到后宫，安乐公主吃了一口，就上吐下泻，病倒爬不起来。皇帝一气之下，传下圣旨拿肉铺掌柜进京问罪。

张古槐在家中闻讯后，全家老少顿时慌作一团。

正在叫苦不迭时，张果老来了，张古槐跪拜在地，边泣边说："仙兄，你再晚来一步，咱这辈子就见不到面了。俺这次进京，再也回不来了，请仙兄接受俺这最后一拜。"

"你快起来，全家人也都不要哭啦，什么再难见面？可以逢凶化吉嘛！张老弟，我看你发大财的机会来了！"

"你别逗乐了，俺的仙兄啊！我现在哭都哭不过来了，还有什么心思发财呀。"

张果老把张古槐拉到一边，对他如此这般地说了一番，张古槐脸上才露出笑容。全家人见老东家面有喜悦神色，这才稳住了神儿。

第二天一早，少掌柜张学业亲自提了一锡壶仙驴老汤，领着会宰、会卤驴肉的两个大师傅，带着制作家什，牵着驴，到了县衙，取一公文，骑上驴，直奔京城而去。每天晚上住下店，便叫厨师弄好火，把仙驴老汤烧个滚开。

走了半个月，到了宫门外，呈上县衙公文说："俺是'大槐树底张记卤驴肉老铺'的张学业，戴罪进京请罪。"

太监把公文传进宫内。

皇帝阅罢公文，即传圣旨——

"奉天承运，皇帝诏曰：张学业火速带名师到御膳房卤制驴肉美肴，将公主的病早日治愈，不得有误。钦此！"

三个人急忙带着家什，牵着驴，进了皇宫里的御膳房，先宰后卤，忙活了一天，到晚饭时，才卤制出来。

小太监们捧着一盒盒往后宫里传，东宫、西宫、这宫、那宫，一头驴做的卤驴肉分个精光。

不一会儿又都传回话来：

皇爷龙颜大悦道："鲜美极啦！"

东宫娘娘说："没有吃够！"

西宫娘娘说："再上一些！"

御膳房无奈，只好如实回话："今天卤制的一头驴，全部分光吃净，我等连夜宰驴卤制，明天早上再奉上。"

第二天上午，皇帝又降下圣旨——

"奉天承运，皇帝诏曰：安乐公主食了'大槐树底张记卤驴肉老铺'的卤驴肉，病情痊愈。张家之罪全免，令来人将卤制技艺传授给御膳房，即可回乡。钦此！"

张学业谢了圣恩，心里悬着的那块石头这才落了地，心中万分感激张果老救了张家满门性命。

御膳房的厨师成天学宰驴，卤驴肉，卤制得多了，皇家吃不完，就密封在小瓷罐里，赐给文武大臣、皇亲国舅。到寒冬腊月把卤驴肉装到特制的油篓里，赐给镇守边关的有功将帅。

从此，"大槐树底张记卤驴肉老铺"的卤驴肉美名天下传。

御膳房的厨师在正宗卤驴名师的亲自传授下，不到一个月完全能独立操作。

张学业三个人，整天闲着没事，他就安排屠师去学制油篓，卤制厨师去学烧陶瓷罐，到冬月全都学会。

腊月初八，皇帝降旨，叫大槐树底张记卤驴肉老铺的厨师和御膳房的厨师，各做一桌卤驴肉，皇帝要亲自品尝。

两桌卤驴肉摆上后，万岁爷挨个品尝，觉得色、香、味、形都一样精美，分不出哪一桌是大槐树底张记卤驴肉老铺做的，哪一桌是御膳房做的，就赐给张学业八百两银子，四十匹绸缎，还有油篓装、陶瓷罐装卤驴肉各四十篓（罐），另外加上八头驴。

张学业谢了圣恩，领着两个大师傅，带着皇上御赐的东西，紧赶慢赶，直到腊月廿三过小年才赶到家。

全家乐得不用言表，把张古槐高兴得亲自放了一挂响鞭。

张学业把经过向老掌柜和张果老细说了一遍。

张果老笑道，"这不，你发大财的机会到了。"

张古槐问道："何以见得？"

张果老指着御赐的油篓装和罐装卤驴肉陶瓷罐说：“就在这里！”

大家都朝张果老指的油篓和陶瓷罐看去，见那红底金边的布帖子上，印着三行金字：

特聘大槐树底张记卤驴肉老铺名师
精制蓬莱卤驴肉
京都御膳房监制

大家看过后都惊愕万分，张果老说：“这是万岁爷给你家出的告示，不出半年，各地都将来人到蓬莱购买卤驴肉。”

经张果老的点传，古槐家陶瓷窑，烧制大、中、小三型号罐子，又新建油篓作坊，编制小、中、大三个型号油篓。扩大屠宰场、卤制房，增设活驴收购点和饲养场，大量饲养和收购毛驴。开始做的卤驴肉，有不包装的，有罐装的，有篓装的。

四面八方凡吃到御赐卤驴肉的，都知道无比鲜美，就差人到蓬莱购买。

各地的富商、大家、名士听说蓬莱卤驴肉天下第一，也都争先恐后地先吃为快，纷纷托亲求友，设法弄到，以饱口福。特别到了冬季，全国各地都到蓬莱买卤驴肉，罐装的、篓装的卤驴肉，成车成船往外运。

张古槐的铺子多收，多宰，多卤，多卖，家家户户看养驴来财，也纷纷效仿。张古槐做卤驴肉发了大财，全县也都跟着他富了起来。蓬莱县外的不少地方看蓬莱县养驴致富，也学着养起驴来。可是那里做的卤驴肉，都赶不上蓬莱城里大槐树底下张记卤驴肉老铺的卤驴肉好吃。因为他们都缺少张果老那头仙驴的老汤。

皇宫的御膳房里尽管有这么一锅老汤，可御膳房的厨师没有学会怎么样保管，时间长了都放臭了，只好倒掉。没有这锅老汤，再怎么卤制，色、味、香、形都不像是蓬莱卤驴肉。无奈何，宫里要吃正宗卤驴肉，还得到蓬莱去买罐、篓装的。可以说，天下独此一家，别无分店。

就这样，张果老献驴，出谋点化，让蓬莱发了个卤驴肉的独财。

吕洞宾说：“为了仙岛黎民，果老兄把他那头仙驴献了出来，而他行动多有不便。我意咱们一齐下山，给张仙兄再选一头宝驴。”

汉钟离说：“是该如此。”于是众仙各奔东西，分头去寻宝驴。

不到一月，就牵回了好几头驴，可张果老是一头也没看中。

过了七七四十九天，韩湘子骑头驴，吹着笛子回来了。上山后，见了众仙说道：“我在五台县给选中一头山西大个驴子，在蓬莱城里骑用，保证蹄子再也掉不进磨眼儿里去。”

各位仙家都不信。

何仙姑说：“莫不是选了一头骡子来？”

曹国舅说：“要不是牵了头马来？”

蓝采和说：“管你选个什么来，咱们各自把自己选的宝驹都骑着出来比试一下，是驴，是骡，是马，一目了然。”

果然，张果老一眼就看中韩湘子选来的驴，牵在手里说道：“多谢！多谢！还是山西驴好！我老张从今天起又有坐骑了。剩下那几头，都送给张古槐，让他做卤驴肉去吧。”

吕洞宾笑道：“张果老兄有了坐骑，我们跟你沾光有卤驴肉吃了。”

铁拐李望了一圈儿说：“不对呀！到底是骑哪一头，现在还定不下来。”

何仙姑问：“那是为什么？”

“钟离兄选的那一头，还没有到呢！”

后人有诗为赞——

天龙地驴味美鲜，张记老铺系祖传。
果老献驴卤美肴，自此名声胜从前。

韩湘子仙笛引温泉

汉钟离因建造瀛洲书院操劳过度，昏厥过去卧床不起，在铁拐李、何仙姑的精心医治下才逐渐康复。他正要去拜见众仙，就碰上大家来送他礼物。

只见苏东坡送来一幅栩栩如生的《松鹤长寿图》，茹生送来一方“蓬莱玉宝玺”，张古槐送来一个“骨雕小毛驴”，于学仕送来一支“长白山老山参”。

汉钟离十分高兴，正要夸奖这些礼物如何如何好，却冷不防被张果老一把将骨雕小毛驴拿去，说道：“我把一头活驴都献上啦，这块死驴骨头得归我所有。”

大家纷纷说：“这可不好，这不是咱们仙家所为。”

张果老在八仙中年龄最高，一听这话，理直气壮地说：“我那头仙驴的肉，你们不是都吃过了吗？我不忍心自食自己的腿，是一口也没动，你就让我留下这块驴骨头吧，盛驴雕的小皮盒归汉仙所有。我这个心情，望众仙能够体谅。若你们都不同意，难道还叫张翁给我再送一块驴骨头来，那才不像咱们仙家之所为呢。”

汉钟离笑道：“为了瀛洲书院，这回病得差一点把命搭上，兄弟情谊嘛，哪能在乎一件礼物。我愿将骨雕驴带皮盒全转送给仙兄。”

说着顺手在精制礼品盒上写上：“转送果老兄存。”

张果老一再致谢。

就在这时，韩湘子忽然站了起来，说了声：“回头见”，拿着仙笛就出了屋。他下了蓬莱阁，穿过了城，出了南门，上了庙山，在蓬莱地面就转悠开啦，累得汗流浃背。

韩湘子下庙山，过龙山，天下起鹅毛大雪，寒风刺骨，满地铺冰盖雪。他觉得浑身发软，四肢无力，头重脚轻，身不自主，走起路来又晕又飘。走着走着，他见前面有一块大石头，上头倒还没有雪，于是坐在那里休息一下，坐下后就觉这石头挺温和的。过了好久，雪下得小点儿了，韩湘子望见河沿上一位花甲老妇人正在洗衣裳。

他心想，这老妇人的命可也太苦啦，大冷天，冰天雪地，还得上河边洗衣裳。他想看看到底是怎么回事，便下了山冈，前去问话：

“大娘，您老怎么个称呼？是哪个疃的人啊？”

“俺娘家姓门，婆家是前面李家沟的，我称李门氏。”

“看这冰天雪地的，您老何必单赶在这么个大冷天洗衣裳呢？”

“不管什么天，换下脏衣裳就得及时洗。”

“大娘可真干净啊。”

“比起俺婆母来差得远啦。”

“你婆母还能干净到哪里去？”

“就拿吃东西来说吧，色不新鲜的不吃，味不正的不吃，火候不到的不吃，放过时的不吃。”

“这么说，你婆母倒和孔夫子说的一个样，色恶不食，臭恶不食，失饪不食，不时不食。你婆母是够干净的啦！”

“俺家老人干净一辈子，谁料想今年秋天得个病，便尿失禁，不是便在裤子里，就是尿到铺上，当晚辈的怎能忍心，不管刮风下雪，什么时候换下来，什么时候就来洗。”

“古语说：‘久病无孝子。’您老是真够孝顺的，可称得上是孝顺媳妇啊！”

“俺还够不上孝顺，人到老了，都身不由己，一辈传一辈，都这么照料呗！要讲孝顺，俺婆婆那可算得上孝顺哪！”

“她还能孝顺到哪里去？”

“俺老婆婆瘫在炕上十八年，是俺婆母，一天三餐，喂吃喂喝，接屎接尿，翻身擦背，按腿摩腰，整整侍候了十八年，活到九十九岁。在这方圆二三百里地的黄县、栖霞、福山地面的人，没有不知道蓬莱李家沟这个出名的孝顺媳妇。”

“这么说，你婆媳俩都够孝顺的啦！”

“为人一世，都得爱幼敬长。看今儿个雪下得这么大，你不妨先到我家吃点儿饭，暖和暖和。”

“那给大娘添麻烦啦！”

“有什么好麻烦的，不过多摆一双筷子，谁走路，也不能背炕带着锅，走哪宿哪，遇啥吃啥。”

说话之间，衣裳就洗完了，韩湘子就帮她拿着往家走。

进门看见李氏丈夫正在给他老母亲煎药，李门氏说：“这是我家掌柜的。”

李老太太躺在里屋炕上，看见韩湘子身上带的仙笛：“哎呀！没想到韩仙到了我这黎民百姓家。”忙命儿子媳妇来拜见。

韩湘子说："不必！不必！"

说着便将李氏夫妇一一扶起来，说道："李老太太，你老可真有福气，童颜鹤发，精神这么饱满，儿子媳妇又都这么孝顺，您老人家一定能健康长寿。"

"俺是有福，活到九十八岁啦，耳不聋，眼不花，就是今年秋里得了一场病，弄得我不利索啦！"

"这不要紧，人吃五谷杂粮，哪有不生病的，病终究会好的。"

"唉，年纪大啦，朽的木头，熟透的瓜，岁月不饶人哪！"李老太太叫儿子李继祖把饭菜端到炕头上。

一会儿端上来，干干净净、利利索索的四菜一汤，全是素的，闻着味道，十分清爽，全家陪着韩仙，一起吃饭。李老太太吃一碗，儿媳妇盛一碗，她连着吃了三小碗。

韩湘子说："老太太如此高寿，一顿饭还能吃三碗饭，真有口福，定能长寿。"

"要说长寿嘛，这是俺们老李家的门风，不过要活俺这么大岁数，也真不易。"

"那是为何？"

"一般的人都比俺精细多了，俺是傻乎乎地瞎活呀！"

韩湘子听了这个话，丈二和尚摸不着头脑，也不知自己该回什么话好。

正在为难之时，就听李继祖对娘说："好呀，饭吃过了，你到了该休息的时候，我陪韩仙到客屋去坐一会儿。"

转身又对李门氏说道："外面雪下得这么大，上哪去路也不好走，你去收拾一铺炕来，早早生上火，留韩仙住下。"

"好啊，我这就去收拾。"

韩仙告辞老人，跟继祖到了客屋里坐下。

李继祖说："俺老母亲辛辛苦苦一辈子，力出得没有数，心操得没有数，善行得没有数，可就是没讨出个好来，所以她才说傻乎乎的瞎活。"

"她老人家为什么要这么讲哪？"

"俺家老人是最看重别人的话。"

“何人的话?”

“俺大舅母说她傻乎乎地不要命地干活儿，我二姨说她傻乎乎地不要命地干净，我三姑说她傻乎乎地不要命地助人。左邻大娘说，我老母亲冬天套驴推磨，还把驴牵到河里涮洗一遍，才能往磨上套，把驴冻成个冰驴，是傻乎乎地穷干净。右邻大婶说，我家老娘见一妇女病倒在路上，就抬来家中，一天三餐汤饭侍候着，把人家病治好了，自己却染上了病，弄得自己便尿失禁，是傻乎乎地瞎助人。这样的闲言，不听没有事儿，可也怪，这些话都是当着她的面讲的，老人一听到这些话，自然是委屈。”

“那你怎么个看法?”

“俺老母亲是菩萨心肠，心里装着众人，从不顾及个人。”

“你家老太太是活圣贤哪!”

话说着天就黑了下来，李继祖安排韩湘子睡下，就回自己屋去。

韩湘子躺在热乎乎的炕头上，觉得暖和和的，可是他翻来覆去不能入睡，脑子里翻腾着——

不要命地干活，不要命地干净，不要命地助人。这是多么勤劳、善良、仁慈的一位老人！这样的人，应当多福多寿长命百岁！想来想去，他又想到，富裕、乐观、卫生、健康、长寿，这都是福。五福皆乘长寿之车，车若不存，则福皆无。有寿就有福，福寿才双全。李老太太，她有福又有寿，但她过得也不尽美，若是冬天涮驴不结冰，上河洗衣裳水不凉，她老人家就听不到那么多闲言碎语，日子过得不是能更舒心一些吗？五福顺序寿在先，我一定千方百计成全这个仁慈善良的老人。怎么样才能成全呢?

躺在炕上，他怎么也想不出来，就再也躺不下去了，坐在热乎乎的炕头上想啊想啊，忽然间想起来，白天休息的那块温和石头，为什么能热乎呢?

韩湘子身不由己地下了炕，拿起他那支仙笛，不告而别，顺着来的原路，找到白天坐着休息的那块石头，又坐上去试了试，还是温乎乎的。

他心想炕热得有人烧，这石头怎么会热呢？难道还有地火烧它不成?

于是他拿仙笛，在石头上捅了三下，石头东西两面分开，只见地下一股温泉热乎乎地在翻滚流动，仔细看看，凡泉水流经地方的那一条线，地面上就没有冰雪。

他踩着没有冰雪的这条线往下走去，在离李继祖家房后百丈远的地方，又发现十一块温石，他挨块地捅三下，捅出来十一眼温泉水。他拿起仙笛在十一眼温泉水上面画处房子，就看泉边石头在泉水流淌声的伴奏下，先下后上，整整齐齐地垒起一座石头屋子。

韩湘子拿起仙笛写了三个大字："温石汤"。他又从头至尾，安排泉的排列，依次写上了："官汤泉""男汤泉""女汤泉""官医泉""男医泉""妇医泉""食汤泉""烘干泉""洗衣泉""洗物泉""家畜泉"。写罢他就回了蓬莱阁。

天还不亮，李继祖便叫夫人起来烧洗脸水，等他洗漱完毕，天刚亮。他就端一盆洗脸水到客屋，请韩湘子洗脸，推开门看人不在屋里，到院子里找，也没看到。咦？人哪里去了？

往远处望去，一夜之间，怎么从地上长出一座石头房屋来，他快步走到跟前，用手一摸，那石头墙还温乎乎的，抬头一看，只见上面写着"温石汤"三个大字。

他急忙转身回家，告诉了老太太，老人说："韩仙你不用找啦！他这是功成自隐，你找他也不能来。"

全村人见从地上一夜之间出来座温石汤，男女老少喜气洋洋，都按汤的规矩去洗澡、洗菜、淘米、洗衣。

李老太太由儿媳妇搀扶着，第一个到女医汤去洗个澡，回来觉得身上轻快了许多，回到家就把李继祖叫到跟前说："你快去城里把小姑、巧云、承业三个人一块叫来，洗个澡。这些日子我就想他们三个。"

天刚亮，李继祖到蓬莱水城小妹家把李老太太的意思说了。茹夫人说："咱妈就是心眼儿好，为这么个事儿大老远的还叫哥哥来跑一趟，事儿可也不巧，巧云在书院念书，光我一个人也不想去。现在老母亲的病也强啦，冬天家里也没有什么事儿，你就在我家住几天，抽空再上药房去看看有事儿没有。"

"咱村出了这么个新奇的事儿，近处亲戚来洗澡的一定少不了，今儿下午我得赶回去，好照料一下！"

茹夫人送走了李继祖，就盼父女俩早点儿放学回家。

傍黑天，何仙姑来了，她说："钟离兄按茹夫人娘家的秘方，吃了三副药，身体大好，特托我传个话来，表示谢意。"

"这么点儿小事儿，汉仙何须挂在心上。"话音刚落，父女俩都已来家。巧云见过礼，挨着仙姑坐下。茹夫人就把他舅舅来怎么说的，她是怎么回的话，又说一遍。

茹生说："话回得好，确实该这样。"

巧云说："这事儿太稀奇了，我要是会飞，现在就飞去，拜见姥姥，再去看那仙水，要是真的干净热乎，在那儿洗个温泉澡，再飞回来。"

何仙姑听巧云这么说，自己也有了这种念头，就说道："巧云这个想法不错，我可以成全她，今晚就把孩子托付于我，叫她去把澡洗了，还误不了来家睡觉，也不影响她明天一早去上学。"

茹生夫妇都点头同意。茹夫人包好了四样礼物，一一交给巧云。何仙姑紧扯着巧云的手，到了后花园。这时天色已晚，仙姑把莲花往空中一抛，空中顿时现出来一朵莲花彩云，载着她俩荡荡悠悠地升到空中，直到她姥姥家院子才落下来。

巧云陪仙姑一同进了姥姥房门，见舅母正在刷碗，便说这次来是何仙姑陪她来的。闻听是何仙姑来了，李继祖全家都出来了，把何仙姑迎进内屋去。

李老太太一再向仙姑谢恩把她外孙女给送来，一把将外孙女抱在怀里看了又看说："巧云哪，我半年多没看见你，长得又高，脸又白净，可出息多了。"

"姥姥，可别说我，承业哥长得比我高多了，脸上是白里透红。"

"我可不信，进城念书这半年，不把他累瘦就不错了。"

"他才不瘦呢，身体比在家那会儿还好。"

"她仙姑，巧云说得可当真？"

"孩子的话句句当真，瀛洲书院办得好，学童脸上气色也好。"老太太听这话快活极了，巧云这就打开话匣子，说开了："学校在校食宿的乡下学童，开学半个月，每人身高增有小半指，练武不觉累，上课不打盹。城里那些在家食宿学生，和他们一比，都低了半指，练武时一身汗，上课老打盹。全校上下一齐找原因，才找到的。”

“什么原因？”

“乡下同窗，一天三餐都在学校膳堂吃饭，常吃自己渔船打的新鲜鱼，常吃自己牧场宰的鲜驴肉，常吃自己园子种的鲜菜鲜果，所以身体长得特别结实。”

李老太太说：“你太姥爷在世的时候就说过，食物要新鲜，吃药要对症，对身体才有好处。饭菜要不新鲜，就和吃错药一样，对身体有害无益。”

“这么一来，书院又重新规定，城里的学童一天三餐也在书院膳堂就餐，愿住宿舍可宿在宿舍，愿住家里可宿在家里，这样我们城里的学童气色才逐渐好起来，比起承业哥来，我还差半个月的气色哪！”巧云高兴地接着何仙姑的话茬对姥姥说道。

李门氏说：“你回去对你先生说，要是每月放两次假，来温石汤洗个澡，身体肯定长得还更结实。”

“这是舅妈想表哥吧，编个法子想一个月见两次面。念书习武这么忙，哪有工夫？”说到这里，巧云不禁喊道：“哎呀！乐得光顾说话了，差一点儿忘了去看汤泉是个什么样子啦。”

何仙姑说：“咱们快去洗个澡吧！”

姥姥说：“今晚早早休息，明天再去也不迟。”

“那可不行。”

“怎么不行，来姥姥家，怎么也得住一宿啊。”

“我还没向书院告假，今晚得赶回去，明天得照常上书房呀。”

“你怎不早说，那样你俩快去洗澡，汤什么样，也都看见啦。”

何仙姑同巧云俩人急急忙忙到汤屋，何仙姑一看，所有的字全是韩湘子的笔迹，泉眼数正和韩湘子的笛孔一样多，这不是偶然的巧合，一定是韩湘子所为。

何仙姑洗完了澡，拿起莲花，在女汤池里面墙留诗一首：

沧海隆冬也异常，小池何自暖如汤。
汩汩一脉流今古，不为人间洗冷肠。

写罢，俩人告别李老太太，就往回赶。

何仙姑把巧云送到家即回蓬莱阁，见众仙正在围着看下棋。她把吕洞宾叫到一旁，把在“温石汤”的所见说了一遍。

吕洞宾看着韩湘子高兴地说：“刚才听仙姑说，她亲眼看到你为解黎民疾苦，发掘修造一座‘温石汤’，如今还不到半夜，我意前去看看，就便沐浴一番，不知你的汤洗过后是个什么滋味儿？”

“众仙兄不曾洗过，小弟未敢抢先。”

“我方才可抢先洗过啦，什么滋味儿我知道，可就是不告诉你。”

张果老笑道：“私自下山洗澡，这得罚你带路，陪着再走一趟。”

何仙姑前面带路，众仙下了蓬莱仙阁，直朝“温石汤”而去。到了那儿绕汤看了一周，齐声称赞。

曹国舅说：“我是国舅，按这儿规矩，我和东坡兄得入官汤。”

铁拐李说：“这么说，因我这条跛腿，我得入男医汤了。”

张果老说：“我得先牵驴到家畜泉给它洗个澡。”

何仙姑说：“我刚才洗过，就不洗了。”

吕洞宾说：“剩下的人，按这里的规矩，就得下男汤泉了。”

张果老到了家畜泉，为他的“新”驴洗个澡，又牵到池边温石墙上烘烤着，不一会驴身上的水干了。

何仙姑在外面闲着没有事，从身上摸出八个鸡蛋来，洗了洗，用纱巾包着，放到“食汤泉”的汤眼儿里去。

吕洞宾洗完了澡，精神焕发说道：“庆贺韩仙建造此汤，我在这赋诗一首。”他拿起他那仙柳条，写了四行：

碧沼虚涵一鉴清，潺潺涌出夜珠明。
缁衣不染红尘色，徒倚沧浪咏曜曜。

众仙乐道：“这诗落此，正是地方。”走出汤来，就不见了何仙姑，喊道：“仙姑哪里去了？”

“我在这儿。”她手里提着八个滚烫的鸡蛋走了出来，说道：“这是巧云她姥姥送给我的八个鸡蛋，我没舍得吃，现在借花献佛，送给韩兄，对他为黎民建造此汤略表寸心。”

“小事儿一桩，实在不敢接受你这礼物。”

“不看僧面看佛面，收也得收，不收也得收。”

“要不咱八人，一人一个，分而共享，也不负民众的深情厚意。”何仙姑每人分了一个鸡蛋，张果老却说：“我怎么只一份？”

“一人吃一个不是正好吗？”

“我还有一头会喘气的驴呀！”果老一句话，把大家都逗笑了。

铁拐李说：“你把鸡蛋皮剥下来，给驴吃了，不是就够了吗？”又说得大家哈哈大笑。

从此，凡在汤周围有地的人家，为了洗澡、洗衣、洗菜、淘米方便，都来这里盖房子。户数多了，就以“温石汤”为名，在蓬莱县就出了个温石汤村。

后人有诗赞曰：

老妪寒冬腊月天，冒雪河边洗脏衫。
百善之中孝为先，湘子仙笛引温泉。

曹国舅巧修义犬塔

苏东坡从“温石汤”返城，快马加鞭，回衙就吩咐在东大街“蓬莱春酒家”设海珍宴席宴请八仙，又请茹生、于学仕、张古槐、孙勤汉、李继祖、宫守玉、王贤等作陪。

席间苏东坡说：“诸位仙家为蓬莱仙岛的昌盛，治风治沙，改善衣着，献卤驴肴，兴办书院，最近又建造‘温石汤’浴池，为黎民造福。为表谢意，首先我敬诸位一杯蓬莱薄酒，请干杯。”在席上，这个敬，那个敬，又猜拳又行酒令，十六个人，个个喝得酩酊大醉，可是谁也不认醉。

散席后，曹国舅回蓬莱阁，前仰后合，走了半宿，却上了金果山。

王贤要回北门里书院，谁知晕乎乎的，竟出了城东门，一脚深一脚浅的，在城东乡转了半宿。

他在前面瞎走，爱犬“海龙”在后面步步紧跟。这狗以前叫“小黑”，因在二月初一海难中救王贤上了岸，才给它改名叫“海龙”。王贤在前面东倒西歪地走着，蓬莱县的十八个乌沟走完，又走遍了九个安香，也不知怎么，又走了一片木基，顺着一溜接夼，总算走到自己疃乌沟王家。在自己家屋前房后，又转了半宿，就是找不到自己家大门口。

海龙不会喝酒，自然就不明白自己主人为啥这么高兴，半夜也不回家睡觉，只是跟在主人后面，一步不离。

王贤摸不着家门，走着走着，又出了自己的疃，走到乌沟王家北堵顶上，一阵寒风吹来，顿觉浑身很舒服，一头倒在堵顶一片干草丛里，迷迷糊糊地觉着到了家，一屁股坐在炕头了，觉得身子底下还软乎乎的。

海龙见主人坐下，就依偎在主人身边躺下。

王贤觉着妻子躺在自己身旁，就挨着妻子躺下。也不知躺了多长时间，才觉着身上发冷，想抽袋烟暖和暖和。他弄着火，点上烟，又躺了下来。抽起烟来，暖乎了许多，又舒舒服服躺在那里，一动也不动地酣睡过去。

海龙看主人点的火，快烧到他身边，好像知道主人又要遇难，忙用嘴咬着王贤的衣裳，以为和上次在海上一样，一拉就能拉动，那样就可以离火远远的，也就没有危险了。可这回，它一拉不动，二拉不动，三拉把衣裳撕碎了，主人还是没动。它这才意识到，人在地上躺着，和在水里飘着不一样。眼看着这火越烧越大，就要烧到主人身上，它急中生智，扭头朝着沟下它经常喝水的响水湾跑去，跳到水里一滚，带着一身水，飞奔到主人身上，打了个滚，溅得主人一身水，又狂奔到水湾，再溅一身水，又跑到火边打个滚，把干草溅湿。它一遍一遍地溅了滚，滚了溅，忙个不停。

花分两朵，各表一支。再说，曹国舅他醉卧在金果山大百果树底下，觉得今晚上屋子里怎么这么冷，就起来看看是怎么一回事，爬起来一瞧，怎么？我什么时候上了金果山。昨天下午不是在城里蓬莱春酒家赴宴吗？怎么会上了金果山。慢慢地，他回想起来，一定是昨天在宴席上喝多了酒，回去走错路了。得赶紧回去，要不，那些没有吃醉的见我没有回去，没边没沿地四处寻我，那有多不好。其实他这个担心是多余的，八个人个个都喝得大醉才离开蓬莱春酒家，他们醉着前头走了，后面人们就给蓬莱春酒家送个雅号，叫“醉仙楼”。

曹国舅急着回家，就乘上玉板，起了空。在空中，他远远看着乌沟王家北堐，熊熊大火烧红了半边天，只见一条狗像织布梭子似地来回奔跑，每跑一个来回，火势就减弱一分，亮度也减弱一点儿。等曹国舅来到起火的上空，火光熄灭了，狗也不见了。

原来，海龙救完了火，它走到主人跟前，嗅了嗅，发现主人断了气，它哀号着，狂奔到乌沟王家，到主人家门口，用头拱了几下门，也没拱开，就跑到街中间，对准门边墙头飞腾一跃，跳到院子里，大声地叫着。

王夫人听到海龙在门外狂叫，忙开门看看发生了何事。海龙一见夫人，咬着女主人衣衫就往外拉。

王夫人急忙叫上家人，点上灯火，跟着海龙就往村外急奔。

曹国舅见满堐顶上，到处是湿淋淋的草灰，没有发现有啥异常。正在这时，他看见从村里面出来一排灯笼火把，在一条狗的身后，跟着跑来一大群人。那狗正是海龙。

到了火场，海龙咬着王夫人的衣角，拉到王贤身前。只见王贤直挺挺地躺在那里，往嘴上一摸，已经没有气了，王夫人不由呼天喊地大哭起来。家里跟着来的人，也都陪着一块儿大哭。

曹国舅在灯光照耀下，走近细看躺着的人，竟是王贤。他就琢磨，他怎么会走到火堆里去呢？

海龙一见主人好友曹国舅来了，对天狂吠了三声，摇着尾巴，摆摆头，用舌头舔了舔曹仙的手，就一头倒在他的面前，再也爬不起来。曹国舅用手摸了它一把，发现海龙鼻口渗血，一口气也没有了。原来，海龙为灭火救主人，活活累死了。

王贤家里来的人，一块儿动手，把王贤抬回家去，放在客屋家停床上，临时抓几件寿衣给他穿上。

曹国舅手持玉板，不停地摇晃着，走近“遗体”。

不知是由于玉板神力的作用，还是在穿送终衣裳翻动的过程中触动了哪个穴位，醉汉就觉一股清新空气，直穿进心房，一下醒了过来。睁开眼看曹仙站在自己身旁，四周一瞅，不知自己在什么时候回到乡下家里。他有气无力地说："曹仙兄！你怎么把我送到乡下家里来了哪？"

在场的人见此情景，有的认为是起尸，吓得跑了；有的认为是发个昏，又苏醒过来；有的认为是喝醉了刚才醒酒……众说纷纭。

王夫人听说丈夫又活过来了，赶快跑过来看，高兴得流出热泪。

王贤看自己穿上了送终的衣裳，躺在停床上，气忿地说："看，叫你们闹哄的，像什么样子！我还没有死，只不过喝点儿酒，睡了一觉，你们就给我穿这么一身干啥？"

"人家谁也没闹哄，就是你一个人闹哄的。"

"我才没闹哄呢！刚才睡了一觉，在梦中回到家里，觉着冷点儿，抽了一袋烟，才觉暖和过来，又睡过去了。"

"你这袋烟点得可好，把北堆上的草点着起了大火，没有海龙救你，你恐怕早就烧成灰啦！"

"你别骗我啦，我不是太平无事，好好地躺在这里吗？"

"你是太平无事啊，可海龙为了救你，活生生地累死啦！"

"什么？再说一遍！"

"海龙为了救你，活生生地累死啦！"

"不会的！你撒谎！海龙它是神犬，是它在海难中救了我的命，它决不会死。"

"这一次它又救你脱离了火海，可它倒死了。"

"海龙是神犬，它决不会死！海龙你是神犬，你不能死！海龙！"

"嫂夫人，王兄现已脱离危险，只因醉得太重，到如今，还有三分醉意。我这有些解酒的药，你冲给他喝下，可以催他尽早醒酒。我先去城里一趟，代他请三天假，过了三天，我再来看望他。"

曹国舅走了以后，解酒药在王贤的胃肠里上下左右冲刷，酒力渐渐消失，他逐渐清醒了许多。

王夫人这才把事情从头给他说起。王贤听过后，吓得出了一身冷汗。这一吓，酒劲全消了。

王贤忙叫夫人备足丰盛的祭品，坐车亲自到海龙坟上祭奠。海龙就埋在他醉卧的地方，他来这一瞧，觉得过去曾来过，旧地重来，爱犬海龙却已不在了，他不由得落下泪来。

不管主人现在怎样喊叫，海龙的尾巴再也不能摇，头再也不能摆，腿再也不能动，嘴再也不能吠，身影再也不能现，海龙真的死去了！

王贤落了半天的泪，家里人才说："眼看天都快晌午了，还是早早祭奠完毕吧。"

他这才摆好祭品，敬了祭酒，又恭恭敬敬地朝海龙的坟头叩了三个头。他的脑子，还没有来得及想事，就叫家人扶到车上，拉回家去。后来他又接着来了三次，每次祭奠，都亲自动手填一气土，把海龙的坟头填得老高老高。

第三天，他刚填完土，见曹国舅朝他走来，就说道："曹仙兄，海龙是为我而死，它对我恩比天高，情似海深，我尽管连来祭奠三天，总是觉得对不起它，我想拿出千儿八百两银子，埋到它的坟里，这样我觉着才能安下心来，要不然我老是不安心哪。"

"你弄千八百两银子，白天埋到海龙坟里，到了晚上，来些不明不白的人偷偷把坟扒开，把银子盗去，你这不是叫海龙死也没有安身之地吗？"

"我的魂儿好像跟海龙去了，精神实在不够用了。曹仙兄，你得给我拿个主意，只要能表达我这份情意就行。"

"这个好说，等回到你府上，慢慢再说。"

到家后，王贤问道："曹仙兄，快帮我拿个主意好吗？"

"你得把夫人请来，先说说你自己的打算我才能说。"

王贤把夫人请来，又把自己的想法说了一遍。

王夫人说："海龙是救你两次命的义犬，你怎么祭奠它，都不过分。曹仙说得也在理，你不能叫它躺在九泉之下，死也不得安心。"

"王兄此时此刻对海龙的心情，我能够体谅到，也很同情。依我之见，不如拿出百八十两银子，在海龙坟前修座'义犬塔'，千秋万代，永远立在它的坟前，过往行人见了，人人皆知王贤的义犬两次救主，给它传了美名，你也了却一桩心愿。"

王夫人说："曹仙这个主意，可是个上好的主意。"

“曹仙兄这个主意确实是好，可是修个什么样的塔，我心里是一点儿数也没有。”

“你如果同意修塔，办事儿用不着你去操心，你只要把砖瓦石料，还有八百斤黄铜置办来，叫我去过过目，剩下的事儿就全包在我身上啦!”

“叫你这么一说，这事儿就这么办好啦！我家有座烧砖瓦的窑，又有采石场，用多少有多少。”

王夫人说：“石料、砖瓦也用不着现采现烧，可把准备盖油房用的料先用上；至于铜嘛，我娘家城里开个铜器铺，用多少可以去拉多少。”

“嫂夫人见解甚好，王兄可差个人，陪我到现场，看看这些料，就万事皆备了。”

王贤叫儿子王义德陪曹国舅，把铜料、石料一一看过后，曹国舅说：“现在你到一家大饭馆里，备上一桌蓬莱地面最为丰盛的祭品。明天早晨，鸡叫三遍，祭品要送到海龙坟前，你们父子俩认为摆在哪里合适，就摆在哪里，只要你家把这件事儿办妥，这个修塔的事儿算是成了。”

两个人在铜器铺子门口分了手，就分别去办各自的事了。

曹国舅回蓬莱阁吃了晚饭，下山到“温石汤”洗了个澡，乘玉板直奔乌沟王家北堐顶上，来到了海龙的坟前，双手举起玉板绕着坟头，走了个长方形的圈儿，又走到这个圈儿的正中，坐北朝南，把玉板往地下一横，就隐隐约约地看那成百成千的石料，在一个对象的托扶之下，潮水般地涌了过来，各自找到各自的位置，堆砌起来。接着曹国舅在原地又蹲了下来，把玉板竖起来，站在刚才砌好的基石上，又隐隐约约看那成千上万的砖瓦朝塔基中央潮水般地涌了过来，自下而上，各自找到各自的位置，一层层的堆砌起来。他又站起来，手摇玉板，绕塔又转了一周，然后就无影无踪了。

王贤家的人，一宿也没睡着，把在城里定做的头号大祭品，一盒盒装到食盒里，鸡叫头一遍，就备车搬弄祭品。鸡叫第二遍，就赶着四辆拉祭品的大车，往北堐顶上走去。到堐顶上，看黑乎乎一大片，坟头也找不着了，绕墙转了半圈儿，看有个台阶，走了十三级，到了头，看有一座高塔矗立在中央，塔基是八卦形的，四周由石桌石凳围着。

王贤叫把祭品都摆在四周的石桌上，就和夫人一起到塔后，在海龙的坟前叩了三个头。站起来，天就起了北风，就听整个塔自下而上，铜鼓乐声齐鸣。仔细看去，这塔共有十三层，在每一层的四面，都垂挂着一个铜制“海龙”，每层的八个方位，都悬挂着八个小一点儿的铜制“海龙”，在每个铜“海龙”的嘴里，含一个能发出工切五音的小铜丸，一刮风，风吹“海龙”动，丸敲铜犬响，一百五十六个铜丸，敲打一百五十六个铜“海龙”，恰似个高触苍天的铜鼓乐队，不停地演奏乐曲。他俩看完了上面响动的地方，又看下面塔基，不看则已，见塔基四面都是用蓬莱汉白玉雕的浮雕。东面是“海上救主”，北面是“陆上灭火”，西面是“昼保主安”，南面是“夜保财全”。塔身正面上写着：“义犬海龙之塔”。

王贤一把将夫人拉了过来，夫妇二人，一同叩了三个头，才慢慢地起来。两个人再看四周石栏，四个角各雕着一个石雕“海龙”，顺着台阶下来，在入口处东西两边，坐北朝南，各安置一个比海龙大四倍的石雕大“海龙”。塔上一百六十二个“海龙”，个个栩栩如生，活灵活现。

王贤看罢说道：“曹仙兄，你可帮我了却一大心愿。我失去一只海龙，又得了一百六十二只永远也不死的‘海龙’。”

这时在塔前守护祭品的人传话说：“塔身下面发现一个石屋。”

王贤夫妇二人登上台阶，见在塔身正面，有一个石门，清清楚楚地刻着一个单字“王”。推开石门，里面有一铺石头炕，在炕前有个石头灶，上面安一口铜锅，挂的锡里，盖了个石头盖，还有一个石桌，四个石凳，一盏石头灯。

王贤坐在石凳上思索，不知这是什么用意。

他儿子王义德蹲在地上，说：“爹！这个石炕墙上，还刻着‘心石’两个字。”

王贤看这两个字犹如醍醐灌顶，顿时豁然开朗，于是他对夫人、儿子、媳妇说：“石门上的‘王’字，是说王家为他的义犬修的塔，这‘心石’两个字，是说姓王这家人家待人处事，心实如石。谁要是不信，你们来看。这家人家能为祭奠他的义犬，在这睡石炕，点石灯，坐石凳，盖石头锅盖，烧水喝，做饭吃。”

他立即叫家人拾些柴火来，把三牲祭品拿几样来，洗一洗放锅里煮了起来，又着人回家拿来两套铺盖。到中午，锅里的东西煮好了，拿到塔前祭过。他父子婆媳四个人，每人坐一个小石凳，吃罢午饭。

王贤对儿子说："我的假期到了，今晚就得回书院去。祭奠海龙的事情还没有完，我也放不下心，我走后，你应一个人在这守坟守塔三天三夜，吃祭品，睡石炕。三天后你母亲再叫别的家人来换你，一直轮流到七七四十九天为止。"

王夫人说："你放心回书院吧！以后见酒少喝点儿，家里一切事儿由我来安排。"

王贤夫妻临走前，夫人再三嘱咐儿子，便带儿媳妇和家人回家。

蓬莱仙岛的冬季，天不亮就起北风，风越刮越大，离"义犬塔"四五里地远，就隐隐约约听见塔上奏出铜鼓乐声。这声音，招来了天上飞鸟，引来地下四面八方行人，飞鸟在塔上空盘旋飞翔鸣唱，行人绕塔四周游览观看。

"义犬塔"吸引着过往行人，什么样的狗还值得造塔纪念，来到塔前看完了四幅浮雕，一切都明白了。谁看过谁都觉得，这只狗确实是只了不得的义犬。进塔一看，王贤家后人还在这守坟护塔，一传十，十传百，没有多久，胶东地面没有不知道蓬莱城东乌沟王家。王贤义士修座义犬塔，过往的人宁愿绕道走，也要前来观看义犬塔。它立在高高的山岗上，鸣唱在风风雨雨中。

老辈人常对后人讲："长大后，一定要好好为人，活在世上，要做好事儿，要不然，连'义犬塔'下的那条狗都不如。"

随着时光的流逝，数百年来，风雨雷电不断袭击，乌沟王家"义犬塔"的古迹早已倒塌不复存在，但这个故事，至今还在蓬莱流传。

后人有诗赞曰：

王贤酒醉卧路边，点火抽烟误自燃。
海龙舍生救主人，国舅修塔祭义犬。

蓝采和救女花变石

王贤回到书院，就觉得精神好了些。他备了四样礼，上了蓬莱岛，去答谢曹仙搭救和建塔之恩。

众仙闻听此事后，都齐声称赞曹国舅的神技。

蓝采和年少心盛，听这些话语，心急如火。他想，八个人中，六个已显示了自己的神力。吕仙兄他雄才大略，本领高强，是有意压轴的，唯独我这筐乱菜货，没有什么高招在吕仙兄面前，只好笨鸟先飞，不要再落到他的后面。想到此，再也没心思继续听下去了，急得先上了金果山，打听清楚蓬莱宝玉的来历，就下了山。

他出了城东门，走了不到十几里，就觉得两耳有微弱的幽雅铜鼓乐声，越走声音越明显，越动听。抬头望去，见在发声处有一座“奇塔”矗立在埝顶上。看这塔的样子，不像是佛家的塔，也不像是道家的塔，它的奇特吸引四面八方来观看的人，川流不息，使义犬的故事不胫而走，传遍四方。

观看的人群走累了，多坐在塔四周的石凳上休息，听听鼓乐，议论一番义犬塔，然后离去。

唯有一老两少，与众不同，每人守着一堆石头，手持工具，照着塔上各式各样的石雕“海龙”进行复制。这三人是何人？

蓝采和上前问道：“请问老伯您贵姓？家住何处？”

“俺姓宫，名守玉，家住城南巩家，这是我的两个儿子，大的叫宫艺，二的叫宫术。”

“这么大的风，您爷仨蹲在这埝顶上，复制这些‘海龙’有啥用处呢？”

“俺家祖辈就在蓬莱水城开了个‘方丈石雕老店’，东西南北中，都来买我铺子的石人、石兽。到了我这一辈，铺子里的能工巧匠，死的死，老的老，雕石技艺后继无人，因产品质量太次，货物堆积如山，可没有人来买。前天他姨父茹生对俺说，‘义犬塔’的雕刻制品，件件出手不凡。俺来这儿一看，确实精美无比。两个儿子非要把这一百六十二个‘海龙’都复制出来，从中学习形象结构和制作技法，回去改进俺家铺子的技艺，以此重振老宫家‘方丈石器老店’的信誉。”

“你这三大堆石料，是从城南巩家搬来的吗？”

“可别提石料啦，俺家祖传下一座石山，有一处很大的采石场，前年春天，不知从哪儿来了只老虎，又吃畜，又害人，我有石矿，不敢前去采石。这些石料是他表姑父王贤义士赠给的。”

“您爷仨复制得还算不错，现在只不过是形似，还不够神似。”

“两个孩子都说了，达不到那个层次，决不回家，俺石器店不景气，祖传的石矿又叫老虎所霸占，长此下去，断了俺宫家的生路。现在就靠把雕石的技艺学到手，重振‘方丈石器老店’的信誉了。”

蓝采和说道：“艺海无涯，只要有了这股钻劲儿，精诚所至，金石为开。”

说完他又绕塔看了一圈儿，确如王贤所说，真是名不虚传，他恋恋不舍地离开“义犬塔”，往金果山而去。

他来到金果山镇海寺，智慧长老赶紧把他迎进寺内，说道：“蓝仙光临，本寺不胜荣幸。”

“不必客气，小弟今来贵寺，有一事相求。”

“不管何事，请你尽管说来。”

“长老曾赠茹生一方‘蓬莱玉宝玺’，我今特来请问这方宝玺是在哪一山上采来的？”

“你问起这个事儿啊，贫僧实在是无可奉告！”

“那么那方宝玺从何而来？”

“宝玺是我师父临终时传给我的。”

“他传给你时都说了些什么？”

“我师父说，镇海寺之所以能长年香火兴旺，全靠蓬莱水城茹家的施舍，茹家几辈都是我寺第一大施主。他在临终时，拿出一方蓬莱玉宝玺，说这是他一生心爱之物，在他身后，为了报答茹家施主之恩，叫我将这方宝玺送赠茹生。”

“除了那一方，再有没有别的？”

“宝玺只有一方，空盒倒是还有一个。”

“哪个空盒，可否拿给我看看？”

“那倒无妨。”不一会儿，长老在他先师遗物中把那个精美的空宝玺盒拿出。

蓝采和打开这个小盒，只见里面空空如也，便拿花梗往盒底一扒拉，出来一张小绵纸，上写着四句偈语——

东海三山美名传，嫦娥厌世下蓬莱。
王母怒贬皆变石，遇仙宝艺显本颜。

蓝采和问道：“这四句偈语是谁留下？”

“贫僧也是今儿个头一次看见，可从字迹来看，正是我先师笔迹。”

蓝采和得到这四句偈语，心里似打开两扇窗，不知有多敞亮，高兴地说：“多谢长老，小弟告辞了。”

出了寺门，就登上金果山巅，心想，偈语上写着：“遇仙宝艺显本颜”，我蓝采和是八仙之一，这花篮是我护身的仙宝，我有会奏鼓乐演唱的技艺。遇上我，不说中“遇仙宝艺”了吗？

他绕山顶转了一圈儿，拿起一块石头，翻来复去细看，也不见显出本颜，看来这山石头不能成玉。他嘴里还不断地念着“遇仙宝艺显本颜”。往东就走，上了女儿山、峰山、石皮山、磁山，逐一捡起石头看看，还是没有变，眼看再往东南走，就到福山地界，他又返回头来，往北走，上民山、龙山、雨山、平山、芝山、庙山，看石头都不变，再往北走，就要进城了。他又返过头来向南，到了巨山、虎山、城隍山、崮山、艾山，石头没有一块显本颜变成玉石的，再往南走就是栖霞县境。

他走得满身尘土，大汗淋漓。心想，先到温石汤去洗个澡吧，休息休息再到蓬黄交界山上去找。“蓬莱玉”，“蓬莱玉”，一定是出在蓬莱，我在蓬莱如果找不到“蓬莱玉”，决不回蓬莱岛。

于是，他顺着山泉的流向，下了艾山，直照着温石汤走去。只见满山古木参天，景致非凡。

忽然间，听山下有人喊道：“快来救命啊，老虎咬人啦！”

远远望去，在山脚下有一猛虎，叼一少女。

蓝采和看在眼里，急在心头，身上也没带什么打虎的家什，万般无奈，顺手就举起他的仙花篮，说道：“人命关天，救人要紧，花篮哪，你快给我打去。”

他冲着老虎，把花篮扔了出去，正巧打中虎腰。老虎翻身倒地，少女安然无恙。

少女认出了蓝采和，赶忙拜谢道：“多谢蓝仙救命之恩。”

“快快起来，看看伤势如何？”

“老虎叼着我，就有人来赶，它没来得及换口，没伤着我的筋骨。”

蓝采和一看确实未曾伤着，就去找他的仙宝花篮。在采石矿口找到，拿在手里一瞧，篮子空了，里面的花，在打虎时，全都撒落在地上。往石矿里望去，满石矿的石头五彩缤纷，奇光异色，绚丽无比。他采了一篮子石头，拿到少女跟前问道：“这种石头你们叫什么石？”

“这五彩的花石头，我过去从未见过，今天还是第一次看见。”

“你是哪个村的？姓啥叫啥？”

“俺是山下巩家村的，叫宫花。”

“你跟宫守玉是一个村的人？”

“那正是家父，你既然认识俺家老人，请恩仙到俺家坐坐，以报答救命之恩。”

说话之间，上来三个村民，一再拜谢蓝采和为民除害。

“不必客气，我还有事儿求助于你们。”

“蓝仙有事儿尽管吩咐。”

“宫花她身上有伤，你们一人搀扶她回家休养，这虎你们两个人把它抬回去，虎肉全村人分着吃了，剔出的虎骨，剥下的虎皮送给宫花家。”

“一定照蓝仙吩咐去做！”

蓝采和提一篮子“五花石”就要下山，宫花一头跪在地下说道：“求恩仙到家中坐坐，哪怕能喝口白开水也好，以谢救命之恩。”

“快请起，好吧，我去认识认识宫守玉的家门也好。”

五个人，有抬老虎的，有扶宫花的，蓝采和提着满满一篮子五花石一齐下了山。

到了宫守玉家门口，就听屋里的号啕哭声不绝，宫花进了门，叫了一声："妈！"宫夫人一看女儿站在面前，立刻止住了哭声，听女儿细说，才知是蓝采和救了女儿一命，一时不知所措，跪到地上就叩开了头。

蓝采和赶紧扶她起来，交给她一些治伤的药，嘱咐怎么个用法，说有急事要去乌沟王家，宫家母女又托蓝采和捎个包袱给宫守玉。蓝采和这才匆匆离去。

蓝采和出了巩家村，顺着河沿大路，直朝"义犬塔"走去。走近塔前，只见宫家爷仨还在聚精会神精雕细刻。不过分别三月，蓝采和见三人技艺似神仙传授一般，雕刻之精美与塔上石雕竟分不出来。

他连叫了三声"宫守玉"，也没见答应。无奈，弯下腰去，从宫守玉手中把石雕"海龙"拿了过来，说道："你雕这个'海龙'就是少一口气，但凡有一点儿气，它可就跑了。"

宫守玉这才抬起头来，一看是蓝采和又回来了，忙道："你过奖了！"

"确实如此！"

"不瞒你说，从你走后，俺们爷仨都认为你说的有道理，非得在技艺上下狠功夫，一天忙得两头不见太阳，一面复制，一面琢磨，直到二十多天以后，才有点儿明白。现在是雕一件，卖一件，从不存货。"

"我真没有想到，雕石的生意还能这么兴隆。"

"我这是借王贤义士、'海龙'义犬的光了。"

"你是凭自己的手艺，怎么能说是沾人家的光？"

"咱蓬莱这'义犬塔'现在可成了一大奇观啦，四海的人都前来观看，每天络绎不绝，看过后，人人夸海龙称得上义犬，称王贤堪为天下义士，又见俺们父子三人在雕海龙义犬，这才抢着来买，以作来过蓬莱义犬塔的证物，回家好说给别人听，传给别人看。俺们老宫家这不是实实在在地发了个义财吗？"

"我看您老宫家，还要大发一笔玉财呢！"

"俺叫恶虎给闹哄的，连个卖石头钱都捞不着，上哪去发什么玉财？"

"真的，你要发一笔玉财，不信，请看看我篮子里这些石头！"宫守玉接过篮子细看，立刻现出惊讶的神情："奇石，真是奇石！这玉石竟有五种颜色，可算是‘五花石’了，但不知它是从哪里来的？”

“就是来自你家的石矿呀！”

“这是真的？”

“对，是真的。”蓝采和这才把上寺问宝，打虎救女，百花变石，送女还家，行前捎物诸事一一说了。

宫守玉忙叫宫艺、宫术放下手里的活，赶紧过来拜见恩仙。

蓝采和拿出一个包袱说道：“这三条汗巾，是宫花捎给你和她的两个哥哥擦汗用的；这条狗皮裤子，是宫夫人怕你老腿犯病捎的。”

宫守玉爷三人一见确是自家之物，深信不疑，见天色不早，听宫花又被虎咬伤，一心急着回家看看。

宫守玉说道：“恩仙哪，俺身处荒山野岭，你救俺的小女性命之恩，在这儿也无法报答，麻烦你随俺到寒舍再走一趟，吃点儿野味，喝杯水酒，也表表我的心意。”

“我下山已有三月有余，着急回去，后会有期吧。”

无论宫守玉怎么挽留也没有用，就只好各自上路。

傍黑爷仨回到了家里，见宫花无恙，一切如蓝仙所说，合家异常高兴。宫守玉自言自语念叨了一气，就出了家门。

宫夫人问：“刚才你爹念叨些啥？”

两个儿子都说没留神听，宫花说：“我听见了！”

“你听你爹说什么来？”

“俺爹说了四句话。”

“说了四句什么？”

“女儿慧眼识恩仙，五花彩石赐宫门，全家共操神授艺，蓬莱花石变黄金。”

宫术问：“爹是这么说的吗？”

“谁还骗你不成。”

宫术说：“要真是这样，咱家这‘方丈老店’又该兴旺了。”

“能怎么个兴旺法呀？”宫夫人不解地问。

宫艺说：“昨天俺们在‘义犬塔’前雕刻海龙时，走过来一个白胡子老头，一面看俺们爷仨干活，一面说：‘石不磨，不成玉，玉不琢，不成器。’”

“这可是真的?”宫夫人有点儿不大相信儿子说的话。

“是真的嘛，当时我在哥哥旁边，也听到这个话了。”宫术在一旁忙说道。

宫花说：“这就是提示我们老宫家人要磨石，琢玉呀!”

“小孩子家，不好乱说!”

“不是我的嘴乱说，这是仙人家的点传呀。”

宫花这一句提醒了全家人。

宫守玉拿起一块“五花石”，一声不吭地磨了起来。

全家人见他这样，也都每人手持一石，聚精会神地磨开了。先是一番粗磨，再是一番小细磨，磨来磨去，光最后一道水净磨，就磨了九九八十一磨，全家人磨了三天三夜，才磨出一个玉石面来，还有五个面没有成。又磨了四百八十六磨，每人才得了一方“蓬莱玉宝玺”。

宫守玉手捧着纯洁无瑕五光十色的宝物，高兴地说：“夫人哪，咱的苦日子到头啦，这就是蓬莱宝玉啊!”

话音刚落，听到门外有人敲门，开门一看原来是蓝采和。全家人急忙把他迎到屋里，宫守玉陪着说话，母女兄弟四个人见过礼，就到外面忙着杀鸡宰羊，款待恩人。

宫守玉从内屋乐呵呵地拿出一方“蓬莱玉宝玺”请蓝采和指点。

“好玉！好玉!”蓝采和说着又顺手从怀里掏出两件珍宝说：“今天特来送两件罕见珍宝给你看看，长些见识。”

宫守玉拿在手里百看不厌，连声赞道：“这才是完美无缺的珍奇之宝，看一眼，胜学三年艺!”忙叫全家人都来看这珍宝。个个看了，都爱不释手，琢磨其中技巧。

饭后，蓝采和要回去，全家人一再挽留他多住几天，以便照着两件珍宝对自己的玉雕制品重新改制。蓝采和无奈，只好答应多住几天。

母女俩仿照汉钟离那方玉宝玺，对已制成的八方宝玺重新加工，四个面分别精雕上松、竹、梅、兰。

宫艺仿照张果老的骨雕小驴，将雕成的“海龙”的鼻子、眼睛、嘴重新做了修整，恰如画龙点睛，达到传神逼真的地步。

宫术依照蓝仙的花篮，修改自己的玉雕花篮，也是栩栩如生，形象逼真。

宫守玉对照着骨雕小驴，用蓬莱玉石雕了个玉石驴，比起骨雕驴来，更显得玲珑剔透。

宫家把这些玉石珍宝雕成后，全都赠给蓝仙，答谢他的恩情。可是蓝采和说什么也不肯收，他说：“我饱了眼福足矣！”告辞而去。

蓝采和走后，全家人心里觉得不是个滋味儿。蓝仙对我们老宫家，又救人，又赐玉，又送经，又传艺，送点礼物答谢，一样也不肯收，怎么也不安心。家人商议一番，也没有想出个好主意。

宫花说：“仙人嘛，他总有仙骨、仙气、仙德，要送，八位仙人每人一份，这样他收也得收，不收也得收了。”

大家仔细一想也是，于是五口人起早贪黑，分头制作，忙活了三个月，三十二件蓬莱玉雕礼品赶制了出来。

宫守玉说：“明天我留家里，你们娘四个套上大车，拉上礼品和‘五花石’，先把礼品送到水城他小姨那儿，叫他姨父帮忙把礼送上蓬莱岛去。回头把‘五花石’送到‘义犬塔’，趁着玉雕‘海龙’销路好，俺们爷仨分头赶制一批。”

全家人都说这个主意好。第二天，提前吃了早饭，就赶车上路。大亮，到了水城。姐妹见面亲热得有说不完的话，各述了近来的喜庆事，心里格外高兴。当即定下宫花和巧云一块儿到城里瀛洲书院念书，让他哥俩赶车把“五花石”送到“义犬塔”。

天黑，茹家父女放学回家，茹夫人把蓝采和对她姐姐家的大恩大德说个仔细，最后说道：“她大姨家为了答谢蓝仙的恩德，精制了四样蓬莱玉雕礼品，蓝仙就是不收。无奈何，他们共做了三十二件玉雕，八位仙家每人一套，这回特意进城送来，求你帮她母女把礼品送上山去，以了却这份心愿。”

她顺手把一盒礼品打开，茹生一看，连声说道：“这玉雕刻得精美极了，简直是出自神仙之手，这么贵重的礼物，当面都拒之不收，就这么拿着上山去送，肯定还是得拿回来。”

“不管如何，你得帮她大姨想个法子，能把礼送上山就行。”

“俺看，咱就这么办吧。”

“你想怎么办？”

“明天俺请八位仙家前来品茶，趁他们高兴的机会，再把礼品送上！”一切商议妥当，才分头安歇。

次日八仙应约按时前来。

茹生把他们让到后花园，只见园里栽的桃、李、杏、梅，和盆里栽的梅、杏、李、桃，斗芳争艳。尽管盆里长的矮小，但古色古香，如诗似画，比起园里的桃、李、杏、梅来，更引人喜爱。

茹生让客人坐下，就上来三个家人，第一个人上来，在每人面前摆上一套精制茶具。

吕洞宾说：“这茶具其色如玉，是江西景德镇特制精品。”

第二个人上来，在每个杯里倒上少许茶，倒一杯，响一次，共响了十次。

汉钟离说：“这茶紧如珠，落杯里好似银丸敲磬，这是浙东平水镇产的名贵珠茶。”

第三个人上来，手提一壶开水，在每个杯里注上八分满的开水，又把盖盖好。

大家说着话，约有三分钟，茹生举杯说：“请诸仙品茶。”

曹国舅端起杯来，先从鼻孔的正前方由远而近，嗅了嗅，说：“鲜爽醇美，色、香、味俱佳，是名贵珍品啊！”

众仙正品在兴头上，茹夫人陪着宫夫人领宫花上来。

宫花到了蓝采和座前，就叩拜救命之恩，另七位仙人都不知何故。

茹夫人趁此机会，把蓝采和好说一番：“他是我外甥女的救命恩人，再生父母，蓬莱南乡打虎除害的救星，是给老宫家赐玉、送宝、传经、授艺的财神。”

说得另七位仙家哈哈大笑。

蓝采和听了动也不是，静也不是。

“俺姐姐为了答谢蓝仙的恩情，特送薄礼，万望各位仙人赏脸收下。”

宫夫人这才把礼单呈上，蓝采和接过礼单后有点儿坐立不安。

茹生叫家人把挡在盆景架上的绸子拉开，五光十色的八盒蓬莱玉雕，惊动众仙，他们个个目不转睛，连声称赞。

茹生说：“外甥女母女俩，为答谢蓝仙救命之恩，大老远地把礼品送来，品完茶后，有劳众仙，捡自己所喜欢的带回仙府就是了。”

蓝采和听茹生这个话头，就顺水推舟说：“礼单我收下啦，礼品各位仙兄看着喜欢的拿吧。”

铁拐李只顾看“矫格庄换了人间”那盒玉雕精美，还没有转过向来，光听诸仙看喜欢的拿，就抢先说：“‘矫格庄换了人间’那一盒，我拿着它。”

何仙姑一听，兴自己选着拿呀，就说：“‘蓬莱一身好衣衫’那一盒我搬着它。”

张果老说：“这头玉雕的驴，活像我那头小驴，走时我搭驴背上驮回去。”

汉钟离说：“‘瀛洲书院春来早’我提着。”

韩湘子说：“‘温石汤水浴福寿’我带着。”

蓝采和说：“‘巩家害除石变工’我暂存着。”

吕洞宾说：“‘柳引金猪出洞穴’我先带回去。”

八位仙家，一面品茶赏花，一面议论玉雕，过会儿便起身告辞。

茹生夫妇、宫夫人母女，一直送到门口，眼望着每个仙人带一盒礼品走了，打心眼儿里有说不出的高兴。

走到半路上，曹国舅先开腔：“这玉雕称得上是国宝。”

铁拐李说：“这么好的宝物，放哪里能镇住哪里。”

唯有吕洞宾，拿着一盒光彩夺目、玲珑精制的玉雕，像搬一座泰山似的，心情沉重。他说道：“今天这八盒礼物，不得不带回来，可后天还非送回去不行。”

铁拐李问：“那是为何？”

吕洞宾说：“仙规不依，仙德不容！”

何仙姑问：“那可怎么办哪？”

曹国舅说：“你先观赏两天，该送回去时我自有办法！”

后人有诗为赞——

宫家父子仿石犬，精益求精不畏难。
采和虎口救少女，五花玉石鲜花变。

吕洞宾智开黄金洞

吕洞宾心事重重地离开众仙后，曹国舅在蓬莱阁上传话说：“吕仙兄之意，宫家送来的厚礼要抓紧时间观赏，即命小弟前去奉还，并嘱咐我，定要完璧归赵，不得有丝毫的破损。”

大家一听这话，每人把拿回的四样礼物，挨个抚摸观赏，放下两方蓬莱玉宝玺，又拿起蓬莱玉雕酒杯，见其薄如纸，轻如絮，五光十色，小巧玲珑，放嘴里吮一口，发声似磬，妙不可言。再看玉雕大件，这才看清楚，它把八位仙人的业绩以逼真的形象，再现在这块瑰宝之上。这八份礼物像磁石，把八位仙人都吸引住了。他们很纳闷，自己的形象怎么会弄到这块宝玉上的呢？

七位仙人都分别交换着欣赏各自手中的七大件，欢声笑语不断。唯有吕洞宾看过礼品后，发现一个机密。他自己想要做的事还没有去做，玉雕上已经给他雕出来了。他想，这真是云外有云，天外有天，能人上面有能人。宫家这户人家，非同小可，肯定有通天的能人。我的行动，宜早不宜迟，晚了别泄漏了天机，那就不好办了。

他匆匆过来对曹国舅说道：“宫家送我这份厚礼已经欣赏过了，烦你代我在今日未时前去奉还，此事有关天机，不可早了，也不能晚，万万不可有误。”

“吕仙兄放心，我保准不早不晚，按你定的时刻，前去奉还。”

吕洞宾走过去对诸仙说：“诸位先慢慢观赏着，我去还了债就来。”说罢匆匆下山去了。

吕洞宾一路走一路想，这事只能按玉雕上刻的“柳引金猪出山洞”的捷径，方才妥当，要不泄漏天机，怕有变故。

他直奔金果山镇海寺，见了智慧长老。

智慧长老问：“不知吕仙兄驾到，有何贵干?”

“我有件事儿，特来向长老请教。”

“有话好说，不必客气。”

“请问贵寺为啥叫镇海寺?”

“原来打听这事儿呀，这个好说。”

“在古时候，咱们蓬莱是东海三仙岛中的一个，后来东海龙王和东岳大帝为争地盘打起仗来，龙王把东岳大帝给打败了，他一退退到王屋山，这五岳之长的泰山成了东海里的一个小岛。这事儿可把东岳大帝气坏啦，就下令陆地上的黎民百姓往江河湖海里撒黄土，不知撒了多少年才下令反攻。

第一仗，夺回了庙岛群岛的八个山头。龙王爷一看大事不好，再不打几个大胜仗，黄土就要冲进龙宫里，那可就没有我的天下啦。愁得汤水不进，骨瘦如柴。

小龙女见父王愁成这个样子，就说：‘父王不用发愁，这件事情好办，只要你把镇海之宝大金猪放出去，命它到阵前，一一拱去，父王天下就稳住了。’

龙王说：‘把我镇海之宝放了出去，往后海里再生事端，你叫我可怎么办?’

‘父王啊，这事儿不要紧，你可先派大金猪出去，御敌于海疆之外，由我安抚海疆之内。’

龙王不听，不到两年，龙宫的大门口快让黄土给堵上一半了。他急忙派虾兵蟹将出来抵挡，这批虾兵蟹将见了黄土，就如饥似渴，又吃又喝，没有一个去给龙王御敌打仗。

龙王看这些鬼东西，见了东岳大帝发来的黄土，如见了亲娘似的对敌挺亲热，万般无奈，才采纳龙女计策，放镇海之宝大金猪上阵。

大金猪一出马，三拱两拱，就把东岳大帝发来的黄土给拱垮了，向老洋深处散去。金猪首战告捷，接着又拱到了海边，再拱老铁山，把山拱到了辽南，三战皆捷。

胜利冲昏了金猪的头脑，它离开大海，跑到陆地上，四处乱拱开了……

这下子，把蓬莱仙岛可给拱乱套了，人人惊慌不安，有海不能下，有地不能种，有柴不能砍，蓬莱仙岛民不聊生。

这事被灶君告诉了地方，地方告诉了土地，土地报告了东岳大帝，一直传到玉皇大帝那里。

玉帝派杨二郎下凡搭救这方黎民百姓。杨二郎急急忙忙赶来，看大金猪正在拱中营村西头的女儿山的西腿，往西拱了有好几里远。他举起那杆赶山的神鞭，冷不防打了一鞭，一下子把大金猪给压在山底下。就在挨鞭子打的那个地方，长出一棵大白果树来，扒开皮看，里面的果金灿灿的。打这以后，这座山就叫‘金果山’啦。乘着胜威，庙岛群岛八个山头又重新夺回来了，蓬莱仙岛又安稳了。

大金猪尽管压在金果山底下，东岳大帝叫它给拱怕了，白天黑夜不放心，于是就在这个山上修了个寺，起名叫‘镇海寺’。这个寺的由来就是如此。”

“多谢，多谢，你真是智慧长老，博古通今，能把这寺的来由讲得这么清楚。请问贵山的山门在哪？我前去看看可否？”

“好说，山门就在寺前，吕仙兄要看，请随我这边来。”

吕洞宾跟智慧长老到了庙前，见一个有六尺多宽，九尺来高的洞口，堵了一块完整无缝的大石门，四下里，连个针尖点儿的缝也不见，更谈不上有门可言了，看过后，他俩就往回走。

“请问长老，有什么东西能把这个山门打开哪？”

“听师父说，金瓜是打开这个山门的法宝。”

“哪里有这种金瓜哪？”

“要求得这个瓜，那可费大事儿了。”

“都费什么样的事儿？”

智慧长老回答说：“它的种子需要在温水里泡一天一宿，在粗沙里埋二天二宿，在细沙里埋三天三宿，在灰土里埋四天四宿，在红土里埋五天五宿，在黄土里埋六天六宿，在黑土里埋七天七宿，栽四七二十八天出的苗，传七七四十九天花的粉，得八八六十四天结的果，摘九九八十一天熟的瓜。这结的果熟的瓜就是开这个山门的开山法宝。”

“像你刚才说的这种瓜，那是种不出来的。”

“我是种不出来，你也种不出来。”

“依我看，谁也种不出来。”

“吕仙兄，这事儿不用咱俩操心，有能种出来的就是啦。”

“在哪里？可否与我一观？”

智慧长老发觉自己话多失言，急忙改口说道：“知之为知之，不知为不知。方才所言，全系无凭据之传言，你求之事，不是贫僧所管，在下爱莫能助，阿弥陀佛！”

“多谢长老！你有事儿就去忙着，我去去就来。”

吕洞宾出了寺门，直奔山巅，把他那仙柳向空中一抛，嘴里念念有词，念叨了好长一段时间，就乘坐仙柳起了空，飘飘悠悠地进了镇海寺院里，围绕着镇海殿转了三圈儿。吕洞宾想，原来在这里，他收了仙柳法宝，又去见智慧长老：“长老，再请问你一件小事儿。”

“仙兄啊，不管大事小情，既然想问只管问好了，请不必客气。”

“请问你先师为何给你起的法名叫‘智慧’？”

“仙兄问这有何用？”

“用处可大啦！”

“‘智者，聪明有见识，知策有略之能人也；慧者，系仁慈和顺智敏之人是也。’吾师望小徒两者兼而有之，故起法名‘智慧’是也。”

“你解得很好，只可惜了你师父给你取的这个好法名。”

“仙兄，你这话是什么意思？阿弥陀佛！”

“你呀，真是个名不符实的僧人。”吕洞宾口若悬河、滔滔不绝地讲开了：“现如今，天下是太平一统，处处相安无事，东海龙王对以往所为后悔万分，已将龙子监管起来，把龙女打入冷宫，罚她做了五十六套‘仙人式’衣衫，送上岸来，我等已分赐给蓬莱黎民百姓。不过，东海龙王至今还把龙女关在冷宫，一家人不得团圆。你身为佛门弟子，一点慈悲心肠没有，又哪里有点儿聪明才智、仁慈和顺可言？”

“吕仙兄，有话慢慢说来，不要着急。你这一席话，说得太远了，东海龙宫里的事儿，咱怎么能管得着哪？”

“怎么管不着？管得着！龙王给他女儿定的是放金猪屠杀生灵之罪。龙王现在已经认了错，回心转意，愿海陆永远和睦相处。咱只要把他的镇海之宝大金猪放回去，龙女的罪自然得到减免。”

“吕仙兄！你是个明白人，有句话我可先说在头里，说不说在我，听不听在你。”

“有话尽管直说无妨。”

“咱们住在陆地上的人，万万不可向着海洋说话呀。弄不好，将来可是遗臭万年啊！”

“我说智慧长老，你这话说得差矣！这不是谁向着谁说话的事情。既然愿意和解，谁也不应该强占别人的疆域，谁也不应大兵压境，谁也不应占有别人财宝。”

“你言下之意，是要放大金猪？”

“正是，要放龙王镇海之宝大金猪！”

“金猪要是放回去，龙王再翻了脸，再把金猪放出来，那可是不得了啊。”

“既然要放，就要有放的万全之策。”

“谁有本事谁去放金猪。”

“一言为定。”

“那我得亲自试验一下。”

“哎呀呀！我的智慧长老，你要亲自试验，你就受苦了。”

“吕仙兄，我佛事在身，再苦我也得试啊。”

“既然如此，那就对不起了，请试。”吕洞宾把他那仙柳枝，朝长老嘴唇上碰了一下说道：“请用你的嘴唇去吻你的手心。”

智慧长老吻了一下手心，大叫一声：“哎呀，痛死我也！阿弥陀佛！”

“长老你看我有没有办法？”

“有！有！你是真有办法！”

“那就请你把开山门的法宝拿出来吧！”

“我没看见它放在什么地方。”

“你没看见，我也没有看见，可我这个宝物却看见了。”

于是他一把拉着长老来到了院子，他嘴里念念有词——“仙柳，仙柳，九九八十一天。熟的金瓜，有是没有？若是有瓜，载我飞去，连转三周。要是没有，载我飞回仙山，你听见了没有？”

吕洞宾说完，拉住智慧长老，骑上仙柳，就起了空，直朝镇海殿飞去，在殿上空连转三圈儿，落了下来。

吕洞宾收了仙柳说：“请长老把镇海殿门打开。”

智慧长老吓得浑身发抖，一步也走不了。突然间，他的嘴唇又剧痛起来：“哎哟！痛死我也！阿弥陀佛！”

“你把殿门打开，立刻就不痛啦！”

智慧长老心想，他一定是玉皇大帝派来放大金猪的，要不，哪能什么机密都知道。于是，走到镇海殿前，把殿门打开，嘴唇立刻不痛了。说道：“在镇海佛下，有个镇海洞，镇海洞里有个镇海门。”

“烦劳你把门打开吧。”

“我从来没开过，只是吾师说过，凡人打开此门，天下必定大乱。我自认为我是肉体凡胎，从来这个地方连看也不敢看，不要说开门了。”

听他这么一说，吕洞宾过去，拿着仙柳，只轻轻一推镇海佛座，就露出一扇石门，上刻着四个大字——“遇仙则开”。

他把长老叫过来，长老看过后说：“门上刻着‘遇仙则开’，那你就开吧。”

吕洞宾手拿仙柳，往左摇了三圈儿，又往右摇了三圈儿，两扇石门自开，见石洞里放个玉盘，玉盘里放着一个金光闪闪、光芒四射的小金瓜。

吕洞宾拿到手里，拉着智慧长老就上了寺前，对智慧长老说：“这头金猪在山洞里整天吃石头，喝黄泥，拉金豆，撒金尿，一年到头，老是往海里拱，可是它不会往上拱，总低着头往下拱，越拱离海水越远，也就越跑不出来。我用金瓜这个开山宝，把石门打开，洞里就看到一线之光，我到山后坡，用这个仙柳枝抽打这个山，猪在山洞里，就会往亮处拱，你就在洞门口守着，见它头拱出一点猪拱来，你赶快用你的手指去摸一下你的嘴唇，紧接着你照猪拱中间摸它几下，往后你的嘴唇就不会再痛了，那时候我保准也赶到了。你要是不摸猪的嘴唇，若干年后，万一翻了脸，再发起争执，大金猪再登上陆地乱拱，这罪过可就是你的啦！”

“我摸，我摸，这猪拱我一准得摸。”

两人商议完了，吕洞宾就上了山后坡，扬起仙柳轻轻抽打金果山。他一面抽打一面走。

大金猪觉得有人抽打它，睁开眼看看，就往有亮的洞口处拱，它拱着拱着，两个鼻孔渐渐地见了天。

正在这时，智慧长老的嘴唇痛得难以忍受，赶快用自己手指摸了摸，然后这个手指头朝猪拱中间，不偏不斜摸了好几下，他的嘴唇立刻不痛了。

恰好这时吕洞宾赶到，说：“我得试试，这个法灵不灵验。”

说着他用仙柳碰了下猪拱，猪痛得直叫，不碰它，不痛也不叫。

“看来这法还真好使。这头金猪，它若是上了山顶看见海，就会直接跑到海里去。我想把它赶到山沟里，等天黑了，趁黑赶回蓬莱阁，让各位仙家都看看龙王爷镇海之宝大金猪是个何物，也算长长见识，这样就麻烦你上山顶看着，它看山顶上有人，就不会再往山上跑了。”

两人分了手，智慧长老的嘴唇一点也不痛了，可放出大金猪这桩大事却把长老给吓坏了。走着走着，两腿发软，两眼直冒金花，天晕地转，一步三摇地回了寺，一头倒在榻上，浑身直冒虚汗。

吕洞宾去赶猪，三赶两赶，赶出了山洞，一直往山沟里走。

突然间，猪拱碰块大石头，痛得直叫乱蹦，一溜烟跑到山顶上。它抬头望见老远的海水，头也不回，嘴也不拱，一直往海那个方向跑去。

吕洞宾跟在后面紧追，田间野地的人看有人赶一头金光闪闪的大金猪，都跑到高处观看。眼望着大金猪顺着堐坡跑下去钻到海里，再也不上来了。从这开始，这个堐就叫“望猪堐”。

吕洞宾看猪被他赶跑了，闷闷不乐地往蓬莱阁走去。心想，他们七个都没有眼福，再也看不到龙王这头镇海的金猪啦。

忽听说：“恭喜恭喜！债清一身轻！”

“多谢多谢！代我回了龙王的礼！”

他回头一看原来是众仙，连忙问道：“诸仙何故来此？”

何仙姑说：“曹仙兄已把礼品按你规定时辰送回宫守玉府上，见你没有回来，大家都放心不下，一块儿来到金果山上空隐身观看。”

曹国舅说：“我看你慢悠悠这个赶法，怕是半夜也赶不到海里去，就把阴阳板放出来，正好碰在猪拱上，猪一叫就猛跑起来，这可快多啦。”

铁拐李说：“我们七个在空中可看个清清楚楚。龙王这个镇海之宝其实也没有什么了不得的，要叫我宁要宫守玉那八大件，也不要他这头破金猪。”

这话把吕洞宾逗乐了，他说：“我要是早知你们都在上空，何必费这么大的劲儿？抽打一下赶到海里，不就早完事儿了嘛。”

大家听后哈哈大笑。

铁拐李提出：“咱们大伙还是一块儿去看看黄金洞吧。”

这个洞口，低着头只能进去一人。吕洞宾拿着仙柳在前头带路，走出十几步远，洞里宽敞起来。从洞口透进来的光线把满山洞照得金光灿灿，抓一把，洞里拉的猪屎全是金豆，撒的猪尿全变成金土，满满装了一山洞。走走，忽然间光线不见了，洞还没走到尽头。

何仙姑说：“啥也看不见，不走了。”

曹国舅说：“要看见亮，这容易。”他拿阴阳板阳面朝天，念叨几句，就发出光来，如同白昼。在阴阳板的照射下，八个人走了半宿，越走越潮，越走越凉，走走听到有海浪的冲撞声，八个人谁也说不准这到底是个什么地方。

正在这时张果老说：“渴死我啦，没有水喝，我是一步也不能走啦！”

吕洞宾说：“咱们快沿着洞的两边，往前找水吧。”

八个人走了找，找了走，就在把这个洞走到头的时候，发现一股泉水。

韩湘子喝了一口：“哎呀！这泉水还是甜水。”

张果老喝了一口道：“这水还真是甜哪！”

吕洞宾也品尝了一口，说道：“这水的味道和庙岛上海神庙前那口井水一样！”

八个仙人喝足了，就往回走，一面走一面商议这一山洞黄金交给谁。

铁拐李说："按人口平分给蓬莱仙岛黎民百姓吧。"

蓝采和说："那样不好，黎民百姓什么力气没出，凭空得来这么多天外财宝，就怕后人变懒了，成天等着吃，坐着穿，那可贻误子孙万代。"

何仙姑说："要是不给民，就得给官了。"

韩湘子说："苏东坡倒是个知书懂理，体恤百姓的好官，俗话说得好：'铁打的衙门流水的官'，在苏居士之后，你们说能是个什么官？"

这个事八个人谁也说不准。

张果老说："说不准的事儿，就是叫人不放心。"

铁拐李说："叫别人管，你不放心，那就咱们自己管，这不就放心了。"

汉钟离说："那可不妥，咱们是仙人，仙人者闻人也，金子之事包揽在身，那样就不成其仙人，倒成了灶君了。"

何仙姑说："那就交给灶君去管好了。"

议来议去，都认为灶君太软弱，和墙头草一样，东风来往西倒，西风来了往东倒，又贪小便宜，给块糖瓜吃，倒杯好酒喝，就大事化小，小事化了，管一家一户的小事儿尚可，管这么多黄金财宝，灶君爷不行。

说着大伙出了黄金洞，看太阳已经出来老高了。

铁拐李说："这个不成，那个不好，还能扔了不管？"

张果老说："不能扔，咱交给土地老去管好啦。"

他这一句话可捅了马蜂窝。

韩湘子说："土地老太势利眼，越富他越捧，越穷他越罚。"

何仙姑说："他睁开两眼就说瞎话，说到天黑不重样。"

蓝采和说："他一天三十六个主意，自己没有主心骨儿。"

汉钟离说："好事儿能让他办坏了，他是个成事不足、败事有余的料。"

曹国舅说："这个人是头顶上生疮，脚后跟流脓，坏透啦。"

张果老说："算啦，别磨牙啦，你们快回山吃早饭，来一个人换我，我和我的宝驴做伴，先在这儿看着。"

吕洞宾说："张仙兄，不用看了，我这倒有一个好主意。"

铁拐李说："你有什么好主意，快说给我们听听。"

吕洞宾说："佛门经典主张济贫救难、普渡众生。以我之见，这一洞黄金财宝可以交给佛家弟子去掌管。告诉他们，一定要把这些财富用在济贫救难、普渡众生的慈善事业上去。”

大家都说这个主意好。蓝采和说：“要交给佛门弟子去管，干脆就叫智慧长老管好，这个人为人忠厚，心地善良，不贪不占，奉公守法。”

大家没有异议，一块儿来到镇海寺里，一个小僧迎出来说：“我师父昨天突然病了，卧榻不起。”

曹国舅说：“我们就是来给他治病的。”

小僧不曾通报，八人已跟着进来。

原来智慧这个人胆量很小，大金猪出山入海后，他生怕闹得天下大乱，吓得一下子病倒了。

他见八个仙家都平安来到镇海寺，才知道天下本无事，庸人自扰之，病也就好了。

吕洞宾叫小僧退出。蓝采和站在外面把着门，韩湘子在后窗守着窗，吕洞宾就在屋里把黄金的事如此这般的托付给智慧长老。

智慧长老说道：“贫僧一定遵从诸仙之命，秉公经掌黄金洞财宝，一丝一毫，决不徇私，全用在救苦救难、普渡众生的慈善事业上。阿弥陀佛！”

铁拐李举起他的铁拐说：“这一山洞的黄金财宝，非同小可，丁点儿不能用于私。若是往后，你寺不管哪一代长老不守这个诺言，我这个铁拐决不留情，定叫他寺毁人亡。我这是‘先礼后兵’，把丑话先说头里，往后空口无凭，请你按这个意思，写个字据给我。”

智慧长老提笔写好字据，交给他说道：“众仙尽管放心，贫道是终生济贫救难，普渡众生！阿弥陀佛！”

八位仙家帮智慧长老把洞口堵死，庙里除他知道外，别人谁也不知有此事。智慧长老一生都把这洞里的财宝用在了慈善事业上。

后来有一年，外寇入侵蓬莱仙岛，青壮年都到前方杀敌，家里剩些老病妇幼。镇海寺长老把这些老病妇幼统统安置在外人谁也不知道的金果山黄金洞里，吃自己带的干粮，喝着洞里的甜水，这个洞成了世外桃源。在那兵荒马乱的岁月，黄金洞保全了蓬莱地面黎民百姓的生命。

后人有诗赞曰：

昔时水陆大交战，金猪被镇金果山。
洞宾仙柳开金洞，掘出金果福人间。

田横与五百壮士

田横山水美山奇，说它水美，碧海蓝天，水天一色；说它山奇，奇就奇在山的岩石隐隐呈现赭红色，隐约间使人联想到两千多年前在此安营扎寨、以拒汉王的田横和他的五百义士，一齐将锋利的刀剑挥向自己的颈项，是否是他们的鲜血将这一片山岩染成了这一世间最热烈、最奔放、最雄性的颜色?

田横，齐王田氏族人，是战国末期一位乱世英雄，豪迈义气，很得人心，网罗了一批义士，拥戴齐王，自任相国，与楚王项羽、汉王刘邦争霸天下。他曾经在田横山扎过营寨，如今留有遗址。

汉王刘邦派了郦生为使者与他议和，而韩信却偷袭齐国，于是田横用大鼎烹死郦生。后来汉将灌婴、韩信打败田横，田横不得已投奔彭越。

过了年把时间，汉王刘邦打败楚王项羽，自立为皇帝，封彭越为梁王。这让田横深感不安，眼见在彭越那儿再呆下去，说不定哪天他会把自己的脑袋送给刘邦作为王爵之位的回报。于是，他三十六计——走为上，带领他最亲信的五百子弟兵占据海岛。汉高祖刘邦深知田横在齐国很有号召力，久居海岛不肯臣服，终究是心腹大患，于是惯用伎俩的刘邦派了使者去见田横，说要赦免他的罪过，要他进京相见。

田横早已识破了刘邦的鬼把戏。就回道：“我烹了陛下的使臣郦生，如今听说他的弟弟郦商在您手下为将，干得很不错，我很有点怕。请让我做一个庶民，终身守岛。”

刘邦岂肯善罢甘休，装模作样对郦商下诏：“齐王田横要来了你们谁敢动他一根毫毛，诛灭九族!”再把这些话传达给田横听，说：“田横肯来，封王封侯没有问题，不来，就发兵攻打。”田横不得已，带了两个亲信去见刘邦。

还有三十里就到洛阳了，田横假意对汉高祖的使者说：“做臣子的晋见天子要沐浴净身才行。”然后与自己的亲信商议，对他们说：“刚开始我和汉王都是一国之君，现在他做了天子，而我却像丧家之犬到处逃亡，还要向他称臣，这是多么的羞耻啊！再说，我烹了人家的老兄，现在却和他共事一主，就算他因畏惧汉王之诏不害我，我内心难道不时时感到愧疚吗？而刘邦要见我，不过要看看我的脸，他在洛阳，离这不过三十里，干脆将我的头砍下，快点送过去，头颅还不致腐败变形，还可供高祖观看。”就挥刀自刎，要他的亲信捧着他的头快去见高祖。

高祖刘邦大为震惊：“啊呀！他兄弟三人，自平民干起，一直做到齐王，难道不是很贤良吗？”极富表演天赋的他居然还猫哭耗子滴了几滴泪。命以王礼厚葬，还封田横的两位随从为都尉。

但是，两位亲随并没有领刘邦的情，在田横的墓旁，将锋利的钢刀挥向自己不屈的头颅，以自己的颈血祭祀主人的英灵，追随主人于地下。高祖刘邦这才知道田横的亲信都很讲义气，更不放心了。又派人去招安尚在海岛中的其余随从。

其余在海岛上的五百亲随听到主人田横宁死不屈的消息，刀光闪电般地划过漆黑的夜空，他们以世间最惨烈的方式结束了自己的生命，他们最炙热的鲜血染红了海岛周围的海水，染红了田横山的岩石，田横的五百壮士用他们的行为诠释了男儿之间最珍贵的一个字、一种情感——义。

异事惊倒百岁翁

蓬莱海市平时极难一见，苏东坡在蓬莱为官仅仅只有五天，那么，他能不能看到蓬莱海市呢？

一到登州，办完正事，写完向朝廷上的奏章，苏东坡就接到了调令，被任命为礼部郎中，应赴京城上任。他颇遗憾的是，久慕登州海市奇幻莫测，乃天下第一等妙景，可惜来的时候已是十月，要是五六月间，或许还有点希望。

但苏东坡毕竟非等闲之辈，他父子三人号称“一门父子三词客，千古文章四大家”，风流洒脱，名震天下。此事在别人难于上青天，在他，或于常理之中另有法外之意。

苏东坡在酒酣耳热之际，登上蓬莱阁，极目远眺，但见一碧万顷，海天一色，却无神仙前来造访，他想，既名海市，当属海底龙宫之主管辖，何不求诸龙王？反正龙宫之主广德王敖广的庙宇就在近旁。遂兴冲冲下蓬莱阁，来到广德王庙，进得庙来，点上香火，口中念念有词，随从谁也不知他在干什么。

花开两朵，各表一枝。却说那东海龙王自打自己在蓬莱的广德王庙为给蓬莱阁腾地方，迁向了西边，心中一直闷闷不乐。香火也不如从前旺盛了，肝火倒是越来越旺盛。

突然，龙宫一阵大乱，他的宝座也开始摇晃。龙王的第一感就是哪吒又在海边洗他的乾坤圈、混天绫。要不就是孙猴子又来捣乱。他喊来巡海夜叉，问道：“发生什么事了？是哪吒还是孙猴子？”

巡海夜叉也不知道，回答道：“启禀大王，没有看见哪吒三太子或是齐天大圣。”

但龙宫摇晃更厉害了，于是龙王立刻召唤千里眼与顺风耳。

千里眼仔细看了看，回答说：“大王，在蓬莱阁的广德王庙有一个大胡子在拜您。嘴巴还在说什么。”龙王于是转向顺风耳。

顺风耳仔细听着，然后回答：“那大胡子说：‘眉山苏轼谨以香烛奉于东海龙君尊前，昔日多闻龙君功德无量，使登州一郡风调雨顺，民有余粮，咸感大德，故前有郡守朱公处约重修庙宇，再塑金身，并新建蓬莱一阁，以待龙宫上下现其法身，庶民能亲眼目睹龙王帐下三千神兵之威武雄姿。素闻秦皇汉武，仰慕君之雅致，数次枉顾，而不得见焉。余今暂驻登州，不识仙阙之门径，且不日将去，深以未克聆君金玉良言为憾。以君今日之德，纵哪吒重来、大圣又至，必不战而使之心服，况君之兵强马壮，若再交恶，战亦不惧，但惜不能亲睹君之凯旋。明日午时余当登临蓬莱阁，预为遥祝，薄酒一杯，不成敬意。东坡谨拜。’”听罢，龙王龙颜大悦。而龙宫也恰在此刻停止了震动，恢复了往日的平静。

“眉山苏轼？何方神圣，如此能耐，竟使龙宫动摇？”龙太子皱眉道，

“要不我先擒了他，再问明白？”

“不可！此人是天上文曲星君下凡，据闻乃前朝诗仙李太白转世也。”龟相见多识广，连忙制止。

“哦？难怪说得如此之好！”

龙太子不解道：“他文绉绉地说了些啥，我一句也没听明白。”

龟丞相说：“他很仰慕大王的威风与功德，想来拜见，却不知怎么来。还说大王如今兵强马壮，就算是再与哪吒和孙大圣开战，也不怕他们。最后说他明日午时登临蓬莱阁，为大王祝酒。”

龙王拈须微笑，频频点头：“龟丞相，乖孩儿，明日点齐三千精壮兵将，蓬莱东面海上，各施本领，给苏大学士开开眼，如何？”

“遵命！”

第二天，苏东坡邀约当地一些士绅名流、父老乡亲，在蓬莱阁摆开酒席，说请大家一同欣赏海市盛况。当地很多人一辈子都没有机会见到海市，不免暗地里觉得苏东坡可能在说胡话，只听说在春夏之交才有可能出现海市，有时好多年都难得一见，凭什么相信他的话？但是苏东坡是地方长官，又有酒席招待，遂不管别的，只管开怀畅饮。

时近正午，见苏大学士端了酒杯，面向东海，嘴里念念有词，突然，一挥右臂，连酒带杯，抛向海里。

正午的阳光恰到好处地照在抛向空中的酒水，万点金光闪烁，闪得众人眼前一花，就在此刻，本来清澈的东海海面远处出现了一些奇形怪状的山峰、宫殿。隐隐约约中，一队人马雄纠纠、气昂昂地列开阵式，往返冲杀。不一会儿，山峰上出现数位仙风道骨的神人，正在下棋、饮酒。过一会，山峰上长出许多的树木，奇形怪状的物体在移动……

众人看得目瞪口呆，东坡则掀髯微笑，不置一词。

半个时辰后，什么都消失了，海面又恢复了原貌。这时，东坡先生已摊开宣纸，一挥而就，就有了著名的《海市诗》，写毕，他高声吟诵：

东方云海空复空，群仙出没空明中。
荡摇浮世生万象，岂有贝阙藏珠宫！
心知所见皆幻影，敢以耳目烦神工。
岁寒水冷天地闭，为我起蛰鞭鱼龙。
重楼翠阜出霜晓，异事惊倒百岁翁。
……

苏东坡访八仙

苏东坡在登州做知州时，听说有人在蓬莱阁上见过八仙，他就动了访八仙的念头。可是什么时候、到哪里去找八仙呢？苏东坡问来问去，费尽九牛二虎之力，才有一个须发皆白的老头儿告诉他："每年农历三月初三，八仙都要到蓬莱阁上聚会，至于能不能见着他们，那就要看你的缘分了。"

三月初三这天一大早，苏东坡就来到了蓬莱阁，他东转悠，西转悠，就是不见八仙的影子。天太早了，连个游人也没有。苏东坡这么想着，就百无聊赖地来到了显灵门，看见两个老翁正在那里下棋。俩老翁一个红脸，一个黑脸，年纪估计都过了八十岁，满头白发，白胡子在胸前飘动。见了苏东坡，红脸老翁就向他招手："来来来，这位小兄弟，给我俩做个评判如何？"

苏东坡才高八斗，琴棋书画无一不精，平日里自视极高，见老翁相招，也不客气。可是到了跟前一看，惊得目瞪口呆：别说当裁判了，自己连棋路都看不出来。读书人都有个毛病，让他暗地里佩服他人可以，可公开承认自己不如他人，那万万不行。苏东坡也未能免俗，就借口有事，想一走了之。这时红脸老翁说道："你要找的人今天准来，我俩在这儿也是等他们的。反正闲着也是闲着，你就不必客气了。"苏东坡一听，惊诧不已，心中暗想：他怎知我是来寻人的？看来老翁不是寻常人，信他的话没错。于是便安下心来，静观棋局，慢慢地看出了一些门道，也就什么都不去想了。

不知过了多久，忽然走来个老叫花子，大老远就招呼下棋的俩老翁："老伙计，今天轮到我请客，走吧，快走吧。"红脸老翁一指苏东坡："这儿还有一位呢。"老叫花子撇了苏东坡一眼："那就一块儿来吧。"

苏东坡看看那老叫花子，要多埋汰有多埋汰，破衣烂裤，脏得看不出颜色来，脸上的油灰厚得都能揭下一层。苏东坡看着觉得恶心，就不想应邀，可一想到方才自己对红脸老翁的疑心，也就跟着去了。

上了蓬莱阁，见阁上已经先到了七位，有高有矮，有胖有瘦，其中有一个还是女的，八仙桌上摆着两只小锅和一方年糕。老叫花子说："今天也没有什么好招待的，就弄了三样小菜，诸位凑合着吃吧！"苏东坡探头一看，两只小锅里分别是一条半生不熟的死狗、一个嘴歪眼斜的死孩子，而那方年糕则长满了霉醭。

这伙人谁也不客气，上前抓起来就吃，个个吃得津津有味，还啧啧称赞"好吃"。苏东坡却只觉得恶心，特别是那死孩子，让这伙人你扯胳膊他拽腿，弄得血呼淋拉的，看得使人心惊肉跳。苏东坡本想尝尝那方年糕，可一看沾上了血腥气，便打消了吃的念头。那两位白发老翁倒是直让苏东坡，可是苏东坡哪里敢吃？眼睁睁地看着人家狼吞虎咽地吃完了，接着兴冲冲地纷纷离去，最后只剩下那两位白发老翁。

老翁把苏东坡招到跟前，问道："你猜我俩是谁？"

苏东坡摇摇头。红脸老翁介绍道："我是南极仙翁，他是北极星君。刚才在座的那八位，就是你要寻访的八仙。桌子上那三样菜，我也告诉你吧，那死狗是万年寿狗，死孩子是千年人参，发霉的年糕是百年寿糕，吃一口活一百岁，吃两口活二百岁。铁拐李为弄到这三样东西，可费了不少事哩！"说完，两个白发老翁倏地不见了。

苏东坡后悔得差点儿没背过气去，为什么自己刚才就不能硬着头皮吃一点儿呢？

苏东坡妙语拒说情

北宋神宗元丰八年（1085），苏东坡任登州知州。当时登州城里有个恶霸欺男霸女，胡作非为，苏东坡到任不久，便命人将这个恶霸上枷入牢。

恶霸的娘舅是登州城里的大财主，姑丈与苏东坡是同科进士，二人手提厚礼找东坡说情。东坡看在年兄面上，设宴款待。进士提议道："喝酒行令，对字作诗，作不出的罚酒三杯。"他找出纸，写上字，装进笔筒，然后每人抓一个，展开一看，东坡是个"湘"字，财主是个"溪"字，进士是个

“清”字。

东坡略一思忖，随口吟道：“有水读作‘湘’，无水也读‘相’，去水添雨便成‘霜’。各人自扫门前雪，休管他人瓦上霜。”财主大声吟道：“有水读作‘溪’，无水也读‘奚’，去水添鸟便成‘鷄’（鸡），狐狸得意强似虎，鹦鹉败翎不如‘鸡’。”进士深知财主言辞太硬，唯恐激怒东坡，忙开口说：“有水读作‘清’，无水也读‘青’，去水添心便成‘精’。”东坡连忙更正：“年兄错矣，理当罚酒三杯，去水添心应为‘情’才对。”进士大喜道：“对，兄弟认罚，我俩一心来求情，只怕苏兄不留情。”苏东坡知道自己上了进士的当，立即用手指蘸着酒，在桌子上写了个“情”字，擦去心旁，添上水旁，高声吟道：“苏轼为官两袖风，身在其位谋其政，天生一个怪脾气，不讲酒情只认清！”

进士和财主面面相觑，无言以对。翌日，苏东坡判处恶霸死刑。

苏东坡治狐修城墙

相传，北宋神宗元丰八年（1085），苏东坡受皇命由汝州团练副使改任登州（今山东省蓬莱市）知州。苏东坡一路上舟车颠簸，鞍马劳顿，一到登州就四处查看。他见登州府的城墙矮小，且年久失修，破败不堪，一旦发生战事，居民生命财产得不到保障，于是便四处寻访高人，规划修建城墙。

苏东坡从不拜庙，他有三个儿子，死了两个，剩下一个还有病。一天，县官非得拉着苏东坡去开元寺祭拜，实在没办法，苏东坡只好跟着去了。一进庙里，只听观世音菩萨塑像说道：“你有三个儿子，死了两个，剩下一个还有病，为什么不来拜庙？”苏东坡见塑像会说话，大声喝道：“你是人是鬼，亮相给我看看。”只见塑像后面伸出一只手，说时迟，那时快，苏东坡拔出腰中宝剑，挥剑砍掉了那只手，只听“噌”的一声，一溜火线向西北而去，那只手掉在地上变成了一只狐狸爪子。

原来此地有两只千年狐狸修练成精，经常在周围装妖弄鬼，散瘟造疾，祸害百姓。被苏东坡砍掉爪子的是一只公狐狸，因苏东坡的剑上有毒，所以爪子就开始溃烂，最后把命也送掉了。公狐狸死后，母狐狸决定为丈夫报仇，于是想方设法来到了皇宫，附在皇后身上，她使出了一切妩媚手段，把皇帝迷得神魂颠倒，使他一日也离不开皇后。见时机成熟，皇后便装起了病。皇帝见皇后病了，心中焦急万分，马上宣太医为皇后医治，可所有太医都诊断不出皇后得了什么病，皇帝更是坐卧不安，这时，皇后说："我这个病，只有一种法能治。"皇帝一听，忙问什么法，皇后说："只有吃了九孔知州心才能好。"皇帝为难了："上哪找这样的心呢？"皇后说："我倒知道哪里有，不过说了，就怕皇帝不愿意，"皇帝说："只要能治好皇后的病，把半壁江山给你，我都愿意，何况一个知府心。"皇后说："登州知州苏东坡就是这样的心，只有他的心才能治好我的病。"皇帝一听说："这还不是小事一桩！"马上发了十二道令牌，招苏东坡进京。

苏东坡生性耿直，一生多舛，此时正在为修建城墙之事筹划，忽见来了十二道令牌，便预感到事情不妙。临走时对他媳妇说："这次进京，凶多吉少，我若二十日不回来，那就是出事了，很可能永远回不来了，你要心中有数。"夫妻俩含泪告别。苏东坡急急赶往京城。到了京城，皇帝说："你先歇息三天，把心稳定了再说。"

第三天晚上，苏东坡做了一个梦，只见一个白胡子老人对他说："等亮了天，你出东门，走一百步，遇见一个人，这个人手里拿的东西，不管是什么，不管花多少钱，你都要买下来，只有这样，才能救你一命。"说罢倏忽离去。苏东坡醒来，觉得奇怪，可他根本不相信，于是又睡了，哪知，又连做了两梦，全是这个内容，不由得心中疑惑。

天亮了，苏东坡起了床，觉得上朝还早，便信步向东门走去，直到东城门，想起了梦中老人说的话，便数了一百步，恰好一个人手擎一只苍鹰来到他面前，信也罢，不信也罢，先花钱买下这只鹰再说。而后，苏东坡便将鹰放在了袖筒里。

来到朝堂之上，拜见了皇帝，只听皇帝说："爱卿，皇后得了一种怪病，只有吃了你的心才能好，所以今天你要做出牺牲，委屈你了。"苏东坡听后，心中有数，不动声色，很镇静地回答说："只要能治好皇后的病，我可以粉身碎骨，何况是一颗心！可我有个要求，在献心之前，让我见上皇后一面，请皇上恩准。"皇上一听，这有何难，立即答应了苏东坡的请求。

皇帝走在前边，苏东坡紧握袖口跟在后边，刚刚来到皇后寝宫门前。只听皇后惊恐地说："苏东坡，你不要进来，也不要把手放开。如果你放开手，咱俩辈辈世世都得结怨；如若你不把手放开，我可以助你修筑城墙，咱俩的恩怨从此一笔勾销。"苏东坡说："我不放手可以，但你以后不能再去祸害人类了。"只听狐狸精说："我会记住你的话的。"说完，一道火光，一股烟尘冲天而去。皇后又恢复了原来的样子。皇上这才知道，皇后原来是被狐狸精附体了。

苏东坡回到登州后，马上让人勘查地形，准备维修扩建登州府城墙。时间不长，手下人来报，发现一人在城墙周围比比划划，地上墙上还画了些印迹。苏东坡一听心中有数，忙吩咐道："赶快将这些印迹都插上标记，就按照这些标记进行施工，修建城墙。"并亲自到实地查看，督导工程。

史载，苏东坡知登州，仅仅在登州住了五日便调往京城，不可能有修建城墙一事，不过回京后立即向皇帝连上两个奏折：一是《登州召还议水军状》，二是《乞罢登莱榷盐状》，为蓬莱做了两件好事。至今蓬莱民间还流传着"五日登州府，千年苏公祠"的美谈，可见苏东坡在登州百姓中的声誉之高，以至于有些神化，因而在民间也产生了许多关于苏东坡的神话故事，尽管有些离奇，却蕴涵着对苏东坡的赞誉和寄托着人们的美好愿望。

戚继光与蓬莱的故事

戚继光（1528—1588），字元敬，号南塘，晚号孟诸，山东蓬莱人。纵观其一生，沿海抗倭，边关戍守，南北征战，立下不朽的功勋。

明嘉靖七年闰十月初一（1528 年 11 月 12 日），戚继光出生于山东济宁微山县鲁桥镇，其父戚景通时任江南漕运把总。嘉靖十二年（1533），戚继光跟随祖母阎氏回到登州故居。第二年，六岁的戚继光进入私塾学习。

蓬莱是戚继光童年及青年生活的地方，在蓬莱生活的时期是其思想意识、人格品质形成和发展的时期，在这段时期内，由于其自身的努力和客观环境的熏陶，使其思想境界、道德修养得以升华，最终成就了中国历史上建树非凡的军事家和民族英雄。

少年戚继光胆量过人

戚继光从小胆量过人，有一次他到蓬莱阁古建筑去掏鸟蛋，蓬莱阁老建筑檐下有许多鸟窝。他爬到墙上，手伸进老建筑檐下，没想到掏出来的竟然是一条长蛇。如果是一般的孩子，看到手里盘曲扭动的长蛇，可能会大惊失色失足掉到墙下，然而戚继光此时却面不改色，丝毫不见慌张，顺手将蛇扔出，可见其胆量过人。

少年戚继光喜好布阵

戚继光九岁时，时常在放学后，与小伙伴们嬉戏，他调泥作为营基，砍下竹子用作旗杆，用红布制作军旗，搜集起石头瓦块当作营垒，指挥小伙伴们游戏打仗。当时他的妹妹拔下军旗玩闹，戚继光手舞毒蛇，把军旗追回，重新插回原地。乡里的人看到这种情况称赞说："这哪是孩童中的一般人。"

戚景通刻名碑教育戚继光

戚景通五十六岁晚年得子，对戚继光自然是非常喜爱，但他不溺爱孩子，对戚继光的教育非常严格。戚景通曾经问戚继光："你有什么志向？"戚继光回答："我的志向在于读书。"戚景通教导道："读书要掌握忠、孝、廉、节四个字，否则读书又有什么用呢？"戚景通多方搜寻，将搜集到的民族英雄文天祥"忠孝廉节"四字手迹，摹刻镶嵌在家中新建的墙壁上，用以时刻教育戚继光。此外，戚景通专门为"忠""孝"作了两篇题跋，因跋文文采斐然，明清时期《蓬莱县志》均有收录留存。

父毁锦鞋

有一天，戚景通在院子里，看到戚继光穿着一双崭新的锦鞋高兴地走来走去，不禁奇怪地问道："哪里来的新鞋？"戚继光回答："是姥爷送的。"戚景通见状严肃地教育道："你是个小孩子，却穿着锦缎制作的新鞋。穿上了锦鞋，一定要穿漂亮的锦缎衣服。穿着锦缎的衣服，一定要吃肉食，你父亲清白贫穷，满足不了你的锦衣肉食。将来你是要进入军中带领部队艰苦作战的，这样下去怎么得了。"戚景通为防止儿子沾染坏习气，严令戚继光将锦鞋撕毁了。这件事情可以看出，戚景通的家教是从点滴小事抓起，从小注意培养戚继光形成良好的品德。

戚氏府第修缮降格

戚景通时期，戚氏故居作为将军府第在登州蓬莱已有两百多年的历史，戚景通晚年以二品武官的身份退休，回到蓬莱侍奉母亲。因祖居年久失修，戚景通招募工匠修缮故居，期间安排工匠在大门两边雕制四扇花窗。工匠们不解询问戚继光："公子家是将军府第，按朝廷规制应该制作十二扇雕花窗户，怎么才制作四扇花窗。"戚继光就向戚景通转告了工匠们的疑惑，戚景通听后严肃地教导说："你若能够修身立世，严守祖业，以此来奉祀祖先，能使我不失清白的名誉，不去获罪于历代先祖，有清白之名延续家族，四扇雕花窗户也就足够了。"戚景通严厉批评了雕制十二扇花窗这种图虚荣、讲排场的做法，要求戚继光处事谨慎，不事张扬，强调这样才能保全家业。

"孝廉、孝廉，何以遗后"

戚景通为官清廉，从来不接受馈赠或贿赂，因忙于事业不善治家，因而家中积蓄不多。乡里人私下议论戚景通："孝廉、孝廉，将何以遗后？"夫人张氏担心将来生活不继。戚景通指着戚继光告诉夫人："这就是家中的财富。"后戚继光赴京城办理袭职手续，临行之际，戚景通握住戚继光的手语重心长地说："我留给你的，不要轻易用掉"。戚继光挺身保证："儿应该力求增加，哪会轻易用掉。"旁人不理解说的是什么，因为都知道戚家没有什么家产。实际上戚氏父子在讲，要将不懈进取的清廉家风传继下去。戚继光赴京期间，戚景通病重去世，家徒四壁，只留下卧床一张，川扇一把。家中积蓄不够办理丧事，夫人张氏借贷才处理了后事。

戚继光在职求学

戚继光十三岁就学于蓬莱名儒梁玠先生。梁玠先生为蓬莱诸谷人，秀才出身，屡举乡试不中，后出任沧州训导，历任教谕、教授致仕，享年七十二岁。戚继光十七岁袭职任登州卫指挥佥事，明朝官场规矩，有官职身份需有车马随行。戚继光家贫无资购车马出入，再去梁玠先生处学习，就不能徒步前行，戚继光要继续学习遇到了困难。梁玠先生告诉戚继光："你家世代为将官，现在你也有幸做官，不愿废弃学业，而向老师求学，你能够进一步学习成就功名，我愿意助你完成求学志愿。"于是，梁玠先生每天徒步来到戚继光家授学，使戚继光的学业日益长进。

梁玠身教戚继光

梁玠先生每天来到戚家教学，戚继光深受感动。有一天，戚继光准备了丰盛的饭菜，招待梁玠先生。梁玠先生不喜反怒道："你父亲一生清白，没留下什么金钱，你怎么能操办这些高档饭菜？我来教你难道是为了享受这些饭菜？”梁玠先生斥责后转身就离开了。身教重于言教，从此戚继光再不敢置办餐饮答谢老师。戚继光与老师梁玠先生感情一直很深，戚继光中年功成名就时曾深情回忆道：“先生不以光为不肖，过督之。光今一字一句，皆先生授也。”在戚继光晚年编辑的诗文集《止止堂集》中，收录了其撰写的《中谷梁先生墓志铭》《祭业师广文梁中谷先生》《沧州儒学训导梁玠遇寇纪事》三篇怀念梁玠老师的文章，可见梁玠先生对戚继光一生影响很大。

一日三鱼

明嘉靖二十四年（1545），十八岁的戚继光迎娶了蓬莱万户王栋将军的女儿王氏。戚家贫穷，曾有戚继光的同事到家畅谈，家中无钱置办酒席，过了许久，王夫人方将酒席办好摆上。客人走后，戚继光问王氏酒席的来由，原来是王夫人将首饰送至当铺抵押，才置办了酒席。有一次，戚家好多天没有吃到鱼肉，王夫人在市场上买了一条鱼，砍成三段，准备做菜。早餐做了鱼头端给戚继光，中午又将鱼尾做给戚继光吃，戚继光问：“还有鱼吗？”王夫人答：“没有鱼了。”戚继光暗自猜测鱼腹是让王夫人自己偷偷吃掉了。傍晚时分，王夫人将做好的鱼腹，给戚继光端了上来，戚继光见状感动地说：“一条鱼全都进了我的肚子，夫妻间不应该同甘共苦吗？”王夫人回答：“你劳累，我清闲，你吃好一点，我吃差一点，这是夫妻之礼。”这件事说明戚继光夫妻和谐，有举案齐眉、相敬如宾的良好家风。

戚继光作《拟黄台吟》处理妯娌纠纷

明嘉靖二十七年（1548），戚继光二十一岁时，率登州守军戍守蓟门。当时弟弟戚继美尚未完婚，戚家无资为戚继美迎娶。王夫人典当了从娘家带来的首饰筹措到资金，为弟弟戚继美迎娶了弟媳李氏。由于戚家家贫，弟媳李氏年轻不懂事，妯娌间多次发生矛盾。戚继光于是作《拟黄台吟》诗：

四瓜犹畏摘，两瓜更何如？
一摘瓜分半，再摘蔓且除。
家家有南亩，毋使妇人锄。

戚继光向妯娌两个讲述了唐代章怀太子李贤写作《拟黄台瓜辞》的由来：相传唐代武则天掌权时期，太子李贤有感于母亲在权力斗争之下毒杀前太子，用诗来劝谏武则天对太子废黜的频繁，以藤蔓比喻武后，因四个瓜先后被摘而感伤四兄弟性命朝不保夕，希望武后看后醒悟。诗文如下：

黄台瓜辞

种瓜黄台下，瓜熟子离离。
一摘使瓜好，再摘令瓜稀。
三摘尚自可，摘绝抱蔓归。

戚继光通过《拟黄台吟》这首诗，对妯娌二人进行了劝导教育，终于使妯娌二人重归于好。

重责娘舅

明嘉靖三十二年（1553），戚继光二十六岁任署都指挥佥事，担负山东沿海的备倭重任，管理蓬莱、文登、即墨三营二十四卫所。当时他舅舅在军中长期任职，凭借资格老又是长辈，竟然不听从戚继光的命令，在军中的影响极坏。戚继光按照部队纪律给予舅舅杖责处罚，而后晚间来到舅舅家，当面摘帽道歉，行外甥的礼节。舅舅深受感动，说："知道你军纪严明，今后不敢不听从你的命令了。"这件事在军中传出后，军纪为之一变。军人们私下说："执行军纪不避讳亲舅，这是出于公心；军法在先，私礼在后，这是礼让；亲舅舅遭到处罚，更何况其他下属呢?"此事的圆满处理，可以看出戚继光执行军纪的严格与对待军中长辈灵活的处事方式。

严整卫所，撤换军官

戚继光升任署山东总督备倭佥事后，发现有的卫所军费空虚，经调查原来是有军官挪用了卫所银两，多年的累积挪用造成卫所经费空虚，甚至不能保证正常开支。戚继光下令十天之内，卫所官员必须按时归还挪用银两，个别一时还不上的，从其俸禄中扣除。千户李武臣等军官，在戚继光的督促下，归还了挪用的卫所经费，保证了卫所开支。

戚继光还发现许多卫所主管，由于老病等原因，不能正常到岗巡视。于是戚继光果断地上报朝廷，对卫所军官进行整顿，撤换了一批年老有病的军官，提拔重用了如栾煦、王泮等年轻有为的军官，使山东半岛的明军风气有了明显转变，战斗力大大增强。

戚继光在蓬莱题诗明志

在蓬莱军中任职与不懈的求学期间，历史上英贤人物的光辉业绩，深深激励着年轻的戚继光。他在堂前的柱子上刻下一副对联："功名双鬓黑，书剑一囊轻。"他决心以自己的书剑博取功名。可贵的是，戚继光追求并非个人功名，而是要为国家建功立业。

戚继光戍守蓟门，路经金岭驿，又作《马上行》：

歧路驱驰报主情，江花边月笑平生。
一年三百六十日，多是横戈马上行。

戚继光在一本兵书的空白处，还写了一首题为《韬钤深处》的五言律诗，抒发自己保家卫国的志向：

小筑暂高枕，忧时旧有盟。
呼樽来揖客，挥麈坐谈兵。
云护牙签满，星含宝剑横。
封侯非我意，但愿海波平。

其中"封侯非我意，但愿海波平"的诗句，成为戚继光诗文的代表作，数百年来为人们所传诵。

磨盘街的故事

在全国重点文物保护单位戚继光表功祠大门前有一条祠堂街，这条街经历千年风雨，一直保留到现在。因其路面为磨盘石铺就，被当地人称为"磨盘街"。

在民间，对于磨盘街的说法还有这样一个传说：

唐神龙三年（707），蓬莱由镇升县。第一任知县到任后首次升堂，看见大堂正中端端正正地蹲着一只蛤蟆，两眼直盯着知县，还不断地发出“咕咕”的叫声。知县令衙役们将蛤蟆赶走，可这蛤蟆左蹦右跳，竟跳到知县的公案上，望着知县，眼里扑簌簌地滚下几串泪珠儿。知县见状好生纳闷，沉思片刻，便对蛤蟆说：“你若有冤，但讲无妨。”只见那蛤蟆将头一点，跳下公案，急急向护城河蹦去。知县一干人马，跟着蛤蟆来到护城河边，但见那蛤蟆跃身跳入河中，霎时间水中泛起无数气泡，气泡过后，见一具尸体浮上水面，众人见状大惊。知县令人将尸体打捞上来，见尸体背上缚着一片石磨。此时知县心中已明白几分，吩咐衙役将尸体掩埋，把石磨抬回县衙。一连数月，县令只字不提此案。开始衙中上下议论纷纷，后来也渐渐将此事淡忘。忽一日，城里大街小巷到处贴满县衙告示：“大唐天子，亲征东藩。王师浩荡，粮草为先。磨粮需磨，征之民间。县民之磨，送县备选，三日为限，违令者斩！”告示既出，知县便终日坐在县衙门前，亲手登记交磨者。第三日黄昏，但见一贼眉鼠目的男子，用独轮车送来石磨一片，知县看后，急令手下将死者身上之磨与之相对，果然相合，不差分毫。知县当即下令，将此人缉拿归案。物证面前，送磨者无言狡辩，只好供认不讳。原来他与死者妻子有奸情，为达到长期姘居的目的，便与死者妻子合谋杀人。为了毁灭罪证便将死者身上系了一片磨盘，趁天黑沉入护城河下。案情大白，杀人者偿命。结案之后，知县令所征石磨用来铺成磨盘街。

戚家军军粮——光饼

2018年6月13日，习近平总书记在蓬莱阁观澜亭的商店里，看到了“光饼”，饶有兴趣地掰开品尝，并招呼其他人员一起品尝，还讲起了光饼在福建流传很广的故事。

总书记说：“别看戚继光是蓬莱人，但光饼是他在福建时发明的。南方没有麦子，都是吃大米，不容易携带，所以在战斗的过程中，就把面粉做成压得很实很硬的饼，便于携带。因为要在潮湿的南方长期储存，正宗的光饼烘焙的又干又硬，食用时搞不好会割破嘴唇，正确的吃法是在吃的时候要翻过来咬。士兵行军打仗时，要将其穿成一串，像背‘斜挎包’一样背在身上。”

光饼是戚继光率“戚家军”在福建打击倭寇时发明的军粮，是用小麦粉烙成小饼，中间穿孔，背在身上。光饼耐存储，食用方便，流传很广。在福建沿海、内地，光饼是特产、名吃，形状有大的有小的，味道有咸的有甜的，内里有带馅的有不带馅的，式样有穿孔的有不穿孔的，外表有带芝麻的有不带芝麻的。

光饼流传于明嘉靖年间，是当年抗倭名将戚继光率戚家军行军作战时携带的干粮，也是我国唯一与戚家军爱国主义事迹直接相关的糕饼。

郁达夫为戚继光作的诗词中提到光饼（在福建，光饼也叫征东饼）：“三百年来，我华夏威风久歇。有几个如公成就，丰功伟烈。拔剑光寒倭寇胆，拨云手指天心月。到如今，遗饼纪东征，民怀切。”“遗饼纪东征”中的“饼”指的就是光饼。

光饼的历史，还得从戚继光抗倭说起。据福州府志记载：明嘉靖四十二年（1563），抗倭英雄戚继光率军入闽追歼倭寇，连日阴雨，军中不能开伙，戚继光便下令烤制一种最简单的小饼，用麻绳串起挂在将士身上充当干粮。

戚继光率领士兵追杀捕剿倭寇，贵在用兵神速，但行军过程中，架锅烧饭会拖延不少时间，而简单的用光饼充饥，可解决这一问题，这种小饼便在戚家军中普及起来。

戚家军发明光饼后，沿海各地的百姓争相仿效为戚家军及其他抗倭军队制做光饼。光饼由此在民间流传起来，不但普遍食用，而且有的地方还成为祭祀神灵祖先必备的供品。福建省的福安等地传说，由于助戚家军平倭有功，明嘉靖帝赐名曰“继光饼”。

关于光饼的起源，蓬莱民间有这样的传说，光饼的创意源自蓬莱的巧果，巧果是用小麦粉烙成，穿成一串的小食品。

福建一带不以面食为主食，戚继光是蓬莱人，在福建抗倭时，因军粮不易携带一筹莫展，想到家乡蓬莱七夕时吃的巧果，就指导士兵用小麦粉制做，为便于携带，将“巧果”压得很扁，形成今天光饼的样子。

小小的光饼不仅是福建、蓬莱的民间美食，而且是承载着福建、浙江百姓对戚继光思念之情的信笺，是寓意着戚家军巧思发明、开拓创新的精神食粮，是传承着抗倭英雄戚继光忠国爱民、固土御疆爱国情怀的红丝线，是蓬莱这座历史文化名城中民俗文化的重要组成部分。

苏东坡托梦示像

话说崇祯年间登莱海防道参议周之训仰慕苏东坡的风采，捐出款项，命其属下张万宪督修苏公祠，庀材鸠工，两月告竣。张万宪此刻面临一个大难题："独难其像"。受时代局限，坡翁没有留下影像资料，可真是祠易建，像难摹。但祠堂里没有苏公的像，也不成事啊。

张万宪是个文人，也是一个聪明人，他无法获得直接的资料，但他深谙"文如其人""字如其人"的道理，张万宪堪称苏东坡的知音，于是十多天来茶饭不想，只是苦读东坡的诗文，试图从他的诗文中悟出东坡先生的模样。

灯下，四野俱寂，张万宪多次高声吟诵起东坡的名篇《前赤壁赋》："壬戌之秋，七月既望，苏子与客泛舟游于赤壁之下。清风徐来，水波不兴……浩浩乎如凭虚御风，而不知其所止，飘飘乎如遗世独立，羽化而登仙。"读到此，张万宪喝了一声彩："好文章！"暗自沉吟，坡翁洒脱出尘，气度不凡，这"飘飘乎如遗世独立"正是他的写照。传言坡翁乃天上文曲星下凡，虽属无知之徒妄传，但若真有仙界，坡翁定当位列仙班，不与凡夫俗子同列。"羽化而登仙"句，正暗合了苏公的仙风袅袅。

读到"于是饮酒乐甚，扣舷而歌之"时，酒兴被勾起，张万宪于是起身倒酒，一饮而尽，又继续往下读。读到文中"客"所说的"寄蜉蝣于天地，渺沧海之一粟。哀吾生之须臾，羡长江之无穷。挟飞仙以遨游，抱明月而长终。知不可乎骤得，托遗响于悲风"，张万宪也被深深感染，陷入了与"客"同样的无奈与感伤之中。又不自禁地倒了一大杯酒，一口饮尽，涕泪横流，如痴似醉。

突然，一个峨冠博带、形貌高古、满脸络腮胡子的人不请自至，斜眼张万宪道："客亦知夫水与月乎？逝者如斯，而未尝往也；盈虚者如彼，而卒莫消长也。盖将自其变者而观之，则天地曾不能以一瞬；自其不变者而观之，则物与我皆无尽也，而又何羡乎？且夫天地之间，物各有主，苟非吾之所有，虽一毫而莫取。惟江上之清风，与山间之明月，耳得之而为声，目遇之而成色，取之无禁，用之不竭，是造物者之无尽藏也，而吾与子之所共食。”

张万宪闻言大喜，本来对陌生人还存有的一点戒心荡然无存，连声道：“说得好！说得好！请饮了此杯酒，一起叙话如何？”边说边满斟了一大杯酒，边请来人就坐。

此人也不客气，接过酒一口喝了，问道：“吾观张兄连日来食不甘味，夜不能寐，不知有何难处？可否示之在下？”

不知何故，张万宪对眼前这陌生人竟感觉无比亲近，仿佛是乍见多年不见的老朋友，又似是亲人重逢，郁积心中多日的话竟向他和盘托出：“在下蒙周公信任，委以重托，负责修建苏公祠，历经两月，大体告竣，但缺苏公之像，故尔烦恼。”

没料到来人哈哈大笑，扬长而去，张万宪本想要拉住他问个清楚，但他已走远，却还听到他的话语远远传来：“人之形骸尚属浮寄，况寄外之寄，何求逼真？吾之像仿佛可也。周公且不日有佳兆矣。”

张万宪似有所悟，又有诸多的疑惑，想问清楚，忙迈步就赶，不料脚下一滑，摔倒在地，原来刚才竟是在做梦！再看窗外，明月在天，清爽无比，微风抚竹，沙沙作响。“人之形骸尚属浮寄，况寄外之寄，何求逼真？吾之像仿佛可也。周公且不日有佳兆矣。”反复琢磨这句话，恍然大悟：“原来刚才那人就是苏公东坡先生！”一想到东坡先生托梦解答了他多日的难题，心中可真是百感交集，难以言表，对东坡先生的豁达与超然，佩服得五体投地。只不过对“周公且不日有佳兆矣”仍不太明白。他恭恭敬敬地斟了三杯酒，来到院中，对着明月，鞠了三躬，将酒洒在一株桂花树下。

第二天，张万宪根据梦中所见东坡先生的模样，绘画出来，交给一位精于石雕的能工巧匠，命他照画像刻在石上，这工匠雕刻极好，所雕画像形神兼备，呼之欲出，活脱脱就是那风流倜傥、豪放不羁的苏东坡。置之苏公祠，来此拜谒者无不称颂。

周之训一见，亦拍案叫绝，这与他心中的先生完全吻合。于是张万宪就将那晚梦里东坡先生来指点迷津的事说给周公听，周公也很吃惊，反复推敲，确信那就是东坡先生在天之灵托梦示像，只是两人都不太明白“周公且不日有佳兆矣”究竟是何意思。

正说话间，一匹快马疾驰而至，原来是朝廷公文到了，周公加官进爵，即日将赴京城上任。两人相视一笑，原来苏公托梦之时已泄露天机，只是凡人难以领会。

张万宪遂撰文《东坡苏公像记》，详细记载了此事的来龙去脉，并感慨道：“孰知非周公也，亦非余也，皆苏公灵爽有以默相而启之者也。”

郑和下西洋与蓬莱“紫檀木舵杆”

登州港（蓬莱水城）是我国北方著名古港，1984 年和 2005 年两次重大清淤工程中，发现 4 方明代大型珍贵木料，材质为紫檀木、黄花梨木、铁力木，其尺寸之大，国内罕见，现被陈放在蓬莱古船博物馆展厅内，吸引着四面八方的游客前来观赏。

1984 年 4 月，在登州港（蓬莱水城）清淤工程中，发现一块大型明代木材，长 8.2 米，被加工成方木。木材分大、小头，大头宽 43 厘米，高 48 厘米，在头部凿有 9 厘米的圆形穿孔，小头宽 37 厘米，在小头处刻有 3 行文字，共 48 字：“黄字三百十五号，壹根长二丈八尺，厚一尺二寸，舵头破心，闪脚破开一尺五寸，巴节三个。永乐十年六月　　日进四百料。”清淤工程结束后，蓬莱县文物部门将船材取样，送到北京中国林科院木材所进行了鉴定，结果显示古舵杆用材为紫檀木。

从国内发现的明代船材文物看，许多官方木料上刻有文字编号，如南京宝船厂、登州港（蓬莱水城）出土的明代木材莫不如此。登州港（蓬莱水城）紫檀木舵杆编号就是依据《千字文》“天地玄黄，宇宙洪荒”的“黄”字头来编号。登州港（蓬莱水城）发现的紫檀木带有编号，显示出官方管理机构对于珍贵船材的严格管理程度，甚至连“巴节三个”均仔细标明，也说明当时对于海外而来紫檀木的珍视程度。

我国传统观点对于明清紫檀木的产地，素有印度、斯里兰卡、东南亚及我国云南、两广等地的说法。但是，近年来经周默先生等紫檀木专家实地考证，实际上自古至今紫檀木原产于印度南部地区。登州港（蓬莱水城）出土的明朝永乐十年（1412）紫檀木舵杆，与永乐年间郑和开通西洋航线后，郑和船队抵达印度时间相同。近年来，我国著名造船史专家席龙飞先生提出，郑和船队的大型宝船出现于郑和第三次下西洋以后，而蓬莱永乐十年（1412）紫檀木舵杆，恰好出现于郑和第三次下西洋期间。在中国北方登州港，发现并保存郑和下西洋的紫檀木船舵，从一个方面也反映了登州港在明朝初期繁盛的运输景象。十分巧合的是，盛产紫檀木的印度南部卡纳塔克邦与安德拉邦紧邻古代的古里国，再往南就是柯枝国。如果郑和船队或私人海上贸易船队从古里、柯枝装运产于印度南部的紫檀木也是合情合理的。

唐代是中国兴盛时期，紫檀木大量地进入中国，其原因之一与佛教的传播有关。唐代辩机《大唐西域记赞》中记载玄奘西去天竺取经，在经过天竺一座城池时："城内故宫中有大精舍，高六十余尺，有刻檀佛像，上悬石盖，无陀衍那王之所造也。昔如来在仞利天经夏为母说法，王思慕，及请目连将巧工升天观佛颜容止，还以紫檀雕刻以像真容，世尊下来时，像迎佛，即此也。"可见印度的紫檀木佛像，给玄奘等取经者留下深刻印象。此后唐代开始引进大量的紫檀木，流行用紫檀木雕刻成佛像进行供奉。从此中国成为继紫檀木原产地印度之后，世界上使用紫檀最多的国家。

唐代的紫檀制品对日本的遣唐使、留学僧等影响极深，并作为珍品输往日本。保存在正仓院的日本国宝之一——唐代镶螺钿紫檀木琵琶，被视为重要的文化遗产，历经千年，珍藏至今。据说使用紫檀木制作的琵琶，音质奇妙，别具韵味。唐代诗人张籍在《宫词》中描述："黄金捍拨紫檀槽，弦索初张调更高。尽理昨来新上曲，内官帘外送樱桃"，记载了紫檀木琵琶的奇妙之处。

元代，中国的紫檀木作为大宗商品输往东亚的日本、朝鲜。1976 年，在韩国新安海域发现的元代沉船，沉船上装载紫檀木多达 1017 根，紫檀木放置在舱底用以压舱。袁晓春先生作为最早接触新安沉船紫檀木的国内人士，在韩国国立海洋遗物展示馆的仓库内，测量了这批紫檀木，紫檀木大多数为实心，长度在 30—200 厘米。其最大的紫檀木周长为 45—70 厘米，但数量较少；大部分紫檀木周长在 20—32 厘米之间。袁晓春先生深知新安沉船紫檀木的重要性，在国内外学术场合多次言及其重要意义，以期引起关注。韩国学者金炳堇博士率先以《新安船装载的紫檀木与国际贸易》一文，在泉州召开的“海上交通与伊斯兰文化”学术研讨会论文集发表，新安沉船紫檀木的研究开始在国内外传播。目前，这批紫檀木在韩国木浦市的国立海洋遗物展示馆新安沉船展厅，与沉船同时对外展出，期待着国内外学者的更深入研究。

国内学术界的许多著名学者认为，全国范围内紫檀木没有大木料。《紫檀》一书的著者周默先生说：“我接触紫檀木二十多年，小头直径最大的有53厘米的（长度为260厘米），最长的紫檀木约390厘米。”多年从事明清家具研究的故宫博物院研究员胡德生先生介绍到：“故宫现存紫檀大器中，板宽很少有超过20厘米的。”《明清家具研究》的作者，已故著名明清家具研究专家王世襄先生曾说：“从见到的紫檀原材料及家具上的板材来看，直径或板材在一尺以上的绝少。”近年来，周默先生曾亲往印度南部的古德伯林区，看到紫檀木的老树桩直径在67.95厘米，还见到了直径44厘米的紫檀木树干。他认为由于印度林区运输困难，紫檀大料在印度本地用于建房或提取染料而使用殆尽或过度采伐，致使来到中国的紫檀大料寥寥无几。然而，在蓬莱的登州港（蓬莱水城）发现明永乐十年（1412）长8.2米的大型紫檀木料，应以说明郑和下西洋航线的开通，在明代永乐年间海外的大型紫檀木，经过辗转抵达北方的登州港，因其历史机缘而保存至今。

周默先生在《木鉴——中国古典家具用材鉴赏》书中提出：“明中期以前所存的木质文物，特别是家具极少。”故宫博物院研究员胡德生先生认为：“明清硬木家具是从明代后期的隆庆、万历以后才开始的。明代272年的历史硬木家具只占最后的七十年。”胡德生先生发现在抄没明代权臣严嵩的家产清单中没有紫檀、黄花梨、铁梨等硬木家具，因此胡德生先生认为“隆庆年间开放海禁，私人可以出洋，才使南洋及印度洋的各种优质木材大批进入中国市场”。从我国可以看到的官方和民间紫檀木收藏领域看，专家们所言不虚。但是蓬莱紫檀木的出土，至少说明在明代永乐年间郑和下西洋期间，紫檀大料进入到中国，但目前存世极少。蓬莱长8.2米的紫檀木，即是郑和下西洋的见证，也是中国目前保存最大的古代紫檀木之一。

登州港（蓬莱水城）发现明代紫檀木、黄花梨木、铁力木等珍贵木材用于造船，其优良材质保证明代海船的卓越性能，可见郑和船队在船舶材质上，有条件选用世界上最优质的木材来造船，使得船队的抗风浪能力、耐久性必将优于外国船舶。而8.2米长紫檀木舵杆的出土，对于传统“紫檀无大料”的观点形成新文物实证，说明至少明代永乐年间郑和下西洋期间，国内不可否认存在着一定数量的大件紫檀木。登州港明代紫檀木能够穿越历史保存至今，实属国宝级文物，十分珍罕，其历史与科学价值将日益显现。

宋庆与“篪”字碑

蓬莱阁天后宫垂花门西侧，矗立一碑，书为草体，为清末将领宋庆所书。字体运笔雄浑，上实、中虚、下涩，笔力遒劲，字型端正，一挥而就，末笔通天入地，酷似斑驳的虎尾，故人称“一笔虎”（也有人称之为“一笔篪”）。此字到底是“虎”还是“篪”，历来人们争论不休。但在书法草书中却找不出此“虎”的范本，却找到了“虎”字头上带有“竹”头的“篪”字。篪是古代一种管乐器，像竹笛，有八孔，横吹。“虎”“篪”两种说法，究竟哪种说法更符合史实呢？

要弄清楚到底哪种说法更符合史实，我们就要先弄清楚宋庆其人。

宋庆（1820—1902），字祝三，原名宋良确。清嘉庆二十五年十一月十八日生在蓬莱南王泊子宋家村一个农民家庭里。1854年，年已三十四岁的宋庆闻同乡宫国勋在安徽亳州做州官，便前去投奔。宫国勋见他为人老成，又有壮志，命他统带练勇，积功至花翎游击。值捻军起于江淮，宋庆奉命参与镇压，数战多捷，于清咸丰十年（1860）晋升总兵，敕号“毅勇巴图鲁”（巴图鲁，意为“勇将，能干”。在清代，巴图鲁作为一种赏赐手段，大量赐封将士）。宋庆在花甲之年仍屡立战功，1882年清政府决定加强海防，命宋庆率其毅军驻扎旅顺口。此后，宋庆驻扎旅顺口十二年，为巩固渤海海防、训练士卒、修建工事竭尽心力，当时旅顺口的陆路炮台多为宋庆部所修筑，时人认为宋庆毅军为“诸军之冠”。他为此受到慈禧太后、光绪帝的宠爱和恩赐，并被立牌设祠，表功晋升。慈禧太后亲书“耆年伟略”，光绪帝亲书

“倚之干城”匾额赐之。

关于碑上的字，有一桩家事能道出个中缘由。

宋庆曾娶三位妻室，原配夫人马氏早逝，只留下一个女儿。继配滕氏婚后一度不孕，后经多方医治，终于生一子。当时宋庆已五十岁，老来得子，乐不可支，遂取名“篪”，不料此子三岁夭亡，宋庆空欢喜一场，难免伤心不已，以后军旅之余，终日默念着“篪”字，他有练书法的习惯，于是把悲伤和怀念常常倾注在笔墨之中，“篪”呀“篪”的写个没完，日久天长，熟能生巧，这“篪”字写得苍劲有力，虚实皆备，张弛得体，一气呵成，由于笔划间未停顿，遂成了“一笔篪”。

宋庆发迹后，曾捐俸续修《蓬莱县志》，于县境修路建桥，捐修蓬莱阁；青黄不接时节，办粥厂施舍百姓等。乡人受惠于宋庆，无不感念之。有心人便于1884年浮海至旅顺，取宋庆写得最好的一个篪字，募人刻石，立于蓬莱阁上，也算是对他的一种别致的纪念了。

明代重修三清殿轶闻

在蓬莱阁丹崖山的东侧，有一座三清殿，因供奉道教的三位至高神而得名。大殿内中间供奉玉清元始天尊，东边供奉上清灵宝道君，西边供奉太清太上老君（老子）。他们手中拿的宝器分别象征着三个不同的时代。元始天尊手拿红珠，象征洪元时代，灵宝道君手拿太极图，象征混元时代，太上老君手拿扇子，象征太初时代。三清殿遍及信奉道教的地方，我国国内有许多著名的三清殿建筑。

蓬莱阁的三清殿建筑规模虽说不是很大，但是发生在明代重修三清殿过程中的一件神奇事情，却是十分少见的。这个神奇的故事，记载于三清殿正殿院东墙上的《重修三清殿记》石碑上，它的撰写者是登州蓬莱人、明代南京刑部尚书陈其学。

话说明代隆庆年间，有个叫张凤翥的官员调到登州做官。张凤翥上任后，有一天在游览蓬莱阁风光时，看到丹崖山东边的三清殿，历经岁月的洗礼，现已破旧不堪。

明代时，道教十分盛行，渗透到社会的方方面面，上可影响封建君主治国，下可制约和引导百姓生活，成为朝廷确定的官方宗教，道教事务也被列入朝廷行政管理的范围。张凤翙出自太仓世官家族，深谙为官之道，于是决定倡导重修三清殿。

为了保证三清殿的顺利重修，此后不久，张凤翙在一次求雨祭祀海神后，声称得到海神的“神示”，因此要顺应“神意”，重修丹崖山上的三清殿。

在张凤翙带头捐缗钱四万的号召下，登州上至官员，下至百姓，有钱的出钱，有物的出物，有力的出力，重修三清殿的事情搞得风风火火的。

可是“万事俱备，尚欠东风”，修筑三清殿大殿需要质量上好的大木料用来制作立柱和大梁。登州在明代时属于偏远地区，经济很不发达，一时之间，制作立柱和大梁的上好大木料难以筹备，重修三清殿也陷入了僵局。

忽一日，天空晴朗，万里无云。几名正在海中捕鱼的渔民发现，有一些黑点从远处大海上慢慢飘来。不久后，渔民们惊奇地发现，这些飘浮的黑点居然是粗大的木材！

于是渔民赶紧报官。经官府查验，大海上飘来的木头有 10 多根，其中 3 根竟然有三、四丈长，余下的也有二丈多长，这些木头大多都是珍贵的树种。更令人惊异的是，这些飘来的浮木居然是经过粗加工的，正好可以做修建三清殿大殿的大梁和立柱。

登州官员和百姓欣喜若狂，纷纷到海边跪拜，感谢海神妈祖显灵，福佑重修三清殿。三清殿也因此得以顺利重建，重修后的三清殿更加高大威严，气势雄伟。

明代发生的海上飘来巨木“资助”重修三清殿的故事，的确令人感到神奇。后人猜测，明代常有东北地区运输木料的货船通过登州航线，这些“浮木”可能是货船在海上失事后随洋流飘来的。

蓬莱阁龙王宫消逝的唐槐

如今说起唐槐，人们往往想到的是天后宫主殿西南角那株苍老的古槐。无论从《蓬莱阁记》也好，从导游词也好，还是许多丛书中，均对这株古槐身世、体貌进行了详尽的描述，以增强这处古建筑的韵味。其实早在1941年以前，龙王宫西厢南侧还有一株唐槐与天后宫这株唐槐遥相呼应。由于道士相继谢世，又无准确的资料记载，这株唐槐自然而然地被后人忘却。20世纪90年代初期，道士后人庄风驰已年过80岁，据他介绍，龙王宫唐槐位于龙王宫前院西南角，树干挺拔，枝叶茂盛，树冠舒展，通体没有一点腐烂之处。胸围两个成年人也搂不过来。整个树冠将龙王宫前院几乎全部遮住。大风天部分侧枝将东西厢及前殿屋面屋脊扫坏。庄道士家人爬上房顶对部分侧枝进行修剪，以免古建筑再度被损坏。在西厢房北侧有一株藤萝，似一条黄白色长蛇盘唐槐枝干而上。然后沿树冠主枝、侧枝绕行。尤其是盛夏，唐槐的枝叶与藤萝花朵相间，给人们难以言表的美感，同时也是天然的避暑乘凉的极佳场所。白天城里富豪经常乘车坐轿来此院避暑。有时三、四桌人喝茶，请戏班子唱小段子，中午在此午餐，晚上才离去。这里的晚上是渔民的天下，他们利用渔猎后的空闲时间，携带儿女在唐槐下乘凉，摸着黑谈东说西，直到午夜后才悄然离开。

1940年农历九月初三的早晨，东方一片火烧云，红得很可怕。俗话说，朝霞不出门，晚霞行千里。这是人们长期生活中对天气预报的一个经验积累。九点过后，天空开始转多云，十时许从东南方的乌云压顶而来。接着狂风大作，大雨倾盆，让人透不气来，连多年来未动过的唐槐主干也开始抖动。突然间，一条雷电呈东南、西北方向从唐槐树冠掠过，“喳嚓”一声，唐槐冠顶腾起一个巨大火球，唐槐主干被拦腰截断，与唐槐相伴的那株藤萝也难逃厄运。生长千年的古槐就这样断送了自己的性命，给自己生长的年轮画上了句号。庄道士介绍，被雷击的唐槐树冠呈黑颜色，部分地方被火球烤焦。倒下的粗壮树冠将西厢东坡砸了一个洞，东厢正脊刮倒。雨后，庄道士家人和水城村热心人均来帮忙清理现场。光用锯截枝、搬运就用了两天时间。在前殿院内两侧堆起的树枝就像小山一样。随后，庄道士利用募集的资金将东西厢房破损部位修复。此时的龙王宫院内唐槐仅存不足人高的残树干，昔日的风貌如烟云般消散了。人们的心底是善良的，庄道士家人总认为唐槐还会复活，最起码从根部再萌发新枝，毕竟这株唐槐伴随蓬莱阁一千多年，陪伴庄家度过庙里生活的美好时光。人们一直守候三年，古槐也没有复活的痕迹。他们在古槐前烧香、烧纸、祷告，才将古槐残树干彻底根除。此处的唐槐在蓬莱阁彻底消逝。

按一般规律，被雷击的树木有再生的能力。但龙王宫此处土质贫瘠，树木生长萌生能力十分脆弱，加之雷击重创等因素，再生的几率是很小的。如今，龙王宫唐槐的存在已经成为鲜为人知的事情了。但这株唐槐是与蓬莱阁古建筑群同步的老者，是一段历史史实。今天我们对它进行补记，旨在将龙王宫唐槐公布于众，让它重见天日，这对于研究蓬莱阁，对今后重写蓬莱阁记均有一定的帮助。

仙山祀高士　一祠两贤人

蓬莱阁古建筑群东部白云宫院内有一座古朴的院落——仲连祠，圆形院门上“仲连祠”匾额为书法家王丹所书。仲连祠坐北朝南，三开间，占地面积540平方米，建筑面积67.5平方米。正间设双扇木门，次间设隔扇窗。院内地面由鹅卵石和青砖拼成“卍”字和回形纹图案。院内东侧立有一块一人高的大理石石碑，碑额书“遗则常存”。院外古木遮天蔽日，院内紫藤生机盎然，清幽静谧。祠内供奉有鲁仲连和吴长庆两位先贤神牌。

仲连祠的位置最早在宾日楼下的吕公亭处，供祀的是战国末期的齐国隐士鲁仲连。年代传承久远，因战火毁于明后期，后人在原址内刻吕公像，遂改为吕公亭。据明泰昌《登州府志》记载：“仲连祠在望日楼后，木主久废，近刻吕纯阳小像于其内，因名吕公亭。”现存的仲连祠为清末广东水师提督吴长庆帮办山东军务时，因对先贤鲁仲连的敬仰之情，在丹崖山上蓬莱阁下重建的。

鲁仲连，又名鲁连，尊称“鲁仲连子”或“鲁连子”，是战国末期齐国人。鲁仲连胆识过人、智慧高超，擅长奇特宏伟卓异不凡的谋略，他胸罗奇想，口才超群，论辩艺术鞭辟入里，简洁含蓄。他不同一般的辩士务虚谈玄、斗嘴诡辩，而是注意理论联系实际，讲究审时度势，因势利导。心怀天下，忧国忧民，推崇“不战而屈人之兵”的军事理念。

公元前284年，燕将乐毅率五国联军横扫齐国，半年内攻下齐七十余城，齐国广大地区惨遭沦陷。五年后，即墨守将田单率军民众志成城，顽强抵抗，以火牛阵大败燕军，并以摧枯拉朽之势进行了战略大反攻。田单在鲁仲连襄助下一举攻克了狄城。一直打到鲁仲连的故乡——聊城城下。燕将据守聊城，田单攻聊城一年有余，士卒死伤无数却久攻不下。鲁仲连对当时齐、燕两国的局势和燕将的性格、心理进行了一番全面透彻的分析，认为当时的局势“攻心为上，攻城为下”。所以鲁仲连提笔给燕国大将写了一封信《遗燕将书》，用箭射到城里。在这封信中，鲁仲连先是结合齐、燕两国的局势，谆谆告诫燕将死守孤城是非忠、非勇、非智；又站在燕将的角度上，分析归燕、降齐的不同好处；最后又用曹沫和管仲的例子指出“行小节，死小耻”是不明智的做法，劝诱燕将以“小节”而成“终身之名”，以“小耻”而立“累世之功”，放弃聊城。结果，鲁仲连说到心坎里的一番话令燕将痛哭三日，罢兵自杀，真的做到了“不战而屈人之兵”。鲁仲连“一箭书退敌百万兵”，创造了中国军事史和论辩史上的奇迹。

鲁仲连不仅在破燕复齐的进程中出奇谋，立奇功，为光复祖国做出了杰出贡献，而且在当时的国际外交舞台上，也能时刻以齐国利益为重，扶危济困，仗义执言。赵孝成王六年（前 260），秦于长平大败赵军，坑杀赵卒四十余万，继而围攻赵都邯郸。魏国救赵部队不仅驻扎汤阴不敢进兵，而且还派说客新垣衍劝说赵国投降秦国。形势岌岌可危，赵国平原君心急如焚，却束手无策。鲁仲连主动去见新垣衍，用具体的事例作比，生动、形象而又透彻地阐明道理，指出帝秦的弊害，终于让新垣衍拜服，不敢再言帝秦。而秦将也因此退军五十里，邯郸解围。平原君要以官职封赏鲁仲连，鲁仲连再三辞让终不肯受。平原君又要以千金为鲁仲连祝寿，鲁仲连则笑曰：“所贵于天下之士者，为人排患释难解纷乱而无取也。”之后飘然而去，隐居东海。

鲁仲连奇谋高智却淡然名利，不仅胸怀天下而且体恤百姓，以出世之心做入世之事，其出尘绝世的大智慧为后世所推崇。古人以鲁仲连“愿蹈东海”之言，遂在东海之滨，风光旖旎、仙云缭绕的丹崖山巅，修建一座仲连祠，供奉祭祀，从此蓬莱仙境更添一缕仙风。

吴长庆（1833—1884），字筱轩，安徽合肥庐江县人。清代后期名将，官至直隶提督，被光绪皇帝“诏优恤，谥武壮”，并御建专祠。吴长庆一生重文强武，极善谋略，史称儒将。尤其在处理一些重大棘手事件中，既重于国家民族大义，又对百姓桑梓常怀悲悯之心，文治武功相辅相成。

清光绪六年（1880）十月，吴长庆调任广东水师提督，尚未赴任。当时法国与越南构兵，沿海戒严，吴长庆受命帮办山东海防并节制全国防军，率所部驻于登州丹崖山。丹崖山上原有一座传承久远的仲连祠，毁于明后期。吴长庆深入研究了鲁仲连的事迹史料，心中对鲁仲连高节伟义非常欣赏仰慕。特别推崇鲁仲连“攻城为下，攻心为上”的战略思想，将其视为知音师表。清光绪七年（1881），吴长庆捐资在蓬莱阁东南白云宫院东侧重修仲连祠，朝夕虔心祭拜，以仲连之高义为楷模。仲连祠由此得以重生。

吴长庆驻防登州，常住丹崖山，在仲连祠设鲁仲连神牌，朝夕虔诚祭拜，以仲连之高义为楷模，立志效仿，并将其思想精髓体现在施政之中。整饬军队、加强海防、治军严明，暨保一方平安。吴长庆一向重教崇文，特别注重培养文武兼备的人才。他捐资书院，提高教师薪酬，改善教学环境，并对乡试学子提供帮助，大大提高了士民向学之风。吴长庆非常关注民生，他慷慨解囊修路建桥造福乡里。遇有灾荒，他施粮赈济灾民遍及村社。有当地渔民在海上遇险，吴长庆派兵劈波斩浪拯救海难，并对遇难渔民及家人给予资助，妥善安置。在发生疫病时向百姓施药救济鳏寡。善政义举深得蓬莱百姓爱戴。

清光绪十年（1884），吴长庆在金州病逝。因吴长庆在帮办山东军务时，严明军纪、体恤民生，施行诸多“排难解纷”之善政义举，并重建了仲连祠。其德政使百姓深得实惠，将其视同鲁仲连一般的贤能之士。在得悉其身故之后，登州士民惊悼悲思，遂联合捐资，于仲连祠中设其神牌，奉置鲁连神牌之右，一并享祀，并刻“遗则常存”碑铭记。仲连祠一度改名吴公祠。

据碑文记载：“登州府治旧有鲁仲连祠，传者谓有蹈东海语，故祠建海滨，今废久矣。前任广东提督军门吴公，奉天子命以帮办山东海防军务，统带练勇各营，建节来海上，严令束伍，加意恤民。驻于丹崖山次，芟舍偫储，更筑数楹，中设鲁连神牌，朝夕祀之，以志慕效。既移节渡海树援高丽，奉调回关，将星遽陨。讣至，登州士民惊悼悲思，盖公之神采至深且远，而惠逮于吾郡人士者尤多也。初，公之始来，首重儒学，捐金书院，酌加膏薪；更筹宾兴，尽馈乡试。至夫重洋拯溺，不吝厚犒；近郊灾毁，赈及遍村。时有疾疫施以药，哀及鳏寡给以粟，道路崎岖则平之，桥梁坍塌则修之。凡若此者公为之，因而各营统带亦乐而共为之。倥偬海防，不虑士马之驿骚，转获升平之康乐。若公所为，即如排难解纷，称天下士者不是过耳。”

蓬莱阁天后宫“福”“寿”碑

在蓬莱阁天后宫前殿北壁两侧，有两块巨大的字碑，分别是“福”字与“寿”字，传说这两个字是中国道教赫赫有名的陈抟老祖所书。来到蓬莱阁的游人在这两块字碑下虔诚地祈福迎祥的同时，不妨也探寻一下陈抟老祖的福寿秘诀，或有意料之外的收获。

陈抟老祖字图南，宋太宗赐号希夷先生，不但《宋史》有他的传记，宋代人庞觉也著有《希夷先生传》。他的生平可说就是“福寿”两字的具体表现。他自幼聪慧过人，得益于一位神秘人的帮助：“始四五岁，戏水岸侧，有青衣媪乳之，自是聪悟日益”，这“青衣媪”定是仙家，不过若非陈抟福分高，又怎能得到她的赐福？“及长，读经史百家之言，一见成诵，悉无遗忘，颇以诗名”，不过，他的仕途不顺，与吕洞宾一样，他也“举进士不第，遂不求禄仕，以山水为乐”。科举失意，按常理是“祸”，但道家对“祸福”的理解洞若观火：官场少一士子，世间多一神仙，实是万民之福。虽早年考场落第，后来却因名扬四海而引得几个朝代皇帝的敬慕，周世宗把他请到朝廷，“命为谏议大夫，固辞不受”，皇帝后来还送他礼物：“世宗命赍帛五十匹，茶三十斤赐抟”。宋太宗对他也非常敬重，“太宗待之甚厚”“上益加礼重”“上益重之，下诏赐号希夷先生，仍赐紫衣一袭，留抟阙下，令有司增葺所止云台观，上屡与之属和诗赋，数月放还山”。而宋真宗对他也礼遇有加，“大中祥符四年，真宗幸华阴，至云台观，阅抟画像，除其观田租”，传说宋太祖与他下围棋，把华山输给了他，足见希夷先生福缘广大，有若东海，古今少有。

而说起寿，希夷先生也是现身说法，将中国传统文化中的最有吸引力的“寿文化”诠释到入木三分之境界。《宋史》记载：“抟居华山四十余年，度其年近百岁，自言经承五代离乱，幸天下太平，故来朝觐，与之语，甚可听。”而他对自己的寿期早已知晓，“端拱初，忽谓弟子贾德升曰：‘汝可于张超谷凿石为室，吾将憩焉。’”他超脱了生死，正像一位真正的得道神仙，“如期而卒，经七日支体犹温，有五色云蔽塞洞口，弥月不散。”难怪他能寿比华山，成为中国道教史上一座难以企及的高峰，并将他的影响力扩散到中华大地，就连这海滨仙境，人间蓬莱，他老人家也送来了“福”“寿”字碑，供万世百姓顶礼膜拜，赐福于千家万户。

第十四章　葛家修著《蓬莱阁志》

葛家修著《蓬莱阁志》手稿，未刊印

编者的话

本编所记秦始皇与方士问答的话是民间传说，多少有些根据，当时蓬莱情况按照各方面形势，亦可证实。

第二节所记四时景致变化不同，亦系写真。本编所写主要在风景，庙宇次之，所以详记风景，楼阁、轩亭、庙宇多略。

碑刻但录某人、某碑，文字冗长者，不及备载。联、匾，除蓬莱阁三字及吕祖阁外檐长联外，只字不存，兹就私人抄本录之，殊难完备。

本编所录诗词，多未付梓者，录之以备一格。兵燹及轶事、神话材料搜集无多，仅就所闻略志一二。

编者一人脑力有限，幸二三良友助我实多，宫剑秋、吴荣生（时年八十有四）、孙翰臣、马瑟仙诸先生协助尤殷，特志于此，以表谢忱。

本编仓促写来，错误和遗漏在所不免，希阅者纠正为幸。

1. 沿　革

蓬莱阁建筑在蓬莱城西北丹崖之上，丹崖山作赭色，故名。秦汉时全山潜伏在海中，水面不能得见。其时蓬莱县城面积极小，东至羽山，南至文峰顶，北至今水城，内外俱是大海围绕。城东门，后改为鼓楼，即秦始皇望仙处。旧府署有篆书始皇纪功碑，今佚。楼上后人题有“望仙旧迹”匾额，今亦不存。始皇初至此地，登高远望，但见大海汪洋，一望无际，并无神仙踪迹，惟北望大海奔流，水光荡漾中发现赤色，因问随从方士，随以仙岛对始皇，又问其名，方士无以答，忽见水中乱草丛生，随波漂浮，即以“蓬莱”为对，于是蓬莱仙岛之名，始渐传播。汉武帝亦曾望仙于此，相传蓬莱旧城系汉武帝所筑，嗣后屡经沧桑，海水北移，城北、城南一带悉为陆地，丹崖始发现于此。又不知经过若干时代，渐有渔樵者在丹崖建筑草阁三楹，以为休憩之所，即《齐乘》所谓“海神庙”。迨北宋仁宗嘉祐间（一作治平），郡守朱处约以其地高峻，风景幽绝，因移庙西置平地，凿山建阁，以便游览。明万历十七年，巡抚李戴改建。清嘉庆二十四年，总兵刘清、知府杨本昌重修，后屡经补修，始有今日面貌。只以年代深远，已非昔时旧观，事变迭经，更非本来面目，但是就今日所存余的胜迹，亦足供游人欣赏云。

补　遗

蓬莱阁在唐以前，原是一根柱子架阁，称为神工。宋时改建两层，即作海神广德王庙。（录《辽呆记》）

补　遗

明万历十七年，巡抚李戴改建，后复一修于都督卫青，再修于永康侯徐安，三修于中丞宋应昌。崇祯五年，毁于兵火，太守陈钟盛又重建之。至清嘉庆二十四年，总兵刘清、知府杨本昌重修。同治六年，又经知府豫山补修，并建澄碧轩于避风亭西。明、清两代，数百年间，先贤一再修筑，始有今日面貌。

2. 形　胜

蓬莱阁建筑于丹崖之上，居高临下，负海面山，波涛万顷，远眺海天澄碧一色。阁后悬崖陡绝，高有万仞，下视行人小如蝼蚁，山上砌以短墙，墙前即巍峨壮丽之大楼。登楼遥望，南则岗岭起伏，阡陌毗连，城市喧闹，人烟稠密。其东发电厂、炼铁厂及其他工厂历历在目；其西与田横寨相连，俗名“老北山”，亦历史上有名古迹。山后有狮子洞、仙人洞、弹子窝等十三洞，形势天然，不假人力。北则岛屿罗列，直接旅大，更西复近京津，为南北交通要道，亦系海防重镇。若逢春日，和风送暖，波澜不惊，百花齐放，万木争妍，游人至此，别有陶冶性情之乐。夏日溽热侵人，登临倍觉清爽，偶遇山雨忽来，倾盆而至，则见万点金波跳跃海上，使人为之目眩，此两景为他处所不经见。至若金风飒至，气爽秋高，枫叶芦花，白蘋红蓼。冬日则雪深三尺，冒雪登临，遂有琼楼玉宇，高处不胜寒之感。其他朝迎日出，暮送日入，夜接新月，夕照晚霞，更为天地之大观，宇宙之奇景。山河灵气，变化多端，即久居阁下者，亦难尽睹其妙。神山之说，殊属子虚然，登楼纵目，确有超然出尘之感。

3. 楼阁轩亭

大　楼　蓬莱阁以大楼为主体，莽然突出，高接云霄，航海者远在数里外，即望见之。楼上正中悬“蓬莱阁”三字匾额，字大如栲栳，系清代书家铁保所书。有人谓铁保只书“蓬莱”二字，“阁”字系另一人所书，系后配的。骧视之，三字亦浑然无迹，细看“阁”字，略嫌不匀。楼上旧日匾额甚多，兵燹后仅此匾岿然独存。

避风亭 在阁之西，冬日海上虽有巨风，亭内仍觉和煦，故名。

澄碧轩 在阁之西北隅，同治六年知府豫山建。

卧碑亭 在阁之东，苏东坡海市诗石刻在此亭内。

观澜亭 吕祖殿东庑，凭栏观海，一望无际。

戏 楼 天后宫前，抗日战争时炸弹落楼上，楼毁，今重修已复旧观。

望日楼 蓬莱阁东，观日出处，按其地址当在白云宫内，今废。

旸谷楼 望日楼南，今废。

海市亭 蓬莱阁西，正德八年知府严泰建，今改称“避风亭”。

多寿亭 在蓬莱阁南，万历十八年知府王云鹭建。又前有烂柯处亭，前有排云一见坊、海峤仙杖坊、古仙灵地坊，俱废。

镜石亭 天后宫门东，今废，石后移避风亭西。

松石亭 天后宫门西，今废。

灯 楼 在蓬莱阁东北隅，登州府同知雷树枚建，后圮。公元 1958 年重修，其形如塔，光明远射，夜航者可作日标。

海镜亭 海潮庵西，今圮。

万民感德碑亭 天后宫山门前，康熙年普免钱粮勒，已废。今重修已复旧观，碑毁已久，仅存碑座。

4. 庙 宇

广德王庙 天后宫西，唐贞观年建，元、明两代迭次重修，即今龙王宫。

天后宫 原名“灵祥庙”，山门石刻“显灵”二字，宋、元、清三朝屡加修建，道光十六年毁于火，十七年知府英文重修。正殿不甚阔大，而庄严朴素，饶有古意。神座前明柱系铁力木，尤为名贵。寝殿两边隔扇，雕刻花纹极精致，当系数百年前遗物，虽经兵燹，犹未毁伤。寝殿有楼，昔时谓有怪灵，无敢登者，今已住人、游览。正殿前院东西两庑，旧有塑像，多系神话故事，今废。

吕祖殿 望日楼后，木主久废，刻吕纯阳小像于内，因名“吕公亭”，后改为“纯阳洞”，原鲁仲连祠旧址。

苏公祠 在阁之东，旧有东坡学士装塑像，今废。

上清宫 1957年重修，正殿名“三清殿”。

潮海庵 后改为“海潮庵”，已圮。

小圣庙 即平浪宫，光绪七年总兵方正祥重修，已圮。

白云宫 蓬莱阁前，万历卅一年毁，总兵李承勋重修建，顺治年间朱国柱重修，道光十八年知府英文重修，今庙已倾圮，只存山门。

千佛寺 蓬莱阁前，今圮。

弥陀寺 蓬莱阁前，今圮。

毗庐阁 丹崖南麓，今圮。

刘公祠 在阁之东，祀清四川按察使刘清。刘公，字松斋，贵州人，官登州总兵。以蓬莱阁倾颓日甚，倡议修复，躬亲监造，寒暑不休。阁外有回廊，东偏作室如舫，为登降所由。前数楹为憩息之所，皆昔时所无。邑人以公有造于蓬莱阁，其功甚大，立祠祀之，并塑像以示景慕，今像已毁，只余清嘉庆帝赐诗匾额。

5. 碑 刻

陈抟“福”“寿”字碑 陈希夷先生“寿”字刻石，西岳见如山之意，海屋仙筹，寿更无算。蓬莱阁有先生“福”字碑，无“寿”字。丙辰春，予量移将去登州，间中就西岳拓本摹镌，与“福”字并传。旧在蓬莱阁北偏，道光十八年移置天后宫二门内。

苏轼海市诗 原在卧碑亭内，已残蚀，不可读。苏公祠内有翁方纲重摹一石，字迹尚清晰。

三台石 天后宫前有六石，两两对峙，高八、九尺至丈余，系当日凿山建阁时所存留，阮元题为“三台石”，隶书，嵌天后宫大门左壁。

坤爻石 即三台石碑，碑阴刻“坤爻石记”，张辅书。

凤凰台 天后宫山门外，刻于山上。

吕祖书“寿”　扶乩所书，笔力雄健，碑在吕祖殿外。

“碧海丹心”石刻　冯玉祥书。

“寰海镜清”石刻　光绪庚寅裕德书。

“碧海清风”石刻　鲁琪光书。

“海不扬波”石刻　道光庚子托浑布题，光绪甲午日舰炮弹击毁“不”字。

以上三石俱嵌阁后墙下。

“海天一色”石刻　姚廷槐书洞宾楼后。

董其昌行书石刻　在避风亭内，为睢州袁可立作。

吕祖像石刻　苏公祠东，碑阴刊降乩诗。

阴启光《七言》诗石刻

朱处约《蓬莱阁记》

陈钟盛《蓬莱阁记》

施闰章《海镜亭记》

杨本昌、刘清《重修蓬莱阁记》

英文《重修天后宫记》

宋应昌《重修蓬莱阁记》

豫山《重修蓬莱阁记》

豫山《澄碧轩记》

雷树枚《蓬莱阁灯楼记》

郡人合立《重修蓬莱阁记》

海昌陈谦《和登蓬莱阁》诗　避风亭

楚鄂崔应阶《题蓬莱阁》诗

陈东光《登蓬莱阁》诗

明濑江宋献《观东坡海市诗刻次韵》

孟津王鑨《观海市诗二首》

明云中万世德诗

山阴祁为德《海市诗》　许庆士勒石

江阴季芝昌《登蓬莱阁》诗

西溪李元龙《观海》诗

石游琏《和坡翁》诗

邹德泳《登蓬莱阁》诗

三晋陈葆光《蓬莱阁观雪》诗

望溪张一飞《蓬莱阁》诗

长白英文《宴集蓬莱阁留别》诗

以上诗文石刻或已佚，或仍存，诗文不及备录。

6. 楹联匾额

楹　联

昏晓割阴阳控之罘吞碣石登斯楼也其间有舜日尧天看万派朝宗尽招来丝枲铅松共球玉帛

乾坤浮昼夜驾圆峤跨方壶望美人兮何处是秦桥汉柱喜三山隐现且纵览鼍梁蜃市蛟室鳌宫

（同治九年中秋古寿春 孙恺元题大楼下外檐明柱）

扪参历井峻极于天

奥区神皋斗绝入海

（泰兴朱铭盘集句 武昌张裕钊书大楼下正所里间）

山水有灵亦惊知己

性情所得未能忘言

（约庵阎敬铭）

九万青天登梯得路

三千碧海破浪乘风

（武林倪鸿宝）

城市当前烟火万家忧乐共
海山在望乾坤一气古今浮

（桂林秦锡九）

能平骇浪洪涛何处非三山胜境
为语蜃楼海市此时有西蜀苏公

（潘霨）

坐揽一帆风雾南通闽粤北溯津关
凭来百丈蓬瀛阁是蜃楼城如海市

（熙湖李振祜 阁下明柱后正厅两旁）

形势拱神京喜万里波恬鲸鲵屏迹
规模崇宿构看三山云起鳌贝凌辉

（刘清）

义宅拱神京夙夜惟寅举头日近长安近
禹略萦仙海臣心似水游目波清坐唱清

（惠吉）

才知向若失秋水
便欲乘槎到白云

（道州何凌汉）

不向南华乞烟火
又来东海看涛山

（蜀东徐昌绪　在苏东坡祠外）

天外有蜃楼当年一枕黄粱富贵功名真梦幻
云中停鹤驾此际三山碧海衣冠剑珮寄仙踪

（古越倪烒）

剑气横空喜八表风清重洋浪静
笛声催晓看四山云起万井烟浓

（楚州王正起）

海上明月共潮生
山东红云随日去

（蜀东徐昌绪）

劝群生尽孝尽忠瞬息间跋遍全区岂仅丹崖留胜迹
愿世人修福修善那时候皈依道果都来碧海谒师尊

（淮南王际周　吕祖殿门外明柱）

三尺青蛇一声黄鹤赞化遍寰区记清浦仙灵早著
左邻碧海右傍丹崖楼真开胜地比洞庭风景如何

（贾瑚）

眼前沧海难为水
身到蓬莱即是仙

（文山李启垣）

缥渺临空登高阁云层呼吸真能通帝座
混茫无地乘长风万里梦魂直欲到神山

（马翙）

放鹤归来收心静坐谈山水
鸣琴奏罢瞥眼长空寄海天

十分景色逼高楼看烟霞散处如现云中冠冕
一带祥光胜碧海听潮汐静时悦来天上笙歌

乐奏钧天潮汐声中喧岛屿
宫开碣石笙歌队里彻蓬瀛

（戏台）

日上红波浮翠屿
潮来碧海卷青莎

我是东坡老居士
俨然天竺古先生

（苏公祠，在塑像两旁）

即以蓬莱作舟楫
不怕沧海起风波

（澄碧轩）

看破沧桑僧亦懒
游经蓬岛吏俱仙

怀中慈母女中圣
海上福星天上神

（天后宫正殿联）

蜃气毓三山贝阙珠宫天外现
鲸氛清四海鸣鸾佩玉阁中来

游客到来须饮酒
先生在上莫吟诗

（苏公祠）

海市蜃楼皆幻影
忠臣孝子即神仙

（卧碑亭内，福州龚葆琛题）

攻错若石同具丹心扶社稷
江山如画全凭赤手挽乾坤

（李烈钧）

匾　额

蓬莱阁　在阁上，铁保书。

丹崖仙境　天后宫外牌楼题字。

辅国佑民　牌楼背面。

雅操水仙　戏楼后面，毛世基书。

得一以清　洞宾楼大门内，贾瑚书。

时清海夷　隶字，大楼上外檐。

高阁逼诸天　大楼下西首。

观止矣　戏台前面。

移情　通性　上下场门。

学当如是　避风亭。

海阔天空　大楼上。

俯仰皆宽　大楼上。

俯瞰万家　大楼上。

第一洞天　大楼下。

碧海春融　大楼下。

道骨仙风　吕祖殿。

佛心仙术　吕祖殿。

神山快睹　大楼上。

旷　怀　大楼上，字大如栲栳，笔势豪放，款署王正起。

浴日沐月　大楼下外檐当中。

海外有截　卧碑亭门外。

如是我闻　避风亭内，何凌汉书。

愿乘长风破万里浪　澄碧轩匾。

惠我无疆　天后宫。

永庆安澜　天后宫。

锡福丹崖　天后宫。

默佑群生　天后宫。

霖雨苍生　龙王庙。

福庇海邦　龙王庙。

玄门鼻祖　三清殿。

“龙”字匾　高丈余，草书“龙”字，极龙飞凤舞之妙，陈泽辅书，在龙王宫。

阁上各处匾、联虽多，屡经毁坏，所剩无几，录存原文，以备参考。

7. 诗　歌

蓬莱阁

王法容

海口连山山上城，城高山峙海空明。
窗开四面水天色，日上三竿雷雨声。
岛屿略分晨气暗，帆樯骤集晚潮平。
凭栏正好凌云赋，万里波涛一叶轻。

登蓬莱阁

郝毓兰

直上蓬莱巅，乾坤恣仰俯。
崎崎希夷翁，片石留题古。

友人爱蓬莱阁风景嘱作观海图并系以诗

吴　堃

写出蓬莱景物幽，丹崖绝顶看涛头。
新诗藉作凌瀛助，画本凭为行简留。
始识三山皆幻影，可知大海亦浮沤。
图成更效东坡祷，我为先生起蜃楼。

苏公祠

前　人

先生仙界客，遗像出尘寰。
明月前身认，清风两鬓斑。
西湖辞镜水，东海看涛山。
五日登州守，扬庥俎豆颁。

蓬莱阁诗

吴家均

柳巷莎滩钓者居，蓬壶仙境古华胥。
斜阳渡口人喧处，争买黄姑石首鱼。
大风吹水碧成纹，人倚楼头酒半醺。
万顷烟波何处好，扁舟一叶上青云。

一气混元宇宙宽，晨昏日月浴双丸。
胸中八九吞云梦，天下于斯极大观。

隔断云山一万重，峰头顿失碧芙蓉。
秦皇枉慕神仙术，海水茫茫何处踪。

丹崖独坐

柳培缙

喜看蓬莱顶上山，白云片片出岩间。
半空嘹唳一飞鹤，坐到夕阳云未还。

避风亭

天风到门住，得此清灵境。
槛外浪花抛，檐角云霞冷。
旷望极茫茫，天半落帆影。

镜　石

曾将风月鉴尘寰，可恨于今破不完。
海市蜃楼皆幻影，都来从此石中看。

登蓬莱阁

师　尹

晓气全茎露共浮，日光照彻海山秋。
巨鳌不负仙洲去，留与仙人作胜游。

蓬莱阁

王世贞

万垂秋风屈布衣，沧桑今古定谁非。
田横五百应如在，徐氏三千竟不归。

坐看红日映天鸡，曙色中原一瞬齐。
雄观古今谁得似，昆仑高挂大荒西。

登蓬莱阁

徐应元

高阁悬天际，危栏枕水滨。
云霞如有约，鸥鹭若相亲。
山影当窗乱，涛声入座频。
心知潦倒处，身境总非真。

蓬莱阁

张　栋

早学柴桑把钓竿，青蓑著雨透轻寒。
归舟款乃银涛里，一抹西山夕照残。

倚栏岛屿数分明，万叠鸿波势不平。
杰阁空中斜倒影，又将图画到蓬瀛。

苏公祠

张　弓

清空蜃气像楼台，四海传闻几费猜。
赖有公来官五日，三山万古重蓬莱。

诗卷从来已折衷，古祠今又拜遗风。
果然日与山海对，公爱此间我爱公。

坤爻石

宫殿巍峨碧落边，六峰崛起到阶前。
象坤端合娲皇炼，在地成形未补天。

避风亭

片帆吹过险常经，入此门来风乍停。
我愿中流千砥柱，照他修今海心亭。

清嘉庆帝赐刘清诗

循吏清名远迩传，蜀民何幸见青天。
诚心到处能和众，本性从来不爱钱。
有守有为绩昭著，无偏无欲志坚贞。
空群羡尔超流俗，明慎咸中治理宣。

关于蓬莱阁诗歌几汗牛充栋，本编选录者多采自私人抄本，未经付刊。

8. 兵　燹

蓬莱阁自宋元至今，将近千年历史，中间几经兵燹，复经几次修建，终难恢复旧观，兹将迭次兵燹情况略志于后。

明崇祯四年，孔有德（俗称辽呆子）反于直隶吴桥，纵兵大掠，连陷临邑、新城等六县，长驱至登州。崇祯五年正月，与官兵孙元化会战，官兵不利。嗣后，累次孔军与官兵交战，孔终失败，航海遁去。其将王秉忠守水城，官兵穴城置火药轰城，城破。王退保蓬莱阁，官兵树旗招降，始释甲被。此役结束后，惟见荒烟蔓草，颓垣断瓦，满目萧条，令人悲感不已。

光绪甲午中东之役，日舰于十二月廿三日炮击蓬城，一弹中蓬莱阁后墙，穿壁而过，后壁所嵌“海不扬波”石刻正中“不”字，今虽修补，已失真相。

1930年，军阀张宗昌、褚玉璞等失败后，率残部突至蓬莱，设立中国共和同盟军第三方面军统帅部，意欲夺取烟台为根据地（时刘珍年盘踞烟台），驻军蓬莱阁上，文物古迹复经一次作践。

卢沟桥事变，日军逐步侵略沿海一带。蓬莱西北老北山与蓬莱阁相邻，日军掷弹老北山约百余枚，或误投阁上，扰乱数月，仅毁一戏台，余皆无恙。

蓬莱阁虽迭遭兵燹，其匾联、门窗及各种设备，还能依旧存在。自国民党盘踞蓬城，阁上驻扎军队，任意作践，不知护惜。匾联、门窗俱变为燃料，或作掩蔽洞，不堪入目。国民党不久逃窜，闻名全国之古迹，又归人民掌握，经数次重修，略复旧观。

9. 轶　事

阁下正厅墙壁上旧有招子庸画竹写于壁上，高可丈余，宽亦如之。满壁琅玕，有扫月拂云之气概，笔意生动，与板桥并美。屡经兵燹，毁坏无存。招，字铭山，广东南海人，善写竹，官山东潍县令。见《墨林今话》。

10. 杂　记

登高及庙会日期（俱按阴历）

正月初九日　**三清宫庙会**

正月十六日　**登高日**

三月二十三日　**天后宫庙会**

四月十四日　**吕祖阁庙会**

九月九日　**登高日**

（编辑者：葛家修 采访者：宫剑秋）

第十五章　文　献

第一节　书　籍

自唐代日本名僧圆仁在《入唐求法巡礼行记》中记载蓬莱阁古建筑群“明王庙临海孤标”起，迄今所见有关蓬莱阁的文献资料多达数百万字。包括蓬莱阁志、蓬莱县志、登州府志及其他文献等各类书籍。现将每册（种）书以内容提要或纲目的形式汇编，虽难言完备，但求极尽所能反映蓬莱阁文献资料的面貌。

1. 蓬莱阁志

（1）清茹恩彬著《蓬莱阁志》（佚失）

茹恩彬，字子文，山东蓬莱人。清光绪二十年（1894）进士，曾任内阁中书、内阁侍读、湖南萍潭铁路工程局提调、东三省电报局总稽查。茹恩彬晚年回归故里，开始编纂《蓬莱阁志》，未完成即离世。该志为手写本，未刊印，因失传内容不详。

（2）葛家修著《蓬莱阁志》（手抄本）

葛家修（1888—1972），一名葛修，字宪臣，号伊斋，山东蓬莱人，书法家、山东省文史馆馆员。幼承家教，初习欧柳楷法，精通古文字学、音训学、考据学。20 世纪 50 年代，葛家修等人开始编纂《蓬莱阁志》，采访者宫鉴秋，编辑者葛家修，1963 年完成手稿，共 6200 余字。该志现存版本为 1970 年王竹平手抄本，蓬莱阁景区管理服务中心文物科存。

依《蓬莱阁志》前言“编者的话”，正文分十部分：一、沿革，记述蓬莱阁的历史沿革；二、形胜，记载蓬莱阁地势及其环境特点；三、楼阁轩亭；四、庙宇；五、碑刻；六、楹联匾额；七、诗歌；八、兵燹；九、轶事；十、杂记。2009年，袁晓春、李建萍、董韶军、范惠泉将葛家修编《蓬莱阁志》附在《蓬莱阁诗文集》中，并刊于当年《蓬莱历史文化研究》第3期，自此该志得以面世。

（3）蓬莱县地方史志编纂委员会1985年版《蓬莱阁志》（非正式出版物）

1982年，蓬莱县地方史志编纂委员会办公室决定利用已有蓬莱阁资料编纂《蓬莱阁志》。该志先后由李敏、王承业主持，高英、王竹平、郝子文执笔，于1985年2月以内部资料形式编印成书。

该志由正文和附录两部分组成，书前附有蓬莱阁主要建筑及碑刻照片11幅。正文分七章，依次为位置、传说、沿革、建筑、风景、碑刻、水城。附录有四，依次为散文选注、诗歌选注、楹联匾额碑碣、诗文作者简介。

（4）蓬莱县地方史志编纂委员会1992年版《蓬莱阁志》（非正式出版物）

1991年，蓬莱县地方史志编纂委员会办公室在1985年版《蓬莱阁志》基础上，由聂广明、周恩惠主持，按照《蓬莱县志·蓬莱阁（编）》要求加以修订，经烟台市新闻出版局批准，获得内部书刊准印号，1992年印制成册。

该志分正文、附录两大部分：正文五章，依次为沿革、建筑、景观、碑刻、游览；附录有五，依次为水城、海市、传说、诗文选注、楹联。志前附有蓬莱阁平面图、清顺治《登州府志·蓬莱阁位置木版图》、蓬莱阁主要建筑及碑刻照片，志后附有29位诗文作者简介。

（5）蓬莱市政府办公室史志科编1997年版《蓬莱阁志》

蓬莱市政府办公室史志科在1992年版《蓬莱阁志》基础上，由李克主持，按照志书单行本公开出版要求再次修订，1997年4月山东友谊出版社出版，共约8万字。

该志增设凡例、序、概述、大事记略、编纂出版始末、编后记等，全书共分为五章：第一章蓬莱海市，包括蓬莱海市与蓬莱阁、蓬莱海市成因、蓬莱海市出现的历史记录三方面内容；第二章蓬莱阁建筑情况；第三章碑刻匾额；第四章诗文楹联；第五章登临观览，介绍历代人士登临蓬莱阁概况及蓬莱十大景。附录主要介绍了蓬莱水城、地方掌故、轶闻传说和天后宫庙会。志前有蓬莱阁主要景点照片及叶剑英题联。

2. 蓬莱县志

（1）清康熙十二年版《蓬莱县志》

清康熙十二年（1673），知县高岗创修，蔡永华、张一渐、徐杆、陶大章等参修，雕版印刷本，共 8 卷，约 12 万字，蓬莱区史志办公室存有复印本。该志简要介绍了蓬莱阁、毗庐阁、望日楼、吕公亭、海市亭、多寿亭、石镜亭、松石亭、观澜亭、苏公祠以及水城的建筑位置情况。

（2）清道光十九年版《重修蓬莱县志》

清道光十九年（1839），知县王文焘重修，张本、辛文涟、张香海等人参修，雕版印刷本，共 14 卷，约 25 万字，蓬莱区档案馆存。该志介绍了蓬莱阁、太平楼、阳谷楼、登瀛堂、望日楼、多寿亭、镜石亭、松石亭、观澜亭、万民感德碑亭以及水城的建筑位置情况。

（3）清光绪八年版《蓬莱县续志》

清光绪八年（1882），知县江瑞采、郑锡鸿续修，王尔植、沙兆洽、孙同庆等人参修，雕版印刷本，共 14 卷，约 20 万字，蓬莱区档案馆存。该志篇目与《重修蓬莱县志》相同，基本承袭旧制，介绍了蓬莱阁古建筑群、蓬莱水城等情况。

（4）民国十八年版《蓬莱县志合编》（佚失）

民国时期蓬莱县修志馆修志手稿，多已散失。今山东省图书馆存 1929 年《人物志》手稿两卷（残），中国科学院图书馆存 1932 年《增修蓬莱县天文地理志稿》手稿两卷。

（5）民国三十三年版《蓬莱县地理志》

1943 年，袁式和编印《蓬莱县地理讲义》（4 章）用于教学。1944 年 3 月修订增改，正式命名为《蓬莱县地理志》出版发行。全志分 4 章 35 节，小 32 开本，约 2 万字。蓬莱区史志办、蓬莱区档案馆存。篇目与前版雷同，唯增庙宇教堂、碑石牌坊、盐法、救济慈善事业等节。

（6）民国三十六年版《第四次重修蓬莱县志》

1947年，民国蓬莱县政府县长王明长主持，周存德、孟宪法、王明山、孙立温等人参与，初为铅印本，后于1961年2月7日在台湾高雄青年进修出版社出版，共6卷39篇，32.7万字，其复印本存于蓬莱区史志办公室。该志收录《蓬莱阁阅水操记》《蓬莱阁灯楼记》《增修吕祖阁碑记》等历代记载蓬莱阁古建筑群的史料。志前附有吴佩孚、赵保原等人照片。

（7）1960年版《蓬莱县志》（部分初稿）

1960年，蓬莱县人民政府成立专门工作班子，搜集1949—1959年地方史料，开始编撰《蓬莱县志》，仅完成部分初稿，今存蓬莱区史志办。

（8）1995年版《蓬莱县志》

1982年2月，蓬莱县地方史志编纂委员会办公室开始编修《蓬莱县志》，主编周恩惠、宫玉鹏、聂广明。1989年完成《蓬莱县志》（1840—1985年）初稿。1995年7月，《蓬莱县志》由齐鲁书社出版发行。全书共120余万字，配有照片百余幅。全书共分为30编173章，其中第二十六编专门介绍蓬莱阁，内容涉及沿革、建筑、碑刻、诗文选粹。

（9）2012年版《蓬莱市志》

蓬莱市地方志编纂委员会主持编纂《蓬莱市志》，2006年末完成史料征集工作；2011年完成总编纂；2012年完成修订；2013年由方志出版社出版。全书分上、中、下三册，共36编，360余万字，2600余幅图片，正文内容涵盖建置区划、自然环境、历史文化等领域，纵观蓬莱古今，横及百业。其中第三十编文化涉及蓬莱阁馆藏文物介绍，第三十一编详细介绍海市、蓬莱阁和水城，第三十二编金石部分也多涉及蓬莱阁馆藏品。本志前有插图，后有专记、附录、索引及编后。

3. 登州府志

（1）明嘉靖二十九年版《登州府志》（佚失）

明嘉靖二十六年至二十九年（1547—1550），登州推官潘滋创修，卷数不详，雕版印刷本。潘滋，婺源举人，登州推官，明嘉靖二十六至二十九年在任。该志早佚。明泰昌《登州府志·序》《万卷堂书目》《千顷堂书目》

及天一阁清光绪十年（1884）旧书目中均有记载。

（2）明嘉靖三十九年版《重修登州府志》（佚失）

明嘉靖三十九年（1560），中顺大夫登州知府卢宁、福建道监察御史吴昶、承德郎户部主事张诩、河南按察司佥事王言、南京户部主事吴国相等人重修，雕版印刷本，10卷。卢宁（1503—1561），字忠献，别号冠岩。南海人。博学而工文，尝受业于黄佐，而以不得及阳明之门为憾。明嘉靖二十三年（1544）进士，授昆山知县，旋移知赣州兴国县事。嘉靖三十三年（1554）迁南京户部员外郎，寻改刑部，后为南京刑部郎中。嘉靖三十八年（1559）升登州知府，卒于官。

本志“先之以□□括之，以天文、地理、人□、□纲析之，以星野、疆域、□□、建置、田赋、封建、戎祀、□民、艺文为目，成书凡十文”。王言、张诩撰序存于明泰昌《登州府志》，其余部分皆已散失。

（3）明泰昌元年版《登州府志》

明泰昌元年（1620），知府徐应元重修，雕版印刷本，18卷。徐应元，直隶沧州人，明万历二十六年（1598）进士，万历四十六年（1618）前后任登州知府。该志体例完备，资料翔实，是现存最早的登州府志。河南省图书馆存孤本十六卷（卷七、卷八佚失）。该志在“第五卷·地理志·楼寺”部分介绍了宾日楼、太平楼、蓬莱阁、望日楼、旸谷馆、仲连祠、海市亭、多寿亭、镜石亭、松石亭、观澜亭、纳川亭、登瀛堂、甘泉亭等蓬莱阁古建筑个体的位置情况，并配有包括蓬莱阁在内的备倭城图和海山景图（其中海山景图包括：仙阁凌空、神山现市、狮洞烟云、万斛珠玑、渔梁歌钓、碧浪金乌、晚潮新月、波澄万里、漏天银雨、铜井含灵、海峤烟霞、万岁乔松、胜地温泉共十三景致，现在所称的“蓬莱十大景”，即是根据十三景归纳而成的），其中记载了郡守朱处约建造蓬莱阁的时间、规模以及后期扩建情况，使我们得以了解蓬莱阁景区初期的建筑格局和景点分布情况，这为研究蓬莱阁历史变迁，开发景观资源提供了依据。此后，历代修志对蓬莱阁亦多有记载。另外，泰昌《登州府志》中还收录了宋代赵抃的《登蓬莱阁》，朱处约的《蓬莱阁记》，苏轼的《海市诗》《蓬莱阁记所见》，元代于钦的

《宾日楼》，师尹的《登蓬莱阁》，明代潘滋的《蓬莱阁赋》，宋应昌的《重修蓬莱阁记》，陶朗先、徐应元、李十高等人的《登蓬莱阁》等数十篇（首）咏记蓬莱阁的诗歌和散文，其中赵抃、苏轼、朱处约等人的诗文是目前发现最早记载蓬莱阁和登州海市的文献资料。朱处约的《蓬莱阁记》可视为蓬莱阁最早的“建阁志”；赵抃《登蓬莱阁》中的“山巅危构依蓬莱，水阔风长此快哉”和苏轼《海市诗》中的“东方云海空复空，群仙出没空明中”诗句，抒发了登临高阁的愉悦情怀，勾画出了海市蜃楼的奇妙景观，可谓历代文士骚客咏叹蓬莱阁和登州海市的佳词绝句、开篇之作。

（4）清顺治十七年版《登州府志》

清顺治十七年（1660），提督山东通省学政按察司佥事施闰章、刘昌臣及登州知府杨奇烈、李经国、徐可先等纂修，雕版印刷本，22卷，蓬莱区档案馆存。施闰章（1619—1683），字尚白，一字屺云，号愚山，媲萝居士、蠖斋，晚号矩斋，江南宣城（今安徽省宣城市宣州区）人，清初政治家、文学家。清顺治六年（1649）进士，授刑部主事。清康熙十八年（1679）举博学鸿词科，授翰林院侍讲，纂修明史，典试河南。本志分为序、凡例、姓氏、目录、插图和正文。其中卷六涉及蓬莱阁、水城，卷七涉及宾日楼、望日楼、海潮庵等。

（5）清康熙三十三年版《登州府志》

清康熙三十三年（1694），登州知府任璿在顺治版《登州府志》基础上增刻，为雕版印刷本，志目未变，共22卷。《台湾公藏普通本线状书目书名索引》及《徐家汇藏书楼所藏地方志目录初稿》均有记载。北京、上海、台湾等地部分图书馆存。任璿，字政七，号在庵，新乡县关堤乡关堤村人。清康熙十八年（1679）中进士，历任翰林院庶吉士、户部主事，山东登州知府、登莱青道台等职。

（6）清乾隆七年版《续登州府志》

清乾隆七年（1742），知府永泰纂，12卷，雕版印刷本。蓬莱区档案馆存。永泰，字石安，满洲人，清乾隆七年（1742）任登州知府。本志分为序、跋、凡例、目录、插图、正文。卷二城池部分涉及蓬莱水城，卷五古迹和寺观部分涉及蓬莱阁及丹崖山上其他古建筑单体。

（7）清光绪七年版《增修登州府志》

清光绪七年（1881），二品衔方汝翼、特用道登州府知府前翰林院编修贾瑚督修，登州海防同知前兵部主事吴毓麟、同知衔署蓬莱县知县现署黄县知县王朝穀、同知衔署蓬莱县知县江瑞采等42人监修，翰林院庶吉士、礼部祠祭司主事、候选员外郎周悦让和翰林院编修、记名御史慕荣榦总纂，雕版印刷本，共69卷（不含卷首）。蓬莱区档案馆和慕湘藏书馆存。书中对刀鱼寨、田横寨、蓬莱阁、宾日楼、瀛洲阁、望仙门等建筑的地理位置、修建和变迁情况作了较详尽的介绍。

4. 其他文献

（1）宋代佚名《登州图经》（佚失）

宋代编纂，撰者、卷数、内容不详。宁夏人民出版社1989年9月版《山东方志汇要》："《大明一统志》卷二十五有'登州府，风俗文章礼乐'，引登州《旧图经》一条。该志为山东古志之一，宋代所修，久已不传。"明泰昌《登州府志》卷十二"人事志四·风俗"引《图经》一条。

（2）明代王云鹭、郭文灿、刘懋勋、谢继科编著《蓬莱阁集》（刊印本）

明万历十九年（1591），登州知府王云鹭、同知郭文灿、通判刘懋勋、推官谢继科编著。该书为诗文集，共10卷。序言为莱阳浒西孙旬所撰，后跋为王云鹭题写，刊印本现藏于国家图书馆。《蓬莱阁集》是迄今为止最早记载蓬莱阁诗文的古代书籍，书中大多诗文不曾见于各版本的《登州府志》和《蓬莱县志》。在蓬莱现代的文献中，也仅收录一首唐代骆宾王的五言律诗《蓬莱镇》，而《蓬莱阁集》中，唐代之前的诗文却有多篇，其中秦文、唐文各1篇，晋赋1篇，唐赋12篇，隋诗4首，唐诗13首。但该书也有其不足和遗憾之处，它虽然以蓬莱阁为书名，但其中的诗文却并非都是作者在蓬莱阁所作或为蓬莱阁而作。许多诗文虽然在内容上与大海有关，却与蓬莱没有联系。有的诗文中虽然提到了蓬莱，却指仙界蓬莱，而非人间蓬莱。

（3）民国刘远哉著《蓬莱地理说略》

刘远哉编著，1925 年 8 月《蓬莱旬刊》社出版。全书 4 章 21 节，约 1.3 万字，蓬莱区档案馆存。

（4）烟台出版办公室编《蓬莱仙阁》

《蓬莱仙阁》由烟台出版办公室编，1982 年山东人民出版社出版。书中收录《高阁凌空——蓬莱阁纪游》《蓬莱阁下》《水城怀古》《丹心碧海长相映——冯玉祥蓬莱阁轶事》《蓬莱海市》等 25 篇散文。

（5）烟台地区出版办公室编《烟台风物志》

《烟台风物志》共 9.3 万余字，1983 年山东人民出版社出版。《烟台风物志》全书共分九部分，包括山川名胜、历史人物、文化艺术、土特名产、工艺美术、轻工产品、风味饮食、文物掌故和胶东诗抄等。书前有概述为烟台地区介绍和人间沧桑话胶东，书后有后记。

《烟台风物志》是烟台地区一部重要的地方志，书中较为详细地介绍了蓬莱阁、蓬莱水城、苏东坡、戚继光等与蓬莱阁文化密切相关的内容，为了解和研究 20 世纪 80 年代以前的蓬莱阁文化提供了参考资料。

（6）蔡启伦、于国倪、吕平安、孙克传、张法银编著《蓬莱阁诗文选注》

《蓬莱阁诗文选注》是现代第一部注释蓬莱阁诗文的书籍，由蔡启伦、于国倪、吕平安、孙克传、张法银等人编著，1983 年山东人民出版社出版。该书共收录诗歌 154 首，散文 21 篇，其特点是注释比较详尽，对每首诗的中心思想、时代背景、艺术特色作了简要的介绍和提示。书名由著名书法家魏启后题写，书前有蓬莱人宋协周作序，书后有 27 位诗文作者的简介。

（7）高英选注《蓬莱阁诗文选粹》

《蓬莱阁诗文选粹》选注者高英（1932—1994），原名高文宝，字高翔，山东蓬莱人。历任蓬莱师范教务主任、工会主席、蓬莱市政协副主席。《蓬莱阁诗文选粹》1985 年由山东出版总社烟台分社出版。该书共收录诗文 88 首（篇），并含解释说明，所选诗文都与蓬莱阁和蓬莱水城有直接关系，多数选自现存的碑石中，还从旧修府、县志收录的诗文中选取一部分。前后附有照片，书后附有楹联 16 副。

（8）于国俊、张法银、孙克传、吕平安编《蓬莱历代诗文选》

《蓬莱历代诗文选》是于国俊、张法银、孙克传、吕平安等人编著，1986 年山东人民出版社出版。该书从《蓬莱阁诗文选注》中精选诗歌 83 首，散文 12 篇，并对原诗中的注释内容进一步加以修正和完善，内容涉及蓬莱阁、蓬莱海市、田横山等，书后有作者简介和后记。

（9）高英主编《可爱的烟台丛书八・人间仙境蓬莱》

《可爱的烟台丛书八・人间仙境蓬莱》主编高英，1987 年山东省出版总社烟台分社出版。全书共分为七部分：山川名胜、历史人物、经济建设、名优产品、文化民俗、文物古迹、神话传说。书中比较全面地介绍了丹崖山、登州海市、蓬莱阁及蓬莱十大景、蓬莱水城、田横山等景点及朱处约和蓬莱阁、五日太守苏东坡等人物故事。

（10）席龙飞主编《蓬莱古船与登州古港》

《蓬莱古船与登州古港》是蓬莱县文化局组织出版的第一部有关蓬莱海洋文化的学术专著，主编席龙飞原任中国造船工程学会理事及船史研究会副会长，1989 年大连海运学院出版社出版。

1984 年，登州港（蓬莱水城）清淤时发现三艘古代沉船，随后于 1988 年 10 月在蓬莱召开“蓬莱古船与登州古港”学术讨论会，席龙飞、杨槱、耿宝昌、辛元欧、周世德、唐志拔等国内航海、造船、文博等领域著名专家莅会研讨，会后出版《蓬莱古船与登州古港》论文集。本论文集共收录论文 15 篇，研究内容涵盖登州古港变迁、蓬莱古代海船的船体结构复原以及中国海洋文化的形成等方面，对登州古港与我国北方沿海文化外向发展的关系和规律，进行了专题性探讨与研究。《蓬莱古船与登州古港》对于中国古代航海技术、造船工艺、对外贸易、“海上丝绸之路”文化交流、地方志等领域具有重要的学术参考价值。

（11）烟台市地方志办公室编《烟台四季游》

《烟台四季游》是一部集中反映 20 世纪 80 年代烟台地区旅游文化资源的著作，由烟台市地方志办公室编写，共 8 万余字，1989 年陕西旅游出版社出版。《烟台四季游》共分 4 部分，包括烟台之春、烟台之夏、烟台之秋和烟台之冬，其中涵盖了蓬莱阁、蓬莱水城等相关记载，书前附有图片。

（12）孙玉江编《仙乡集锦》

《仙乡集锦》编者孙玉江，原蓬莱阁管理处美术师，原蓬莱市政协委员。《仙乡集锦》1992年由大连出版社出版。

该书内容涵盖书法篆刻和素描、剪纸、摄影等艺术形式，展示了蓬莱的风景名胜、神话传说、公益事业以及旅游设施等情况。所介绍的内容包括蓬莱水城及蓬莱阁在内的104处地方或传统旅游资源。

《仙乡集锦》是一部以书法篆刻、剪纸、传说故事等多种艺术形式展现蓬莱阁文化艺术内涵的著作，艺术表现手法娴熟，艺术主题内容丰富，语言通俗流畅，风格独到，令人印象深刻。

（13）臧伟腾、孔庆友主编《蓬莱旅游大观》

《蓬莱旅游大观》主编臧伟腾时任蓬莱市委秘书长，孔庆友时任蓬莱市副市长（挂职），全书共16万余字，1996年11月由中国友谊出版社出版。

该书分为旅游景观览胜、诗文楹联选萃、仙境名人撷英、文化习俗掠影、旅游服务概观五个部分，综合系统地介绍蓬莱的景观、诗文、人物、风情和服务设施，在旅游景观览胜中详细介绍了蓬莱阁和蓬莱水城。《蓬莱旅游大观》是一本融资料性、趣味性、文学性于一体的实用型旅游读物。

（14）烟台市教学研究室编《烟台历史》（非正式出版物）

《烟台历史》是烟台市教学研究室编撰的烟台市中学、中师乡土教材（试用），1997年印刷。

全书共分3部分，包括古代烟台、近代烟台以及近代烟台大事记表。《烟台历史》是一本专供烟台市中学、中专学生使用的乡土教材，其内容涉及蓬莱阁相关文化主题，对于中学生群体了解和认识蓬莱阁文化，增进仙阁文化认同感大有裨益。

（15）张建华摄影《人间蓬莱》（画册）

《人间仙境》由张建华摄影，共87幅图片，1999年山东美术出版社出版。全书共分4组图片，一是蓬莱阁及水城，收录了45幅名胜彩照；二是民族英雄戚继光，收录了 9 幅图片；三是海滨花园，收录了 13 幅城市风貌图片；四是田横山文化公园，收录了 19 幅图片。

《人间仙境》是一本以图片形式多场景、多角度、全方位记录蓬莱阁、蓬莱水城、戚继光文化和田横山文化公园的摄影集，图片清晰，色彩相宜，是一部集中反映蓬莱阁景区内不同自然风光与人文景观的重要图片集。

（16）李焕著《蓬莱览胜》

《蓬莱览胜》作者李焕，现任蓬莱区委办公室副主任，全书共 10 万字，2001 年 8 月山东友谊出版社出版。

全书共分九部分，前以蓬莱概况为提挈，中以蓬莱阁、水城、海滨、田横山、戚继光故里、艾山六个旅游区设篇立章，详介景点；后附诸节，以为补充。该书按照以景系事的原则，以景点为序，纵述始末，横及百科，上迄先秦，下至 2001 年仲夏。

（17）蓬莱市人民政府、山东画报社编《人间仙境蓬莱》（画册）

《人间仙境蓬莱》由蓬莱市人民政府、山东画报社联合编著，2002 年山东画报出版社出版。该书共收录 100 多幅照片，展示蓬莱地域特色与城市风光，集中体现人间仙境蓬莱的文化底蕴和现代城市形象。

（18）刘承业编著《蓬莱历史文化丛书·古港沧桑》

《蓬莱历史文化丛书·古港沧桑》编著者刘承业，原任蓬莱市委党校副校长，全书共 5.6 万字，2004 年 8 月天津大学出版社出版。

该书以时间顺序为线索，选取不同朝代发生在登州古港的重要事件，精心撰述，连贯成章，以再现登州古港波澜壮阔的历史风貌，大致勾勒出登州古港兴起、发展、鼎盛、衰退的沧桑历史轮廓。

（19）周恩惠、李克编著《蓬莱历史文化丛书·艺文选萃》

《蓬莱历史文化丛书·艺文选萃》是一部集中反映蓬莱当地历史文化内涵的散文诗词集，由周恩惠、李克编著，全书共 10 万余字，2004 年天津大学出版社出版。

书中共收录蓬莱历代散文 26 篇，诗词 56 篇。书前有总序和前言，后有后记。《蓬莱历史文化丛书·艺文选萃》中收录了多篇涉及蓬莱阁主题文化的散文诗歌作品，极大地丰富了蓬莱阁的文学艺术内涵。

（20）臧伟腾、周恩惠编著《蓬莱历史文化丛书·苏轼与登州》

《蓬莱历史文化丛书·苏轼与登州》由臧伟腾、周恩惠编著，全书共7万余字，2004年8月天津大学出版社出版。

该书以《五日知登州 风范映千秋》为开篇，在简介苏轼生平之后，选录了苏轼与登州有关的诗文21篇，附录中收录了后人的诗文17篇。苏轼在蓬莱留下被当地百姓千古传颂的不朽功业，蓬莱仙境因苏轼《海市诗》蜚声中外，为历代文人学者所推崇。

（21）袁晓春、董韶军编著《蓬莱历史文化丛书·蓬莱风物》

《蓬莱历史文化丛书·蓬莱风物》由蓬莱阁景区管理服务中心副研究员袁晓春、董韶军编著，全书共4.6万字，2004年8月天津大学出版社出版。

该书分5个章次、48个条目，系统介绍蓬莱历史遗迹、珍贵文物、民俗风情、民间艺术、土特产等，其中详细介绍蓬莱阁藏蓬莱元代战船、紫檀木舵杆、董其昌手迹刻石、卧碑、汉鹿、明朝铜炮、千佛缸（毗卢遮那佛底座）、唐代长沙窑褐彩贴花执壶、宋代刻牡丹纹执壶、元代磁州窑瓷罐等珍贵文物。这些富有地域特色和风格的历史文化遗产，是蓬莱文化和智慧的结晶。

（22）蔡玉臻、郭丛军编著《蓬莱历史文化丛书·丹崖仙阁》

《蓬莱历史文化丛书·丹崖仙阁》由蔡玉臻、郭丛军编著，全书共6.5万字，2004年8月天津大学出版社出版。

全书共分三章，分别是神仙文化的传世之作、独具个性的仙境胜迹、底蕴丰富的文史积淀，资料翔实、文字生动、内容凝练、图文并茂、装帧精美、雅俗共赏，集学术性、知识性、趣味性、可读性于一体。

（23）方伟华编著《中国四大名楼丛书·蓬莱阁诗文》

《中国四大名楼丛书·蓬莱阁诗文》由方伟华编著，2004年吉林摄影出版社出版。该书收录散文23篇，其中包括蓬莱阁主要景点楹联70副。书中有插图，图文并茂。

（24）方伟华编著《中国四大名楼丛书·蓬莱阁古今书画精选》

《中国四大名楼丛书·蓬莱阁古今书画精选》由方伟华编著，2004年吉林摄影出版社出版。书中收录有关蓬莱阁内容的画作和书法碑刻、匾额、楹联共90副，其中包括袁耀的《蓬莱仙境图》、任伯年的《八仙过海》（四条屏）、徐悲鸿的《田横五百士》（油画）等。书前有序。

（25）方伟华编著《中国四大名楼丛书·蓬莱阁传奇》

《中国四大名楼丛书·蓬莱阁传奇》由方伟华编著，2004年吉林摄影出版社出版。书中收录：《贝阙珠宫待有缘——海市蜃楼传奇》《敢以耳目烦神工——苏轼祷见海市传奇》《利涉大川海波平——天后女神传奇》《离苦海八仙飞越——八仙过海传奇》等14篇文章。附录包括：《明史·戚继光传》《宋史·陈抟传》等。书前有《面朝大海，春暖花开——蓬莱印象·代序》，书后有后记《不着一字，尽得风流》。

（26）方伟华编著《中国四大名楼丛书·蓬莱阁揽胜》

《中国四大名楼丛书·蓬莱阁揽胜》由方伟华编著，2004年吉林摄影出版社出版。书中介绍了蓬莱阁及周围20多处古迹和景点。包括“人间蓬莱”坊、“丹崖仙境”坊、弥陀寺、天后宫、龙王宫、蓬莱阁、吕祖殿、三清殿、苏公祠、卧碑亭、宾日楼、普照楼等，附有插图，图文并茂。

（27）高远主编《蓬莱古迹神韵》（画册）

《蓬莱古迹神韵》作者高远，现任中国摄影家协会会员、烟台市摄影家协会副主席、蓬莱市摄影家协会主席，2004年7月中国摄影出版社出版。

画册全书共分七部分，涵盖蓬莱风光、古代建筑、登州老照片、碑文石刻、馆藏文物、名人字画等，以图片的形式，从历史和文化的角度揭示了蓬莱传统文化内涵，从中窥见蓬莱的历史发展脉络、文化内涵及其艺术特色。

（28）蓬莱市旅游度假区管委、蓬莱市旅游局编《仙境灵韵》（画册）

《仙境灵韵》由蓬莱市旅游度假区管委、蓬莱市旅游局编著，2005年印刷。

该书采取摄影艺术与地域文化相结合的艺术手段，以蓬莱的山、海、城、阁为形，以蓬莱的文化底蕴为魂，进行创作，作品画面精美，技巧精湛，寓意深刻，反映了蓬莱的巨大发展与变化，展示蓬莱独特的自然人文风光。这本画册收集了本届摄影大赛的全部获奖作品，可以从这里洞见仙境蓬莱之一斑。

（29）山东省文物考古研究所、烟台市博物馆、蓬莱市文物局编著《蓬莱古船》

《蓬莱古船》由山东省文物考古研究所、烟台市博物馆、蓬莱市文物局编写，全书共36.36万字，2006年8月文物出版社出版。

《蓬莱古船》分为上、下两编，上编报告2005年古船发掘成果。主要内容有地理环境和历史沿革，古船发掘和研究概况，二号古船和三号古船情况，古船木材分析与保护，古船的保护、宣传和利用，以及古船的复原和研究、相关检测报告等部分。下编收录了《蓬莱古船与登州古港》一书中的四篇文章。它们全面反映了1984年蓬莱水城小海一号船发掘和研究成果。

《蓬莱古船》全面总结1984年和2005年两次在蓬莱水城小海发掘四艘古船的学术成果，深入探讨中国元、明时期古船的类型、建造技术和学术价值，积极推进蓬莱水城、登州古港和“海上丝绸之路”的研究工作，是蓬莱古船发掘与研究的集大成者。

（30）袁晓春、李建萍、董韶军、范惠泉编《蓬莱阁诗文集》（非正式出版物）

2006年，蓬莱阁管理处文物科袁晓春、李建萍、董韶军、范惠泉整理编辑《蓬莱阁诗文集》，共13万字，未正式出版。该书连载于《蓬莱历史文化研究》2009年7月第16期至2013年2月第32期。

全书分为九编，依次是蓬莱阁志、蓬莱阁碑刻诗词、蓬莱阁碑刻散文、文献刊载蓬莱阁诗词、文献刊载蓬莱阁散文、高丽朝鲜使节咏蓬莱阁诗词、蓬莱阁藏石刻碑文、蓬莱阁楹联匾额、作者小传。诗词散文附有注释，大部分配有碑刻照片，图文并茂。《蓬莱阁诗文集》所收录的100多首（篇）碑刻诗文，其原碑刻大都做了拓制，在此基础上对模糊不清或有争议的字句反复进行考究、探析，力求准确无误，确保诗文内容的完整性。另外，文集所记载的100多块诗文碑刻（外加馆藏碑刻）多半是第一次被全面整理并以文献的形式公布于世，其中不乏对研究蓬莱历史文化具有重要史料价值的碑文，这对进一步开发利用蓬莱阁旅游文化资源，完善和丰富蓬莱文库，起到了积极作用。

（31）张永强著《蓬莱金石录》

《蓬莱金石录》是利用传世文献与出土石刻文献阐释蓬莱地区历史文化的第一部专著。作者张永强（1972— ），山东蓬莱人，中国书法家协会《国际书法》执行主编。《蓬莱金石录》2007 年黄河出版社出版。

该书分为上、下两编，上编 38 篇，主要对登州博物馆藏西周青铜器铭文、东汉《琴亭国李夫人题记刻石》、蓬莱阁上的《苏轼书海市诗刻石及吴道子画跋》《董其昌书袁可立观海市诗刻石》等金石文献进行研究考证，时间跨度上启殷商，迄于当代，兼及海上丝路古代中国与日本、朝鲜半岛的交流，具有重要的学术价值；下编收录有关古代蓬莱的碑刻、诗文 51 篇，其中有历代重修蓬莱阁及附近建筑碑刻 15 篇。

（32）蓬莱历史文化研究会编《蓬莱诗文集》（非正式出版物）

《蓬莱诗文集》由蓬莱历史文化研究会编著，2009 年江苏金坛古籍印刷厂有限公司印刷。该书采用中国古典装帧形式，墨绿色花纹绸缎软封面，线装形式装订，竖排繁体字，仿古刻本，纸张为双层宣纸，三册套装（诗集两册，文集一册），全国政协常委、北京画院院长王明明题写书名。收录上自晋朝，下至明清时期的诗歌 263 首，散文 72 篇，共计 335 首（篇），其中记载蓬莱阁及周围景点建筑的近百首（篇）；通过此书可以对历代蓬莱的诗文名篇有一个总体的把握。

（33）刘青、丛彩娥、蔡玉臻著《人间仙境蓬莱》

《人间仙境蓬莱》由刘青、丛彩娥、蔡玉臻编著，2009 年中国旅游出版社出版。

该书以专题的形式，对蓬莱的特征进行了解读，包括地理、历史、民俗、节庆等各个方面，并用分色码的方法，将城市行政区域用不同的颜色区分，介绍了每个重点景点。《人间仙境蓬莱》是一部全方位、多角度介绍蓬莱的综合性书目，其中对蓬莱阁及水城、古船博物馆、田横山、登州博物馆等进行了详细介绍，有助于扩大蓬莱阁文化影响力和知名度。

（34）贺宗仪、位仁田主编《仙阁神韵》

《仙阁神韵——“蓬莱阁杯”海内外征联大赛作品荟萃》主编贺宗仪任中国楹联学会理事，位仁田任烟台市楹联家协会副主席。全书稿共 21.6

万字。

该书稿是国内第一本关于蓬莱阁楹联的专业书籍，此次征联活动共征集来自 34 个省级行政区及海外侨胞联作 7090 余副，筛选海内外征集楹联佳作 2009 副，以蓬莱阁景区十一大景点为主题进行创作，以景点为脉络编辑成书。另外还选编蓬莱阁珍藏宋、元、明、清、近代、现代老联佳作附录于后。《仙阁神韵》填补蓬莱阁联集空白，是新中国成立以来第一次大规模的以蓬莱阁为主题的海内外楹联创作征集活动。

（35）陈文念编《走近蓬莱》

《走近蓬莱》主编陈文念现兼任蓬莱区作协副主席、多家媒体特约记者，全书共十几万字，2011 年中国广播电视出版社出版。

该书内容涵盖蓬莱神话传说、自然奇观、文化名人、名胜古迹等，书前有作者像、序和董必武、叶剑英题词，书后有后序。《走进蓬莱》以“文化散文”的形式将蓬莱仙海海韵、海市蜃楼、八仙过海、苏轼蓬莱佳话、蓬莱阁等自然奇观和历史景观有机结合，使读者透过旅游文化资源，领略蓬莱历史文化内涵，感受文化旅游的乐趣。

（36）寇润平主编《海上丝绸之路与蓬莱古船・登州港国际学术研讨会论文集》

《海上丝绸之路与蓬莱古船・登州港国际学术研讨会论文集》主编寇润平原任蓬莱阁管理处主任，全书共 33.8 万字，2012 年 4 月黄海数字出版社出版。

“海上丝绸之路与蓬莱古船・登州港”国际学术研讨会于 2012 年 5 月 25 日在蓬莱召开。会议由蓬莱阁管理处主办，邀请国内研究中国古代海外交通史、古代船史的众多知名专家，以及日本、韩国研究东北亚海上丝绸之路和东北亚古代造船史方面的著名学者，会上对古船、古港等学术问题进行广泛探讨，会后出版《海上丝绸之路与蓬莱古船・登州港国际学术研讨会论文集》。该书共收录来自中、日、韩三国学者关于蓬莱古船、海上丝绸之路、海洋文化、海交史、古港史研究的论文 35 篇，深度挖掘海上丝绸之路、登州古港、蓬莱古船等历史文化内涵。

（37）寇润平编著《中华历史文化名楼·蓬莱阁》

《中华历史文化名楼·蓬莱阁》主编寇润平原任蓬莱阁管理处主任，2012年由文物出版社出版。

全书分为概述、正文、编后记三部分，正文八章，依次为：人间第一楼——蓬莱阁、千年军港——蓬莱水城、戚继光故里、仙境新景、撷英集萃、山海奇观、大事记、附录。该书本着与蓬莱阁有关联的原则，扩大收录范围，增加内容含量，例如：在“仙境新景”中增加了田横山文化公园、田横山栈道、登州博物馆、蓬莱阁全周影院、跨海索道、蓬莱文化广场、八仙群雕等内容；在大事记中也增加前志所未收录的资料。这些新增内容使蓬莱阁旅游资源更加丰富多彩，文化遗产更加厚重丰满，蓬莱阁文献资料的搜集整理达到了一个相对完善和详尽的地步。

（38）蓬莱阁管理处编《蓬莱阁碑刻诗文赏析》

《蓬莱阁碑刻诗文赏析》由蓬莱阁管理处编写，2013年文物出版社出版。

该书以《蓬莱阁诗文集》为基础，辑录蓬莱阁自建阁以来至民国时期138方刻石，按照体裁内容分为咏海市诗、登蓬莱阁观海、随笔游记、军事公务、修造记事、歌功颂德、其他、附录八个章节。赏析依托诗文内容、作者情况、时代特点等作出分析与简释。书中辑录的碑刻诗文全部随附碑拓照片，释文更为准确，诗文赏析与创作背景结合更加贴切。

（39）袁晓春著《海上丝绸之路——蓬莱》

《海上丝绸之路——蓬莱》作者袁晓春，蓬莱阁景区管理服务中心副研究员，全书共36.5万字，2014年4月黄海数字出版社出版。

该书对登州港出土蓬莱古船及年代、蓬莱高丽（朝鲜）古船、中韩两国4艘古船保护技术、郑和下西洋与紫檀木舵杆、海上丝绸之路蓬莱史迹、山东半岛与朝鲜半岛海洋文化及登州文会馆博物馆等进行深入研究。另外，还对韩国新安沉船、韩国珍岛中国宋朝独木舟等海外交通史领域进行探讨。

第二节 论 文

目前收集到发表的有关蓬莱阁文化研究论文多达160余篇，研究内容涉及蓬莱阁、蓬莱水城、登州古港、蓬莱古船等，研究视角涉及文物考古、历史探究、文学游记、旅游开发等，为蓬莱阁文化的研究和拓展提供更加详实的学术借鉴。

1. 李文渭、徐瑜：《蓬莱水城》，《文物》1979年第7期。

2. 韩希谦：《蓬莱阁巧遇香港“八仙”》，《电影评价》1985年第7期。

3. 和台：《蓬莱水城的考古发现》，《航海》1989年第2期。

4. 袁晓春、王茂盛、刘卫国：《登州古船博物馆》，《海交史研究》1992年第1期。

5. 纪兆璞：《丹崖揽胜》，《中外文化交流》1992年第2期。

6. 李濂恩：《蓬莱水城》，《历史教学》1992年第5期。

7. 姜舜源：《“蓬莱仙境”玉石仙台与蓬莱阁》，《紫禁城》1992年第5期。

8. 朱智：《八仙过海的地方——蓬莱阁》，《风景名胜》1994年第9期。

9. 崔世辉：《古代水军重镇——蓬莱水城》，《中国水运》1995年第1期。

10. 吕韶羽：《烟雨蓬莱阁》，《风景名胜》1997年第5期。

11. 周今立、周瑞雪：《人间仙境蓬莱阁——蓬莱古建筑群浅析》，《中国文物学会传统建筑园林委员会第十一届学术研讨会论文集》，1998年。

12. 王德华、赵学义、张恺：《蓬莱古建筑群浅析》，《山东建筑工程学院学报》1999年第3期。

13. 高英、杨中良：《登州蓬莱阁历代碑刻》，《书法》1999年第5期。

14. 崔金勇：《透视“海市”》，《旅游》1999年第6期。

15. 赵谦：《冯玉祥挥毫蓬莱阁》，《风景名胜》1999年第9期。

16. 牟志勇：《黄渤海分界处的文化丰碑——蓬莱阁》，《走向世界》2000年第1期。

17. 封培定：《刘清与蓬莱阁》，《贵州文史天地》2001 年第 1 期。

18. 杨中良：《蓬莱阁馆藏碑刻》，《书法》2001 年第 5 期。

19. 王庆云：《中国古方志景观文学及其当代增值》，《烟台大学学报（哲学社会科学版）》2002 年第 4 期。

20. 董韶军、董韶华、迟金光：《试论蓬莱水城的历史地位与价值》，《北方文物》2003 年第 1 期。

21. 姜福明、郑亮亮：《蓬莱阁打造文明景区新形象》，《城乡建设》2005 年第 9 期。

22. 费秉勋、苗重安：《蓬莱仙阁》，《金秋》2005 年第 4 期。

23. 朱龙：《山东蓬莱的滨海旅游资源》，《资源开发与旅游》2005 年第 3 期。

24. 王明进：《蓬莱“仙境”誉神州》，《中国地名》2005 年第 5 期。

25. 袁晓春：《中国蓬莱水城古船发掘及成果》，《14 世纪亚洲海上贸易与新安沉船遗物国际学术会议论文集》，韩国国立海洋遗物展示馆 2006 年出版。

26. 郑亮亮、朱恒亮：《水城复建 沧桑再现——蓬莱水城恢复明代水城形象》，《城乡建设》2006 年第 11 期。

27. 袁晓春：《蓬莱 3 艘古船发掘简报》，《海交史研究》2006 年 2 期。

28. 杨思然：《游蓬莱阁》，《文学与人生》2006 年第 10 期。

29. 杨世强：《蓬莱阁田横栈道混凝土及钢构件的抗腐蚀处理》，《地质调查与研究》2008 年第 3 期。

30. 王慧敏：《宋词与亭台楼阁考论》，苏州大学博士学位论文，2008 年 4 月。

31. 赵素菊：《山东妈祖建筑初探》，青岛理工大学硕士学位论文，2008 年 6 月。

32. 袁晓春：《蓬莱三艘古船前期保护及元朝古船保护技术》，《中国文物保护技术协会第五次学术年会论文集》，北京：科学出版社，2008 年 8 月。

33. 于建华、雷子军、于海杰：《蓬莱水城南城墙的修复设计》，《文物建筑》2008 年刊。

34. 刘莉：《蓬莱二号古船与蓬莱一号及象山古船比较》，《蓬莱古船国际学术研讨会论文集》，武汉：长江出版社，2009 年。

35. 寇润平：《山东省蓬莱阁：以一流的管理服务，打造世界知名景区》，《城乡建设》2009 年第 9 期。

36. 司继跃、吴芳妮、高远：《蓬莱阁上话生态——唐槐与陈抟的福寿字碑》，《中国林业》2009 年第 6 期。

37. 蔡玉臻：《登州古港早期的港航活动》，《登州与海上丝绸之路——登州与海上丝绸之路国际学术研讨会论文集》，北京：人民出版社，2009 年 4 月。

38. 袁晓春：《蓬莱三号古船研究》，《蓬莱古船国际学术研讨会文集》，武汉：长江出版社，2009 年 10 月。

39. 徐浩：《蓬莱水城的开发与保护管见》，中央民族大学硕士学位论文，2010 年 5 月。

40. 曲慧、肖碧勇、王林安：《蓬莱阁木构架承载力有限元分析》，《烟台大学学报（自然科学与工程版）》2010 年第 1 期。

41. 杨丽敏、孙艳艳：《蓬莱水城历史沿革初探》，《山东档案》2010 年第 3 期。

42. 袁晓春：《蓬莱三艘古船保护进程中的保护技术探究》，《中国文物保护技术协会第六次学术年会论文集》，北京：科学出版社，2010 年 6 月。

43. 郑亮亮：《山东蓬莱备倭都司府完美修复》，《城乡建设》2010 年第 9 期。

44. 袁晓春：《海上丝绸之路蓬莱史迹初探》，《甲午纵横》，北京：华文出版社，2010 年 11 月。

45. 刘莉：《中国古船的水密舱壁及其流水孔》，《中国航海文化之地位与使命》，上海：上海书店出版社，2011 年。

46. 杨猛：《侍御史朱处约二三事》，《经济研究导论》，2011 年第 33 期。

47. 袁晓春：《蓬莱阁丹崖山岩体加固保护技术研究》，《中国甲午战争博物馆刊》2011 年第 2 期。

48. 张如松：《景区防盗报警系统简析——以山东省蓬莱阁景区为例》，

《中国新技术新产品》2011 年第 12 期。

49. 薛鲁光：《古代四大名楼之一：蓬莱阁》，《国际市场》2011 年第 6 期。

50. 修琳琳：《蓬莱阁：引入“景区服务酒店化”理念》，《中国旅游报》2011 年 7 月 11 日。

51. 刘兆成、杨颖等：《蓬莱阁丹崖山安全监测与分析》，《山东国土资源》2011 年第 10 期。

52. 袁晓春：《蓬莱高丽（朝鲜）古船结构与特征》，《高丽沉船与文化史国际学术讨论会论文集》，韩国国立海洋文化遗产研究所 2011 年出版。

53. 于建波、董奕：《从档案文献看蓬莱水城》，《春秋》2012 年第 1 期。

54. 袁晓春：《蓬莱船材与郑和下西洋》，《海上丝绸之路与蓬莱古船·登州港国际学术研讨会论文集》，烟台：黄海数字出版社，2012 年 4 月。

55. 谭立峰、赵鹏飞：《明代蓬莱水城聚落形态探析》，《建筑学报》2012 年第 4 期。

56. 袁晓春：《蓬莱高丽（朝鲜）古船造船与保护技术》，《国家航海》2012 年第 1 期。

57. 袁晓春：《郑和下西洋与蓬莱紫檀木舵杆解析》，《海交史研究》2012 年第 2 期。

58. 胡宇娜、马浩、袁伟：《蓬莱阁景区周围居民对旅游开发的参与程度调查》，《新西部（理论版）》2012 年第 8 期。

59. 徐中慧：《“登州海市”文化景观的历史文献研究》，中国海洋大学硕士学位论文，2012 年 5 月。

60. 水玉晶：《蓬莱阁以中国古代“四大名楼”之一海市蜃楼奇观八仙过海传说耀亮地名绚彩》，《中国地名》2012 年第 6 期。

61. 袁晓春：《蓬莱四艘古船保护技术探析》，《中国文物科学研究》2013 年第 1 期。

62. 杨猛：《蓬莱水城城墙的形成与保护》，《明清海防研究》（第 6 辑），广州：广东人民出版社，2013 年。

63. 左右：《国家 5A 级景区、中国古代四大名楼之一 蓬莱仙阁》，《走向世界》2013 年第 9 期。

64. 袁晓春：《中国海事类博物馆：现状与趋势》，《中国博物馆》2013 年第 4 期。

65. 董韶军：《蓬莱水城的历史变迁》，《春秋》2013 年第 3 期。

66. 孟繁文：《人间仙境蓬莱阁》，《中国盐业》2013 年第 20 期。

67. 杨猛：《从刀鱼寨到备倭城——登州海防建设简论》，《明清海防研究》（第 7 辑），广州：广东人民出版社 2014 年版。

68. 董韶军、朱龙：《道教文化与蓬莱阁古建筑》，《春秋》2014 年第 3 期。

69. 杨丁、毛洪东：《蓬莱古船考古记》，《大众考古》2014 年第 7 期。

70. 吕杰：《邮“蓬莱阁”览人间仙境》，《集邮博览》2014 年第 8 期。

71. 成小林、胥谞、赵鹏：《山东蓬莱水城出土铁锚病害分析与保护处理》，《中国文物保护技术协会第八次学术年会论文集》，北京：科学出版社，2014 年 10 月。

72. 焉鹏飞：《蓬莱地区妈祖信仰文化的考古学研究——以蓬莱阁天后宫现存碑刻为中心》，西北师范大学硕士学位论文，2015 年 6 月。

73. 子翔：《蓬莱阁风景区》，《老友》2015 年第 8 期。

74. 刘莉：《登州港的历史文化价值及其海丝申遗意义》，《中国民族博览》，2015 年第 9 期。

75. 洪树华：《蓬莱阁诗与仙道文化情结》，《蓬莱仙道文化与中国古代文学》，北京：人民出版社，2015 年 12 月。

76. 范惠泉：《蓬莱阁道教吕祖扶箕初探——以明朝李承勋〈吕祖咏海诗〉为例》，《蓬莱仙道文化与中国古代文学》，北京：人民出版社，2015 年 12 月。

77. 刘洪强：《蓬莱阁首建者朱处约生平考》，《蓬莱仙道文化与中国古代文学》，北京：人民出版社，2015 年 12 月。

78. 董韶军：《蓬莱仙道文化与蓬莱古建筑》，《蓬莱仙道文化与中国古代文学》，北京：人民出版社，2015 年 12 月。

79. 张爱敏：《蓬莱阁与仙道文化论述》，《蓬莱仙道文化与中国古代文学》，北京：人民出版社，2015年12月。

80. 刘建军：《历史文化名楼的文化内涵与旅游开发简述——以蓬莱阁为例》，《文物世界》2016年第1期。

81. 刘莉：《日本圆仁笔下的登州》，《海上丝绸之路》2016年第2期。

82. 杨猛：《戚氏牌坊文化内涵浅论》，《文物世界》2016年第2期。

83. 郭长寿：《望海潮·蓬莱阁览胜》，《编辑学报》2016年第2期。

84. 李小宇、袁晓春：《蓬莱古船博物馆藏唐宋时期瓷器》，《文物》2016年第6期。

85. 袁晓春：《海上丝绸之路与蓬莱高丽古船》，《中国港口》2016年S1期。

86. 杨猛：《蓬莱阁建筑布局与艺术文化探析》，《黑河学刊》2016年第5期。

87. 李真真：《浅议蓬莱阁的建筑特色》，《门窗》2016年第10期。

88. 崔俊阁：《蓬莱阁避风亭》，《建筑工人》2017年第2期。

89. 李真真：《论蓬莱阁布局特色及文化传承》，《工程技术研究》2017年第4期。

90. 范惠泉：《蓬莱阁苏轼〈海市诗〉文学及书法研究》，《乐山师范学院学报》2017年第5期。

91. 张润麟：《蓬莱阁景区视频监控升级的解决方案》，《电子测试》2017年第7期。

92. 王新同：《海上奇观：探秘"蓬莱仙阁"》，《绿色视野》2017年第5期。

93. 张景龙：《清代海防重器——蓬莱水城道光铁炮》，《中国港口》2017年第2期。

94. 红豆豆：《邂逅蓬莱仙阁》，《军工文化》2017年第6期。

95. 杜冰清：《供给侧改革背景下我国5A级景区产品有效供给评价研究》，山东师范大学硕士学位论文，2017年6月。

96. 夏爱民、赵艳娟：《朱处约家世与生平事迹考》，《鲁东大学学报（哲学社会科学版）》2017年第4期。

97. 袁晓春：《漫话中国古船》，《中国港口》2017年第2期。

98. 郑莉颖：《直上蓬莱阁，人间第一楼》，《科学中国人》2018年第1期。

99. 陈文念：《蓬莱阁：大海托起的建筑艺术盛宴》，《城乡建设》2018年第8期。

100. 周晓东：《蓬莱古建筑群分析——以“人间仙境”蓬莱阁为例》，《旅游纵览（下半月）》2018年第10期。

101. 袁晓春：《中韩对蓬莱高丽古船10年研究》，《船史研究》第24期，武汉：武汉理工大学出版社，2018年5月。

102. 初子泰：《蓬莱市城市旅游视觉形象设计》，曲阜师范大学硕士学位论文，2018年6月。

103. 袁晓春：《海上丝绸之路山东跨域海洋文化遗产——蓬莱高丽古船研究与保护》，《甲午战争研究》2018年第2期。

104. 袁晓春、董韶军、范惠泉：《海丝文物新发现之民国初蓬莱阁灯塔碑》，《中国文物报》2018年8月3日。

105. 孟祥科、黄继业等：《蓬莱阁西北门加固施工新工艺》，《工程技术研究》2018年第9期。

106. 尹航：《胶东半岛低山丘陵道教宫观园林环境空间研究》，北京林业大学博士学位论文，2019年6月。

107. 李媛：《蓬莱水城绿化植物配置探析》，《城市建设理论研究》2019年第27期。

108. 修琳琳、邹宓：《绝美蓬莱阁》，《奇妙博物馆》2020年第3期。

109. 宋卫华：《有仙则名蓬莱阁》，《走向世界》2020年第30期。

110. 王赛时：《论蓬莱阁文化的海洋意蕴》，《蓬莱阁文化研究》，济南：齐鲁书社，2021年7月。

111. 徐自强：《国家图书馆藏蓬莱阁金石述要》，《蓬莱阁文化研究》，济南：齐鲁书社，2021年7月。

112. 贺宗仪：《蓬莱阁诗词刍议》，《蓬莱阁文化研究》，济南：齐鲁书社，2021年7月。

113. 位仁田：《蓬莱阁楹联艺术浅析》，《蓬莱阁文化研究》，济南：齐鲁书社，2021年7月。

114. 张永强：《蓬莱阁碑刻的历史和艺术价值》，《蓬莱阁文化研究》，济南：齐鲁书社，2021年7月。

115. 于建华：《蓬莱阁建筑探究》，《蓬莱阁文化研究》，济南：齐鲁书社，2021年7月。

116. 陈煜：《从蓬莱阁看海神信仰的演变》，《蓬莱阁文化研究》，济南：齐鲁书社，2021年7月。

117. 宋耀武：《浅析蓬莱阁庙会的文化内涵》，《蓬莱阁文化研究》，济南：齐鲁书社，2021年7月。

118. 蒋惠民、王颖：《蓬莱阁与道教福寿文化》，《蓬莱阁文化研究》，济南：齐鲁书社，2021年7月。

119. 朱龙：《蓬莱阁的兴建对宋代蓬莱旅游的影响》，《蓬莱阁文化研究》，济南：齐鲁书社，2021年7月。

120. 臧伟腾：《苏公祠考》，《蓬莱阁文化研究》，济南：齐鲁书社，2021年7月。

121. 张爱敏：《苏轼与蓬莱阁》，《蓬莱阁文化研究》，济南：齐鲁书社，2021年7月。

122. 范惠泉：《蓬莱阁珍藏的苏轼〈海市诗〉碑刻》，《蓬莱阁文化研究》，济南：齐鲁书社，2021年7月。

123. 张翼飞、苏建阁：《宋庆与蓬莱阁》，《蓬莱阁文化研究》，济南：齐鲁书社，2021年7月。

124. 孙敬明：《潍县令招子庸〈蓬莱阁壁上写竹题诗〉跋》，《蓬莱阁文化研究》，济南：齐鲁书社，2021年7月。

125. 吕伟达、吕静波：《王懿荣与蓬莱阁炮台碑文考》，《蓬莱阁文化研究》，济南：齐鲁书社，2021年7月。

126. 张永强：《女真文蓬莱刻石与奥屯良弼饯饮题名》，《蓬莱阁文化研究》，济南：齐鲁书社，2021年7月。

127. 陈立强：《蓬莱阁弹子涡石及其诗文探析》，《蓬莱阁文化研究》，济南：齐鲁书社，2021年7月。

128. 吴梦麟：《有关孔有德与登莱兵变的碑刻与文献》，《蓬莱阁文化研究》，济南：齐鲁书社，2021年7月。

129. 程麻：《美国普鲁伊特家族存留的蓬莱阁旧照片》，《蓬莱阁文化研究》，济南：齐鲁书社，2021年7月。

130. 陈立强：《蓬莱阁石榴石》，《蓬莱阁文化研究》，济南：齐鲁书社，2021年7月。

131. 张永强：《蓬莱阁与登州博物馆藏金石锲刻题记辑考》，《蓬莱阁文化研究》，济南：齐鲁书社，2021年7月。

132. 逄建斌：《浅析蓬莱阁建筑文化与建筑美》，《蓬莱阁文化研究》，济南：齐鲁书社，2021年7月。

133. 王作言：《试析蓬莱仙海文化特色》，《蓬莱阁文化研究》，济南：齐鲁书社，2021年7月。

134. 周霞：《蓬莱——八仙过海传说的发源地》，《蓬莱阁文化研究》，济南：齐鲁书社，2021年7月。

135. 寇润平：《蓬莱阁道教文化探微》，《蓬莱阁文化研究》，济南：齐鲁书社，2021年7月。

136. 林仙庭：《齐地八神与蓬莱神话》，《蓬莱阁文化研究》，济南：齐鲁书社，2021年7月。

137. 张永强：《碑铭所见早期全真教在蓬莱的活动》，《蓬莱阁文化研究》，济南：齐鲁书社，2021年7月。

138. 曹艳英：《蓬莱民间信仰的旅游文化价值及其开发方向》，《蓬莱阁文化研究》，济南：齐鲁书社，2021年7月。

139. 杨新寿：《蓬莱水城城墙修复设计》，《蓬莱阁文化研究》，济南：齐鲁书社，2021年7月。

140. 姜福明、孔庆生：《山东蓬莱阁建筑群西北角滑坡现状及治理对策》，《蓬莱阁文化研究》，济南：齐鲁书社，2021年7月。

141. 宋耀武：《蓬莱阁赋》，《蓬莱阁文化研究》，济南：齐鲁书社，2021年7月。

142. 席龙飞：《蓬莱古船的科学与文化内涵》，《蓬莱阁文化研究》，济南：齐鲁书社，2021 年 7 月。

143. 王安安：《从登州古港出土的陶瓷看宋元时代的陶瓷贸易》，《蓬莱阁文化研究》，济南：齐鲁书社，2021 年 7 月。

144. 顿贺：《蓬莱两艘古战船与其他出土古船船型特征之比较》，《蓬莱阁文化研究》，济南：齐鲁书社，2021 年 7 月。

145. 尤飞君：《对蓬莱古船博物馆等中外海事博物馆的观察与思考》，《蓬莱阁文化研究》，济南：齐鲁书社，2021 年 7 月。

146. 郑亮亮：《浅谈蓬莱水城的历史变迁》，《蓬莱阁文化研究》，济南：齐鲁书社，2021 年 7 月。

147. 辛俊玲：《略论蓬莱阁下登州文会馆对中国近代高等教育的影响》，《蓬莱阁文化研究》，济南：齐鲁书社，2021 年 7 月。

148. 何国卫：《蓬莱舟船文化》，《蓬莱阁文化研究》，济南：齐鲁书社，2021 年 7 月。

149. 顿贺：《蓬莱出土的四号古船初探》，《蓬莱阁文化研究》，济南：齐鲁书社，2021 年 7 月。

150. 袁晓春：《再探蓬莱高丽（朝鲜）古船》，《蓬莱阁文化研究》，济南：齐鲁书社，2021 年 7 月。

151. 朱亚非、赵树国：《明代山东海防三营述论》，《蓬莱阁文化研究》，济南：齐鲁书社，2021 年 7 月。

152. 赵树国、朱亚非：《明代山东备倭都司考论》，《蓬莱阁文化研究》，济南：齐鲁书社，2021 年 7 月。

153. 范中义：《俞龙戚虎之优长》，《蓬莱阁文化研究》，济南：齐鲁书社，2021 年 7 月。

154. 张凤林、张津铭：《戚继光的“适成中国之大”思想初探》，《蓬莱阁文化研究》，济南：齐鲁书社，2021 年 7 月。

155. 袁晓春：《戚继光在蓬莱的青少年岁月》，《蓬莱阁文化研究》，济南：齐鲁书社，2021 年 7 月。

156. 宋耀武：《从“登州事变”看“戚家军”与“辽东兵”的差异》，

《蓬莱阁文化研究》，济南：齐鲁书社，2021 年 7 月。

157. 张景龙：《戚继光与托浑布登州海防政策比较研究》，《蓬莱阁文化研究》，济南：齐鲁书社，2021 年 7 月。

158. 王伟、袁晓春：《蓬莱发现戚继光及其家族史料探究》，《蓬莱阁文化研究》，齐鲁书社，2021 年 7 月。

159. 马德成：《戚继光书法浅析》，《蓬莱阁文化研究》，济南：齐鲁书社，2021 年 7 月。

160. 叶玉杰：《戚继光与蓬莱阁》，《蓬莱阁文化研究》，济南：齐鲁书社，2021 年 7 月。

161. 张凤林：《戚继光诗“放舟蓬莱阁下”赏析》，《蓬莱阁文化研究》，济南：齐鲁书社，2021 年 7 月。

第十六章　蓬莱阁大事记

第一节　唐代大事记

唐贞观年间（627—649），在丹崖山巅建广德王庙，在丹崖山南麓建弥陀寺。

唐神龙三年（707），唐朝廷在蓬莱设登州，管辖蓬莱、黄县、文登、牟平四县。丹崖山下的登州港成为唐代与日本、朝鲜友好交流的北方唯一港口，“登州海行入高丽、渤海道”国际航线开通。

唐开元年间（713—741），在广德王庙东建三清殿。

第二节　宋代大事记

宋庆历二年（1042），登州知州郭志高修筑“刀鱼寨”，停泊战船。

宋嘉祐六年（1061），登州知州朱处约迁建广德王庙于现址（龙王宫），在其旧址建蓬莱阁。

宋元丰八年（1085），苏轼任登州知州，登临蓬莱阁，作《望海》《海市诗》《北海十二石记》等诗文。

宋崇宁年间（1102—1106），在蓬莱阁西，建“灵祥庙”祀海神。

金皇统年间（1141—1149），重立苏轼《海市诗》碑。

第三节　元代大事记

元中统年间（1260—1264），修葺龙王宫。

第四节 明代大事记

明洪武九年（1376），在宋代刀鱼寨基础上建水城，“绕土城，周三里许，城高三丈五尺，厚一丈一尺，西北跨山，东南濒河，南一门”，并立帅府于此，名“备倭城”，又称“水城”。

明洪武年间（1368—1398），在水城内设置备倭都司。

明永乐十四年（1416），都督卫青修葺蓬莱阁。

明洪熙元年（1425），修葺蓬莱阁及其附属建筑。

明正统年间（1436—1449），重修三清殿。

明天顺年间（1457—1464），建太平楼、涌月亭。

明成化七年（1471），永康侯徐安修葺蓬莱阁及其邻近建筑。

明正德八年（1513），登州府知府严泰于蓬莱阁西建海市亭。

明嘉靖四十四年（1565），建戚家牌坊。

明隆庆六年（1572），重修三清殿。

明万历七年（1579），重修天妃宫。

明万历十五年至十七年（1587—1589），巡抚李戴倡捐，戚继光等人捐资，宋应昌修葺蓬莱阁。“规画宏敞，视旧贯什倍之矣。”历时三年竣工。

明万历十八年（1590），建多寿亭。

明万历二十四年（1596），总兵李承勋在水城土墙外包砌砖石加固城墙，增建敌台三座。

明万历三十一年（1603），三清殿、白云宫毁于火，总兵李承勋捐资重建。

明万历三十八年（1610），建松石亭。

明万历四十五至四十七年（1617—1619），参政李本纬、登州府知府徐应元重修龙王宫，修葺水城。

明崇祯四年至六年（1631—1633），孔有德发动“登州事变”，蓬莱水城及蓬莱阁损毁严重。

明崇祯八年（1635），建戚继光祠堂。

明崇祯九年（1636），登州太守陈钟盛倡修蓬莱阁。维修水城城垣及天妃庙。

明崇祯十一年（1638），登莱海防道参议周之训仰慕苏轼的风采，捐出款项，命其属下张万宪督修苏公祠。

第五节　清代大事记

清顺治年间（1644—1661），山东巡抚朱国柱重修三清殿、白云宫。

清顺治十六年（1659），徐可先在水门口增置铁栅门。

清康熙三十一年至三十三年（1692—1694），登州府知府任璿建卧碑亭。

清康熙四十六年（1707），重修戚继光祠堂，并于祠堂东院建“忠”“孝”碑刻及碑亭。

清康熙年间（1662—1722），建万民感德碑亭。

清乾隆五十八年（1793），修葺水城。

清嘉庆二十四年（1819），登州总兵刘清修葺蓬莱阁，建蓬莱阁东西厢房、东西配殿。重修宾日楼、海市亭、弥陀寺。

清道光元年（1821），修葺关门口。

清道光十六年（1836），天后宫失火，焚毁庙观四十八间。

清道光十七年（1837），登州府知府英文重建天后宫及其附属建筑，改额“显灵”，勒石以记。

清道光十八年（1838），登州府知府英文重修白云宫。

清道光二十年（1840），修葺水城。

清同治元年（1862），修葺水城。

清同治三年（1864），修葺水城城垣。

清同治四年（1865）七月，风雨暴作，丹崖山倾圮，灯楼以西城垣倒塌十余丈，蓬莱阁岌岌可危。

清同治四年至六年（1865—1867），登州府知府豫山募资修缮蓬莱阁，修补山城，并将苏公祠由蓬莱阁南迁至蓬莱阁东今址。又于避风亭西北建屋三楹，是为澄碧轩。

清同治七年（1868），登州府同知雷树枚建灯塔于蓬莱阁东北丹崖山绝壁上。

清同治七年（1868），重修平浪宫。

清光绪元年（1875），修葺水城。

清光绪二年（1876），山东巡抚丁宝桢、登州府知府贾瑚、总兵王正起于宾日楼南接建吕祖殿，附设东、西厢。又于东厢南端建“望海亭”（即观澜亭）。

清光绪六年（1880），重修戚继光祠堂。

清光绪六年至十年（1880—1884），重修天后宫。

清光绪七年（1881），登州府知府贾瑚、知县江瑞采重建迎仙桥。

清光绪七年（1881），重修平浪宫。

清光绪二十一年（1895）1月18日，日舰炮击蓬莱阁，弹中蓬莱阁北壁外“海不扬波”刻石，“不”字受损，伤痕至今可见，而内壁灰皮也遭震落，壁上“南海才子”招子庸所绘《墨竹图》从此绝迹人间。

第六节 民国大事记

1921年，直鲁豫巡阅使吴佩孚重修戚继光祠堂，并题“吾将私淑”。

1929年春，军阀张宗昌、褚玉璞与刘珍年部在胶东对峙，张、褚所部盘踞水城，蓬莱阁及其邻近建筑、文物古迹遭到严重破坏。

1934年5月，冯玉祥和李烈钧游览蓬莱阁，李烈钧题联“攻错若石，同具丹心扶社稷；江山如画，全凭赤手挽乾坤”，冯玉祥撰额“碧海丹心”。

1935年春，于学忠捐资打龙井。

1935年，维修戚继光祠堂。

1937年，日军飞机轰炸蓬莱，天后宫院内戏楼、龙王宫前殿中弹焚毁。

1941—1945年，太平楼、平浪宫等建筑毁于战火。

1947年秋冬，进攻胶东的国民党军盘踞蓬莱阁上，因修工事和起火造饭、取暖之用，阁中木匾、楹联损失殆尽。同时，对水城城墙破坏较重。

1949年8月，许世友指挥解放长岛战役，指挥所设在蓬莱阁上。

第七节　现代大事记

1956 年，省里拨款约七千七百元，维修蓬莱阁及龙王宫、天后宫、白云宫山门五千元，维修戚继光祠堂和戚继光牌坊二千七百元。

1957 年，省里拨款约二千七百元，维修蓬莱阁二层楼板及回廊；修复天后宫、龙王宫、三清殿内部分塑像；维修弥陀寺，重修感德碑亭。

1958 年，省里拨款二万五千元，维修水门口、西城墙、卧碑亭、避风亭；砌修小海东岸；改建灯楼，在其二层增设窗户；改建小海上吊桥为活动木板桥。

1959 年，省里拨款三万元，维修天后宫戏楼、钟鼓二楼，对大殿与寝殿刷漆，维修东院白云宫内门口喷水池、珠玑石子路面等。

1960 年 8 月 13 日，叶剑英元帅游览蓬莱阁，并题联“蓬莱仕女勤劳动，繁荣生活即神仙”。

1962 年，省里拨款二万八千元，用于维修蓬莱阁和庙岛天后宫（当时长岛归蓬莱）。

1963 年，省里拨款一万元，维修水门口，安装蓬莱阁避雷针。

1964 年，省里拨款二万元，维修水门口炮台、弥陀寺。水城小海中间木桥改建单孔石桥。

1964 年 8 月 14 日，国家副主席董必武游览蓬莱阁，题诗“来游此地恰当时，海国秋风暑气吹。没有仙人有仙境，蓬莱阁上好题诗”，并题字“丹崖仙境”。

1965—1966 年，省里拨款一万八千元，维修蓬莱阁。

1966 年，“文化大革命”运动开始，天后宫、龙王宫、三清殿、吕祖殿等建筑内的塑像全被拉倒；董其昌手迹刻石被砸得漫漶不清；铁保“蓬莱阁”字匾被铲去上下款；戚继光祠堂内“忠”“孝”碑刻被砸毁，碑亭亦毁；“父子总督”“母子节孝”牌坊遭到损坏，局部构件被毁。

1966 年 7 月 29 日至 31 日，“造反派”将铜佛像 29 个、古铜钱 137. 5 斤、铜古物卖给采购站，计人民币 5661. 49 元；银器 30 件卖给银行，计人民币 459.42 元；玉器 57 件、碎翠 1.25 两，计人民币 60.4 元；总计 6181.31 元。1 个铜千佛尊被砸碎，瓷佛像被砸碎，旧字画 313 幅全部烧毁，碑文档案全部烧毁。

1967 年 10 月，采购站将陈列在水城关门口的四尊大型古铁炮（2 门万斤、2 门八千斤）及数门小型古铁炮炸碎搬走。

20 世纪 60 年代，水城南城墙、东城墙南段，被水城村居民盖房时陆续破坏。

1972 年，西城墙南段被改造为通往蓬莱阁的旅游道路。

1973 年，省里拨款一万五千元，翻修澄碧轩、避风亭、蓬莱阁西边照壁等。

1975 年，省里拨款二万元，维修水城西北角、水城南门、天后宫东西厢，粉画、油漆蓬莱阁等。

1976 年，省里拨款三万六千元，砌修小海南墙、西墙。

1977 年 11 月 24 日，“戚继光祠堂”与“戚继光牌坊”被蓬莱县人民政府公布为县级文物保护单位。

1978—1979 年，中央直接拨款十五万元，省里拨款十万元，共二十五万元。维修项目：三清殿翻修八万元，天后宫大殿及后殿维修一万八千元，弥陀寺维修八千元，复修水门口东城墙三万元，西挡墙（水门口西南部）四万六千元，平浪台北墙六千元，迎仙桥二千元，打机井一万五千元，零星修缮二万元（包括厕所、立碑、铺地及剩料等）。

1980 年 9 月 25 日，设立蓬莱阁管理所、蓬莱县文物管理所，合署办公，蓬莱阁正式对外开放。

1981 年，重建丹崖仙境牌坊，重塑三清殿塑像。

1982 年 2 月 23 日，“蓬莱水城及蓬莱阁”被国务院公布为第二批全国重点文物保护单位。

1982—1983 年，维修水城西北角城墙，天后宫油漆彩绘，重塑天后宫塑像。

1983 年，省旅游局拨款七万元，修建接待室、龙王宫。

1984 年，省旅游局拨款四万元，安设消防设施。

1984 年，维修龙王宫、重塑龙王宫塑像，改弥陀寺为接待室。

1984 年 3 月至 5 月，对水城小海开展有史以来规模最大的清淤，清除淤泥 22 万立方米，出土一艘古代战船及大批文物；重修小海护坡 1380 米；改小海中间单孔石桥为活动铁板桥。

1984 年，搬迁水城小海东岸居民 86 户，修建古市一条街。

1985 年，省旅游局拨款七万元，修缮蓬莱阁。

1985 年，对戚继光牌坊损毁部件进行修补。

1985 年，将戚继光祠堂收归国有，蓬莱阁管理所负责管理，同年对祠堂进行整修，并对外开放。

1986 年 7 月 26 日，更名蓬莱阁管理处，为副科级事业单位。

1986 年，省旅游局拨款五十一万五千元，重修振扬门城门楼三十八万五千元；维修蓬莱阁主阁，更换檐柱，改屋面灰瓦为黄琉璃瓦，共计花费十三万元。

1987 年，重建太平楼、平浪宫、涌月亭、点将台及新建戚继光塑像。

1987 年，重立戚继光祠堂内“忠”“孝”碑。

1987 年 4 月 27 日，“戚继光祠堂”被烟台市人民政府公布为烟台市文物保护单位。

1987 年 9 月 5 日，新加坡副总理吴庆瑞、国务院副总理谷牧来阁游览。

1987 年 10 月 30 日，中国邮政发行了《中国历代名楼》邮票，该套邮票俗称四大名楼邮票，其中黄鹤楼、岳阳楼面值 8 分，滕王阁 10 分，蓬莱阁 90 分。

1988 年 6 月 30 日，全国人大常委会委员长彭真游览蓬莱阁。

1988 年 8 月 21 日，上海市委书记江泽民游览蓬莱阁。

1989 年，在水城水门口架设钢骨架木板天桥。

1989 年 11 月 8 日，蓬莱阁管理处内设中层机构：行政科、财务科、文物科、保卫科、园林科、经营科、导游科，设立戚继光祠堂管理所、田横山管理所。

1990 年 8 月 6 日，全国人大常委会委员长万里游览蓬莱阁。

1990 年，建登州古船博物馆，展出小海出土古船及文物。

1991 年 7 月 12 日，国务院副总理朱镕基游览蓬莱阁。

1991 年 10 月 28 日，国务院总理李鹏游览蓬莱阁。

1992 年 4 月 28 日，蓬莱阁管理处确定为正科级事业单位。

1992 年，维修加固水城东炮台，修补小海护坡。

1992 年 6 月 20 日，“戚继光祠堂”与“戚继光牌坊”被山东省人民政府公布为山东省重点文物保护单位。

1992 年 7 月 30 日，蓬莱阁管理处增设办公室、后勤科，撤销行政科。

1993 年 4 月 24 日，新加坡总理吴作栋携夫人一行游览蓬莱阁。

1993 年 6 月 20 日，国务院副总理邹家华游览蓬莱阁。

1993 年 7 月 8 日，新加坡资政李光耀及夫人、副总理王鼎昌及夫人一行游览蓬莱阁。

1993 年 7 月 26 日，中共中央原主席华国锋游览蓬莱阁。

1993 年，重建龙王宫前殿、后殿，并重新塑像。

1993 年，维修子孙殿并塑像，维修吕祖殿并塑像。

1993 年 8 月 8 日，蓬莱阁跨海观光索道投入运营，设立索道管理所。

1994 年 5 月 26 日，设立蓬莱阁旅游区管理委员会、蓬莱市文物管理局，两者合署办公。

1994 年，维修水城西北角城墙。

1995 年，于蓬莱阁古建筑群入口处新建“人间蓬莱”牌坊。

1995 年，拆除小海活动铁板桥，新建跨小海五孔石拱桥——登瀛桥，重修北小海西侧码头。

1995 年 7 月 8 日，水师府（戚继光纪念馆）对外开放。

1995 年，《蓬莱古船脱水加固保护技术》获得国家文物局“科技进步奖”。

1996 年 5 月 26 日，蓬莱阁全周影院对外开放。

1996 年 5 月 26 日，设在太平楼的“中国船舶发展陈列馆”对外开放，展示古今船模 50 余艘。

1996 年 8 月 9 日，设立“蓬莱阁全周影院管理所”“蓬莱阁惊险游乐城管理所”“蓬莱阁激光枪战城管理所”。

1996 年，对蓬莱阁丹崖山岩体采用锚杆、锚索加固和挂网喷浆、砌筑支护等技术进行保护。

1996 年 11 月 19 日，蓬莱阁管理处设立，隶属于蓬莱风景区管理委员会。

1996 年 11 月 20 日，“戚继光牌坊”被国务院公布为全国重点文物保护单位，归入“蓬莱水城及蓬莱阁”一体保护。

1997 年，对蓬莱阁古建筑群内历代碑刻进行化学保护。

1998 年，重建水城振扬门木结构城门楼。

1998 年 4 月 29 日，吉尔吉斯共和国总统阿卡耶夫一行 40 人游览蓬莱阁。

1998 年 10 月 1 日，黄渤海栈道、田横山文化公园对外开放。

1999 年，修复水城东城墙北段 151 米城墙。

1999 年 2 月 24 日，蓬莱阁管理处增设环境卫生管理科。

1999 年 3 月，将戚继光祠堂、戚继光牌坊周边 120 户居民搬迁，恢复戚继光故里。同年，撤销戚继光祠堂管理所，成立戚继光故里管理处。

1999 年 5 月，蓬莱阁景区被中华全国总工会授予“全国五一劳动奖状”荣誉称号。

1999 年 9 月，蓬莱阁景区被中央文明委授予“全国创建精神文明行业先进单位”。

2000 年，蓬莱阁景区管理处被中国风景名胜区协会评选为“先进单位”。

2000 年 6 月 19 日，戚继光故里对开放。

2000 年 8 月 21 日，设立蓬莱阁管理处三山门公园管理科。

2000 年 8 月 28 日，登州博物馆对外开放。

2000 年 9 月 7 日，全国政协主席李瑞环游览蓬莱阁。

2000 年 10 月，“蓬莱阁丹崖山体加固保护技术”获“山东省科学技术进步奖”三等奖。

2000 年 11 月 9 日，成立蓬莱市蓬莱阁旅游有限责任公司。

2001 年 1 月 11 日，蓬莱阁旅游区被国家旅游局评定为首批 AAAA 级景区。

2001 年 4 月 17 日，设立蓬莱广场管理处，隶属蓬莱旅游度假区管理委员会。

2001 年，改建弥陀寺，重塑 33 尊塑像，弥陀寺重新开放。

2001 年，维修蓬莱阁主阁，恢复灰瓦绿琉璃瓦剪边屋面。

2001 年，通过 ISO9001 国际质量管理体系认证。

2002 年 8 月 8 日，胡仙堂对外开放。

2003 年 6 月 25 日，全国政协主席贾庆林游览蓬莱阁。

2003 年，对戚继光牌坊残缺和损毁构件修补，并进行化学保护。

2003 年，根据《蓬莱水城和蓬莱阁保护规划》方案，搬迁水城居民 564 户，迁移渔船 275 艘，拆迁面积 9.15 万平方米。

2003 年，维修胡仙堂，重塑 3 尊塑像。

2003 年，通过 ISO14001 国际环境管理体系认证。

2003—2004 年，修复水城东城墙南段 519 米。

2004 年 8 月 7 日，国务院原总理朱镕基游览蓬莱阁。

2004 年，修复仲连祠，塑鲁仲连像。

2004—2008 年，复建三官庙，重塑 18 尊塑像。

2004—2005 年，修复水城南城墙 326 米。

2005 年 3 月—11 月，水城小海清淤，加固周边护坡。并由山东省文物考古研究所、烟台市博物馆、蓬莱市文物局组成考古队，配合水城小海清淤工程，发掘出土三艘元、明时期古船。

2005 年，重建关门口天桥，桥面加宽并改为双向通行。

2005—2006 年，修复水城西城墙南段 620 米。

2005—2009 年，复建水城内备倭都司府。

2006—2007 年，复建水城南营、东营。

2006 年 10 月 9 日，蓬莱阁景区与英国安哥斯市格莱美斯城堡缔结友好关系。

2007 年 5 月 22 日，蓬莱阁景区被国家旅游局评为全国首批 AAAAA 级景区。

2007年，对蓬莱阁古建筑群内历代碑刻进行第二次化学保护。

2007年，对蓬莱阁丹崖山岩体再次采用锚杆、锚索加固和砌筑支护等技术进行保护。

2007年，维修加长、加宽、加固水城水门口外防波堤150米。

2007年，维修水城西城墙北段230米。

2007年，对水门口城墙基础进行加固。

2008—2010年，兴建蓬莱古船博物馆，重建水城西营。

2009年，维修弥陀寺前殿、龙王宫前后殿、戏台、观澜亭。

2009年3月20日，蓬莱阁景区管理处获得“第二批全国创建文明风景旅游区工作先进单位”称号。

2009年4月14日下午4时40分至6时10分，在蓬莱阁后海域出现“海市蜃楼”奇观，历时约两小时。

2009年8月20日，韩国圃隐学会及圃隐先生第25代宗孙郑来晶到蓬莱阁登州博物馆举办“圃隐郑梦周先生胸像诗板捐赠仪式”。

2010年，维修太平楼。

2010年6月29日，备倭都司府对外开放。

2010年2月5日，蓬莱阁下辖登州博物馆被国家文物局评为“国家三级博物馆”。

2010年5月，在蓬莱水城南小海西岸发现明代码头遗址，出土一批明代青花瓷器、瓷片。

2011年7月，设在太平楼的“中国船舶发展陈列馆”撤展。

2011年11月29日，“蓬莱阁PENGLAIGE”被国家工商行政管理总局商标局认定为驰名商标。

2011年12月20日，蓬莱阁景区管理处被中央精神文明建设指导委员会授予“第三批全国文明单位”。

2011年，维修龙王宫东厢，天后宫正殿东西厢房。

2012年5月18日，蓬莱古船博物馆正式开放。

2013年3月，蓬莱阁景区管理处被中华全国妇女联合会、全国妇女“巾帼建功”活动领导小组授予“巾帼文明岗”荣誉称号。

2013年3—12月，丹崖仙境坊、龙王宫正殿、戏楼、天后宫垂花门、天后宫正殿、天后宫后殿、蓬莱阁主阁木构件上油漆彩绘。

2013年6月8日，戚继光故里资产移交至蓬莱阁文化旅游集团。

2014年4月，蓬莱阁主阁维修，重做一楼屋面，西北角柱子墩接、抱头梁朽烂部分拼接，朽烂木构件采用碳纤维加固，更换朽烂望板及椽子。

2014年5—11月，维修子孙殿院门、天后宫东厢、天后宫前殿、钟鼓楼、人间蓬莱坊屋面，更换朽烂木构件，木构件油漆彩绘。

2015年3—7月，维修戏楼东院墙，避风亭、卧碑亭、苏公祠、吕祖小像亭、万民感德碑亭屋面倒垄，更换朽烂木构件，上油漆彩绘。

2015年12月30日，蓬莱阁索道管理所被国家安监总局授予“客运索道安全生产标准化二级企业”，被中国索道协会授予“客运索道安全服务质量4S等级”。

2016年9月15日，蓬莱阁成为中央电视台中秋晚会现场直播地，在新闻频道《新闻直播间》、综合频道《新闻联播》、新闻频道《天宫二号》特别节目播出。

2018年6月13日，中共中央总书记、国家主席、中央军委主席习近平在山东考察时，来到古代北方海上丝绸之路起点的蓬莱市，冒雨登临蓬莱阁，听取明代爱国将领戚继光操练水师、保卫海防的史料介绍。他说：“我国古代史、近代史、现代史构成了中华民族的丰富历史画卷。领导干部要多读一点历史，从历史中汲取更多精神营养。”

2019年2月，备倭都司府撤展。

2019年5月21日，蓬莱阁景区管理处下属蓬莱市戚继光故里管理所改归蓬莱旅游度假区管理委员会管理。

2019年6月13日，戚继光纪念馆对外开放。

2019年9月27日，蓬莱阁景区管理处更名为蓬莱阁景区管理中心。

2021年1月5日，撤销蓬莱阁景区管理中心，组建蓬莱阁景区管理服务中心。

后 记

蓬莱阁是全国重点文物保护单位，与滕王阁、黄鹤楼、岳阳楼并称中国古代四大名楼，盛名享誉海内外。自北宋嘉祐六年（1061）登州知州朱处约建阁，至今它已走过了960个春秋。古往今来，历代对蓬莱阁文化历史多有记载，20世纪60年代初葛家修所纂《蓬莱阁志》，仅6200余字，惜未出版；1997年，蓬莱市政府办公室史志科编纂出版《蓬莱阁志》，约8万字，时至今日已有20余年。随着蓬莱阁景区的高速发展和对蓬莱阁文化的不断深入挖掘与研究，如今蓬莱阁已积累了丰富的文史资料。今年适逢蓬莱阁建阁960周年，因此系统整理辑录蓬莱阁文化历史愈显意义重大。蓬莱阁景区管理服务中心集中精力编纂《蓬莱阁志》，是蓬莱阁乃至蓬莱区文化事业之盛事。

自筹备志书编纂以来，蓬莱阁景区管理服务中心成立志书编纂委员会，召开志书专题会议20余次，取精用宏，多次易稿，竭蹶砥砺，历时半年，终成此稿。《蓬莱阁志》共十六章，囊括蓬莱阁的历史沿革、古今建筑、诗词散文、匾额楹联、碑刻、园林、书画、文物、名楼人物、名楼轶事、传说故事等，采用大量图片，全书85万字，是一部蓬莱阁历史文化全面翔实的“百科全书”。通览之，使未登临此阁者，亦可精骛八极，心游万仞。尤其是对名楼人物的编写，多无前人文章可参考，编纂者们深入挖掘每位名楼人物与蓬莱阁的交集，多方搜集历史资料，严格采用志书编纂方式进行人物述写，字斟句酌，数易其稿，将历史人物对蓬莱阁的贡献一一展示在世人面前。

《蓬莱阁志》是蓬莱阁景区管理服务中心集体力量的体现与集体智慧的结晶，并得到相关部门的大力支持，以及社会各界人士的帮助。借此向所有关心和支持修志工作的各级领导、各界人士表示诚挚的感谢。首次编纂，难免疏漏，不妥之处，期待广大专家读者不吝赐教，以便再版之时予以补正。

盛世修志，志在千秋。2021年是中国共产党百年华诞之年，也是蓬莱阁建阁960周年。《蓬莱阁志》的付梓，不仅填补了蓬莱阁志书空白，更是为这一盛事隆重献礼。《蓬莱阁志》将成为研究、传承及弘扬蓬莱阁历史的重要文化典籍，必将释放出资政化人、以文化人的强大精神动能，为蓬莱阁的建设与发展做出积极的贡献！

编者

2021年3月

教育部审定 2013

义务教育教科书

（五·四学制）

数学

八年级 上册

山东教育出版社

义务教育教科书（五·四学制）

数学 八年级 上册

山东教育出版社